中国摩梭人

和绍全（埃多·龙生） 主编

云南出版集团
云南人民出版社

图书在版编目（CIP）数据

中国摩梭人 / 和绍全主编. -- 昆明：云南人民出版社, 2017.6

ISBN 978-7-222-16118-4

Ⅰ. ①中… Ⅱ. ①和… Ⅲ. ①纳西族－民族文化－研究－中国 Ⅳ. ①K285.7

中国版本图书馆CIP数据核字（2017）第117561号

责任编辑：王　燕
责任校对：杨金萍
责任印制：马文杰

中国摩梭人
和绍全（埃多·龙生）　主编

出版　云南出版集团　云南人民出版社
发行　云南人民出版社
社址　昆明市环城西路609号
邮编　650034
网址　www.ynpph.com.cn
E-mail　ynrms@sina.com
开本　787mm × 1092mm　1/16
印张　42.5
字数　750千
版次　2017年6月第1版第1次印刷
印刷　昆明富新春彩色印务有限公司
书号　ISBN 978-7-222-16118-4
定价　288.00元

如有图书质量及相关问题请与我社联系
审校部电话：0871-64164626　印制科电话：0871-64191534

云南人民出版社公众微信号

编　辑　委　员　会

中国摩梭人

我们走在大路上

女神山下的舞蹈

永宁土司家族

母系大家庭

泸沽湖畔

泸沽湖——母亲的湖

摩梭人聚居区——永宁坝子

今日小凉山——宁蒗县城

金沙江边摩梭人聚居区

眺望格姆女神山

喇嘛教道场

摩梭人本土宗教——达巴教道场

永宁扎美寺

朝山节

序　言

和绍全（埃多·龙生）

在中国西南滇、川交界的横断山脉地带，有一个美丽的高原湖泊叫泸沽湖。环泸沽湖周围的广大地区，居住着一支自称“纳”，他称“摩梭”的特殊族群，他们至今仍比较完整地保留着以母系大家庭和“阿夏”走访婚为主要特征的母系文化传统而驰名中外，被称为“东方女儿国”。

我出生在古老的摩梭山村，在我的眼里故乡的一山一水、一草一木都是美好而神圣的，那里有神奇美丽的泸沽湖；奔流不息的金沙江；奇特的摩梭文化；丰富多彩的故事和传说。随着人生阅历的增长，我对故乡的情感已不再停留在热爱和赞美的表层上，而是在对故乡风土人情的点点滴滴的回忆中探寻着“文化基因”。故乡人代代相传的坚定乐观的生活态度；与劳动相伴相随的生动优美的民间歌舞；历朝历代创造的丰富多彩的民俗；以及人们与生俱来的与大自然和谐相处的秉性，在我的心中打上了“母语文化”的烙印。

随着时代的发展进步，我的家乡已经成为旅游者的胜地，他们或带着对这片山水的好奇，或带着对“文化”的关注，从一座座城市出发，越山过岭，来到泸沽湖畔，走进摩梭人家。我离开故乡几十年的军旅生活之后，回首故乡时，便在乡情、乡恋、乡思、乡愁的梳理、沉思、审视和开掘中不断接近文化的根须，这也许是一种“文化乡愁”。这种文化思考和文化认知显示的是一种文化自觉；展现的是文化根基；表达的是文化自信。因此，编纂出版一部较为全面、系统、准确、权威的反映摩梭人的综合性书籍，是我长久的夙愿。首先，是因为现实需要。我们正处在社会转型时期，任何一个民族的文化传承和保护在多元文化格局中都面临着新的挑战。系统、全面、准确地梳理摩梭人及其文化价值观，十分必要，意义深远；其次，是因为条件具备。至今已经拥有众多国内外人类学、民族学、社会学、民俗学家研究摩梭人的丰硕成果，有一批长期研究摩梭人的专家学者，资料丰厚，名家荟萃，编纂已经是水到渠成的事情。在新的历史条件下，摩梭人的生存发展需要文化支撑；摩梭人的文化价值需要正本清源；摩梭人的优秀文化传统需要传承保护。我作为一个摩梭人的一员实属责任所系、使命所在、理所当然。现在通过参加本书编撰工作的专家学者们的共同努力和有关方面的热情支持下，《中国摩梭人》正式出版了。

一

每一个民族都有自己古老的历史，无论民族大小，无论发育程度如何，都有自己的文化圈和文明史。摩梭人同中华民族各成员一样，经历了漫长的历史发展过程，有自己古老的起源与迁徙的记载与传说。本书将走出传说与文献的羁绊，以考古证据为主，辅以可以互动的多学科的研究成果，力图为摩梭人复原一幅远古时期的真实图景。

摩梭人主要分布在云南省的宁蒗县和四川省的盐源县、盐边县、木里县。其次云南省的永胜县、玉龙县、迪庆州也有少量分布。人口约5万人。

据史学家考证，摩梭人的起源问题在历史和民族学界曾经引起过长时期的关注。过去，史学家认为摩梭人渊源于中国古代西北部的古羌人。中国著名学者章太炎指出："唐时之磨些蛮，即羌种之流入者。"① 纳西族著名历史学家方国瑜指出：今之纳西，即古之"磨些"，"渊源于远古时期居住在我国西北河湟地带的羌人。"战国秦献公时期，一部分古羌人畏惧秦国之威。随水草放牧南迁至今甘肃南部和四川西部，此后即远离众羌，"子孙分别，各自为种，任随所之"。其中在汉代迁徙居住在大渡河、雅砻江流域汉源、盐源一带的被称为"牦牛种越嶲羌"的一支，自后汉以来被称为"磨些""么些"，至唐代被称为"摩梭蛮"②。还有的专家学者以考古证据为主，提出了摩梭人源出云贵高原古夷人之说。认为在藏彝走廊民族文化交流活动频繁的历史时期，摩梭人作为藏缅民族这个社会文化共同体不可或缺的一部分，与百越族群当中的一部分，在数千年甚至上万年前，就以丰富多彩的金沙江流域岩画跨越时空，在广袤的天地之间留下了旷世绝伦的精美绝唱。因此，摩梭人是云贵高原的古老居民之一，世世代代生长于斯，活动于斯，交流于斯，创造于斯。以后，西部摩梭自称为"纳西"，而定居

①章太炎：《太炎文录续编·西南夷属小记》。
②方国瑜：《纳西象形文字谱》，云南人民出版社2005年版。

滇川交接地带泸沽湖地区的自称“纳日”的东部摩梭一直被外界继续称为“摩梭”。从各方面推断，从古至今，川西至金沙江流域和泸沽湖地区是摩梭人主要活动的历史舞台。

在中华民族辉煌历史的发展进程中，摩梭是中国西南一个很古老的民族，在各个历史时期，曾有多种不同的称谓。晋代称摩沙，唐称摩些或磨西，元称摩娑或麽些、摩梭。明代称麽些、摩些。民国称麽些、摩梭等（些、西、沙、都读so）。中华人民共和国成立以后划为纳西族和蒙古族。摩梭一名，最早见于《后汉书》第二十三卷《郡国五》，在校注“定笮”（今四川盐源）条里记载：“县在郡西，宾刚徼，曰摩沙夷有盐坑”。《华阳国志·蜀志》载：“笮，夷也，汶山曰夷，南中曰昆明，汉嘉、越嶲曰笮，蜀曰邛，皆夷种也。定笮在郡（越嶲郡）西，渡泸水（雅砻江），宾刚徼，曰摩沙夷。有盐池……”当时定笮县的中心地区就是今盐源和宁蒗一带，说明历史上的麽些族群之一就是今天摩梭人的祖先，定居于今天的摩梭人聚居地区至少已经有了1600多年的历史。

中华人民共和国建立以前，摩梭人聚居地区是封建领主制社会，实行的是土司制度。摩梭地区的土司制度从明代开始，至中华人民共和国成立后废除土司制度为止。土司制度实行以来，历代王朝对土司采取了若干重要措施，土司内部实行严格的权力等级制度，使摩梭人聚居地区逐步形成了永宁阿氏土司、蒗蕖阿氏土司、左所喇氏土司三足鼎立的态势。永宁阿氏土司从明朝洪武十四年（1381年）摩梭祖先泥月乌后第32世卜都各吉被封州职（永乐四年即1406年6月升为府，设四长官司）后，至清朝光绪二十二年（1896年）阿应瑞袭职，到民国又传两世即阿应瑞长子阿占科及其长孙阿民翰，共22世。蒗蕖阿氏土司其世袭从阿的（明洪武十六年即1383年归附）至阿鸿均（民国二十一年即1932年），一共有25任土司。四川省摩梭人居住区，元代开始设立土千户；明代洪武年间，柏兴千户所改为盐井卫；永乐五年，开始设立马剌长官司，打冲河守御中左千户所，延至永乐十一年（1413年），当地已有五所；清代，在康熙四十九年（1710年）和雍正年间，对分别来投诚的各土司土官，仍授以各种名号的官职，号称“五所四司三马头”。

摩梭人从游牧生活转入固定农牧业后，由于有肥沃的平川，茂密的森林，易牧、易渔、易猎，是人们进行生产活动的理想场地。加之母系制婚姻家庭模式具有的优越性和后来赶马经商业的发展壮大，摩梭地区与当地周围其他民族比较，生活较为富足，社会较为稳定。但是，由于摩梭人聚居地区属于山地高原和高寒山区，交通隔阻，自然条件差，农业生产技术水平低下，甚至有的一直从事流动性的农业、畜牧业、渔业生产，加之大部分土地和资源属土司、贵族集团占有，受当地土官的剥削压迫，经济、社会发展十分落后。

二

中华人民共和国成立后，在少数民族地区采取“和平协商土地改革”和“直接过渡”等不同于内地汉族地区的方针政策，帮助少数民族废除封建领主制，使处于封建社会统治下的少数民族获得政治、经济和文化等方面的彻底解放，摩梭地区因此结束了土司统治制度，平民百姓当家做了主人，从此，掀开了摩梭人历史发展的新篇章。

云南和平解放后，与全国一样进行轰轰烈烈的民主改革和社会主义改造，实现新民主主义向社会主义社会的历史过度。一段时期，在少数民族地区执行特殊政策，重点是反匪反霸、恢复生产、做民族团结工作，因此，摩梭聚居区直至1956年初才开始“和平协商民主改革”。但是，1956年初，大小凉山一小撮反动势力策动了武装叛乱，直到当年下半年平息了叛乱，成立了民族自治县，大小凉山各族人民才在民族政策的光辉照耀下，开始了波澜壮阔的社会主义建设时期。

那个年代，摩梭人和全国各族人民一样，经历了“互助组”“合作社”“大跃进”运动、“人民公社”化、“反右”“四清”“文化大革命”等历史进程；见证了各族人民，在中国共产党的领导和党的民族区域自治政策的指引下，坚定不移走社会主义道路，不断在探索中前进，实现了摩梭人社会历史发展的大跨越。

改革开放的春风吹到了大小凉山，迎来了历史发展的新纪元。在地方各级党委、政府的正确领导下，坚持解放思想，坚持改革开放，不断探索自身发展之路，一代又一代，前赴后继、继往开来、艰苦奋斗、开拓进取，战胜无数艰难险阻，使摩梭地区的政治、经济、社会、文化发生了翻天覆地的变化。如今走进摩梭人聚居区，我们看到：各族干部和各类人才成长壮大；昔日的木板房、茅草房变成了明亮的砖瓦房；破落萧条的原始村落，变成了社会主义的新村镇；公路、电路、话路通向一个个偏远山寨；电视、通信的电波覆盖千家万户；银色的飞机划破了“女儿国”宁静的天空；扶贫攻坚和惠民政策，使千万贫困人家同步奔向小康；海内外无数游客纷至沓来，使昔日封闭之地，变成了旅游胜地。摩梭人，“女儿国”已经走向全国、走向世界。现在摩梭地区经济发展、社会进步、民族团结，人民安居乐业。摩梭人实现了从贫穷走向富民、从封闭走向开放、从蒙昧走向文明、从民族隔阂走向团结和谐的历史性跨越。

三

由于摩梭人独特的母系文化遗留，在民族学、社会学领域一直受到国内外专家学者的关注。特别是改革开放以来，大量学者进入摩梭地区。在老一辈民族学家的开拓和新一代民族学工作者的辛勤耕耘，对摩梭人社会文化的研究日新月异，研究成果百花齐放。除了从人类学、社会学、民族学的角度研究摩梭人的社会文化之外，研究内容已经涉及了文学、音乐、艺术、审美文化等各个方面，研究成果不仅数量多，而且质量高。特别是在网络环境下，研究活动更加广泛，研究领域更加深入，传播方式更加快捷，对摩梭人社会文化的研究已经呈现出一派欣欣向荣的景象。

民族学作为一门学科，在当代，凡是科学文化比较发达的国家，几乎都有专门从事这门科学研究的机构和学者。在我国，其丰富多彩的民族学研究领域里，对摩梭人的考察研究从来没有间断过，国内外学者曾经发表了大量关于研究摩梭人的论文和学术专著。

对摩梭人的研究，开始于20世纪30年代初。首先是美籍著名人类学家约瑟夫·洛克，从1924年第一次走进泸沽湖，到1942年最后离开泸沽湖的17年间，曾经多次深入永宁、木里、盐源等摩梭人聚居地区进行考察，第一次向世界传递了大量关于中国摩梭人的图文信息。洛克在1947年美国出版的《中国西南古纳西王国》一书中，以“永宁区域的历史和地理”为题，以8万多字的篇幅记录了永宁摩梭人的历史渊源、社会形态、人文地理、动植物分布等，拍下了数百张珍贵图片，成为后人研究摩梭人的珍贵资料。到了20世纪40年代，学者周汝诚、李霖灿先后到泸沽湖地区进行民族学田野调查，他们先后出版了《纳西族社会历史调查》《麽些研究论文集》等，以及吴泽霖、陶云逵等学术先辈关于摩梭人的著作，特别是李霖灿先生在他的论文中使用了《永宁麽些族的母系社会》这样的标题。到了50年代中期到60年代初期，一批当代民族学、人类学专家，如宋恩常、詹承绪、王承权、刘龙初、李近春、严汝娴、宋兆麟等，他们跋山涉水，风餐露宿，走进摩梭社区，写出了一批田野调查资料和学术专著。如詹承绪的《永宁纳西族的母系家庭》、宋恩常的《纳西族的母系家庭》、严汝娴的《泸沽湖地区纳西族家庭形态研究》、宋兆麟的《女儿国亲历记》等等，这一批学者对摩梭人的研究，从人类学、社会学的角度对摩梭母系婚姻家庭制进行了深入的调查和研究，取得了一批重要的学术成果，引领国内外学者对摩梭人的关注，激起了当代学人研究摩梭的极大兴趣。再后来，蔡华、翁乃群、何撒娜、和钟华、施传刚、周华山、石高峰等一批中青年知名学者，深入摩梭聚居地区，对摩梭人进行了系统、全面的调查研究，有的数十年扎根摩梭社区跟踪考察研究。如蔡华的《纳人亲属制度的结构与婚姻家庭》、和钟华的《生存和文化的选择》、石高峰的《摩梭达巴文化》《社会转型时期摩梭婚姻家庭研究》等。还有国内外众多的文学家、音乐家、美术家和影视名家，创作了大量表现摩梭人的文学、音乐、美术、影视作品。近年来，以研究摩梭人为主要任务的民间社会组织涌现，摩梭人青年学人不断加入到研究本民族文化的队伍中来，对摩梭人的宣传、研究进入了一个繁荣发展的新阶段。这一时期，我国进入改革开放，经济全球化，文化多元化进一步加快，社会正在经历一个重要的转型期。在全球化多浪潮风起云涌之际，摩梭人及其文化传统面临前所未有的挑战。所以，这一代学者对摩梭人社会文化的关注和研究，已经不再停留在婚姻与家庭制度上，而是将它们放到了更大的社会文化再生产体系中去探究，既有微观细察，又有宏观比较；既有历史的追溯，又有当下的变迁；既关注族群内部的认同感，又关注与相邻族群的和谐；既观察文化的表现形式，又揭示文化的当代价值，对摩梭人的研究提升到了一个新的高度。著名人类学大师列维·施特劳斯在一篇评论蔡华博士的论文时说："幸亏有中国西南的纳人，使中国的人类学在西方人类学的殿堂上有了一席之地"。这说明了摩梭文化的世界价值。著名学者周华山在研究中发现，摩梭社区及其文化回答了当今人类难以解决的6大问题：两性社会地位和感情空间问题；性骚扰、偷窃、打家劫舍、杀人放火等犯罪问题；现代社会人际流离和战争威胁问题；婆媳、妯娌、亲子及姐弟兄妹间的矛盾和烦恼问题；老人被虐待及无法消除的孤独问题；人与自然如何和谐共存问题。

我们知道，文化没有先进和落后之分，都有着特定的环境和时间中所产生的价值和作用，没有一种文化会是无根之本、无源之水，既然有那么多专家学者对摩梭人的母系文化遗产如此关注和肯定，我们就有必要对这一份厚重的文化遗产进行梳理和解读。

四

民族文化的格局是长期的历史发展中形成的，这是一条奔流不止的大江大河，它在各民族间相互影响，相互依存，在不停地冲击，磨合中再生。我们怎样维系族群记忆，保持身份认同，塑造自身民族的精神信仰，这是值得大家思考的问题。摩梭人源远流长的优秀文化传统，蕴含着摩梭民族的精神品格，培育了摩梭民族崇高的价值追求。摩梭文化的独特魅力、价值理念、鲜明特色，支撑着摩梭民族生生不息、薪火相传。这种文化的核心价值观就是自由、开放、和谐的理想模式和行为规范。主要表现在以下几个方面：

（一）摩梭人的母系制婚姻家庭模式构筑了人与社会的高度和谐

摩梭社会实行的是以母系大家庭为主体的家庭结构，同时还存在着母系父系并存或父系家庭。母系大家庭实行阿夏“走婚”，女不嫁、男不娶，配偶双方各居母家，夜晚男到女家访宿，次晨离开。在结交阿夏中所生子女，属于女方，血统按母系计算，财产依母系继承；母系父系并存家庭既有血统从母的成员，也有血统从父的成员，形成两种血缘成员共居一家；父系家庭实行男娶女嫁，子女从夫居住，夫妻共负抚养教育子女的责任，子女属于父方、血统按父系计算，财产依父系继承。

人类婚姻经历了从群婚、对偶婚到一夫一妻婚的发展历史。但是，在当今世界上，中国西南边陲的摩梭人则在女山母海和高原盆地相映成趣的湖光山色中，至今保持着一种与传统父系制婚姻家庭迥然不同的母系制婚姻家庭模式。这种模式体现出一种自由、平等、和谐的两性关系，表现出独有的社会文化价值。这是以景色优美、环境优良的环泸沽湖为核心区，以传统农耕文明和现代商品交换为经济基础，以母系大家庭为社会家庭结构，以两性自主自愿走访为繁衍族群的特殊形式，以尊女崇母意识为核心的文化理念，再现了穿越时空的人类母系文明景观。

摩梭人母系婚姻家庭模式的特点：

1．社会生活组织形式是以血亲关系为基础。母系大家庭是以母系血缘为纽带，以紧密的家庭经济关系和以母亲为核心的血缘关系联系起来的社会生活组织形式。这种组织形式是用人类最亲密、矛盾最少的母系血缘关系，把所属每个个体凝聚起来，她使家庭建立在一种与生俱来的、亲密和谐的血缘情感基础之上，故而使家庭内部充满信任、关爱、谦让、亲和、团结，形成一种强大的内聚力。

2．社会机制贯穿着性别平等、两性和谐的内核。在母系家庭里男女地位、劳动分工、财产分配等方面都体现了平等观念，并外化为一种平等和谐的社会机制。这种机制体现了自然和谐、尊重人的本质，使人性独立、相互尊重、和谐相处，并成为一种社会行为规范。母系大家庭里男女都有平等的继承权和资源占有权。男女成员相互依存，但无依附关系，不存在男尊女卑、男强女弱、重男轻女的现象。

3．母系家庭有一套协调成员间关系的伦理道德规范。尊老爱幼，相互体谅，相互关心，相互礼让，邻里、乡亲和谐相处，相互尊重，相互帮助已形成摩梭人个人自觉的行为准则，它体现了人性大爱的内核，它维系和巩固着母系家庭的团结和睦，并泛化为一种社会风尚。

4．两性平等的婚姻关系，达到了性爱的自由。阿夏“走婚”，建立同居关系的男女以感情作为基础，结交和离异都较自由，体现了两性平等的婚姻关系，达到了性爱的自由。这种关系不以成家立业为前提，而是相爱的两人建立同居关系，无共同的经济关系和共同的教育子女、抚养子女的义务。同居期间所生子女由女方大家庭抚养，父亲只是在孩子出生时或有条件时送点礼物，所以父子关系不亲密。相反，孩子与舅舅们的关系很亲密，因为他们担负起了与自己的姐妹们一道抚养教育这些孩子的责任。“走婚”关系的建立是从双方的感情出发，无须考虑其他的附加条件，合得来相处，合不来分开，而这种结合是遵循着不成文的、社会公认的伦理道德规范进行的。这样的两性关系，不仅体现了人性的平等和性的自由，客观上也促进了人口素质的提高。

（二）宗教文化对摩梭人的社会生活、民族精神、文化习俗有重大影响

摩梭人是一个信仰多种宗教的民族，既信仰摩梭原始本土宗教——达巴教，也信仰藏传佛教，还有的信仰汉传佛教。宗教作为人类的一种精神生活，一直伴随在摩梭人社会发展的进程中，它以自身独特的表现形式，传载着摩梭人社会生活的各个方面，反映出摩梭人经历的各个社会历史时期的生产、生活及思维方式和伦理观念。

达巴教是以摩梭人的传统文化为主干，又吸收多种文化因素形成的一种独特的原始宗教形态。达巴教以“万物有灵”为思想基础，信奉自然崇拜、图腾崇拜、女神崇拜、祖先崇拜，囊括了上至天文，下至地理，充分反映了摩梭先民的历史、宗教、哲学、社会、经济、医学、文学、艺术等领域，反映了原始摩梭先民的世界观、道德观、自然观，是古代摩梭先民的百科全书。藏传佛教是从西藏传入的，首先是噶举派约11世纪末（宋宁宗时）从康区传入摩梭人聚居区，到了15世纪末叶格鲁派（黄教）传入摩梭人地区，成为摩梭地区最大的教派，对摩梭人的思想观念、伦理道德、行为方式有着十分重要的影响。

宗教不仅是摩梭人的一种思想信仰，也是一种文化现象，它是摩梭传统文化的载体。在漫长的历史长河中，宗教与摩梭民族的传统文化和风俗习惯相融合，形成了具有丰富文化特质的宗教文化，这种文化现象，无论是从社会意义还是文化意义上来看，它都代表着摩梭人的精神追求、精神标识和思想道德资源，蕴藏着摩梭人的价值观念、民族性格和宗教情感，成为摩梭地区和谐发展的重要动因。

宗教文化在摩梭人聚居区，对于解决民众日常生活规范、心理冲突、群体关系发挥着重要作用，对民族的世俗生活起着重要影响。不仅通过规范民众的观念和行为，影响民众的价值观，而且对摩梭地区社会、经济、文化的稳定和发展产生着重要的整合与促进作用。在长期的生产生活过程中，宗教文化的传承始终是摩梭民族文化延续之重要线

索，尤其是传统宗教中所蕴含的文化真谛，对于摩梭人的族群特征、族群心理、思维模式、社会习俗的形成起着重要的作用，是构成族群认同的重要基础。作为文化的具体表现形式，摩梭人的宗教文化反映了民族的价值观、信仰和社会认同体系，它是民族的精神皈依，它是民族成员之间相互帮助，紧密联系的内在动力，也是文化形成和存在的内在基础。它一直影响着摩梭地区经济、文化、社会的和谐发展。

（三）摩梭人坚韧的民族性格和开放的思想观念，使摩梭人具有稳定性和包容性

摩梭先民活动于金沙江流域，大多分布在崇山峻岭之间。这里深谷与高峰同在，平坝与河湖相间，地势复杂，气候多变，生存环境恶劣。摩梭人人口分布区域内聚居着汉、彝、藏、普米、傈僳等多种民族，处在汉文化、毕摩文化、藏文化、韩规文化等多元文化相互影响、相互渗透的环境中。可以想象，在漫长的历史长河中，人口稀少，生存条件恶劣的摩梭人，在多元文化的夹缝中，能够顽强地生存发展、并保持了自己独特的文化传统，是多么不容易的事情。我们回溯中华民族多元一体格局形成的过程，不难发现，一个民族发展进步的最大特性是它的包容性，强大的同化力和顽强的生命力。同任何一个延绵至今的文化一样，摩梭人及其文化之所以直到今天依然生生不息，其中一个十分重要的特征是摩梭文化的开放性和包容性。摩梭人的传统文化中“天地最大”，从自然的理解中引申出做人的道理；在佛教文化中优秀的思想方法、行为规范、道德礼仪；在母系大家庭的文化氛围中，受到了吸纳百川，和谐相处美德的培育。这些民族具有的优秀文化传统对于传承民族文化，弘扬民族精神，壮大民族事业有着重要作用。

摩梭人在吸收其他优秀文化传统时，强调吸收消化，变为己有，而不是被同化，丧失自己的文化特色，做到既能守护和传承本民族优秀的文化传统，又能容纳现代文明成分，在继承中不断完善自己，发展自己。因此，摩梭文化在继承发展的历史过程中，一直都是以自身文化的强大生命力，凝聚着自己的族群，以自己族群特有的信仰和价值观，巩固和发展自己优秀的文化传统，求得自身文化的稳定性。另外，摩梭人从来不是一个静止和固守不变的民族，她善于吸纳外来文化，顺应时势，以其他文明来充实自己、丰富自己、发展自己，踏着时代的步伐，在包容中求得发展和进步。如历史上对藏文化的吸纳，当今对汉文化的吸收，特别是对现代文明的顺应（如新观念、新技术、新的生存格局等）、整合以及与其他民族文化的互鉴等 。这种民族的包容性观念，不仅守护摩梭母系文化生生不息，又能够在新的时代不断赋予自身文化以新的内涵，以求得民族的发展和进步。

（四）摩梭人的自然观促进人与自然的和谐共存

人与自然的关系是一个历史性的发展过程。摩梭人的自然观，首先表现为对自然的崇拜和敬畏。这主要源于摩梭人的宗教文化中“万物有灵”的思想观念和对自然的神圣化。对日月星辰、山川草木、风雨雷电，这样的自然现象的产生，做了很美丽的解释。认为自然中山山水水都是有神灵存在，神灵是自然界的灵魂与生命，高山、湖泊、河流和许多动植物都是附着神灵，具有神圣性，强调人与自然的关联性，人与自然之间有千丝万缕的联系。这种规范将宗教和道德融为一体，集精神和文化于一身，具体的行为标准在很大程度上约束了部族成员的日常行为，使人们自觉地将自己置于自然力量的控制和保护下，学会敬畏自然、善待自然、顺应自然，强化自然客观存在、自然生态平衡、自然发展规律等意识。

摩梭人世代生活在滇、川、藏交界的崇山峻岭间，繁衍于金沙江、雅砻江、大渡河、岷江流域和泸沽湖地区，这里林荫浓密，小溪清澈、湖光明媚，水天一色，缓缓滑行于碧波之上的猪槽船和徐徐飘浮于水天之间的摩梭民歌，几分古朴、几分宁静；在那茂密的原始森林里珍稀动物出没其间；盆地、湖泊，峡谷，阡陌纵横，木楞房舍，炊烟袅袅，牧歌阵阵，渔火点点，阿哥阿妹，结伴相随，好一派梦幻山乡。摩梭人世世代代就是在这优美的自然环境中共荣共存、和谐发展，这里是摩梭人“天人合一”的生存家园。美国学者洛克赞道：这是上帝创造的最后一块净土，“真是一个适合神仙居住的地方”。

摩梭人在这样风景如画的湖光山色间，培育了人与自然互相依存的生态观念，这些观念中内含着对自然观、宗教信仰、生产生活方式、礼俗文化以及乡规民约习惯法中的生态伦理思想。因此，摩梭人特别注重人与自然的和谐共处，自古就有对乡土的无限眷恋和对故乡的深切情怀，这种人与自然和谐相处的朴素的生态伦理观，对摩梭人的文化产生了深远而持久的影响，在当今社会发展中仍然发挥着重要作用，由此彰显出人与自然和谐的文化功能与现代价值。

（五）随着经济全球化和文化多元化，民族之间的交融和文化的碰撞日见加剧

随着泸沽湖旅游业的发展和摩梭文化特色的吸引，国内外文人墨客、媒体、影视等抱着各自不同的心态和动机，蜂拥泸沽湖摩梭人聚居地区，名目繁多的解读摩梭人的影视、刊物不计其数。有的是进行社会学、民族学研究的；有的是宣传摩梭母系文化的；有的是寻觅离奇的；有的是旅游的。他们中大多数是采取健康、严肃的态度来解读摩梭人的文化现象，在宣传摩梭人社会文化方面做出了重要贡献。但是，确有一些人采取不

负责任的态度，不尊重民族文化的不同个性，抓住一些不实的史料，道听途说，哗众取宠，杜撰猎奇庸俗之作，向世人传销被歪曲、丑化的东西，有的甚至是妖魔化摩梭人；有的过度渲染摩梭人的“走婚”习俗，甚至把它与乱性相提并论；有的以自己的学术取向主观、片面的解读摩梭文化的当代价值。在以摩梭人为题材的影视和出版物中，不妨存在内容表述不一，歪曲寓意，不准确、不全面、不严肃的问题。另外，由于多元文化的渗透，摩梭人许多珍贵的优秀文化传统处于褪色、变异、消失的濒危状况。摩梭人自己的文化自觉和文化修养还有待于进一步加强。这种现象说明，在文化大融合，多元化的时代，使人类文化变得丰富多彩的同时，也不可避免地导致文化间的误读，这使有些人容易按照自身的文化传统，思维方式，自己所熟悉的一切去解读另一种文化。这种文化误读现象，除了伤害民族感情，影响民族团结之外，更重要的是曲解民族文化的真相与民族的精神实质，对民族社会文化发展产生负面影响。因此，加强对摩梭母系文化的研究和保护，全面、准确地显示摩梭人的优秀文化传统及其当代价值，不仅关系着摩梭人的生存和发展，而且对于弘扬优秀的民族文化传统，保护优秀的民族文化遗产，促进中华民族的大团结，繁荣社会主义民族文化事业具有十分重要的意义。

编纂的思考已经很久，首先我们先后邀请著名专家学者在昆明召开了三届摩梭文化论坛，为编撰《中国摩梭人》打下坚实的理论和学术基础，2015年开始，酝酿策划，征求部分专家学者和领导的意见，大家都一直肯定这项工作很有意义，非常必要，并且提出了许多很好的意见和建议。在此基础上先后两次邀请部分从事民族学、社会学、史学研究的专家学者研究编纂《中国摩梭人》的组织机构、指导思想和具体内容构建，形成编写大纲。2016年初开始，邀请了10位长期从事人类学、民族学、社会学研究，出版过重要专著，又研究过摩梭人社会文化并且取得重要学术成果，对摩梭人有着深入了解的专家学者，完成《中国摩梭人》撰稿。参加撰写的学者，埋头耕耘，孜孜不倦，不厌其烦，数易其稿，展现了高度的责任感和高尚的学术品格。完成初稿后，在昆明先后两次召开撰稿人统稿会。而后又组织撰稿组成员到丽江和泸沽湖摩梭人聚居地区实地调查研究，召开各类座谈会，广泛征求摩梭人的意见，审慎辨析材料，反复修改订正。编写组在反复修改的基础上，2017年2月，在昆明邀请有关专家学者召开评审会，对《中国摩梭人》进行了全面评审。

编纂过程中，我们坚持了以下几点原则：

1．坚持马克思主义民族观。以马克思主义民族理论和民族政策为指导思想，坚持党的民族政策，确立正确的社会主义民族关系。在梳理历史线索、考辨历史资料、评价历史人物和历史事件时，进行深入研究，做出真实、科学的结论。

2. 坚持实事求是。始终坚持历史地、辩证地、全面地、实事求是地看待摩梭文化现象，力求依据史料缜密考证、深入研究，对于历史事件，坚持以权威史料和史实目击者的回忆为基本依据，进行了全方位的历史考察。尽可能地揭示真相、消除疑问，恢复摩梭文化的本原，做到真实、准确。

3. 坚持整体性和系统性。分为10篇，28章，并且穿插了200余幅图片，内容涵盖自然、地理、历史、宗教、文化、艺术、文物古迹、婚姻家庭、语言、教育、文学、医药、旅游、习俗、人物，大事纪实等，使摩梭人的文化得以较完整、系统的呈现出来。同时，注意把横向的民族资料与纵向的历史相结合，充分显现了摩梭人传统文化形成与发展的特点，做到系统、全面。

4. 坚持突出文化概念。比较系统深入的梳理了摩梭人文化的各种构成要素，为正确认识了解摩梭文化的本质特征和表现形式提供了系统翔实的文本资料。

5. 坚持史料性和学术性结合。汇集了大量摩梭民族各方面的资料，并且进行了比较细致的调查，论证，比较，具有权威的史料性。同时，有针对性的吸收了国内外著名专家、学者在各个历史时期研究摩梭人的重要学术成果，因此，具有权威的学术价值和工具功能。

6. 坚持严格要求，把好质量关。为了把本书编写成精品，编写人员大多是著名学者，在编写提纲的确定，编写资料的选集，文本撰写，论证，评审都对历史负责，民族负责的态度，严格标准，严格要求，严格把关。

《中国摩梭人》，是一部较为系统、完整、准确、权威记录摩梭人的百科全书。它的出版，将填补目前为止摩梭文化综合性全书的空缺。但是，由于摩梭人在全国民族类别区划上不是一个单列民族，聚居在不同地域的人归属于不同的民族，编写《中国摩梭人》具有明显的特殊性，加之摩梭人没有文字史料，人口聚居分散，地域区别很大，所以资料收集，统一内容，考察论证都带来很大的困难，特别是编写时间短促，《中国摩梭人》只能是初步勾勒出摩梭人的基本图像，所呈现的也只能是摩梭人社会文化的大体轮廓，不足以表其万一。我们希望的是能够展现一个真实、全面的摩梭族群，成为摩梭文化与其他文化相联系的桥梁和纽带，成为摩梭文化的基础性读本，成为热衷于研究摩梭人社会文化学者的参考书。编纂失误、疏漏、错误一定难免，只能往后不断地加以校正和完善。我们热情希望读者喜欢这本书，进而更喜欢摩梭人。

摩梭文化沿袭到今天，经历了风雨的冲刷和岁月沧桑的侵蚀，但依旧以顽强旺盛的生命力延续生存。这是一个社会、一个民族历史、文化、审美等价值体系的物化，它记录了摩梭人漫长的变迁历史，也见证着人类远去的记忆。当今随着经济全球化、文化多元化发展，文化的相互渗透、相互作用更加突出，摩梭人及其她的文化传统面临新的选择，摩梭人的发展进步，我们充满信心，我们任重道远 。

正当《中国摩梭人》出版之际，我们要感谢这个伟大的时代使摩梭民族与全国各民族能够一道从古老走向现代文明；感谢长期发掘和研究、宣传、呵护摩梭人及其文化的专家、学者和国内外各界人士，因为他们的努力和贡献才使摩梭文化受到世界关注，泸沽湖的奇山丽水得到人们赞誉；感谢共同生活在小凉山这一片美丽家园的人们，是他们相互学习，相互支持，团结和谐，才使各民族兄弟踏着时代步伐，共同发展进步；感谢摩梭人的父老乡亲们，是他们世代坚守、不断创新才使摩梭文化推陈出新，生生不息，成为中华文化大花园中最奇特、最艳丽的花朵。

神奇美丽的泸沽湖是人类的共同故乡，多彩多姿的摩梭儿女，是母系文化的传人。无论是在悠扬的歌声中还是在优美的舞蹈中，摩梭人表现出勇敢智慧、乐观豁达、淳朴健康的风采。表现出摩梭母系大家庭幸福美满的生活和泸沽湖秀美山川的风韵。

那片神奇、神秘、神妙的地方是人类圣洁的土地，大爱的天堂。让我们共同守护这一片全人类最美丽的精神家园吧。

第三篇　文物古迹

第四篇 文化艺术

第五篇 语言 教育 传说

第六篇 民间医药

第七篇 旅游风情

第八篇　婚姻家庭

第九篇　生育　成年　丧葬

第十篇 人物志

第十一篇 编年纪实

第十二篇 著 作

Contents

Part One History and Geography

Part Two Religions

Part Twelve Writings

第一篇
历史地理

第一章　自然地理与人口分布

第一节　滇西北自然地理概述

一、滇西北区域地理特征

滇西北指云南境内昆明以西的广大地区，有广义和狭义之分。广义上包括楚雄、大理、保山、德宏、怒江、丽江、迪庆、临沧、普洱、西双版纳等地市州。狭义上指怒江以西的区域，即含保山市和德宏傣族景颇族自治州。我们在这里说的滇西北，主要指的是广义上的滇西北区域。滇西北的地势以高山峡谷为主，有怒江、澜沧江、金沙江等大江穿流。

滇西北地处青藏高原与云贵高原的过渡地带，所承担的生态功能具有显著的“外溢”效应，是亚洲重要的“生态屏障”。这一区域生态环境的好坏直接影响到金沙江、澜沧江、怒江、独龙江下游293万平方公里流域地区和国家的生态安全。资料表明，每

三江并流

年经滇西北地区进入邻近地区的平均水量为1808亿立方米，这一区域良好生态系统所拥有的水土保持功能和调蓄洪水作用，有利于控制江河的洪涝灾害、减轻中下游的河床淤积，延长流域内重大水利工程的寿命，关乎下游地区的可持续发展。

位于中国西南的滇西北地区拥有丰富的生物多样性，是全球景观类型、生态系统类型和生物物种最丰富、最集中的地区之一。因此，滇西北地区不仅是中国重要的生物多样性富集区，也是全球25个生物多样性热点地区之一，更是湿地气候的样板性区域。这个地方作为一种高生产力与多功能的生态系统，湿地对调节气候、保护生物多样性、改善人居环境等方面起了重要作用，湿地因具有多重功能而具有很高的保护价值，因此湿地也日渐成为国内外研究的热点领域，但对山地高原湿地的研究不多。湿地学至今尚未形成一个完整的理论体系，开展湿地分类是科学利用、管理和保护湿地，实现湿地可持续发展的前提和基础。湿地研究区—香格里拉县地处滇西北地区，属于青藏高原南缘，“三江并流区”的一部分，是典型的高山高原区，生态环境脆弱，有着独特的自然地理环境，县境内有金沙江、小中甸河、碧塔海、纳帕海和属都湖等重要河流湿地和湖泊湿地。

由于滇西北特殊的地貌特征构成了三江褶皱系，在此基础上拥有了“三江并流”奇观而成为世界自然遗产，并拥有3处国际重要湿地，3个国家地质公园，4个森林公园，以及香格里拉普达措国家公园，它们在保护这一地区生态环境方面发挥了积极作用。这

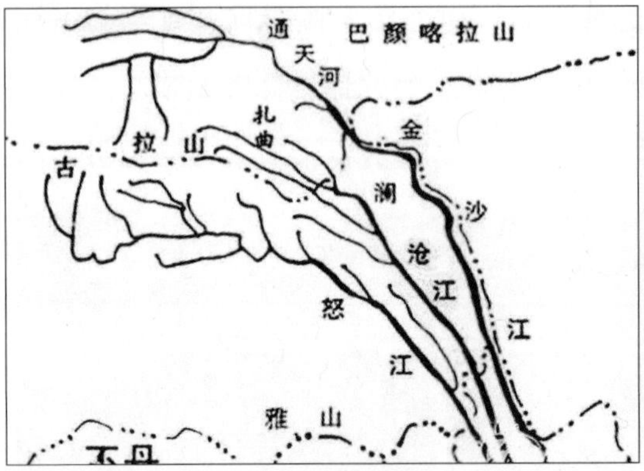

三江并流示意图

三江并流卫星图

里除三江褶皱系南部外，尚包括1：400万中国大地构造图所划的冈底斯——念青唐古拉褶皱系南部在云南境内的部分，以及松潘——甘孜褶皱系的玉树——义敦褶皱带南部。其构造特点是二、三级构造单元以深裂带为界。但是，二、三级甚至四级构造单元具有各自不同的发展史。深断裂伴随构造变质，多数有混合岩化作用，少数出现高压变质矿

物或混杂堆积，超基性岩石也出现于构造变质带间，因此三江并流地区可能处于多次板块汇聚部位。①

目前，滇西北是全球生物多样性重点保护地区。这里分布有36种国家重点保护野生植物，约占全国国家重点保护植物总数的16.2%；分布有116种国家重点保护野生动物，占全国国家重点保护野生动物总数的31%。珍稀的滇金丝猴、中甸叶须鱼等物种，仅分布于这一地区。

按照国际通行的相关方法分析，滇西北地区物种丰富且具有重要生态功能的碧罗雪山地区、老君山地区、香格里拉大峡谷和部分高山、亚高山冰蚀湖群地区等，以及部分重要的生物"走廊"和生物迁徙"跳板"地，尚存生物多样性保护"空缺区域"。

滇西北有四座美丽而著名的雪山，自东南而西北排列，它们依次是海拔5595米的玉龙雪山，海拔5396米的哈巴雪山，海拔5640米的白马雪山和海拔6740米的梅里雪山。这四座雪山都具有足够的相对高差，从海拔2000米以下的亚热带干热河谷高高拔起，经温带、寒温带和寒带不同植被的变化演替，直到海拔5000米左右终年积雪的现代冰川，山地植被垂直分布明显，在很小的空间范围内，集中了复杂的生物多样性，世所罕见。

除梅里雪山外，其余三座雪山都已建立自然保护区。

二、纳西族历史上居住区和地理环境

（一）横断山区的地貌特征

《纳西族史》认为：纳西族居住在滇、川、藏交界的横断山脉地区，背靠青藏高原，面向云贵高原，境内六江流域，形成了独特的自然环境。② 纳西族就在其中生存和发展。

横断山脉是指我国四川省、云南省西部和西藏自治区东部一系列南北走向的平行山脉的总称。长近900千米。海拔4000～5000米，岭谷的高差一般在1000米以上。山高谷深，横断了东西交通，故名横断山脉。山岭自西向东包括色隆拉岭、伯舒拉岭（南延为高黎贡山）、怒山、宁静山（南延为云岭）、沙鲁里山、大雪山、邛崃山等。北纬25° 00′ ～29° 40′ 之间基本上是南北走向，北纬29° 40′ 以北向西展开，北纬25° 以南向东南撒开。地势北高南低。北部山岭多雪峰冰川，位于北纬27° 06′ 的玉龙雪山海拔

①范承钧：《滇西区域地质特征》，《云南地质》1982年第4期。

②郭大烈，和志武：《纳西族史》，云南大学出版社、云南人民出版社2015年版，第8页。

5596米，为中国纬度最南的现代冰川分布区。山岭褶皱紧密，断层成束，怒江、澜沧江、金沙江、雅砻江、大渡河、安宁河等许多大河都沿深大断裂平行发育。各条断裂带在第四纪都有活动。怒江以西的腾冲地区有第四纪火山群，龙陵县、潞西市一带近年也曾发生过强烈地震。南北差异大，北纬27° 40′ 以南的地带性植被为亚热带常绿阔叶林。西部受西南季风影响，多地形雨，湿润温和；云岭一带湿度减低，背风谷地更为干旱。山地植被以云南松为主。北纬27° 40′ 以北垂直分带明显，2800～3800米为高山松林、云南松林，阴坡为云杉林；3800～4200米为冷杉、红杉林；4200米以上为高山灌丛、草甸带；4800～5200米植被稀疏，为高山荒漠带。北纬30° 以北，3200～4200米为寒温带针叶林，以云杉林为主。是我国重要林区，但由于山势坡度大，交通不便，开采难度大，采伐不当地区易导致水土流失。农业区主要集中在2800米以下，最高上限约3900米。主要以生产茶、油桐、核桃、板栗等经济林木为主。产贝母、冬虫夏草、大黄、党参、五味子、天麻等药材。河流流量大，落差急，水力资源极为丰富。

（二）纳西族居住区四个地带特征

《纳西族史》介绍：纳西族一般居住在北纬30° 以南地区，历史上为了学习佛经，经商需要或者不可避免的军事活动，纳西族也会北达昌都、德格地区。在其居住区内，具有四个明显的地带特征。①

1．盐源——丽江中高山峡谷盆地

摩挲古园古定笮盐源坝子今貌

盐源县隶属四川省，位于青藏高原东南缘，雅砻江下游西岸，面积8398平方公里，人口33.5万。境内风光旖旎，物产丰富，气候宜人，民风淳厚。历史上曾以“南方丝绸之路”而兴盛，而今又以盐铁之利、山川之胜和泸沽湖摩梭人婚俗而远近

①郭大烈，和志武：《纳西族史》，云南大学出版社、云南人民出版社2015年版，第8页。

闻名，其地与纳西族主要居住区丽江市宁蒗县泸沽湖仅是一水之隔，因此也具有了神秘“女儿国”之称。多数纳西族居住在盐源——丽江中高山峡谷盆地，这一区域包括盐源、宁蒗、丽江以及香格里拉、维西的一部分。河谷海拔一般在1000～1500米，山岭海拔在4000米左右，最高的山峰是丽江市郊的玉龙雪山，超过了5000米。盆地内最暖月均20°，最冷月均5°左右，年降水量1000～1500毫米，四季分明，资源丰富，植被较好。

2．维西——兰坪高中山峡谷区

维西是迪庆藏族自治州的一个傈僳族自治县，属于地处世界自然遗产“三江并流”腹地，位于云南省西北隅，州府香格里拉西南端，东与香格里拉县隔江相望，东南与丽江市玉龙县接壤，南与怒江兰坪县相连，西与怒江州贡山县、福贡县为邻，北与德钦县衔接，面积4661平方公里；而兰坪是怒江傈僳族自治州的一个白族普米族自治县，地处祖国西南边疆的横断山脉纵谷地带，四周与大理白族自治州的剑川县和云龙县、迪庆藏族自治州的维西县、丽江市以及本州的福贡县和泸水县毗邻接壤，面积4325平方公里。在二者的高中山峡谷区，有1.6万纳西族居住。

3．木里无量河

雅砻江中下游高山峡谷区木里藏族自治县坐落于四川省西南边缘，位居凉山彝族自治州的西北，地理坐标为东经100°03′～101°40′，北纬27°40′～29°10′。其流经境内的无量河又名理唐河、小金川，下游称木里河，是雅砻江一级支流，雅砻江中游右岸最大支流，源于沙鲁里山东南坡与扎噶山、太阳山西坡涧。经甘孜理塘至凉山木里，自西北向东南流，在木里县城附近向北折东流，于锦屏山西北麓汇入雅砻江。干流全长516公里，多年平均流量287立方米，自然落差2830米，水能藏量225万千瓦。在两个地域之内的高山峡谷区，生活着一部分纳西族人。

木里无量河

4. 德钦——德荣三江中游峡谷区

德钦县，是云南省迪庆藏族自治州下属的一个县，位于维西县西北境，旧属维西县，面积7596平方公里，2003年人口6万人。德钦县有着美丽稀奇的自然风光，充满藏文化氛围的人文景观，古朴剽悍的民风民俗使人们对这里无比神往。从古至今，曾在这块土地上留下足迹的中外游客，把这里誉为“雪域圣地”“歌舞之乡”，生活在这里的藏民族也被称为“生活在诗中的民族”“生活在神话中的民族”；四川省的得荣县，位于四川省西南部。地处东经99° 07′ ~ 99° 34′，北纬28° 09′ ~ 29° 10′，属金沙江干旱河谷区，北部与四川省甘孜州巴塘、乡城县相连，东南与云南省迪庆州香格里拉县相邻，西南与云南省迪庆州德钦县毗邻。处于四川省甘孜州稻城县“亚丁自然保护区”和云南省中甸县（今香格里拉市）“香格里拉旅游区”的国际旅游环线上。这两个不同省份的县处于三江并流的高山峡谷地带，生活着一部分纳西族人。

第二节　摩梭人口分布与迁徙和定居地域

一、摩梭人的人口分布

众所周知，纳西族在历史上最早的记录出自《华阳国志・蜀志》，写为“麽些”。这与“摩梭”人的称谓发音一致。学术界认为他们所指的不仅仅是今天的摩梭人，而是所有的纳西族，摩梭人则包含其中。关于纳西族的人口，“1936年陶云逵估计有十五六万人，而1937年林惠祥说‘有三十余万’。据1946年云南省民政厅统计，全省‘麽些’只有37890人”①。中华人民共和国成立以后，国家对民族工作极为重视，少数民族人口的统计日趋科学化，也比较准确。“据1954年统计，丽江县有纳西族人口有111196人。1953年全国第二次人口普查有156796人，1982年全国第三次人口普查有245154人。1990年全国第四次人口普查有278009人。2000年全国第五次人口普查有308839人。2010年全国第六次人口普查有326295人”②。

国家于1954年划定民族称谓，把云南境内摩梭人划定为纳西族，四川境内的摩梭人

①②郭大烈，和志武：《纳西族史》，云南大学出版社、云南人民出版社2015年版，第2页。

划归蒙古族以后，摩梭人的人口就包含在归属民族的总人口中。从此，“摩梭”人在不同的省份，分别被归属于不同的民族。摩梭人古称“麽些”，记在文献上，一般认为是他称。关于文献为什么要把古纳西人称为“麽些”，身为著名纳西族学者的方国瑜先生也感到“其本义为何？已难索解”。征询学界，“麽些”一语内涵有二：一是民间传说，认为“麽些”“麽些”迁徙之后，为当地人询问，“你们是什么人？”答曰：“麽些、麽些”，故此有“麽些”之称载之文献。二是学者研究。这方面的主要观点来自方国瑜先生的解释：他认为“麽”为文献记载“旄牛羌”之“旄（髦）”的音变，“些”为“人”的古音。① 而文献载“旄牛羌”文化特征为“马、髦牛”，“麽些”之“麽”与“髦牛”之“髦”音近，而其解与“麽些”文化另一特征之“马”无关。可以肯定地说，“麽些”绝非纳西古语，也不是汉语。可见方国瑜的解释似可商榷。另有观点认为“麽些”来自古越人的称谓，“麽”内涵为“马”；“些”内涵为“牛”。二者合称，“麽些”为驯养马和牛的族群，② 此说与史料记载“麽些”文化的基本特征内涵吻合。有学者认为：纳西语牛的发音近“旄”③，但与古籍记载“马、髦牛”之“马”没有联系。既然学术界倾向“麽些”属于他称，则以古越人语言解释之内容是可取的。《元河郡县图志》载：“凡言笮者，夷人于大江水上置藤谓之‘笮’”，“彝语称索桥或溜索也为‘笮’”④，属于彝语支的纳西族语言亦称桥为“笮”，这不奇怪。但是，百越民族后裔之一壮族、布依族均谓“桥”为“笮”，这就值得深思了。在上古时代，极有可能出现了社会文化共同体存在着一个语言上的共用时期。

至于“麽些人”的自称，则均贯以“纳”。一些学者将他们称之为“纳族群”。按地域划分，居住在云南省丽江市玉龙纳西族自治县、古城区、维西傈僳族自治县、永胜县，以及四川省木里藏族自治县俄亚、盐源县达住等地的纳族群自称“纳西”（naq xi）；居住在云南省宁蒗县永宁、翠玉，以及四川省盐源县、木里县的雅砻江流域和泸沽湖畔的纳族群自称为“纳”（naq）或“纳日”（naqssee，或音译为“纳汝”）；居住在宁蒗县北渠坝和永胜县獐子旦的纳族群自称“纳恒”（naq hi）。纳的发音，其义有“大”“宏伟”“浩大”“黑”“黑森森”“黑压压”等意思，“西”“日”“罕”之意为“人”，上述纳族群的几个本族语称谓事实上都是“纳人”之意；其中以“纳

①方国瑜：《麽些民族考》，《方国瑜文集》第四辑，云南教育出版社2002年版，第24页。
②黄懿陆：《滇国史》，云南人民出版社2004年版，第194页。
③郭大烈，和志武：《纳西族史》，云南大学出版社、云南人民出版社2015年版，第61页。
④耿少将：《羌族通史》，上海人民出版社2010年版，第78页。

西”“纳日”“纳罕”“纳恒”几种称谓居多。经国务院批准，除了四川省盐源县、木里县的“纳”被识别为蒙古族，居住在西藏自治区芒康县的被定为藏族，其他纳族群在1954年为国家正式确定族称为纳西族。①

在学术研究上，中外学者对纳族群的族别有两种不同的意见：一种认为是纳西族的支系，一种认为是蒙古族后裔。四川省民族研究所李绍明先生曾经撰文提出新的见解。他指出：元、明时期确有不少蒙古族士兵落籍纳日人地区，并逐步融合到纳日人当中。② 由于四川境内的“纳日”人，在中华人民共和国成立初期未经过民族识别，而是沿用纳日人某些上层人士的说法直接被称为“蒙族”或“蒙古族”。虽然1960年四川省志民族志调查组和四川省民委民族识别工作组分别对“纳日”人进行了民族调查，但一直未进行民族内部的族称协商工作，因此，在四川的“纳族群”之“蒙族”或“蒙古族”这一族称沿用至今。

云南省省人大常委会积极关注这些不同的意见和根据群众的强烈反映，在相关市县的配合下，于1989年9月派出工作组到宁蒗县进行调查，根据调查材料和摩梭人意见，提交了《关于重新恢复宁蒗摩梭族称的情况反映》，省人大常委会于1990年4月27日召开了七届十一次会议，在通过批准的《宁蒗彝族自治县条例》中确认同意在云南境内的纳族群称为“摩梭人”，允许宁蒗县境内摩梭人的身份证上用“摩梭人”作为本人的民族身份。全国人大常委会和国务院在对内对外宣传上，迄今一直将纳人（摩梭人）作为纳西族的一个支系来看待。③

1983年的相关资料显示，云南省内外的这些纳族群大约有4.5万人，主要分布于云南省北部的数县及其相比邻的四川省西南部。其中，分布在云南省宁蒗彝族自治县的有2万余人，四川省的盐源县有1万余人，木里藏族自治县有1万余人，渡口市（今攀枝花市）郊区以及盐边县各有1000余人。若以中华人民共和国成立以前的区划而论，他们主要分布在四川盐源、盐边的“五所、四司”地方，即前、后、左、右、中五个土千、百户，木里宣慰司，瓜别安抚司，马喇长官司，古柏树巡城兵马司（原系土千户），以及云南宁蒗的永宁土知府、蒗渠土知州的辖境之内。④

到了21世纪的今天，已经是30多年过去了。属于纳族群的人口据说已经发展到5万多人。

①③杨福泉：《多元因素影响下的纳族群称谓与认同》，《民族研究》，2013年第5期。
②④李绍明：《川滇边境纳日人的族别问题》，《社会科学研究》1983年第1期。

二、迁徙而居的主要区域

（一）六江流域

六江流域是藏彝走廊的主要通道，涉及摩梭人的迁徙路线，在藏缅语族历史发展抑或中华民族的迁徙史上，都显得极其的重要。

费孝通教授将中国西南方的三条主要河流（怒江、澜沧江及金沙江）并流的区域称之为藏彝走廊。从北北西至南南东方约有1000 公里的距离。在这三条河流之间是峭峻的第三纪横断山脉区，从青藏高原中经年累月不间断的水流将其切割成深峻的峡谷。除此之外，四川当地的学者也指出，这个区域应该包含三条长江主要的支流（雅砻江、大渡河及岷江）这样一来便形成六江流域（Six-River Region）。峡谷的出现乃是因为这些河流所切割而成，从河床底部算起其高度常达 2000米深。在现代化的钢筋水泥桥面建造之前，这个区域是藏缅语支民族迁徙以及交通运输的自然屏障，但是沿着河流却是一条非常重要的自然通道。

1. 怒江流域

怒江是中国西南地区的大河之一，又称潞江，上游藏语叫“那曲河”，发源于青藏高原的唐古拉山南麓的吉热拍格。它深入青藏高原内部，由西北向东南斜贯西藏东部的平浅谷地，入云南省折向南流，经怒江傈僳族自治州、保山市和德宏傣族景颇族自治州，流入缅甸后改称萨尔温江，最后注入印度洋的安达曼海。从河源至入海口全长3240公里，中国部分2013公里，云南段长650公里；总流域面积32.5万平方公里，中国部分13.78万平方公里；径流总量约700亿立方米，省内流域面积3.35万平方公里，占云南省面积8.7%。上游除高大雪峰外山势平缓，河谷平浅，湖沼广布，中游处横断山区，山高谷深，水流湍急。两岸支流大多垂直入江，干支流构成羽状水系。水量以雨水补给为主，大部分集中在夏季，多年变化不大，水力资源丰富。

怒江

怒江因江水深黑，我

国最早的地理著作《禹贡》把它称为“黑水河”，当地怒族称为“阿怒日美”“阿怒”是怒族人的自称，“日美”汉译为江，含义为怒族人居住区域的江。在中国历史上，众多的氏族、部落或民族成员伴着滔滔江水南来北往、频繁迁徙于这高山峡谷之间，既沟通了青藏高原与西南地区各民族的联系，也丰富了这条“走廊”里人类社会的生产、生活方式和各种文化形态。它大致包括川、滇、藏和青海、甘肃部分地区的14个市、地区和自治州。在这片广大的区域内，生活着有藏、彝、羌、傈僳、白、纳西、普米、独龙、怒、哈尼、景颇、拉祜、珞巴族等诸多少数民族，人口500多万人。生活在这里的人们多属藏缅语族的藏语支和彝语支。

怒江大峡谷位于云南省怒江傈僳族自治州境内，全长316千米，两岸山岭海拔均在3000米以上，因它落差大，水急滩高，有“一滩接一滩，一滩高十丈”的说法，十分壮观。两岸多危崖，又有“水无不怒古，山有欲飞峰”之称，每年平均以1.6倍黄河的水量像骏马般地奔腾向南。怒江就这样昼夜不停地撞击出一条山高、谷深、奇峰秀岭的巨大峡谷。据掌握的资料，这是仅次于美国西南部长约460多千米、深达1830米的号称世界第一的科罗拉多大峡谷的世界第二大峡谷。

怒江州境内，4000米以上高峰有20余座，群山南北逶迤、绵亘起伏，雪峰环抱，雄奇壮观。湖泊遍布，比较著名的有泸水县高黎贡山的听命湖；福贡县碧罗雪山的干地依比湖、恩热依比湖、瓦着低湖等。这些高山湖清澈幽静，是由长年冰蚀形成的许多大小不等的湖泊。湖两岸原始森林密布，珍禽异兽繁多，古木参天，松萝满树，幽中显古，蔚为壮观。

2．澜沧江流域

澜沧江是横断山脉地区的重要河流，也是中国最长的南北向河流水电重点开发河流。流域位于北纬21° 30′ 至北纬32° 40′，东经94° 至东经101° 50′。流出国境后称湄公河，在越南胡志明市以南流入南海。关于澜沧江的源头有多种说法，而以不同源头为起点的河流长度也有多种，估测的长度从4200千米到最长4880千米不等。一是说澜沧江发源于唐古拉山北侧的扎纳日根山脉，查加日玛峰（藏语，意为“多彩的山”）南坡，莫云滩深处的扎阿曲；二是说澜沧江发源于唐古拉山北侧的扎纳日根山脉的查加日玛峰南坡的莫云滩深处的扎阿曲，位于东经94° 41′ 44″、北纬33° 42′ 31″ 海拔5224米的拉赛贡玛的功德木扎山上，位于玉树州杂多县境内。三是根据遥感专家刘少创探测的结果是：澜沧江源头在青海省玉树藏族自治州杂多县吉富山，海拔5200米，地理坐标是东经94° 40′ 52″，北纬33° 45′ 48″。从这里算起，澜沧江的长度是4909千米。

澜沧江

澜沧江流经缅甸、老挝、泰国、柬埔寨、越南，在越南南部胡志明市南面入太平洋的南海，总流域面积81万平方千米，是亚洲流经国家最多的河，被称为："东方多瑙河"。澜沧江上中游河道穿行在横断山脉间，河流深切，形成两岸高山对峙，坡陡险峻"V"形峡谷。下游沿河多河谷平坝，著名的景洪坝、橄榄坝各长8千米，已初步拟定在干流上兴建24级梯级电站，河道中险滩急流较多。在中国境内长2179千米，流经青海、西藏、云南3省，其中在云南境内1247千米，流域面积16.5万平方千米，占澜沧江—湄公河流域面积的22.5%，支流众多，较大支流有沘江、漾濞江、威远江、补远江等。

澜沧江水系主要由干流和众多的支流组成，流域面积大于100平方千米的支流有138条，流域面积大于1000平方千米的支流有41条，较大的支流一般分布在上游和下游。一般支流较短，多为20～50千米，天然落差特别大，一般在2000～3000米。主要支流有：子曲、昂曲、盖曲、麦曲、金河、漾濞江、西洱河、罗闸河、小黑江、威远江、南班河、南拉河等。澜沧江支流特点是落差大、水资源丰富，上中游降水量少，有雪水补给，水量稳定，下游地处热带、亚热带气候区，降水量大，水量充沛，但缺乏调节水库，以引水式开发为主。

3. 金沙江流域

金沙江是我国第一大河长江的上游，早在2000多年前的战国时期成书的《禹贡》中将其称为黑水，随后的《山海经》中称之为绳水。东汉许慎的《说文解字》及《汉书·地理志》中将今雅砻江以上部分称为淹水，而以若水（雅砻江）为干流。三国时期，称为泸水，诸葛武侯"五月渡泸，深入不毛"。北魏郦道元在《水经注》中首次对金沙江水系做了详细描述，但未能言明金沙江与长江干流的关系。除此以外，金沙江还有丽水、马湖江、神川等名称。沿河盛产沙金，"黄金生于丽水，白银出自朱提。"宋

金沙江

代因为河中出现大量淘金人而改称金沙江。诗人陈志岁《金沙江口号》诗曰：“江人竞说淘工苦，万粒黄沙一粒金。不识官家金铸槛，几多黔首失光阴。”① 明代地理学家徐霞客经过实地考察后提出“推江源者，必当以金沙为首”，从而确认了金沙江作为长江上源而纠正了自《禹贡》以来“岷山导江”延续两千年的谬误。金沙江发源于青海境内唐古拉山脉的格拉丹冬雪山北麓，是西藏和四川的界河。它在江达县和四川的石渠县交界处（江达县邓柯乡的盖河口）进入昌都地区边界，经江达、贡觉和芒康等县东部边缘，至巴塘县中心线附近的麦曲河口西南方小河的金沙汇口处入云南，然后在云南丽江折向东流，为长江上游，是长江干流宜昌站泥沙的主要来源。金沙江在昌都地区段河长587公里，江面海拔自3340～2296米，落差1044米，流域面积2.3万平方公里，年平均流量为957.3立方米/秒，年径流量301.9亿立方米（巴塘站）。金沙江河谷地貌特征可以德格县白曲河口和马塘县玛曲河口附近分为上、中、下三段。

金沙江上段从青海省玉树巴塘河口流向东南，至真达入四川省石渠县境，然后介于四川与西藏两省（自治区）之间奔流，经邓柯、岗拖，过赠曲河口后，折向西南，至白玉县城西北的欧曲口，又折西北，不久又复南流，至藏曲口、热曲口，再径直向南经巴塘（巴曲河口），至德钦县东北入云南省境，过松麦河口、奔子栏，直至石鼓止，为金沙江上段。上段河长约965公里，落差1720米，平均坡降1.78‰。本段金沙江左岸自北而南是高大的雀儿山、沙鲁里山、中甸雪山；右岸对峙着达马拉山、宁静山、芒康山和云岭诸山，河流流向多沿南北向大断裂带或与褶皱走向相一致，被高山夹峙的河谷一般宽100～200米，狭窄处仅50～100米，右岸宁静山—云岭诸山以西为澜沧江。

①《载敬堂集·江南靖士诗稿》。

金沙江上段有13条支流的流域面积超过1200平方公里，9条支流的河长超过100公里，依次为松麦河、赠曲、热曲、中岩曲、巴曲、藏曲、欧曲、达拉河和支巴洛河。

从云南省丽江纳西族自治县石鼓镇至四川省新市镇为金沙江中段，河长约1220公里，江水奔流在四川、云南两省之间。金沙江过石鼓后，流向由原来的东南向，急转成东北向，形成奇特的“U”型大弯道，成为长江流向的一个急剧转折，被称为“万里长江第一弯”。1936年4月24～26日红二方面军长征北上时，正选在水势较和缓的石鼓渡口横渡金沙江。金沙江中段除金江街、三堆子至龙街、蒙姑、巧家等地为开敞的“U”型河谷（谷底宽200～500米、最宽可达1000～2000米、水面宽100～200米）外，其他大部分河段均为连续的“V”型峡谷，虎跳峡情况已如上述，其余河段的两岸山地海拔约1500～3000米，岭谷间高差仍达1000米左右，峡谷底宽150～250米，最窄处100～150米，水面宽80～100米。因此金沙江中上段河谷形态气势都十分雄伟。

金沙江中段有19条支流的流域面积超过1200平方公里，14条支流的河长超过100公里，它们依次为雅砻江、牛栏江、普渡河、龙川江、水落河、渔泡江、黑水河、西溪河、硕多岗河、美姑河、小江、漾弓江、以礼河和普隆河。

金沙江下段从四川省新市镇至宜宾市岷江口为金沙江下段，下段河长106公里。江水过新市镇转向东流，进入四川盆地，经绥江、屏山、水富、安边等地。右岸汇入金沙江最后一条支流横江，再流28.5公里到达宜宾市，过岷江口始称长江。金沙江下段两岸多在海拔500米以下，仅向家坝附近山岭海拔超过500米，属低山和丘陵，规划在此处拟建向家坝水利枢纽。本段河流沉积作用显著，河床多砾石，沿岸有较宽阔的阶地分布，高出江面约30米。

金沙江的主要支流为流域面积超过10万平方公里的雅砻江，此外还有左岸的松麦河、水落河、右岸的普渡河、牛栏江、横江等5条支流的流域面积在1万平方公里以上。

4. 雅砻江流域

雅砻江是中国四川省西部河流。为长江上游金沙江的支流。发源于青海省巴颜喀拉山南麓，东南流入四川省西北部，在甘孜以下称雅砻江，沿大雪山西侧经新龙、雅江等县至云南边界攀枝花市注入金沙江。长1187公里，流域面积14.4万平方公里。水流湍急，水力资源丰富。雅砻江古称若水、泸水。因为酷似它的母亲金沙江，又有“小金沙江”之称。雅砻江发源于青海巴颜喀拉山系尼彦纳克山与冬拉冈岭之间，洁白的冰雪融水，集成涓涓细流，成为它的上源“扎曲”。在石渠县附近进入四川时，才正式被称为雅砻江。

古若水雅砻江

雅砻（lóng）江是金沙江的最大支流，又名若水、打冲江、小金沙江，藏语称尼雅曲，意为多鱼之水。中国水能资源最富集的河流之一。发源于巴颜喀拉山南麓，经青海流入四川，于攀枝花市三堆子入金沙江。石渠以上为石渠河，流经丘状高原地区，河床宽浅，水流漫散。石渠以下称雅砻江，由于山原地貌逐渐进入高山峡谷地带，为横断山区北南向的主要河系之一。

5. 大渡河流域

大渡河（藏语：rgyal rong rgyal mo rngul chu），位于中国四川省中西部，发源于青海省玉树藏族自治州境内巴颜喀拉山南麓，向南入四川省分别流经阿坝藏族羌族自治州、甘孜藏族自治州、雅安市、凉山彝族自治州、乐山市，长1155公里。主源大金川发源于青海、四川边境的果洛山，在四川丹巴县与小金川汇合后称大渡河，至乐山市入岷江，长909公里，流域面积82700平方公里，其中在金口河段的金口大峡谷最为著名，被誉为“世界最具魅力的天然公园”。

大渡河

大渡河是中国岷江最大支流，是长江的二级支流。位于四川省西部。古称沫水。大渡河为高山峡谷型河流，地势险峻，水流汹涌，自古有“大渡天险”之说。水流丰沛稳定。大渡河发源于青海省，干流全长1062公里，流域面积77400平方公里，天然落差4177米，年径流量488亿立方米，水能资源蕴藏量3373万千瓦，可开发容量约2460万千瓦。大渡河干流目前规划建设22座梯级发电站，总装机容量2340万千瓦时，总发电量1019亿千瓦时，大渡河是我国重要的水电基地。

6. 岷江流域

岷江（Min River 亦作Min Jiang）是长江水量最大的支流，发源于岷山南麓，全长1279千米，流域面积133，500平方公里，水量丰富，年均径流量900多亿立方米，为黄河的两倍多，水力资源蕴藏量占长江水系的1/5，沿途汇入黑水河、杂谷脑河、大渡河、马边河等重要支流，在宜宾汇入长江。岷江上有著名的战国修建的都江堰，是滋润成都平原的重要水利工程，金沙江缺乏足够了解，因此在古代相当长的时期内岷江都被误认作长江正源。2013年12月，中国科学院遥感与数字地球研究所利用卫星遥感技术确定了长江水量最大的一级支流岷江，其最上源流名为玛尔曲，源头位于青海省果洛藏族自治州达日县满掌乡境内的莫坝东山西麓，以新发现的源头为起点，岷江的长度为1279千米。

岷江大峡谷

（二）泸沽湖

1. 形成年代

泸沽湖位于云南丽江宁蒗县北部永宁乡和四川省盐源县左侧的万山丛中，泸沽湖大落水村距宁蒗县城有73公里，距丽江古城200公里左右。泸沽湖为川滇两省界湖。为四川云南两省共有，四川约占总面积的1/3，云南占总面积的2/3，云南远比四川湖面面积大，而湖岸线四川要比云南的湖岸线长约占2/3。泸沽湖面积50多平方千米，海拔2690米，平均水深45米，最深处达93米，透明度高达11米，最大能见度为12米，湖水清澈蔚蓝，是云南海拔最高的湖泊，也是云南第二深的淡水湖之一。湖中有5个全岛、三个半岛和一个海堤连岛，形态各异，翠绿如玉。

泸沽湖属于云南省境内众多的高原断陷湖泊之一。根据科研人员取自1980～1986年的样品分析表明：云南断陷湖泊自上新世随着区域性隆起断裂拉张形成以来，经历了裂

泸沽湖畔的左所

陷早期沼泽、深陷期深水、充填后期浅水的构造-沉积演化阶段，揭示了深水湖泊以重力流为特色；中等水深湖泊横向搬运以重力流、纵向搬运以三角洲为特色；浅水湖泊以河流三角洲为特色的沉积模式。由于地壳内力作用，包括地质构造运动所产生的地壳断陷、坳陷和沉陷等所产生的构造湖盆，经贮水而形成的湖泊称为构造湖。我国大多数湖泊都程度不等地受新、老地质构造运动的影响和控制。但因构造湖所处的发育阶段不同以及构造运动性质的差异，反映在湖泊形态方面的特征也就不甚一致。一是处于大地表面，属于高山高原湖泊，二是在很早的时期地面发生断裂，沿断裂方向出现坳陷；三是坳陷处逐渐储水，最后形成湖泊。根据云南抚仙湖构造示意图，抚仙湖是晚第三纪喜马拉雅运动时期形成的断陷盆地，在340万年前积水形成湖泊。而泸沽湖属于正攀西裂谷，位于横断山脉的中段东缘，北起泸定，向南经石棉、冕宁、西昌、攀枝花等地，止于云南省元谋、楚雄地区，呈南北展布，绵延400公里。这条裂谷被称为中国西南的“天然博物馆”和“得天独厚的聚宝盆”。裂谷带的山脉、峡谷和山间盆地走向与断裂走向一致，均呈南北向展布。由于强烈的构造运动，裂谷区出现若干大小不一的山间断陷盆地，如盐源、昭觉、布拖、会理和安宁河谷，因为这样一个地理原因，这一时期形成了西南地区几个比较大的断陷湖泊，如邛海和泸沽湖。

邛海位于四川省凉山彝族自治州西昌市，古称邛池，属更新世早期断陷湖，在地质学上有一个可供参考的形成年代：距今约有180万年；而青海湖也属于断陷湖，其形成年代在20万～200万年之间。参照抚仙湖、青海湖、邛海的形成年代，与邛海属于同一地质断裂带且在同一年代形成的泸沽湖，其形成年代应该与邛海形成的年代同步，约在180万年前形成。

2. 泸沽湖的主要景点

泸沽湖素有“高原明珠”之称。湖中有5个全岛、三个半岛和一个海堤连岛，形态各异，翠绿如玉。

湖中各岛亭亭玉立，形态各异，林木葱郁，翠绿如画，身临其境，水天一色，清澈如镜，藻花点缀其间，缓缓滑行于碧波之上的猪槽船和徐徐飘浮于水天之间的摩梭民歌，使其更增添几分古朴、几分宁静，是一个远离闹市，未被污染的处女湖。2009年11月，泸沽湖景区被国家旅游景区A评委专家评定为AAAA级风景名胜区。

泸沽湖位于川滇交界外的四川省盐源县泸沽湖镇，距西昌市258公里，宛如一颗洁白无瑕的巨大珍珠镶嵌在祖国的西南部。她那如诗如画的旖旎风光，亘古独存的母系氏族遗风民俗，基督教中的“诺亚方舟”，喇嘛教的朝钟暮鼓，古道通幽的感觉，是那样的惹人瞩目，使众多游客的目光投向这块神秘而浪漫的土地上。神秘莫测的泸沽湖，当地人称“谢纳咪”，意为大海、母湖，从高处鸟瞰，宛如一只展翅翱翔的飞燕，也是云南第四大，四川第一大天然淡水湖，被誉为“高原明珠”。湖的西北面，雄伟壮丽的格姆山巍然矗立，这即是摩梭人人为之崇拜而人格化的格姆女神。

泸沽湖岛上的女神神祠

湖的东南面，与草海连接，这里牧草丰盛，牛羊肥美，浅海处茂密的芦苇随风荡漾，簇簇的花草迎风招展，每到冬季，天鹅、黑颈鹤等珍稀候鸟数以万计栖息于此，平添一种生气，一种景致。湖周，在那茂密的原始森林里，豹、獐、鹿、岩羊、小熊猫、短尾猴、斑羚羊等珍稀动物出没其间，给人几分畏惧，几分野趣。湖畔，阡陌纵横，田园万顷，日出而作，日落而息，木摞房舍，炊烟袅袅，牧歌阵阵，渔火点点，阿哥阿妹，结伴相随，好一派景象万千的农家农园，令游人魂不守舍。

第二章　历　史

第一节　旧石器时代

一、旧石器时代文化

（一）元谋人化石的发现

旧石器时代早期是人类历史的开端，大约相当于古人类发展阶段中的直立人（或称猿人）阶段。直立人又分为早期直立人（早期猿人）和晚期直立人（晚期猿人）两个发展阶段。早期直立人延续的年代为距今约300万年至200万年或150万年，晚期直立人生存的年代为距今约200万年至20万～15万年，中国发现的旧石器时代早期的人类化石和石器文化大多属晚期直立人阶段。在旧石器时期，也叫做人类发手斧展的三个阶段，在此期间，人类创造和发展了人类社会的最初的文化。

由于这些文化以石器等易保存的遗物为代表，因此，旧石器时代人类文化遗存远比人类化石丰富。中国旧石器时代文化分布广泛，新地点还在不断增多。最早的旧石器文化以山西芮城西侯度和云南元谋为代表，稍晚的文化遗存有蓝田猿人文化、北京猿人文化、贵州黔西观音洞文化、山西河文化、湖北大冶石龙头文化等，此外河南三门峡、山西垣曲等地也发现旧石器时代早期文化遗存。旧石器时代中期文化有丁村、周口店第十五、第三和第四地点、贵州桐梓、辽宁喀左旗鸽子洞以及山西阳高许家窑等。这一系列旧石器文化遗址的发现，“为了解早期人类在中国乃至东南亚地区的活动及适应行为提供了珍贵的资料”①。

出现在远古云南的元谋猿人化石，是中国地质科学院于1965年5月在云南省元谋县

①刘庆柱：《中国考古发现与研究》，人民出版社2010年版，第35页。

上那蚌村附近发现的。这里地处元谋盆地边缘，盆地内外露的河湖沉积厚达695米，从下到上分为4段28层，元谋猿人牙齿发现于第4段第22层中，包括两颗上内侧门齿，一左一右，属于同一成年人个体。此后，又在同一地点的同一层位中，发掘出少量石制品、大量的炭屑和哺乳动物化石。元谋猿人的石制品先后共出土了7件，上面人人工痕迹清楚，它们和人牙虽不居于同一水平面上，但距离近，层位又大致相同，无疑是元谋猿人制造和使用的。石器的原料为脉石英，器形有石核和刮削器，但比较小。

在同一地点发现的炭屑多掺杂黏土和粉砂质黏土，少量的砾石凸镜体。炭屑大致分为3层.每层间距30～50厘米。最大的炭屑直径可达15厘米，小的为1毫米左右，炭屑常常和哺乳动物化石伴出。此外还发现两块黑色的骨头，可能是当时人类用火的痕迹。

与元谋人共生的哺乳动物化石，有泥河湾剑齿虎、桑氏缟鬣狗、云南马、爪蹄兽、中国犀、山西轴鹿等29种，绝种动物几乎占100%，其中上新世和早更新世的占38.8%。从上述动物化石分析，元谋猿人的生存时代应为早更新世。根据古地磁断代，距今约170万年。

（二）玉溪甘棠箐旧石器遗址

2014年10月，由省文物考古研究所、市文物管理所、江川县文物管理所的相关工作人员组成联合考古队，再次对江川甘棠箐旧石器遗址进行正式发掘。到目前为止，甘棠箐遗址本次发掘工作已接近尾声。从目前的发掘成果来看，江川甘棠箐遗址是一处重要的早更新世旧石器旷野遗址，文化层堆积较厚，且堆积完整、连续，遗物丰富，对了解和认识我国旧石器早期文化的面貌和内涵，分析和探索早更新世西南地区古人类的生存方式和行为特点均具有较高的学术价值。

甘棠箐旧石器时代遗址位于云南省玉溪市江川县路居镇上坝行政村龙潭村西南约1.5公里处。由于该遗址地处一处沟谷的西侧阶地上，而该处沟谷被当地人称为“甘棠箐沟”，因此该遗址在20世纪80年代被调查发现后就被文物工作者命名为“江川甘棠箐旧石器遗址”。甘棠箐旧石器时代遗址是1984年4月江川县开展文物普查工作时发现的。1986年6月、1988年9月和1989年2月，云南省博物馆的考古专家多次到该遗址调查，并采集到大量动物化石及少量石制品。1989年秋，由云南省博物馆、玉溪地区文物管理所和江川县文物管理所的相关考古工作者组成的联合考古队在该遗址进行了正式发掘，发掘面积约300平方米。2014年10月至2015年2月，云南文物考古研究所再次对该遗址进行主动性发掘，共出土石制品25153件、骨制品28件、木制品数十件。在遗址文化层顶部，还发现了用火遗迹，初步判断为篝火遗存；动物组合与元谋动物群极为相似，初步判断其地质时代应为早更新世。考古专家发掘出的石制品、骨制品、木制品，有剑齿象、狐鹿、轴鹿等动物化石、植物果核和种子等标本进行整理研究后，一致认为，甘棠箐遗址是一处非常重要的旧石器时代早期遗址，对研究更新世东亚地区古人类的生存方式和行为特点具有非常重要的意义。

就目前而言，在中国的旧石器遗址里还从未发现过木器，此木制品：算是填补了中国旧石器时代木制器研究的空白。① 研究人员初步认为甘棠箐旧石器时代遗址的地质年代为早更新世，在文化时代上处于旧石器时代早期。

初步鉴定，甘棠箐旧石器时代遗址的年代上限为距今100万年以前。② 2016年，该遗获全国十大考古发现之一。

（三）石林等地旧石器时代文化遗址的发现

2005年1月10日，中国科学院古脊椎动物与古人类研究所研究员黄慰文对新华社记者说：石林县的“百石岭”的考古遗址属于旧石器时代遗址，这是云南省发现的距今约80万年的人类旧石器时代遗址，其考古年代仅次于云南元谋人遗址和江川甘棠箐遗址

石林县“百石岭”的考古遗址早在1961年就被发现。由于当时缺乏对这个遗址的年代测定的精确技术，考古专家们对此遗址的年代保守估计大约距今3万～4万年。由于年代对考证历史有着举足轻重的作用，而三四万年的时间对已经拥有元谋人这样久远的古人类遗骨的云南来说意义不大，于是这个遗址被作为一个普通的旧石器遗址“搁置”在石林县。但是细心的专家们同时发现，该遗址中的旧石器与欧洲旧石器时代中期占统治地位的“莫斯特”文化极其相似。

40多年后，云南的考古专家在对“百石岭”进行重新研究时多次发现数量不少的旧石器。与此同时，当年来到云南预测了遗址年代的中国科学院古脊椎动物与古人类研究所的黄慰文研究员，在对广西壮族自治区百色市的考古遗址进行研究时，发现了和石林“百石岭”旧石器时代遗址相似的地层，而通过核能所测定的年代却在70万～80万年左右。这个结果让他意识到，当年对云南石林遗址的推断并不恰当。

2005年1月7日，黄慰文应云南省考古所古人类研究部研究员吉学平的邀请再次来到当年的“百石岭”。看了现场后，黄教授否定了当年的推测，重新确定该遗址的年代约

①李继升，刘琼，刘建辉，李文静：《云南江川甘棠箐遗址发现数十件木制品》，《春城晚报》2016年1月5日。
②张兴永，高峰，马波，侯丽萍：《云南江川百万年前旧石器遗存的初步研究》，《云南：人类起源与史前文化》，云南人民出版社1991年版，第231页。

为距今80万年，并为人们描绘了一幅当地的史前图画：现在看到的“百石岭”在几千万年前是一个巨大的湖泊，其中生存着古老的现在已经灭绝了的动物。青藏高原隆起后山体提升，湖泊干涸，造成了这个地方很长时间没有堆积。到了100万年前的时候，这里开始变为盆地并逐渐下沉，开始接纳堆积物，那时开始便有一批原始人在这里活动，他们的技术不算简单，他们打造出了欧洲在此几十万年之后才开始流行的石器技术——莫斯特文化。

一般认为，莫斯特文化属于欧洲、西亚、中亚和东北非的旧石器时代中期文化。因最早发现于法国多尔多涅省莱塞济附近的勒穆斯捷岩棚而得名。该文化约始于15万年前，盛行于8万～3.5万年前。与该文化共存的人类化石大多数是尼安德特人。莫斯特文化的典型特征是使用修理石核技术（勒瓦娄哇技术和盘状石核技术），典型器物是用石片精心制作的边刮器和三角形尖状器。此外还有凹缺器、锯齿状器、石球、钝背石刀和小型手斧等。莫斯特文化时期的遗址数量较前增多，许多是洞穴遗址，这时狩猎技术有了发展，猎物的种类更加广泛，遗址中常常出土大量兽骨，证明了狩猎的成功。在西亚的卡尔迈勒山发现一具木矛致伤的遗骸，提供了当时使用木矛的证据。在东欧，还发现了窝棚和炉灶的遗迹。当时出现粗制的骨针，已知使用赤铁矿和氧化锰染色，偶尔有穿孔的牙齿、骨头及刻画过的骨头等原始装饰物和艺术品。还发现有埋葬死者的习俗。

中国社会科学院考古研究所主编的《中国考古发现与研究》指出：“迄今为止，在我国南方地区已经发现的数量众多的晚更新世晚期或稍早的遗址中，不见明显地来自西方的技术因素，没有发现莫斯特技术、石叶技术和细石器技术”①，而石林县“百石岭”考古遗址出现了明显的莫斯特文化，这在远古云南并不是特例，也不是孤证。

根据黄慰文先生的观点：石林县的“百石岭”考古遗址是距今约80万年的人类旧石器时代遗址。倘若得到进一步确认，其考古年代仅次于云南元谋人遗址和玉溪甘棠箐遗址。云南省考古研究所研究员吉学平指出，这种石器和欧洲人在12万～4万年之间流行使用的工具同是一种被命名为“莫斯特”的文化类型，只是，云南的老祖宗们使用这种工具的时期竟然比欧洲人早了六七十万年。那么，在那个遥远的时期，世界到底是怎样演绎的？最早的人类是否来自云南？以及欧洲和云南是否在很早前就开始了文化交流？这些疑问还有待考古学家一一为人们解开。②

①刘庆柱：《中国考古发现与研究》，人民出版社2010年版，第89页。
②秦晴：《云南石林发现距今80万年的人类旧石器时代遗址》，《新华网》2005年1月11日。

以黄慰文教授为代表的考古学家认为，在石林县的“百石岭”考古遗址开始流行的石器技术——莫斯特文化，随着人类社会文化共同体的迁徙交流到了欧洲，而其在远古云南的再发现，则是以距离石林县“百石岭”考古遗址之后76万年的富源县大河文化遗址为代表。距今3.8万～4.4万年前的富源大河文化时期。这里有3枚人类牙齿化石、2000余件具有欧洲人类的石器制作技术特点的石制品，在云南富源大河乡茨托村旧石器时代洞穴遗址出土。其中二号洞中还发现了大量反映旧石器时代人类生活的火塘、红烧土、烧骨、碳屑、颜料等。此外，砍砸器、刮削器、雕刻器、石球、尖状器、石片、石核等各类石器的分布也很密集。洞内还有人工堆积的砾石地面，其功能尚待进一步研究。除此之外，在云南昭通市、文山壮族苗族自治州等地采集到的石制品、骨器等，还有赭石颜料，都可以是旧石器时代人类活动遗址。①

二、玉龙雪山阿舍利手斧和丽江少女头骨

（一）玉龙雪山阿舍利手斧

2014年12月10日《云南网》报道，两件采集自丽江玉龙雪山的石斧，不属于东南亚的安雅辛文化、芬诺伊文化、淡边文化、巴芝丹文化、塔邦文化和扎本埃地点类型，而属于阿舍利文化（Acheulian）。这种文化类型的石器集中在非洲、西欧、西亚等地发现。之前在东亚地区的韩国、中国广西壮族自治区百色市等地都有零星发现。2011～2012年，在中国陕西省洛南盆地发现了18000余件阿舍利文化类型的工具；2013年1月26日，考古人员在陕西省洛南县大规模发现代表直立人的工具阿舍利手斧，并确认年代距今有25万～7.5万年。

阿舍利手斧这种工具两面打制，一端较尖较薄，另一端略宽略厚，呈泪滴等形状，由于它左右两边和正反两面基本对称，由此被公认为人类历史上第一种标准化加工的重型工具，它代表了古人类进化在直立人时期石器加工制作的最高技术境界。

智人属来自非洲，其中部分分别向西南亚、南亚、东亚、东南亚及高加索地区迁徙，这是遗传学界、人类学家、考古学家和其他研究人类起源的学者们的共识。然而，由于旧石器时代南方古猿遗存的碎片化和稀缺，人类学家对从原始人到智人这一以智力进化为特征的演化链条尚无共识。一般认为南方古猿是人类的直系祖先。生活在各

①刘丰：《中国世界古文化》，时事出版社2007年版，第189页；杨德聪：《图说云南历史文化》，云南教育出版社2008年版，第28页。

种环境中的不同种类南方古猿，采取不同的生存策略，强化记忆力，并向后代传授技艺和知识。由此，晚期的一些南方古猿已经能够制造简单工具。在东非和南非生活着的鲁道夫人、能人和直立人三种古人类，均具备制造石器的能力。考古发现最早的石器可能出现在距今300万年前的东非大裂谷东北部。考古学界在阿沃什河中游、图卡纳湖和维多利亚湖以及大裂谷西侧等地发现距今260万～230万年石器制造业遗存。距今约180万～150万年。第一批古人类（直立人）移民中可能有两个群体从非洲迁移到亚欧大陆，分别带来了砾石——石片工业和细石器工业。亚欧大陆各地发掘出了一些石器，如塔吉斯坦中部的遗址发现距今170万～80万年的小石器工业。古人类在亚欧大陆定居是选择最适宜环境和追溯动物迁徙的结果。①

在最初的能人时期，人类打制的石器工具被命名为奥杜维文化。那时候，古人只是会用原始的打制石器工具，简单地将石块敲打两下，石器并没有什么规则的形状，他们以此来作为狩猎和采集的工具。按照国际主流的学术观点，人类不断迁徙，逐渐走出非洲，最终扩散到亚洲、欧洲等旧大陆地区。随着人类体质和心智的进化，直立人开始对石器进行深加工。阿舍利文化是旧石器时代早期文化中后一个阶段，流行于距今大约170万～20万年，该文化中，手斧与薄刃斧、手镐和大型石刀等器物组合在一起，其中手斧是最具特色的一种工具。

在江玉龙雪山的石采集到的2件阿舍利手斧现收藏于昆明市博物馆。该馆研究员胡绍锦在整理昆明市博物馆考古部库房收藏的旧石器资料中，至少找出两件颇似“阿舍利手斧”类型的石器器物。据此，胡绍锦认为，这种手斧代表直立人时期石器最高技术。

①安纳托利·杰烈维扬科：《人类的起源及其在西南亚、南亚、东亚、东南亚及高加索地区的迁徙》，《中国社会科学报》2016年2月23日，第7版。

它的发现就云南旧石器时代考古而言，是一个十分重要的突破性的发现。①

中国考古学界认为，人类最早掌握的是石核——砍砸器技术，大约在距今250万左右出现在东非，最晚到距今170万年左右，古人类携带着这种技术已经到达亚洲。大致在同时或更早，石核——砍砸器文化也发现于东亚地区。一般而言，阿舍利技术“在东亚地区并没有得到充分的发展”，原因“可能与青藏高原隆起有密切关系”②。而阿舍利手斧出现于远古云南，可见这种情况非常特殊，而且可以证明远古云南是东西方文化交流的中心，是东西方文化的集散地。

20世纪初，美国旧石器考古专家莫维斯依据手斧的发现情况，曾经提出了“两个文化圈”理论，认为世界上有两个文化圈，一个是以地中海为中心的欧洲、非洲、西亚和印度半岛构成的文化圈，另一个是以中国为代表的东亚和东南亚文化圈，两个文化圈的差异在于前者有先进的手斧文化和莫斯特文化，后者则技术粗糙，只能制造简单的砍砸器和石片，③ 这就是所谓的“莫维斯线”。这种观点将西方旧石器时代时期划入先进的“手斧文化圈”，把包括我国在内的东方划为落后的“砍砸器文化圈”。国际学术界一般多认为早期人类起源于非洲大陆，后通过不断迁徙，逐渐走出非洲，最终扩散到亚洲、欧洲等旧大陆地区。目前，国际学术界已经充分肯定了“阿舍利手斧”类型的手斧在中国手斧确实存在。因此一些学者坚决反对将东西方旧石器时代早期文化分开的“莫维斯线”存在，主张把它抹去。另一些学者支持莫维斯的“两分法”，认为两个文化圈是客观存在。也有学者认为这是本土起源加上外来影响的产物。

过去由于缺少考古发现，资料贫乏，空白地区广泛，人们始终无法解释西部阿舍利文化是通过哪条途径，与我国的早期旧石器文化产生碰撞与融合。丽江阿舍利手斧的发现，则可以为这种文化如何与我国的早期旧石器文化产生碰撞与融合的研究打开了眼界，而且也为其来源和传播渠道提供了一种新的认识和研究方面的途径。

（二）丽江少女头骨

作为旧石器时代的“丽江人”，是1956年春在离丽江古城11公里的漾西木家桥南面，发现的三根民族人类股骨和一具少女头骨化石的名字。据同时出土的哺乳动物云南轴鹿判断，地质年代为更新世晚期，属于距今10万～5万年的晚期智人，还出土伴生物

①王静：《玉龙雪山发现阿舍利手斧旧石器时代的“高科技”》，《云南网》2014年12月10日。
②刘庆柱：《中国考古发现与研究》，人民出版社2010年版，第88页。
③杨德聪：《图说云南历史文化》，云南教育出版社2008年版，第28页。

旧石器、石核、石片、刮削器、砍斫器等28件。这些发现揭示出丽江这一地区深厚的文化内涵，对研究这一时期云南先民和周边乃至世界少数民族祖先的关系，具有十分重要的价值。同时扩大了我国西南地区旧石器的分布范围。

1．“丽江人”头骨基本特点

丽江人头骨（云南省博物馆收藏）有一定程度的石化，但石化程度并不太深，头骨呈灰褐色，局部有色泽较深、大小不等的色斑。脑颅部分比较完整，除左侧颞骨的鼓乳部、枕骨的底部和两侧部缺失外，其余部分保存完好。

由顶面观察，两顶结节明显向外突出，头骨的前部较窄，头骨成五角形。最大头宽是在两侧颞鳞后上缘的稍下方，这一点与我国大多数晚期类型的化石智人相似，而与欧洲晚期类的化石智人头骨有所不同，后者的最大头宽多位于两顶结节较低处。现代人最大头宽所在位置，情况不一，欧洲人多在顶结节处；我国现代人，女性多在顶结节下方，男性多在颞鳞上沿附近。

最大宽垂直位置指数值（即：头最大宽，在眼耳平面上的投影高×100耻颅高），我国晚期类型的化石智人平均为34.1，现代华东人（女性）39.9，丽江人31.3。在这方面，丽江人较为原始。

丽江人头骨没有明显的顶孔。仅在相当顶孔区处有一微低的凹陷，矢状缝右侧似有一很细的小孔。此头骨没有明显的矢状嵴，仅在它的前额处似有一些痕迹。丽江人头骨的颅长167.0毫米，颅宽141.0毫米，颅指数为84.4，属圆颅型。化石人类的头骨，比较普遍的是长颅型，而资阳人为中颅型。

丽江人顶骨的乳突部不存在角圆枕，枕部圆钝。枕外隆突点的位置明显地比人字点靠近前方，现代人的约在同一垂直线上，而化石人类多在人字点的后方。由侧面观察，眉弓发育甚弱，眉间突度几不可测定，前额部分垂直且甚为饱满。枕部圆钝，具有明显的“发髻状”隆起。我国晚期化石智人头骨的枕部有此结构为其共同特征，现代人此结构一般趋向消失，而早期类型的化石智人则有比“发髻状”隆起更为后突的结构，称为“跟状结节”。额面上部扁平程度对判别种族属性有较大的意义。鼻颧角丽江人为146.5°，蒙古人种为148～149°，欧洲人种为135～137°，新石器时代大汶口人（女性）为148.44°，现代华南人为145.1°，华北人为145.1°。另外，尚可用额指数表示其扁平程度。丽江人额指数为15.7。据吴定良、莫兰特研究，欧洲人及西亚人为19.4～20.5，亚洲蒙古人种和爱斯基摩人为14.1～16.5，现代华北人14.8，云南人14.3。欧洲人种指数值一般高于20，蒙古人种多不超过15，因此由额面上部扁平程度看，丽江人明显属于蒙古人种。

2. “丽江人”头骨的性别、年龄状况

整个头骨的各骨缝均无明显的愈合。枕骨底部虽已缺失，但蝶骨体与之接合处还遗有软骨骨骺的痕迹，表明基底缝未曾全部愈合，基底缝未愈合示头骨的年龄未达成年。颞骨的乳突部尚未与鼓室部及鳞部完全愈合，也说明该头骨的年纪尚轻。头骨只保存智齿的齿槽孔，智齿是否已经长出不能判断。右m2已经长出，仅内侧齿尖微有磨耗，依照现代人牙齿萌出年龄的资料，该牙一般是在12岁半左右萌出。

头骨的体积较小，骨质表面比较细致平滑，肌嵴不明显，眉弓发育甚弱，额部丰满，有明显的额结节和顶结节，明显发达的额结节和顶结节是幼年头骨的特点，亦常为女性头骨所保留。枕外隆突发育弱，头骨的骨壁较薄。综观之，丽江人头骨可能属于少年女性的个体。

3. “丽江人”头骨研究结论

丽江人头骨是云南迄今已发现的更新世晚期化石智人的颅骨化石，为研究云南地区化石人类学提供了资料。

一般人不会轻易想到，也不会知道，生活在远古云南的丽江人，竟然会蕴含着西方白种人的特征。想一想吧，要说在今天云南的旅游热门景区丽江看到外国人，特别是西方的白种人，任何人都感到这是一件极其正常的事，没有什么稀奇的。但是在5万年前，生活在丽江其地的居然是人们心目中根系西方的白种人，那就令人想不通了。5万年前，没有高楼大厦，没有花红酒绿，甚至可能处于衣不蔽体食不果腹的年代，这里竟然是白种人的世界，我们能不感到惊奇么？可是，中国科学院古脊椎动物与古人类研究所所长、著名的人类学家吴新智告诉我们：这名考古发掘出来的“丽江人”头骨的额骨中部与下方骨骼形成的骨缝呈曲折的凸字形，穿洞头骨的最宽处在后1／3，丽江人上臼有卡氏尖等。这些在中国稀有，而在西方较为常见的现象，都可能是古代东西方人群之间基因交流的证据，其比较稀少的存在意味着交流不是很频繁，特别是在早期。后期表现较前期为多可能表明交流的增加。”①对于这样的研究结果，中国社会科学院考古研究所也不否认，在《中国考古发现与研究》中进一步补充说：“丽江人枕部的发髻状构造”，“很可能是接受了来自西方基因的结果”②。这样，我们就会感到，在5万年

①吴新智：《与中国现代人起源联系的分子生物学研究成果的讨论》，《人类学学报》2005年第4期。
②刘庆柱：《中国考古发现与研究》，人民出版社2010年版，第92页。

前，一位西方白种人男子与生活在古老丽江其地的本地人亲密地结合在一起，因而留下了“丽江少女”这个基因的结晶。当时的“丽江少女”，并不代表今天的某个民族，而是中华民族这个社会文化共同体在远古云南的一个代表，揭示了远古时期存在着东西方文化交流的一个客观事实。

第二节　新石器时代

一、滇西北地区的新石器时代文化

（一）金沙江、怒江流域的新石器文化

1. 维西县戈登村洞穴遗址

维西县戈登村洞穴遗址1958年春季因当地农民取土积肥时发现，云南省博物馆闻讯前往清理，被确认为新石器时代遗址，被考古学界重视，随后记录进入了中国社会科学院考古研究编写的《中国考古学》① 一书。该遗址发现于滇西北维西县金沙江支流腊普河东岸戈登村岩厦下。同时发现的还有一批石器、陶器、骨器人工制造遗物和一些生物化石。

（1）古生物化石。1982年以来，考古工作者分别在丽江金沙江支流黑白水台热水塘村（今古城区大东乡）发现古生物化石。其中1982年发现的经鉴定为鹿类下牙床化石，其年代不晚于50万年前，其地质年代亦即新生代第三纪的哺乳动物时代。1984年，考古工作者又在同一地点发掘到结合在岩石内部的古生物化石，其表面尚存火炭灰烬，可刮出炭屑。经过地质部门鉴定，为木家桥间冰期的石灰华。②

（2）人工制品。可以分为三类：一是石器33件。其中平面呈梯形石斧9件，石锛1件，石刀9件，石镞5件，石针3件，雕刻器1件，石球2件，石饰品1件，砺石2件；二是陶制品50件。其中陶器4件。陶片46件中沿陶片11件，器底陶片21件，器耳陶片5件，其他陶片9件。出土陶器以夹砂褐陶片为主。器形有鋬耳平底罐、钵、碗等。纹饰有划

①中国社会科学院考古研究所：《中国考古学》，中国社会科学出版社2010年版，第720页。
②木基元：《丽江金沙江地区的考古发现与研究》，《纳西族考古文物资料汇编》，云南民族出版社2011年版，第5页。

金沙江

纹、绳纹、水波纹和树叶、麻布垫底留下的叶脉纹、麻布纹等。三是骨器2件。一件是骨椇，另一件是骨管。

专家推测至于维西县戈登村洞穴遗址属于新石器文化时期。具体年代："其上限不超过卡若，下限不晚白羊村"①。这里说的卡若文化，乃是以西藏自治区昌都县城东南卡若村发现的遗址命名，又与马家窑、半山、马厂等原始文化相似，年代为公元前3000～公元前2000年；白羊村文化指的是在宾川县城东北约 3公里的金牛镇桑园河东岸，有一个高约6米，面积3000平方米的台地——大墩子，为国家级重点文物保护单位——宾川白羊村新石器时代遗址，年代为公元前2200～公元前2100年（中国社会科学院考古研究所测定遗址距今4115±105年）。

有学者认为："戈登村新石器时代居民的经济技术似以农业为主，狩猎为辅，兼营其他经济。在农业中，可能出现了园艺，栽培果树，如核桃之类。狩猎的对象有黑熊、小熊猫、竹鼠等"②。

（二）怒江流域发现的新石器

1984年7月下旬，考古工作者张兴永、黄德荣、包秀芬在参加怒江傈僳族自治州在六库举办的文物普查干部培训班期间，参观了州图书馆收藏的民族文物，回来后写了《云南怒江发现的新石器》一文，发表在1986年第19期的《云南文物》上，③ 详细介绍了该州征集而后收藏的一些新石器时期的打击石器情况。

①②肖明华，马莳何：《云南维西戈登村新石器》，《纳西族考古文物资料汇编》，云南民族出版社2011年版，第33页。

③张兴永，黄德荣，包秀芬：《云南怒江发现的新石器》，《纳西族考古文物资料汇编》，云南民族出版社2011年版，第35页。

1．打击石器

编号	名称	背宽（厘米）	肩宽（厘米）	刃宽（厘米）	通高（厘米）
1	有肩石斧			98	88（残高）
2	溜双肩石斧	41	93	90	124
3	平双肩石斧	46	92	95	128
4	平双肩石斧	50	85	88	120
5	溜双肩石斧	45	86	95	132
6	平双肩石斧	52	99	100	137
7	平双肩石斧	43	90	96	100
8	平双肩石斧	36	72	80	116
9	平双肩石斧	43	81	85	95
10	平双肩石斧	41	114	135	155

2．磨制石器

编号	名（厘米）	背宽（厘米）	腰宽（厘米）	刃宽（厘米）	通高（厘米）	厚度（厘米）	前宽刃宽之和的一半
碧江采	高梯形石斧	48	52	62	158	18	55.0
福贡采	中梯形石斧	47	63	72	142	41	59.5
碧江采	中梯形石斧	35	57	70	108	21	52．5
碧江采	中梯形石斧	48	60	65	103	17	56.5
碧江采	中梯形石斧	29	41	46	57	17	35.5
碧江采	中梯形石斧	16	33	35	49	11	25.5
泸水采	中梯形石斧	28	42	48	55	13	38.0

怒江新石器文化的发现，填补了怒江在滇西北史前考古方面的空白，“为怒江流域今后开展新石器时代考古提供了重要信息。同时，它们还暗示这一地区是古文化交往的通道，应该引起考古界的关注”。“可能早在3000～4000年前，怒江沿岸就居住、生活着新石器时代的先民”①。

（三）泸沽湖畔的新石器时代遗址②

1．云南部分

新石器时代遗址在丽江市宁蒗彝族自治县永宁乡开基村、周边的阿拉瓦、三家村、

①张兴永，黄德荣，包秀芬：《云南怒江发现的新石器》，《纳西族考古文物资料汇编》，云南民族出版社2011年版，第41页。

②木基元：《丽江金沙江地区的考古发现与研究》，《纳西族考古文物资料汇编》，云南民族出版社2011年版，第6页。

干木山脚下和金沙江边均有分布。其中永宁乡开基村出土石斧2件、石网坠1件，其他地方发现的考古文物有石斧、石凿、石锛、网坠和石矛。在前所乌丘乡前所大河左岸二级台地一村落附近，可以随意捡到一种细绳纹的夹砂陶片，含有陶片的熟图厚度约有0.5厘米。

2. 四川部分

在宁蒗彝族自治县泸沽湖对面的盐源县前所、左所等地发现了新石器时代时期的钻孔石刀、石斧等什物。在格萨村山脚台地东边一处新石器时代遗址，考古研究人员发掘出成批中小型石器、陶器。不远的地方有3处出土有石器，并夹杂有一些铜器。其中石器有7件。

四川左所末代土司喇宝成三兄弟

四川左所活佛

二、金沙江流域的岩画

（一）金沙江流域岩画的发现和分布

金沙江岩画主要分布在云南省丽江市和迪庆州境内的金沙江两岸，在云南大理州、楚雄州、昭通市及四川省攀枝花市、凉山州等地的金沙江流域也有零星发现，到目前为止，金沙江岩画已经调查核实了56个岩画点，岩画面积据不完全统计已达1500平方米（其中云南省丽江市玉龙纳西族自治县境内岩画面积超过1000平方米，大约占整个金沙江岩画的2／3）。

1. 丽江县（今丽江市）夯桑柯岩画

1992年8月获知信息，10月1日考察，主要考察研究见于《金沙江流域夯桑柯岩画考察研究》一文。① 岩画分布于丽江县宝山乡高寨行政村金沙江畔，有三个较大的岩画分布点。

（1）夯桑柯律柯岩画。总面积8.05平方米，位于夯桑柯中段的东西走向坐南朝北的岩断面的岩洞内，分为三区。其中大洞1区宽2.3厘米，岩画面积2.76平方米，不规则着岩羊等一些动物，痕迹不甚清晰；2区岩画面积2.85平方米，画面似一大型动物，颜色为红色；3区岩画面积为0.225平方米。有野牛和弓箭、箭镞画面。

（2）夯桑柯本丁葛岩画。总面积17.98平方米，距离夯桑柯律柯岩画东北方向大约700米，岩洞距离金沙江水面800米，岩画点可分为6区。第1区约有5个不易辨认的画面；第2区画面类似动物；第3区一组画面可视动物有野猪等；第4区画面图像不清；第5区有猎人手持弓箭和大型动物画面；第6区可见狩猎动物獐子之画面。

（3）夯桑柯明柯岩画。位于夯桑柯本丁葛岩画以北约1000米的岩洞内，按照分布点可分为6区。第1区面积0.7208平方米，有人物和野牛等动物图像；第2区面积1.638平方米，有男女人像和动物图像；第3区面积3.4平方米，图像清晰，有可辨图像约30个；第4区面积2.35平方米，图像漫漶不清；第5区面积9平方米，有21个动物图像；第6区面积2.56，只有1只猴、2只獐子的图像。

2. 中甸县（今香格里拉市）洛吉河岩画

1997年10月15日考察，主要考察研究见于《金沙江流域中甸县洛吉河岩画》一文。② 岩画分布中甸县洛吉乡，共发现6个岩画点。

（1）河口岩洞岩画。位于洛吉河右岸，岩画位于洞内，纳西语叫作“乃苛”，为“藏匿之洞”的意思。这里出现的岩画可分为2个区。第一区岩画范围1.6米×1.4米，有人物形象和动物图像；第二区岩画范围4米×1.2米，有不清晰动物图像3个。

（2）“埃伊罗苛”岩画。这是纳西族语言，岩画位于洞内，传说精灵“埃”居住于此，因而得名。第一区岩画有完整动物图像5个，值得注意的是，图形当中出现三角

①和力民：《金沙江流域夯桑柯岩画考察研究》，《纳西族考古文物资料汇编》，云南民族出版社2011年版，第42页。

②鲍江，和品正：《金沙江流域中甸县洛吉河岩画》，《纳西族考古文物资料汇编》，云南民族出版社2011年版，第54页。

形图案，为判断描绘岩画的社会文化共同体埋下了伏笔。第二区岩画留下较明显猴群攀爬痕迹，画面不清。

（3）“雷打牛坝大偏洞”岩画。分布面积可分为三区，但由于年代久远，画像大多漫漶不清，依稀可辨出鹿、獐、和岩羊的形象

（4）“埃垛孔”洞岩画。“埃垛孔”的纳西语为“坠崖”的意思，这里的汉语地名叫作“先锋梁子”。分布地点为2个区。其中第1区可以见到两只熊的局部图像；第2区岩前平地上可以见到人工制作的石碓，碓身有箭镞等花纹。

（5）“腰岩”岩画。可以见到三处岩画点，一、二区分布着岩羊、鹿、野牛、山驴等动物画像，第3区岩画图像漫漶不清。

（6）“大杆坪子”岩画。由于岩壁暴露在荒郊野外，大多图像已经漫漶不清，留下攀附的猴子图像3只。

3. 渣日岩画

从20世纪80年代末开始发现，到2006年3月7日，岩画研究者对分布在金沙江流域花吉足至洛美罗的金沙江沿岸的渣日岩画，已经先后进行了十多次的科学考察。主要考察研究见于《金沙江流域渣日岩画调查报告》①。岩画分布于香格里拉县的10个地点，共发现13处，以表格说明如下：

序号	地点名称	属县（市）区	面积（平方米）	海拔（米）	内容	技法	保存情况
1	花吉足 1 号点	香格里拉	7.83	1600	动物、符号、图案	描绘	岩浆覆盖，漫漶不清
2	花吉足 2 号点	香格里拉	55.77	1605	动物、符号	描绘	多数画面清楚
3	花吉足 3 号点	香格里拉	1.08	1610	动物、符号、图案	描绘	多数画面清楚
4	花吉足 4 号点	香格里拉	1.00	1589	动物、符号、图案	描绘	岩浆覆盖，漫漶不清
5	白云湾	香格里拉	35.55	1983	动物、符号、图案	描绘 涂绘	多数清楚，少部不清
6	洛曼罗	香格里拉	0.25	1553	图案	描绘	画面清楚
7	喇嘛足古	香格里拉	3.09	1964	动物	描绘	画面清楚
8	岩卡纳	香格里拉	8.3	2568	动物、不明线条	描绘	多数不清楚
9	岩拉巴吉	香格里拉	2.5	2204	动物图案	描绘	画面模糊
10	川卡若	香格里拉	18.11	1820	动物	描绘	多数画面较清楚
11	岩房	香格里拉	0.16	1920	太阳图案	描绘	画面较清楚
12	尼可见	香格里拉	112.2	1596	动植物、符号	描绘	画面清楚
13	硝厂洛	香格里拉	2.29	1553	线条、符号	描绘	多数画面已经剥落

①陈树珍：《金沙江流域渣日岩画调查报告》，《纳西族考古文物资料汇编》，云南民族出版社2011年版，第63页。

丽江永胜县岩画

（二）金沙江流域岩画的内容

金沙江流岩画所用颜料有红、黄、黑、白、蓝5种，其中使用得最多的是红色，而红色又分土红和褐色两种。构图内容主要包含四个方面：

1．主要反映野生动物和狩猎场景

岩画中动物图像主要有野牛、鹿、野猪、麂子、獐子、刺猬、羚羊、盘羊、岩羊、猴等动物，少数岩画点还出现了疑似野马、野驴、熊等动物形象，这些动物大者身长有二三米，小者身长只有三四厘米，它们有的成群结队，有的独行孤处，内容丰富，形象准确生动，构成了一幅幅活生生的群兽行居图。

2．出现了一些内蕴深远的抽象符号和图案

具体有太阳图像，有三角符号等代表图腾对象和祭祀符号的图案。根据抚仙湖水下遗址的研究成果，三角形具有代表阴阳，代表男女性，代表奇偶数字，代表天和地的意义。国外的考古学研究认为："三角形（代表着阴部三角区）自史前时代直到当今时代都是一种中心性象征，代表着生命和再生。早至旧石器时代早期的阿舍利文化时期（AcheulIan，约公元前30万年），晚至现代的圣母玛利亚和基督教三位一体的三角形形象，我们都可以看到这一象征的各种形式。在新石器时代的艺术中，三角形的石头意指女神本身。巨大的三角形石头耸立在巨石冢的入口处，或是立在墓穴的深处作为支撑石。有时，它们上面画着女神的特殊能量象征：弯钩、牛角和三角斧。在神庙中，巨大的陶制或石制三角形充当着祭坛"①。三角形在摩梭人达巴占卜书中，却被当成"毒食"的意思来解释，与"女性生殖器写成'△c'等形象"②的内涵有着比较大的差距。在金沙江流域岩画中，还出现了太阳图像，太阳是光明的象征，也是当地社会文化共同体祭祀、崇拜太阳神的考古记录。它与三角形、空心圆、内有十字的圆圈等构成了

①［美］马丽加·金芭塔丝：《活着的女神》，广西师范大学出版社2008年版，第40页。

②黄绮：《部首讲解》，天津人民出版社1962年版，第23页。

一连串的祭祀符号。值得注意的是，这些价值意义不菲的符号与远古云南抚仙湖水下遗址的类似以金属器雕琢在石头上的符号有了联系。而内有十字的圆圈这样的图形，我们也可以在文山壮族苗族自治州麻栗坡县的大王岩画上看到。二者分明属于不同习俗的社会文化共同体，彼此都出现了共同的图案，是知道深思的。金沙江流域岩画中看似不经意出现的箭头，根据最新的研究成果，它们或许具有代表一种鸟神的象征意义。

3. 出现一些具体的人物构图

倘若说金沙江流域岩画出现的三角形可以代表隐形的具有神性的人物存在的话，则岩画中出现了一下比例不高的人体形象。目前，只有丽江花依1号点等几个岩画点发现有人物形象，在这些岩画中人物均处于次要的位置，而且人物形象很小。作为构成人体部分的画像，最显著的就是一些勾勒的手掌印了。

4. 出现了一下自然景观、植物之像和人工使用工具等生活情状

交叉的直线、似水流或道路的曲线等等，显然也包含了一些令人不明就里的含义。此外，还有弓箭、石器、木棍和似网或栅栏的器物。从某种意义上看，反映了人们的社会生活情状。譬如：打猎、骑马、舞蹈，有的描绘展现了一些有趣的故事，有一群人在追赶一只动物，并且似有猎犬相随等等。反映了金沙江流域多元文化的交流，对研究古人类的起源、迁徙和古代经济形态、自然环境都具有重要意义。

（三）金沙江流岩画的绘制年代

我们认为，金沙江流岩画是社会文化共同体迁徙的记录，是它们社会文化生活的生动再现，我们倘若要想从岩画的某个场景中研究出岩画的主人，证据明显不足。但是要研究岩画作于何时，处于什么样一个年代，却是可以做到的。一些学者对它们形成的年代，进行了推测。云南大学考古研究中心主任、博士生导师李昆声教授认为：金沙江流岩画是新石器时代的遗存。考察过多个岩画遗址的杨天佑先生认为："这些岩画与法国等西欧发现的岩画相似，可能是迄今中国境内发现年代较早的岩画之一"①。在2000年银川召开的国际岩画研讨会上，中国岩画研究泰斗陈兆复向国际岩画委员会前主席克洛蒂斯展示了金沙江岩画的照片。"克洛蒂斯认为这样的岩画如发现在西欧会被认为是旧石器时代的作品，为此陈兆复教授认为'它具有旧石器石洞壁画动物种类及造型方法上的诸多一致性'"。在金沙江岩画中，有很多表现大型野牛的形象，"人们认为，法国

①杨志坚：《金沙江岩画的发现及其学术价值》，《纳西族考古文物资料汇编》，云南民族出版社2011年版，第72页。

丽江金沙江岩画

的拉斯科、西班牙的阿尔塔米拉以及东南非洲岩画中的那些大型动物图像，是属于旧石器时代的佳作；甚至在意大利的梵尔卡莫尼卡发现的大型动物岩刻，也距今有1万年的历史。在墨西哥的巴雅，早期猎人风格的岩画群，就以巨大动物、手印以及符号为其特征。目前世界各地的发现的表明，早期猎人风格的岩画，以大型动物为其代表作，并反复出现的各种符号。在我国北方岩刻中的大型动物图像，虽非产生于同一时期，也并不具有相同的文化背景，但其中有的可以认为是属于早期猎人时期的作品。而目前，在我国南方岩画中发现大型动物图像的还只有金沙江一处，其绘制年代，我认为应上溯到早期的猎人时代”①。

陈兆复教授提到“猎人时代”的岩画，以上述提到的法国的拉斯科洞窟岩画为例，发现于1940年。地址位于法国多尔多涅省蒙尼克镇附近，是韦泽尔河谷中的一座洞窟。当时，多尔多涅乡村的四个儿童带着狗在追捉野兔，突然野兔不见了，紧追的狗也不见了，孩子们这才发现野兔和狗跑进一个山洞，他们带着电筒和绳索也进入洞里，结果发现一个原始人庞大的画廊，这就是同阿尔塔米拉洞齐名的拉斯科洞窟壁画，被誉为“史前的罗浮宫”。在此之前，拉斯科洞窟崖壁画的存在是完全不为人们所知的。从远古的时代起，洞口就被障碍物全部堵塞住，直到现在洞口也还没有找到——那几个孩子是挖开洞顶爬进去的，因为他们的狗是在那里丢失了。拉斯科洞窟因石灰岩缝隙水流的浸透，在地质年的第三纪形成大型的岩洞。它由一条长长的、宽狭不等的通道组成，面装饰着大约1500个岩刻和600个绘画，有红、黄、棕和黑等多种颜色，使用色彩与金沙江流域岩画极为相似。其中以外形不规则的圆厅——野牛大厅，最为壮观。厅顶画有65头

①杨志坚：《金沙江岩画的发现及其学术价值》，《纳西族考古文物资料汇编》，云南民族出版社2011年版，第75页。

金沙江峡谷

大型动物形象（马匹、红鹿、5米多长的巨大野牛等）及一些意义不明的圆点和几何图形。在这样垂直的崖壁上作画，必定要使用梯子和架子：事实上已经发现了安装架子所用的插洞。在洞窟的地面上，还发现了作画用的木炭、颜料和雕刻工具等。对那些含碳材料放射性碳素的断代测试表明，洞窟绝大多数的岩画作品绘于约公元前15000年。而20世纪在北非的阿特拉斯山脉，撒哈拉沙漠和利比亚地区通过考古发现的“猎人时代”的岩画，有20万个岩画地点，这比任何其他大洲都多。岩画上绘有大量原始猎人刻画的牛、长颈鹿、河马、大象、单峰驼等动物，还有描绘人类日常生活、舞蹈、狩猎、战争和举行原始示教仪式的风俗画等。已知的最古老的岩画地点在纳米比亚境内，年代距今1.8万～2.8万年之间。

云南省文物考古研究所的吴沄女士，根据2014年国外学者关于岩画的研究文章切入，表明早在10万年前，人类就已经开始制作复杂的颜料并使用贝壳进行混合及保存。在南非，一些写实主义风格的纳米比亚动物岩画年代为距今2.55万～2.75万年，而在北非地区（埃及）写实风格的动物凿刻岩画至少距今1.5万年。在非洲许多狩猎—采集岩画遗址中，仍然可以找到各种岩石表面形状与写实主义动物岩画之间存在某种联系的证据。在这个地区，Leang Timpuseng岩画点发现的手印岩画最小年代至少距今3.99万年，而最古老的动物岩画即同一地点发现的野猪图案，至少距今3.54万年。这项发现对认为这种具有象征意义的岩画和手印首先出现在欧洲的观点形成了挑战，因为它同时出现在了西班牙和苏拉威西，其年代均为距今4万年左右。①

10多年来，许多国家的学者对在东南亚地区的瓜萨利赫，东加里曼丹，婆罗洲的手

①吴沄：《探寻数万年前世界岩画艺术起源——在中国西南及泛东南亚地区寻找答案》，《中国考古网》2015年3月9日。

金沙江畔拉伯乡政府所在地

印岩画和点状颜料所做的断代结果显示最小年代大约为9900年，这样直接对岩画进行断代的证据支持了东南亚地区岩画起源可上述至更新世时期。东帝汶岛的Lene Hara洞穴，洞口处凿刻人面像根据釉系断代结果为1.2万～1万年。在印度尼西亚的Lene Hara的岩画点，对颜料层中的方解石断代结果为2.4万～2.93万年。

金沙江流域的岩画在什么年代开始出现，云南省文物考古研究所进行岩画测年的判断，有三个方面的测算标准：首先是根据岩画洞穴发现的具有勒瓦娄哇风格的刮削器进行判断，测定穴的石器年代可能为旧石器时代或新旧石器过渡时期，在中国境内新旧石器过渡的代表性遗址是江西万年仙人洞、吊桶环遗址、湖南道县玉蟾岩遗址、广西桂林庙岩遗址、河北徐水南庄头遗址、河南舞阳大岗遗址、北京怀柔转年遗址、泥河湾于家沟遗址、贵州开阳打儿窝遗址等，在云南省的代表性遗址是保山市塘子沟遗址。其中，贵州开阳县打儿窝遗址是早于或相当于1.5万～8000年新石器时代延伸到旧石器时代晚期的人类遗址，而云南保山市塘子沟遗址年代距今6250±210年或7966±30年，以此作为参考数据，也就是说，金沙江流域的岩画的年代应该在距今8000年之前；其次，在香格里拉县洛吉乡洛吉河口岩布洛岩画点发现了貘的形象，同样属于滇西地区的保山塘子沟遗址考古当中也出现了貘的化石，初步判断其生存年代在8000多年前。据新华网2004年7月8日报道，贵州省考古所专家在贵州开阳县哨上乡一处史前人类居住过的洞穴遗址中发现我国已经灭绝的物种——巨貘化石。同时发现的还有大量鹿、獾、豹、野猪和豪猪等动物化石，认为貘是食草动物，体型像猪，但比猪大。由于环境的变迁，巨貘已在1万年前灭绝。① 我们认为，香格里拉县洛吉乡洛吉河口岩布洛岩画点出现的巨貘形象，标志着它在岩画绘制的年代，仍然活蹦乱跳地生活在1万年前的香格里拉土地上。这就

①侯少华：《贵州发现我国已经绝灭的巨貘化石》，《新华网》2004年7月8日。

等于说，在1万多年前，岩画就已经绘制出来了；第三，科学的测算方法：一是根据铀系法测得金沙江白云湾岩画点的年代（即钙板覆盖岩画的底部年代）最早为11470±305年，最晚年代（即钙板覆盖岩画的上部年代）为7170±135年；二是根据碳十四断代法所测样品共5个，其中测得其最早年代为9380±30年，最晚年代（即钙板覆盖岩画的上部年代）为4010±30年。有学者据此提出：金沙江流域岩画年代综合校正两次测年数据得出，作画年代最晚在距今5400～4170年之间。①

就本书写作者的观点，金沙江流域岩画年代应该在1万年以前。

三、藏彝走廊的迁徙民族

（一）藏彝走廊的形成年代

1．藏彝走廊的提出、民族成分及其地域

（1）藏彝走廊的提出。藏彝走廊作为20世纪80年代初期提出的一个学术概念，1979年由中国著名的人类学家费孝通教授所提出。在当代中国进入"十三五"规划的社会主义建设建设中，藏彝走廊仍然作为中国社会科学界的一个学术课题名列其中，可见这个研究课题具有非常旺盛的生命力。

（2）"藏彝走廊"的得名，在于走廊活动的主要是操藏语支和彝语支语言的民族。根据语言学家的分类，中国语言归属于汉藏语系，主要包括汉语和苗瑶语族、壮侗语族和藏缅语族三种语族。藏缅语族是汉藏语系各语系中，语言数量最多、语言关系最复杂和内部各语言发展极不平衡的一个语族。"根据1986年出版的《中国大百科全书·民族卷》的意见，藏缅语族共包括了19种语言，分为四各语支，即藏语支3种：藏语、嘉绒语、门巴语；景颇语支1种：景颇语；彝语支5种：彝语、纳西语、傈僳语、哈尼语、拉祜语；缅语支2种：载瓦语、阿昌语。此外，尚有8种语言语支未定，它们是白语、土家语、基诺语、珞巴语、普米语、羌语、独龙语、怒语。尽管语支尚未确定，但这8种语言均属于藏缅语却毫无疑问"。

（3）"藏彝走廊"的具体地域。包括："北起甘青交界的西倾山南侧及阿尼马卿山和岷山北侧，大体在黄河至洮河一线，亦即在青海果洛、海南及甘肃甘南交界地区。南抵滇西高黎贡山、怒山及云岭南端，以及金沙江南侧至乌蒙山西侧一线；南界呈曲线，大体在云南腾冲、保山、洱源、宾川、元谋。至会泽一线。西界沿巴颜喀拉山西

①吴沄：《写实与抽象：金沙江岩画》，《大众考古》2015年第2期。

侧，南抵横断山系西北伯舒拉岭、他念他翁山、宁静山之北端，即大体在青海鄂陵湖、玉树至西藏昌都、察隅一线。其东界由北而南自岷山东侧沿龙门山、邛崃山、大凉山外侧，直抵乌蒙山以西，即大体在甘南宕昌、四川平武、北川、九顶山、宝兴、天全、峨边、马边至云南昭通、会泽一线。”① 就现在的行政建制区划来说，“藏彝走廊”的范围包括：甘肃甘南藏族自治州及武都地区所辖部分县地；青海果洛藏族自治州，以及黄南、海南、玉树藏族自治州所辖部分县地；四川阿坝藏族羌族自治州、甘孜藏族自治州、凉山彝族自治州及峨边、马边彝族自治县攀枝花市，以及绵阳、雅安、宜宾市所辖部分县地；西藏昌都地区东部各县地；云南贡山独龙族怒族自治县、怒江傈僳族自治州、迪庆藏族自治州、丽江市，以及腾冲、保山、大理白族自治州、楚雄彝族自治州、东川、昭通所辖部分县地。② 申旭先生补充说，藏彝走廊“还应包括缅甸北部、印度东北部、尼泊尔等地，以及南下延伸到中南半岛北部地区”。语言方面的一致性和地域文化的统一性“这种格局表明，上述民族有着共同的祖先”③。

摩梭人的革囊渡江

2. 藏彝走廊迁徙民族发源地及其迁徙路线的争论

（1）藏彝走廊迁徙民族发源地在高原某地。李星星先生在《藏彝走廊的文化特征》当中说：“实际上，走廊中主要存在有三大语支，即藏语支、彝语支、羌语支。这三大语支在语言谱系上又同归一个语族，即藏缅语族。在这三大语支中，目前除藏语、彝语、纳西语、傈僳语、羌语等，其语支属已定而无大争议外，还有许多语言尚存在争

①②李星星：《论“藏彝走廊”》，《李星星论藏彝走廊》，民族出版社2008年版，第63页。
③申旭：《云南移民与古道研究》，云南人民出版社2012年版，第7页。

议或因其他原因而语支未定"[1]。根据李星星推测，"藏彝走廊"的民族可能有一个共同的发源地。他说："假如藏、彝、羌三大语支在谱系上确属从同一个母体分化而来，而且其中许多语言尚包含着不少原始藏缅语的成分，那么，试问：各语支从母体发生分化的始点在哪里？提出这个问题的意义在于，假如能够确定藏缅语族母体发生分化的原始区域，那就可能比较清楚地了解各语支民族迁徙的方向和运动的轨迹。如果这个逻辑是正确的，那么反之亦然，即从各语支民族历史迁移运动的方向和轨迹，则可以反推其分化的原始区域的大体方位"。正是这个思路，李星星先生推断认为："各语支分化的原始区域当在高原某处"。按照这个观点，这个地域的民族群体一直就生活在其祖先的土地上，只存在北迁来此的民族问题，不存在南迁的这样一个迁徙过程。

李星星先生提出：从青藏高原向东运动，大体有四条线路进入谷地：其一，是沿岷山北麓进入黄河、渭水流域，以及嘉陵江上游谷地；其二，是从岷江、大渡河上游进入川西北峡谷地区；其三，是从雅砻江、金沙江上游进入川西高原峡谷地区及川滇交界地带；其四，是从澜沧江、怒江上游进入滇西北及滇西地区。除沿岷山北麓的路线外，其余路线都是在切割高原沿川谷行进。这些山川都是呈西北—东南走向。而根据（今藏缅语族）各民族多传说其祖先是从西北方向迁移而来的，故可大体判定，各语支（藏、缅、彝、羌语支）分化的原始区域就在那些江河上游的高原某处。[2] 那就是说，李星星研究认为：藏、缅、彝、羌语支民族有一个共同的发源地，那就是在云贵"高原某处"。

（2）藏彝走廊迁徙的纳西族从西北迁入西南地区，主要来自古羌人。"纳西族与古羌人的渊源关系问题，几十年来不少学者多有考证和论述，包括章太炎、陶云逵、方国瑜和J.F.洛克、白鸟芳郎等在内的中外学者，都认为纳西族与历史上西北河湟地区的古羌人有关，是南迁古羌人的后裔"[3]。对于纳西族的迁徙路线，纳西族著名学者方国瑜、和志武先生研究指出："纳西族渊源于远古时期居住在我国西北黄河、湟水一带的羌人"，在很早以前就迁徙到西南地区，具体迁徙路线为"向南迁至岷江上游，又西南至雅砻江流域，又西迁至金沙江上游流域地带"[4]。学术界认为纳西族源于古羌

①李星星：《藏彝走廊的文化特征》，《李星星论藏彝走廊》，民族出版社2008年版，第49页。
②李星星：《藏彝走廊的历史文化特征》，《中华文化论坛》2003年第2期。
③赵心愚：《纳西族与古羌人渊源关系的又一证据》，《纳西族历史文化研究》，民族出版社2008年版，第31页。
④方国瑜，和志武：《纳西族的渊源、迁徙和分布》，《纳西族历史文化研究》，民族出版社2008年版，第14页。

人，来自甘肃青海一带“河湟地区”的这种说法，有学者甚至认为已经基本上成为“定论”①。由于这一观点有较多民族学、语言学方面的资料以及史籍记载为依据，所以颇有影响，在纳西族族源问题的讨论中长期占主导地位，这一观点被《纳西族简史》编写组全面采用，并正式写进简史。②

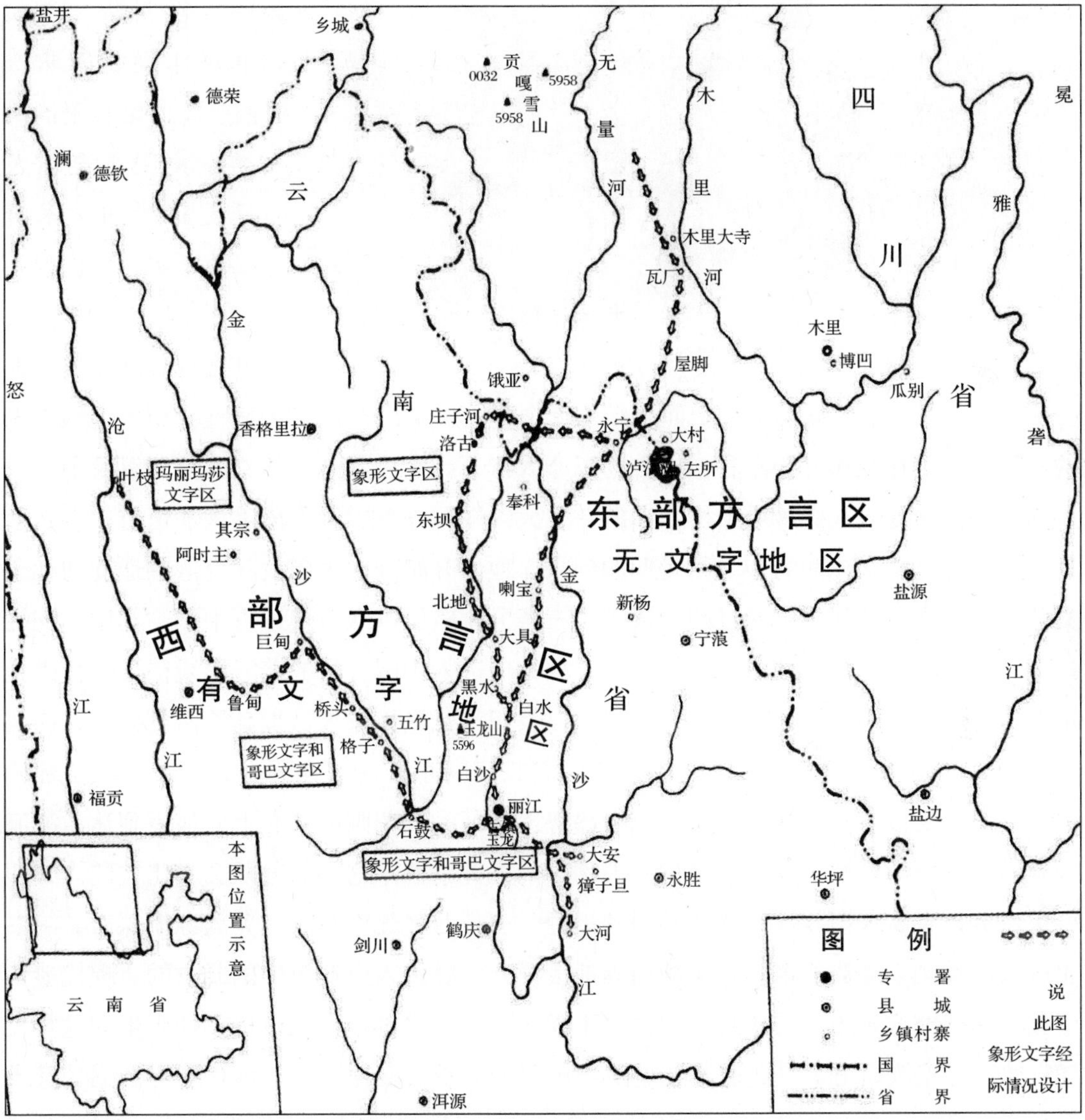

纳西族迁徙路线及语言文字分布示意图

①石硕：《藏族族源与藏东古文明》，四川人民出版社2001年版，第108页。

②赵心愚：《纳西族历史文化研究》，民族出版社2008年版，第31页。

20 世纪 40 年代金沙江渡口的老船工

（3）羌人祖先来自非洲经过远古云南进入中国。2005年，一项由中国、法国、英国、美国、俄罗斯、澳大利亚、印度、南非、巴西、黎巴嫩10个国家人类学家关于全球人类迁徙路线的学术研究成果表明，现代智人来自非洲，中华民族的祖先自非洲经过远古云南进入中国。《羌族通史》全面接受了这个研究成果，[①] 非常明确地介绍了羌族祖先的迁徙路线：在距10万年左右，远古的东非人群开始走出非洲大陆，向欧洲以及中东、东南亚地区迁徙。其中最早走出非洲的一支大约在距今五六万年前进入并逗留在中南半岛一带。随着末次冰期的一个回暖期的到来，他们开始进入中国大陆。这些迁徙的社会文化共同体在这期间主要通过两个通道、三条分化路线进入古代远古中国。其中一支绕过老挝的崇山峻岭和北部湾，从越南、广西方向进入中国，沿的着海岸线往东北行进，形成百越族群。顺怒江、澜沧江、金沙江以及伊洛瓦底江进入云贵高原西侧并继续向北跋涉的人群在中途发生分裂，其中一支沿着长江向东迁徙，在洞庭湖一带形成苗瑶族群；而另一支以小石器和细石器文化为趋势或特征的人群则继续北上，最后到达渭河流域及黄河中下游盆地，他们则是被后人称为的先羌族群。这一部分社会文化共同体，即今天汉藏语系藏缅语族各民族的共同的祖源。“任乃强先生在其《羌族源流探索》一书中曾大胆设想，羌族的祖先是从缅甸等地沿横断山脉进入康藏等中国北方的。现代遗传学技术的研究成果不仅与任乃强的设想不谋而合，而且也有力地支持了任先生的这种设想”[②]。《羌族通史》以在这条迁徙路线出现的旧石器文化遗址的年代作为证据，其中平凉遗址距今约三四万年，甘肃环县的刘家岔遗址距今绝对年代约为2万年，彭阳县遗址24840 ± 780年，马兰黄土层遗址18350 ± 70年，吉县清水河畔柿子滩遗址16630年，这

①②耿少将：《羌族通史》，上海人民出版社2010年版，第3页。

些遗址距今的年代，都可以说是羌人从远古东南亚迁入古代中国的具体参考年代。有观点认为：金沙江流域的岩画与“云南高原和东南亚晚期智人之间存在密切联系，属同一文化体系”①。

所谓藏彝走廊迁徙的具体时间，也就是这些社会文化共同体的迁徙时间，从而也是藏彝走廊的形成年代，约在30000年前。

（二）关于纳西族源的讨论

1. 纳西族祖源的思考

（1）长期以来，学术界一直认为：纳西族源出自羌人，凭借的是一条滞后的史料，出自《后汉书·西羌传》，说的是在秦献公时代，从河湟地区南迁了大量羌人。可是，秦献公元年为公元前384年，即便南迁羌人，那也是很晚的一条史料。与金沙江流域岩画的年代相比，与《羌人通史》介绍羌人先祖从远古云南进入内地或河湟地区的年代相比，毕竟要晚数千年抑或上万年。据此而言，我们是相信考古证据，还是相信后面才出现的文献呢？按照民间传说，都说纳西族来自一个叫作“多弥”的地方；按照文献研究，都说纳西族来自古羌人。一些有思想的学者，先后做过纳西族与“白狼人”“筰人”抑或“古夷人”有渊源关系的各种论证，其所依据的都是汉代时期的史料，年代很晚，与古代纳西族的形成年代不能成为正比。而到最后，这些学者都把这些“人”归咎于古羌系统，并无什么新意。② 不过，他们承认：“羌人南迁并不是同一时间和同一条路线，迁入西南后也不会全集中在一个地区，或为同一民族的组成部分。因此，笼统说摩沙夷属于古羌人，是南迁的游牧民族，迁入西南后成为纳西族的先民，看来是不够的”③。按照《羌人通史》的观点，羌人先祖是从远古云南进入内地或河湟地区的，而摩梭人现在发现的仅仅只是居住在四川和云南的一部分地区，这些地方都是其先祖在远古时期北迁的必经路线之一，这就带来三个方面的思考：第一，当纳西族先民南迁至北时，这些地方会不会滞留下一些人；第二，纳西族先民在秦献公时代向南迁徙时，是不是举族北迁，在当地是不是有遗留；第三，为什么河湟地区没有纳西族？从这些问题当中又引申出这样的一个问题：为什么全国56个民族中，云南的民族会有26个，族种占了全国民族当中的一半以上，并且独有少数民族15个？倘若不是根源性的民族，云南会存

①吴沄：《写实与抽象：金沙江岩画》，《大众考古》2015年第2期。
②蒙默：《试论汉代西南民族中的“夷”与“羌”》，《历史研究》1985年第1期；张增祺：《“摩沙”源流考》，《纳西族考古文物资料汇编》，云南民族出版社2011年版，第92页。
③张增祺：《古代云南骑马民族及其相关问题》，《云南民族学院学报》1984年第2期。

在如此之多的民族种类吗？说到根源，指的是事物的本初或来源；追根寻源；根基，基础；根由，事情的始末。语出晋朝葛洪《抱朴子·酒诫》：“纵心口之近欲，轻召灾之根源。”唐杜甫《火》诗：“罗落沸百泓，根源皆万古。”《中华民族遗传多样性研究》①《中华民族起源》②都提出早期中国人在8500年之前，由远古云南迁徙至中国腹地乃至东亚和西伯利亚地区，可以说，远古云南是中华民族之根，即便是《羌族通史》也不否认其族先祖早期自远古云南迁徙而去。说纳西族族源于羌，为什么云南其地没有羌族？说纳西族来自河湟地区，为什么来自远古云南其后形成定居河湟地区羌族居住地至今没有发展形成纳西族？倘若认为纳西族源自古羌人，在中华大地上可以寻找到相关的考古证据支持吗？

（2）都说纳西族源自古羌人，那么，他们为什么属于汉藏语系藏缅语族彝语支，并且在语言上为什么不归属于羌人。我们知道，羌语支族群全部分布在我国境内，包括12种现行语言和一种文献语言。它们是：羌语、普米语、木雅（古称“弥药”）语、嘉绒语、尔龚语（道孚语）、扎语（扎坝、扎巴语）、却隅语、贵琼语（鱼通语）、尔苏语（栗苏语、多续语）、纳木依语、史兴语、拉乌戎语和西夏语（文献语言）。羌语支本身可以分为北支和南支，前者受藏语支的影响大，后者受彝语支的影响大。有些学者认为嘉绒语应属藏语支，还有些学者认为西夏语应属彝语支。据此而言，纳西族在历史发展进程中，与先彝民族的关系应密切于与先羌民族的关系。应该说，纳西族本身就是土著民族，其先民可以说与彝语支的民族有着千丝万缕的联系，是先彝集团的社会文化共同体不可或缺的重要部分。

2. 纳西族属于彝语支的考古证据和形成年代

（1）昭通市绥江县新滩岩画出现古彝文和老虎崇拜的内容。云南省昭通市绥江县新滩岩画位于金沙江下游，发现于2004年。四川省西昌市的彝族学者在岩画当中发现了古彝文“弈姆索嘎”的读音，是彝族头人的姓名，其中的“索嘎”是名，内涵为“财运旺盛”的意思。③“2013中国藏彝走廊学术研讨暨绥江岩画论证会”于2013年10月20日在绥江县开幕，来自全国的30多位从事岩画研究与保护的专家及考古学者聚集绥江对新滩岩画内涵进行研究解读。认为这幅岩画揭示了彝族传说“六祖分支”和历史上确实出

①金力，储嘉祐：《中华民族遗传多样性研究》，上海科学技术出版社2006年版。
②黄懿陆：《中华民族起源》，云南人民出版社2016年版。
③中共绥江县委宣传部：《我家绥江》，云南人民出版社2010年版，第22页。

现过太阳历的真相。值得注意的是，该画出现了虎人之头的内容，是彝族崇拜老虎崇拜的考古证据。① 我们知道，历史上的羌族、彝族、土家族、白族、纳西族、傈僳族、普米族等视虎为其祖先，至今仍保留着崇虎的图腾意识。但是，从考古证据方面来研究，昭通市绥江县新滩岩画应该可以视为彝族先民历史上存在虎的图腾崇拜的确凿实物资料。以上讲到的其他在历史上崇拜老虎的民族，没有发现可以确证为其民族崇拜虎神的早期考古资料，唯独在地处金沙江流域的绥江新滩岩画上发现，而且可以确证彝族存在崇拜虎神的考古证据。就向传统观念提出了挑战，一是历史文献讲述到彝族、纳西族源于古羌人的说法就值得推敲。为什么呢？我们无法确认文献指出的“越嶲羌、旄牛羌、青羌”或“白狼人”等指的是不是彝族或纳西族？因为彝族自称诺苏、聂苏、纳苏、罗婺、阿西泼、撒尼、阿哲、阿武、阿鲁、罗罗、阿多、罗罗……羌族自称“尔玛”“尔咩”“日麦”，东部方言区的人自称“木勒”，其语言受汉语影响较大；西部方言区的人自称“木雅”；纳西族自称“纳”特别是摩梭人几乎都自称为“纳日”……没有自称为“羌”的，我们搞不清楚为什么学术界要根据文献把这些族群都归结起源于“羌”？所谓“羌”的说法，那是汉族学者的观点，是他们留在文献当中的记录。不管是从民族自称和考古材料来看，硬性把上述民族归属于“羌”的说法没有考古证据，也没有民族自称这个认同材料的支持，更没有文献记载的直接证据，不足为凭。倘若要以文献为凭借，那么，我们认为彝族、羌族、纳西族……应该归属于古“夷人”。

《华阳国志·蜀志·定笮县》指出：“定笮县（今四川省盐源县地）：笮，笮夷也。汶山曰夷，南中昆明，汉嘉、越嶲曰莋，蜀曰邛，皆夷种也。县在郡西，渡泸水。宾刚檄，白（曰）摩沙夷。有盐池，积薪以奇灌，而后焚之成盐。汉末，夷皆锢之”。这是文献上首次出现纳西族在历史上古称为“摩沙夷”的记录，也是纳西族或摩梭人以明确的记载见诸于历史舞台的证明。《华阳国志·蜀志·定笮县》是晋代时期记录西南地区历史文化的当地文献，这个重要的文献把当代学术界公认为纳西族记录的“摩沙”当成“夷人”，而不像纳西族“羌人说”的学者，为了验证《后汉书·西羌传》的记载，为了寻找纳西族的来源，就把他们往《后汉书》中的这种“羌”上套，千方百计认为他们就是南迁的“羌”人。我们换一个角度来说，他们为什么就不能是本地的“西南夷”呢？根据《华阳国志·蜀志·定笮县》的记载，这些“夷人”土生土长于斯，而秦

①杨帆等：《云南考古》，云南人民出版社2010年版，第279页；黄懿陆：《绥江岩画揭示彝族六祖分支真相》，《中国藏彝走廊历史文化研究》，云南人民出版社2014年版，第40页。

永宁日月和

献公时代的羌人则南迁而来。这些南迁而来的羌人，并不等于《华阳国志·蜀志·定莋县》的“摩沙夷”，也不是自古就生活在高原的“西南夷”。或者说，这些“摩沙夷”被《后汉书·西羌传》视为羌人，而在《华阳国志·蜀志·定莋县》中被视为“夷人”，在《史记》中被视为“西南夷”。他们自古就是“夷”，而不是羌！客观地说，《华阳国志·蜀志·定莋县》是在当地描写当地情况的书，比较贴近地方民情民风民俗，反映的情况应该说是真实的，所以，对当地少数民族称之为“夷”。《后汉书·西羌传》属于中央文献，所写事实距离事发地点较远，就把这部分被当地人称之为“夷”的归结为“羌”。实际的情况是，“摩沙”是彝语支，与先彝的社会化文化共同体联系极其紧密。这方面的考古证据，则见于昭通绥江的新滩岩画，上面记载有古彝文。所以，我们可以理直气壮地说，纳西族或摩梭人源自古夷人，属于氐羌系统。

最早提出这个说法的是蒙默先生，他在1985年发表《试论汉代西南民族中的“夷”与“羌”》，“提出汉代西南民族族系在一个常与氐羌混淆但实际上并非羌人而自为一系的民族系统——‘夷系民族’。蒙默先生在此文中分析了夷系民族与今彝语支民族的关系，认为夷系民族即今彝语支（包括纳西族）的先民。夷人说虽然提出的相对较晚，但已经产生了较大影响，20世纪90年代出版的《纳西族史》及2001年出版的《藏族族源与藏东古文明》等著作，均已采用了此说”①。现在看来，这个观点不仅有文献依据，而且有考古证据的支持，应该是一个实事求是的基本结论。

（2）昭通绥江新滩岩画出现了揭示彝族六祖分支的内涵和崇拜太阳历的图像，并且揭示出与先汉社会文化共同体有一个文化上的同源时期。其中彝族六祖分支的内涵是以早期的鸟神崇拜为基础，解释了汉藏语系藏缅语族彝语支先民早期施行鸡或鸟卦

①赵心愚：《纳西族历史文化研究》，民族出版社2008年版，第3页。

占卜，然后过渡转化为使用数字卦的一个历史过程。这个过程，亦是汉藏语系壮侗语族壮傣语支在占卜文化必不可少的一个历史过程。这个占筮过程的最终结果揭示，中华民族在早期主要是通过鸟或鸡卦占卜得出卦象，并在此基础上计算出数字，然后组合形成数字卦。这里说的数字卦，是中国社会科学院历史研究所张政烺先生首先研究出来的。《张政烺论易丛稿》① 一书里全面阐述了他的学术思想，后来在学术界里经过讨论取得共识，确认了在我们现在看到的易经符号卦之前，中国易学史经历了一个漫长的数字卦时期。这种叫作数字卦的易经以一、三、五、七、九这五个奇数为阳爻，以二、四、六、八、十这五个偶数为阴爻，组合成了史前易学的发展阶段。《中国学术新证》刊载：云南省保山市施甸狮子山遗址出土的一件石斧上，已经镌刻着数字卦。② 《云南美术史》认为："保山塘子沟虽属旧石器晚期遗址，但采集到一件磨制石器，或可视为向新石器过渡的阶段，其年代距今6250 ± 210或7960 ± 30年"。所以，施甸县狮子山遗址的源头可以追溯到塘子沟的刻角锥出现的年代。这就说明，在施甸县狮子山遗址出现数字卦的石斧年代可判断为距今为6460 ~ 8190年之间。也就是说，在这个年代，数字卦就记录在石器上。而金沙江流域早期岩画没有出现数字卦的内容，说明这些岩画的绘制年代要早于施甸县狮子山遗址出土的石斧制作的年代。也就是说，要早于8000年之前。③ 在这个年代出现的昭通绥江新滩岩画刻写有从鸟或鸡卦占卜发展到数字卦这个过程的内容，而且刻写有彝文，说明先彝社会文化体与一直把数字卦使用到大汉王朝的社会文化共同体在早期历史文化上有一个同源时期。从昭通绥江新滩岩画出现彝文和数字卦的图像的这个年代以后，说着先彝语言、使用彝文的这个社会文化共同体不再发展易经数字卦这种博大精深的历史文化，而顽强地固守着自己源远流长的原始文化。而在历史发展过程中滚雪球一样发展壮大的先汉民族，则把最早这个社会文化共同体共同创造的从鸟或鸡卦发展到数字卦的文化并使之衍变为符号卦，一直延续使用到了今天很多人犹在云里雾里的易经文化。

（3）昭通绥江新滩岩画出现的历史年代，就是"摩沙（摩梭）人"出现的年代。要说清楚这个问题，需要的从金沙江流域的早中期岩画开始追溯：

第一，金沙江流域的早期岩画没有出现虎图腾的内容。我们将金沙江流域出现的岩

①张政烺：《张政烺论易丛稿》，中华书局2010年版。
②黄懿陆：《云南保山施甸狮子山岩画数字卦》，《中国学术新证》，云南人民出版社2014年版，第268页。
③李伟卿：《云南美术史》，云南美术出版社2006年版，第28页。

画视为两个时期。根据科学测算，金沙江流域早期岩画其中测得其最早年代为9380 ± 30年，最晚年代（即钙板覆盖岩画的上部年代）为4010 ± 30年。有学者据此提出：金沙江流域岩画年代综合校正两次测年数据得出，作画年代最晚在距今5400 ~ 4170年之间。由于在金沙江流域的早期岩画出现的是牛、鹿、熊、貘等动物的画像，而没有出现虎图腾的内容，这与汉藏语系藏缅语族彝语支或崇拜老虎，视之为神的原始宗教观念是不符的。在金沙江流域早期岩画之前，我们认为汉藏语系藏缅语族彝语支或崇拜老虎的部族尚未形成。但是，我们要研究从崇虎图腾尚未形成到开始形成的这个时间段，彼此间隔到底有多少长?

以昭通市绥江新滩岩画为代表的金沙江流域的中期岩画的出现，则标志着汉藏语系藏缅语族彝语支或崇拜老虎部族的诞生或形成，也是中华民族具体的少数民族形成的开始。

第二，金沙江流域中期岩画的出现标志着摩梭人先民的形成。这个主意标志就是：昭通绥江新滩岩画出现了虎头之人的画像。关于这个结论，有两个方面的参考依据：

其一，彝族视虎为族，以虎为图腾，这是大家都知道的。由于纳西族属于汉藏语系藏缅语族彝语支，其对虎神的崇拜并不亚于彝族，而且表现为外部形式和基本内涵的一致性。摩梭人与彝族、普米族、藏族一样，历来以属虎之年为吉年，属虎之日为吉日。摩梭人在达巴教和东巴教的法事活动中，崇虎的内容很多。在驱逐“外夷鬼”和凶邪的祭仪中，必须祈请虎神来帮助。达巴和东巴（巫师）的巫棒上刻有虎头，虎头是达巴教和东巴教崇拜的神之一。某些东巴象形文字经的卷首以虎开其端，达巴口诵经中也有赞颂虎神的口诵经。虎头表示“上古”，含有祖先的训导之义。人人皆知的泸沽湖，元代把居住在泸沽湖附近的摩梭首领为“喇踏王”；明初称左所土司姓“喇他”。明代以后，除左所土司仍保持“喇”姓到民主改革时以外，永宁、蒗蕖等地的摩梭土司均变“喇”为“阿”姓。这一文献记载资料表明，云南永宁摩梭土司、蒗蕖土司、四川左所土司、前所土司都是同出一源，原来皆以“喇”（虎）为姓，至明代以后，永宁、蒗蕖土司以“阿”代“喇”，但他们崇虎之风依然盛行。《摩梭人的宗教》一语中的：“摩梭土司极崇拜虎。土司奉虎为祖先，认为虎具威风，乃百兽之王，是凶猛的神。虎的骨头粗大，他们奉为土司的根根，他们自命是虎的化身。”① 昭通绥江岩画出现了彝族文字，并且出现了以虎人之头作为一年之首月的考古证据，可以说，该岩画出现的图像

①杨学政：《摩梭人的宗教》，《云南少数民族社会历史调查资料汇编》，云南人民出版社1991年版。

为汉藏语系藏缅语族彝语支或崇虎民族起源的唯一早期考古证据，昭通绥江岩画出现的“年代约在公元前5000年”①。为什么会得出这个比较绝对的年代，因为在绥江新滩岩画上已经出现了数字卦，这与施甸县狮子山遗址出现数字卦的石斧年代吻合。

其二，中原地区考古遗址出现了虎崇拜内容和彝族古代文字。1987年，为解决化工工业和城市居民用水，河南省濮阳市在老城西南隅的西水坡修一座引黄供水调节池，在配合施工的考古调查中，于调节池的西南部发现一处内涵非常丰富的仰韶文化聚落遗址。经申报国家文物局批准后，从当年6月起，濮阳市的文物考古工作者对该遗址进行了科学发掘，收获很大。最重要、最有意义的是在仰韶文化第四层下清理出四组用蚌壳摆砌的龙虎等图案，其中8月17日在137号探方中发现（以下探方用T表示），墓主人为一老年男性，头南足北，身长1.84米。在其两侧分别为蚌壳龙虎图案。龙虎相背，龙在东侧，长1.78米；虎在西侧，长1.39米， 皆头北尾南，墓主人、中足北还有一蚌壳堆；B2在B1南20米处，9月10日在T176中发现，其内容有龙、虎、鹿、石斧等，虎在西，鹿在东，头皆向北，相向而立。龙在虎南，张嘴伸舌，可见上下牙齿，嘴南有近圆形蚌堆。龙身迭压在虎身之下。龙头之东有像蜘蛛的图案，再向东放置一石斧。B2南北通长2.1米，东西通宽1.33米；B3在B2南边25米处，11月23日在T215中发现。内容为一只奔虎，头西尾东，背南足北作跷尾奔跑状。与虎背对背为一龙，头东尾西，昂首作腾飞状，龙背骑一人；B4在B3西南，因被两个晚期灰坑打破已辨不清形象。三组蚌图，造型独特、规模宏大、内涵丰富，在仰韶文化考古史上是首次发现，专家们一致认为，蚌龙在考古断代上属仰韶文化早期的遗迹无误，在形态上是北京故宫里各种龙的正宗祖先。随后，中国社会科学院考古研究所实验室对该遗迹的蚌壳标本作碳十四测定，年代为距今6600年，误差不超过135年（经树轮校正）。中原地区考古遗址出现了虎崇拜的内容，说明《中华民族遗传多样性研究》提出早期中国人在8500年之前，由远古云南迁徙至中国腹地乃至东亚和西伯利亚地区的研究成果有考古证据支持，是正确的②。这里出现的虎崇拜，与金沙江流域绥江新滩岩画上的虎图腾崇拜内涵是有联系的。此外，这里还有一个可供参考的考古资料：1992年1月2日，山东大学考古实习队在山东滨州市邹平县丁公遗址进行田野考古。在即将结束发掘之际，在室内清洗完陶片，誊写编号时，发

①黄懿陆：《绥江岩画揭示彝族六祖分支真相》，《中国藏彝走廊历史文化研究》，云南人民出版社2013年版，第55页。

②金力，储嘉祐：《中华民族遗传多样性研究》，上海科学技术出版社2006年版；黄懿陆：《中华民族起源》，云南人民出版社2016年版。

现了一件刻有文字的陶片。这就是震惊考古界，古文字界的丁公陶文。该陶片为泥质磨光灰陶，是近直壁大平底盆的底部残片。长4.6～7.7厘米；宽3～3.4厘米；厚0.35厘米。陶片内面从左向右刻有十一个文字。可分为上下两行：上行五字，下行六字。下行第六字处于上下两行尾部中间。总体呈扇形排列。另外根据仔细观察在陶片的左上角和右上角各有一刻划符号，刻痕较浅，在左下角还有一道短线伸出陶片。在下行六字中的倒数第三，第四字间有刻画的两个圆圈符号。引起了海内外专家，学者的高度重视。经考古学界，古文字学界30多位专家，学者鉴定后得到了比较一致的确认。有专家认为古陶文同今天彝族的文字有一定的渊源。① 上面写的是彝族以鸡卦占卜的意思，这样看来，这里说的鸡卦占卜又与绥江新滩岩画上出现虎人之头、彝族文字和以鸡和鸟卦占卜的图像有了联系。

据上推论，属于汉藏语系藏缅语族彝语支的摩梭人从远古云南有过到达中原或河湟地区的迁徙经历，其迁徙时间在约8000年之前。文献当中关于春秋时期的秦献公期间有羌人南迁的记载，其中或许包括有摩梭人先民或许没有。但不管有没有，这些迁徙只不过是一个社会文化共同体从南迁或北迁若干经历当中的一次。由于居住在“藏彝走廊”祖籍地的藏、缅、彝、羌语支民族在迁徙活动当中的区域分化，尤其分别选择了不同的迁徙途径，而使古藏缅语族发生变化，终至形成了藏缅语族的缅语支、彝语支、景颇语支，藏语支乃至羌语支等民族语言，经过历史的发展变化，最终分成为今天藏缅语族分别使用各种语支的藏缅民族集团。②

第三节　金沙江上游青铜时代石棺墓葬

石棺葬是古人在挖成的竖穴土坑内，用石块（板）镶砌铺盖成箱形格状，以埋葬死者的一种墓葬形式，广泛存在于亚欧大陆。在我国的西南、东北地区，石棺葬更是盛行，在素以民族文化交流通道著称的“藏彝走廊”地带，石棺墓则是一种分布范围比较

---

①李季：《千秋索引百年寻觅：中国文明的起源》，四川教育出版社1998年版。
②李星星：《论“藏彝走廊”》，《李星星论藏彝走廊》，民族出版社2008年版，第75页。

广泛的标志性文化遗存。云南是石棺墓的主要分市区，到目前为止，已发现的石棺墓总计达数百座，金沙江流域的石棺葬文化内涵丰富，资料翔实，是研究藏彝走廊迁徙民族历史的重要资料。

一、丽江市发现的石棺葬

（一）大具石棺葬

（1）大具石棺葬。20世纪60年代末至70年代初期，当地在距离金沙江江面200米的位置中开展农田基本建设中，发现一处石棺墓葬遗址，其中有人骨，还有完整头骨、碳屑，通常是一人葬。石棺墓为南北向，有盖板无底板，尚可辨认的有头骨、趾骨2等，内夹有若干炭屑，其脊椎附近采集到一枚石镞，因此墓主被怀疑为一中箭身亡者或二次葬的遗留？

（2）白麦金江村石棺葬。地点距离大具石棺葬2公里，当地村民多次在这里发现石。出土的随葬器物有镞、矛、陶罐等。

（二）石鼓至巨甸一带的石棺葬①

（1）格子石棺葬。在地处石鼓至巨甸中心点的位置上，于1980年以来发现一批石棺墓。采集和出土器物有铜器、陶器若干和海贝。其中铜器包含铜矛5件、短剑3件，还有铜镜、铜削、铜镯等什物；发现陶器和海贝各4件，其中陶器均为手制双耳陶罐。

（2）红岩石棺葬。在格子顺金沙江南下约12公里的地方，叫作红岩三仙姑村。1960～1970年，这里一度发现石棺葬，但未见随葬器物。1983年，同样的地点又发现石棺葬，其中出土铜矛、剑、

丽江金沙江领域石棺古墓群

①木基元：《永胜涛源石棺墓考察记》，《纳西族考古文物资料汇编》，云南民族出版社2011年版，第275页。

镯和陶器及其海贝；同年，在一个高出江面约200米的山包上又发现石棺葬，其中出土的青铜兵器与格子石棺墓出土的相同。

（三）丽江古城、玉龙、永胜、华坪县石棺葬

（1）丽江古城马鞍山石棺葬。其地距离丽江古城西4公里，1983年因群众公开取石时发现一批青铜文物，其中有剑、镞、削、马衔、铜泡、环等33件。这里的石棺墓为东西向，棺为较完整的石板构成。内有一些肢骨，还有数十颗粒状绿松石珠。值得注意的是，这个遗址出土的陶器多为手制，有泥质红陶和夹砂灰陶两种。

（2）玉龙县石棺葬。2009年3月2日，玉龙县文管所的工作人员在距离江旺村约500米一个叫作“厄妈左罗”（傈僳语地名）的地方进行考察，发现一处石棺墓葬群。江旺俗称江凹，金沙江水流经此地，形成一道弧形江湾，江凹由此得名。发现的石棺墓葬有盖有底，尸骨的底下是由页片岩铺筑的棺底，以前发现的石棺多为1.8米长，而此次发现的石棺类似一个箱状，长仅为60厘米，宽为50厘米左右。此次发现排列整齐的石棺墓9个，存在多个个体遗骸。在一石棺中发现的能清晰辨认的头盖骨4个，以及许多零散的牙齿和头盖骨碎片，据推测整个石棺中有4～7个头盖骨。诸多迹象表明，在“厄妈左罗”发现的石棺墓葬应为二次葬或多次葬。

（3）永胜县涛源石棺葬。1993年12月下旬，丽江县文物考古部门在永胜县涛源乡金沙江河谷发现一批石棺葬。早在20世纪60年代，石棺葬已有发现，只因没有引起重视，墓葬多被破坏。此次考察，完整之墓群已经不再完好，其中遗物保存较多，墓葬保存较好的是堆子地石棺葬。该墓葬地面积4万平方米，距离乡政府罗家村东400米，现为学校和居民驻地。经过清理一座暴露在外的墓葬，发现1件空无一物的夹砂灰陶双耳陶罐。中心校郭廷枢老师在附近建盖新屋时，曾经挖到三四座墓，情况与此类似。“专家们的研究成果表明：它是3000年前古老的人类在金沙江流域生息、繁衍、劳作的见证”①。

（4）华坪县石棺葬。早在20世纪70年代开挖梯田的农田基本建设中，就不断传出华坪县荣将镇湾潭村存在石棺葬的消息。考古人员判断，这里可能是“某一氏族的公共墓地”。1990年2月中旬，考古部门在这个地方的轿顶山西麓新庄河东侧又发现了一批石棺葬，面积约为800平方米。这批石棺墓的四壁均为规整的板岩石所砌筑，除个别墓葬外，其余墓葬有底板无盖板或有盖板无底板，墓向均为东西向，即死者头部均向着山岭。墓内少见骨架，仅余少量骨头。内有一些破碎夹砂红陶片。在该县的鱼门、永兴、

①木基元：《永胜涛源石棺墓考察记》，《纳西族考古文物资料汇编》，云南民族出版社2011年版，第275页。

惠民三个乡，也发现过类似石棺墓。

二、迪庆州发现的石棺葬

（一）德钦县纳古石棺葬

1977年8月23～30日，云南省博物馆文物工作队对德钦县纳古石棺葬群进行发掘，一共清理石棺墓葬23座，出土器物41件。其中陶器23件，主要是小陶罐和少量的铜兵器、装饰品等；其他是铜器什物。其中，铜制品中有矛3件，短剑1件，高（木在高下）末、铜饰2件，铜镯3件，脚饰1件，铜圆形饰牌3件，其他为石镞4件，海贝716粒。年代约为春秋早中期，或可早到西周晚期。①

（二）中甸县（今香格里拉市）石棺葬

1998年3月22日至4月9日，云南省文物考古研究所在迪庆藏族自治州德钦县对克乡村西、木茸村西、布独村西及西南、幸多村北的5处石棺葬地点进行发掘，一共清理43座墓葬，其中13座有随葬品共20件，另外采集陶纺轮和铜剑各一件。发掘的墓葬随葬品中，有青铜短剑2件，陶器11件，骨片6件，绿松石珠2粒，海贝7件。经过研究，情况"表明中甸石棺墓的青铜文化与西北地区的齐家、辛店等文化有联系。而据有关文献记载，氐羌民族曾于商周时期广泛分布在我国的西北、西南地区，因此我们认为，中甸石棺墓的主人，可能属于古代氐羌系统的民族"②。

第四节　先秦至汉晋时期

一、西南夷地区的民族及其分布

（一）西南夷地区的越嶲郡

"西南夷"是秦汉时代对居住在蜀郡西北、西南，即今四川成都西北、西南，云

①云南省博物馆文物工作队：《云南德钦县纳古石棺墓》，《纳西族考古文物资料汇编》，云南民族出版社2011年版，第219页。

②云南省文物考古研究所：《云南中甸县的石棺墓》，《纳西族考古文物资料汇编》，云南民族出版社2011年版，第196页。

南，贵州及广西西部广大地区少数民族的总称。主要有夜郎、滇、邛都、滇、昆明、徙、莋都、冉駹、白马等。“西南夷”一词，始见于司马迁《史记·西南夷列传》，后为两《汉书》《华阳国志》等史籍所沿用。作为最早见于历史文献的西南地区居民，西南夷是研究西南地方史、民族史的重要问题之一。它关系到对西南地区民族源流和民族关系等重大问题的认识。凡治民族史、西南地方史的学者无不研究过西南夷。在这个族群大家庭里，西南夷包括了氐羌、百越、百濮三个非常大的族群。

秦王朝于公元前207灭亡之后，代之而起的是先前一年建立的汉王朝。有汉一代，共在全国设立101个郡，而在当时的西南地区，就有时牂柯、益州、永昌、越嶲、犍为、沈黎、汶山、武都等郡，其中的越嶲郡（今四川西昌地区、云南丽江、楚雄北部一带）因汉武帝元鼎六年（公元前111年）开邛都国设置。郡治在邛都县（今四川西昌市东南）。西汉后期隶属于益州刺史部。王莽时改越嶲为集嶲。梁置嶲州。在设置郡县的同时，中央朝随即派出汉族官吏担任太守和县令，左右着当地的政治方向和经济命脉，同时采取“羁縻”政策，委以当地民族头领协助中央官员管理地方的内部事务，一些中央王朝统治薄弱的地方，少数民族头领在处理具体事务中的主导向很强，实际上对国家的统一和团结起着非常积极的促进作用。

（二）越嶲郡的民族分布

尤中先生在《云南民族史》中把纳西族先民“摩沙”人归属于“叟族”，是从“氐羌中分化出来的一部分”，他们的“主要居住区是越嶲郡，越嶲郡之所以得名，是因为越嶲其地有嶲水”①。

在越嶲郡西南，即今天的保山市至大理州一带，当时有叟族与昆明族杂居；在东北也就是今天的昭通市一带，有叟族与僰人和昆明人杂居；在南部，亦即今天的滇中至滇南的红河州一带，与叟族杂居的亦是僰人和昆明人；从滇中往东北至今曲靖一带，也有叟族和僰人和昆明人杂居在一起。叟族当中的“摩沙”人，当时“被认定与汶山（今四川阿坝州）的‘夷’，南中（云南、贵州）的昆明，汉嘉（今四川雅安至汉源一带）、越嶲（今四川凉山州）的莋，蜀郡西部的邛，都是‘夷种’，即氐羌系统的民族，依《华阳国志·蜀志》所说，是在东汉时期；分布区域是在定莋县及其西部边境的‘刚櫢’地方，即今四川省盐源、盐边县至云南丽江县一带。‘摩沙’即‘纳沙’、‘纳

①尤中：《云南民族史》，云南大学出版社1994年版，第27页。

西’，先后译写不同而已”①。

二、考古发现

（一）四川地区盐源青铜时代遗物

四川省盐源县有关部门在泸沽湖出口草海北岸进行施工作业时，发现长方形铜锭1件，长17厘米、宽10厘米、高3.5厘米，出土铜剑阴刻汉字铭文，其中有一个可以辨认出是“孙”字，应该属于汉代遗物。在格萨村山脚台地一个可能延续自新石器代时期的金石并用遗址中，除了出土石、陶器之外，出土的铜器有1件铜剑，1件铜矛，1件金黄铜钺，还有2件金饰片。“据调查者研究，格萨出土的这些青铜器大约是西汉时代器物。铜剑与云南德钦水芝出土者相似，铜柄铁剑与云南晋宁石寨山出土者相似，铜钺与四川木里县博瓦者相似。这说明当地在古代就是滇、川‘文化联系的通道’，同时证实，‘泸沽湖畔自古以来就有勤劳的各民族先民劳动生息在这里，并且创造了较高的文化’”②。

盐源青铜器

（二）丽江奉科发现“蜀郡”铁（锸）

距离四川木里、云南宁蒗仅一江之隔的丽江市玉龙县奉科乡达增村岩浦自然村，出土4合成件铁器，上书“蜀郡”等字，其中一件由当地司法干部于1985年交到文物管理部门。这类器物叫作“铁（锸）”，为铁锄中的一种。这类器物在昭通梁堆中出现过，1960年前后在四川省木里藏族自治县博瓦镇也出现过。在滇西出现，则是第一次。

（三）永胜县金官发现的青铜器

（1）金官龙潭青铜器。1956年2月，

①尤中：《云南民族史》，云南大学出版社1994年版，第29页。

②木基元：《丽江金沙江地区的考古发现与研究（代前言）》，《纳西族考古文物资料汇编》，云南民族出版社2011年版，第6页。

当地群众在永胜县金官（区）龙潭修筑水库，发现一批古代青铜器物、铁制品和陶器。云南省文物部门随即清理出296件。按照质地来分，有铜器282件、铁器（含铜铁合制）8件、陶器6件。按照用途来分，兵器有剑、戈、矛、钺共268件；生产工具有斧、凿、锄、纺轮共24件；生活用具有陶罐、杯、碗共3件；有装饰品1件。“初步推测，这批器物年代的下限是西汉中期或者稍早”①。

（2）金官区铜鼓。1986年4月30日在永胜县金官区军河乡发现，出土铜鼓2面，陶坛2件，青铜杯1件，此外还有10多件陶罐以及一些铜饰物。考古文物部门闻讯赶去，只余留铜鼓和铜杯，其余已被发现者挖碎。据发现者唐虎尧介绍，铜鼓分别套在陶坛上，大鼓居东、小鼓居西，相距约为4米。出土时，分别压在两个陶坛的口沿上，大鼓下面的陶坛内无任何物，小鼓下面的陶坛内有少量泥土。大鼓重21.5公斤，小鼓重8公斤，造型及其纹饰，均与楚雄万家坝型相似。“我们认为永胜县金官区军河乡出土的两面铜鼓应属于春秋至战国初期之遗物”②。

（四）德钦县和宁蒗县的古墓葬

（1）德钦县古墓葬。位于该县燕门乡石底村，于1977年8月进行发掘。清理2座墓葬，出土陶器6件，另外收集到陶、铜器物15件。其中铜剑2件，铜镦1件，铜矛1件，铜刀1件，铜仗头饰2件，铜圆形扣饰1件，铜杯1件，铜匕1件，铜模型2件，铜椭圆管1件。陶器有双耳罐2件。经鉴定为“战国至西汉早期的墓葬”其中，“石底出土的剑、矛等青铜器，与滇西地区的同类器物基本一致，圆形扣饰与滇池地区的圆形扣饰相似；双耳罐与甘肃地区齐家文化的同类器物极为相似”③。

（2）宁蒗县古墓葬。1969年发现于大兴镇，云南省文物考古部门于1979年4月17～29日进行清理，共清理大、小墓葬11座。按照墓室大小、葬具和随葬器物的情况，可分为三类。其中第一类墓葬6座，出有保存较好的木棺或残朽木块，木棺头设有简单的头箱，随葬品以陶罐为主，置于头箱内，有少量铜兵器置于棺内；第二类2座，其墓葬结构略同第一类，木棺已残，似无头箱，亦无陶器随葬，两件兵器置于头箱，疑是儿

①云南省博物馆保管部：《云南永胜县金官龙潭出土青铜器》，《纳西族考古文物资料汇编》，云南民族出版社2011年版，第243页。
②张顺彩：《云南永胜县发现两面铜鼓》，《纳西族考古文物资料汇编》，云南民族出版社2011年版，第257页。
③云南省博物馆文物工作队：《云南德钦县石底古墓》，《纳西族考古文物资料汇编》，云南民族出版社2011年版，第228页。

童墓葬；第三类3座，没有发现葬具痕迹，亦无铜兵器和装饰品，头置放陶罐3件。“宁蒗县大兴镇发现的铜斧、铜柄铁剑与我国东北宁城南山根所出者极为相似”①。

第五节　隋朝到南诏、大理国时期

一、族称和居住地

（一）磨些蛮称谓的变化

众所周知，纳西族首次以“摩沙夷”出现的历史记载，见于《华阳国志》。到了唐代，古代文献对纳西族的记载变成了“磨些蛮”。这里的“磨些”，与“摩沙”同音，仅是音译不同而已。根据《蛮书》分析，汉晋时期的“摩沙夷”从“夷”变成了“蛮”。有学者根据《蛮书》将其归入乌蛮族群，指的就是以彝族为主的这个社会文化共同体，②看来，纳西族语言归入汉藏语系藏缅语族彝语支的根源已久。隋唐时期，曾经两度恢复越嶲郡旧称，到了唐代末期，磨些蛮居住地并入南诏政权管辖。

金沙江边的摩梭山寨

在古代社会，南蛮是中国古代对南部的部族的称呼，最早记载来自于周代的《礼记·王制》有载：中国戎夷，五方之民，皆有性也，不可推移。东方曰夷，被发文身，有不火食者矣。南方曰蛮，雕题交趾，有不火食者矣。西方曰戎，被发

①云南省博物馆文物工作队：《云南宁蒗县大兴镇古墓葬》，《纳西族考古文物资料汇编》，云南民族出版社2011年版，第232页。
②尤中：《云南民族史》，云南大学出版社1997年版，第119页。

衣皮，有不粒食者矣。北方曰狄，衣羽毛穴居，有不粒食者矣。南方脸上有纹上的族群即是南蛮。多喜欢吃生菜，色拉和醋。在中国中心主义的天下观中，西戎和东夷、北狄、南蛮合称四夷。“南蛮”一词在古时泛指长江流域以南地区的社会文化共同体，随着中原政治经济文化的持续扩张和影响，随着中原大一统的政治格局和地方区域政治经济文化的不断融合，“南蛮”的地理区域实际上已经囊括了整个东南亚。

（二）磨些蛮的居住地

根据《蛮书》卷四记载，“磨些蛮，……铁桥上下及大婆、小婆、三探览、昆池等川，皆其所居之地”。这里说的铁桥，亦即指的是在今丽江县北部的塔城附近，后面“大婆、小婆、三探览”亦在今丽江市境内，“昆池”亦即今四川盐源县，基本上保持着先秦以来的居住格局。《蛮书》卷三提示，一部分磨些蛮曾南下聚集在今大理州宾川县宾居街一带，建立了越析诏。此一年代，为唐玄宗李隆基开元年间（713～741年）以前，到了唐德宗李适贞元（785～805年）年中，磨些人热衷参与建立的政权“越析诏早已不存在”①，而被蒙舍诏所灭。导致在政权丧失之后幸存的磨些蛮北迁，渡过泸水而（金沙江）到“邑何（去）河”居住，也就是迁徙至四川省盐源县境内。

二、磨些蛮的政治经济文化

（一）磨些蛮与南诏、越析诏政权的联姻关系

中央政权与外藩通婚的惯例自古有之。唐太宗崇尚“一桩婚姻就相当于10万雄兵。”可见联姻在我国历朝历代的对外交往和安抚内政、平息战乱中所起的作用。事实如此，通婚可以化干戈为玉帛，不见刀光剑影便可以使番邦臣服。在西南边疆彩云之南，有一个可与大唐王朝互相抗衡

20世纪40年代金沙江摩梭人聚居区

①尤中：《云南民族史》，云南大学出版社1997年版，第85页。

20世纪40年代拉伯金沙江渡口

的强大少数民族政权，叫作南诏。最初，它由越析诏、施浪诏、浪穹诏、蒙舍诏等组合形成。蒙舍诏在诸诏之南，称为“南诏”内部，在大唐王朝的支持下，南诏先后征服了西洱河地区诸部，灭了其他五诏，统一了洱海地区。在其尚未统一之前，其与外诏的关系，很大程度是建立在联姻基础之上的。摩梭人虽然参加了越析诏政权，但其与本诏和他诏上层之间的亲密关系，仍然是通过联姻来巩固和维系的。诚如《蛮书》卷三所载：“磨些蛮在施蛮外，与南诏为婚姻家，又与越析诏姻娅”。

这里说的“施蛮”，亦即现在的傈僳族。

“婚姻家”，指的是联姻的家族或其成员。《后汉书·蔡邕传》：“与陟（羊陟）姻家，岂敢申助私党？”《艺文类聚》卷四十引南朝梁简文帝《资遣孔焘二女教》：“可广访姻家，务求偶对。”宋代陆游《老学庵笔记》卷八：“韩魏公自枢密归邺，赴一姻家礼席。”《蛮书》认为磨些蛮“与南诏为婚姻家”，说明彼此有联姻关系。

“姻娅”，说的是亲家和连襟，泛指姻亲。父亲为姻，姊妹二人丈夫称谓为“娅婿”。磨些蛮“与越析诏姻娅”，可以看成“越析诏”是一个以血统关系为基础而形成的政权组织，包括了同一血统的几辈人。

《蛮书》关于磨些蛮“与南诏为婚姻家，又与越析诏姻娅”的记载，得到了民间传说和考古证据的支持。白族作家马子华记有一个故事，讲的就是南诏王阁罗凤迎娶纳西族姑娘和金兰的故事；“在丽江古城北13公里是玉龙山麓玉龙村，有唐代建筑北岳庙，庙里塑纳西保护神‘三多’，其旁并塑二妃，大妃是藏族，二妃为白族，这是唐代与南诏互为婚姻家的佐证”①。凭仗着世代与南诏的联姻关系，磨些蛮首领在南诏政权中受到重用，地位颇高，曾参与南诏王族觐见唐代皇帝。贞元十六年（800年），南诏王寻

①杨世光：《丽江古城形成探说》，《纳西族考古文物资料汇编》，云南民族出版社2011年版，第369页。

阁劝率队朝觐唐皇，大诗人白居易在《蛮子歌》中，记录下了这一盛况：“蛮子朝，泛皮船兮渡绳桥，来自嶲州道路遥。六诏星居初琐碎，合为一诏渐强大。开元皇帝虽圣神，惟蛮倔强不来宾。……谁知今日慕华风，贞元十六年（800年），南诏王寻阁劝率队朝觐唐皇，不劳一人蛮自通。诚由陛下休明德，亦赖微臣诱谕功。德宗省表知如此，笑令中使迎蛮子。蛮子导从者谁何？摩挲俗羽双限伽。清平官持赤藤仗，大将军系金（嗟去）嗟。异牟寻男寻阁劝，特赦召对延英殿……”就“在精彩的实景描写中，明白点出了南诏使团的‘导从’者是头插一双雉羽的‘摩挲（纳西）’人”①。

（二）磨些蛮的社会生活

隋唐时期，中央王朝在丽江设置吐蕃神川都督府和南诏铁桥节度，并架设了一座著名的铁索桥，促使古已有之的“闰盐古道”更加便利和通畅。唐贞元十年（794年），南诏与唐王朝合盟之后，“南诏异谋寻用军破东西两城，斩断铁桥”（《蛮书》卷六）。铁索桥的设置，一是说明当地物矿产丰富，当地有民众已投入冶炼。因为建桥之材料不可能从外地运来，而是就地取材。二是说明地理战略位置和交通重要，有必要在此设置比较坚固的桥梁。

我们认为，铁索桥的设置，当与“闰盐古道”有关。

在纳西族发展史上，著名民族学者李绍明先生认为出现过一条“闰盐古道”。这条古道非常重要，它的出现与自称“纳喜”“纳恒”及“纳日”的磨些蛮为什么自古居住在盐源其地密切相关。“实际上，早在秦汉以前闰盐古道就已有雏形，它应是藏彝民族走廊的一部分”。在这条古道上，食盐的开采和运输非常频繁，同时这里也是盛产黄金的圣地。“由于盐源产金，故元时曾置金州，隶柏兴府”②。这些情况表明，当时磨些蛮的生活自由散漫、悠然自乐，显得豪气和富庶。因此，《蛮书》卷四说：“磨些蛮……土多牛羊，一家即有羊群，终身不洗手面，俗好饮酒歌舞”。这是唐代时期摩梭人社会生活的真实写照。从文献记载来看，摩梭人的社会生活犹可自给自足，可以过着衣食无忧的生活。他们环水而居，在农业、畜牧业等方面有了一定程度的发展，似可丰衣足食，所以“俗好饮酒歌舞”，虽然在政治上蒙受了重大打击，磨些蛮建立的政权已经遭受重创，队伍失散，溃不成军，但在经济方面却有所发展。

①杨世光：《丽江古城形成探说》，《纳西族考古文物资料汇编》，云南民族出版社2011年版，第363页。

②李绍明，李星星：《磨些闰盐古道今昔》，《纳西族考古文物资料汇编》，云南民族出版社2011年版，第363页。

云南宁蒗县永宁地区在南诏大理国时期称“楼头赕”。到了宋代大理国时期，磨些蛮势力强大，一再崛起，威霸一方，已经可与大理国段氏抗衡，因而引起了大宋王朝的注意，在仁宗至和中（1054～1055年），中央王朝敕封磨些蛮木氏祖先牟西牟嵯“更立摩娑诏大酋长”，与大理国分庭抗礼。① 按照《木氏族谱》，其祖民族成分曾被附会为“西域蒙古人”②。而蒙古族则是有元一代随着忽必烈大军进入云南，而木氏祖先牟西牟嵯则在宋仁宗时期已被封为“大酋长”，显而易见《木氏族谱》盲目依附，乃至失误。

第六节　元、明、清时期

一、史料中的末些族

（一）元代的末些族

蒙哥古大汗即为第二年（1252年）7月，即命其弟忽必烈和大将兀良哈台征伐大理。同年秋，忽必烈从蒙古挥师南下。1253年12月，蒙古军攻占大理首府太和城（今大理古城），蒙哥汗四年（1254年）初，忽必烈从大理班师北返，留下大将兀良哈台继续经略云南。同年秋，大将兀良哈台擒获大理国王段兴智等遣送蒙古汗庭去见蒙哥大汗。蒙哥大汗施以怀柔政策，赐给金牌，让他们回去继续管理原属各部。段兴智回归故土后主动协同蒙古军作战，此后不久，“大理五城八府四郡，洎乌、白蛮三十七部”，皆归附于蒙古汗国。③

这一时期，文献记载中的纳西族被写为“末些蛮”。在蒙古大军进入大理国之时，驻守通安州（今大研镇）到居津州（今巨甸）的末些人大酋长阿良（麦良）首先投降，因帮助蒙古军平定云南有功，被授予了世袭土官的职位。但是，此后相当长一段时期，多数末些人仍然处于被各个部落当中的贵族分子分别管理的状态，部落之间一旦发生械斗，都经妇女出来调解，于是，双方便立即停战。说明“原始的母系氏族制度在他们中

①万永林：《中国古代藏彝语民族源流研究》，云南大学出版社1997年版，第130页。
②龚荫：《中国土司制度》，云南民族出版社1992年版，第573页。
③《元史·兀良哈台传》卷一二一；《元文类》卷四十七，《经世大典序录·征伐》。

金沙江畔的太子关，元忽必烈南征大理国时从此经过

间残存着，妇女在氏族、部落中有较高的威信，受到了应有的尊重”①。并未统属成为一个整体。

这一时期的情况，元代李京在《云南志略》中述之较详：“末些蛮，在大理北，与吐蕃接界，临金沙江。地凉，多羊、马及麝香、名铁。依江附险，酋寨星列，不相统摄。善战喜猎，挟短刀，以（砝，车；砝渠）为饰，少不如意，鸣钲鼓相仇杀，两家妇人中间和解之，乃罢。妇人披毡，皂衣，跣足，风环高髻。女子剪发齐眉，裸霜（露）不以为耻，既嫁，易之，淫乱无禁忌。不事神佛，惟正月十五登山祭天，极严洁，男女动百数，各执其手，团旋歌舞以为乐。俗甚俭约，饮食疏薄，一岁之粮园根（蔓菁）已半食量也，家贫盐外不知别味。有力者，尊敬官长，每岁冬月，宰杀牛羊，竞相邀客，请无虚日，一客不至，则为深耻。人死，则用竹箦舆至山下，无棺椁，贵贱皆焚一所，不收其骨。非命死者则别焚之。其余颇与乌蛮同”。

（二）明代的么些族

元代的末些人，在明清时代的文献上记载为“么些”，他们居住的地方除了旧述之地之外，通过战争掠地，然后派人徙民戍守，因而扩大了盘。这一情况，通过光绪《续云南通志稿》卷七十一，我们可以略知一二：“万历间，丽江土知府木氏渐强，日率么些兵攻吐蕃（藏族），吐蕃建碉楼数百以御，维西之六村、喇普、其宗皆要害，拒守尤固。木氏以巨石作碓曳以击碉，碉悉崩，遂取各要地，屠其民而徙么些戍焉，自奔子栏以北皆降。于是，自维西及中甸、巴塘、里塘，木氏皆有之”。

①尤中：《云南民族史》，云南大学出版社1997年版，第308页。

天启《滇志》说，明代的么些族人“好畜牛羊，产名马”由于物产丰富，矿产冶炼技术发达，所以，正德《云南志》说，当地么些族“男女无少长，出入常带大小二刀，以锋利为尚，大者三尺许，小者长尺许，富贵者刀错以金银，系饰以砗磲等物”。

从明朝永乐十六年（1418年）开始，明王朝开始在今丽江北部的通安、宝山，在丽江西北的巨津、兰坪一带设立学校，么些族部分上层贵族子弟开始进入学校学习汉语，开始接受了汉文化。木氏土司则聘请汉族知识分子进入土司府担任私塾教师，让儒家封建政治理论进入了纳西族地区。“木氏封建主家庭中先后出现了一些人用汉字写了许多诗文。然而在民间，么些族文字却仍在推广使用。这种文字‘迹专象形，人则图人，物则图物’。这就是一直保留至近代的‘东巴文’”①。

（三）清代的么些族

清代雍正年间伊始，中央王朝开始在云南实施“改土归流”，封建领主经济彻底崩溃，原先土司治下的农奴从土司统治的枷锁中解脱出来，直接变成了本民族与汉族地主阶级剥削的农户和佃户，在政治上直接接受中央政府派遣官员（流官）的统治。其基本情况，诚如《清职贡图》所言：

“么些，今丽江、鹤庆二府皆有之。居处与齐民（汉族）相杂，性淳朴，语多（鸟、决）舌。其读书入学者，衣冠悉同士子。……力作勤苦，岁贡粮赋”。

显而易见，么些族在政治上、经济上和文化上，开始接受了清王朝的统治。这些情况，《丽江府志》说得非常明白：“么些，语带鸟音，安分畏法，务耕植畜牧，勤俭治生，……今渐染华风，服食渐同汉制”。这一时期，丽江其地的纺织业日益兴盛。对此，道光《云南通志》卷三十丽江府《风俗》说：“妇女初习纺织，近日府城内外，各仿立机坊，纺织之声，延而渐广。”看来，汉族先进的纺织技术随着机器进入丽江以后，受到了广大么些族妇女的欢迎。

么些族的文化与汉文化交相辉映。直到今天，美丽神奇的丽江古城仍然成为中华建筑中的杰出代表。纳西族创制的东巴文，是世界上最完整、沿用时间最长的象形文字，与甲骨文并称为我国两大古文字珍品。这些少数民族文化既是中华文化的有机组成部分，是盛开在中华文化百花园中的奇葩，也是中华各族人民为世界文明的发展做出的独特贡献。

①尤中：《云南民族史》，云南大学出版社1997年版，第381页。

二、丽江军民府么些族的土司政权

（一）土司

1. 木氏土司姓氏由来

“土司制度”起源于“羁縻政策”。而封建中央王朝对云南的“羁縻政策”，从公元前109年滇王降汉时，就已经开始。云南的土司制度“滥觞于元代”。元代在丽江设置丽江路，明代洪武十五年（1382年）以丽江路改为丽江府，府志设立在通安州（今丽江城）。丽江府设置土司96家，其中土知府3家，土府同知1家，土知州3家，土长官1家，土州同知2家，土州判1家，土府经历1家，土府知事1家，土照磨1家，土巡检4家，土盐课司副使1家，土驿承2家，土舍1家，土知户3家，土百户20家，土守备3家，土千总10家，土把总38家。根据《木氏宦谱》，早期土司禄麦作“西域蒙古人”，宋徽宗时到达丽江，生子阿琮。宋理宗宝祐元年（1253年），蒙古大将兀良合台征伐大理，阿琮子阿良率众迎降，被元王朝授茶罕章宣慰司总管。随从世祖擒获大理国王段兴智，被授予副元帅。传子阿胡。阿胡传阿烈。阿烈传阿甲。元顺帝授阿甲宣抚司副使。后传位阿得。明洪武十五年（1382年），明朝大军平定云南，阿得归附，置丽江府，以阿得为知府。十六年（1383年），阿得入朝贡马，被赐姓木。

2. 丽江木氏土司

这里是指明清时期云南三大土府之一的纳西族木氏封建领主。历经元、明、清三代，直到雍正年间改土归流，领尽了历史风骚。他们是丽江土地山林河泽的所有者，也是政治上的统治者。治下之民在明正德年间就有5.7万人。木氏领主基本上通过徭役制和实物代役租的形式维系着自己的利益。在云南土司的历史上，木氏土司接受汉文化最早。史称：“云南诸土司，知诗书，好礼守义，以丽江木氏为首。”记载土司世系之木氏之家谱，实则是近古以来丽江乃至滇西北地区的一部编年史。纳西族木氏先祖之记载，最早见于《玉龙山灵脚伯郡·木氏贤子孙大族宦谱》（甲）文谱所记先祖源自叶古年。明正德十一年（1516年）张志淳、永历二年（1648年）朱桂林，曾先后为之序，均指出《宦谱》始出于明正德年间（1506～1521年）木公之手。明嘉靖二十四年（1545年）杨慎（升庵）也为《宦谱》做了序。文中依然依据“木氏祖先，始于叶古年”之说。

明清时代土司传袭如下：

序号	姓名	说明
1	木得（1304~1389 年）	洪武十五年至二十三年任丽江土知府（1382~1390）1382 年朱元璋赐木姓，1383 年任丽江土知府。知府、中宪大夫，正四品，在任 8 年
2	木初（1345~1425 年）	洪武二十四年至永乐十七年任丽江土知府（1391~1419）知府、中宪大夫，正四品，在任 28 年
3	木土（1364~1433 年）	永乐十八年至宣德八年任丽江土知府（1420~1433）知府、中宪大夫，正四品，在任 7 年
4	木森（1401~1442 年）	宣德九年至正统六年任丽江土知府（1433~1441）知府、中宪大夫，正四品，在任 9 年
5	木嵚（1429~1485 年）	正统七年至成华二十一年任丽江土知府（1442~1485）；太中大夫、资源治少尹，正三品，在任 43 年，为在任最长者
6	木泰（1455~1502 年）	成化二十二年至弘治十五年任丽江土知府（1486~1502）知府、中宪大夫，正四品，在任 17 年
7	木定（1476~1526 年）	弘治十六年至嘉靖五年任丽江土知府（1503~1526）知府、中宪大夫，正四品，在任 24 年
8	木公（1494~1553 年）	嘉靖六年至嘉靖三十三年任丽江土知府（1527~1553）知府、中宪大夫，正四品，在任 28 年
9	木高（1515~1568 年）	嘉靖三十三年至隆庆二年任丽江土知府（1554~1568）知府、中宪大夫，正四品，在任 15 年
10	木旺（1551~1596 年）	万历八年至万历二十四年任丽江土知府（1580~1596）知府、中宪大夫，正四品，在任 17 年
12	木青（1569~1597 年）	万历二十四年至万历二十五年任丽江土知府（1596~1597）知府、中宪大夫，正四品，在任 2 年，为在任最短者
13	木增（1587~1646 年）	万历二十六至天启三年任丽江土知府（1598~1624）（让位给子木懿，隐居芝山）。左、右布政使司布政使，从二品，在任 26 年，为土司官职最高者
14	木懿（1608~1692 年）	天启四年至康熙七年任丽江土知府（1625~1668 年）知府、中宪大夫，正四品，在任 25 年
15	木靖（1627~1671 年）	木懿之子。康熙十一年木靖无子传弟木尧，木尧传子垚
16	木（桂、繇）（靖弟）（1647~1708 年）	康熙十七年至康熙三十年任丽江土知府（1678~1691）知府、中宪大夫，正四品，在任 12 年
17	木垚（繇子）（不详）	康熙三十一年至康熙五十五年（1692~1721）子木崇世袭，1722 年病死传给四弟木钟。知府、中宪大夫，正四品，在任 5 年
18	木兴（垚子）（不详）	据《中国土司制度》补，兴传弟钟
19	木钟（不详）	雍正元年（1723 年）为土人控制，降木钟为通判，改土归流，从此木府结束在丽江统治，流官主宰政务
20	木德（不详）	木钟之子，乾隆五十年（1758 年），改为正六品土官
21	木秀（不详）	德传秀
22	木睿（不详）	嘉庆二十二年（1817 年），秀子睿袭（道光《云南志钞·土司志》）

23	木汉（不详）	睿死，子汉道光二十年（1840年）袭
24	木暻（不详）	汉死，长子煜早故，次子暻带练立功，赏给四品顶戴花翎，同治十三年（1874年）袭
25	木荫（不详）	光绪四年（1878年），暻子荫袭，递传标
26	木标（不详）	
27	木琼（不详）	民国十八年（1929年），木琼袭

（二）其他地域的么些族土司

1. 丽江军民府的土司

丽江土司原为么些族土酋，自元始盛，明洪武十年（1382年）因归顺明王朝有功，其最大一家为明太祖朱元璋赐之木姓，封其为丽江世袭土知府，至清雍正元年（1723年）改土归流止，统治丽江地区约500年之久，对当地政治，经济，文化的发展，有着举足轻重的地位。从上述木氏土司任职表可以看出，明代丽江木氏土司有27任。在土司木钟执政期间，人在其位却不谋其政，大权旁落，为身边随从所控制，因此于雍正元年（1723年）被从知府降为通判，丽江其地即被中央王朝改派流官知府管辖。此后，丽江土司的官衔一直徘徊在四品与六品之间，一直到民国时期废除土司制度。在丽江地区的土司，除木氏外，还有其他的么些族土司：

（1）石门关土千夫长木氏。治所在今丽江市西北巨甸东南，当初为土司木德拒守。木德死后，其子木初继位，后来以其弟木亏为千夫长，代守石门。

（2）巨津州土同知阿氏。根据《土官底薄》得知，洪武十七年（1384年），么些人阿戟被授予同知。永乐年间，其子阿男准袭。

（3）土照磨木氏。治所即丽江今丽江市内。首任照磨为土司木初次子木目，因征伐麓川有功，于明正统六年（1441年）授职。其后其子木男于明景泰三年（1452年）世袭，其后被刺身亡。

（4）石门关巡检司土巡检阿氏。治所在今丽江城西北，土巡检阿氏为么些族。明洪武十七年得授其职，么些族人阿吉担任其职。明洪熙元年（1425年），阿吉子阿俗世袭。其后，阿俗子阿牙于景泰三年（1452年）承袭。阿牙死后，其子阿恕于成化十六年（1480年）接袭。

2. 丽江军民府治所附近的土司及其木氏土司的分支

（1）根据《新纂云南土司通志·土司考》：在今丽江城西北石鼓一带的土司，一共有土守备1家，为么些族王育（炘）；土千总2家，为么些族和锡坤、杨如桐；土把总16家。其中有6家为么些族。他们是王绍郭、牛福星、何世昌、刘奎斗、和锡铨、何耀臣。

（2）塔城土把总王氏，驻地在今丽江市北塔城。根据《新纂云南土司通志·土司考》记载，首任土官为么些族王仁，于清雍正七年率众投诚，被授予土把总。其后随征傈僳族有功，准予世袭其职，传至王泰、王世骧、王霈4代，与同治二年（1863年）因建军功得以授予四品顶戴花翎。世居永安村，管辖之地东至栗地坪30里，南至桥道卡村20里，西至舍卡村30里，北至达至村15里。

（3）寻甸军民府安插土千夫长木氏。根据《天启滇志·土司官氏》记载：首任千夫长木氏来自丽江军民府木嵚之弟木日。明成化年间，木日因与时任丽江军民府的兄长木嵚争位，被安插到寻甸府担任土千夫长。其子木遇春继承其位，其后立功，准予世袭，传至土舍木可栋。

三、丽江军民府驻地外和怒江、迪庆地区的么些族土司

（一）云南迪庆地区的么些族土司

1. 维西的土司

（1）西路土把总王氏土司。治所在今云南省迪庆藏族自治州的维西傈僳族自治县是境北部康普，土把总王氏为么些族。《新纂云南土司通志·土司考》记载：清雍正七年，王连带练助剿阵亡，被授予世袭土把总职，传子世爵，然后世爵传其子王荣，王荣传其子王吉仁。世居康普村，管地东至澜沧江10里，南至橄榄木15里，西至怒子江150里，北至渣洛箐180里。

（2）女千总禾娘。民国《维西县志稿》说："土职中以女千总禾娘裔为尚，禾字从木。据土人说丽江木氏土守委人辖维西，于木上加一撇为禾，以示区别。即禾娘之先也。今阿墩子土千总禾姓，叶枝土千总王姓，禾姓皆其后裔也"。这是怎么一回事呢？原来，居住在维西一带的麽些人从《维西闻见录》："元籍丽江，明土知府木氏攻取吐蕃六村、康普、叶枝、其宗、喇普地，屠其吐蕃民，徙麽些戍之"可知。维西的麽些人就是这样来的。而"禾"字的来由之传说也是有道理的。禾娘家族世系如下：①

序号	姓名	说明	序号	姓名	说明
1	禾娘	传说约雍正元年（1723年）康普叶枝千总死，子幼，其妻禾娘执政	2	禾志明 王阿芝	禾娘媳（子名不详） 禾娘女（婿名不详）

①郭大烈，和志武：《纳西族史》，云南人民出版社、云南大学出版社2015年版，第254页。

3	王再锡	王阿芝婿 王阿芝女名不详	4	王安 王定	二人均为 王阿芝女之子
5	禾世昌	王定之婿；王定之女名字不详，二人之后没有后续之记载	6	王朝栋 王朝辅	二人均为王安之子
7	王璞	王朝栋之婿，王朝栋之女名字不详	8	王天爵	王朝辅之养子
9	王万年 王万春	王朝栋外孙，其后没有王万年、王万春后续之记载	10	王廷昭、明觉、王廷选、得度	均为王天爵之子。其中明觉为寿国寺掌教，得度为寿国寺喇嘛
11	王国相、王国栋、王国梁、登子、王国材、王国祯	王国相、王国栋、王国梁、登子、王国材五人均为王廷昭之子。其中王国栋、王国梁、登子后续不详。王国祯为王廷选之子，其后不详	12	王文政、王文淑（早夭）、王文典、文敞（寿国寺掌教）、文敷、文焕(寿国寺喇嘛)	王文政、王文淑(早夭)、王文典为国相子女；文敞（寿国寺掌教）、文敷、文焕（寿国寺喇嘛）为王国材之子

2．中甸土司

中甸是云南省迪庆藏族自治州首府，位于滇、川、藏三省区交界处。根据《中甸县志》记载："各级土司，自来均系承袭而非世袭，故有不称职者，地方官得随时撤换，但需本夷众悦服之旨而栋远拔补之，不能任意进退。因每补一土司，必须据该管老民之联名保禀，始能取得僧民之信仰，否则一般老民可以提出否认，所以中甸土司，向例均为土官"。其职责是"收解田赋，清查户口，剿匪捕盗，造桥修路以及一切行政事业"①。在20世纪30年代初期，中甸其地上江土把总和士杰、中江土把总和锡铨为纳西族。

（二）永胜、蒗蕖和永宁土司

1．永胜府土司

永胜县是云南省丽江市下辖县之一，县境位于云南省西北部，地处长江上游，丽江市中部，旧称北胜。《纳西族史》认为："明代除木氏土司直接管今县北部地区外，有北胜土知府高氏（白族）、顺州土同知子氏、羊坪土千总李氏和北胜土州同章氏。章氏系纳西族，其先祖章吉贴木儿，系丽江人，从忽必烈征大理'屡战有功，赐名贴木儿，升北胜州知府，兼管丽江宣抚司事'。洪武十五年（1382年）明兵克大理，章氏'以部

①郭大烈，和志武：《纳西族史》，云南人民出版社、云南大学出版社2015年版，第256页。

民及顺州人民来降，并纳所握印及丽江宣抚司印，三珠虎符’。次年，西平侯沐英令章土司儿子章观音奴从军，因‘兵逃于伍，乃杀其爵为府同知’”①。章氏土司从元至清光绪年间世袭20余代，但《中国土司制度》认为其是蒙古族。②万历《云南通志》当中章氏“屡战有功，赐名贴木儿”之记载应该属实。蒙古之地，有好多人都叫“帖木儿”；而“帖木儿”在蒙古语中意为钢铁。帖木儿汉国是蒙古成吉思汗后代建立的又一帝国的名称。据此，章氏土司应为纳西族。其世系如下：

序号	姓名	任职年代	序号	姓名	任职年代
1	章吉贴木儿	元初任北胜府知府	2	……	
3	章观音奴	洪武十六年（1383年）为同知，第二年降为副同知	4	章观音海	永乐六年（1408年）袭职
5	章美	袭父职	6	章远能	景泰二年（1452年）袭父职
7	章辅	天顺八年（1464年）袭父职	8	章轮	成化十五年（1479年）袭兄职
9	章宏	弘治十九年（1506年）袭父职	10	章鹏	约在嘉靖初年袭父职
11	章讲	嘉靖二十八年（1549年）袭父职	12	章采	袭父职
13	章成文	袭父职	14	章永	天启三年（1623年）袭父职
15	章柱国	崇祯二年（162年）袭父职	16	章兴国	章柱国之弟
17	章佐国	章柱国之弟。康熙七年（1668年）继兄职	18	章法祖	康熙三十六年（1697年）袭兄职
19	章祖荫	乾隆元年（1736年）袭父职	20	章荫升	乾隆二十九年（1764年）袭父职
21	章兆祥	乾隆四十一年（1776年）袭父职	22	章昶	嘉庆元年（1769年）袭父职
23	章鹤龄	道光六年（1825年）承袭（其父章昶死时，其妻马氏怀孕7月尚未出生，其母高氏托孤代理，高氏死，马氏代理，15岁后才能继承）	24	章龄高	咸丰元年（1851年）承袭
25	章天锡	光绪十六年（1890年）被杀			

据《新纂云南通志·土司志》：“章氏管辖地域东至四川长官司界三百里，南至高土司界十五里，西至龙潭汉民界十里，北至蒗蕖站河界一百二十里”。

①郭大烈，和志武：《纳西族史》，云南人民出版社、云南大学出版社2015年版，第257页。
②龚荫：《中国土司制度》，云南民族出版社1992年版，第708页。

此外，明永乐五年（1407年）在北胜州设有土百夫长，首任长官为杨克即牙，曾到北京贡马，由永乐皇帝赐给纱币。

2. 蒗蕖州土司

宁蒗彝族自治县，俗称“小凉山”，地处滇西北高原川滇交界处，东与四川省盐边、盐源县毗邻，西与玉龙县隔江相望，南与永胜、华坪县相连，北与四川省木里县相接。蒗蕖州在今宁蒗县城一带，最早见于《元史·地理志》：

“蒗蕖州治罗共赕（睒），在丽江之东，北胜永宁南北之间，罗洛、麽些三种蛮世居之，宪宗三年征大理，至元九年归附，十六年改罗共睒为蒗蕖州。”

元代蒗蕖州初属丽江路，后属北胜直隶州，元至元十六年（1279年）以罗共（睒）改置，治所即今云南宁蒗彝族自治县城。辛亥革命后降为宁蒗县。《纳西族史》著录阿氏土司世系表20个名录，介绍为纳西族。① 而《中国土司制度》认为土知州阿氏为彝族，一直延续至清代嘉庆年间。② 笔者2016年10到泸沽湖参加本书第三次统稿会，在听取意见时据摩梭学者意见，认为《中国土司制度》作者龚荫先生没有深入摩梭人居住区调查，把其地阿氏土司为彝族归属彝族与历史事实不符。本书根据《纳西族史》和调查材料，仍将其归属纳西族。其阿氏土司从阿的（明洪武十六年即1383年归附）世袭至阿鸿均（民国二十一年即1932年），一共有25任土司。具体世系如下表：

（1）元代土司

序号	姓名	任职年代	序号	姓名	任职年代
1	喇都	元宪宗三年（1253）“降附”	2	喇陶	至元十六年（1279）袭父职
3	喇落	为喇陶兄，其后被伙头“木落”所杀	4	喇定	为喇落子
5	喇俄	喇陶子，杀兄喇秋，在元至治元年（1321）自立为官			

以上喇氏土司世袭为《纳西族史》根据元《经世大典·招捕总录》整理。该书研究认为：因为记音差别，“喇都可能是阿的，阿吉也就是喇秋”③。本书研究认为，此说可取。

①③郭大烈，和志武：《纳西族史》，云南大学出版社、云南人民出版社2015年版，第259页、第262页。
②龚荫：《中国土司制度》，云南民族出版社1992年版，第704页。

（2）明清土司

序号	姓名	任职年代	序号	姓名	任职年代
1	阿的	元至元九年（1272）至十六年（1279）置蒗蕖州，以阿的为知州	2	阿吉	承袭父职，明洪武十九年（1386）袭任
3	阿各	阿吉子，明永乐十七年（1419）袭任	4	阿白	阿各叔伯兄，袭阿各职
5	阿奴	阿白弟，景泰四年（1453）袭职	6	阿佐	阿奴子，成化 四年（1468）袭职
7	阿洪	阿佐子，正德元年（1506）袭职	8	阿銮	阿佐子，正德十二年（1517）袭职
9	阿歧凤	嘉靖二十五年（1546）袭父职	10	阿朝用	嘉靖三十一年（1552）袭父职
11	阿逵	万历十三年（1585）袭父职	12	阿镇	万历三十五年（1607）袭父职
13	阿永臣	天启七年（1627）袭父职	14	阿尚义	为永臣弟永忠之子，清初“投诚，值兵燹叠起”而失印信，以土舍管理
15	阿嗣祖	康熙三十一年（1692）袭父职	16	阿嗣贤	康熙四十四年（1705）袭兄职
17	阿腾龙	康熙六十年（1721）袭父职	18	阿逢泰	乾隆十三年（1748）袭父职
19	阿其吉	乾隆三十六年（1771）袭父职	20	阿尔福	嘉庆十四年（1809）袭父职
21	阿为柱	（不详）	22	阿国宝	（不详）
23	阿正基	（不详）	24	阿继基	（不详）
25	阿洪钧	（不详）			

3．永宁土司

云南宁蒗县永宁区南诏大理国时期称“楼头赕”。元朝至正十一年（1274年）设答蓝管民府。明朝洪武十四年（1381年）元朝永宁州土官十都各吉率部归明，仍授土知州。参考《明史·地理志》和《明史·云南土司传》，明朝永乐三年（1405年）永宁州土官各吉八合入京朝贡，朝廷命其袭父职。永乐四年（1406年），明朝在永宁设府，领4长官司：剌次和长官司，治所在永宁府东；革甸长官司，治所在永宁府西北；香罗甸长官司，治所在永宁府西；瓦鲁之长官司，治所在永宁府北。

永宁土知府总管阿云山一家

因资料缺乏，早先土司世系不详。直到清代顺治十六年

（1959年）土司阿镇麒降清，仍任土知府。《纳西族史》认为其祖“泥月乌”在唐代为“麽些蛮祖”，其世系如表：①

序号	姓名	任职年代	序号	姓名	任职年代
1	泥月乌	唐代“麽些蛮祖”	2	和字	系泥月乌三十一世孙，元宪宗三年（1253年）降忽必烈，至元十三年（1276年）亡
3		下缺	4	卜都各吉	亦即阿阿池，元时为永宁土司，明洪武十四年（1381年）归附，授永宁知州
5	各吉八合	亦即池衣木，袭父职，永乐四年（1406年）改府，任知府	6	卜撒	即木遮果，永乐十二年（1414年）被袭父职，永乐十五年（1417年）被四川盐井卫土官喇马非所杀
7	南八	即遮果六六，永乐二十一年（1423年）袭兄职	8	阿苴	即六六依依，天顺二年（1458年）袭父职
9	阿绰	即吉布鲁，于成化二十年（1484年）袭兄职	10	阿贵	即鲁比布，弘治九年（1496年）袭父职
11	阿晖	即远斯远，正德十年（1515年）袭父职	12	阿和	即远六木吐，嘉靖十九年（1540年）袭父职
13	阿英	即木吐底吐，嘉靖三十六年（1557年）袭父职	14	阿雄	即布独卡机，万历二年（1574年）袭父职
15	阿承忠	即卡机那巴，系阿雄叔阿哲之孙，万历十九年（1591年）袭职	16	阿铨	即那巴牙牙，万历二年三十八年（1610年）袭父职
17	阿镇麒	即牙马阿，清顺治十六年（1649年）投诚仍为土知府	18	阿庭锟	即木尼阿池，康熙九年（1670年）袭父职
19	阿锦辉	即甲泽舟，康熙四十五年（1706年）袭父职	20	阿锦先	即吉古沙，系阿锦辉弟，康熙五十年（1711年）辉死子幼，由先代管，后辉子夭亡，雍正五年（1727年）阿锦先袭职
21	阿有威	即吉布采尔，雍正六年（1728年）袭父职	22	阿世昌	即六抽拉底，乾隆十二年（1747年）袭父职
23	阿启昌	即梭拉拉底，乾隆三十六年（1771年）袭兄职	24	阿良辅	即独机甲泽，嘉庆三年（1798年）袭父职
25	阿会元	即措乌郎珠，嘉庆二十二年（1817年）袭父职	26	阿恒芳	即果错扎石，光绪五年（1875年）袭祖父职

①郭大烈，和志武：《纳西族史》，云南人民出版社、云南大学出版社2015年版，第267页。

27	阿应瑞	即独支甲池，约于光绪二十年（1894 年）袭父职	28	阿占科	即尼马甲石，系阿应瑞子，1923 年病死，未袭职
29	阿民汉	即格若采尔，系阿占科之子，1931 年经云南省主席龙云批准袭祖父职	30	阿民拉	即东皮错，1948 年袭兄职

四、四川么些族土司

（一）冕宁“莫梭”土目

《元史·地理志·邛部州》记载：在今越西县境、冕宁县东，“昔日麽些蛮居住，后仲由蒙之裔夺其地。”这里说的“仲由蒙”，在《元史·地理志·阔州》里解释为大理“巍山彝族祖先仲牟由”①。在明朝洪武年间彝族管辖区内“城西莫梭不时造反”②。其中具有代表性的勇悍者，在“清代冕宁县任过土目职的莫梭有九职。约有28个寨子”③。

（二）盐源“五所四司三马头”

1. “五所四司三马头”设置由来

四川省盐源县一直是摩沙人的居住区。汉代设置定笮县，唐代设置昆明县，元代开始设立土千户。这方面的记载见于《元史·地理志》：

“柏兴府，昔摩沙夷所居……元至元十年（1273年）其盐井摩沙酋罗罗将鹿（鹿、狼）鹿、茹库内附。十四年（1277年）立盐井管民千户”。到了明代洪武年间，柏兴千户所改为盐井卫。永乐五年，这个地方开始设立马剌长官司；打冲河守御中左千户所，延至永乐十一年（1413年），当地已有五所。清代，在康熙四十九年（1710年）和雍正年间，对分别来投诚的各土司土官，仍授以各种名号的官职，号称“五所四司三马头”④。

2. “五所”简介

（1）左所土千户喇氏。治所在今云南省宁蒗县永宁区。据《清史稿》《盐源县志》均作“麽人”，《中国土司制度》说：“云南称纳西族”⑤。其世袭如下：

①③④郭大烈，和志武：《纳西族史》，云南人民出版社、云南大学出版社2015年版，第269页、第270页、第271页。

②《四川彝族历史调查资料、档案资料选编》，四川省社会科学院出版社1986年版，第300页。

⑤龚荫：《中国土司制度》，云南民族出版社1992年版，第377页。

序号	姓名	任职年代	序号	姓名	任职年代
1	喇兀	明洪武二十五年（1392 年）任土千户	2	喇马非	永乐十一年（1413 年）袭父职
3	……		4	喇马仁	嘉靖十四年（1535 年）前后任职
5	……		6	喇马高	万历年间任土千户
7	……		8	喇世英	清康熙四十九年（1710 年）投诚任职
9	喇南冲	清康熙五十二年（1713 年）袭父职	10	喇光远	乾隆二十三年（1758 年）袭父职
11	喇国玉	乾隆五十三年（1788 年）袭祖父职	12	喇□宗	（佚名）
13	喇邦德	咸丰八年（1858 年）袭职，宗之子	14	喇祯祥	同治九年（1870 年）袭父职
15	喇宝成	据四川少数民族社会历史调查组资料。又名喇鸿翥，1905 年生，曾任盐源县政协委员，1975 年逝世			

（2）中所土千户喇氏。治所在今四川省盐源县黄草乡。据《清史稿》《盐源县志》均作“麽人”，《中国土司制度》说：“后其裔考称‘蒙古人’。孰是？待考”①。我们认为史料记载的“麽人”，其实就是“麽些”人，也就是纳西族。其世系如下：

序号	姓名	任职年代	序号	姓名	任职年代
1	喇瑞麟	康熙四十九年（1710 年）投诚任土千户	2	喇君荣	乾隆十五年（1750 年）袭父职
3	喇用中	乾隆二十年（1755 年）袭父职	4	喇廷相	乾隆三十四年（1769 年）袭父职
5	喇英翰	嘉庆九年（1804 年）袭父职	6	喇文清	道光三年（1823 年）袭父职
7	喇邦佑	同治元年（1862 年）袭父职	8	喇淑统	邦佑侄子，袭伯父职
9	喇成杰	20 世纪 40 年代在职，后被黑彝奴隶主所杀			

（3）右所土千户八氏。治所在今四川省盐源县右所乡。据《清史稿》《盐源县志》均作“麽人”，《中国土司制度》说：“后其裔考称‘蒙古人’。孰是？待考”②。我们认为史料记载的“麽人”，其实就是“麽些”人，也就是纳西族。所谓

①②龚荫：《中国土司制度》，云南民族出版社1992年版，第376页。

“八”应该是“喇”的记音。其世系如下：

序号	姓名	任职年代	序号	姓名	任职年代
1	八氏	万历年任土司	2	八继宗	
3	八玺	清康熙十六年（1710 年）投诚任土千户	4	八仕昌	乾隆十六年（1751 年）袭祖父职
5	八靖邦	玺次子，乾隆三十三年（1768 年）继侄子之职	6	八仕魁	乾隆三十八年（1773 年）袭父职
7	八鸣瑞	嘉庆七年（1802 年）继祖父职	8	八鸣熙	道光元年（1821 年）继兄职
9	八兴宗	八仕昌曾孙，道光十六年（1836 年）任职	10	八寿椿	咸丰六年（1856 年）袭父职
11	八宝成	同治三年（1864 年）继兄职	12	八仁祥	八宝成近亲，同治四年（1865 年）任职
13	八全忠	1940 年在职，20 世纪 40 年代逝世	14	八成纪	1954 年逝世

（4）前所土副千户阿氏。治所在今四川省盐源县西境，土司阿氏其先为千户，清朝康熙四十九年（1710年）时归顺降为百户。据《清史稿》《盐源县志》等均作“麽夷人”，《中国土司制度》说：“后其裔考称‘蒙古人’。孰是？待考”①。其实，“麽人”就是“麽些人”；“阿”则“喇”。其世系如下：

序号	姓名	任职年代	序号	姓名	任职年代
1	阿远	明代不可考	2	阿永臣	不可考
3	阿成福	康熙四十九年（ ）投诚授职，降为百户。	4	阿正荣	阿成福嫡长孙，乾隆二十一年（1756 年）袭
5	阿德贵	乾隆四十九年（1784 年）袭其父阿正荣职	6	阿仁寿	道光十六年（1836 年）袭父职
7	阿世昌	咸丰九年（1859 年）袭父职，同治六年（1867 年）功授四品	8	阿国兴	光绪十六年（1890 年）袭父职。
10	阿朝栋	民国时衰灭			

（5）后所土副千户卜氏，后为百户。其治所在今四川省盐源县西境，据《清史稿》、光绪《盐源县志·土司》等均作“麽夷人”，《中国土司制度》说：“后其裔称‘蒙古人’。孰是？待考”。在“明代，卜氏土副千户传袭不详。清代，降为土百户，改姓白”①。我们认为，“麽夷人”就是“麽些夷人”，亦即纳西族。其世系如下：

①②龚荫：《中国土司制度》，云南民族出版社1992年版，第379页、第381页。

序号	姓名	任职年代	序号	姓名	任职年代
1	卜□□	明代传袭不详	2	卜元吉	《四川土夷考・盐・井卫图说》：土舍卜元吉力寡兵微……
3	白马塔	康熙四十九年（1710年）投诚，时塔为土百户。	3	白耳居	乾隆九年（1744年）袭父职
5	白宗耀	乾隆三十四年（1769年）袭父职	6	白世荣	乾隆五十四年（1789年）袭父职
7	白国贤	嘉庆十七年（1812年）袭父职	8	白廷璋	道光二十一年（1841年）袭父职
9	白廷珊	道光二十七年（1847年），作为白国贤继子承袭	10	白怀馨	白廷珊长子于光绪十一年（1885年）继袭
10	白宗岳	民国时衰微			

上述左、右、中、前、后五所均为千户所，其中前所土副千户阿氏、后所土副千户卜氏均为副千户所，并都有降为百户所的经历，他们都是，“麽夷人”，显然都是正宗的纳西族中的“摩梭人”。故所谓盐源“五所四司三马头”之“五所”指的是应该就是这“左、右、中、前、后”所。其领导者均为“麽夷人”。

3．“四司”中的瓜别安抚司己氏和古柏树巡抚兵马司（土千户）郎氏

据《纳西族史》：盐源“五所四司三马头”其中的“四司”为：木里安抚司喇嘛项氏，瓜别安抚司己氏，古柏树巡抚兵马司（土千户）郎氏，马喇长官司阿氏。据《中国土司制度》得知，木里安抚司喇嘛项氏为藏族；光绪《盐源县志》认为马喇长官司阿氏为“摆夷人（傣族）”。只有瓜别安抚司己氏和古柏树巡抚兵马司（土千户）郎氏为“麽夷人”①；亦即“磨些人”。本书认为，木里安抚司、马喇长官司治下亦应有部分麽些人居住。

（1）瓜别安抚司己氏。其治所在今四川省盐源彝族自治县北瓜别，距离今县城北160公里，与木里、冕宁、西昌三县市交界。对于其族别，“光绪《盐源县志》作‘麽人’”②。其“麽人”亦即“麽些人”。瓜别安抚司己氏其世系如表：

序号	姓名	任职年代	序号	姓名	任职年代
1	玉珠迫	康熙四十九年（1710年）投诚，授安抚司	2	己角补	康熙五十五年（1716年）袭父职
3	己联贵	乾隆二十五年（1760年）袭父职	4	己绍先	乾隆三十五年（1770年）“麽（柴梦）夷人”袭父职

①②龚荫：《中国土司制度》，云南民族出版社1992年版，第374页。

5	己光宗	乾隆五十三年（1788年）袭父职	6	己国富	嘉庆二十五年（1815年）袭父职
7	己天赐	同治四年（1865年）袭父职	8	己廷梁	光绪十五年（1889年）袭伯父职
9	己尔沛	1923年被杀	10	己枉枉	即阿匹斯打，系己尔沛之弟，约于20世纪40年代去世。

（2）古柏树巡抚兵马司（土千户）郎氏。治所在今四川省盐源县双河乡。关于其名来历：《盐源县志》称“古柏树一名古柏夫，与百户音近。明太祖时，有瓜别安抚司己氏土百户毛海，毛氏灭，郎氏始兴。或曰，县之南为柏林山，元以柏兴名府，一名州，又为柏兴千户所”。“土千户郎氏”，《清史稿》《盐源县志·土司》作“麽人”①。这里说的“麽人”，亦即“麽些人”。其世系见表：

序号	姓名	任职年代	序号	姓名	任职年代
1	郎氏	明代豪族	2	郎俊位	清康熙四十九年（1710年）投诚，授土千户
3	郎三宝	雍正二年（1724年）袭父职	4	郎世忠	乾隆四十九年（1748年）袭父职
5	郎廷玺	嘉庆十四年（1809年）袭父职	6	郎廷柱	道光元年（1821年）袭兄职
7	郎廷芳	世忠弟，世魁子道光二年（1822年）袭	8	郎应升	道光十六年（1836年）袭父职
9	郎朝鼎	同治十年（1871年）袭父职	10	郎瑞麟	鼎子，袭职
11	郎治邦	1950年去世			

4．“三马头”中的革苴芦土目葛氏

“三马头”为革苴芦土目葛氏、阿撒土目、禄马六槽土目。其中革苴芦土目葛氏居住在今盐边县中部新坪乡一带。根据《纳西族史》，介绍革苴芦土目葛氏世系表如下：②

序号	姓名	任职年代	序号	姓名	任职年代
1	葛忠臣	始祖	2	葛应魁	清康熙四十九年（1710年）授职
3	葛芳升	雍正六年（1728年）袭父职	3	葛存孝	乾隆六年（1728年）袭父职
5	葛擒风	乾隆三十五年（1770年）袭父职	6	葛定邦	乾隆四十一年（1776年）袭父职
7	葛　昌	道光元年（1821年）袭父职	8	葛之冕	咸丰八年（1858）袭祖父职
9	葛善述	光绪十七年（1891年）袭父职	10	葛世藩	1929年被毒死1
11	葛世槐	系世藩远亲，阴谋夺印			

①龚荫：《中国土司制度》，云南民族出版社1992年版，第375页。
②郭大烈，和志武：《纳西族史》，云南人民出版社、云南大学出版社2015年版，第285页。

第七节　一个团结和谐民族大家庭的崛起

（一）摩梭人具有历史悠久的民族团结的传统观念

民族团结是一种精神、一种思想整合力量、一种追求，它对凝聚人心、整合社会起着重要作用。摩梭人长期与彝、纳西、普米、藏、傈僳等族群共同生活在祖国大小凉山的土地上，他们同饮一江水，共住一座山，甚至就生活在一个坝子里。你在这边唱歌，我在那头欣赏，数千年乃至上万年的文化，在各少数民族当中互相融合、交流，构成了一个其乐融融的和睦大家庭。即便他们长期居住在滇、川、藏交界的横断山脉地区，然而在古老的达巴经《创世纪》里，就记载着藏族、纳西族和白族是一母所生的三兄弟，因此“同胞兄弟，团结共生”的理念与生俱来。纳西族以“你中有我，我中有你”的文化包容，逐渐成为一个开放的民族，促进了经济文化的发展。①

在摩梭人的思想意识深处，始终认为家庭全部成员都是同一母系血缘。加之摩梭人显著的道德意识，即崇母观念的流传弘扬，全部家庭成员亲切和睦，尊老爱幼、礼让为先，宽怀谦恭。摩梭人地方的社会风尚未，从纵横关系来看，都讲文明礼貌，养成了摩梭人从小就温柔热情，举止端庄规矩，男子豪爽而重义，女子多情而内向，社会团结、和睦。

我国自古以来是一个多民族的国家，全国共有56个兄弟民族劳动、战斗、生活在这片辽阔而富饶的土地上。各个民族都有悠久的历史和丰富的文化，并各有自己的文化传统、语言文字、宗教信仰和风俗习惯。摩梭人在历史上曾经与其他民族存在矛盾与不和，发生过冲突和战争，但各民族之间的经济文化交流和友好交往，一直是历史发展进程当中的主流，说明摩梭人具有与各民族和睦相处的光荣传统，具有维系祖国统一的血脉和感情。中华各民族之所以能够融合成为团结的整体，并经历几千年的变故与动荡而永不分离，根本原因就是爱国主义的向心力和凝聚力起着作用。爱国主义是中华民族这

①甘娜：《民族学专家木基元：民族团结稳定是社会发展的基础》，《中新网》2009年7月31日。

小凉山彝族

个统一多民族国家得以形成、生存、延续和发展的重要思想政治基础。

到了近代，爱国主义的精神力量，更支撑着我国各族人民的爱国力量，以坚韧不拔的意志，同帝国主义肢解中国领土、破坏民族团结的阴谋；同民族败类的分裂主义活动，展开了英勇的斗争。历史一再证明，反对分裂，维护民族团结和祖国统一，是我国人民爱国主义优良传统的重要组成部分。在这方面，摩梭人优秀的传统文化尤其值得称道，因为在摩梭人的历史上，从来没有出现过分裂问题，也没有与其他民族有过长久的过激分歧和械斗。即便在封建中央王朝统治时期，摩梭人在政府当中担任要职的官员，从来都是兢兢业业做事，没有出现号召族人反抗政府的行为。历朝历代，即便出现许多地方民族冲突加剧，民族战乱不断的情况下，摩梭人都能够从中华民族的大局出发，从全国各族人民的根本利益出发，从维护我国多民族统一的传统出发，自觉维护民族团结，反对民族分裂，坚决同破坏祖国统一的言行做斗争。

从历史的角度看，摩梭人母系家庭一般不分家或很少分家，母系家庭一般来说人口较多，少则十几人，多则几十人。人多了有利于家庭劳动的分工，可以从事各方面的工作，家庭容易富裕。在摩梭人的传统观念中，分家意味着对祖辈老人的不恭，意味着争财产，这是十分耻辱的事，会受到世人训斥。所以，即使是几十人的母系大家庭，也充满了欢乐祥和的气氛。孩子们有着欢乐的童年，得到众多母亲的爱，老人们安度晚年，无愧地享受天伦之乐。进入21世纪的文明时代，无论外国和中国，不少家庭“舌战”不断，暴力不断，充满家庭“战争”，以至老幼受虐待，生活没有保障。然而，泸沽湖畔的摩梭人却仍保留着古老的美好母系大家庭，这里仍然家庭和睦，社会和谐，更无情杀和母系家庭中的暴力，洋溢着一片和谐祥和的气氛，呈现出人们理想中的一个家庭乃至或者一个和谐社会的缩影。

摩梭人乃至各少数民族源远流长的优秀传统文化揭示了一个基本道理，要有爱国意识、民族意识，要热爱我们的祖国，以作为中华民族的儿女为骄傲。祖国它很普通，普通到每个人一生中都会无数次地提及；它也很神圣，神圣到每次提到都会感觉到一种荣耀、一种责任、一种无法割舍的情愫。每当鲜艳的五星红旗在激昂的国歌中缓缓升起，每一个人的心中难免都会被一种情愫触动。国是我的国，家是我的家；家是最小国，国是千万家。我们为自己是中国人而骄傲，为自己是一名中华民族的儿女而自豪。

（二）摩梭人维系民族团结纽带的具体表现

党的十八大指出："全面正确贯彻落实党的民族政策，坚持和完善民族区域自治制度，牢牢把握各民族共同团结奋斗、共同繁荣发展的主题，深入开展民族团结进步教育，加快民族地区发展，保障少数民族合法权益，巩固和发展平等团结互助和谐的社会主义民族关系，促进各民族和睦相处、和衷共济、和谐发展。"历史发展的经验证明：民族和谐是社会主义民族关系在民族平等、民族团结、民族互助基础上的进一步发展，是社会主义制度的本质在民族关系上的具体体现。长期以来，融合于各民族的摩梭人在与各个民族的长期和谐相处中，从今天的角度来看，有一些可资总结的经验：

1. 和谐民族关系是维系中华民族大团结的重要纽带

历史和现实一再证明，全国各族人民大团结是中华民族的生命所在、力量所在、希望所在。中华民族同顶一片天，同耕一块田，同饮一河水，共生互补。在我国这个多民

摩梭妇女

族国家的大家庭里，汉族离不开少数民族，少数民族离不开汉族，少数民族之间也相互离不开。我国各民族同呼吸，共命运，心连心，谁也离不开谁。这已经是一条不争的历史事实。云南省是一个多民族的省份，属于摩梭人聚居的地方高山峻岭纵横，河流险滩密布，摩梭人分布其中，与其他民族和谐相处了数千年，与其他民族之间形成的关系，已经是血浓于水的关系，发展到今天就是一条历史悠久的维系中华民族大团结的重要纽带，值得发扬光大，昭示后人。

2．构建和谐民族关系是维护边疆安宁的必然要求

我国是一个由56个民族共同缔造、共同建设、共同当家做主的统一的多民族国家，西部和边疆绝大部分地区都是少数民族聚居区，我国2万多公里陆地边境线绝大部分位于少数民族聚居区，并且有30多个民族与境外历史上同一民族相邻而居。这些跨界民族由于地缘和血缘上的原因，境外政治环境的变化会对我国民族关系的发展不可避免地产生影响。这一基本国情，决定了构建和谐民族关系始终是维护祖国边疆安宁的重大工作，决定了民族和谐始终是关系国家前途命运的重大问题。在这样的重大问题上，摩梭人始终站在国家统一的立场上，即便进入某个民族政权上层，但也是体现中央集权制的典范，从来就不号召和提出独立而处，坚定地为维护祖国的统一做出了贡献。

3．构建和谐民族关系是实现国家长治久安的重要方面

当代中国正处在经济转型、社会转轨的关键时期，工业化、信息化、城镇化、市场化、国际化深入发展。在这样的时代背景下，民族问题的普遍性、长期性、复杂性、国际性和重要性更加凸显，引发民族矛盾的因素更加多样，民族关系已日益成为全社会范围的关系，民族问题日益与现代化过程中的各种问题交织在一起。要维护社会稳定、实现国家长治久安，就必须妥善处理各种民族问题，全力构建和谐民族关系。当摩梭人认为要尊重历史，对自主的民族归属提出要求时，没有采取过激的行为，而是逐级向上提出要求，经过上级政府调查后，愉快地接受了“摩梭人”的建议，体现了摩梭人响应党的号召、尊重政府决定、维护民族团结的高尚情怀，为维护国家的长治久安做出了贡献。

4．构建和谐民族关系是实现中华民族伟大复兴的重要保障

我国是统一的多民族国家，民族自治地方占国土面积的64%。在我国，没有民族地区的发展就没有全国的发展，没有民族地区的小康就没有全国的小康，没有民族地区的现代化就不能说全国实现了现代化，没有各民族的共同振兴就谈不上中华民族的伟大复兴。实现中华民族的伟大复兴，是一代又一代中国人的梦想，助推中国梦的实现，是当

代中国人的责任与使命。中国梦的本质内涵，是实现国富民强、民族振兴、民族复兴、人民幸福、社会和谐。改革开放以来，我国民族地区经济社会发展取得举世瞩目的辉煌成就，正是得益于我们拥有一个团结稳定的社会环境，得益于我们全面贯彻落实党的各项民族宗教政策，特别是从1978年开始开展了30多年的民族团结进步创建工作，夯实了各民族团结进步的群众基础、思想基础和物质基础。在当前形势下，摩梭人正与各族人民一道，坚定信心、满怀热情、脚踏实地地前进在实现中华民族伟大复兴的道路上。

第二篇
宗 教

第三章　原始本土宗教——达巴教

摩梭人① 是我国多民族国家的成员之一，主要聚居在云南省宁蒗彝族自治县和四川省木里藏族自治县、盐源县、盐边县，人口共约5万余人。由于历史上的社会经济及地域交通等方面的原因，他们迄今仍保持着母系制的某些残余。笔者生长在这一地区，对他们的社会历史、家庭婚姻、宗教文化做过长期考察，本文拟就摩梭人的达巴原始本土宗教的卜书及原始符号作一研讨，并对卜书和原始符号记录的原始宗教思想、原始生育观和原始星象知识等作综合论述，以就正于读者。

第一节　卜书及原始符号的形、音、义

摩梭人历来信奉他们固有的达巴教。达巴教不同于东巴教，虽然这两种教都属于他们同一民族和同一地城内的原始宗教，两教的宗教思想、神鬼系统和祭祀仪式等方面有一定的共同性，但也具有明显的不同性，仅从经典和文字方面看，东巴教的巫师使用的是东巴象形文（亦称纳西象形文字），东巴教有丰富的象形文字经典，而达巴教仅有一种用牛皮、麻布和纸作质料的占卜书，只有32个具有文字性质的原始符号，达巴教主要是世代师徒传承的口诵经。②

①摩梭人为纳西族分支。中华人民共和国成立后，云南摩梭人定为纳西族，四川摩梭人定为蒙古族，因族称未统一，故称摩梭人。

②云南省社会科学院宗教研究所：《宗教论稿》，《达巴教与东巴教比较研究》，云南人民出版社1985年。

达巴（巫师）使用的卜书俗称“算日子书”或“天书”。全书有12篇，一篇记载一个月的凶吉日，12篇记载全年的凶吉日，全书用32个原始符号书写，每个符号有它固定的形、音、义，具有文字的性质和特征，在卜书中，一个符号代表一天，即凶日或吉日。

卜书记载的全年12个月的凶吉日不同，有的月凶日多，吉日少；有的月吉日多，凶日少，而且各月各日记载的凶吉日也不同。

摩梭人举凡人畜患病、婚嫁殡葬、生子命名、修房造屋、收割新粮、赶马经商等等，都要请达巴占卜测日，以求吉避凶，消灾平安。达巴卜书在摩梭人的精神世界中占有重要的支配地位，其原始符号的独特点是既有文字符号的性质，又有宗教符号的特征，这在世界原始文字史上是罕见的，具有珍贵的资料价值，值得深入研究。

[`pɐn mɯ: midʒɿ]。字义：女性生殖器。宗教义：表示大吉日，该日婚嫁或结交阿夏[①]主吉，俟后将会生育旺盛，多女子。（“|”表正月初一日）

[`dʒa: gə]。字义：马臀部。宗教义：表示吉日，该日宜牲畜交易，配种或把牲畜赶到高山草场里放牧，俟后牲畜将会繁衍兴旺，膘肥毛亮。（“||”表正月初二日）

[bau `kwa:]。字义：女性阴道。宗教义：表示大吉日，该日宜青稞、燕麦等谷物播种和豆、蔬菜类育苗，亦适宜植树、嫁接，该日播种和育苗，俟后将会发育生长良好。（“|||”表初三日）

[bau `ʒi:]。字义：女性乳房。宗教义：表示大吉日，该日满十三龄的女孩宜举行“穿裙子礼”即成人礼，宜结婚和“包鲁”分居，[②]宜过继养女或养子，[③]宜牲畜交易，宜出外经商。该日所做的事情俟后将一切兴旺吉利，好似女性乳房般的丰满，含奶汁，象征大吉。（“||||”表初四日）

[`ʒi: gə]。字义：男女性交。宗教义：表示大吉日，该日无论屋内交媾或野合都会怀孕生产。（“|||||”表初五日）

[`bau gə pʀ]。字义：太阳上罩光圈。宗教义：一是，人在家里表示平常日，无吉也无凶，该日人们只能把食物和物件拿进屋，而不能拿出屋，东西进屋主无吉无凶，东西出屋则主凶。二是，出外狩猎或放牧、经商则表示凶日，太阳上罩光圈象征有

① “阿夏”，摩梭语，义为情侣。以前文章称“阿注”，但“阿注”乃普米语，不应称代摩梭人的婚姻名称。
② “包鲁”，摩梭语，指从母系家庭分出另居的妇女小屋，亦指摩梭妇女分家另居。
③ 和绍全：《略论我国民族教育的传统与改革》，《教育研究》1985年第三期、第四期。

凶兆。（“ ”表初六日）

[ˋkɔ dʒaː]。字义：咽喉。宗教义：一是，人们在家生活劳动表示平常日，象咽喉进食一样缓慢细小，不会突然获取很多财物，也不会遭到很大的人财损失，因而该日表示平常日。二是，人们若外出渔猎、牧畜、赶马经商等，则会像咽喉一样险要，表示该日会凶多吉少。（“ ”表初七日）

[gɯ ˋmɯː]。字义：腹泻呕吐。宗教义：表示凶日，该日要忌食生冷和忌食外人和亲友馈赠的食物，凡该日发生腹泻呕吐，均视为食物中毒。（“ ”表初八日）

[naːŋ ˋhɔŋ]。字义：海螺。宗教义：凶日。表示海螺空壳无肉，该日不会获得财物，一切事物会染晦气；吹奏海螺将发生氏族和部落之战，人们将不得安宁，有流血和死亡事件。（“ ”表初九日）

[ʂɔː tʌ ˋɔː]。字义：横三星。宗教义：表示平常日，该日可以修房造屋，迁居新屋，外出生产劳动和探亲访友等日常活动。（“ ”表初十日）

[ʂɔː tʌ ˋlɔ]。字义：斜三星。宗教义：表示凶日，该日会发生霜冻、狂风等自然灾害，该日不能迁徙住地和牧场。（“ ”表一十一日）

[ʂɔː tʌ tsɔː ˋmiː]。字义：三盘星。宗教义：表示吉日，该日修房造屋、迁居新屋将会清吉平安，新辟牧场则会水草丰茂。（“ ”表一十二日）

[ˋgə puː]。字义：北斗星。宗教义：表示吉日，该日宜做祈福祭祀活动，祭天神、山神、水神、氏族神林、村社保护神等，以祈祷自然诸神保佑风调雨顺，消灾祛难，人畜安康，谷物丰产。（“ ”表一十三日）

[hɔː ˋgə]。字义：鸩。宗教义：表示大凶日，该日人畜有死伤灾难，家人不能出行，牲畜不能出外放牧；该日出生的人畜均视为凶鬼降生人世，将会作祟人畜，人们特别忌讳。（“ ”表一十四日）

[gaː ˋgə]。字义：乌鸦头。宗教义：表示大凶日，该日会发生火灾，牲畜会走失，物件会遗失；人畜还会发生瘟疫和急病，人们在该日特别小心谨慎。（“ ”表一十五日）

[ˋbɔː kwaː]。字义：猪嘴。宗教义：表示平常日，财物有进有出，象猪嘴吃食一样，有吃进去的食物，也有从嘴边漏出去的食物，象征有收入财物，也有损失财物，该日便视为平常日。（“ ”表一十六日）

[ˋbɔː jiː]。字义：公猪生殖器。宗教义：表示吉日，该日为牲畜配种日，该日配种的牲畜产仔多，俟后生长良好。（“ ”表一十七日）

[bɔː mæn]。字义：猪油。宗教义：表示平常日，该日的财源即收获物好似猪油

般的少而精，不会获得很多收获物，但该日的收获物将是精良的。（“”表一十八日）

[bɔ: mɑ dzi ˋrɯ:]。字义：猪尾巴。宗教义：表示平常日，该日不会出现大灾难，但也不会有特别的吉利事情，无论凶和吉都只会像猪尾巴一样细小，意即大的凶和吉都已过去了，只剩下最后的尾末凶吉了。（“”表一十九日）

[dzi ˋkwa:]。字义：兽角。宗教义：表示凶日，该日凶多吉少，不宜外出渔猎、经商，亦不宜娶妻嫁女、过继养女养子、举行“穿裙子和穿裤子”成人礼等。该日为兽角日，因兽角干枯无脂膏，且坚而锐利易刺伤人，故视为凶日。（“++”表二十日）

[dzi ˋli:]。字义：耳朵。宗教义：表示平常日，耳朵有肉但带软骨，该日虽会遇到一些吉利事物，但到头来得到的精华不多，该日不会发生重大灾难和险情，人们可以正常生产生活。（“”表二十一日）

[dzi ˋna:ŋ]。字义：眼睛。宗教义：表示吉日，该日人们在生产活动中会发现新的吉利的事物；狩猎会发现猎物，放牧会发现新的草场，捕鱼会发现鱼洞和鱼群等。（“”表二十二日）

[dzi ˋgu]。字义：手掌。宗教义：表示吉日，该日人们在生产活动中会得到收获物，首次即会财物得手。外出生产劳动的人若未获得贵重的财物，即便是一根树枝或一把草、一块石头也要拾取回屋，以应首日不空的吉兆。（“”表二十三日）

[la:ˋkwa:]。字义：虎头。宗教义：表示吉日，该日为战日，该日出战会克敌制胜。年满十三龄的儿童多选该日举行“穿裙子”和“穿裤子”的成人礼，俟后会具备虎的气质，勇猛超群。凡该日出生的婴儿均为贵；女婴多命名为“喇木”（母虎），男婴多命名为“喇泽”“喇扎”等，意为具有虎威，凶猛无比。（“”表二十四日）

△[ʃei dzi ˋdu]。字义：毒食。宗教义：表示大凶日，该日人畜均有食物中毒的危险，该日饮食要格外小心谨慎，并忌食外人馈赠的食物。（“”表二十五日）

[ʃa:ˋkwa:]。字义：男性生殖器。宗教义：表示吉日，不孕妇女多选该日去朝拜祭祀石祖，以祈求生育。年满十三龄的男童多选该日举行“穿裤子”成人礼，意为在男性生殖器日行成人礼的男童俟后将会健康聪明，前程辉煌，一切吉祥如意。过继养子、生子命名和认子①亦多选该日，以增添男家香火。（“”表二十六日）

[mæn ˋkwa:]。字义：畸形儿。宗教义：表示凶日，该日为生育的凶日，该日

①和绍全：《略论我国民族教育的传统与改革》，《教育研究》1985年第三期、第四期。

出生的婴儿会带残疾，该日要忌婚娶嫁女和结交阿夏，亦禁野合。该日为带残疾的儿童求神驱邪特别显灵，亦可在该日为孕妇念消灾经及做道场。（“”表二十七日）

〔`bi gə〕。现在巫师已不识此符号之意义。（“”表二十八日）

〔pæn `mi:〕。表示吉日，字义和宗教具体意义巫师已不识。（“”表二十九日）

。巫师不识此符号。（“”表三十日）

〔sɔ:`tʌ ɔ: lɯ〕。字义不详。宗教义：表示凶日，并可作双日计，具体含意不明。

〔ni: `dʒɪ〕。字义：女性生殖器。宗教义：表示吉日，该日宜男女交媾，牲畜交配，植物嫁接，亦适宜播种育苗等，认为该日阴窦畅通，阴气浓润，刀物均宜生养。

以上32个卜书原始符号的字义和宗教义是固定的，但在卜书中指代的具体日期则有变化，例如在正月指代初一日，而在三月又指代初五日；、、在正月不指代具体日期，而在二月、三月、四月又分别指代初一、初四、十六等具体日期，全年12个月的具体天数以凶吉日都由这32个原始符号代表，达巴（巫师）就是根据这32个原始符号的字义和宗教义来为求卜者算卜择日，测吉避凶，释疑断难的。达巴卜书及其原始符号在摩梭人的社会生活中占有重要的支配作用，并成为他们在史前社会经济文化宗教材料的储藏库。

第二节　原始符号的构造及特征

达巴原始符号的构造类型具有鲜明的独特性。达巴原始符号与纳西族的东巴象形文有相似的特点，但又具有不同的特点，达巴原始符号具有它独特的构造形式及鲜明的特征。

纳西东巴文字是属于图画文字和表意文字之间的一种原始象形文字，其构造可概括为表意符号、标音符号和附加符号三种。

表意符号：xi 人，za锄，āi鸡，la虎，lǜ牧，co 跳，kee shēr 打猎。

标音符号：dò坡，为标音。figg ddǖ 丽江，为标音。din ba sheè lo 丁巴什罗，为标音。（丁巴什罗为东巴教传说中的教主）yū猴，同音假借作“祖先”。hēe牙，同音假借作“富”。

附加符号：b bū面粉，shèr畜满厩，gēe zzēe mee sher星布满天。（以点点表示繁多）shèr说，nʒi走，bū念经，gv nee see nzēe mgue智者们在商议，（以人体加线条表示各种意思）ddü ddēe zbee lee niū niu大地在震荡（物体加线条表示各种意思）①。

达巴原始符号的构造可概括为两类，一类是象形符号，如[dzi gu]手掌，[dzi `ʀa:ŋ]眼睛，[la: `kwa:]虎头，[dzi `li:]耳朵。达巴原始符号中，这类描摹实物形体的象形符号较少，更多的是指事符号，如[bau `ʒi:]女性乳房，[`pœn mi: ni: dʒi]女性生殖器，[`bɔ: kwa:]猪嘴，[mœn kwa:]畸形儿。这是以象征性的符号来表示意义的造字法，而不是以描摹实物形体的符号来表示意义的造字法。另外，达巴指示符号中还有的是纯符号的，如◉[bau gə pu:]太阳上罩光圈，○符号为光圈，o符号为太阳，合并为太阳上罩光圈。△[ʃei dzɪ du]毒食，[dʒa: gə]马臀部。还有会意（象意），如为叉，为兽，兽头上长叉即兽角。

从文字发展史和比较文字学的角度看，达巴原始符号具有固定的形、音、义，并附有复杂的宗教义，是一种具有文字性质的符号，而也是一种古老的正在形成中的原始文字，达巴原始文字形体固定，笔画简洁，多数是表意和指事的纯符号，虽有少数象形符号，也是突出特征，笔画减缩，仅存其轮廓，趋于符号化，这是达巴原始文字的特点之一。达巴原始文字比之于纳西东巴象形文字的以象形为主，笔画繁杂，且带有图画痕迹的各地造字、读音、识义也不尽完全相同的东巴象形文先进，这是十分明显的，但是纳西东巴象形文字数量众多，能够记录语言，瞭书写大量的东巴经典，还可用于轶闻杂记，并有习惯形成的省略词语书写法，虽然不能准确地记录语言，但用音标记音的方法，是可以大体明了意义的，然而达巴原始符号只限于达巴占卜用，原始符号数量少，不能组成句子记录语言和表达交流思想，只是达巴原始宗教的记事符号，从这方面看，达巴原始符号比东巴象形文字要落后和原始。

达巴原始文字在构造及用途方面与国内外许多古老文字有相似之处，它可以佐证。尽管民族不同，地域不同，国家不同，但在历史的初期，文字的起源、构造和用途方面是有相同的规律性，当然也有民族、地域和国家的各自特点。在文字的起源方面，许多

①和志武：《纳西族古文字概论》，云南省历史研究所1982年油印稿。

最古的文字与象形的图形有着直接的渊源关系，如古埃及文字用“”表示“走”，用“⊙”表示“日、光、时间”；苏美尔人的文字用“”表示“脚”，用“”表示“鱼”；我国汉族的象形字用“”表示“月”，用“”表示“射”；我国纳西族的古文字用“”表示“月”，用“”表示“鱼”；摩梭人的原始文字用“◎”表示“太阳上罩光圈”，用“”表示“三盘星”，用“”表示“眼睛”。这些最古的原始文字最初都起源于象形的图形，以后随着社会的发展，原始文字的形体逐渐固定和简化，向纯符号体系方面演进。以上所举的古文字虽然最初都起源于象形的图形，但并非起源于图画，最初的象形字是与图画有区别的，虽然我国和世界有些民族中确也留存一种有文字特征的记事图画，但象形字不同于记事图画。记事图画是一种辅助性的记忆手段，人们虽然也可以利用这种图画形式在一定条件下交流思想，但却不能把图画和语言结合起来。它既不表达语言的声音方面，也不成为可以一个个单独分析的符号，所以记事图画不是原始的文字。据笔者调查实践中，我国许多少数民族中都留存记事图画，但他们都不把它认为是交流思想的和表达语言的工具，而认为或是巫师的神鬼符号，或是婚丧的特定图画；或是主凶吉的记号；或是个人思想意志的符号，人们都不认为是约定俗成的共同的语言符号，记事图画之所以不是原始象形文字的关键是记事图画没有确切的字义和统一的读音，且是完整的图画形式。记事图画散见于我国大凉山的耳苏人、川滇普米族和傈僳族、景颇族等。

耳苏人的记事图画

普米族的记事图画

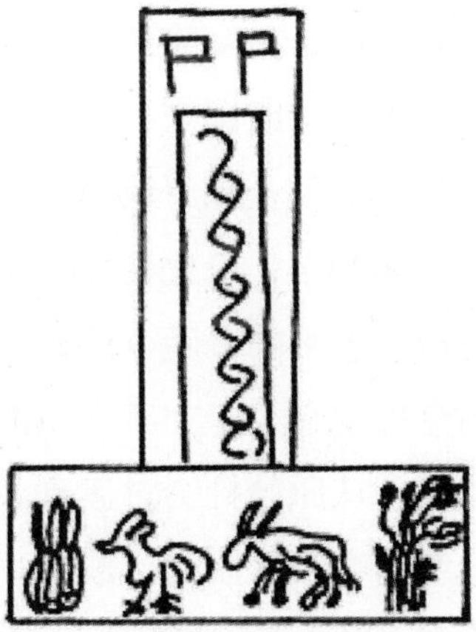

景颇族的记事图画

这是他们渔猎或原始农耕时代的记事图画。有的画出了渔猎时会发生的险情；有的画出了某个区域水草丰茂，禽兽众多，指意人们往此迁徙；有的画出原始农耕要选取肥沃的土地，谷物才能丰收，人畜才能繁衍。这些记事图画表示的是整体的形象，仅能笼统达意，并且经常随物赋形、不拘规格和没有构造规律的，所以记事图画不是原始文字。从以上许多国家和许多民族的原始文字和记事图画可以看出原始象形文字和记事图画是有区别的，自古书画并不同源，当有了最初的原始图画的同时，便有了与图画断然不同的最初的符号（包括最早的计数刻画符号），以后，图画向着艺术方向发展，符号向着文字方向演进，文字是起源于象形的符号而不是图画。

此外，从不同国家和不同民族的原始文字的比较中不难发现，最初原始文字的产生和应用是与原始宗教紧密联系的，固然原始文字不能与原始宗教符号等同看待，但原始文字从一产生就首先应用于原始宗教，并在使用过程中多受巫师的采集、规范和统一，我国少数民族的原始文字产生发展的过程多是如此，这是少数民族文字发展的实际现象。如纳西族的东巴象形文字、摩梭人的达巴原始文字、彝族的音节文字、傣族的拼音文字乃至汉族的甲骨文都首先应用于原始宗教，以后才发展为应用于生产生活的记事。我国最古的甲骨文字又称“龟甲文字”和“卜辞”，这是殷商王朝崇尚迷信，凡祭祀、征伐、田猎、出入、年成、风雨、疾病等，常用龟甲兽骨占卜吉凶，并在其上铭刻占卜时间、占卜者姓名、所占卜的事情和结果等。甲骨文字多是占卜之辞，间有少数记事文字，也常和占卜有关，所以称之为卜辞，而达巴卜书及原始文字与卜辞在使用上完全相同，摩梭人举凡自然灾害、人畜患病、谷物丰歉、渔猎、出行、婚娶、修房造屋、生于命名、成人礼等都用卜书占卜吉凶，卜书有用牛皮、猪皮和其他兽皮的，或用麻布和纸的，用其原始文字记录全年吉凶日和吉凶日的具体含义，以解答占卜者所求的占卜事情与结果。可见最初原始文字的产生和应用与原始宗教是紧密联系的，这应引起原始文字研究者的重视。我们知道，马克思主义经典作家一向认为，文字是随着阶级的出现而产生的，是同私有制、国家的起源紧密联系在一块的。一般而论，统一和较规范的成熟文字形成于奴隶社会。世界上几个古老的文明国家，在文字的起源与国家的形成上，有着惊人的相似之处。古代埃及文字是在上埃及和下埃及为了争夺奴隶、争夺财富、互相吞并的过程中发展起来的，距今约有6000年，巴比伦文字是在苏美尔人地区形成了许多小的以城市为中心的奴隶制国家时产生出来的，距今约有6000年。中国汉字也是在奴隶制时期开始形成的。事实证明，马克思主义关于文字起源的理论完全正确，文字的起源与阶级社会的形成应当在同时，然而，从原始社会过渡到奴隶社会，需要一个很长的历史时期，任何一种文字，都是由低级向高级发展的，没有原始文字，是不可能有后来成熟的文字，原始文字产生于原始社会，形成于奴隶社会，这是文字发展的一般规律。

还需要指出的是，从我国少数民族的原始文字的种类和分布来看，由于各少数民族社会经济发展不平衡，甚至同一民族内部各地方之间的社会经济发展亦不一致，因而同一民族内部有几种不同类型的原始文字，并非一种少数民族仅有一种原始文字，而是有的民族内部有几种类型的原始文字，有的则是几种民族共同使用一种原始文字，这是我国少数民族，也是世界民族在创造和使用原始文字上的一个普遍规律。我国纳西族的原始文字就是这方面的典型实例，居住在丽江纳西族自治县的纳西族使用的是东巴象形文；居住在丽江边远山区及维西县部分地区的纳西族使用的是哥巴音节文字，居住在宁蒗县、盐源县及木里县等地的摩梭人则流传达巴原始文字。可见即便是同一民族，也由于居住地域不同，社会经济发展不平衡，因而所创造使用的原始文字也是不同的。

此外，还可从达巴原始符号的造型特征上看出，每个民族所创造的原始文字无不具有鲜明的民族特色和社会特征。据目前世界各国的原始文字研究成果表明，原始文字产生于父系制社会，社会出现了财物私有、贫富分化的现象，已经有了等级贵贱的区分，形成了父权为主的家庭，女性处于从属地位，出现了农业与手工业的分离，这些是文字产生和发展的社会条件。现在世界各国原始文字的资料和论文都没有提及母系氏族社会的原始文字，然而我国摩梭人的达巴原始文字则填补了这一空白。事实证明，人类在母系氏族社会就已产生了原始文字，并经历了漫长的社会历史，延续到社会主义社会。摩梭人的社会历史脱离了人类社会发展的正常轨道，即从母系氏族社会跨越了奴隶社会，直接过渡到封建领主（农奴）社会，1956年民主改革进入了社会主义社会。摩梭人迄至中华人民共和国成立前，政治经济制度是封建领主制，而家庭婚姻、亲属称谓、宗教、风俗习惯等方面保持的是典型的母系制，而以母系制为主要特征的母系家庭和阿夏婚姻以及社会生活的其他方面至今仍然不同程度地保留着。① 他们的达巴原始文字以其独特的造型特征——取其女性生殖和养育的各器官为多数字的字形，并赋予吉日的字义，这绝非偶然现象，而是突出女性在母系氏族社会的尊贵地位，它表明原始文字的造型特征与社会制度是有密切联系的。达巴卜书及原始文字记录的摩梭人在母系氏族社会生产生活以及原始宗教，原始生育观、原始星象知识等，为研究原始社会史、原始文化艺术、原始宗教提供了极为丰富和珍贵的资料，具有十分重要的学术价值。

三、原始文字记录的母系氏族社会的各种思想知识

中华人民共和国成立前，川滇交界的宁蒗、木里、盐源、盐边等县的摩梭达巴（巫师）中较多地流行达巴原始文字书写的卜书，但由于各方面的原因，临近解放初期，这

①和绍全：《摩梭人的阿夏婚姻与母系家庭》，《研究集刊》1984年第2期；云南省历史研究所：《宁蒗彝族自治县概况》，《中国少数民族自治地方概况》，云南民族出版社1985年版。

种原始文字及卜书则濒于消亡，所以中华人民共和国成立后，达巴原始文字及卜书就成为鲜为人知的轶书，这份珍贵的达巴卜书是笔者在家乡，摩梭人聚居的永宁区温泉乡阿乌达巴手中获得。过去我国民族学和宗教学界认为摩梭人的达巴教没有文字经书，只有口诵经之说应予改正。

摩梭人的达巴原始符号产生于母系氏族社会，具体年代虽不可考，但参考汉文献、考古发掘、原始符号和卜书记录的思想资料，尚能追溯出粗略的历史年代。

据有关文献记载，早在公元三世纪初，就有今摩梭人的先民。汉文献称为“摩沙夷”地居住在越嶲郡的定筰县（今四川省盐源县地）①。到了唐代，当公元八世纪末叶，在今金沙江流域和雅砻江流域也有很多“磨些蛮”分布。②“摩沙”和“磨些”与今日这带地区的摩梭人他称符合，应都是对古代摩梭人称谓的同音异写。在以后的汉文献中，摩梭人的称谓又被写为“末些”“摩沙”“么些”“摩　”“摩获”“么”“摩梭”等。③ 中华人民共和国成立后，云南摩梭人统一定为纳西族，但四川摩梭人则有定为“蒙古族”，因族称未统一，故今称为“摩梭人”。

据近人研究，认为唐代的“磨些蛮”和我国古代西部地区的羌人有着渊源关系，他们是古代南迁的羌人。④ 古氐羌族系中不仅有摩梭人的先民，还有藏族、彝族、普米族等民族的先民，他们分别过着游牧生活。《后汉书·西羌传》载：“或为牦牛种，越嶲羌是也，或为白马种，广汉羌是也，或为参狼种，武都羌是也。”可以佐证。秦汉之际，摩梭先民南渡雅砻江、金沙江，散居越嶲郡定筰县境。《后汉书·郡国五》校注“定筰”条说：“越嶲居川滇之间，为西汉元鼎六年所设，县在郡西，渡泸水，宾刚徼白摩沙夷”，这说明远在西汉武帝之前，川滇盐源、盐边、木里、宁蒗一带已有摩梭先民居住。

上述文献记载，在中华人民共和国成立后的考古资料中也得到证实。据报道，这些地区发现过多处新石器时代遗址，在盐源县前所区出土过石斧、有孔石刀等；在永宁区曾发掘到石斧、石网坠；泸沽湖畔发掘到石凿、石锛，石矛和石网坠。⑤ 此外，宁蒗县

---

①《华阳国志·蜀志》。
②《蛮书·名类第四》。
③《元史》。
④《太炎文录续编》卷六下，《西南夷属小记》。
⑤西昌博物馆：《泸沽湖畔出土文物调查记》，《凉山彝族奴隶制研究》。
⑥宁蒗县铜器见宁蒗县文化馆和云南省博物馆。

大兴镇和喇波河畔发掘到200余件青铜器，据年代测定为距今1700年。⑥ 上述新石器文化特征与摩梭先民的生产生活有关，与其早期采集、渔猎经济相吻合，而这里的青铜器文化特征又与古氐羌族系文化特征类似，这些都可以帮助我们深刻认识达巴原始文化的渊源。

在原始宗教方面，达巴原始符号在卜书里记录的是摩梭人在母系氏族社会盛行女性生殖器崇拜。达巴原始符号中最突出和典型的是指事女性生殖器的符号，如“”女性生殖器，“”女性阴道，实际应为子宫，“”女性乳房。这些指事女性生殖器的原始符号，不仅具有字义，也具有原始宗教的吉祥义、代表吉日。

这些女性生殖器指事符号明确表明，摩梭人在母系氏族社会盛行女性生殖器崇拜。时至今日，宁蒗永宁、盐源左所、木里俄亚等地的摩梭人还比较完整地保持这种女性生殖器崇拜遗风；他们不仅以突出的女性生殖器为指事符号，赋予吉祥的宗教义，还把当地村寨附近的酷肖女性生殖器的自然石，并及山川、峡谷、幽泉、沼泽、水洼等赋予女性生殖器形象，加以拟人化，对之杀牲祭祀，焚香叩头，祈求女性生殖器神灵保佑人畜繁衍兴旺，风调雨顺，五谷丰登。①

达巴原始符号以女性生殖为特征，无独有偶。据我国甲骨文字的研究，女字多突出乳房，所以在女字上加两点，表示奶头，写成“”，将其转动一下就是母字了，女性生殖器写成“”等形象。② 夏商周三代皆以先妣——女祖先作为高禖加以崇拜，而高禖是主宰婚姻和生育的，其偶像以石为主，因此，古代把女性生殖器都当作灵石崇拜。达巴原始文字较之于甲骨文更具形象性和典型性，如把女性乳房写成“”，女性生殖器写成“”和“”，把男女交媾写成“”。

达巴原始文字中，取形于女性生殖器特征的原始文字颇多，这并非偶然现象，而是有它特定的历史原因和认识原因。我们知道，史前时期，原始母系氏族社会，妇女不仅在社会生产和生活中占主导地位，而且由于群婚，人们只知母，不知父，世系只能按母系计算，财产也由母系成员继承，她们在繁衍和培养后代方面占有最重要的地位，在社会上受到人们的尊敬，因此人们特意取形于女性生殖器特征，创造最初的具有文字性质的原始符号来记录和表达对妇女的崇拜思想，这是符合人类历史的。

其次，在原始社会，人们思维简单，一般是直观认识。他们认为最能区别男女特

①和绍全：《摩梭人、普米族和藏族的女神崇拜》，《世界宗教研究》1982年第2期。
②黄绮：《部首讲解》，天津人民出版社1962年版，第23页。

征的是乳房和生殖器，而它又是孕育、多产和哺育子女的象征，加上当时还缺乏性的羞耻观念，所以，最初创造的原始文字中，以女性生殖器及男女交媾为特征的原始文字颇多，并以此记录他们的语言和表达思想，这是符合他们认识规律的。达巴原始文字及卜书主要记录了摩梭人在母系氏族社会崇拜女性生殖器，以及崇拜妇女崇高地位的母权制思想，这在他们的达巴教中至今仍占重要地位。

在原始生育观方面，达巴原始文字中有男性生殖器官和动物生殖器官为特征的原始文字，如“”男性生殖器，“”公猪生殖器，“”马臀部。这些奇特的原始文字记录的是摩梭人的原始生育信仰。人类在母系氏族社会的生育观念是“知母不知父”，并在史前很长的时期内，人类尚未明确男女性交与生育的因果关系，当时人们认为妇女所以能生育，并不是她们与男人性交的结果，而是与图腾物接触的产物，这是母系氏族社会的原始生育观。但以后，随着社会生产力的发展，人们思维和智力的提高，人类开始把眼光从自然、动物转移到自身，开始认识人类自身的社会作用，包括生育在内，特别是父权制产生以后，人类逐渐认识到男女性交与生育子女的因果关系，从而出现了男性生殖器和男女性交的原始文字，并使之作为吉日的象征，赋予崇拜的意义。男性生殖器和男女性交的原始文字记录的是在母系氏族社会的后期，父权制思想已萌芽，并出现了石祖崇拜和男神崇拜的现象，他们的家庭结构亦随之发生了变化，即不仅是母系家庭，亦有双系家庭和父系单偶家庭，这是在元代催生出封建领主社会，土司实行正式结婚，以确认其子为世袭土司职以及当时社会生产的发展推动下形成的。① 此外，摩梭人的原始生育观历来和原始宗教思想交织在一起，达巴原始符号和卜书虽然明显反映出人在生育方面的作用已经取代了图腾的地位，但仍有图腾崇拜的遗风。以虎头为特征的原始符号和所含的虎图腾意义即是例证，不仅如此，他们历来盛行崇虎之风，如当地山川、村寨多以“喇”（虎）为名，母系家族、母系家庭及妇女多以“喇木”（母虎）为姓名等。时至今日，摩梭人中还残存许多虎图腾和其他图腾崇拜的遗风。

在社会经济方面，达巴原始文字和卜书记录的是他们早期渔猎经济、游牧经济的生产生活。如原始文字“”（海螺），“”（鸩），“”（乌鸦头），“”（兽角）等以表示在捕鱼、狩猎时的凶吉日，这是他们经历过狩猎经济的反映。又如“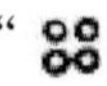”（马臀部），“”（猪嘴），“”（猪油），“”（猪尾

①和绍全：《摩梭人的传统生育观和人口规律试探》，《云南社会科学》1985年第2期。

巴）等原始文字表示在豢牧牲畜的凶吉日，这表明他们从渔猎经济过渡到畜牧业经济，并转为固定农耕，豢养家畜，从事农牧业生产。

此外，他们创造了“”（手），“”（眼睛），“”（耳朵）等原始文字，作为他们表达思想、记录语言的符号，它真实地反映在原始社会，人们认识事物的方法是直观的、具体的，主要凭借人的五官，以视觉、触觉、听觉、嗅觉来观察体验认识人们外部的周围客观世界。他们假定的吉日和凶日（也是假想的吉神和凶神）都是和他们的生产生活密切联系的各种具体事物。这种现象帮助我们认识，一切古老的原始宗教和原始文化，在它产生的时候并没有欺骗的成分，而是真实地再现了当时人们生产生活的各个方面，是人们意识的综合体，其中包含着很多合理的科学思想。

最后，达巴原始符号和卜书反映了摩梭人原始的天文知识。卜书在摩梭人中亦称为“天书”，其作用相当于他们的原始“日历”，卜书记录的具体日期及其宗教义（凶吉日）在边远山区的摩梭人中至今仍然使用着，并非消亡，而是活的原始日历。卜书记录全年12个月的凶吉日，也是全年的具体天数，但是每月的天数并不一致，有的月最多的天数（吉凶日）有32天，有的月最少的天数（凶吉日）有28天，卜书的原始符号也只有32个。至于有的月有32天，有的月只有28天的原因，据达巴解说他们是按月亮出现天空的形状来确定的，即“月有圆缺”“月也有大小”。对于季节的变化来临，他们根据的则是一种名“衣衣孜尔”的候鸟，此鸟会变换四季羽毛，当此鸟从高山飞下坝栖息，传递春天信息时，各氏族、部落还须行迎请此鸟长栖该氏族、部落的祭祀仪式；他们还把此鸟作为光明幸福神，达巴口诵经中还有赞颂此鸟的口诵经。① 摩梭人还观察到横三星、斜三星、北斗星等，并以此作为他们迁徙路线和另辟草场的方位及标志。摩梭人的天文、星象及季节等方面的知识虽然是原始的，且多蒙上原始宗教的色彩，但他们能观察事物的实际特征，把月亮的圆缺形状与每月的日子联系起来看待，把季节的变化与候鸟的羽毛变化联系起来看，把星象与方位联系起来看，这些都说明古摩梭人的认识是有合理的科学思想。

我国摩梭人的母系制是人类社会历史的一块活化石，历来引起国内外有关学者的极大兴趣，达巴原始符号及卜书记录的各种丰富的史前文化资料必将有助于对此重大课题的深入研究，以丰富世界史前学文化宝库。

①云南省社会科学院宗教研究所：《宗教论稿》，《达巴教与东巴教比较研究》，云南人民出版社1985年版。

值得注意的是，在摩梭人的原始宗教中，一些年长者亦具备祖传的家庭巫术，家中人若有小恙或不适，年长者则可在家中口念咒语、作法，施以治理，不需外出寻巫。

第三节　摩梭人的原始本土宗教

摩梭人主要居住在金沙江东部地区的云南省宁蒗彝族自治县和四川省盐源县、木里藏族自治县。他们有“纳”“纳日”“纳汝”“纳哼”等不同的自称，均含“黑人”之意。

摩梭语属汉藏语系藏缅语族彝语支，纳西东部方言，摩梭语与西部丽江纳西族方言有较大差异，但基本词汇和语法则相同。

金沙江东部地区的摩梭人和西部地区的纳西族的宗教是同源的，但在发展过程中形成了很大的差异，东部地区摩梭人中流行的是达巴教；西部地区纳西族中流行的是东巴教，虽然两教都属于原始宗教，但具有各自的特点。从调查材料看，达巴教无论在内容和形式上都比东巴教更为古老和原始，反映出摩梭人经历的各个社会历史时期的生产、生活及思维方式和宗教观念。

由于笔者生长在摩梭人地区，并在编写《宁蒗彝族自治县概况》一书的过程中，对摩梭人的古老宗教作了全面系统的调查，现把调查资料进行整理，并作简略分析，供研究宗教学的同志们参考。

一、万物有灵和自然崇拜

摩梭人的原始宗教以“万物有灵”为思想基础，灵魂的观念最初是由做梦的现象引起的，即人在梦中见到死去的亲属，感到自我可以脱离肉体而独立活动，由此推及其他自然事物，因而产生了“万物有灵”的观念。

摩梭人的达巴、哈司比、比喳三种巫师都有许多消除噩梦的口诵经供其作祭祀法事用，其中有一部（回）主要的口诵经，名《依木垮》，这部经专门记录了人们对梦见亡故亲人的祈祷赞词及对宿敌的诅咒。他们认为梦境中的活动就是现实的预兆，做梦的人要为梦境中的活动负责，因而噩梦会使人们懊恼沮丧，美梦会使人们愉快喜悦，所以常做噩梦的人就要请巫师占卜、跳神、诵经驱邪，方可解除痛苦。

摩梭人的原始宗教在万物有灵的思想基础上，最初表现为对大自然的崇拜。在古代，摩梭人形象思维比较发达，但抽象思维比较薄弱。他们对自然界的变化运行，莫知所以，自觉非常渺小，认为自然界的力量则是伟大莫测的。由对此力量的崇拜，从而把自然人格化，产生了种种拟人的自然神。这是摩梭人对自然物的属性及其相互作用的曲解。在自然崇拜中，各种自然力量的反映是不平衡的，在自然诸神中，摩梭人最崇拜的是“木戛拉”（天神）、“日戛拉”（山神），其次是“几戛拉”或称“日母古戛拉”（龙潭神或江湖神）、“刮戛拉”（火塘神或灶神），再次是“汗戛拉”（风神）、“底戛拉”（地神或土地神）等。

摩梭人认为对人类威力最大的是天神，天神不仅对人类有直接关系，而且对牲畜和谷物均有利害关系，因而对之无限崇拜。达巴教有二十余回祭天口诵经和许多烦琐的祭天仪式。祭天经典包含两层内容：一是对天神（日、月、风、雨、雷、电、雹、雾、雨旱等自然诸神）的虔诚祈祷，经词多是对天神的乞求和赞颂，祈求天神赐给人类风调雨顺、人畜兴旺、谷物丰收；二是对天鬼的诅咒和恐唬，咒语多是对天鬼危害人畜和庄稼的诅咒，用烧、杀、撵等手段来唬吓天鬼，使之消除邪恶，转凶为吉。这是摩梭人在原始社会对自然界的曲解，由于恐怖即设想可以用虔敬及祭祀等方法来求之宽恕。以人类的心理衡量自然，自然物也就成了拟人的、通人情的，对之也就形成了虔诚的祈祷和仇恨的诅咒，以希冀满足人类的要求。

摩梭人的祭天仪式有大、小之分，大的祭天仪式不常举行，祭仪烦琐，所耗的牺牲及供物很多，一般以地缘村落为单位举行，日期多选在春种、秋收、过年节的初一或十五日举行；小的祭天仪式，以家庭为单位，早晚时举行，不用牺牲，只用少许糌粑面和青松枝叶。

摩梭人法师“达巴”

以地缘村落为单位的祭天仪式由达巴（巫师）主持，并由数名哈司比和比喳（小巫）帮助达巴进行。届时，在村中心的草坪上设祭坛，用松树搭成丈余高的三层楼阁模式，四周用麻线缠绕。第一层供置分别绘有日、月、星、风、雹、雷电的十余块神牌，神牌下供奉牛、羊、猪的头、肝、心、肠等：作为祭献天神的牺牲；第二层供置用糌粑面捏制的各种家禽、野兽面偶数十具，并用鲜血涂抹之；第三层供置经在巫棒上压制的各种伤残病态面偶数十具，面偶下撒一层青稞、大麦、玉米、黄豆粒。最后在祭坛四周焚九堆松毛香。这时达巴身穿法衣，头戴五幅冠，在祭坛前作法祭天，达巴时而诵经摇鼓，时而挥刀舞蹈，其余的比喳和哈司比配合达巴诵经摇铃。全村人围观祭天仪式，叩头祈祷天神保佑全村人畜兴旺，五谷丰收，风调雨顺。以家庭为中心的祭天仪式则比较简单，一般都是由各家的老人或家长独自祭祀，在自己家里所砌的烧香台（摩梭语称为“梭塔”）上烧松毛香，洒几滴净水和少许糌粑面，念几段祈求天神赐福家庭安康、谷物丰收的口诵经。家庭祭天一般在早晚，有的家庭每日都祭，有的只在每月的初一和十五日祭。

摩梭人最敬畏的除天神以外还有山神，祭山是他们重要的宗教活动和形式。对于世居高原的摩梭人来说，山与他们的生活关系最为密切，他们认为，山曾经使摩梭人蕃衍生存至今，能够致使牲畜兴衰和庄稼丰歉，可以使人们受到保护或遭不幸。因此，他们认为山有“灵”而且力量神奇，必须感激它，屈从它，祭祀它。但是，他们虽然都生活在高原上，但各民族和各部落居住的环境有差异，山也有大小、秀丽和险恶之分，所以各地摩梭人崇拜的山神有所不同。例如泸沽湖周围的摩梭人崇拜祭祀的是“则支”山神和“纳哈”山神；永宁摩梭人崇拜祭祀的是“阿沙”，（男）山神和“格姆”（女）山神；前所摩梭人崇拜祭祀的是“窝入瓦”山神；木里摩梭人崇拜祭祀的是“纳喇”，山神和“鸟角”山神。在这些被各地氏族和部落认定的传统大山神（大山脉）之下，还有被各村落认定的众多的小山神（村寨附近的小丘陵）。这些村落山神中，既有血缘村落的神，也有地缘村落的山神。此外，还有的母系亲族在本村落的神山中选一棵枝叶茂密的大树作为母系亲族的母系家庭的保护神。

摩梭原始本土宗教法器

摩梭人很崇拜山神，他们笃信

山神不仅司管人们的谷物丰歉，牲畜兴旺，而且地方神还能福佑人口繁衍和相貌美丽，他们说，永宁坝的格姆女山（汉称狮子山）雄伟而秀丽，且面向永宁坝，因而永宁坝的摩梭人身材窈窕修长，容貌美丽，这是格姆女山神显灵的结果，而格姆女山背朝泸沽湖畔的左所区，因而左所地方的摩梭妇女腰粗臀肥，这也是格姆女山神显灵的原因。由于崇拜山，摩梭人历来爱护山中林木，禁忌乱砍滥伐，亦不准在神树下大小、便和野合，现在还保持着这种崇山敬山的传统。

法器

祭祀山神的仪式有大有小，大的祭山仪式全村落举行，由达巴主持祭仪，日期选在农历正月初五或七月十五日。届时，全村群众汇集在该村落的神山上，宰数只羊和鸡作为祭祀牺牲，供数百具神鬼面偶，焚七堆松毛香，达巴念《瓦戛拉》（祭山神）经，比扎和哈司比摇巴浪鼓，并配合念几回咒语。达巴念诵的《瓦戛拉》经，主要是祈祷山神保佑全村人畜兴旺，谷物丰收，风调雨顺，水草丰茂。最后，达巴在神树上缠绕麻线、彩色布条，代表人们奉献给山神的衣物，有的患者则把自己的衣、裙、腰带、帽子、手镯、银圆、钱币等挂在神树上，表示疾病已被山神收回去，患者便会病愈。另有一些人家请达巴或喇嘛念《求寿经》或《消灾经》，代表家庭或个人在神山中放几只鸡，俗称“放生鸡”，这些鸡是敬献给山神的“活神鸡”，人们不能捕捉和伤害，只能让它自然老死，他们认为放过生鸡的家庭和个人会得到山神的保佑，无灾无病，清吉平安。这种祭山神和祭龙潭神时放生鸡的仪式是受后期藏传佛教（喇嘛教）的影响，因为原始宗教都是杀牲祭祀，没有戒杀生即“放生鸡”的教义和戒律。

以家庭为单位的祭山神与上述家庭祭天神仪式颇相似，每天早晚由家长和老人在自家的“梭塔”里烧松毛香，洒净水和撒糌粑面，先念当地的大山名称，次及本村落的神山和本氏族、部落的神山，最后接上本家庭的神树，赞颂山神的神力和祈求山神赐给家庭人畜兴旺，五谷丰登，财源茂盛。往“梭塔”里洒净水仪式也是后期受藏传佛教的影响。摩梭人崇拜山的宗教观念的最初发生，反映了原始先民对自然现象的种种神秘感，其最初形式表现为对大自然的直接崇拜。正如恩格斯所说：“一个部落或民族生活于其中的特定的自然条件和自然物，都被搬进了它的宗教里。”① 摩梭人正是把世代居住的山川搬进了自己的原始宗教里，赋以人格化，对之顶礼膜拜。

摩梭人中还保持着一种“朝山节”。朝山节最初是祭山神的宗教节，现已和民俗节日结合在一起，成为摩梭人的重大传统节日。朝山节为农历七月二十五日，每年举行一次。届时，人们身着盛装，携带酒肉、果品和鸡，骑马或步行到当地的神山中去祭祀，野餐，升篝火，焚香叩头，祈祷山神保佑人畜兴旺、庄稼丰收、地灵人杰，村落清吉。

祭毕，老人在篝火旁饮酒谈闲话，有的男女青年围着篝火跳锅庄舞，并往篝火中丢鲜花；有的趁这良辰美景寻找阿注，成双结对地对歌打诨，谈情说爱。直到夕阳西下，人们才陆续下山回村。

摩梭人还祭水、拜江、湖、河、泉（俗称：“龙潭”）。他们和其他古老民族一样，也有洪水泛滥的神话。水是一切生物不可缺少的东西，但它也能泛滥成灾，吞噬生物，所以每每被原始民族视为神秘之物；具有“灵”性。摩梭人居住的地方，各村都各有自己的神泉（龙潭），各地都有自己传统的崇拜对象——江、湖、河、泉等，例如泸沽湖的摩梭人称泸沽湖为“谢纳咪”，按摩梭语义含有“母海”或“母湖”的意思。泸沽湖是摩梭先民发源的地方，汉代属定筰地区，唐代称泸沽湖为“昆池”。沿湖摩梭人世代靠湖里丰茂的水产资源为主要生活资料，繁衍生息至今。因此，他们把泸沽湖作为母亲崇拜是从谋生的实际需要出发，祈冀泸沽湖神降福免祸，保佑人畜兴旺、谷物丰收。

摩梭人时至今日还保持着传统的“转海节”，转海节原来也是祭水神的宗教节日，现在已演变为民俗节。转海节节期为正月初五日至初十日，有的地方是农历七月十五日。届时，人们身着盛装，或以村为单位，或以家庭为单位，骑马或步行绕湖一周，边走边祭，以湖水和湖畔的礁石为祭祀对象。有的往湖里投熟食和果品，祭献湖神；有的在礁石上焚香、供面偶，达巴在礁石上贴咒符，往湖里投祭品是祈求湖神保佑村民，赐给人畜平安，免遭湖水之灾难；往礁石上贴咒符是镇压湖神不可兴风作浪，作祟于人畜。

洛水、南泛、左所等地的摩梭人习惯祭泸沽湖；拉伯、拖甸、加泽等地的摩梭人习惯祭金沙江，因为他们居住在金沙江畔，江水与他们的生活息息相关，江水神是他们崇拜和祭祀的对象，祭仪与上述祭湖略同；永宁、乌角、前所的摩梭人则祭当地的泉水和

①《马克思恩格斯全集》第27卷，第63页。

井水，各村都有自己传统的神泉、神井等，祭仪如同上述。

摩梭人认为江、湖、河、泉、井的神灵，对人们日常生活的影响联系很紧密，他们笃信水神不仅能赐福于人类，也能危害人畜，带来各种疾病，人们所患的常见病，如化脓、腰折、头痛、腹泻、目赤流泪等，都认为是触犯水神所致，是因为砍伐了水源周围的草木或在泉水附近大、小便或野合而使清净的水神遭到污染。为此，患了这类疾病的病人要清达巴祭祀水神，念《陈秽消灾经》。达巴为这类患者作法事时，须用刺香熏身，并忌鱼、蒜、辣椒之类的腥辛之食，达巴说，“吃了不干净的东西就请不来水神，病痛也不能消除。”这种忌荤食的戒条是受藏传佛教的影响。在摩梭人居住的地区，达巴原始宗教和喇嘛教在很多方面是互相影响的，有些方面互相排斥，有些方面互相吸收，在矛盾和斗争中并存。

摩梭人盛行火崇拜。火的崇拜，世界各民族都有。拜火的信仰的产生，最初是原始人不会生火，认为天然火如，雷火、火山等都是恐怖的，能吞噬一切生物；他们偶尔发现森林中发生野火之后，残留着散发出香味的烧熟的野兽尸体，便认为火是能够吃东西的活物，是神灵，拜火的信仰便由此产生。以后随着社会发展，对火的崇拜又赋予了新的内容。

对世居高原地带的摩梭人来说，火对他们的生存具有特别重要的意义，因而在自然诸神中，祭祀最普遍的是火神，他们赞颂火的口诵经也特别多，除达巴巫师以外，一般的老年人也普遍能念几段赞火的口诵经。他们历来把火作为光明和兴旺的象征，各家火塘里的火要昼夜不灭，特别是清晨，家中火塘里的火焰旺盛，火星迸溅，迸发出响声，象征吉祥，预兆当日有远方的客人来临，并有财运；若火塘里的火忽燃忽熄，烟火弥漫，则预兆当日有晦气，办事会倒霉，家长

摩梭法师达巴诵经

会因此懊恼，全家人心情不愉快。摩梭人家庭都保持着一日三餐前祭祀“阿依藏巴拉”火塘神的传统习俗。是时，放少许食物于火塘三脚架上，诵曰：“绰夺！绰夺！”（颂词）。他们的达巴教认为鬼邪惧怕光明，火能除邪驱鬼。达巴为人做法事时，也要借助火神的力量驱逐鬼邪，捎灾祛殃。若地方和村寨里发生重大瘟疫，须请达巴驱逐瘟鬼，由达巴念诵《阿依藏巴拉》赞火经，手执火把，舞刀撒沙，厉声呵斥驱逐瘟鬼，然后把代替瘟鬼的面偶和木牌抛入火堆中焚烧，表示瘟鬼已被火神吞噬，再不能作祟人畜了。

在葬仪上，摩梭人认为火葬是把死者的灵魂送入光明的境界，象征幸福。火葬者必须是正常死亡的人。吊死、摔死、溺死、难产而死的孕妇及婴儿则不能火葬，认为若火葬将亵渎火神。这类死者则必须土葬，深埋于地下，意思是使其亡灵永世不能转生。这种葬仪至今仍然保持着。

摩梭人在生产、生活中的拜火习俗以及与此相联系的禁忌很多。如：禁忌任何人用脚跨过火塘，禁忌泼水在火塘里，在野外生产烧篝火不能用水扑灭，只能用石块和泥灰掩熄。偏僻山区的摩梭人甚至不敢吹灭灯火和火把，只能用什物把火罩灭，将火把插入灰中弄熄。从这些拜火的习俗可以看出摩梭人是多么崇拜和敬畏火。

摩梭人的宗教里还保有动物崇拜的残余。摩梭先民对于凶猛的动物产生畏惧感，对于与他们生活有密切联系的动物则产生神秘感，他们认为人类有许多方面比不上动物，因而对动物产生崇拜。

各民族所信奉的神灵，常因环境而异，动物崇拜的种类也因地方不同有所不同。对于生活在滇、川、藏交界处高原地带的摩梭人来说，适应高寒气候的牦牛是他们最崇拜的动物之一。摩梭家中若有人患病或孕妇分娩，便把牦牛角悬挂在大门上，认为牦牛角能辟邪，能保佑产妇平安分娩、病人早日康复。路上见有牦牛角悬挂在大门上的人家则忌讳入内，意思是以免冲走神灵。在摩梭人的丧葬仪式中，有为死者灵魂引路的先锋队，他们身披甲胄，腰系一截牦牛尾，手舞刀棍，厉声吆喝，意为驱走沿途的鬼魂，使死者灵魂顺利地返回祖先居住的地方。达巴所念的“开路经”中提到摩梭先民最初的发祥地叫“斯布阿纳瓦”，该地在北方，藏语名“公介哩”，大体范围在今青海、甘肃、四川的交界地区，即“公介哩”山脉下。据达巴说，开路先锋队腰缠牦牛尾是为了把死亡灵准确地引上祖先迁徙的路线，祖先亡灵见有牦牛尾的亡灵才会认其为自己的后裔。这种腰系牦牛尾的葬仪，多少反映出摩梭人的历史。《史记》《汉书》《后汉书》等汉文献也记载有摩梭先民的“旄（牦）牛种”或“旄牛夷”等名称，可见他们崇拜牦牛有悠久历史。在日常生活习俗方面，摩梭妇女习惯以牦牛尾掺发，编成粗而长的发辫盘结头上，以示美观。凡此种种生活习俗都与崇拜牦牛有关。此外，达巴口诵经和他们的巫棒上还可发现崇拜虎、熊、鸟、狗等动物的痕迹，其中有些崇拜习俗残留至今，如以虎为图腾，以虎日为吉日，以虎名为山川地名和人名，等等。达巴口诵经中有一部著名的《依依孜尔》口诵经，此经是专门赞颂一种名叫“依依孜尔”的鸟的，他们以此种鸟为他们氏族和部落的保护神，春种季节用牛奶祭祀之，祈求此鸟年年栖息摩梭地方，保佑摩梭地方人畜兴旺、谷物丰收。摩梭人崇拜的动物有善恶之分，给予人们利益的动物奉为福神，带给人们危害的动物则奉为凶神。崇拜某种动物不一定非要禁食，摩梭人以牦牛肉、奶为主食，但毫无亵渎之意，正如基督教迄今犹以吃耶稣的血与肉为神餐，作为一种崇拜的礼仪。牦牛角和尾是神圣之物。对牦牛有种种崇拜习俗。

摩梭人的宗教中还保有植物崇拜的遗风。植物的春发夏长秋凋冬藏、生命力的表现与对自然的适应，使得他们认为植物也有精灵作主宰，也有着与人类相同的感情和意志，从而发生对植物加以膜拜的观念。植物崇拜的主要表现是笃信树有神灵，有的村落和母系亲族选附近神山中的某一棵树龄长、枝叶茂密的大树为村落的保护神或母系亲族的保护神，祭山仪式中包含着祭树仪式，二者紧密联系。祭树神时，他们在树下焚香叩头，往树上缠裹麻线，在树枝上悬挂五色布条，患者则把自己的旧衣烂衫挂在树上，祈求树神把疾病除去。永宁一带的摩梭人特别敬畏含有毒汁和特殊气味的植物，认为它们有精灵，因而更敬畏它们。当地有一种名叫“玛桑”的树，他们视之有鬼魂依附，村里发生瘟疫便去烧香祭之。此外，达巴的口诵经中有一部名《瓦布》的口诵经即是专门祭祀刺香树的，因刺香树有特殊气味，他们认为其有精灵，因而祭祀它。还有，摩梭人在建造木楞房时，一定要选两棵枝叶茂盛的树作为正房的左右两根柱，这两根柱分别代表男女，男左女右，到山中采伐这两棵树之前，要举行祭祀，向树祈求住入新居后平安兴旺、财气昌盛。对于青松树，摩梭人更是怀有特殊的感情，他们历来视之为吉祥树，每逢春节，家家户户都要在屋顶插棵小松树，或在院坝里栽一棵青松树，象征来年吉祥兴旺、财运发达，这已成为民族的传统风俗，一直保持到现在。

摩梭人中还保持有祭土地和五谷、杂粮的宗教习俗、土地是人畜和植物生长的必要条件，出于谋生的要求，他们认为土地也有灵。每年冬月三十日，家家户户都要祭地神，摩梭语称“底布”，意为“祭土地”。届时，各家带着米粑、蜂蜜、猪肉和水果等祭品，分别到各家的地里进行祭祀。“瓦布”祭仪比较简单，一般由各家家长（主妇）主持，念诵简单的赞颂地神的口诵经，祈求地之灵赐给来年丰收，把祭品撒在地里，仪式即告结束。“瓦布”虽然是祭祀土地之神，但也有庆丰收之意，现已成为宗教和民俗相结合的传统风俗。

摩梭人认为五谷、杂粮同样有灵。每年冬月谷物收割完毕，在祭地之后，家家还要由主妇主持祭谷物，有的用糌粑面捏成各种祭品放在杂粮囤里；有的则把粮食炒熟（多为青稞、玉米和豆），抛在房前屋后及田地周围，祈求谷物之灵保佑来年人畜足食、谷物丰登。

恩格斯指出：“宗教是在最原始的时代从人们关于自己本身的自然和周围的外部自然的错误的、最原始的观念中产生的。”摩梭人的自发宗教正是这样，是他们在历史初期对人和自然关系扭曲的观念中产生、发展起来的，一直残存到现在。

二、图腾崇拜遗迹

原始社会的图腾信仰是人类最古老的信仰之一。原始人认为，一个母系氏族与某一种动物、植物或无生物有一定的血缘关系，这些生物或无生物是他们的祖先，换言之，图腾是作为氏族的始祖形象出现的，是表示氏族的标志或符号。摩梭人的图腾崇拜虽已消失，但其诸种遗迹仍然存在。他们的图腾物中最典型和最突出的是虎。

1. 崇虎之风盛行

摩梭人称虎为“喇”，称神为“戛喇”，虎与神并列为最高的崇拜物，在摩梭语言中，其音、义也基本相同。他们自古以来禁忌打虎，把虎奉为祖先的标志。摩梭风俗以属虎之年为吉年，属虎日为吉日，并习惯以属虎之年和属虎之日出生的婴儿为贵，因而须宴请村邻和亲友庆贺。摩梭男女十三岁举行“穿裙子”或“穿裤子”礼（成人礼）时，若属虎年，便认为大吉，比其他年的成人礼操办得更为隆重。婚娶、修房造屋、外出生产、贸易等一般都喜欢选在虎日，表示吉祥如意。在结婚仪式上，达巴要为新婚夫妇念《除秽经》，并在新居的正屋里画四幅图，即：虎、花、盆和海螺，这是保佑新婚夫妇的护身符，其中有的虎画成人首虎身，这与古代记载的虎图腾同出一辙。中华人民共和国成立前，他们若与外族争斗，往往以虎头旗为战旗，订属虎之日出征，表示具有虎威能克敌制胜。

2. 残存的氏族组织名称与虎有关

图腾崇拜盛行于母系氏族时代，所以又称母系氏族时代为图腾社会，但氏族是一个能动的因素，是不断发展变化的社会组织，因而反映氏族观念的图腾信仰也随着不断发展变化。“当一个氏族分为二时，它的图腾也就具有局部性质，例如在易洛魁人那里，就出现了灰狼氏族和黄狼氏族，大龟氏族和小龟氏族等等。”①摩梭人的图腾也有类似例证，如：永宁有“喇木瓦”“喇咕瓦”“喇垮瓦”，意为“母虎氏族”“虎头氏族”“虎爪氏族”。“瓦”在摩梭语中古意为“母系氏族”，而今演变为有血缘和地缘因素的村落名称。虎除了作为氏族的标志外，还作为他们部落的徽号，如四川省盐源县左所区的摩梭部落名“喇蹋窝”；永宁摩梭部落名“喇底窝”；蒗蕖摩梭部落名“喇咕窝”（或“鲁咕窝”），其名称含意分别为：“黑虎族”“母虎族”“十支虎人”等。

摩梭语称部落首领为“窝咪”，意为“虎王首领”，“窝咪”至今仍指“首领”或“大头目”。可见，这些以虎冠名的氏族和部落组织名称就是由原生的虎图腾分衍出来的。另外，民主改革前，摩梭土司在基层政权设立的官吏叫“喇美”，意为“母虎王”，当地汉称“伙头”。摩梭谚语云：“一山一老虎”，“一村一喇美”，这是进入阶级社会以后，村落以地缘关系取代血缘关系时依旧以过去的图腾作为首领名称的反映。封建土司借虎之威风，长统治阶级之势，用以维护和巩固他们的传统地位。

3. 摩梭人名、家名和土司之名多以虎冠之

摩梭人崇虎，自古以来多以虎（喇）为其姓名。他们的女子特别爱取虎名，在妇女中约有三分之一强的人名“喇木”（母虎），以虎（喇）为母系亲族和母系家庭名称的也占相当数量，如“喇蹋斯日”“喇泽尔”“喇眯衣度”“喇咕尔”“喇法斯日”“喇呷衣度”等，不胜枚举。

摩梭土司多以“喇”，（虎）为姓。查汉文献记载，元末明初，四川盐源的左所摩梭土司姓“喇”，叫“喇他”，“其地与云南丽江、永宁两府相接”。《盐源县志·舆地山川》称盐源左所土司（摩梭人）“夷人自名喇人，以别于汉。”又元代《经世大典·叙录·招捕总录》《云南条》称：“至元元年十月八日，蒗蕖州知州喇俄，杀其兄喇秋。”到了明代，《方舆纪要》有载：“蒗蕖州，土知州姓阿。”② 元代称泸沽湖附近的摩梭首领为“喇踏王”③。明初称左所土司姓“喇他”④。明代以后，除左所土司仍保持“喇”姓到民主改革时以外，永宁、蒗蕖等地的摩梭土司均变“喇”为“阿”姓。这一文献记载资料表明，云南永宁摩梭土司、蒗蕖土司、四川左所土司、前所土司

①《普列哈诺夫哲学著作选集》第3卷，三联书店1960年版，第385页。
②《方舆纪要》卷117，《云南·蒗蕖州》。
③（清）光绪：《盐源县志·舆地山川》。
④谭希思：《四川土夷考》卷三引，《盐井图说》。

都是同出一源，原来皆以“喇”（虎）为姓，至明代以后，永宁、蒗蕖土司以“阿”代“喇”，但他们崇虎之风依然盛行。

摩梭土司极崇拜虎。土司奉虎为祖先，认为虎具威风，乃百兽之王，是凶猛的神。虎的骨头粗大，他们奉为土司的根根，他们自命是虎的化身。民主改革初期，还有人传说永宁总官阿少云和左所土司喇宝成在睡觉时现出虎形，阿少云现白额虎，喇宝成现黑虎，并曾因此吓昏过随身侍卫和奴婢。据文献记载，不仅他们的土司现虎形，氏族成员也能变成虎。“元初，丽江之白沙里夷人木都牟地”，“卧于磐石之上，须臾变为虎，咆哮而去。”①

摩梭土司禁令伤虎，民间传统亦如是，没有猎虎的现象，若偶尔有人打死虎，不能自行处理，必须交给土司。土司视虎死如丧考妣，向死虎磕头，打死虎的猎人要受鞭笞。图腾既然是母系氏族的骨肉，当然被列为禁杀之列，“野蛮人甚至可以饿死也不去触动他们的部落奉为图腾的植物和动物，就是他们认为自己所由发源的祖先。”②

4．摩梭地区的山、川、地、村多以虎为名

马克思和恩格斯研究原始母系制，很重视作为氏族标志的图腾。恩格斯在《德国古代的历史和语言》一书中说，在研究氏族历史时，应用山河地名，认为它有时具有惊人的史料价值。笔者在编写《宁蒗县志》中调查搜集到许多摩梭山川地名是以“喇”（虎）为名的实例，兹举几例：

纳喇山坐落在金沙江和雅鲁江之间，南麓延伸到云南宁蒗、永胜、丽江、中旬和四川盐源、盐边、木里等县。这一带是历史上摩梭先民时发祥地，也是现在摩梭人的主要居住区域。摩梭语称纳喇山脉为“纳喇瓦”，摩梭语，“纳”意黑，“喇”意虎，“瓦”意山，全意为“黑虎山”。木里县的大山脉西北绵亘至稻城和云南丽江、德钦、中旬等县，摩梭语称此山为“喇孜瓦”，意为“虎居山”。永宁土司最初居住的山冈名“喇底咕”（今永宁区拖支乡山冈），意为“虎头山”。永宁温泉边有三座土丘，名“喇包鲁”“喇”意虎，“包鲁”意为“女儿屋”（即母系家庭的女儿从母屋分出另居的小屋），喇包鲁的原意为“母虎分居的山”。

查汉文献，《盐源县志·舆地山川》载：“西山，姓刺，虎也，亦水也。”盐源县西为宁蒗和木里二县，西山即指永宁境内的格姆山（汉称狮子山）。元代，格姆山有

①曹树翘：《滇南杂志》卷二十一。

②拉法格：《思想起源论》，三联书店1963年版，第86页。

“刺踏寨山” 之称。①“刺踏寨山”，摩梭语意即“虎居山”。《盐源县志》所记载的“亦水也”，指的是格姆山下的泸沽湖。泸沽湖，唐称“昆湖”，又称“刺踏海”和“刺踏湖”，摩梭语意为“虎海”和“虎湖”。摩梭语又称泸沽湖为“谢纳咪”，含“母海”之意。

宁蒗县永宁坝中央有一条大河，发源于四川纳喇山脉，流经木里、丽江、中甸、永宁，归入大渡河。摩梭语称此河为“喇波基”，“喇”意虎，“波”意群，“基”意水，全意为“群虎河”。另在宁蒗县蒗蕖大兴镇有一条大河摩梭语亦称“喇波基”，其意也为“群虎河”。四川左所土司世居泸沽湖之滨，摩梭语名“喇踏底”，意为“虎王的地方”，土司名“喇踏司沛”，意为“虎王首领”。土司所居村名“喇瓦”，意为“虎王村”。宁蒗县蒗蕖坝，摩梭语名“鲁咕底”，“鲁咕”应为“喇咕”，意为“猛虎所栖的地方”。土司所居村名“纳喇瓦”，意为“黑虎村”。土司附近的总管所居村名“喇住窝”，意为“虎伴村”。永宁土司原初居住村（今永宁区拖一支乡），名“喇瓦”，意为“虎王村”。

此外，摩梭人居住的其他地方，如木里、丽江、盐边、永胜、华坪等县亦有许多山川村落以“喇”（虎）为名的，兹不赘举。上列古今，山川地名表明，摩梭人主要以虎为他们氏族的部落标志和徽号，而今他们仍沿用古代以虎为名的地名，这是他们虎图腾崇拜的遗风。

5．达巴教和东巴教的虎崇拜

达巴教和东巴教的法事活动中，崇虎的内容很多。在驱逐“外夷鬼”和凶邪的祭仪中，必须祈请虎神来帮助。达巴和东巴（巫师）的巫棒上刻有虎头，虎头是达巴教和东巴教崇拜的神之一。某些东巴象形文字经的卷首以虎开其端，达巴口诵经中也有赞颂虎神的口诵经。虎头表示“上古”，含有祖先的训导之义，“上古”即指母系氏族社会。

达巴给患者除邪治病时，在患者之家门楣上悬挂虎图，作为辟邪的神灵；给新婚夫妇祝福时，在新居屋内画虎图，作为保佑新婚夫妇幸福的神符。

以上是摩梭人在现实生活残存的虎图腾遗风。摩梭人的图腾不限于虎一种，也有以牦牛和鹰作为图腾的，这多反映在神话传说中，但从翔实的调查材料看，主要仍是以虎作为图腾崇拜。

①（清）光绪：《盐源县志·舆地山川》。

三、女神崇拜

摩梭人的宗教中，女神崇拜占有重要地位，其中某些内容已和风俗习惯融合在一起，成为他们具有特色的风俗。

摩梭人以及西部方言区的纳西族都有崇拜女神的古老传统。摩梭人信奉的女神是“巴丁喇木”和“格姆”；纳西族信奉的女神是“喇木”或称“老姆”，虽然各地的名称不同，但无论过去和现在都盛行女神崇拜则是一致的。

“巴丁喇木”女神的化身是一尊酷似女性的钟乳石，窈然深藏在“乌角尼可”（或称“喇孜尼可”）岩穴里。乌角尼可岩穴位于四川省木里县乌角区的乌角山冈上，这里是木里、盐源、宁蒗三县的交界处，也是摩梭人聚居的地方。“巴丁喇木”是藏语、普米语和摩梭语的复合词，含义为“西蕃女神”。当地摩梭人、普米族和藏族自古以来都共同崇拜祭祀这尊“巴丁喇木”原始女神，在民间流传着许多关于“巴丁喇木”是他们共同的女始祖的神话传说。摩梭人笃信“巴丁喇木”是他们的女始祖的化身，因而神话传说中关于“巴丁喇木”女神的婚姻生活也就成为他们现实婚姻生活的楷模和典范。他们中流传着一个古老的神话传说：巴丁喇木是一位身材高大、容貌美丽、威武能干的女神，她性情顽野，游走无定，只居深山岩穴。她常跟永宁境内的“瓦汝布拉”男山神和盐源左所境内的“哈瓦”男山神、前所境内的“则支”男山神、“阿沙”男山神等结交阿注（或称阿夏），过着无拘无束的走婚生活。在现实生活中，摩梭妇女常以“巴丁喇木”女神的婚姻方式作为她们现实婚姻生活的传统规范，成为她们广交阿注的宗教依据。摩梭妇女常夸耀地说：“巴丁喇木女神结交阿注，我们也要结交阿注，这是我们摩梭的老规矩。”马克思说：“过去的现实又反映在荒诞的神话形式中”①。“神话既不是骗子的谎话，也不是无谓的想象的产物，它们不如说是人类思想朴素的和自发的形式之一。”② 上述摩梭人的神话传说，是他们在母系氏族社会原始女神崇拜的反映，在一定程度上再现了他们过去所经历的生产、生活及婚姻形式的一个方面。

摩梭人信奉“巴丁喇木”女神，以她为司管妇女的最高之神，她主宰妇女的生育，美丑、婴儿发育的正常或畸形以及妇女的生理疾病等，因而，摩梭妇女若患不孕症、生育不旺盛、婚事不和谐或患生理性疾病等，都须祭祀“巴丁喇木”女神，以求去邪除病。达巴口诵经和东巴象形文字经都有祭祀“巴丁喇木”女神和“老姆”女神的专门经

①马克思：《摩尔根〈古代社会〉一书摘要》，第173页。
②拉法格：《宗教和资本》，生活·读书·新知三联书店1963年版，第2页。

典和祭仪。除了达巴为患者作祭祀“巴丁喇木”女神的法事以外，摩梭妇女有不定期去朝拜“巴丁喇木”女神的宗教活动。妇女们常邀亲约戚，成群结队，备供物、炊饮，骑马或步行到木里县乌角区喇孜尼可岩穴内去朝拜“巴丁喇木”女神。她们每人手执一束火把，依次进入洞里。洞内空旷漆黑，伸手不见五指。在此情景中，她们在“巴丁喇木”女神的化身——一尊酷似女性的钟乳石前焚香，祭供品，祭品为牛奶、五谷杂粮、银圆、手镯等。她们长跪于女神石像前，闭目祷告祈求女神保佑她们生育、多育、育健儿、消除不孕症。祭毕，在女神石像上缠裹麻线、患者的数缕头发，然后在女神石像前的幽泉里舀几碗泉水饮，以之为神水和产子露，传说能治愈妇女的不孕症和其他妇女生理性疾病。祭祀完毕，出洞下山，返回村寨。

当地摩梭人和藏族、普米族除崇拜“巴丁喇木”女神以外，永宁坝和四川盐源左所一带的摩梭人还崇拜一位名叫“格姆”的女神，“格姆”女神的化身是永宁、左所和前所交界的“格姆”女神山（汉称狮子山），深究其原意，“格姆”一词原为藏语，全称为“探览斯根格姆”，“探览”在藏文经典中的含义是“涅槃之地”（指永宁地区），“斯根”意为“狮子”，“格姆”意为“高大的女子”（指永宁狮子山），汉文献根据藏文经典的词义译为“狮子山”，摩梭人则取后面的“高大的女子”的原意而取名“格姆”山（女神山），一直沿用到现在。

永宁坝和泸沽湖地区的摩梭人奉“格姆”山为她们的女神山，笃信“格姆”女神司管当地摩梭妇女的生育、发育、妇女生理病，并能保佑当地人畜兴旺、谷物丰收、风调雨顺。当地摩梭人关于“格姆”女山的神话传说很多，而更多是关于她的婚姻传说。传说在远古时代，泸沽湖畔没有山，格姆女山、则支男山、哈瓦男山等男、女山都是从北方的古介哩飞来泸沽湖畔洗澡的。他们经常夜里飞来湖里洗澡，谈情说爱，拂晓鸡鸣时又飞回北方。某夜，格姆女山姗姗来迟，众男山等待了一夜，格姆女山才飞来，他们正要嬉戏叙谈，可是雄鸡已报晓，东方发白，他们飞不回去了，从此格姆女山便坐落在泸沽湖畔，变成了现在的格姆女山，众男山则簇拥在她的周围，分别变成了哈瓦男山、则支男山、瓦汝布拉男山等。还传说，格姆女山和她周围的男山结交阿注，过着无拘无束的阿注生活。某夜，格姆女山正和则支男山睡在一起，瓦汝布拉男山来访居，他见此情景，勃然大怒，挥刀把则支男山的生殖器砍掉，传说如今永宁达坡乡的山冈就是则支男山的生殖器。民主改革前，达坡乡的贵族男性常去祭祀这座代表则支男山生殖器的山冈。

当地还有格姆女神的神龛和画像。格姆山的南麓松林中建有一神龛，依山面湖，龛内供有一披发跣足、骑牝鹿的格姆女神画像。此外，泸沽湖畔冷格岛上也有一神龛，内供一骑马、张弓的格姆女神泥塑像。这尊女神像是受藏族喇嘛教中的“独玛”女神影响而塑造的，其形象及色彩是喇嘛教的风格。各地摩梭人虽然盛行女神崇拜，但其崇奉的女神名称和形象并不统一，除上述的巴丁喇木和格姆二女神比较统一和有较大影响外，各地还有一些名目不同的女神，这些女神多是各地突出的和富有特征的山冈以及岩穴内的钟乳石，他们把这些自然物人格化，奉为女神，对之顶礼膜拜。

摩梭人把女神崇拜和民俗习惯结合在一起，形成既是女神崇拜又突出妇女尊贵地位的风俗习惯，直到现在仍表现得很突出。

永宁摩梭人每年农历七月二十五日都要举行祭祀、朝拜格姆女神的活动，摩梭语称之为“格姆刮”，意为“转女山”。朝拜的目的是祈求格姆女神保佑永宁坝人畜兴旺风调雨顺、谷物丰收。届日，在太阳刚升起的时候，各村社的青年男女便身着盛装，携事祭品和炊饮，络绎入山。祭祀以“斯日”（母系亲族）和“尔”（家庭）为单位，在达巴和喇嘛的主持下，在格姆女神庙（位于格姆山腰）焚香，升篝火，献祭品，叩头祈祷，并往篝火上洒酒、丢鲜花。祭祀完毕，或转格姆山一周，或下山转泸沽湖一周。入夜，就地露宿，白天则赛马、跳锅庄舞，这已成为他们一年一度的狂欢盛会，他们称之为“朝山节”和“转湖节”。

在青壮年朝山的同时，村落内的妇女也以家庭为单位，在村边烧起堆堆篝火，献糌粑、牛奶、蜂蜜等供品，向格姆女山神叩头朝拜，祈求女神保佑家庭人畜兴旺、谷物丰收。当地摩梭人认为，由于格姆女山面向永宁坝，受到格姆女神的保佑，因而永宁坝的女子漂亮、能干，谷物亦连年丰收。距格姆女山较远的拉伯、托甸、加泽、蒗蕖等地的摩梭人对格姆女神则不甚信奉，他们信奉的是当地自己的女神，即人格化的自然物。他们的宗教观念是，神在哪里显灵，她就要在哪里享受人们的崇拜、牺牲和香火。这种宗教观念实际上是一种灵物崇拜。灵物受崇拜，须使崇拜者如愿；如祈求不灵，常被崇拜者虐待和抛弃。国外也有些原始民族槌击和摧毁原被自己崇拜灵物的现象。摩梭人的女神崇拜是原始女神崇拜，处于低级阶段，它还未发展到高级宗教中的全民族统一崇拜的女神。

马克思指出：“女神的地位，乃是关于妇女以前更自由和更有势力的地位的回忆。”① 恩格斯也说过：“神话中的女神的地位，表明早期女子还享有比较自由与受尊

①马克思：《摩尔根〈古代社会〉一书摘要》，人民出版社1965年版，第39页。

敬的地位。”[①] 上述摩梭人的女神崇拜，正是反映了在母权制社会里摩梭妇女在生产、生活中的重要作用，以及它在当今社会的遗风。

随着母系氏族的逐步解体和父权制的萌芽，原始宗教也发生了巨大变化，女神地位日益下降，男神崇拜开始抬头。当地的主要女神是巴丁喇木钟乳石和格姆山，但后起的男神也被赐予了山的形象，如永宁盆地的阿沙山（亦称哈瓦山），就被视为男神的化身，阿沙山脚下有一个落水洞，被认为是男神的居住场所。中华人民共和国成立前，当地统治者为了巩固自己的统治，利用宗教麻痹群众，大力鼓吹男神威风。永宁土司和西藏活佛都亲自到阿沙男山烧香祭祀，目的是为父权制的统治制造舆论。除了阿沙男山以外，各地还有一些男山神，如四川左所把附近永特拉布山奉为男山神，前所的摩梭人把村落前的普兰山视为男神，特别突出的是永宁中心区的巴措古村北面有两座一高一低的小山冈，高的山冈名“阿汝瓦”，意为男神；低的山冈名“郁青瓦”，意为女神。当地摩梭人传说，郁青瓦女神是阿汝瓦男神的妻子，阿汝瓦男神要永远按住郁青瓦女神的头，否则郁青瓦女神一抬头，永宁坝就会发生旱、涝、雹等灾害，人畜患病，谷物歉收。男神崇拜的逐渐兴起，主要是元代永宁摩梭人的母系氏族逐步解体。元代因当地摩梭土酋归顺元朝并征战有功而封给当地的世袭土司职，土司由男性传递，因而土司家族一般实行父系制，正式娶妻，以确认土司的父系血统。由于土司的带头，百姓也逐渐男娶女嫁，实行父系制的一夫一妻婚，原始宗教的女神就逐渐演变为由男神占支配地位，并有石祖崇拜的流行。其次，元代是摩梭人地区盛行藏传佛教（喇嘛教）的时期，喇嘛教中女神地位较低，达巴教受喇嘛教的影响，原有女神的地位便逐渐下降，男神的地位日益提高。但是，就现状来说，女神崇拜在他们的原始宗教中仍占突出地位，这跟他们现在仍保持母系家庭和阿注婚姻有密切关系，只要妇女在生产，生活中仍占重要地位，那他们传统的女神崇拜便将继续存在。

四、祖先崇拜

摩梭人盛行祖先崇拜。祖先崇拜是继鬼魂崇拜之后产生的，实际是鬼魂崇拜的不同表现形式，是鬼魂崇拜中普遍盛行的一种，它是灵魂不灭思想发展的结果。摩梭人认为人的肉体虽死，但灵魂仍在，祖先的亡灵能照看子孙的行为，或加保佑，或加惩罚，但

① 《马克思恩格斯全集》第27卷，第231页。

活着的人是看不见祖先的亡灵的。为了纪念祖先，让他们的亡灵过好的生活，以便保佑和造福于后代子孙，就产生了频繁的祭祀祖先活动。摩梭人的祖先崇拜与其他民族的祖先崇拜无论在内容和或形式上都有所不同，具有它的独特性。

世界绝大多数民族的祖先崇拜，主要是，祭祀男性父系祖先，父系祖先占据首要地位；摩梭人的祖先崇拜则是主要祭祀母系祖先，崇拜女性祖先，其次才是三代祖先，即便是三代祖先即祖先崇拜中的近祖崇拜也不同于父系制民族的三代祖先崇拜（曾祖父母、祖父母、父母），他们的三代祖先是父系、母系混合的，即有曾外祖母、曾舅祖父、外祖母、舅祖父、母亲、舅父，又有曾祖父、曾祖母、祖父、祖母、父亲和母亲，这是摩梭人祖先崇拜的两个独特点。

各地摩梭人崇拜原始母系始祖虽然不尽相同，但永宁、前所和左所地区摩梭人统一崇奉的原始母系祖先都是“阿几夺洛咪”，摩梭语中有“阿几夺洛”一词，现已不能准确译出，可能是远古氏族或胞族首领的名称，而“咪”一词则指的是“女”，含有“母亲”之意，现在的含意也是如此。达巴的祭祖口诵经中，《阿几夺洛咪》口诵经最长，长达四十二回（段）。此祭祖经是一部珍奇的原始挽歌，歌词感人，语调悲怆。达巴在祭祖时说唱这部口诵经，如泣如诉，听者无不涕泪交流，以致常使人因悲痛过度而昏厥。此经用生动形象的词汇歌颂母亲养育子女的辛劳，表达子女须报答母亲养育之恩的信誓，等等。

其次是《曹都努依·泽洪几几咪》祭祖口诵经。此经是祭“曹都努依”父系祖先、“泽洪几几咪”母系祖先的。当地摩梭人传说，曹都努依和洪泽几几咪原是兄妹，为了繁衍人类，兄妹通婚。他们生育了七胎，但前六胎都是长满长毛的毛婴，他们弃之于山林，到第七胎才生出褪尽长毛的婴儿，就这样繁衍出摩梭人。在丧葬仪式中，达巴须念诵《阿几夺洛咪》和《曹都努依·泽洪几几咪》这两部口诵经，目的是把死者亡灵引到祖先发祥的地方，与远古祖先共聚一地。

除了达巴主持的共祭“阿几夺洛咪”“曹都努依”“洪泽几几咪”几位远古的母系和父系的原始祖先外，以家庭为单位的祭祖则是祭本“斯日”（母系亲族）、本衣度（母系家族）、本“尔”（家庭）的三代内的祖先亡灵。现在，以家庭为单位祭祀本家三代左右的祖先占主要形式，以血缘为纽带的村落以及母系亲族共祭远古祖先的仪式已少见，崇拜远古氏族和部落祖先的观念已逐渐淡漠，在祭祀三代左右的祖先中，母系祖先（曾外祖母、外祖母、母亲和曾舅祖父二舅祖父、舅父）仍然居主要地位，父系三代祖先处于从属地位，且不普遍。这是因为他们的母系祖先崇拜是古老的传统，传统的宗教观念在他们的精神世界中还占据统治地位。

摩梭人的祭祖活动有以下几种形式：

一是平时各家祭祖，又叫祭锅桩。摩梭语称锅桩为“括鲁”，有的是祭三枚长条石，有的是祭铁质三脚架。它代表祖先的神位，是神圣不可触动之物，平时祭祖就是祭锅桩，祭锅桩又是前文所述的祭火塘神，火塘神与祖先神的化身交错在一起。他们对祖先的祭祀频繁而又虔诚，每日三餐和饮茶之前，都必须以一点茶饭置于其上，或洒点茶水先敬献祖先，然后才能进食。在每年收割蚕豆、小麦、苞谷、稗子等庄稼之后，各家开始吃某一种新粮时，也必须先祭锅桩，敬请祖先尝新。这类平常的祭祖活动，男女皆可祭献，而以妇女为主，不必请达巴主持。

二是“斯日”（血缘亲属集团，即母系亲族）集体祭祖。这种集体祭祖形式主要保存在永宁和左所、前所的边缘区，中心区少见。集体祭祖的次数、时间和仪式各地大同小异。其做法是：每年由一户轮流养猪一头作祭品，其他祭品各户分担。时间有的是农历八月初三至初五，有的是冬月初十。祭祖仪式在养猪人家的院子里举行。届时，把作牺牲的猪捆好，抬到院子里。全斯日的成员到齐后，由达巴主祭，先念诵《阿儿夺洛眯》和《曹都努依·泽洪几几眯》两部口诵经，次念本斯日各代祖先的名字，祈请远祖、近祖亡灵前来享用，祈求保佑全斯日成员身体健康，做事顺利，人畜兴旺，谷物丰收。祭毕，达巴把猪耳割下一只，猪毛剪下一束，祭献祖先。祭毕，各家当场杀猪，破洗，达巴又割下猪的脖子肉一块，烤熟再祭，祭后大家分食。接着，达巴再把每头猪的肝、心取出炒熟，作第三次祭献，人们又分食猪肝、猪心。整个祭祀至此结束，各自把猪抬回家里，轮流互相请客。

三是每年十月祭祖。因按传统固定在每年十月杀年猪时举行祭祖仪式，故称“十月祭锅桩”或“十月杀年猪祭祖”。此项祭祖仪式，各家各户均举行，祭祀仪式十分庄严。

当天，在院内设小方桌二三张，其上摆肉、鸡、酒、粑粑、柑橘、梨、核桃等祭品。在桌子上方的地上插三排带叶的青杠树枝，每排四棵，共12棵。每棵树枝旁放鸡蛋大小的石子一枚，再插一棵剥皮的、高约一米的白杨树枝。正式祭祀前，先杀猪，用猪血染红白杨树枝，在12枚石子上涂一些猪血，在青杠树上也洒少许猪血，并放点生猪油。

据说，用猪血染红树枝、石于是表示对祖先的崇敬，红色白杨树枝是祖先亡灵回家的路标。祭祀开始，家庭男女成员及斯日血亲成员环坐方桌四周，由达巴主祭，一至二名男子陪祭。达巴念经后，便开始念祖先的名字，表示请祖。念到每一个祖先的名字时，陪祭者即将少许猪肉放进祭盘内，念完一代祖先名字，即放一大块猪肋骨肉，以区别各代祖先，祖先名字一般念及三代。祭毕，将白杨树枝、三棵青杠树枝和12枚石子抛到院落外，把部分祭品丢到山坡上，让老鹰啄食，其余九棵青杠树枝用石块压在正房屋脊中央，树枝尖朝北，表示祖先来自北方，永不忘本。祭祀仪式全部结束后，所有参加祭祀的成员共同分食其他祭品和食物。

四是凡年满十三岁的孩子举行“穿裙子”和“穿裤子”礼、过继养女续嗣、娶妻嫁女、小孩命名等，也都要祭锅桩，把家里发生的事情告诉祖先，请他们放心并给予保护。这些简单的祭祖仪式，大部分由妇女主持。

从上述祭祖活动可以看出，祖先崇拜实际是鬼魂崇拜的一种形式，是灵魂不灭观念发展的结果。祖先崇拜最初起源于母系氏族时代，最初崇拜的是母系氏族祖先，以后随着父权制的出现才发展为对父系祖先的崇拜。此外，祖先崇拜的最初阶段是崇拜祖先亡灵，而祖先亡灵是无形的，能呼之即来，故可用树枝等物代表，以后才发展为对祖先偶像（主要是画像）的崇拜，把祖先灵魂形象化。祖先崇拜中的远祖崇拜是最初的形式，如摩梭人的“阿几夺洛眯”和“曹都努依”“泽洪几几眯”母系氏族祖先崇拜。进入阶级社会后，才逐渐出现三代左右的近祖崇拜。

五、性器官崇拜

性器官崇拜是自然崇拜的一种特殊形态，以男、女性器官作直接崇拜对象，这在摩梭人的原始宗教中保留着残迹。摩梭人的性器官崇拜，男、女性器官均有之，主要是女性生殖器官崇拜，也有男性生殖器官崇拜。他们把当地具有性器官特征的自然物如峡谷、山洼、山冈、岩穴、幽泉、钟乳石等视为生殖神，予以人格化，赋予生命力，对之祈求生育，顶礼膜拜。

他们崇拜女性生殖器官的活动比较频繁，以公开祭祀、朝拜的形式表现。各地象征女性生殖器官的自然物不统一，永宁摩梭人把格姆山洼视为女性生殖器官；泸沽湖畔摩梭人把该湖西部的一泓水视为女性生殖器官；前所摩梭人把村前的凹入的峡谷视为女性生殖器官；乌角摩梭人把喇孜岩穴内的一尊凹形钟乳石视为女性生殖器官，并把附近一泓幽泉视为生育的神水，祭祀时一定要舀一碗泉水饮。

他们祭祀、朝拜女性生殖器官崇拜物的活动不统一，日期亦不固定，有的是因女不孕而去祈求生育的，多是不孕妇女、她们的丈夫或固定阿注；有的则是祈求女性生殖器官赐予家庭人口兴旺、妇女多育和育健儿去祭祀朝拜的，此种祭祀朝拜者人数较多，前去朝拜时并邀亲约戚，成群结队，身着盛装。他们到达女性生殖器官崇拜物面前，烧香，献祭品，叩头祈祷，求女性生殖器神保佑他们生育、育健儿、消除疾病。有的不孕者请达巴主持祭祀，达巴杀一只白母鸡作牺牲，摇巴浪鼓，念诵《潘咪尼直》（祭女性生殖器神）口诵经。经曰："潘咪尼直保佑你生孩子，你会生七女三男，有三女一男不是你的，他们是藏族、普米族的，生下来就会回去（夭亡），你就生养四女二男吧，潘眯尼直会保佑他们平安降生的……"祭毕，求孕妇女在生殖器崇拜物附近的幽泉里舀一碗泉水饮下，或用麦秸汲三口泉水。此泉水表示生育神水，他们认为能洗净不孕妇女身上的污秽，达到怀孕的目的。

此外，达巴的卜书中，用原始符号书写女性生殖器为 （读音：潘咪尼直，字义：女性生殖器。）和 （读音：包夸，字义：女性阴道。）这两个原始符号在达巴卜书（算日子经书）中表示特大吉日； 字表示初一， 字表示初三。达巴教认为每月这两日为特大吉日，有女性生殖器神保佑；这两日男女交媾必会怀孕。他们自古以来都是把女性生殖器看作生命的本原，将女性生殖器奉为拟人化的生殖神来崇拜，对其崇拜物顶礼膜拜。

摩梭人还流行男性生殖器官崇拜。他们的男性生殖器官崇拜的特点是：以自然石、山冈等自然物为石祖，与女性生殖器官崇拜物一样都是未经人工加工磨制的，保持自然形态。摩梭人的生殖器官（男和女）崇拜保持着原始、粗犷的特点，它有别于我国中原地区在新石器时代中、晚期流行的经过人工加工磨制、砍削和烧制的石祖、木祖和陶祖，处于生育崇拜的低级阶段。

摩梭人将自然石和山冈视为男性生殖器官的实例不少，如永宁摩梭人把达坡村附近的山冈视为男性生殖器官；木里县俄亚乡卡瓦村的纳西族视该村北山坡上岩穴内一尊突起的钟乳石为男性生殖器官，他们称此石柱为"尼直"（意为生殖器）；盐源县左所区达孜村纳西族视村后山腰一具长条石为男性生殖器，这具长条石两侧有两颗圆形岩石，他们视这两颗岩石为睾丸，称"咕鲁"（意为睾丸）。他们祭祀男性生殖器崇拜物的仪式与前述祭祀女性生殖器崇拜物的仪式大体相同。祭祀、朝拜者主要是不孕妇女，但也有少数少女去朝拜的；少女去朝拜一般较隐蔽，多数不告家人。祭祀者到达石祖处后，焚香，叩头，虔诚地祈求男性生殖神赐予根种，使之早日怀孕，平安分娩；祈求男性生育神消除不孕疾患，使之具有旺盛的生育力。有的不孕妇女与丈夫相伴，并请达巴主祭。妇女和其丈夫跪在石祖前，不断磕头祈祷，达巴则在石祖处烧三堆松毛香，撒几撮糌粑面，摇巴浪鼓，念口诵经："天让你生孩子，地让你生孩子，潘眯尼直保佑你生孩子。今后你会身体健康，生儿育女。”祭毕，有的在石祖附近的幽泉里舀三碗泉水饮，有的在泉池里洗澡，认为经过沐浴之后，身上的污浊物去掉了，妇女才能生育子女。达孜村纳西族妇女祭毕石祖，有的撩起裙子，与石祖接触数次，以求石祖神灵保佑，达到生儿育女；有的情窦初开的少女也去搂抱石祖，以求具有旺盛的生育力，还有一些不孕的妇女，祭过石祖之后，在其腹部衣内充一物，作鼓腹怀孕状。据他们说，作这种假孕状会使不孕妇女心情愉快，以后会促使真孕。当地汉族亦兴这种风俗。

摩梭人的石祖崇拜是在母系氏族社会逐步瓦解、父系制逐步确立时期产生的，相当于新石器时代中、晚期。摩梭人随着社会生产力的发展，开始认识到人类自身的社会作用，特别是自身的生育：即种的繁衍。从此，人的地位才取代了图腾的地位。进入父权制社会以后，人们已明确认识到男女性交与生育子女的因果关系，同时为了突出男子的主要地位，便出现了男神和石祖崇拜。由此看出，石祖崇拜属原始宗教中自然崇拜的一种特殊形态，也是父权制的产物。

六、巫师及经典

摩梭人原始本土宗教的巫师名“达巴”。相传达巴在早期曾到中甸的白地学习过经义和巫术，因而与丽江纳西族的东巴教在某些方面有相似之处，但又保留着自身的特点。达巴教和东巴教在祭仪、法具和神鬼体系受藏族原始宗教的影响很深。达巴教的教祖，各地的达巴传说不一，多数达巴说是“丁巴沙拉”，少数达巴说是“母鲁阿巴丢”，他与传说的东巴教教祖“丁巴什罗”应是同一人物，可能是一个到中甸白地传教的藏族本教僧侣。

在摩梭人地区，最初达巴分为三种：一种名“哈达巴”，其职能是为人主持祭仪和祈祷，祭祀天、地、山、川等自然诸神，祭祀祖先，为死者亡灵指路，讲述氏族祖先迁徙的路线等。“哈”在摩梭语中含有“祈祷或歌颂”之意，哈达巴意即祭司或祭祀、祈祷的巫师。另一种名“补达巴”，其职能是为人驱邪撵鬼，施行各种巫术，诵经念咒，为患者和村落镇邪驱鬼等。“补”在摩梭语中含右“诵经和诅咒”的意思，补达巴意即为驱邪撵鬼巫师或诵经诅咒的巫师。再一种名“盘达巴”，其职能是为人占卜打卦，占卜凶吉日、生子命名等。“盘”在摩梭语中含有占卜打卦的意思，盘达巴意即占卜的巫师。现在三种达巴都已归为一体了，统称为“达巴”，其职能也都兼施并行，祭祀、祈祷、诵经诅咒、驱邪祛鬼、占卜打卦都混合施行。

在达巴巫师之下，有两种小巫，名“哈司毕”和“毕扎”。摩梭语“哈”意为食物，“司”意为拾取，“毕”意为走，“扎”意为使唤，“比扎”和“哈司毕”的含义是：“鬼使神差”。毕扎和哈司毕不懂系统的经典，不能主持重大和复杂的祭仪和法事，没有法衣和主要法具，不能单独主持宗教活动，只能配合达巴进行活动，其职能主要是在丧葬和驱鬼仪式中跳神装鬼，作“开路先锋”。

达巴教因巫师达巴而得名。达巴教没有系统的教义，也无宗教组织和寺庙，没有系统的经书，只有口诵经和一种占卜经书。达巴多由劳动者家庭的男子担任，不脱离生产劳动，为人作法事时收取少量报酬。达巴一般是舅传侄，少数是父传子，拜师收徒者极少。达巴教把上述自然崇拜、鬼魂崇拜、性器官崇拜、祖先崇拜等结合起来，并把它们纳入宗教活动的范围，渗透到摩梭人民日常生活的各个方面。达巴教活动的范围和内容与他们的一切宗教活动乃至部分民俗活动完全融为一体。举凡摩梭人的祭祖、丧葬、嫁行、命名、祭神驱鬼、转山转湖、修房造屋、穿裙子、穿裤子礼等，都是通过达巴来进的。从某种意义上来说，达巴起着人与神、鬼、祖先之间相互沟通的媒介作用。达巴教对于摩梭人的社会生活，特别是精神生活方面的影响，比居于统治地位的喇嘛教渊源更长，更为深广。

达巴使用的法具，主要有巴浪鼓、铜钵、巫棒和头上戴的五幅冠。巫棒上刻有男人、妇女、牛、马、羊、猪、狗、虎、豹、狮、鹿、鱼等人和动物形象，还刻有花、草、树等植物的图像。根据仪式的不同，有时只由一个达巴念经，有时由几个达巴协作。

达巴教与后来传入的喇嘛教互相影响、互相渗透、互相协作。在很多宗教活动中，两者可同时出场，各司其事，相互配合。两个教的成员生病或死亡时，也都可以互相约请念经作法。

达巴和毕扎、哈司毕三种巫师和一般男子一样，绝大多数过阿注婚生活，他们可以任意寻找自己喜欢的女阿注，也可以出赘当赘婿，或者正式娶妻，不受限制，不受社会谴责。他们大多数是母系血统的成员，母系血缘观念比较强，往往竭力维护阿注婚姻与母系家庭。然而在进行宗教活动时，却又受到喇嘛教和丽江东巴教的影响。

达巴教的经典主要是口诵经，只有一种占卜经（俗称算日子书），是用原始符号书写的。现把笔者多年调查搜集的达巴口诵经和原始符号书写的占卜经书刊布于下，供大家分析研究。

口诵经名目：

①“忽西瓜洪汝”（“创世纪”，宇宙万物起源经）

②“布柱”（“布柱”，摩梭语义为“稀糊”，即认为万物原初是稀糊状，别译为“万物之胎经”）

③“普布库库则”（祭光明神经）

④“衣衣”（祭猴经）

⑤“衣木垮”（除噩梦经）

⑥“衣孜”（建新屋经）

⑦“哈娜刮”（庆谷物丰收经）

⑧“木基吐尼慢”（不详）

⑨“呷依露布措”（庆水草丰茂经）

⑩“阿几夺洛咪”（祭母系始祖经）

⑪“泽洪几几咪”（祭氏族女始祖经）

⑫“曹都努依”（祭氏族男始祖经）

⑬“几夸咕玛角”（从高山迁居平坝经）

⑭“衣衣孜尔”（祭部落保护神经。“衣衣孜尔”系一种鸟名，被奉为部落保护神）

⑮“眯努几布汝”（颂安居乐业经）

⑯“竖夸社玛支”（祭战神经）

⑰“斯斯打打”（祭战争中遇难鬼经）

⑱“汗木折梭汗”（祭风经）

⑲“松基顶巴沙拉”（祭达巴教祖经）

⑳“木娘孜咪”（结婚经）

㉑“喇亚翁顶”（祭山神经）

㉒“直茨夸”（祭凶死鬼经）

㉓“呷布咪纳”（祭不孕鬼经）

㉔“阿依藏巴拉”（祭火神、灶神经）

㉕“木戛拉维”（祭天神经）

㉖“底戛拉雏”（祭地神经，指耕地。）

㉗“吉尔慢”（祭财神经）

㉘“娜提”（祭肺病、月经病、中风瘫痪病鬼经）

㉙“喇木戛拉雏”（祭女神经）

㉚“格姆戞拉雏”（祭女山神经）

㉛“潘眯尼直”（祭生殖神经）

㉜“洪哩刮福汝”（不详）

㉝“扎尼玛”（祭日食经）

㉞“扎达瓦”（祭月食经）

㉟“喳扎”（达巴毕业经）

㊱“底西波色”（不详）

㊲“尼西吐司”（不详）

㊳“依喳雏”（祭牛、马、猪、鸡病鬼经）

㊴“尼眯咕”（祭西方神经）

㊵“宏咕落”（祭北方神经）

㊶“郁青咪”（祭南方神经）

㊷“尼咪吐”（祭东方神经）

㊸“扎普抓”（不详）

㊹“扎入提”（不详）

㊺“喇翁雏”（祭虎经）

㊻“扎”（祭天鬼经）

㊼“撒”（祭山鬼经）

㊽“基茨布”（祭水鬼经）

㊾“扎碰布”（不详）

㊿“茨拉巴布”（祭鬼爪经）

51“茨俄布”（祭鬼差经）

52“撒达罗依呷楚”（不详）

53“措娜儿车”（不详）

54“瓦布”（祭有毒树经）

55“波俄夸布”（祭猪头经）

56“尼俄哩布”（祭鱼经）

57“安俄哩布”（祭鸡头经）

58“撒达赤哩”（不详）

59“抓岔”（丧葬仪式中的“洗马”经）

⑥⓪“鲁布龙布”（祭富鬼经）
⑥①“杜俄布”（除穷鬼经）
⑥②“基可巴咪布”（祭蟾蜍经）
⑥③“布入布”（祭蛇经）
⑥④“安史波刺布”（祭蝉经）
⑥⑤“摆摆布”（祭花经）
⑥⑥“呷泽布”（不详）
⑥⑦“古布汝木”（祭聋哑男女鬼经）
⑥⑧“基可布”（祭皮肤、牙、肚等疾病鬼经）
⑥⑨“布瓦高土玛”（祭乌鸦头，即瘟疫鬼经）
⑦⓪“娜提滨咕慢”（祭头晕、眼昏病鬼经）
⑦①“娜提给尼慢”（祭妇女难产鬼经）
⑦②“娜提楚司慢”（祭阴部发痒鬼经）
⑦③“娜眯木吐”（除火灾经）
⑦④“娜木吐”（祭畸形儿鬼经）
⑦⑤“扎娜木吐”（不详）
⑦⑥“牙娜木吐”（不详）
⑦⑦“喳扎抓普扎”（祭奇异动物经）
⑦⑧“依眯巴布扎”（祭家禽发生奇异现象经，如公鸡叫、老鼠成群等现象）
⑦⑨“宏咕儿”（祭野鸡经）
⑧⓪“尼汝喳哼”（不详）
⑧①“布处”（祭牦牛经）
⑧②“郁处”（祭岩羊经）
⑧③“抓处”（祭马经）
⑧④“安普处”（祭白公鸡经）
⑧⑤“泡斯吐拉达”（庆男儿成了经。在男童十三岁举行穿裤子的成人礼时念）
⑧⑥“泡斯吐木眯”（庆女儿成丁经。在女童十三岁举行穿裙子的成人礼时念）
⑧⑦“布乌土秃抵”（除秽经）
⑧⑧“茨夸咪抵”（祭家族亲属鬼经）
⑧⑨“波撒眯抵”（祭本族凶死鬼经）

⑨⓪“斯布眯抵”（祭外夷鬼经）

⑨①“母支”（招魂经）

达巴口诵经一共有多少部（回），现在尚未调查清楚，据当地达巴说共约有150多部（回），但现在活着达巴最多只能背诵60部。这里刊布的91部是笔者从各地达巴中调查汇总的数字。上述91部（回）口诵经的语句长短不一，有的很长，须背诵两小时左右，有的较短，只需念十多分钟，最短的才七八句经词，一分钟左右即念完。这91部（回）口诵经的内容可分为三大类；第一类是对自然诸神和动、植物诸神的颂歌和祷词；第二类是对病魔、恶神、自然灾害、兽害、宿敌暗害的咒语；第三类是对祖先恩德的颂歌以及祈求部落繁荣、事业发达、家庭幸福、健康长寿等的祷词。

达巴经除上述91部（回）口诵经外，尚有极少量用原始图画文字书写的占卜经。可见，过去认为达巴教没有文字经典的传统说法不确切。达巴教虽然没有形成东巴教那样统一的浩瀚的象形文经典，但老一辈达巴事实上使用着一种用图画表示意义的语言符号（或称记事符号）书写的卜书，俗称“算日子书”或“天书”。全书有12篇，一篇记载一个月的凶、吉日，12篇记载一年的凶、吉日。全书有32个不同形体的图画文字，有的月用32个图画文字表示这个月的凶、吉日，有的月用30个图画文字表示凶、吉日，有的月用28个图画文字表示凶、吉日，意为该月28天。这里照原样引录其第一篇，供参考。

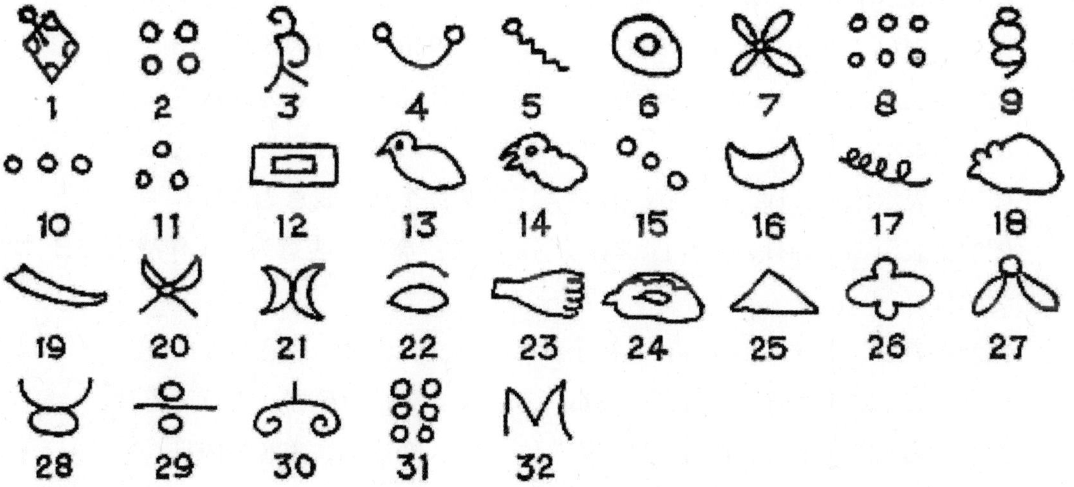

图1：表示初一，读音：“潘咪尼直”，字义：女性生殖器，表意为大吉日。

图2：表示初二，读音：“抓给”，字义：马臀部，表意为吉日。

图3：表示初三，读音；“包夸”，字义：女性阴道，表意为大，吉日。

图4：表示初四，读音："包几"，字义：女性乳房，表意为大吉日。

图5：表示初五，读音："几给"，字义：男性生殖器，表意为吉日。

图6：表示初六，读音："包给普"，字义：①财物兴旺；②修房造屋，表意为吉日。

图7：表示初七，读音："苛扎"，字义：咽喉，表意为吉日。

图8：表示初八，读音："咕咪"，字义：腹泻呕吐，表意为凶日。

图9：表示初九，读音："娘哄"，字义：螺，表意为凶日。

图10：表示初十，读音："梭蹋乔"，字义：横三星，表意为平常日，无凶无吉。

图11：表示十一日，读音："梭蹋撮咪"，字义：三盘星，表意为吉日。

图12：表示十二日，读音："给普"，字义：北斗星，表意为大吉日。

图13：表示十三日，读音："喝给"，字义；鸩，表意为大凶日。

图14：表示十四日，读音："戛给"，字义：鹰，表意为凶日。

图15：表示十五日，读音："梭蹋落"，字义：斜三星，表意为凶日。

图16：表示十六日，读音："波夸"，字义：猪嘴，表意为平常日。

图17：表示十七日，读音："波基"，字义：公猪生殖器，表意为吉日。

图18：表示十八日，读音："波玛"，字义：猪油，表意为平常日。

图19：表示十九日，读音："波慢孜入"，字义：猪尾巴，表意为凶日。

图20：表示二十日，读音："孜夸"，字义：兽角，表意为凶日。

图21：表示二十一日，读音："孜哩"，字义：耳朵，表意为凶日。

图22：表示二十二日，读音："孜娘"，字义：眼睛，表意为吉日。

图23：表示二十三日，读音："孜咕"，字义：手掌，表意为吉日。

图24：表示二十四日，读音："喇夸"，字义：虎头，表意为：①作战为吉日；②平常为凶日。

图25：表示二十五日，读音："社子都"，字义：毒食，表意为大凶日。

图26：表示二十六日，读音："耍瓜"，字义：男性生殖器，表意为吉日。

图27：表示二十七日，读音："慢夸"，字义：畸形儿，表意为凶日。

图28：表示二十八日，读音："比给"，字义：不详，表意为吉日。

图29：表示二十九日，读音："潘咪"，字义：男女性交，表意为大吉日。

图30：表示三十日，读音："尼咕"，字义：不详，表意为吉日。

图31：表示三十一日，读音："克赤"，字义：不详，表意为平常日。

图32：表示三十二日，读音："梭蹋窝露"，字义：不详，表意为双日、大吉日。

达巴卜书的图画文字为上述32个，全年的凶吉日都用这32个符号表示，但是，全年12个月，每个月的天数不同，凶、吉日也不同。另外，这32个图画文字不代表时间，即不固定代表何月何日，如"△"写在一月第一天，即代表初一，写在二月第七天，即代表二月初七，但读音和字义、表示的凶、吉日却是固定不变的。此外，这32个图画文字读音多为摩梭古代语音，今人多难以认出其含义，只有少部分保持现代摩梭语音。这种用原始图画文字（或称原始记事符号）书写的占卜经书只通行在少数高龄达巴巫师中，在人民群众中不流行和使用。这是一种行将绝灭的也是极其珍贵的原始图画文字经书，可供古文字学、宗教学、民族学的同志们分析研究。本占卜经书系笔者在1978年从云南省宁蒗彝族自治县永宁区温泉乡阿马达巴（时年76岁）和四省川盐源县前所乡豆罗河瓦布达巴（时年72岁）二位高龄达巴手中所获。

第四章　摩梭人区域的藏传佛教

西藏佛教是中国佛教的一支。它以西藏地区为中心，传播于滇西北地区的迪庆藏族自治州（香格里拉市、德钦县和维西县），怒江傈僳族自治州（兰坪县、福贡县和贡山县）以及丽江市和宁蒗县等。西藏佛教长期以来对云南藏族、摩梭人和普米族的社会生活和精神文化起着极为重要的影响。本文拟对西藏佛教在云南的传播历史、教派、教义、寺院和僧侣组织的特点作综合论述。

第一节　早期苯教的活动情况

云南藏族自称“博”，他称“古宗”（汉族）、“古孜”（纳西族、摩梭人）、“喇玛”（彝族和普米族）。主要聚居在迪庆藏族自治州的高原地区，部分散居于金沙江河谷地带。云南藏族总人口约9.5万余人（1982年）。云南藏族自古以来和摩梭人、普米族、傈僳族和彝族杂居。

云南藏族渊源，据汉文史籍记载与古代羌人有关。据考古证实，约在5000年前迪庆境内已有土著先民存在。他们在这里披荆斩棘，辛勤劳动，胼手胝足，开拓了这块富饶的地方。德钦县发现的石板墓和竖穴土坑墓及其随葬品，据考古学家推断，“应是包括藏族先民在内的滇西，‘昆明’族类的遗物”。早在2000年前，这些先民已和外界频繁交往，并且创造了自己丰富的文化。

云南藏族最早崇拜原始宗教——“苯教”。藏文史籍载：“没有王前，先有苯教，没有王法之前，先有苯教之法。”藏文史料记载，苯教最初是在今天阿里地区的南部，

玛尼堆

古代称作象雄的地区发展起来的，后来沿着雅鲁藏布江自西向东广泛地传播到整个藏族地区。云南藏族称苯教为“苯木”，并把苯教分为两种类别，一种称为“苯纳”，意为黑苯，即指原始的苯教，另一种称为“苯格”，意为白苯，即指后期与佛教接触后发展的苯教。云南苯教徒亦崇奉其教祖先饶（或称先饶米沃且）。

据地方志和实地调查的材料看，历史上苯教在云南藏族地区曾盛极一时，并对相邻的纳西族的东巴教、摩梭人的达巴教和普米族的汗归教产生了深刻的影响。① 据《中甸县志稿》记载，清雍正时，中甸县（今香格里拉市）有苯教和红教寺院共18座，各村都有苯教徒。中华人民共和国成立初期，中甸县（今香格里拉市）的五境区和格扎区还残留有两座苯教寺庙。此外，川滇交界的宁蒗县永宁、盐源县左所、木里县、德格县等藏族、摩梭人和普米族地区至今仍信奉苯教，并有许多苯教小寺庙。

云南苯教的兴衰与西藏苯教的兴衰有密切的联系。历史上，云南藏族地区是西藏吐蕃王朝长期统辖的地区。约在6世纪前后，西藏地区已由原始氏族社会过渡到奴隶社会。7世纪初，藏王松赞干布在拉萨建立了吐蕃王朝。大约此时，吐蕃势力扩张到滇西北地区，唐仪凤三年（678年），进入洱海北部地区。唐调露二年（680年），在今丽江塔城置神川都督，当时又称为吐蕃铁桥节度。此时，“西洱河蛮”相互交通，到唐永昌元年（689年），洱海以北许多部落已臣服于吐蕃。吐蕃十分重视经营云南。据敦煌发现的吐蕃历史文献记载，703年（兔年）冬，赞普弃都松（应为赤都松）至绛域，攻下此地。704年（龙年）冬，“赞普入治蛮，即死于此地。”绛域，在今丽江一带，藏文经典皆言此地有一古国，名曰绛域。又说：“以后统治绛地，向白蛮征税，乌蛮亦款

①和绍全：《藏族、普米族和摩梭人的女神崇拜》，《世界宗教研究》1982年第2期。

服，兵精国强，为前王所未有。”唐天宝十年（751年），南诏与唐失和，降服吐蕃。南诏领土广大，物产丰富。吐蕃获得这个大属国，国势发展到了顶峰。

这时期，佛教刚传入西藏不久，其势微弱，苯教与佛教对抗剧烈，苯教在斗争中占据优势地位。8世纪后，由于吐蕃王朝采取了一系列兴佛抑苯的措施，苯教势力渐衰，特别是赤松德赞采取了严厉的灭苯措施，或使苯教徒改信佛教，当僧人；或使苯教徒放弃宗教职业，做吐蕃王朝纳税的百姓；或把苯教徒流放到边远地区去。苯教徒中的一些人迫于形势改信佛教，另外有些人选择了流放的出路，离开西藏本土到边远的地方去。这些流放的苯教徒很多都来到了云南藏族、摩梭人和普米族地区，即藏、滇、川交错的德钦、中甸、维西、丽江、宁蒗、木里、德荣、德格、乡城、稻城、盐源等地区。这些地区是青藏高原的延伸地带，群山连绵，水草丰茂，是自古以来的藏、滇、川“民族走廊”。这片地区的特殊地理环境和民族成分，很适合西藏苯教转移到这里传播和发展。

据《中甸县志稿》记载，明中叶苯教在德钦、中甸、维西等藏族，纳西族和普米族地区还有相当势力，其时虽有宁玛派、噶举派和萨迦派流行，但苯教寺庙和苯教徒各村皆有，当地群众还很信奉苯教。至清代，由于黄教兴盛，蒙古人强迫各教派改宗黄教，归并各教派的寺院为黄教寺院，苯教日趋衰落，残余苯教退移到更边远的木里、盐源以及宁蒗永宁等地区了。所以今天中甸，德钦等藏族地区已很少苯教徒，但在偏僻的川滇交界的木里、盐源和宁蒗永宁等摩梭人和普米族地区还有很多苯教徒，他们中多数是摩梭人和普米族，有的还保留有较多的苯教经典。

苯教在云南藏族、摩梭人和普米族地区长期的传播过程中，逐渐形成了具有云南地方民族特点的苯教，它无论在经典、教义、祭仪以及神鬼体系方面都有自己的独特之处。

云南苯教尊崇“三宝”，即“苯拉”（苯教祖师神），“喇玛”（僧侣）、“吹”（苯教经典），这与佛教的三宝（佛、法、僧）不同。云南苯教徒很注重自身修持，习惯到僻静的岩穴内独坐修炼，并常转苯教经堂，但是苯教徒转经堂的方向正好与西藏佛教僧侣转经堂的方向相反，苯教徒是从左到右转，而佛教僧侣是从右到左转，据说这是苯教故意与佛教对抗的修持方法。

云南苯教把世界分为三个部分，即天、地、地下。天上的神名叫“姥拉”，地上的神名叫“先”，地下的神名叫“鲁”。天神在云南苯教中有重要的地位，祭天仪式是他们重要的祭仪，其中“虽寡”（消除冰雹）的祭仪观仍在时常举行。此外，很崇拜火塘神，认为火塘神与人们的生活有密切的关系，火塘里的火旺盛会给家庭带来兴旺发达，反之会有灾难降临，因而很忌讳把脏物失落在火塘里，或烧溢锅外，若触犯了火神，就要请苯教巫师进行消灾仪式。今日摩梭人和普米族仍盛行崇拜火塘神，他们家家火塘上方供奉有泥塑的“冉巴拉”火塘神，一日三餐要例行祭祀，把少许食物放在火塘三脚架上，这就是受苯教的影响。云南苯教还认为每个人身上都附有阳神和战神两种保护神，如果走失了这两种神，恶魔或病魔就会乘虚而入，灾难疾病就会降临，甚至会丧失性命。云南藏族成年人外出或作战，胸前挂有一个银制的小盒，内藏祭祀阳神和战神的经典，若途中患病或负伤，就取出经典烧焚，用净水冲其灰烬饮之，认为伤病就会痊愈。

云南苯教的祭神驱鬼仪式和经典很繁杂，比较常用的有：《安杂》（诅咒仇敌经，咒语须念十四万遍）、《含波》（为伤病人招回战神和阳神经）、《诺桑》（祭天神经）、《赤浓》（祈雨经）、《虽寡》（消除雹灾经）、《纳堆安都》（为产妇除秽经）、《入整》（安灵超度经）、《茨贴》（放赎物，即为患者忏罪替死的牲畜和财物）、《虽倒》（投灵品，禳解不祥的仪式）、《木倒》（卜卦）等经典和仪式。

云南苯教的所有祭仪都要宰杀牲畜，取其血、肉、肚、肠、头蹄、肝、肾脏分别祭供，牺牲多为牦牛、羊、驴、马、猪、狗等。当地汉族有“黑教杀狗祭神”之说。此外，其他祭物也多用有毒的植物，如草乌、三分三、玛桑果、白泡树花等，用意为以毒攻毒。祭祀时一般都要搭一个简单的祭坛，坛上插满五色幡旗，周围悬挂血淋淋的头蹄肠肚，一派血腥恐怖景象。苯教巫师口抹鲜血，头戴黑僧帽，身穿蓝僧衣，击鼓吹螺，诵经祭祀，并伴以舞刀张弓，跳驱邪舞蹈。

云南苯教的社会作用主要是为人求福禳灾、祈求人财两旺、治病卜卦、施授送鬼用品、克服违缘、主持葬仪等。当地苯教徒不担任土司农奴主政权的职务，不参与政治经济事务，这是与西藏苯教不同的特点。

第二节　西藏佛教的传入及发展

滇西北地区有悠久的佛教历史，早在6世纪末至7世纪初就有印度佛教阿阇黎派僧侣来滇西北地区传播佛教。《光绪鹤庆州志·仙释》载：“唐赞陀崛多尊者西域僧，自摩伽国来，”又号摩伽陀，结茅于鹤庆之峰顶山。又《光绪鹤庆州志·寺观》载：“元化

和绍全与著名的摩梭人活佛洛桑益世

寺在城南，昔蒙氏因梵僧赞陀卓锡通水，逐建此寺”。

从唐仪凤三年（678年）到唐德宗贞元十年（794年）的百多年间，滇西北地区是吐蕃王朝直接统治的地区，松赞干布时期的前弘期佛教也小规模地传入滇西北地区，但西藏佛教大规模地、正式地传入云南藏族、摩梭人和普米族地区，是从11世纪中叶开始，直到15世纪初叶的300多年间。这是因为11世纪以后西藏佛教各教派次第形成，造成一种佛教文化欣欣向荣的局面，为了扩大自己的势力范围，争取获得更多的信徒，各教派先后向与西藏接壤的滇西北藏族、摩梭人和普米族地区传播和发展。

一种宗教的发展一般需要两个方面的条件，一方面是宗教自身的发展，一方面是统治阶级的需要和人民群众具备相信这种宗教的条件。11世纪以后，云南藏族、纳西族和普米族相继进入封建制社会，各地封建割据的势力次第形成。封建制社会中新兴的封建领主阶级觉得需要借助于一种统一的宗教来维持他们的统治，因此西藏佛教一传入就得到当地封建领主阶级的支持，从而得到进一步的发展。佛教作为阶级社会的宗教，无论是在奴隶社会还是在封建社会，都是有着旺盛的生命力的。统治阶级总是利用宗教作为它实现阶级斗争目的的工具，正是封建领主阶级为维护他们统治的实际需要，大力扶持了西藏佛教在云南的传播和发展，这是和封建领主制政治经济相适应的。

西藏佛教各教派传入云南地区的时期有先有后，而且各教派传播的路线也是各有不同。由于传播的地区和时间不同，彼此的规模和声势相差悬殊。据地方志和实地调查的材料看，最早传入云南地区的教派是噶举派和宁玛派。噶举派约于11世纪末分别从西藏和康区两路传入云南德钦、中甸、维西、丽江、宁蒗永宁等藏族、摩梭人和普来旅地区。20世纪50年代末，对噶举派原在西康德格县的母寺八蚌寺（今属四川甘孜藏族自治州德格县）的调查证明，元、明两代康区的噶举派与云南噶举派有密切的联系。报告说：“白教约于宋宁宗时由僧都松钦巴自西藏传入康区，经元、明两代，得到发展。该寺系由第一代斯笃活佛所建，因得到历代封建统治者及德格土司的大力扶持，势力大大发展，该寺即为德格土司五大家庙之一。该寺在白教中地位很高，仅次大主寺——后藏粗卜寺，同为白教在康区之圣地。寺辖分寺约70～80座，分布于德格、邓柯、康定（如贡呷寺）、丹巴、稻、云南丽江以及青海等地。”① 中华人民共和国成立前，云南噶举派的僧人一般都按传统到康区德格县的八蚌寺和后藏粗卜寺去修习噶举派的经典和教义。

噶举派经元、明两代在云南藏区得到广泛传播和充分发展，至清朝统治迪庆地区后，黄教受到蒙人支持，强迫噶举派改宗黄教，从此噶举派在迪庆藏族地区日趋衰落，但在纳西族木氏土司直接统治的地区，噶举派却有所发展。地方志记载有噶举派大宝法王、二宝法王，在清初因斗争失败而逃难至丽江的史实。《光绪鹤庆州志》记其事说：“顺治十七年二月西番大宝法王因构争被逐移居丽江中甸，遣喇嘛自鹤庆出云南入贡。”又“康熙六年丁未八月蒙古侵据丽江府属中甸地，西番二宝法王哈与临清格丁等契家来奔。”清初顺治、康熙年间，噶举派在迪庆藏族地区失利，被迫改宗黄教，但仍有一部分忠于噶举派的转移到了丽江、维西、贡山等地。至今云南噶举派就集中在这些地区活动。

噶举派是西藏佛教各教派中支派最繁多的一个教派。最初为两大传承，或称为两个系统；一个是从琼波南交巴开始的，叫香巴噶举系统，另一个是从玛尔巴传下来的，叫作塔布噶举系统。云南噶举派属于塔布噶举系统，而塔布噶举又先后形成噶玛噶举、蔡巴噶举、拔戎噶举和帕竹噶举4大派。在4大派系中的帕竹噶举又分化为止贡巴、达垅巴、主巴、雅桑巴、绰浦巴、修赛巴、叶巴、玛仓巴等8小派。云南噶举派多数是属塔布噶举系统中的噶玛巴派，主要分布在丽江、维西、贡山纳西族地区及德钦、中甸部分藏族地区；主要寺院是丽江的福国寺、指云寺、文峰寺、普济寺、玉峰寺，这5大寺是原西康德格县的八蚌寺，即噶玛巴派母寺的分寺。云南噶举派除多数属噶玛巴派以外，还有少数属帕竹噶举的小支系止贡巴和达垅巴，这两个小支系主要分布在维西县和贡山县，主要寺院是维西县的来远寺和贡山县的普化寺。

宁玛派在云南的传播历史也很久远，该教派传入云南的时期约与噶举派同时，即在11世纪末从西藏传入迪庆藏族地区。

宁玛派在云南的特点是组织涣散，分散发展，没有和地方封建势力密切结合，寺

①中国科学院民族研究所，四川少数民族社会历史调查组：《甘孜藏族自治州理圹寺、大金寺、甘孜寺、八邦寺调查材料》，1963年铅印本，第53页。

院小而分散，没有在当地形成一个稳定的寺院集团。此外，云南宁玛派的分支很多，在当地有“红教十八种”之说。归纳起来，云南宁玛派僧人可分为两大类：第一类僧人叫作“仓巴”，亦称“汗巴”或“安巴”。“汗”或“仓”在云南藏语中意为“孤独”。即不合群的意思。仓巴专靠念经念咒在社会上单独活动，不注重学习佛经，亦无佛教理论。仓巴无固定寺庙，习惯在山林岩穴中独自修习密法。仓巴为人禳灾念经及祭神驱鬼仪式颇似苯教徒。

第二类僧人有经典，也有师徒和父子的传授，据他们的经典来源，又可分为两种。一种叫作噶玛，又称为口传，这种口传经典主要是根据公元8～9世纪以来翻译的密宗经典，在民间由父子或师徒相传而沿袭下来的。另一种叫“代玛”，又称伏藏，据说是8世纪末由莲花生等人把密宗经典埋在地下，几百年后被人挖掘出来，进行传授的。

云南宁玛派僧人很敬奉伏藏经典，历史上曾发生过挖出伏藏经典的事。如民国年间，在中甸东旺的一个岩穴内挖出3尊铜佛像和一箱经典。又如中华人民共和国成立初期，在丽江与中甸交界的1座山（藏语名“俄咪尼”）的岩穴内挖出20个密封的经丸。这些挖出来的伏藏经典，是不是莲花生时的密宗伏藏，还有待于考证。

云南宁玛派僧人很崇敬“三素尔”，并继承了三素尔行医又传教的传统。他们中有很多人懂得很多传统的秘方，自己采药，制成药丸，为人治病，颇受群众欢迎。例如现任迪庆藏族自治州佛协副主席、州中医院院长、云南省人大代表的茨称甲错（又名向活佛）就是云南省红教的最大活佛。

宁玛派在元、明两代曾盛行云南中甸、德钦、维西等藏族地区，当时红教寺院林立，僧侣众多，是占主要地位的教派。至清代，由于黄教势力扩大，入藏的蒙古兵以武力支持黄教，强迫红教改宗，寺院也改为黄教寺院。由于红教徒的强烈要求和清政府官吏从中斡旋，仅保留最古老的安抵寺，并改名为承恩寺。从此以后，宁玛派的势力一蹶不振，它的宗教地位被黄教所取代。但红教在云南藏区历史久远，对云南藏族群众有深刻的影响，拥有深厚和广泛的群众基础，因而宁玛派能与受统治阶级支持的格鲁派进行激烈的武装斗争，并经过斗争，保存了自己的势力。直到现在，宁玛派在云南藏区也还是仅次于黄教的一个大教派。

云南宁玛派的寺院大小共有19座，其中比较主要的有：承恩寺、英珠寺、托拉寺、白塔寺、云顶寺、折崩寺等。云南宁玛派僧人多数去西藏桑耶寺和多吉扎寺学经修习，中甸东旺的云顶寺是多吉扎寺的分寺，另有一部分宁玛派僧人是去康区的白玉寺和噶陀寺学经修习。云南宁玛派和西藏宁玛派、康区宁玛派之间历来保持着密切的联系，至

藏传佛教经文印刷板

今，他们之间的活佛常互相访问，传经习教，联系十分密切。

萨迦派在云南的分布地区主要是蒗蕖和永宁等摩梭人和普米族地区，信仰萨迦派的民族现在主要是摩梭人和普米族。据实地调查，云南中甸、德钦、维西等藏族地区历史上信仰过萨迦派，至今中甸格咱、东旺等地藏族民房墙上仍有三色的（红色线条代表文殊、白色线条代表观音，蓝色线条代表金刚），这与信仰萨迦派（花教）有关，但萨迦派僧侣在当地已绝少。

萨迦派传入云南蒗蕖、永宁等摩梭人和普采族地区的年代大约是萨迦派第五祖八思巴时代。1253年，忽必烈南征云南大理，途经今四川省的盐源、木里、甘孜、阿坝以及云南宁蒗永宁等藏族、摩梭人和普米族地区。忽必烈为了利用和争取藏族宗教上层人物，派人去凉州召萨班（萨迦第四祖）到六盘山和他会见，因萨班年老未去，而由八思巴代替前往六盘山会见忽必烈，此后八思巴一直追随忽必烈左右。当时康区以及云南摩梭人地区盛行噶举派，但由于八思巴的宗教活动以及元朝的扶持，萨迦派在云南蒗蕖、永宁等摩梭人和普米族地区兴盛起来。

当地萨迦派的主要寺院有：永宁格姆山（汉称狮子山）下的萨迦寺，该寺建于元至元十三年（1276年），比永宁扎美戈寺（黄教）早200多年。该寺定额僧人500名，僧人全系摩梭人和普米族。此外是蒗蕖萨迦寺和挖开萨迦寺，蒗蕖萨迦寺始建于1262年，寺院占地达50余亩，当时定额僧人400名，大殿可供千余名喇嘛念经，从清代咸丰年间起，蒗蕖萨迦寺几经被毁又几经修复，经历了风雨沧桑，几度兴衰；挖开萨迦寺定额僧人200名。这三座寺的历代寺主同时也是“堪布”，均由土司之弟担任。

萨迦派对当地摩梭人和普米族的社会生活和精神文化起着深刻的影响。凡自然灾害、患病、丧葬、出行、修房盖屋等，都要请僧人念经做法事。凡有男儿的家庭，都有1至两个男儿要削发当喇嘛；多数家庭建有自己的小经堂，供本家喇嘛念经修习。此外，衣食住行以及生子命名、宗教节日等各方面都不同程度地受西藏佛教的影响。因此，永宁及四川木里一带的普米族尚自称"藏族"，其主要原因是受西藏佛教的深刻影响。

元代，萨迦派在西藏、康区以及藏、川、滇交界的地区能达到盛极一时的主要原因是由于元朝中央政权的支持，所以它的兴衰是和元朝势力的强弱紧密相连的。元朝中期以后，蒙古皇室的统治力量衰落了。萨迦派在各地的声势地位很快低落下来。至清代，格鲁派（黄教）传人云南藏族、摩梭人和普米族地区，萨迦派被排挤，从而声势地位每况愈下，寺院多被毁坏，僧侣日益减少。现在，云南萨迦派仅存在于宁蒗县蒗蕖、永宁两地，而且声势地位也远逊格鲁派。

西藏佛教各教派中，格鲁派（黄教）是最有势力的一个大教派。同样，格鲁派在云南的势力也最大，该教派的政治经济力量和寺院僧侣人数以及拥有的群众，都居其他教派之冠，格鲁派在云南藏族、摩梭人和普米族群众中产生了深刻和广泛的影响。

格鲁派约在15世纪末传入云南德钦、中甸、维西以及宁蒗永宁等藏族、摩梭人和普米族地区。据《明实录》记载，三世达赖索南嘉措于1580年接受云南丽江纳西族木土司的邀请到达康区的巴塘、里塘一带传教，并在理塘时主持建立了理塘寺。这里当时是木土司的辖区。云南中甸古称建塘，与康区的巴塘、理塘地域犬牙交错，同称"三塘"。明中叶，格鲁派兴盛于这一带地区，至清初，格鲁派在云南中甸、德钦、维西等地已具相当规模，并发展到宁蒗永宁摩梭人和普米族地区。

关于清初格鲁派在当地兴建寺院和僧侣活动情况，《新修中甸厅志书稿本·寺观志》记载说："归化寺在正北隅，离城十里，居于瑞兆土山之上，古名松参岭。故欲穷寺之本末，必先溯其寺之原委。自康熙年间，五代达赖喇嘛由西藏到甸，寻一胜地，欲建寺宇，因观见瑞兆土山有万马归槽之势，前有碧海，潆洄银波浩荡，后有团山，倚枕叠山带　如眠……于康熙己未年奏明圣主建立铜瓦大寺，层楼高耸，上接云霄，新更名曰归化寺。安设黄教喇嘛1226名，分住八康千，净室安静焚修，复设掌教

喇嘛教道场

大喇嘛喀木一名，执掌法规，约束僧众，每日三朝讽诵万寿皇经，虔诚无懈。……乾隆十五年钦奉钦袭和硕果亲王御赐匾额慈云广覆四字，以标题大寺寺内，每年祈丰保境，荐设太平斋醮三四供，需用香灯使费，名曰普善银两，此项费银着喇嘛同五境民人共摊。归款将见僧众济济，共祝万寿无疆，梵语喤喤，同歌一人有庆，皇图巩固，帝道遐昌，斯亦不负大寺之设也哉。”

清代，格鲁派受到清皇朝的大力支持，强迫其他各教派改宗黄教，因而格鲁派的寺院和僧侣人数得到迅速发展，成为占主要地位的教派。此外，格鲁派从传入之时起，就和当地的世俗统治阶级紧密联系，与当地封建土司政权相互依存，逐步建立起自己独立的寺院经济，进而发展成为藏族社会上独立的寺院集团势力。封建统治阶级也认识到格鲁派具有比其他教派更强的宗教号召力量和帮助统治阶级统治人民的功能，所以格鲁派的传播和发展得到封建统治阶级的大力支持；同时，人民群众也欢迎、信任经过“宗教改革”的戒律严密的格鲁派。这样，格鲁派的社会影响和宗教声势就比其他教派更广泛。

云南格鲁派的主要寺院有：中甸归化寺、东竹林寺（中华人民共和国成立前属维西县），德钦县的德钦寺、红坡寺（亦名羊八井寺）和宁蒗县永宁的扎美戈寺。归化寺建于清康熙年间，由西藏五世达赖阿旺·罗桑嘉措主持修建。钦定僧侣名额1226名，分住8康千（康村）。东竹林寺建于清雍正年间，由7个红教小寺院合并而成。僧侣定额700名，其中尼姑（云南藏语称尼姑为“巨姆”，称女巫为“曼木”）200名。红坡寺建于清雍正年间，僧侣定额300名。德钦寺建于清康熙年间，由13个红教小寺院合并而成，僧人定额300名。永宁扎美戈寺，最初由明代噶玛巴派活佛所建，清雍正年间扩建改宗黄教，僧侣定额700名，该寺是云南摩梭人和普米族地区最大的黄教寺院。

第三节 教义特点

云南藏传佛教与西藏佛教是一脉相承的，其教义和经典基本相同，但藏传佛教在云南长期的传承和弘扬过程中，其教义逐渐形成了一些云南地方民族的特点。由于各教派的教义及经典颇为庞杂纷乱，难以统一论述，现撮其主要特点概说之。

云南宁玛派修习的教义主要是“九乘”与“大圆满”法，而九乘的内容又大多包括

转经筒

在大圆满法里。宁玛派的大圆满法主张人的心体是纯净的，心体本质是“远离尘垢”的；修习的关键是要把这个纯净的心体把握好，使其心随意而住，即摆脱各种欲望，超脱社会存在。宁玛派的大圆满法在思想上与内地禅宗的“明心见性”“直认本真”等说法很相似，有一些顿悟派的色彩。唐代，汉地佛教（主要是禅宗、律宗）从中原和四川两路传入滇西北以大理为中心的地区，至宋、元、明、清，滇西北是云南佛教的中心盛地。在历史的长河中，云南藏传佛教和汉地佛教互相影响，西藏佛教的教义中有汉地佛教的内容，而汉地佛教中也有西藏佛教的色彩。

云南宁玛派重密轻显，苦修净心静坐，力图摆脱各种欲望和心意，以期达到大圆满法的成果。在修习方法上特别的是，他们习惯在深山密林里搭棚或选僻静的岩穴里独自修习密法。他们练气功以把握心体，以气养身，并逐月缩食，力图练就仅在口内含数粒青稞就能维持生命；此外，还有意在隆冬雪地和酷暑烈日之下赤身静坐，苦练把心安住一境，摆脱各种欲望和心意，以求达到大圆满法的成果。他们这种虔诚的苦练结果，使不少体弱的老僧丧身在树棚和岩穴里。

宁玛派用九乘和大圆满法来说教，宣传用寂静极乐来帮助世人从痛苦中解脱出来，用自我修身来超脱社会存在、周围环境的顺逆变迁、社会生活中的苦乐困扰，求得解脱等。中华人民共和国成立前，宁玛派的教义对深受封建农奴主压迫、科学文化相对落后的云南藏族人民来说，是一种思想上的虚幻寄托，至今仍有不同程度的影响。

噶举派的教义是传承应成中观论的，它最主要的教法是讲“大手印”。噶举派重视密宗，采取口耳相传的传授方法。大手印法有显密之分，显宗大手印注重修心，密宗大手印注重修身。云南噶举派主要是密宗大手印，主要内容是从类似气功的修炼入手，修到一定的程度能得到一种感受，再把这种感受和佛教唯心主义哲学的某种境界结合起来，其步骤是从“拙火定”入手，从调整呼吸做到全身发热，以至不畏严寒酷暑。通过修拙火定，使自己的心（思想）不趋散乱。这样持久地修下去，就会得到“禅定”。得到禅定以后，再观察一下自己安住一境的心到底在身内还是在身外，如果哪里也寻不到这颗心，于是就会明白心是“空”的，即达到所谓“空智解脱合一”境界。这就是云南噶举派修习的大手印法。

云南噶举派由于重修密宗，在其主要分布地区中甸、丽江、维西、贡山等地寺院，皆修建有专供修密宗用的静坐堂，云南藏语称之为“都扣”。云南噶举派举行静坐，最初多利用天然石洞静坐，以后发展到在寺内建静坐堂。当地静坐堂最初建于丽江福国寺，初称太极庵和钵盂庵。《光绪丽江府志》记载说：“太极庵旧址在府城北芝山巅，明时建，僧得天的敬臼痴习静处，景最清幽，今毁。”（《光绪丽江府志卷之四·寺观》）。当地噶举派的静坐期为三年三个月三天零三刻。静坐期修习的经典按年和季度安排。静坐实为一种苦修，一日三餐皆为茶水和糌粑，每天鸡鸣即开始静坐，中午稍事休息，即继续静坐到晚间，静坐时禁止与外人接触。

云南萨迦派的教义核心是“道果法”。认为修法者断除一切“烦恼”，就可得到“一切智”而达到“涅槃”境界之果。其修习次第有三个，首先是要抛掉“非福”，即坏事恶业，专心致志于行善做好事，来世即可投生在天，阿修罗、人“三善趣”之中。此外，还要断除“我执”。因为升入“三善趣”固然是好事，但仍未脱离苦恼，超脱轮回。要彻底脱离轮回之苦，还必须断除“我执”，即从思想上断除一切事物，同时还要断除“一切见”，即所谓“常见”（物质的存在）和“断见”（一切皆空），才能真正领悟佛法，获得解脱之果。云南萨迦派僧侣的教义特点是只重修“三善趣”，即不做坏事恶业，专心致志行善做好事，为群众禳灾祛殃，祈丰延年是他们的主要职能，指望来世投生在天、阿修罗、人“三善趣”中是他们修习的最高宗旨。至于断除“我执”“常见”和“断见”等教义教法，他们是不注重的，也是不理解的。这是因为云南萨迦派僧侣多为摩梭人和普米族，由于他们本民族的传统文化比较落后，因而对佛教理论理解不深，同时也是根据他们的精神需求来理解和修习佛教的教义教法，所以与西藏萨迦派的教义就有所不同了。

云南格鲁派的教义与西藏格鲁派一脉相承，也是以“缘起性空见”为主要教义，其理论本于龙树的《中观论》。所谓缘起，即“待缘而起”，也就是说一切法的产生都是有原因的，一切法的出现并能够让人们认识，都是从缘起而来。性空是说一切法都没有自性，一切法都是从众缘而生。宗喀巴认为，懂了缘起性空的道理，就可以从无明到明（智慧），缘起性空是佛教教义的“心要”。

云南的格鲁派要求僧人严格持守戒律。它主张持守戒律是修行的根本，对犯戒行为制定了惩罚措施。云南格鲁派以及其他各教派共同持守的基本戒律是五大戒：不杀生；不偷盗；不奸淫；不诳语；不饮酒。此外，格鲁派还有它独特的“六度”和“四摄事”，其内容既包含教义也包含戒律。“六度”是：布施、持戒、忍辱、精进、禅定、智慧，与“六度”相应的有“六戒”，即悭吝、破戒、瞋恚、懈怠、散乱、邪慧，“四摄事”，是布施摄、爱语摄、利行摄、同事摄。

格鲁派禁止僧人娶妻生子，禁止僧人参加农业生产劳动。但是云南格鲁派僧人并不严格遵守这条戒律，多数僧人是娶妻生子的，其中还有的是活佛。特别是永宁地区的摩梭人、普米族僧人与俗人一样，结交女阿注，过阿注婚姻生活，而且不脱离生产劳动，多数僧侣还是家长。以上是云南藏传佛教教义戒律的特点。

第四节　寺院和僧侣组织

云南藏传佛教的寺院组织机构和僧侣等级制度与西藏佛教基本相同，但也有它自己的特色。以下概要叙述云南藏传佛教的寺院组织机构和僧侣等级制度。

在云南藏传佛教各教派中，格鲁派的寺院组织机构和僧侣等级制度是最完整、最典型的。中甸归化寺是云南格鲁派最大的寺院。中华人民共和国成立前，该寺掌管着中甸藏族地区的政治、经济、宗教大权，是云南藏族地区最大的寺院领主。归化寺占有大量的土地、牧场和农牧奴，以封建农奴制的形式剥削农牧奴群众。归化寺拥有寺院武装，多数僧人持有枪械。据解放初期的统计，归化寺约有两千余支枪。当地的封建土司受归化寺僧官的控制。如中华人民共和国成立前的归化寺僧官旺学丁，直接掌握着中甸、德钦、维西等地的政治、经济、宗教大权，当地金沙江西部地区都成为旺的势力范围。旺拥有雄厚的武装力量，被国民党政府封为“旺指挥”，是当地实行“政教合一”统治的总代表。

归化寺的大寺称为“扎仓”（指寺院）。归化寺扎仓之下设八个“康村”（亦名堪千），即僧人学经的地方。八个康村是：1. 独克康村（大中甸城区及乡下8个自然村）。2. 扎雅康村（大中甸6个自然村）。3. 东旺康村（东旺全区及格咱、翁水等自然村）。4. 洋朵康村（小中甸区全部）。5. 卓康村，亦名“江边康村”（金沙江边，包括三坝纳西族）。6. 结底康村（大中甸区的结底、紫尼等村）。7. 乡城康村（原西康省今四川省的乡城县南部地区）。8. 龙巴康村（尼西区全都）。以上8个康村共有1237名僧人，已超过清代的钦定名额。凡是一个僧人入寺学经，就按他家乡的地域编到所属的康村中去，而且不允许任意转换康村。

酥油花

僧人名额实行世袭制。老僧去世，由其兄弟姐妹的儿子继承，无人继承可以出售，价格不一，富裕的康村一个僧人名额可卖三四百银圆（半开）。此外，僧人名额还可出租，出租僧人名额仅限一代，当拥有僧人名额的主人又出生男孩，便将僧人名额收回。这对于云南藏族、摩梭人和普米族来说，是一种家庭和个人的荣誉，其原因是除了对宗教的信仰以外，僧人可获得一些收入（僧人为群众念经做法事的收入），担任行政职务的僧人还可放债经商，因而是一种发财致富的途径，所以僧人名额就成为可以买卖租借的变相的商品形式了。

僧人所住的僧舍称“厦”，又叫小静室。僧舍有两种形式：一种是家庭经济富裕的僧人，由康村所划定的土地盖房屋；一种是租借康村的集体僧舍，按规定交纳房租。无论自盖或租借的僧舍都是以家“呆”为单位过生活，一人独住或数人同居。出家的僧人，每年可在一定期间回家省亲，家属也可到寺院探望。

归化寺的经济、行政、宗教组织有明确的专职分工。行政组织中最高职务为“堪布”，相当于汉地佛教寺院的主持或方丈。他主管整个寺院的学经、行政、财务，并且具备转世的资格。堪布能参加当地政府的各项决策，是黄教干预政治的主要代表人物。归化寺的堪布是由全寺格西中投票选举，中华人民共和国成立前须呈经中甸县政府委任，任期3年。但永宁黄教扎美戈喇嘛寺的堪布实行土司家族世袭制，由土司之弟承袭，亦无须获得格西学位，这是摩梭人黄教的独特点。

归化寺堪布之下的行政职务为仲译，其次为香追、8大老僧、再次为8大康村之皆千。仲译职务相当于秘书，专司文牍；香追职务相当于总管，随时代表堪布处理寺内外事务；8大老僧的职务相当于分寺（8大康村）的常务委员，随时秉承堪布法旨，协助香

喇嘛在火葬场超度亡灵

追处理日常事务。

经济组织中最高职务为堪布，堪布之下设觉隆底哇（2员）、业哇（2员），葱本（8员）。大寺以外，8大康村亦设皆千（8员），西苏底哇（1员），业哇（1员），葱本（8员）。觉隆底哇译意为外勤头领，其职责是总揽寺院资产的收发，全寺僧人口粮及逐日念经的盐茶酥油等食物；西苏底哇译意为内勤头领，总管寺内一切法会经费及佛像法器经藏；业哇译意为掌事，专司出纳；葱本译意为经纪人，负责经营寺内资本；皆千译意为师保，除监督康村内未进藏学经小喇嘛的读经写字外，还要自筹钱钞，散给本康村僧人口粮、油茶四次。底哇、业哇和葱本职务三年一换，唯皆千一年一换。

宗教组织中，最高等级是活佛，其次为格西，拉擦再次为格规和翁则。最低等级是一般的僧人，一般僧侣中还分进藏学过经的和未进藏学经的两种；进藏学过经的僧人即便成绩很差，也比未进藏学经的僧侣地位要高，而能否进藏学经，只取决于僧人家庭的经济条件。

“活佛”是一种特殊身份的僧人，云南藏语称之为“古入”，意为“化身”或“万世转生大喇嘛”。西藏佛教中活佛转世制度始于噶玛噶举派。黄教正式采用活佛转世制度是在16世纪中叶三世达赖索南嘉措时。活佛转世制度用以解决寺院集团各领袖人物的继承人，所以这个制度最后颇为泛滥。云南活佛的民族成分有藏族、摩梭人和普米族，并在等级上有大、中、小活佛的区别。据1985年调查统计，云南藏传佛教各教派的大中小活佛共有320余名。其中比较著名的是中甸归化寺和永宁扎美戈寺的黄教活佛。他们是中甸归化寺的松茂活佛（独克康村供养）、根觉活佛（扎雅康村供养）、来松活佛（东旺康村供养）、大浪活佛（乡城康村供养）。所谓松茂、根觉、大浪、来松是第一世活佛降生之地名，以后无论生于何处，均以第一世活佛降生之地名冠于其新转世的活佛之名首。中华人民共和国成立后，松茂活佛曾任全国佛协副主席，全国人大代表，云南省人大常务委员。根觉活佛曾任全国佛协理事，云南省政协常务委员。松茂活佛还曾在西藏担任过十四世达赖丹增嘉措的教师（松茂、根觉二活佛先后死于“文化大革命”中）。以后，归化寺又新添克思活佛和克木活佛二人。现今克思活佛是归化寺的寺主。其次是噶达活佛，中华人民共和国成立前他是东竹林寺的寺主，现为全国佛协理事，云南省佛协副会长，迪庆藏族自治州佛协主席，云南省政协委员。

此外，黄教在摩梭人中著名的活佛是罗桑益史。他出身于云南宁蒗县永宁摩梭阿氏土司家庭，系永宁总管阿少云之弟。罗桑益史3岁时被认为是稻城赤直咪活佛的转世灵童，12岁进西藏哲蚌寺学经，26岁获得哲蚌寺大活佛的资格，28岁（1955年）返回永宁扎美戈寺任寺主直到现在，哲蚌寺是西藏拉萨著名的三大寺之一，在西藏佛教中占有重要的地位和深远的影响。罗桑益史作为云南永宁母系制的摩梭人，能成为哲蚌寺的大活佛是颇负盛名的。罗桑益史现为全国佛协委员、云南省佛协理事、云南省人大代表、宁蒗县佛协主席、政协副主席。历任中国佛教协会理事；云南省佛教协会理事、常务理事；丽江市佛教协会常务副会长；云南省佛学院教务长；云南省经师评审委员会委员；任宁蒗县政协常委、丽江市政协委员、云南省政协委员，享受副处级待遇。

另一位摩梭人活佛是关嘉益西。1966年3月5日出生在云南省宁蒗彝族自治县永宁乡，大学本科。1976年任扎美寺图丹曲扎·吉泽活佛；1985年进入扎美寺学习经文，1986进入扎美寺潜心学习佛学，后来到四川佛学院深造，2003年坐床；2004年任永宁扎美寺主持。历任中国佛教协会理事；云南省佛教协会理事、常务理事；丽江市佛教协会常务副会长；云南省佛学院教务长；云南省经师评审委员会委员；任宁蒗县政协常委、丽江市政协委员、云南省政协委员，享受副处级待遇。

罗桑益史活佛坐床

活佛在寺内宗教地位最为尊贵，但云南的活佛对于寺内的行政、经济和宗教等各项事务并不参与，终日闭户修持，间或寺内有庄严法会，才亲临坛佑。

罗桑益史活佛葬礼

活佛之下为“格西”，格西的译意是“善知识者”或“良师”。云南格西的学位必须在拉萨三大寺考取。格西负责解释佛经和教义的疑难问题，是藏传佛教中最有佛学知识的僧侣。

格西之下为“格规”，俗称“铁棒喇嘛”，因其博带巍冠，手持空心铁棒，故名。格规专管清规戒律，全寺僧人念经之勤惰。如佛殿内全体僧人中，有衣冠整肃，身心端凝，字音清晰，句读明了，终年无倦容者，格规能依据日记之记载，将其提升前座，若不守清规，私擅出寺，或夜间不点灯诵经，不响动法器者，即使是活佛，亦膝行而前，顶礼规诤，甚至追究活佛的教师责任。至于其他僧侣，动辄以铁棒惩之。格西学位是终身制，格规职务是一年一换。

翁则的职责是全寺僧人念经时领颂，为念经领颂人。念经时，先由他领个头，其他僧人随声跟上。翁则由寺内众僧中选举声音洪亮，句读清楚的僧人担任。其职为两年一换。

最低等级是一般僧人，但一般僧人中还有区别，有不同的名称；中甸、德钦等地的藏族僧人入寺最初的10年为预备僧人，统称“奔扎”，以后到西藏进自己所属的康村寺院投师修习，学习经典、教义和戒律，并要朝见当世的达赖或班禅，返回后升为正式僧人，统称为“格龙”。永宁摩梭人和普米族僧人进藏学经达7年以上的统称为“哈尔巴”，进藏学经仅一年左右的统称为

2011年5月10日在永宁扎美寺举行罗桑益史活佛体荼毗仪式

“格龙”，未进藏学经的统称为“格初”。

云南噶举派（噶玛巴）的寺院和僧侣组织是：在大寺之下为扎厦（僧人家庭），无康村这一级组织。每个扎厦基本上是一个血缘家族单位，以辈数最大的僧人为其户主，户主以下多为兄弟姐妹的子孙，由2～3代僧人组成师徒关系。师公称为“阿楼玛”，师叔称名“阿叔玛”，徒弟称名“给头”。各扎厦内设经堂、宿舍、会客室、马厩以及菜园等。各寺院拥有的扎厦数因僧人多少而异，最多的福国寺有24个扎厦，有僧200余名，最小的普化寺有9个扎厦，有僧60余名。各扎厦每年从大寺领取分配口粮，此外自己种庄稼和蔬菜，并饲养猪鸡，由于有不杀牲的戒律，因而请俗人代杀，腌后才食。

僧人等级分为活佛、克母、常最、格龙、抽奔等。活佛是大寺的最高等级僧人，活佛通过转世产生，多由该派的祖寺西藏拉萨的粗卜寺活佛转世。云南噶玛巴派比较著名的活佛是维西的王志、王浩两兄弟，他俩同为迪庆藏族自治州佛协副主席。

活佛之下为“克母”，克母的职责是负责全寺的宗教事务，主持全寺僧人念经修持，组织各种法会等。克母之下为常最，常最主管寺内的行政事务，常住大寺，设办事处。办事人员称为“纽巴”，负责管理寺内杂役人员。

常最之下为正式僧人格龙，最低等级的僧人称“奔扎”。奔扎入寺要履行手续，由活佛或克母为奔扎剃头，并将剃下的头发拿到释迦牟尼佛前的香炉里烧焚，作为进入佛门的象征。奔扎进藏学经期满后升为正式僧人格龙；升入格龙时要请本寺活佛或克母举行灌顶仪式，即由活佛或克母在佛殿前念经，用净水滴格龙的头顶和漱口，象征洗涤身上的罪孽，进入清净佛门。

永宁者波达迦林寺

云南宁玛派的寺院组织和僧侣等级比较简单。该派的最大寺院是承恩寺和云登寺。寺内僧人由“仓巴”组成。仓巴类似游僧，由西藏和康区来到云南藏区，分住各村念经做法

扎美寺

事，以后集中在承恩寺和云登寺念经。

宁玛派僧人等级分活佛、拉玛（相当于格鲁派的格西）、翁则、格龙、奔扎。云南宁玛派比较著名的活佛是茨称甲初（亦名向活佛），他现任云南省人大代表，迪庆藏族自治州佛协副主席，州中医院院长。

云南萨迦派的寺院组织和僧侣等级比较特殊。当地萨迦派的寺主继承方法不同于其他各教派的活佛转世继承方法，而采用的是土司家族成员世袭传递的方法。当地萨迦派没有自己的活佛，举办盛大法会需要活佛时，临时去康区巴塘、理塘、德格和后藏萨迦寺去迎请活佛来做短期讲经说教。

当地萨迦寺设有一种特殊的“拉擦”职务，这种职务在西藏各教派中是没有的。“拉擦”摩梭语意为“活佛的替身”。拉擦的职责是由他个人负责供应全寺僧人及各种法会的全部费用，包括僧人口粮、茶、盐、酥油、糌粑、肉、钱以及法会需用的布、香料、酥油、糌粑等物资，并负责发放钱粮等高利贷物资和收取寺院土地的粮租钱租等。拉擦卸职后，寺院的本金必须移交给下届拉擦，而其利息则归本届拉擦个人所得。拉擦任期一般为一年，个别资产富裕的能继任二年。卸职后的拉擦相当于名誉寺主，由寺院供养终生。由于担任一届拉擦需要支付相当多的钱粮物资，出身百姓家庭的僧人是担任不起这一职务，因而只在土司贵族中轮流担任。据说当一届拉擦对佛功德无量，不仅拉擦本人，其家庭乃至家族世代都能得到佛的保佑，会人畜兴旺，家运昌盛，因而有的百姓家庭的僧人也愿倾尽全家资财而当上一届拉擦的。如1986年永宁扎美戈寺的新任拉擦“纳哈松娜”，他就是倾尽父子两代30余年积累的资财而当上这一届拉擦的。担任拉擦有一定的手续和仪式，即先由僧人报名申请，由堪布批准，便向全体僧人公布，然后由众僧扛着披红挂缘的活佛坐床去迎接新任拉擦，并扛着拉擦坐床串村绕寺，沿途敲锣打鼓，鸣枪放炮，以示荣耀。

当地萨迦派的僧人等级是堪布为寺主，其次是拉擦，再次是格规（铁棒喇嘛）、翁则、格龙，最低等级是没有进过西藏学经的僧人，当地称之为“哈尔巴”。现在云南萨迦派僧人全系摩梭人和普米族，僧人等级和寺院组织除拉擦一职以外，其他与各教派相同。

第五节　各教派的主要法会

云南藏传佛教各教派，除了每天固定的念经拜佛以外，各教派的主要寺院每年都有定期的佛教节日或说法会（亦称庙会）。各寺院通过定期的法会，联系广大的世俗信徒，并通过法会接受广大善男信女的布施捐赠，以增加寺院经济收入。

各教派的法会虽不尽相同，但其内容基本上是一致的。法会的主要内容有：祈求佛保佑地方太平、人口兴旺和长寿、消除各种自然灾害。农业丰收、畜牧业发展、超度死者、纪念释迦牟尼佛、观音菩萨、莲花祖师、噶玛巴祖师、宗喀巴等。

格鲁派每年的法会有：“咪喏”，会期12天（纪念释迦牟尼佛诞辰）。“撤戛那瓦”（亦名哑巴会）会期5天（祈丰收）。“卓巴茨日”（亦名呀哩），会期45天（祈丰消灾）。“格定安去”（纪念宗喀巴诞辰），会期7天。此外，还有两次愿会，大愿会在农历正月间举行，会期21天；小愿会在农历三月间举行，会期15天。愿会内容为还四种愿，即众生无边，誓愿渡；烦恼无尽，誓愿断；法门无上，誓愿学；佛道无上，誓愿成。

扎美寺法会

噶举派每年的法会有：“哈木”（金刚会，念金刚经），农历正月初一至初三。“东玛”（观音会，念千佛观音经），农历二月初

摩梭朝山节上的喇嘛

永宁扎美寺大法会

八至初十。“祈巴”（长寿经会），农历三月初十日至十二日。“施通”（定葬经会），农历四月二十五日至二十八日。“桑都”（纪念莲花祖师会），农历五月初十至十二日。“都召”（护法会），农历十一月初一日至初五日。

萨迦派的主要法会有：“堆曲”（祈丰禳灾），农历正月初一日至十五日。“格度”（跳鬼除秽），农历九月初十日至十五日。（云南藏族的藏历与汉族阴历基本统一）

云南藏传佛教的法会内容除了僧人集中在大殿念经以外，还组织僧人跳神。跳神是为配合经典内容说教的舞蹈，同时也是宗教和民族风俗习惯相结合的节庆活动。跳神的僧人主要是年轻的僧人，并要到西藏或德格同一宗派的寺院作专门训练。各教派的跳神都有成套和系统的舞蹈动作和准确鲜明的舞蹈语汇。跳神的道具主要有：马鹿、猴、牦牛、乌鸦、狗、猪等家禽野兽的面具。跳神在大殿前跳，有的寺院还有专门的跳神场（藏语称“包尊达”）。跳神由寺院的乐队伴奏，主要乐器有：大号、小号、唢呐、大鼓、饶、钹等。

藏传佛教的跳神不仅是宗教活动，而且是民俗节日。届时，当地各族群众络绎不绝汇集寺院，善男信女点灯、烧香、拜佛，捐钱赠物，之后观看跳神。群众在寺院跳神场附近摆摊设点，作骡马、药材、百货生意。青年男女身着艳装，谈情说爱，结交情侣。传统的宗教法会已注入新的内容，成为人民群众喜爱的民族传统节庆活动。

第三篇
文物古迹

第五章　重要遗址、墓地与文物

金沙江是丽江人民的母亲河。这条蜿蜒流经丽江市境651公里的河流两岸，是摩梭人、纳西族、傈僳族、彝族、普米族等各民族人民长期生活与文化最为集中的地区，沉积着许多历史的遗存。50年的考古工作发现，近距离地观察出土文物，进而探索和揭示该地区的文化面貌，丽江是中国古代民族迁徙南北走廊的重要通道，同时也是中国边疆民族考古领域中一个不可或缺的关键地区。

第一节　丽江人遗址

一、“丽江人”的发现

1964年，在丽江县城南约11公里的木家桥水利工地上，纳西族民工和运祥发现人类头骨化石，经人类学家研究，这是距今5万年前的晚期智人化石，定名为“丽江人”。

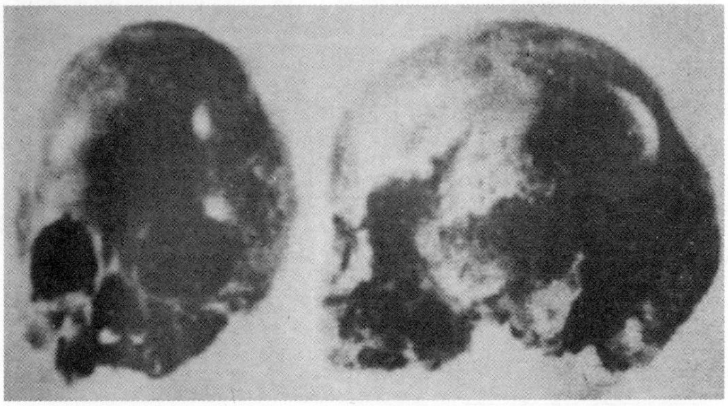

“丽江人”骨头化石

其头骨（云南省文物考古研究所收藏）有一定程度的石化，但石化程度并不太深，头骨呈灰褐色，局部有色泽较深、大小不等的色斑。脑颅部分比较完整，除左侧颞骨的鼓乳部、枕骨的底部和两侧部缺失外，其余部分保存完好。由顶面观察，两顶结节明显向外突出，头骨的前部较窄，头骨成五角形。最大头宽是在两侧颞鳞后上缘的稍下方，这一点与我国大多数晚期类型的化石智人相似，而与欧洲晚期类的化石智人头骨有所不同，后者的最大头宽位于两顶结节较低处。现代人最大头宽所在位置，情况不一，欧洲人多在顶结节处；我国现代人，女性多在顶结节下方，男性多在颞鳞上沿附近。最大宽垂直位置指数值（即：头最大宽，eu-eu，在眼耳平面上的投影高×100耻颅高）没有明显的顶孔。仅在相当顶孔区处有一微低的凹陷，矢状右侧似有一很细小的小孔。此头骨没有明显的矢状嵴，仅在它的前额处似有一些痕迹。其颅长167.0毫米，颅宽141.0毫米，颅指数为84.4，属圆颅型。化石人类的头骨，比较普遍的是长颅型，而资阳人为中颅型。①

丽江人顶骨的乳突部不存在角圆枕，枕部圆钝。枕外隆突点的位置明显地比人字点靠近前方，现代人的约在同一垂直线上，而化石人类多在人字点的后方。

由侧面观察，眉弓发育甚弱，眉间突度几不可测定，前额部分垂直且甚为饱满。枕部圆钝，具有明显的“发髻状”隆起。我国晚期化石智人头骨的枕部有此结构为其共同特征，现代人此结构一般趋向消失，而早期类型的化石智人则有比“发髻状”隆起更为后突的结构，成为“跟状结节”。

额面上部扁平程度对判别种族属性有较大的意义。鼻颧角丽江人为146.5°，蒙古人种为148~149°，欧洲人种为135~137°，新石器时代大汶口人（女性）为148.44°，现代华南人为145.1°，东北人为145.1°。另外，尚可用额指数表示其扁平程度。丽江人额指数为15.7。据吴定良、莫兰特研究，欧洲人及西亚人为19.4~20.5，亚洲蒙古人种和爱斯基摩人为14.1~16.5，现代华北人14.8，云南人14.3。欧洲人种指数值一般高于20，蒙古人种多不超过15，因此由额面上部扁平程度看，丽江人明显属于

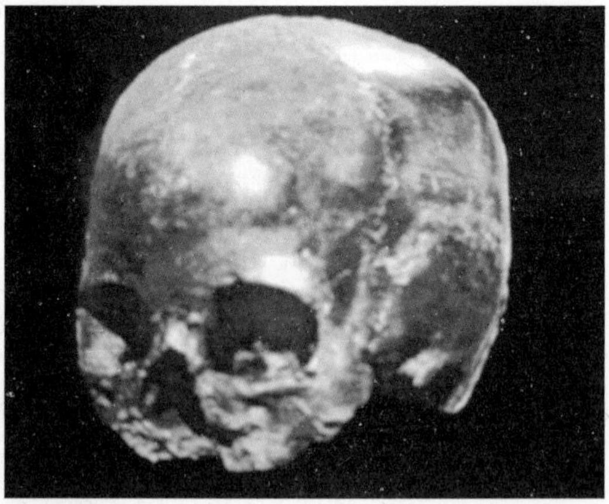

“丽江人”骨头化石

①云南省博物馆：《云南丽江人类头骨的初步研究》，《古脊椎动物与古人类》1977年第15卷第2期。

蒙古人种。依照现代人牙齿萌出年龄的资料，该牙一般是在12岁半左右萌出。

头骨的体积较小，骨质表面比较细致平滑，肌嵴不明显，眉弓发育甚弱，额部丰满，有明显的额结节和顶结节，明显发达的额结节和顶结节是幼年头骨的特点，亦常为女性头骨所保留。枕外隆突发育弱，头骨的骨壁较薄。综观之，丽江人头骨可能属于少年女性的个体。

二、丽江木家桥发现的旧石器

（一）木家桥地理状况及旧石器时代的发现

丽江木家桥地点处于丽江盆地南端。木家桥地点在丽江县城东南约11公里，在距田心村约200米的漾弓江两岸。漾弓江系人工取直水渠，原先环绕田心村北流过，当时河道宽10米左右，深约2米。河道取直后大致呈东——西向，宽15米左右，深约4米。开渠揭开了地下的沙砾石层，埋藏在沙砾石层中的动物化石便暴露出来，发现的化石材料保存在云南省博物馆。

1960年，中国科学院古脊椎动物与古人类研究所李有恒等到丽江进行了调查采集，对地层作了详细的考察。1963年云南省博物馆张兴永考察发现一些哺乳动物化石，采集了6件石制品。1984年中国科学院古脊椎动物与古人类研究所卫奇、黄慰文等到现场勘察，在同一地点又发现了16件旧石器材料。

（二）旧石器的种类

所发现旧石器除石片、石核外，较有特点的是刮削器、砍砸器和石球等，现简介如下：

刮削器二件，一件系凸刃刮削器，用黑色燧石石片加工制成。在石片的末端边缘经过了细微的修理，主要是从破裂面向背面方向修理，也有从背面向破裂面修理的痕迹，边缘略呈向外凸的弧形，石片左侧形凹，其边缘有使用痕迹。

另一件系凹刃刮削器。黄灰色，原料为一块四面体的石英岩角砾，在四面体较长的一条棱上采用交互加工和单向加工的混合方法加工而成，刃缘呈弧形凹口。标本的绝对长、宽、厚分别为46.1毫米、32.2毫米、15.4毫米，重17克。

砍砸器一件，黑色，是一件磨圆度不好的砾石经过打片以后进一步加工制成的，刃口不规整，加工留下的疤痕浅而宽。标本长、宽、厚分别为78.6毫米、66.5毫米、38.3毫米，重240克。

石球五件：

编号	岩料	颜色	三度空间轴径长（毫米）	重量（克）
P1	斑岩	灰	107.0 × 103.6 × 91.4	1257
P2	石灰岩	灰白	101.5 × 96.5 × 83.6	1304
P3	脉石英	灰褐	94.4 × 85.4 × 84.6	937
P4	石灰岩	灰白	92.4 × 86.7 × 77.3	787
P5	石灰岩	灰	74.6 × 68.5 × 63.2	385

P1，是将一件磨圆度很高的砾石沿长轴截短，使器物尽可能趋于球体。石球表面多半保留着砾石的自然面。

P2、P3、P4，是将扁平砾石顺短轴在扁平面四周边缘加工使其呈球体状。采用这种方法制作的石球大量出现在许家窑人的遗址中。

P5，是一件较小的石球，因岩性易被溶蚀，表面有许多溶蚀的孔穴。

丽江木家桥的石球和华北许家窑人遗址、丁村人遗址等处的石球相比，在制作技术上存在着惊人的相似性，在大小和形态上也是非常一致的。

（三）鹿角工具材料

1961年李有恒报道丽江木家桥的一段鹿角主干："两边被粗糙地钻孔，不似金属所凿，并未穿孔"。认为这是当时人类制作的鹿角工具。轴鹿鹿角主枝长约140毫米，眉枝保存较完整，角枝表面的棱和沟以及角节部周围的骨质瘤状清楚突起，说明埋藏过程中磨损不甚严重。主枝上部折断的断口磨蚀光滑，是否为人类使用的痕迹。因为旧石器时代晚期人类使用角器已较为普遍。

（四）小结

木家桥地点，即丽江人化石地点，迄今已发现石制品共28件，其中有石核8件、石片5件、刮削器2件、砍砸器1件、石球10件，还有石核碎块2件。制作石器的岩料，广泛分布于丽江盆地四周古老岩层中。

丽江木家桥出土的旧石器（石球、石核）

丽江人化石地点发现的石制品数量不算多，可确定是上更新统地层里的产物；类型虽简单，却是中国西南部横断山脉地区一批不可多得的旧石器材料，特别是当中数量较多的石球，对研究中国旧石器文化具有重要的意义。

石球出现于旧石器时代早期、中期和晚期，国外多有发现，国内只见于北方地区，如陕西蓝田稠水沟和汉中梁山；山西芮城匼河、阳高许家窑、万荣西桌子、襄汾丁村、曲沃西沟和泌水下川益河圪梁；河南三门峡；辽宁庙后山；甘肃镇原寺沟和姜家湾及黄土梁、环县刘家岔、泾川东沟和合志沟及南峪沟；内蒙古呼和浩特市大窑等。丽江石球的发现，给北方与西南旧石器文化的联系增添了新的证据。

关于石球的用途，贾兰坡等认为“有可能作为石锤使用”，小石球“可能是狩猎用的飞石索”。石球作为弹丸用作投击武器古今中外有之，形式多样，如南美印第安人的“飞石索”，纳西族的“甩石索”（纳西族语为“松不里”），山西五台一带的“绳落”等。作为投射工具的石球都是小型的。大型石球究竟作什么用？至今还没找到一个令人满意的答案。

旧石器时代晚期生活在丽江盆地的人类已经懂得使用鹿角工具。过去在丽江人化石地点发现的大量鹿角材料，可能还有进一步研究的价值。①

第二节　新石器时代的考古发现

新石器时代是原始社会氏族公社制由全盛到衰落的一个历史阶段。它以农耕和畜牧的出现为划时代的标志，表明已由依赖自然的采集渔猎经济跃进到改造自然的生产经济。磨制石器、制陶和纺织的出现，是这一时代最显著的特征。

一、金沙江流域古岩画

金沙江流域古岩画的发现，始于20世纪80年代末。在金沙江流域被发现的古岩画大约有70多个点，1988年底香格里拉县境内首先发现，之后在玉龙县境多有发现。主要分

①卫奇等：《丽江木家桥新发现的旧石器》，《人类学报》1984年第3卷第3期。

金沙江岩画

布在香格里拉县洛吉，玉龙县的大具、奉科、宝山、鸣音以及永胜县东山等乡镇。

我国著名岩画学专家陈兆复教授认为，金沙江岩画是云南境内目前发现的最古老的岩画。这些岩画呈现单一的色彩，简单的线条，数千年前古人类的生活场景被生动地画在金沙江畔的山崖岩洞里，虽历经千年，仍可依稀辨出画中人形及动物。岩画位于金沙江边的悬崖上，呈带状分布，最集中处画幅高达四五米、长约20米。岩画分红、白两种颜料，内容以人物形象为主，展现了古人类打猎、舞蹈、骑马等场景。此外，岩壁上还有一些白色的手印。

永胜发现的岩画，是与以往发现完全不同的类型。岩画内容以人物活动为主，展现了古人类舞蹈、骑马、游戏等场景，还出现了草棚、栅栏等图案。永胜发现的岩画，白色颜料占了大部分，岩画产生时期较晚，可能是新石器时代后期或更晚的时期。金沙江流域是新旧石器时代古人类迁徙的重要通道之一，也是多民族文化交融的地区，岩画对研究金沙江流域的多元古人类文化、古代经济形态和自然环境有着重要意义。

二、新石器时代的考古遗址

（一）维西县戈登村洞穴遗址

1958年发现于维西县玛莎人居住的腊普河东岸，出土磨光圆柱形石斧2件、长方形单孔磨光石刀1件、半月形单孔石刀1件、河卵石片打制的长方形石刀1件，此外尚有石镞、石碓、夹砂灰褐陶器残片等。据研究，这些陶器与后来川西、滇西发现的一些石棺葬出土的器物相近。①

（二）丽江金沙江流域的新石器文化

1980年以来，文物工作者先后在丽江金沙江沿岸的石鼓、巨甸、热水塘、老八课、

①云南省博物馆编：《云南人类起源与史前文化》，云南人民出版社1991年版，第282页。

永胜县马军河、宁蒗县金锡、盐源等地都发现了新石器文化遗物，尤以大东热水塘、老八课采集物较多，且特征较为突出。

1982年底，在丽江金沙江支流黑白水台地热水塘村山背后的崖壁上，发现了一块古生物化石，经鉴定属于鹿类下牙床化石，其年代不会晚于四五十万年。1984年，在同一地点又挖掘到结合在岩石内部的古生物化石，岩石表面尚存火炭灰烬，据地质工作者鉴定为木家桥间冰期的石灰华。

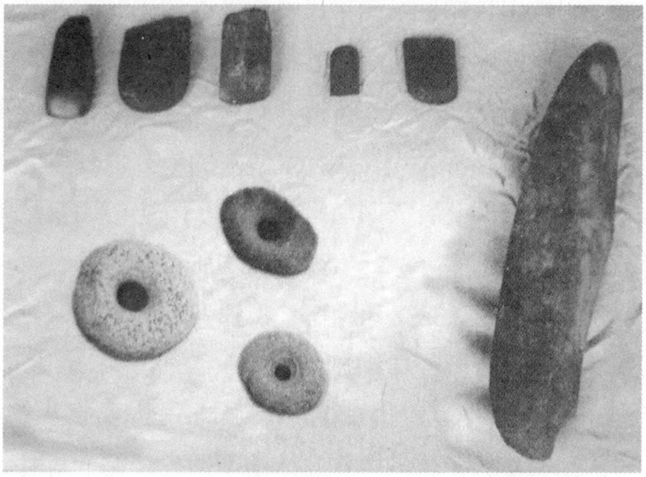

大东热水塘等地区出土的新石器

1984年10月，由省、地、县三级文物干部组成的丽江地区文物普查队在热水塘、老八课等两处遗址考察时，采集到11件新石器文化遗物，其中石斧9件、石锛和石凿各一件，均为长梯形，多选用河滩鹅卵石磨制而成。据研究，与元谋大墩子出土的器物相同。应属于金沙江中上游新石器文化类型。群众在挖坑取土时常发现陶片，多为夹砂陶，因破碎器形不明，并有厚薄不匀的炭屑，由此可看，其文化层尚未扰乱。

1990年，丽江县九河乡龙应村的社员向文博部门捐献了一颗石器时代的骨针，表明了在新石器时代该地区已有了渔猎经济的萌芽。

金沙江河谷纳西族地区各处所采集到的新石器，多为石斧、石质石一，从其器形、风格上来看，与元谋大墩子、宾川白羊村同属一个类型，可以看作是某种文化的内在联系。

（三）宁蒗及泸沽湖畔发现的新石器文化

1．西川区金锡乡采集点

在县城西南金沙江河谷地区西川区金锡乡等地，有多处岩穴、地穴，出土磨制石斧5件、石锛3件、石凿3件、石网坠5件，还有鹿角器、岩羊角器、骨锤、骨针等若干件。

2．永宁皮匠村采集点

在县城西北永宁区公所附近皮匠村，1958年发现并采集了28件石器，均用天然砾石磨制而成，以长条圆柱形石斧、单孔石刀为典型器物，也有大錾耳陶罐。

3．永宁开基村采集点

宁蒗县永宁镇开基村新石器遗址，发现有石斧2件、石锛1件、石网坠1件；在周围阿拉瓦、三家村、干木山脚下和金沙江也发现过石斧、石凿、石锛、网坠和石矛；① 在泸沽湖畔三家村狮子山下阿拉村和依买瓦村也发现过同类器物，多为采集和渔猎工具。

以上采集点的调查采集，因未发现居住遗迹，还不能称作遗址，暂作采集点而论。这一工作多自20世纪50年代晚期民族调查时所开始，未作过正式的发掘工作，藏品现存中国历史博物馆、云南省博物馆保管部、宁蒗县文化馆等处。从出土器物来看：长条圆柱形石斧、单孔石刀、石锛、石凿尤为典型，与鹿角器、岩羊角器联系在一起，就可以显示出采集经济尤为发达，畜牧业的成分也较重，符合山地民族的生活特征。器物中还有骨针、石网坠，表明渔猎业也占了一定的因素。陶器多夹沙灰陶，直接用手捏成而不甚规整；纹饰多绳纹与素面等，均属小平底器，且多以树叶作为衬底；器型简单，大鋬耳罐很有特点，这是川西南、滇西北地区岷江、雅砻江、金沙江流域石棺葬中较典型的殉葬器物，这两个文化之间是有一定的联系。

4．滇川交界泸沽湖畔的发现

滇川交界泸沽湖畔有肥沃的平川、茂密的森林，宜牧、宜渔、宜农、宜猎，历年来群众经常拾到当地俗称“雷公石”的石器，一般作为辟邪用具，多被喇嘛、达巴收集去了，同时还有铜、铁器出土。大体可分为：

白沙村发现的唐代石狮

细绳陶文化：前所乌丘乡前所大河左岸二级台地一村落附近，在大约1000平方米的面积内，可以随便拾到一种细绳纹的夹砂陶片。含有陶片的熟土层厚度约有0.5米；② 四川前所、左所也发现钻孔刀、石斧等。

铜金石并用时代：四川盐源县格萨村山脚台地东边一小角下，距地表下2~3米处，发掘出成排中、小型陶器，在相距不远的地方有3处，其间出土了铜器、陶器、石器等，石器物有7件。铜剑一

①严汝娴，宋兆麟：《永宁纳西族母系制》云南人民出版社1983年版，第390页。
②西昌博物馆：《泸沽湖畔出土文物调查记》，《凉山彝族奴隶制研究》1978年第1期。

柄，总长44厘米，其中剑柄长8厘米，柄施螺旋凸纹中空，剑身中部起脊，剑格呈隆起之三叉型；铜矛一柄，出土时完整，总长22厘米，其中较长11厘米，双翼较窄，其一侧宽处为1厘米，有对称半圆形耳，铜铸（似青铜）上鎏金；铜鞘头一件，铜铸，长10厘米，宽4厘米，正面饰圆圈纹和三角形纹，背面无纹。铁器有铜柄铁剑一件，出土时铁剑身已毁；还出土合金黄铜钺一件，柄孔呈椭圆形，横径4厘米。金饰片二件，系用条形薄金片，压制成水波浪纹，估计原是附着在木质鞘壳上。

泸沽湖出口草海北岸施工中曾发现长17厘米、宽10厘米、高3.5厘米的长方形铜锭一件，上有阴刻汉字铭文三行，锈蚀严重，仅认出一"孙"字。①

据调查者研究，格萨出土文物大约是西汉时代器物。铜剑与云南德钦永芝出土者相似，铜柄铁剑与云南晋宁石寨山出土者相似，铜钺与四川木里县博瓦出土者相似。当地在古代就是滇、川间"文化联系的通道"。同时证实，"泸沽湖畔自古以来就有勤劳的各民族先民劳动生息在这里，并且创造了较高的文化"。

第三节　青铜时代的考古发现

继新石器时代之后，进入了以青铜作为制造工具、用具和武器的重要原料的人类物质文化发展阶段。中国的青铜时代从公元前21世纪开始，直到公元前5世纪止，经历了1500多年的历史。青铜文化传入云南时代较晚，经物换星移，形成了灿烂的滇文化，至西汉中期，铁器大量使用，青铜文化日渐衰落。

一、宁蒗大兴镇古墓葬

大兴镇古墓葬在宁蒗县城东北角二官村喇波河西台地上，地势平缓，1969年在施工取土时发现，旋至1979年4月省博物馆文物队派张新宁、王涵前往该地调查，共清理11座墓葬。②

①西昌博物馆：《泸沽湖畔出土文物调查记》，《凉山彝族奴隶制研究》1978年第1期。

②云南省博物馆文物队：《云南宁蒗县大兴镇古墓葬》，《考古》1983年第3期。

从墓葬形制而言，墓室均东西向，头南足北，皆竖穴土坑，口大底小，口壁上段倾斜内收，西侧较两端尤甚，近底部处，两侧和脚端挖得较平直规整，头端继续内收，底部较高。墓坑大小不一，墓室长1.5～2.5米，宽0.56～0.75米，深1.1～3.25米，计有三类：第一，出有木棺，并有头箱，置陶罐于其内，少量铜兵器于棺内；第二，结构向前，无头箱，葬物仅纺轮及铜牌饰；第三，无葬具痕迹、白膏泥、铜兵器和装饰品，仅以少数陶器殉葬。

木棺的制作很独特，事先将坑挖好，坑床平铺三块长205厘米、宽约18厘米、厚约6厘米的长木板，其上每边用三块木板侧面迭垒作为棺四壁，均事先在两端开凿凹榫，拼接时与相邻木板的上下套合构成一"井干式"的木框，平放在棺底上作棺壁，其上横铺一层木板，尔后纵铺三块如同棺底的木板，作为棺盖，即建成一长205厘米、宽60厘米、高57厘米的木棺，有些再延伸一下即构成头箱，放置之后四周填塞厚约30厘米的白膏泥，然后用5～30厘米厚的泥浆把坑基四周抹光滑，然后填回挖出的土。木棺所用的木板均满布劈痕，没有锯和刨的加工痕迹，四周木框与棺底、盖板间没有任何钉、榫等物连接。

随葬器物：

1．铜器：有"山"字形格剑，扁圆銎斧；尖叶形圆筒骹并附对称半环耳矛；弧刃弧背铜削；圆形牌上梯形小柄牌饰。

2．陶器：均手制，多为泥质灰陶、橙陶和夹沙褐陶。部分上有黑衣，打磨光滑。器形有单耳、双耳罐两种，饰以水波纹及附加堆纹，底部刻画叶脉纹。

3．木器及其他：有器盖，纺锤形器、杯、镞、箭服、箭服底，杆、枕、棍、绿松石珠。

丽江古城出土的丽江保山州印

大兴镇古墓葬从其墓葬形制、出土铜器等看，属洱海区域的青铜文化类型；但从陶器而言，又与滇西北的德钦、丽江及川西南地区的木里、甘孜等地石棺葬和大石墓文化中的双耳罐相类似，充分印证了著名考古学家、四川大学博物馆馆长童恩正教授"陶罐越往西则愈原始"的论断，同时也与1958年在皮

丽江九河出土的元代青釉双龙罐

匠村采集到的大鋬耳陶罐这根历史的纵轴线，产生了密切地关连。年代可定在战国中期，与祥云大波那古墓葬的年代相当。从各地考古材料来看，大理、西昌等地都有大石墓文化，大兴镇古墓葬的陶器带有这种文化浓厚的色彩，可视作南北两地文化的交结部。①

二、宁蒗干坝子墓地

在后来的考古调查中发现，宁蒗干坝子墓地面积十余万平方米。为初步了解墓地的分布范围和文化性质，并为下一步的保护和研究工作提供依据，经国家文物局批准，云南省文物考古研究所于2013年10月中旬至2014年1月中旬，对该墓地进行了主动性发掘，发掘面积1000平方米。②

本次选取的发掘区域位于墓地北部边缘。发掘工作采用探方法进行，共布设正北向10米×10米的探方10个。发掘区域地层堆积分为四层。

本次发掘共清理墓葬128座，墓葬大多为中小型长方形竖穴土坑墓，另有4座瓮棺葬。其中中型墓两座，编号M60和M62，墓坑长5米以上，宽2米以上，其余均为小型墓，长3米以下，宽1.5米以下。墓坑深度大，最深的M50其墓底到墓口深近5米，其余墓葬的平均深度在2米左右。人骨保存较差，基本无残留，只在个别墓中发现有零星人牙。从随葬品的摆放方式看，墓葬大都为单人直肢葬，M60可能为双人合葬，另有一座墓疑似叠葬。所发掘墓葬大都发现有木质葬具残留，其中M109葬具保存完好，为双层井干式卯榫结构木质葬具，其结构和宁蒗彝族传统木结构房屋相似。另有用白膏泥封填葬具的现象。4座瓮棺葬所在的墓坑均为不规则椭圆形，瓮棺由手制夹砂红陶瓮和夹砂黑陶钵做盖构成，瓮棺横放在墓底，多已残破，其中一件瓮棺内还发现有人牙。

出土随葬器物丰富，共计千余件（套），根据质地可分为铜器、铜铁合制器物、铁器、金器、陶器、玉石器和藤编器。

①木基元：《小凉山地区考古文化概说》，《玉龙山》1988年第1期。
②万杨：《云南宁蒗干坝子发现大型青铜时代墓地》，《中国文物报》2014年8月20日。

铜器可分为兵器、生产工具、生活用具、护具、装饰品。其中兵器数量最多，包括剑、矛、斧、钺、戈、镦、箭镞等；生产工具有削和凿；护具主要为臂甲和腹甲；装饰品有头饰、镯、“干”形器、杖头饰等；生活用具为一面铜釜和一盏铜灯。铜铁合制器主要为铜柄铁剑和铜骹铁矛。铁器数量较少，仅见一柄铁矛。金器数量较少，仅两座墓有发现，器型为珠饰、钏和镯，属于装饰品。所出金器的总重量近500克。

春秋时期的双耳陶罐

陶器是本次发掘出土最多的器物，根据陶质陶色可分为夹砂褐陶、夹砂黑陶和夹砂红陶，根据器型可分为双耳罐、单耳罐、杯和纺轮，均为手制。双耳罐可分为大小两种，大型双耳罐多为夹砂褐陶或红陶，火候低，陶质差。小型双耳罐多为夹砂黑陶，火候高，陶质坚硬，胎体薄，表面磨光。单耳罐仅见大体型的，为夹砂褐陶或红陶。陶杯是出土数量最多的陶器，均为夹砂褐陶，喇叭口，鼓腹，平底，底部外侧多有一道或两道刻画符号。纺轮数量较少。

玉石器有玉镦、玛瑙、绿松石、烧料以及白色石灰岩制作的串珠和砺石坠。藤编器仅见藤类植物制作的臂甲和腿甲。

随葬器物的摆放颇具特点。金属器以及玉石器多位于墓底或墓主生前佩戴的位置。陶器则分为三种情况，一是放置于墓底头端葬具外，二是放置于头端葬具上方，三是放置于墓坑头端的填土中。这三种摆放方式或单个存在或多个并存。发掘区范围内不同区域的墓葬其随葬器物组合也有所差异，其中最明显的就是陶器组合。以M60所处的中部区域为分界，东部区域的陶器组合多为几件夹砂黑陶双耳罐，基本不见陶杯；西部区域则为一件体型较大的夹砂褐陶或红陶双耳罐，带一件夹砂黑陶双耳罐和若干陶杯，陶杯的数量多至20余件。这种差异可能反映了时代或文化性质的不同。

本次发掘面积有限，对于10余万平方米的墓地范围只是冰山一隅，但通过这1000平方米的发掘，此墓地的文化性质等已初见端倪。根据出土器物初步分析，这1000平方米的墓葬其时代可能在战国中晚期至西汉中前期，其具体的断代还有待出土资料的进一步整理和解读。宁蒗干坝子墓地是目前滇西北发现为数不多的大型土坑墓墓地，其中出土的很多器物与滇西北石棺墓出土的器物相似，但无论是器物本身还是葬式葬俗也存在一定的差异。此地为西南夷中的徙、笮都的活动区域，本次发掘为探讨、研究中国西南地区又一个新的青铜时代文化提供了宝贵的资料。

本次发掘区域位于墓地的北部边缘，仅1000平方米范围内就分布有128座墓葬，墓地的中心区域应更为密集，照此推算，墓地内的墓葬数量保守估计在万座以上，是目前云南西北部已知规模最大的青铜时代墓地。

三、金沙江河谷的石棺葬文化

石棺葬是世界范围内的一种文化现象。丽江地区石棺墓文化的分布范围十分广泛，尤集中于金沙江河谷地区，时间大多在青铜时代，因而石棺葬便成为纳西族地区青铜时代文化遗产的重要物证。①

1．大具石棺葬

丽江县城北88公里的大具坝，20世纪60年代末至70年代初，在这一地域进行的农田基本建设中发现过大批石棺墓葬，主要在大具乡政府所在地营盘村西南，海拔1800米。墓葬出土物大致相同，有人骨，并发现过完整的头盖骨，还有一些炭屑。通常是一人葬，但也发现过多人葬具，中间放置陶罐，其器形尚待采集确定，还出土过石箭镞及扎成把状的石杆。

石棺墓葬系用若干块石板所构成，石料为中生代红色砂岩。墓长105厘米，宽、深均为40厘米，墓为南北向，有盖板但无底板，经清理得到一些人骨，已朽，尚可辨认的头骨、趾骨等，内夹有若干炭屑，在其脊椎附近采集到一枚石镞，呈柳叶形尖状，长4.9厘米，宽1.7厘米，两翼双面磨刃，有脊，柄部已失；这是从该墓中所采集到的唯一器物。

永胜军和出土的文物

在该遗址东北方向2千米的白麦金江村，也有同样的发现。该村背靠山坡，缓坡地带多次挖出石棺墓，其墓

①木基元：《丽江金沙江河谷石棺葬初探》，《云南民族学院学报》1986年第1期。

石棺葬出土青铜器

向同前所述，出土随葬物计有镞、矛、陶罐等。

该村村民杨清善还藏有开梯田时挖到的一把铜钺（已采集），质料为青铜，表面留有铜绿，双面有棱，除刃部伸展部分被人工磨损之外大体完整。该器物通长17厘米，刃部最宽处为9.3厘米，柄部宽4.8厘米，厚度为0.2厘米，以靠近柄部棱为中心，各有四个大小不等的孔穴。

此外，我们在考察该遗址过程中，见到群众收存有采自地表的铁镞，现择一作个介绍：叶形，两面有刃，由薄及厚，有柄。通长6厘米、宽2厘米，其尖部厚0.1厘米、胎厚0.9厘米。在大具大沟头村明建碉堡周围也采集到此类物品。

2. 石鼓至巨甸一带的石棺葬墓群

从石鼓溯江70公里至巨甸的河谷台地，居住着纳西族、汉族等民族，这里海拔1800米左右，也有较多的石棺葬分布。

这一带石棺葬的发现早在20世纪50年代初。经过调查寻访，初步了解到石鼓、桃花、红岩、格子、古渡及对岸迪庆管辖的许多地方，都有石棺墓的分布。1984年以来地方文物工作者对格子、红岩两地情况调查较多，故略加叙述。

（1）格子。格子地处石鼓至巨甸的中心点上。1984年10月，我们曾经在该地采集到南诏时期的有字瓦、莲花瓦当等物，证明该区域历史由来已久。

1980年以来，因在格子茶山开荒种地及村民起房盖屋，发现了一批石棺墓。该遗址的特点是数层叠压，从剖面观察大概有三四层。有些墓葬很长，两墓相连的接头部分用石板相隔，疑为头箱或脚箱。石料均为板岩石，每块约厚5厘米、长50厘米、宽17~20厘米，每个墓即由这种大小不等的石板所围成。有的用整块石板作棺的一面，接合处相当粗糙，无黏合勾缝之填土。墓长约为170~200厘米，宽、深约50~60厘米，有盖板，无底版。用一层该处少有的沙子铺成，有防潮作用。其墓向为东西向，头朝山，脚朝江，葬式不详，墓内酸性反应大，人骨难窥全貌，仅残留一些碎片，随葬物也较少，所出器物有铜矛、剑、镞、刀、削、铜镜、陶器、海贝等。

铜器：铜矛，五件。柳叶形刃，圆筒形骹直贯刺尖，骹上有对称半环耳。刃部中心的两面呈竹叶状，有三角、划纹等，部分纹路含混不清，除一骹部及一刃尖有破损外，大体完整。长17~20厘米；刃宽2.8~3.6厘米、骹径2~2.5厘米。

短剑，三件。直刃，呈三角状，由刃至茎逐渐扩张；剑格突起，有脊，扁茎，长12~23.3厘米，刃宽2.4~4.1厘米。另采集到短剑一把，刃部扁平，呈S状，无脊，已残，残刃部长10厘米、宽3.5厘米，柄长4.9厘米、宽1.8厘米。

陶器：在这一遗址中所出土的陶器，均为陶罐，计有无耳、单耳、双耳等型若干式。我们曾参加过一个残墓的清理，未挖到铜器，仅发现4件陶器及4枚海贝和若干碎骨片。所采集的陶器均为双耳陶罐，为手制，慢轮修整，可分为两种造型：

Ⅰ型：二件，夹砂灰陶，薄胎打磨光滑，上有黑衣。两侧有对称宽耳，其上端中部剔出一点为饰。此型又可分为二式。（Ⅰ）式：侈口，长颈，鼓腹，器形矮扁，平底，平面呈椭圆形，耳、腹部皆饰有两道刻画水波纹，并有数道附加堆纹，通高12厘米，口径9.4厘米，腹径15.8厘米，底部有麻布纹。（Ⅱ）式：基本模式同（Ⅰ）式，曲腹，器型细长，腹有三道水波纹并附加堆纹，耳有两组水波纹，通高13.2厘米，口径8.8厘米，腹径13.6厘米，底有麻布纹，并有人工穿凿的小孔。

Ⅱ型：二件，混质红陶，火候低，吸水性强，口、底较大，耳较短，陶胎较粗糙，腹部较直，平底。其中有一件通高6.5厘米、口径6厘米、腹径8.6厘米；另一因残未能细察。

所采集到的海贝，均有磨制痕迹，并已穿孔。

（2）红岩。由格子顺金沙江南下约12公里，便到达红岩三仙姑村。1960~1970年在这里也发现过石棺葬，那时所得的器物现几无存。1983年，该村曹汝义、王炳华两户村民分别在起房时发现了石棺墓，石料、葬式、规格都与格子发现者无异，内出土铜矛、剑、镯等物，还发现陶器、海贝等物。

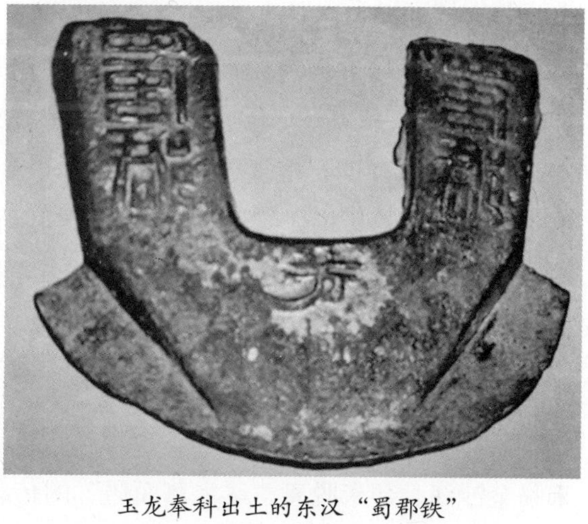

玉龙奉科出土的东汉“蜀郡铁”

1983年，在一个高出江面约200米的山包发现石棺墓，铜器大约在离地表约60厘米，形成一个由西南至东北向地带，占地面积大约为300平方米。所见青铜兵器等与格子发现者相同，惟具特点的是其中一把青铜剑，两面刃，中线起脊，格“山”字形凸起，空心螺旋纹茎，茎首作椭圆形，通长32.2厘米，茎部已剥蚀，属洱海区域的文化类型，与祥云大波那出土的较为相近。

从石鼓到巨甸一线所发现的石棺墓中，可以看出它的文化内涵具有浓厚的草原特征，从它的葬形、随葬铜器及陶器等来观察，它与云南德钦所发现的文化类型相似，当属于这一文化的南延；我们清楚发现这一带的石棺墓有盖板，填补了德钦石棺墓的一个缺环。从它的墓葬数层堆积来看，这一部落在该地的居住时间较为长久；从随葬品来看，该部落内部已有了贫富分化，墓主的社会地位大都是低下的。墓内发现了有磨制痕迹的海贝，表明这一部落已开始与外部交往。从已有格作“山”字形的铜剑来看，也与德钦石棺墓的文化内涵相一致与德钦石棺墓产生的年代相距也不会太远，约当秦汉之际。

3．马鞍山

丽江县城西4公里的马鞍山，因其酷似马鞍而得名。1983年底，该地群众开山取石，在半山腰发现了一批青铜器，地、县文物部门立即派员前往调查，并从群众中征集到一批文物。这批文物共有33件，为铜兵器、生活用具及车马饰，计有剑、镞、削、马衔、铜泡、环及其他饰物。

剑：铜柄铁刃长剑一件，茎部已有残缺，有米点纹，两端有三道凸纹，下连一段宽格，格旁有刺两排，中有三条突脊，其间也有交叉米点纹，刃部剥蚀情况严重，已残约30厘米，其剑通长38厘米（格、茎长17.5厘米）、宽4.4厘米；有鞘，长10厘米、宽10厘米，其尖部饰以米点纹。

削：一件，直柄，环首及刃部已破损，长12厘米、宽2厘米。镞：6件。铜泡：12件。环：6件。马衔：一件。其他饰物6件，其中形似“八”的铜饰，上有猪的饰纹。

据实地调查，石棺墓的发现是在一个台地上，海拔约2500米。石棺墓为东西向，棺由较完整的石板构成，石面较粗糙，约厚5厘米，棺长约200厘米、宽60厘米、深40厘米，有盖板，无底板；内有头盖骨，较为完整，还有一些肢骨，棺内有数十个颗粒状绿松石珠（未保存）。

德钦、格子石棺墓中尚未发现过鬲，在此却采集到疑为高脚鬲的空心陶管，长约8厘米。还采集到兽骨化石碎片及海螺、贝壳若干，这与其所处的地理位置有关。这里虽未临金沙江，却未脱离“逐水草而居”的传统习俗。

这一墓葬除带有草原文化的特征外，还有滇文化的影响，如江川李家山的青铜剑，剑川海门口铜石并用文化遗址的鬲，在这一遗存中得到了继承。从发现铜鸡模型及铜饰上有猪的情况分析，可以表明这一部落与畜牧业有关或有了家禽饲养业。从铜柄铁剑、车饰及海贝等器物与各地同类文化相比较，① 这一墓葬应晚于德钦、格子等地，其年代约可定为西汉中期。

4. 玉龙县奉科镇发现的“蜀郡”铁锸

玉龙县奉科镇达增课村岩浦自然村，地处金沙江三江口地带，交通不便，与四川木里、云南宁蒗仅一江之隔。1982年9月，该村村民王永在离江边有600米的一个山坡上挖房基时，掀开一个约3立方米左右的大石头，发现有四件铁器合成两组埋在一起，上书“蜀郡”等字，其中有一件于1985年9月经行署司法局邱信云联系交到丽江地区文物管理所。该铁锄中部、肩及刃部皆有空，右侧脊有孔，面部呈梯形，后部皆平。关于这一器物，方国瑜在《新纂云南通志》卷82《金石考·蜀郡铁器》中述之甚详：“形如履之前半……左右款均为‘蜀郡’两字，中一字为‘♀万’即‘千万’二字，合文篆书阳文，每器纵营造尺二寸八分，横三寸五分，厚七分，中空，重八两。”该种器物在昭通梁堆墓中曾出土过，1960年前后在四川省木里藏族自治县博瓦镇也发现过这一器物，在滇西地区则是第一次发现。

东汉时代铁锸在丽江的发现，说明了古代频繁的文化交流，证明了巴蜀文化的渗透，并以实物论证了该地的历史。不无遗憾的是，当时采集者未加注意是否为墓葬。其是否受西昌等地大石墓文化的影响？是代表来自四川的东汉时期的石棺葬文化？还是云南梁堆墓的延续？但不管怎样，该器物的出土对我们了解该地区的历史，特别是该地区社会经济结构等问题提供了第一手材料。

综上所述，纳西族地区的石棺葬文化内涵是极其丰富的，它综合了几支文化的特点，形成了一支独特的文化族系。说明远在秦汉时期，纳西族便在金沙江流域劳动、生息、繁衍，开拓了这一地区。这些遗存的石棺墓便是他们的公共墓地，葬俗大小规模不同，大者达一百座或二三百座以上，一般是几十座的居多，这大概是与当时氏族部落的大小相适应的。②

①中国社会科学院考古研究所：《新中国的考古发现与研究》，文物出版社1984年版，第488页。

②木基元：《滇西北金沙江河谷石棺葬文化初论》，《东南文化》1995年第2期。

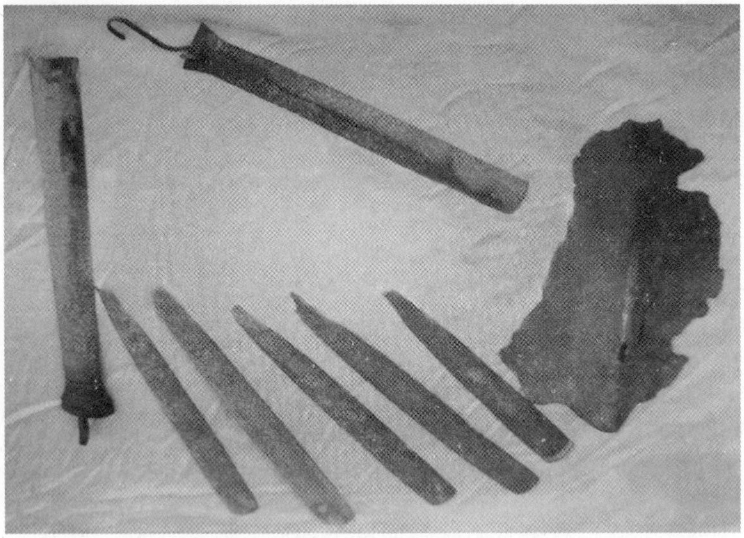

石棺葬出土青铜器

5. 华坪县发现的石棺墓

1990年2月中旬前往华坪县调查，在城南10公里的荣将镇湾潭村缓坡上发现了一批石棺墓，面积约为800平方米。这批石棺墓的四壁均为规整的板岩石所砌筑，有底板无盖板或有盖板无底板，个别底盖皆存，石板的厚底均为3厘米左右，石棺长150～200厘米、宽38～40厘米、高30厘米，墓向为东西向，即死者的头部向着山岭。可能由于地壳运动所引起土壤地层间的挤压，底板石片有移位，使整个墓穴呈一定的倾斜度。因土壤酸性作用，骨架被腐蚀，保存得不完好，仅遗少量的骨头，但从其竖直的架势观察，似为仰身直肢葬。墓内靠死者头部两侧有一些夹沙红陶片，制作粗糙因破碎器形不明。

据调查，湾潭村早在20世纪70年代开挖梯田时发现了石棺墓，村民看墓内除几个土罐外别无他物，便将其敲碎及弃之野外，未曾引起注意。当地村民把这种无主认领的坟墓称为“古董子坟”，认为与古代藏族的活动有关，现大多都被夷为平地。从梯田田埂断面观察发现：每隔50厘米左右，便有一个石棺较整齐地排列，可见这块墓地较大，可能是某一氏族的公共墓地。从地理位置观之，这里是华坪县最长的河流新庄河（全长86公里）的河床阶地，海拔1100余米，东为海拔1960米的轿顶山，依山傍水，适宜于人类的生存、劳作。

在华坪县东北部相邻的四川省盐边县西部三源河两岸的鱼门、永兴、惠民三个乡都发现过石棺墓。另外，云南元谋大墩子、永仁永定、维的等地石棺墓基本与之相似。

丽江金沙江河谷及盐边等地的石棺墓，当地村民都称之为“摆夷坟”，附会为古代傣族所遗存，而华坪湾潭却呼之曰“古董子坟”，究竟与历史上藏民的活动有关联？华坪湾潭石棺墓的发现，扩大了滇西北地区金沙江中游石棺墓发现的范围，为研究华坪地方历史以及金沙江流域的古代文化、南北走廊地区的民族迁徙提供了一份珍贵的资料。①

6．永胜涛源石棺墓

1990年12月下旬，丽江地区文物管理所、永胜县文物管理所组成联合调查组，在永胜县涛源乡金沙江河谷地区发现了一批石棺墓葬，这是该地区发现的首批石棺墓葬。② 这次考察主要是在涛源、金江两村进行，分别在坝子正北部的教场梁子、东门箐水库东西侧缓坡、金江街背后缓坡、堆子地等地点发现了这种古老文化遗址。缓坡上多有挖穴，墓坑遗址2米见方，深约1米。完整的石棺墓群已受到较大的破坏，分布较密、保存较多的是堆子地。我们在该处清理了一座暴露在外的墓葬，缺长（在其他地点约200厘米），宽125厘米，高65厘米，有底有盖，均为规整的板岩石所砌筑，内有一些碎骨，在墓底还清理出一件双耳陶罐，为夹沙灰陶，手制，较粗糙，侈口，长颈、鼓腹，并有不对称的桥形双耳，颈部、耳部稍有破损，罐高19.5厘米，口径10厘米，底径7厘米，余无他物。

2010年4月，由云南省文物考古研究所牵头，丽江市、永胜县参与，对涛源镇枣子坪和堆子山古墓群进行发掘，共揭露房屋基址18座、墓葬140座，总面积达17500平方米。③ 有石棺墓、石屋墓、土坑墓、瓮棺葬等，有石器、骨器、黑陶、青铜、玉器等上万件，出土石桌、玉壶、陶罐、青铜刀、双耳罐、鸡蛋化石等陪葬品。据介绍，堆子遗址发现的遗迹类型多样，为金沙江中游地区重要的早期人类活动遗址，时间约为新石器时代晚期至两汉间。堆子遗址地层清晰，打破关系复杂，对于金沙江中游地区早期人类活动的研究具有重要意义。

枣子坪遗址发掘面积达5300多平方米。发掘发现房屋、灰坑、墓葬、灰沟、灶等遗迹现象，出土遗物有石器、陶器、瓷器和铜器等，其中以陶器和石器居多，达数吨之重。发现的遗迹时代跨度较大，既有早到新石器时期的房屋与墓葬，也有晚到明清时期的房屋遗迹和墓葬。

同期，倮倮坪墓地发掘清理墓葬22座。此次发掘的墓葬多暴露于地表，均为长方形竖穴土坑墓。随葬器物多为瓷碗、瓷罐等，还见有铜戒指、耳饰件、玉戒指等。其中瓷罐多葬于身体下面，且有一石块封盖，头下多枕有陶瓦。依据出土器物大致判断，该墓

①木基元：《滇西北华坪县发现的石棺墓》，《云南社科动态》1990年第3期。

②木基元：《永胜涛源石棺墓考察记》，《丽江报》1991年7月24日。

③《丽江永胜考古发现百余座古墓》，《云南网》2011年3月7日。

地的时代为明清时期。

7. 玉龙县鸣音江凹石棺墓

2008年12月，玉龙纳西族自治县鸣音乡金沙江畔的江旺村发现了古墓群，已发掘9座。① 石棺墓群位于距离江旺村约500米的地方。

江旺俗称江凹，金沙江水流经此地，形成一道弧形江湾，江凹由此得名。江旺石棺墓群9个石棺墓之间排列整齐，紧紧相连。石棺墓有盖有底，由页片岩铺筑棺底，石棺类似一个箱状，长仅为60厘米，宽为50厘米左右。多数墓盖无存，墓坑只有少量的碎骨残骸。以往石棺墓葬式为仰身直肢和侧身曲肢葬，此次发现的应为二次葬或多次葬，棺内残骸排列无序。在一石棺中发现的能清晰辨认的头盖骨4个，以及许多零散的牙齿和头盖骨碎片，据推测有4至7个头盖骨，表明了该墓葬为二次葬或多次葬。

第四节　丽江地区的古代铜鼓

“铜鼓与蛮歌，南人祈赛多。”五代文人孙光宪吟咏南国风物的《菩萨蛮》，点明了铜鼓是我国古代南方各民族具有代表性的文化遗物，并表明了铜鼓是作为乐器和祭祀用具混合使用的一种器具。铜鼓，引文生意，就是用铜铸成的一个形似鼓的实体。研究者概括出它的共性是：通体皆铜，平面曲腰，体形圆墩，中空无底，侧附四耳，纹饰奇丽。

云南省博物馆于1975年在楚雄市东南3千米万家坝二十三号墓中出土的四面铜鼓，经科学测定年代距今2635±85年，② 定名为万家坝型，成为迄今世界上铜鼓研究领域里可靠的最早物证。

一、永胜军河出土的两面云南型铜鼓

1986年6月，永胜县城西北部的金官坝军河村一社员在挖田时，挖到两面铜鼓及一

①《丽江金沙江流域发现石棺古墓群》，《新华网》2009年3月2日。

②北京大学历史系考古专业碳十四测验室：《碳十四年代测定报告（续一）》，《文物》1978年第5期。

只铜杯，一年后为文物部门所征集。现把大、小铜鼓分别称为A、B鼓介绍于后：

A鼓：重21.8公斤，通高37.6厘米，面径37厘米，胴径51.5厘米，底径58厘米，形体完好无缺，外表造型古朴，足外壁折边厚1.2厘米，鼓面与鼓身较为匀称，鼓身剖面成起伏的胴、腰、足三段，腰部鼓突超过鼓面，腰部急收，足外撇，形成倒置的截头锥体。鼓体有明显的二道合范痕迹，鼓面及鼓身的纹饰较简单。鼓面中心饰光体，光体外二弦分晕，弦外延伸出八芒。鼓内壁对称地布有一对鼍纹，角侧都延伸出一对称的云涡纹，在两块鼍纹中间，有一处饰有四足爬虫纹样，似人似蛙，当时一种图徽的标志。胴、腰交接处有对称的四扁耳，两扁耳间的距离为10厘米。

B鼓：重8.1公斤，通高27厘米，面径28厘米，底径41厘米，足外壁折边厚1.7厘米，鼓形大体与前同，二道合范，四扁耳紧紧相连等，鼓面中心为延伸六芒的太阳纹，鼓面有破损，已穿孔，腰内壁饰鼍纹及云涡纹，其上鼓足内壁饰三横线（中一线为云涡纹），在三横线上布有三个复三角纹。

铜杯：敞口、圈足、无耳，外壁布有纹饰，极模糊，已残缺不全。

以上两面鼓的共同特征是：制作粗糙，造型古朴，面小底大，足口折边，束腰，胴、腰、足三段分明，足短，四耳扁小，纹饰、造型与楚雄万家坝出土铜鼓如出一辙，可认定为万家坝型铜鼓，并定名为军河铜鼓。

从纹饰、器形上作比较，军河铜鼓与万家坝铜鼓十分相似，“至于万家坝铜鼓以黾为图徽，可能与我国西北地区古代文化有关。这种图徽在西北地区的新石器时代就已流

清代各式银碗和碗套

行了。”甘肃武山西坪出土的陶瓶上彩绘有黾；宝鸡北首岭出土的陶瓶也绘有“水鸟衔黾”①。这种图徽在军河A鼓中有所表现，似人似蛙的四足爬虫应该是新石器时代蛙形人纹的变形。

根据学术界所公布的材料，迄今发现的万家坝型铜鼓共63面，② 均系在我国云南省出土或征集所得。万家坝型铜鼓的中心点是在楚雄及附近的牟定、祥云。目前所发现的Ⅰ式鼓大部分出自该地域；而其Ⅱ式鼓的中心点是在滇池周围的石寨山、李家山一带，这已从以上所述的分布情况中得到反映。据此，不少专家提出了云南型I式鼓起源于云南西部（楚雄）说，③ 并为学术界所承认，而其传播路线也由西趋东，在往滇中地区传播过程中达到最高峰，在滇池周围地区演变成Ⅱ式鼓。由曲靖、文山等地流传出去，在贵州、广西地区发展成其他类型，成为该地区喜闻乐见的祭祀及奏乐器具，这一观点似乎也成定论。

永胜、会理发现万家坝型铜鼓，绝非偶然。军河铜鼓是濮人的精美遗作，军河铜鼓是铜鼓文化的着意北延；羌人南下的文化传播现象，石棺墓即为一种；万家坝铜鼓上有黾纹是西北地区古文化的孑遗。这就是古代文化相互交流的必然结果，这种交流绝非在静止状态中进行，而是通过漫长的物换星移运动所完成的。

二、丽江麻江型铜鼓

1984年国庆期间，丽江五凤楼举办了“丽江地区文物普查成果展览”，其中有一件形似革鼓的铜器颇受观众注意。据笔者初步考察：该面铜鼓属传世物，类型属麻江型，即云南省博物馆李伟卿先生所划分三类七式中的Ⅲ型b式。其高28厘米，面径49.5厘米，底径50厘米。除一鼓耳残缺外，大体完整。它的主要特征是形体扁矮，鼓面小于鼓身，无青蛙等立体装饰，微有唇边，腰起突棱，有明显界限，足外侈。鼓耳两两相靠（有一耳已残），饰绳辫纹；鼓耳附扁茎，正视为长条形，侧视呈桥形。耳宽3厘米，高8.5厘米。鼓面中央有十二光体，芒针细长，芒间有“蝉纹”，鼓面及鼓身布满了繁缛的纹饰，花纹大都用单弦分晕，晕圈有主次之分。鼓面共有十一晕，鼓身共有十四晕。除鼓

①中国古代铜鼓研究会秘书处：《古代铜鼓第二次学术讨论会记要》，《中国铜鼓研究会第二次学术讨论会论文集》，文物出版社1986年4月版，第7页。

②李昆声，黄德荣：《再论万家坝型铜鼓》，《考古学报》2007年第2期。

③李昆声，黄德荣：《论万家坝型铜鼓》，《考古》1990年第5期。

面第六、七、十一及鼓身第八、九晕为素面外，其余皆有纹饰。

根据文献记录得知：此型鼓的主要流行于宋元至明清时期的贵州地区，纳西族历史文献中无使用铜鼓之记录；述录铜鼓资料甚详的方国瑜《新纂云南通志·金石考》中也未曾提到。因而我们可以肯定此面铜鼓系从外地传入。为寻根由，笔者依次寻访，作了一番调查，收集的线索主要有二条：第一，喇嘛教初创之期，派人到其圣地青海取经，并得到铜鼓作为祭祀之物带回丽江；第二，清咸同年间，纳西族战将木逢春（今黄山镇白华村人）从漾濞（也有人说从缅甸）作为战利品带回，该面铜鼓一直存放在文峰寺。笔者比较此二条线索，认为第二条理由充足些，我国北部地区是没有经历过铜鼓文化的，估计也不会流失到西北一线。而此鼓在漾濞（缅甸）一线，可能是内地商人循博南古道交流出去，又被纳西族战将索回，反映了近现代文化交流的史实，从而折射出纳西族保持自己传统文化，又不断吸取其他民族的先进文化、兼容并蓄的优良传统。奥裔美籍学者洛克来丽江实地调查，征集文物，欲用重金买走铜鼓而不成。新中国成立后，文化部门接管了文峰寺，原文峰寺的保管员孙诺喇嘛及县文化馆杨子美在20世纪60年代初把铜鼓收存至县文化馆，“文革”中免遭了破损。1984年丽江县博物馆成立时，该面铜鼓便成了难得的藏品之一。①

第五节　南诏大理时期的考古发现

南诏大理时期，纳西族地区作为吐蕃与南诏大理相交接的地区产生过十分重要的作用。从南北民族走廊这一通道的文化交流也延续不断，作为南方丝绸之路的重要通道，对中国西南及其与东南亚国家的经济文化交往也是功不可没的。这一时期纳西族地区的考古发现主要有格子藏文画像碑及火葬墓等。

1．格子藏文画像碑

1992年3月，丽江县城西北100多千米的金沙江沿岸格子村发现了一通藏文石碑，高

①木基元：《丽江麻江型铜鼓漫话》，《玉龙山》1985年第3期。

白沙壁画

1.58米，宽0.76米，石碑由藏文碑文、“臣服图”、碑饰及动物图等几部分组成。该碑现收藏于丽江纳西族自治县博物馆。

该碑文上有5行字，共60字。据冯智请藏学专家鉴定，译出了其字面大意：“措绒（地方）龙腊塔系由甲帮（汉氏部族）中、（曾）依附于甲节儿，然背（叛）于节儿者。（后）忠信藏普天子，顶礼论吉桑，因其品位之铜告身过多，而（晋）赐金告身。（又后）给龙腊塔赏赐藏坚之官职。（他）年满90去世。”①

碑文印证了史料所述龙腊塔归附吐蕃论吉桑的事件，并说明吐蕃在神川或“诸川蛮地”对龙腊塔这样投诚或归顺吐蕃的各少数民族诸部首领是以高度重视的，给龙腊塔授以金告身委以“大藏”官职似意在于让他管理地方水利、农田等方面的具体事物，目的是通过归附的土酋加强吐蕃驻边军队的粮食供给，具有一定的政治和军事意义。由于龙腊塔在住“大藏”期间积极效命于吐蕃，直至年高90岁过世后，后人因此为他立碑记传，歌功颂德。

约占通碑四分之三的“臣服图”及各种碑饰，则以图画方式补佐了碑文所述，反映了距今1300多年前的唐朝、吐蕃、南诏几种文化在今滇西北（即当时的神川铁桥上下）一带相互汇集、交往和融合的历史，是研究唐朝、吐蕃、南诏历史不可多得的重要实物

①冯智：《一块发现于滇西北的藏文石碑——格子石碑》，《云南社会科学》1993年第6期。

资料。

2．九河梵文塔

大理国时期火葬会礼塔，又名“高禾塔”或“白王塔”，位于丽江县城西50余千米的九河乡中和村。

九河为丽江南下大理的要冲，向来为兵家必争之地。胡蔚增订本《南诏野史》上卷段祥兴条曰：“理宗甲辰淳祐四年（1244年），蒙古兵出灵关，伐大理，（段）祥兴遣将高禾迎战，禾败死亡。……宋遣使吊祭。”高踰城和也即高禾，为大理国相高太祥之弟。踰城为佛名，即弥勒佛。大理国为追悼阵亡将士，收尸火葬，建塔以志。与大理国关系密切的宋王朝派人前来吊祭。9年后（1253年），忽必烈所率蒙古兵还是经过九河，南下平定了大理国。

塔的形制、规格皆因早年坍塌（一说毁于咸同年间回民起义中），且文献记录之不全，未能详考。其四周尚能拾到残砖，上有梵文，间夹汉字，上书“追为高踰城和高福善”“高踰城和神道”“高踰城和高政”“追为高踰城和及战亡等”……残砖色青或红，一般长17.8~18.5厘米，宽10.7~17.8厘米，厚3.6~4厘米，丽江地区文管所、丽江县博物馆均收集了一批较完整的梵文砖。1954年以来，李家瑞、孙太初、王恒杰等先后实地调查，其研究成果见于同期或后期书刊中。

3．白沙火葬墓

纳西族族群火葬墓之一。元代李京《云南志略》诸夷风俗条称末些蛮“人死无棺椁，贵贱焚一所。”直到清代乾隆中叶，丽江县大部分坝区纳西族地区才改制为土葬。

白沙壁画飞天像

从丽江玉龙雪山下著名景观玉峰寺南下到岩脚村之间狭长的缓坡上，均密布着一批火葬墓，这些火葬墓的特点是相互层层叠压，通常是挖开一个洞穴之后放入一个火葬罐，过若干年在此基础上又埋一批。葬罐色质多为灰白色，上有花纹，有阴阳五行之乾坤八卦刻其上，内装骨灰，个别罐内尚有金粉书写的梵文及海贝，还有一些火葬罐相互套用现象。靠近上层的火葬者，地表尚存墓幢，上书“追为亡人张踪神道”“追为亡人阿XX神道”，年款多落明代。在束河龙泉寺附近以及宝山、大东、丽江古城北门坡，都发现过成片的火葬墓遗迹。1933年，方国瑜先生对纳西族地区火葬墓做过开创性的调查，并撰写《明十和院墓葬考》，所搜之火葬罐陈列于当时的县立民众教育馆。①

第六节　明清时期他留人古墓群

他留人古墓群位于永胜县六德乡玉水、营山、双河三个行政村的接合部，系彝族支系他鲁人四大旺族葬区，1998年他留坟林被列为云南省重点文物保护单位，2006年6月10日国务院批准颁布他留坟林为全国第六批重点文物保护单位，正式定名为“云南省丽江市永胜县六德乡营盘村古墓群”。

1992年，北京大学宋豫秦博士率先调研，写出文章《云南永胜他鲁人城堡与坟林考察》②，并被《中国文物报》《人民日报》及《云南日报》等报刊转载，引起了地、县有关部门的重视，坟林被列入省级文物保护单位，2006年6月10日被公布为第六批全国重点文物保护单位。

他留山距永胜县城30公里，在占地0.3平方公里的山坡上，共有6300多座坟。墓群依山而筑，华表、碑石林立，布局严谨，错落有致。墓碑格式独特，雕刻的凤凰、麒麟、太极图等图案及花纹风韵各异，工艺精湛。这片坟林墓群系彝族支系他鲁人四大旺族葬区，南部是程、海、蓝三姓族葬地，中部是王氏家族葬地。据碑文可知，除个别三碑并立外，通常是双碑并立的一夫一妻合葬墓。碑文多楷书汉字，镌刻清秀，除谱牒世系外，多记载明初屯兵与当地土著居民融合之史实。碑额及边框多为儒家色彩的吉祥辞令，如“佳域”“英气留片石、仁风著千秋”等。年代起自明朝万历元年（1573年），

①木基元：《纳西族地区火葬墓概述》，《云南文物》1992年第1期。
②宋豫秦：《云南永胜他鲁人城堡与坟林考察》，《文物》1996年第5期。

迄至民国初年，尤以清代居多。

在坟林东南的缓坡上，近年还发现他鲁人于明清之际修筑的城堡和大德寺遗址。城堡四面各长500米，北部尚存三处建筑台基，周围散见大量瓦片，城内有多处圆形或椭圆形水井。城堡偏东处有一佛寺，为高氏土司建于16世纪末的他鲁大德寺，现存两座面阔三间建筑。

彝族支系他鲁人历史上主要分布在永胜程海、莨峨、六德等地，明朝中期高氏土司效法澜沧卫“屯民实边”建制，将一些游牧部落组成360户伍开到六德驻防，即今他鲁人的先民。目前永胜他鲁人有5000多人，他们没有文字，语言与周边汉族与凉山彝族有异。中华人民共和国成立后，其婚姻家庭仍处在以“青春棚”为特征的极不稳定的双系制对偶婚阶段，在经济、宗教、文化等方面也有特点。

现今的他留山，生产力发展水平十分落后，与繁荣的过去似乎毫无关联，是谁建造了他留古墓和碑林？他留古城堡又是怎样繁荣和消亡的……有四个奇怪之处：一是数量庞大。这个墓地密布着上万座明清时期墓碑，然目前他留人的人口尚不足万人。二是墓碑豪华。所有的墓碑都用青石雕刻，扣着“石帽”，为表明墓主身份高贵，或墓前竖着华表，或碑上雕着神兽。三是汉字碑文。他留人不说汉语，讲着自己的“他留话”，墓碑上都镌刻着行文严谨的汉字碑文。四是排列整齐。所有墓碑，都是按照姓氏家族的划分进行排列的。

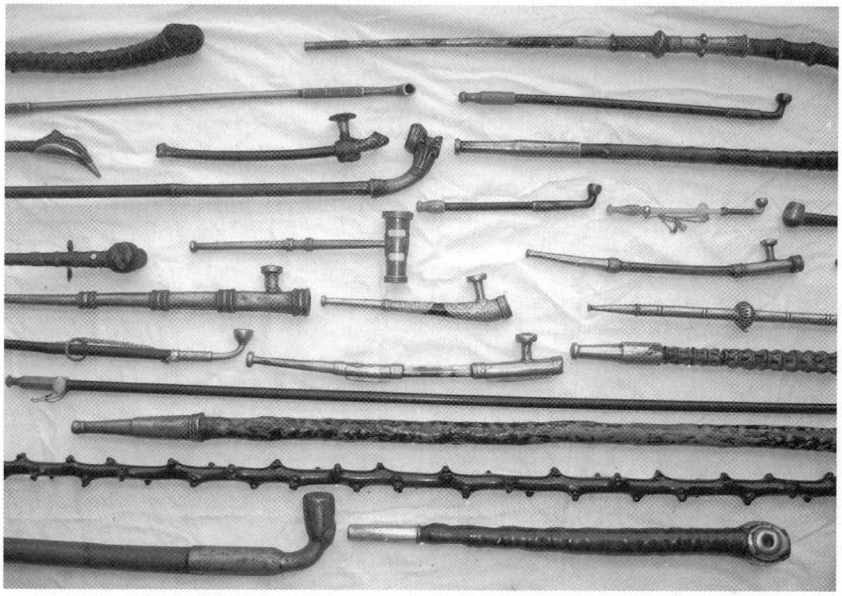

清代各式老烟锅

第六章　古建筑

歌德曾经说过："建筑，凝固的音乐。"建筑是建筑物与构筑物的总称，是人们为了满足社会生活需要，利用所掌握的物质技术手段，并运用一定的科学规律、风水理念和美学法则创造的人工环境。中式建筑品类繁盛，包括宫殿、陵园、寺院、宫观、园林、桥梁、塔刹等。而在民族学领域，通常把语言、建筑和服饰等三个要素，作为民族间相互认同的基本特征。摩梭人的建筑，也是其民族文化的重要内容。

第一节　寺　院

一、永宁白教者波寺

白教一般指噶举派。噶举派形成于藏传佛教"后弘期"，是由玛尔巴译师开创。噶举派是藏传佛教的重要宗派之一。① 藏语"噶举"中的"噶"字本意指佛语，而"举"字则意为传承。故"噶举"一词可理解为教授传承。

噶举派是以教法传授方法的特点而命名的，注重密法的修习，而修习密法又必须通过师徒口耳相传的途径。由于噶举派僧人的僧裙中加有白色条纹，后人学者又俗称"白教"，不十分妥切。

香巴噶举的创立者为琼波南觉，生于1085年，10岁始习藏文和梵文；13岁学本波

①王尧：《走近藏传佛教》，中华书局2013年版。

教，后改修宁玛派的大圆满法。他曾去尼泊尔进修梵文和学习密法，后数次赴印度依从弥勒巴等著名大师，并求得当时在印度流行的许多密宗法门。学成返回西藏后，琼波南觉在噶举派高僧朗日唐巴（1052~1123年）座下正式出家受比丘戒。之后，琼波南觉在前藏的彭域地方（拉萨以北）建寺立庙，又到后藏的香地去传授自己掌握的教法，在三年期间建立了许多寺院。因此，香地成为琼波南觉的传法基地或中心，而且他所传授的教法在这一地区形成一定的势力，故称其为香巴噶举。许多藏文史籍中记载，格鲁派的创始人宗喀巴大师及其大弟子，即后来被认定为第一世班禅的克珠杰等著名高僧，都曾向香巴噶举尊者求教学法。由此可见，香巴噶举曾在藏传佛教史上发挥过重要作用。

达波拉杰开创的达波噶举成为正统的噶举派，达波噶举成为唯一继承噶举教法的宗派。达波拉杰（1079~1153年）是达波噶举的创始人。噶玛噶举派是藏传佛教噶举派中势力最强、影响最大的派别，又是藏传佛教中第一个采取转世制度的宗派，该派还先后建立了几大转世系统，其中黑帽系和红帽系最为著名。

噶举派奉月称派中观见，重视“大印”传承，不重文字，重在论理，即通达“大印”的智慧。噶举派重视密宗，重视“大印”传承。不重文字，重在论理，即通达“大印”智慧兼包显宗内容，于是大印有显有密，噶举派各支派对此各有偏重。

噶举派作为藏传佛教宗派中分支最多的重要宗派，拥有众多的寺院和僧侣。噶举派寺院遍及整个藏族地区。从噶举派内部的派别势力来看，噶玛噶举派不仅遍及绝大多数藏族地区。以云南藏族地区为例，五座噶举派寺院中就有三座噶玛噶举派寺院，充分说明了噶玛噶举派在藏族地区具有一定的势力和影响。

噶举派的寺院状况以及它在整个藏族地区的影响，仅次于格鲁派和宁玛派。明末清初随着格鲁派的形成及其日益壮大，噶举派的势力在藏族地区逐渐萎缩，格鲁派采取了兼并改宗的强硬措施，致使噶举派寺院锐减，削弱了其强大势力。

白教者波寺规模比较小，白教在元至正十六年（1356年）由四川巴塘传入，现在寺院为清光绪元年（1857年）重建，者波喇嘛寺除与巴塘联系外，尚与理塘、的格、中所、宁蒗北蕖坝喇嘛寺有所联系。者波喇嘛寺有喇嘛350人，1956年土改前有喇嘛220人，其中摩梭人188人，普米族32人，曾先后有80人去后藏和四川巴塘。寺院组织基本与扎美戈寺相同，去后藏和四川巴塘学经可获学位，白喇嘛教的等级有格珠、拉差、翁责、集罗、集初。集罗相当于黄教哈尔巴，集初是小喇嘛，格珠相当于顾问。中华人民共和国成立之初，该寺有活佛1人，堪布2人。

二、永宁黄教扎美寺

扎美寺是摩梭人和普米族地区最大的藏传佛教（俗称喇嘛教）寺院。① 位于宁蒗县北部，距县城93公里，永宁乡皮匠街西北的古尔山脚下，现为云南省重点文物保护单位。扎美寺始建于明代嘉靖三十五年（1556年），由西藏噶玛巴活佛始建，原属噶举派寺院。相传白教祖师噶玛巴巡视西康，途经永宁，得知寺之所在地摩梭语称为“扎美戈”，音译恰巧是藏语“和平”之意，便决定在此建寺。清雍正年间扩建，改宗格鲁派，现属格鲁派（黄教）寺院。该派创始人宗喀巴的宗教理论称为甘丹必鲁，简称甘鲁派，后演变称格鲁派，意为善规（或善律）派，以该派倡导严守戒律而得名；又因该派僧人戴黄色僧帽，而俗称黄教。

该寺占地2.4万平方米，主体建筑正殿、左右偏殿，皆为三层楼阁，土木结构，厚墙黄瓦，竖有镀金铜顶，金碧辉煌，蔚为壮观。西面偏殿里，塑有高约12米的镀金弥勒佛坐像，头饰五佛冠，手持如意宝珠，为典型藏式泥塑风格。

偏殿内四面墙壁有清代绘制的6幅壁画，为佛教经变内容，线条精细，设色明丽，造型生动，与四川藏区壁画相同，未受汉地佛教和道教壁画的影响。壁画前是金色的转经筒，殿内奉着宗喀巴像、达赖和班禅的台座，还有格姆女神及其他佛神的塑像。

大殿四周，僧舍环绕，形成以主殿为中心的建筑群。相传永宁寺寺址由西藏白教噶玛巴亲自勘定，用藏语翻译即为无敌之意。背依之山“增米瓦”亦与藏语“无法丈量之山”相同，寺旁村庄“巴搓古”又与藏语“巨大之汇集”同意。还说寺名用藏语全称为“塔洛扎美归”，

位于永宁乡西北的古尔山脚下的百年古寺——永宁扎美寺（黄教喇嘛寺）

①宋恩常：《噶玛巴派喇嘛教在纳西族地区的传播》，《云南少数民族研究文集》，云南人民出版社1986年版。

永宁扎美寺壁画

塔洛又是含有通往涅槃之路之意。佛无处不在，缘随遇皆是。摩梭人信奉达巴教，这是一种驱鬼除邪，祭祀祈福的原始宗教，因毗邻藏区，又信仰藏传佛教，并形成两种宗教共存的现象。

永宁扎美寺仅有少量守寺喇嘛，其他喇嘛平时在家生活劳作，晨读晚祷。法会之日，数百名喇嘛身披袈裟，头戴黄色鸡冠帽，自带干粮行李汇聚寺里。一年有四次仪式：农历正月初三至初九的咪洛其模会，初七是特别隆重的跳神；农历三月中旬举行的措区会；农历六至七月举行的亚能会；农历十月二十五日举行的祭宗喀巴的甘丹安区会。

永宁扎美寺由明代西藏噶玛巴活佛始建，原属噶举派寺院。这座寺院除通常所见的大殿、酥油灯、彩塑和经幢外，还供奉了格姆女神，顽强地显示了摩梭人的特色。原有僧侣700余人，均为摩梭人和普米族。该寺在“文革”中被毁坏，仅存偏殿。1986年，由当地宗教人士集资，国家适当补助，按原样重修正殿。现基本修复，有僧侣百余人。

扎美寺首任寺主罗桑益史活佛，摩梭人，1929年6月4日出生在宁蒗县永宁乡泸沽湖岛总管别墅。1933年通过藏传佛教活佛转世认定，被确认为西藏哲蚌寺甘丹赤珠植美第五世活佛。① 1935年出家，到永宁扎美喇嘛寺学习藏文；1941年赴西藏学习藏文及佛教经典，1949年受戒，更名为阿旺益世登丙尼玛，15年间，一直在西藏哲蚌寺内虔习藏传佛法，并取得了藏传佛教的格西学位（博士）。

学业有成后，1955年9月，罗桑活佛回到了家乡从属藏传佛教格鲁派（黄教）的扎美寺，担任堪布（主持）。1956年9月，宁蒗和平解放后，罗桑益世活佛积极维护和平

①杨学政：《藏族、纳西族、普米族的藏传佛教》，云南人民出版社1994年版。

统一的团结稳定大局，从1956年9月到1966年5月，担任宁蒗县政协常委、人大代表；1966年6月到1967年5月，在丽江地区政治干校学习；“文革”被下放到永宁乡务农；1977年2月平反落实政策后，回到宁蒗县政协工作，任政协委员和人大代表；1981年5月到1987年5月，历任宁蒗县第六届、第七届政协副主席；1987年5月到1994年3月任宁蒗县人大常委副主任、中国佛协理事、省佛协副会长、省人大第五六七届代表；1994年4月起任丽江市政协副主席、省政协委员；2004年12月，被云南省佛教协会第六届常务理事会礼请为云南省佛协名誉会长；2006年4月，任丽江市佛教协会会长，2011年4月15日圆寂。

2011年5月，在省、市、县统战和民族宗教部门的积极支持下，永宁扎美寺正式启动罗桑益世活佛转世灵童寻访工作；按照藏传佛教宗教教义教规的严格指导下开展寻访工作，通过层层遴选，2014年5月23日在云南佛学院举行的罗桑益世活佛转世灵童选认仪式上，从三名疑似灵童候选人中认定尼玛泽尔为罗桑益世活佛转世灵童；在松赞林寺主持布主活佛的帮助下，最终选定2015年6月5日举行坐床仪式，并正式将转世灵童名号定为“甘丹赤珠塔龙仁波切”。2015年6月5日，宁蒗县永宁扎美寺寺管会及县佛教协会按照藏传佛教宗教仪轨，举行甘丹赤珠·塔龙罗桑益世丹增旺秋第二世活佛转世灵童坐床庆典仪式。

三、丽江地区七大喇嘛寺

藏传佛教是从元末由西藏经川西传入纳西族地区的。自明代中叶以来，随着木氏土司势力向北扩张，加强了和藏传佛教的联系，积极支持噶玛噶举及萨迦、宁玛派在中甸、木里、巴塘、理塘、昂都等地区修建了不少喇嘛寺。① 明万历年间，知府木增在丽江府主持刻印了藏文大藏经（史称丽江版《甘珠尔》），成为滇藏政教关系史和纳藏文化史上值得颂扬的重要人物。万历四十六年（1618年），在与格鲁巴（黄教）斗争中失败的噶玛巴黑帽系十世活佛曲英多杰逃难到丽江，被土司木增待如上宾。清代，藏传佛教在丽江、维西纳西族地区得到较快发展，从清康熙到道光的180多年中，先后建起了有相当宗教势力和经济实力的噶玛噶举派（白教）十三大寺，即丽江城郊的福国寺、指云寺、文峰寺、玉峰寺、普济寺，巨甸兴化寺，鲁甸灵照寺，塔城洛固的达来寺，维西

①马继典：《女儿国诞生的活佛——罗桑益世活佛回忆录》，云南民族出版社2006年版。

县城附近的兰金寺，维西喇普的达摩寺、来远寺，维西康普的寿国寺，贡山丙中洛的普化寺。①

绕玛尼堆

丽江各喇嘛寺都有活佛，纳西语叫“喇嘛古金”，地位最高，其转世需由西藏主寺或川西巴蚌寺大活佛以占卜法而定。丽江指云寺活佛地位最高，被奉为滇西北十三寺之领袖，相传是由四宝法王指定。各个寺庙都有自己的田产，地租收入是寺庙的主要收入。各寺喇嘛都奉噶举派的“噶玛巴”为祖师，“静坐堂”是喇嘛们的“学校”，建造在丽江文峰寺的“灵洞”旁。

1. 福国寺

福国寺，藏名奥敏南卓林，意为“密严解脱苑”。作为云南最大的噶玛噶举寺院，是丽江五大寺的母寺，始建于明万历三十九年（1611年）。原址位于县城西北11公里的芝山，旧名法云阁，是木氏土司的别墅“解脱林”中的重要建筑。木增派使臣赴京面圣，为其母请求御赐佛经，“天子嘉其孝”，赐名“福国寺”，是丽江著名的古寺之一。明崇祯十二年（1639年），徐霞客游历丽江曾住此楼八日。光绪《丽江府志》称，福国寺“同治甲子（1864年）正月，毁于兵。光绪壬午（1882年），寺僧重建。”1979年，迁至玉泉公园黑龙潭内。

五凤楼为三重檐多角攒尖顶木结构建筑，从四面看都像五只展翅欲飞的凤凰，故称为五凤楼。楼平面呈“亚”字形，又称“十”字形。是佛教庙宇典型的平面布局形式。面阔三间（通18.92米），进深三间（通17.78米），通高20米。斗拱繁复，极富装饰意蕴。装饰格扇、花板、梁柱皆精心雕刻、绘彩、典雅堂皇。前置月台，施作汉白玉望柱，栏板均雕花镂空，祥禽异卉各具神姿。

鉴于五凤楼所拥有的科学、历史、艺术价值，1983年1月被省政府公布为第二批省

①许存仁：《丽江古寺庙轶事及考略》，云南民族出版社2012年版。

级文物保护单位。1984年7月1日，云南省第一个县级博物馆——丽江纳西族自治县博物馆在这里建成开馆，已征集和收藏了近万件文物，其中仅历代名人字画就有2000余件。“八五”期间，该馆扩建为丽江纳西东巴文化博物馆。在新建的四合五天井院内，有东巴文化陈列室、丽江古城文化陈列室、历代书画博览馆、旅游产品服务部等，还有纳西族原始祭天场祭署（自然）场、二次葬遗址等，全面反映了东巴文化原始崇拜和自然崇拜的特点。①

2. 指云寺

指云寺，位于丽江古城西18公里的拉市坝西部山麓，始建于清雍正五年（1727年），光绪五年（1880年）重修，丽江五大喇嘛寺之一。寺位于高原明镜拉市海边，青山环抱，落水洞莲花祖师的足印增添了几分神秘，寺旁如锥岩石内留下的梵文给人以奥秘，更有住持指云寺的十四世东宝活佛赢得了丽维十三大寺总管的地位，十五世东宝活佛（木大喇嘛）进一步在德格八邦寺代理四宝法王之职，给指云寺增添了不少光彩。

历经近三百年的历史沧桑，指云寺仍闪射出佛光。指云寺原有13院，现存1个大院及5个小院。大院为二进院落，有门楼、过厅、厢房、大殿，整个建筑外形精巧，内部庭院有植于两三百年前的岩桑、槐、银杏、脑脂梅和云南樱花等五株古树名木，环境幽静古朴。大殿为三重檐楼阁，寺顶覆瓦，雕梁刻柱，明显不同于藏区碉房式建筑，体现出汉、藏、白、纳西建筑艺术交融的特色。据说旧时当地婚后无子女者，必到此石旁焚香跪拜以求子嗣，凡到指云寺敬香拜佛的民众也必先到石旁拜祭。

3. 文峰寺

文峰寺位于丽江古城西12公里的文笔山腹地，始建于清雍正十一年（1672年），藏名“桑纳迦卓林”，（意为秘密宗教机关和幸福乐园的喇嘛寺）。文峰寺的风景被公认为丽江所有寺院之冠，现存主体建筑，大殿和两院僧房。大殿为三重檐楼阁式建筑，面阔22米，总进深20.2米，顶层屋顶为四角攒尖顶，形如四方亭阁，位于大殿最高层，一、二层檐下均施异形斗拱，殿内空间宽敞，高4米，6根方形金柱雕有莲瓣及各种图案，承托着雕卷云纹样的大雀替。雀替柱身通体施贴金箔，覆斗式藻井绘有喇嘛教八宝和金刚座图样，具有强烈的地方特色。

文峰寺是著名的佛教圣地，不仅在西藏、青海、四川、云南等省区信奉佛教的民族

①汪宁生：《记滇西北的几个喇嘛寺》，《中国西南民族的历史与文化》，云南民族出版社1989年版。

中有较大影响，在印度、尼泊尔、缅甸等国佛教界中也有一定的影响。寺后有一灵洞，洞旁建有静坐堂，是滇西北红教13个喇嘛寺的最高学府，各寺都派有一定水平的喇嘛教徒来此学经深造，历时3年3月3日3时3刻，其间与外人隔绝。据称佛门钥匙，存放于灵洞侧的一道岩缝中，藏族信徒每到鸡足山朝拜，都先到这里来叩拜，称为“借钥匙”，归来时往岩缝中放下1粒小石，以示送还。还有一卷法堂画，长四丈，① 宽一丈余，是内地名师整整画了3年才完成的，此画只有重要的节日或迎送高僧活佛时长点燃香火，鼓乐齐鸣，拿出展示。“安乐吉祥林”位于寺南坡高约500米处，是著名的喇嘛教最高学府静坐坛。走进门有两院落，前院是食堂等杂间，后院是静坐禅房，南边靠山是讲经坛，佛像林立令人肃然起敬。1956年8月释迦牟尼的舍利（佛牙）从缅甸接回我国，寺内举行过盛况空前的迎佛牙宗教活动。

1986年10月19日，全国人大常委会副委员长班禅·额尔德尼却坚赞亲临文峰寺，赠送了“上师本尊诸菩萨画像”11幅及其本人大幅肖像等物，并为文峰寺题词“法雨林”。1992年，中国佛教协会会长赵朴初也为文峰寺题写寺名。

4．玉峰寺

玉峰寺建于清朝康熙十九年（1681年），历史上规模最大时有九个院落，现存大殿及上下两院。玉峰寺大殿为四合院布局，由门楼、大殿及两厢组成。布局和谐对称。大殿坐西向东，重檐歇山顶，正脊饰宝顶，两端饰兽吻。大殿总面宽16.3米，总进深12.6米。上檐作三桃如意斗拱承托，下檐作弧形轩棚装饰，具有较强的清代建筑风格。室内4棵金柱作垒金盘龙浮雕。顶八角藻井绘密宗佛祖坐宫，横梁裙板绘20个佛像，画面线条简洁，具有藏族“唐卡”风格。

寺周松柏茂密，泉水潺潺，汇集成潭，风光秀丽。玉峰寺内的山茶树植于康熙年间，至今已有300年，被誉为“云岭第一枝”、“世界山茶王”，并有“云南山茶甲天下，丽江山茶甲云南”之说。下院还有两株搭成牌坊的云南含笑，俗称十里香，花期从严冬到次年暮春，清香长飘古刹。玉峰寺万朵山茶与云南含笑齐放，届时游人如潮，无不称绝。玉峰寺山茶花花开万朵，花期甚长。

5．普济寺

普济寺，藏名“舍培兰辛林”，意为“解脱修行院”，坐落在丽江古城西6公里的

---

①丈：非法定单位，1丈≈3.33米。全书同。

普济山密林中。普济寺始建于清乾隆三十六年（1771年），嘉庆十一年（1807年）重修，道光十四年（1834年）拓建。1937年，由掌寺活佛圣露重修殿宇，大殿覆以铜瓦。

普济寺是普济村和典僧所建，后多次修葺。圣露时期，普济寺香火最旺，寺院发展也快，曾发展为拥有大小院落十三院的寺院。1989年普济寺被列为省级重点文物保护单位，对房舍进行了翻修。

普济寺现存大殿、配殿、护法堂、山门、禅院等建筑，面积达831.66平方米，大殿为二重檐歇山顶抬梁式建筑，平面方形，面阔五间（22.80米），进深五间（20.30米）。宽敞的殿堂内立着12根金柱和24根檐柱。中间6根雕作盘龙，腾云驾雾，造型精美。正殿院两侧是厢房，南北相对。天井内靠护法堂一侧，一左一右有两棵虬曲苍劲的云南樱花，一人不能合抱，至今已有200多年的历史。天井西北角有一棵高大的桂花树，据说也是建寺初年所栽。

普济寺共历四代活佛，以第四代“圣露”最为有名。圣露生于1871年，祖父是清朝武举。圣露的经文佛学造诣很深，又是一个爱国宗教人士，受到各界人士的尊重。圣露法师圆寂后，曾在寺后松树林里建造了一座白塔，现遗迹犹存。

6. 兴化寺

兴化寺，藏名忒钦达杰林，意为“大乘兴盛苑”。位于玉龙县巨甸镇偏西北部的金河村，离丽江古城140公里。建于清康熙四十年（1701年），由西藏入滇喇嘛密鲁扎拉所修建，供释迦佛金像于寺中。原有大殿一座，公房三大院，僧房三十九院（现存四小院）。原有僧房四十二院，常住僧人350名。

7. 灵照寺

灵照寺，藏名扎西噶期林，意为“吉祥喜聚苑”，位于玉龙县鲁甸坝西北角。清康熙五十二年（1713年），由兴化寺开山始祖密鲁扎拉所修建，原有僧房12院，常住僧人80名。

1976年2月，兴化寺、达摩寺、灵照寺七世督噶楚吉尼玛（俗名郭宏烈，丽江巨甸古渡村人）圆寂。楚吉尼玛是一位既是噶举派（白教）兴化寺、达摩寺、灵照寺活佛，又身兼格鲁派（黄教）香格里拉归化寺活佛。①

①许存仁：《丽江藏传佛教噶玛噶举派（白教）大事记》，《丽江文化》2013年第4期。

第二节　土司衙署

一、永宁衙门遗址开基村

永宁摩梭人从元代开始实行土司制度，至1955年民主改革废除土司制度时已有1000多年的历史。永宁土司府衙署原建在摩梭人称“开基瓦啊”的开基桥，那里是土司一、二世祖直到清光绪五年（1879年）任永宁土知府职事阿恒芳的衙署，建筑壮观，毁于战事。后土知府衙署修建在忠实村，分内外两院，土司府衙门十分壮观，两侧门卫室，外院有议事厅，有接待室、办公室、审讯室，还有常备队住房。内院是四面相连的跑马转阁楼，是土知府官员的休息室和卧室。土知府大门外，有两棵百年古槐树。“文革”期间，仅保留内院四面相连的转阁楼，均为单檐悬山顶建筑，土木构架，青瓦覆顶，楼层设有栏杆，正面为砖拱式门楼。1985年，罗桑益世活佛进行了修缮。院内两棵古槐经百年风雨，仍挺拔参天。

二、蒗蕖土司衙署

当年元军经过的永宁开基桥

蒗蕖土司衙署，位于宁蒗县城南19公里的新营盘乡东风村（又名衙门村）。蒗蕖土司衙署原规模宏伟，现仅存一个正殿及南北两厢房。正殿为重檐悬山顶，斗拱铺作富有装饰作用，雕梁画栋，富丽堂皇。南厢楼上悬有一残匾，长3米，宽1.25米，上书："钦命云南分巡迤西、兴修水利道、加六级、纪录八次谢崧为悠居人家，世袭蒗蕖知州阿为桂立。嘉庆十九年（1814年），岁甲戌小阳月上浣谷旦"①。

第三节　民　居

一、"木楞房"——井干式建筑

20世纪60年代初，宋兆麟到宁蒗县永宁乡调查历史文物，曾接触许多珍贵的纳西族文物资料。由于该地纳西族还保留了若干母权制的残余，因此在其住宅和葬俗方面也遗留了一些母权制生活的特点，这对于研究该族历史以及印证考古资料皆有重要的参考价值。宋兆麟除对葬俗研究外，还从摩梭人的家族、房子、火塘的住俗，兼及母系、母权制，就此研究复原了仰韶文化大房子的用途。②

摩梭人习惯依山傍水而居，房屋全用木材垒盖而成，当地俗称木楞房。房屋一般为三坊一照壁或四合院，分正房、经堂或厢房，宿舍楼，也有人叫花楼，门楼，也称草楼。正房供家庭集体活动，是议事和炊事及祭祀场所。厢房或称经堂的楼，房屋楼上为喇嘛住房或供佛像，楼下住单身男子或为客人住房。宿舍楼或花楼，主要供女子居住。门楼上放草，楼下大门两边是畜厩。泸沽湖摩梭房屋的大门，一般开朝东方或北方。其井院较大，有红白喜事，就在井院举行。

正屋结构复杂，屋后设夹壁，储存食物，并作为老人居室，正屋右侧为家庭主妇的起居室。正屋内，一角设灶台，灶台顶角有一神龛，上面放置神像、供品和花瓶。高灶台下方设火塘，火塘右边是主位，左边是客位，不能混乱。房中有两根大柱子，分左柱右柱。左柱为男柱，右柱为女柱。摩梭人在砍这两棵柱子时必须用一棵树，顶上一节为左柱，根底一节为右柱。在举行成人礼时，男的在左柱旁举行，女的在右柱旁举行。

民居建筑上各家自成一宽敞的四合院落，院门向东。住房多为"木楞房"。院门正

①郭大烈：《纳西族文化大观》，云南民族出版社1989年版。

②宋兆麟：《云南永宁纳西族的住俗——兼谈仰韶文化大房子的用途》,《考古》1964年第8期。

对面为一幢平房，称正房，是院落的主要建筑，一般呈长方形，坐西向东。其屋架为人字形，木板覆顶，上压石块。正房堂屋四壁全由圆木上下衔接而成。堂屋左、右、后三方，按传统建筑习惯，一般都建有侧室，常用土墙合围，形成左、右两个侧室和后室，作为贮藏室，有时兼作产妇生小孩和停放尸体用。

堂屋是全家活动的中心，靠门右上方装地板、设火塘，火塘后安有锅桩石及神龛。火塘两侧设卧铺，分左男右女两边，互不逾越。堂屋也是宗教祭祀和接待客人的地方。

正房正前方为门楼，门楼左、右为厢房。门楼及厢房都是两层，上层住人，下层关牲畜或堆放什物。丽江普米人家堂屋门外悬挂有牛、羊等骨头，有祝愿牲畜兴旺和宗教上的"避邪"之意。

木楞房四壁用削皮后的圆木，两端砍上卡口衔楔垒摞而成，屋顶则用木板铺盖，上压石块，整幢房屋不用一颗钉子，也不用砖瓦，它不仅冬暖夏凉，而且因为衔楔整架结构而特别防震。

设大门的那幢叫门楼，楼上放草，楼下大门两边是畜厩；大门正对的一幢叫经房，楼上是佛堂，供着藏传佛教黄教派创始人宗喀巴和历代达赖、班禅的神像，楼下为家里的成年男子居住或作客房；左边一幢是花楼，供行过"成人礼"的成年女子居住，"阿夏"们便在这里度过良宵，男子不经许可是不能进花楼的，而女子生育后也要从花楼搬至母房。

母房（也叫正房）在院子的右边，这是摩梭大家庭议事、炊事和祭祀的场所。

母房结构复杂，一般进门后还有一条狭长走廊，走廊内的房屋又被隔成三间，左侧是主妇的起居室，右侧用来做大灶，煮猪食或酿酒，并放置生产工具。中间是正屋，正屋最显眼的便是设在一角的火塘，火塘上方是锅庄和祭锅庄时摆放供品的平台，锅庄所靠的壁上，有一块泥塑或硬纸板，上画（塑）日月星辰、火焰、海螺、金元宝等图像，这是摩梭人崇敬的"冉巴拉"灶神。

在火塘左侧靠房壁，有一方形大木柜，柜内装零碎杂物，柜面则是家里最尊贵老人的床，一般是老祖母住。

二、摩梭"花楼"

摩梭人的"花楼"主要供母系氏族大家庭中的年轻女子居住，以便她们单独结交"阿夏"。

花楼大多为一楼一底建造，一般分4～5小间，以传统的木楞吊脚楼造型，全用木板作间隔，精雕细琢，装饰华丽，造型奇巧，门窗楼梯均雕花镂空，屋檐与走廊扶手用红、黄、蓝三色作为基调，绘有龙凤彩云图案，楼梯设于底层走廊中段，靠楼梯间的楼板平面上，用一花格木杠封住上楼进口，以防他人随意进出。

摩梭人的花楼，一般为母屋旁另一幢二层楼房，楼上是为青壮年妇女与她们阿夏的居室。这里是感情真挚的净土，这里是无拘无束的方舟。这里没有任何意义的交易，这里没有生离死别的哀痛。

举行过“成人礼”的摩梭男女，方可进行社交活动。摩梭女子参加篝火晚会，在夜色中寻找自己意中人。男子遇见了心仪的女子，将邀其共舞。如有情用手指抠女子手心，以此“暗送秋波”。女子倘若有意，将告诉男子自己花楼之地点。夜晚12时以后，男子前来走婚，他将要过三关，一是翻过院墙，并不困难；二是想办法让狗不叫不咬。只要带些狗爱吃的东西就可过关；三是女子所住花楼木屋的门闩又长粗，男子需用随身戴的长刀砍断那门闩方可进门。所以，摩梭男子在成丁仪式后，都会随身佩刀。

“三关”实际上仅具有某中象征意义，并非真正之难关。事实上，摩梭男女走婚，纯以双方感情为基础，有感情就有婚姻，没有感情就不能同眠“花楼”。由情生爱，可以多上几个花楼；情爱不乱，绝不能同时有两个“阿夏”。

第七章　民俗文物

民俗文物是反映一个民族物质文化和精神文化的遗迹和遗物，具有本民族的特色。它们从不同侧面反映了一个民族近现代的社会发展、社会生产和社会生活，是研究民族历史，特别是研究少数民族历史的实物资料。摩梭人的民族文物，在其社会发展进程中的作用自然不可小觑。

第一节　生产工具

摩梭人的经济生活长期处在封建领主制经济中，直到新中国成立前仍据主导地位，以农业为主，畜牧业、渔业、捕鱼、狩猎和采集等处于从属地位。领主制经济已进入犁耕农业的阶段，普遍使用铁制农具，主要有犁、锄、镰、砍刀和斧头等，大多依靠外族商人输入。① 犁有“二牛抬杠”、单牛犁和四节犁等，传统的竹木生产工具有木锄、马鹿锄、连枷、筛子和簸箕等。

一、犁具

摩梭人的农具较多，其特点是：一方面已经普遍使用了犁耕，另方面还使用大量木农具。他们所用的犁，有两种形制。②

①杨振洪：《摩梭人地区经济》，郭大烈：《纳西族文化大观》，云南民族出版社1999年版。
②宋兆麟：《泸沽湖畔摩梭人的农业》，《农业考古》1982年第1期。

马铃

1. 二牛抬杠犁

摩梭人称二牛抬杠犁为“日鲁”。由下列机件组成：

犁铧：摩梭人称“二支阿”。呈等腰三角形，长32厘米，宽24厘米。铧面弯度较大，俗语说：“最大的弯曲是犁铧，最直的树木是杉树。”

犁壁：称“柴蒂”。原为长方形木板，长25厘米，宽15厘米。后改用汉族的铁犁壁，长30厘米，宽17厘米。

犁床：称“阿沟”，长75厘米。

犁柱：有些与犁床为一棵树木砍制而成。高113厘米。

犁辕：称“阿左”，长而直，长3.5米，直径15~20厘米。

犁箭：高80厘米。其中有两种，一种是固定在犁床和犁辕之间，只起加固犁架的作用；一种安装方法同上，但是犁箭可沿犁辕上下移动，安装方箭上有两个孔，可调节深浅。

犁建：称“阿列”，长18厘米，是插入犁箭空内的木楔。

犁评：称“库鲁”，为木叉形，长20厘米，位于犁辕和犁建之间，用以控制耕地深浅。

犁杠：称“暗恩”，长2.9米，两侧各有两孔。

犁肩绳：称“义喀”，长50厘米，拴在犁杆的木孔上，供套牛脖子用。

这种二牛抬杠犁，当地的普米族称“穿木冬”，意为普米族的犁，传说是他们发明的。但是，从汉族文献上看，此犁远在汉代已经在中原使用，即所谓二牛三人耦犁，在《汉书·食货志》中也有记载。后来传入西南地区，并且长期被兄弟民族所保存下来，如《蛮书》卷七、《新唐书·南诏传》、景泰《云南图经志书》卷一、《南村辍耕录》卷廿九、《札朴》卷十、乾隆《丽江府志略》卷上等书籍中也有记录，说明该犁原来由三人操作，即一人牵牛，一人扶犁和一人掌辕，后者是掌握方向和控制耕地深浅。随着架牛技术的改进，一般只用掌辕和扶犁两人了。

当地洛水地区还有一种二牛抬杠犁，其中的犁辕和犁杠是固定的，没有掌辕人，而且在犁杠上有两个木框，供套牛使用。使用时，只由一人扶犁，不用牵牛和掌辕人。这种犁，与四川和青海某些藏族使用的二牛抬杠犁基本相同。

2．曲辕犁

摩梭人称“义都”，意为曲辕犁，又称四节犁。其中包括：犁床长70厘米；犁辕长152厘米；犁把长96厘米；犁箭高71厘米；犁建长15厘米；犁评长12厘米；犁铧长30厘米，宽15厘米；犁壁长33厘米，宽18厘米。

这种犁没有犁舵，比较轻巧，转弯灵活，能控制深浅，可深耕15~25厘米。由一牛或二牛牵引，其中由一牛牵引的为小犁，或单牛犁，一般适合破土划沟和中耕，广泛使用于山地；由二牛牵引的为大犁或双牛犁，它不仅能破土划沟，还能开荒和翻地。多应用于平坝地。当地摩梭人比较重视耕翻土地，如大春作物要三犁，小春作物要二犁，其中的玉米地，秋收后就实行翻地，方法是犁一铧留一铧。到冬天泡水浇灌，这样早晚上冻，日出后又融化了，因此土质松软。留下的一铧地，在腊月再犁掉。次年三

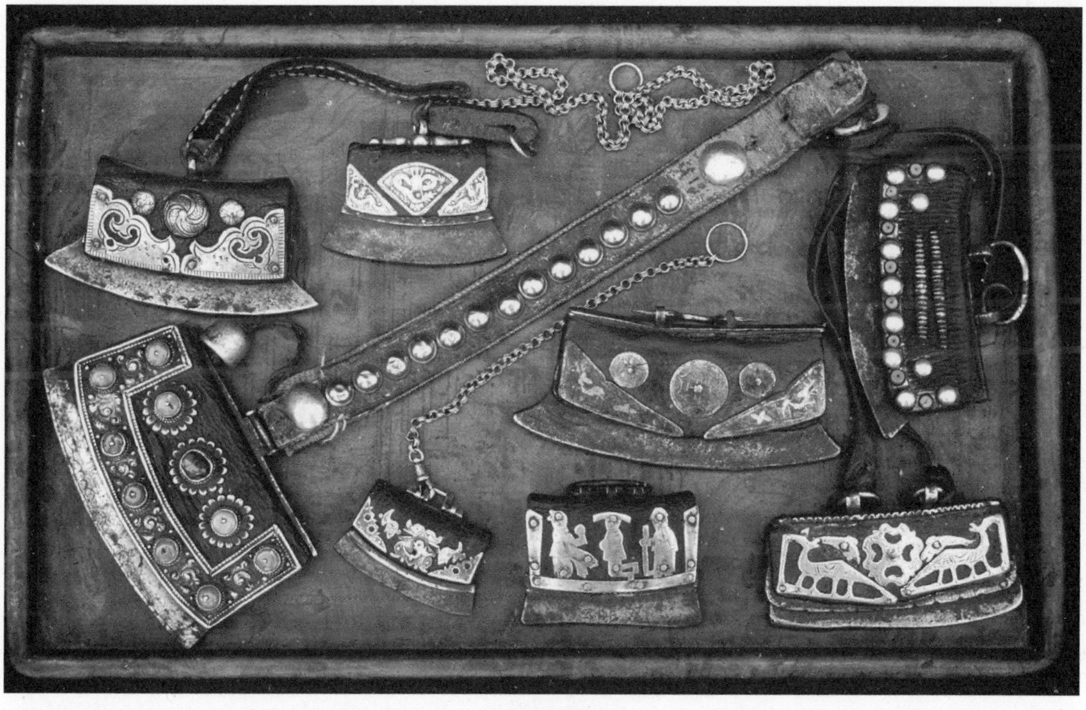

民俗文物

月犁第三遍。

犁地时，男女都可以扶犁，其中的二牛三人犁，扶犁者不如掌辕者重要，因为后者不仅需要强健的体力，还要有一定的技术和经验，才能控制耕地的深浅和方向。所以当地有句谚语：“掌辕的人是师傅，扶犁的人是徒弟。”由此可看出二牛三人犁的特殊操作方法。

第二节　其他农业工具

一、垦荒农具

铁斧：火耕时的主要砍伐工具。

砍刀：称“呷达米”，又称弯刀，既便于手砍树，又能勾拉树枝。

挖锄：称“除苦”，即尖锄，在鹤嘴锄式木柄上，安一尖状铁刃，供垦荒时翻地时用。

二、平地农具

木锤：称“库都”，在一根木柄上安一尖头或平头木锤，是碎土、平地农具。

方耙：又称“义车”，它是在一个长方形木框上，安五排带齿横木，长2米，宽1.8米，由一牛牵引。

三、播种农具

新中国成立前后，摩梭人的播种技术有两种：一种是撒播，如稗子、麦子和荞子等，所用工具仅仅是盛种子的竹筐或布口袋。另一种是点播，如玉米、南瓜、豆类等。有两种农具：

木质鹤嘴锄：称“斯瓦苦”。由天然树杈砍制而成，长20~30厘米。这是当地的采集和播种农具。

尖刃鹤嘴锄：形制与前述的挖锄相同。

民俗文物

四、中耕除草农具

除上述尖状鹤嘴锄外，还有：

薅锄：称“花拔”，即板锄之意；锄头圆肩、平板，安长柄，是主要的松土、除草农具。

马鹿锄：称“责任”，在长柄木锄的刃部，安一凹形铁套刀，形制如汉代的铁口锄。

当地仅在玉米、土豆和豆类地上中耕除草；麦子。荞子和稗子不除草。在圆根地里以手拔草。

五、收割加工农具

镰刀：称“舒古”。有平刃镰和锯齿镰两种。

荞棍：一根长一米多的木棍，供打荞子和玉米使用。

枷：称“恰拉”，由两根木棍联结而成，一粗一细。摩梭语称粗棍为母棍，细棍为子棍。

竹扫帚：称“巴租”。

脚碓：称“木朱”，由一人脚踏，一天能舀20公斤粮食。

手磨：称“脚立”、小型石磨，有一摇柄。一天一人能磨25公斤粮食。

第三节　生活用具

在中华人民共和国成立之前的长期的历史进程中，摩梭人主要的交通工具是役使骡马，马帮运输及其旺盛。马帮以骡为主，因为驮运以骡最佳，母骡负重能力强，灵巧胆大，性情温顺，适应崎岖陡峭山路；骟马亦作役畜，次于骡。农忙时驮运肥料、粮食、烧柴，农闲时经营运输，在县内外川滇比邻地区驮运食盐、山货，有的常年在茶马古道行商贩运，远达西藏、印度。农家普遍养母马，以繁殖骡驹、马驹出售。

而在摩梭人的交通工具中，最具特色的应数猪槽船。猪槽船即独木舟。摩梭语称：“日故”。由一根粗壮的圆木镂空．两头削尖而成。因其状如一只长长的猪槽而得其名。泸沽湖与世隔绝。湖中的唯一交通工具是摩梭人独特的“猪槽船”。最先记载“猪槽船”的文献，是清代道光《盐源县志》“夷民挎巨木中空，桦短以济，曰：猪槽船”。

民俗文物

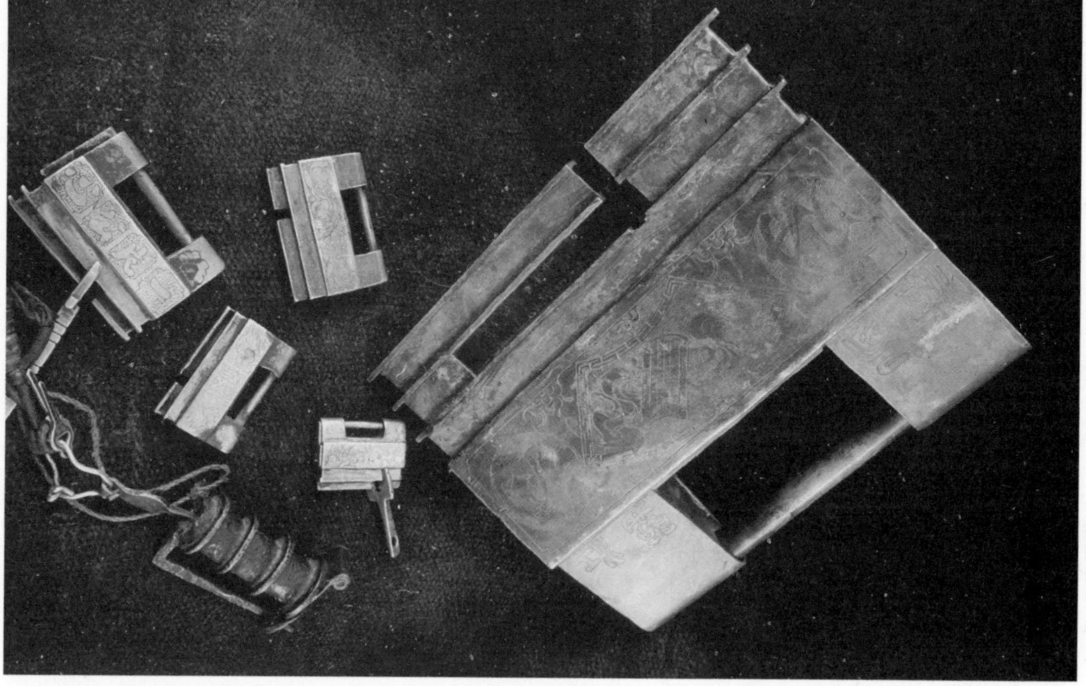

民俗文物

说起猪槽船，摩梭人有一个动人的故事。很久以前，泸沽湖不是湖，而是一块“汝地”，即低洼的盆地。那里有着九个村寨，周围都是莽莽森林．土肥草美，粮丰物盛。西面狮子山脚下偏北的山岩下，有一个“谢报库”意为涌泉之洞。终年四季．清澈的泉水从这里流出。有个放牧的哑巴每天带着午餐用的粑粑，在这里放牧。渴了就在这股泉水里喝上几口。有一天．洞里不出水了他很奇怪。一看，原来是一只大鱼堵在洞口。于是，哑巴抽出腰刀割下一块鱼肉烧着吃了。第二天．鱼身上被割去的地方复原了。从此，哑巴不再从家里带食物，每天以鱼肉做午饭。时间一长，家里人见哑巴不带食物出门，仍然长得红光满面，不禁感到奇怪。问哑巴，哑巴却说不出来，便尾随他看个究竟。一见洞口那条大鱼，贪婪的人们便想抢回家中享用。于是赶去了九架十八头牛，架上抬杆，用九根绳子设法套住鱼，拼命往外拉，鱼被拖了出来，但灾难随之发生了。大水从洞口汹涌而出，顷刻间淹没了所有的村寨．也淹没了所有人畜，整个盆地成了一片汪洋，形成了今天的“谢纳咪”即泸沽湖。唯有一个正在喂猪的妇女，见大水滚滚而来，危急时刻她迅速跳进了猪槽．逃脱了灾难．得以幸存。后人为了纪念这位勇敢而智慧的妇女．一直沿用这种猪槽状的独木舟。

民俗文物

猪槽船不仅用于捕鱼、捞虾、捞猪草等生产劳作．还是沿湖人民探亲访友和“阿肖”谈情说爱的重要工具。

摩梭人的手工业主要有纺织、酿酒、榨油、淘金、铁木制作、竹器编制、陶器、砖瓦的生产和制鞋等门类。其中以纺织麻布占首位，工具为竹制圆形纺车，每个摩梭妇女都能操作这一技能。

榨油原料主要麻籽、瓜子和野生的刺果。榨油工具采用长约70厘米的大木剜成槽，将原料倒入槽后，上覆木板，再压石头，使油徐徐流出。

狩猎和采集是摩梭人农闲时的副业活动。过去领主经济形态下有若干禁令和纳贡规定，狩猎的目的除食用外，更主要是为了兽皮。兽皮的加工交由永宁皮匠街的工匠完成，皮匠街上的师傅其祖先则是从丽江束河迁来。

淘金是金沙江沿岸摩梭人经营的主要副业之一。每年冬春时节，摩梭人会携家带小，在金沙街边搭建帐篷，淘金营生。淘金工具共有六件：尖嘴琢子、圆口板锄、撮箕、摇床、木盆和盛金子的小瓶。

第八章　宗教文物

达巴教是泸沽湖地区摩梭人的原始宗教，与丽江纳西族的东巴教有密切联系，其发展比东巴教缓慢，其形态亦比东巴教原始，基本上保持着原始部落宗教的特征。达巴教因巫师达巴而得名，它没有系统的教义和经书，也无宗教组织和寺庙，只有几十部（回）口诵经，另有一种占卜经（俗称算日子书），是用32个不同形体的原始图画文字书写的。①

第一节　“达巴”服饰与用具

达巴教是典型的原始宗教，既有巫的成分，亦有教的成分。达巴是能使神灵保佑，妖魔斩尽，能消除妖魔对活人的纠缠的智者，是不脱离生产劳动的宗教从事者。达：是“砍”之意，巴：是砍后留在木头上的痕迹。

达巴教的信仰活动较多，主要有几种：占卜、衣襟卜、木片卜、石子卜、骨卜、鸡卜、鸡蛋卜以及祭祀、巫术、避邪等。

一、服饰

达巴的服饰有一定的讲究。所戴的帽子为“扎俄马”，以布缝制，由五块组成，自

①拉木·嘎吐萨：《摩梭达巴文化》，云南民族出版社1999年版。

左而右为：第一幅为“喀西格咪”，是住在天上的神；第二幅为“喔母干那”，也住于天上，是管鬼的神；第三幅为“拉吉咯米肖”，为达巴的祖师；第四幅为达巴；第五幅为“情衣斯给”，为住在山上的狮子，是达巴的助手。达巴请神时，必请前三位神，作为最大的保护神，驱鬼时则请狮子出动，在法冠两侧还有两小片，作为达巴跳神的耳朵。过去有人说达巴、东巴和喇嘛的法冠是一样的，是一种神灵的五种形象，其实不一样。

二、法器

达巴在从事法事活动时，主要的法器有如下几种。

日月旗。达巴从事活动时，必树一旗，旗呈三角形，上有日月图案。旗杆较长，插于地下，杆顶有铁矛或叉，作为达巴的标志，也是护法武器。

神像。达巴的神像有两种：一种是固定的保护神，如达巴祖师、水龙王等。前者是木雕的，为尖顶四方形，平时放在法器袋内，使用时供在供盘上；另一种是临时性的，如祖先、山神、龙王等，是以糌粑捏塑的，现供现做。

供盘。该具以木雕制，正方形，有浅槽，它是盛粮食用的，神偶置于中央，一般将其放在祭坛中央。

印版。该具以木雕制一定神偶或吉祥图案，供印制布或纸神像，供于家，或者吊在门楣上，主要有山神、水神及各种吉祥图案。

鼓。手鼓称“打古拉”，是一种小鼓，直径25厘米左右，以木为架，两面皆包以羊皮，故称两面鼓。俗称小鼓，又称本教巫师为小鼓和尚；大鼓，称“打喀拉”，扁圆形，也为两面。鼓槌为“打喀拉趺。”与喇嘛所用的立鼓相近，看来是受藏传佛教影响所致。

手铃。一种是手铃，又称摇铃，铜制，扁圆状，中央有孔，下安牦牛角短柄，以手摇之有声。摩梭语称为“阿垮拉”。使用时，以手提绳，铃口朝上，因其内有铃舌，摇之鸣响。

神棒。称“义竹玛”。长方形，各面背雕刻有神像、动物、鬼等。其上端有一孔，可拴绳携带。

长刀。达巴的长刀，约一米许，有柄，刀长，一面刃，外有鞘，该刀为实用刀，实为清代最流行的刀。达巴在跳舞、送葬时必佩带此刀。

护身符。护身符以布缝制，或者以铜打制的，内放神像、灵物，然后以布带斜背在身上，作为保护达巴的护身法器。在有的护身符上还缀有青铜、鸟、鹰等物，当为古代遗物。

猪牙串珠。达巴脖子上必挂串珠，珠子以木、草籽或玉石制成，108粒，下方悬挂一对野猪牙，有的还加饰麂角、铃铛、海贝等饰物。

盔甲。老达巴都有一套盔甲，盔为铁制，顶部可插鸡羽。甲为皮制、修长。一般在主持丧葬仪式中使用。

第二节　达巴经典

达巴经约有117部口诵经，现今达巴中已找不到能全部念诵和解释的。在较常用的60余部经典中，具有代表性的为如下作品：

1. 《斯布土》：在杀猪宰羊、住新居、生育或有喜气之事降临时念的经，属祝贺、祈祷类的经典。

2. 《尤补》：主要是祭祀祖先或祭灶神时念的经。

3. 《日木古布》：祭山神的经。

4. 《杂部》：为有毒疮的人祭水神和山神的经。

5. 《奇那干》：为重病人消灾续命，念经时很像送葬，这是骗鬼仙，此人已死去，不必再纠缠他，还象征性地烧掉一堆架起的柴堆，意味着此人已火葬。

6. 《那梯部》：为孕妇顺利生产而举行的仪式，据说这个“那梯鬼”专门害孕妇。

7. 《初垮敌》：专门驱逐恶鬼的经。所谓恶鬼就是不正常死亡者变得鬼，或死前饿着死去的人变的鬼。

8. 《今补》：为家庭驱邪撵鬼清除晦气时念的经。

9. 《匕补》：庄稼遭害虫时念的经，又称“地补”。

10. 《秋巴干》：祭天神和山神的经。

11. 《恰补》：清除晦气祈祷平安的经。

12. 《木补》：妇女生育小孩后请达巴念的经，祝福类的经。

13. 《办窝普》：祭祀土地神的经。

14. 《优佳优里》：接媳妇或成人礼念的经。

15. 《汉开》：为生命垂危之病人驱鬼除妖的经。

16. 《尧米》：为死者开路的经。

17. 《昌打》：述族谱的经。

18. 《斯克》：姐妹死时兄弟送毛毡的经。

19. 《秋多》：述族谱、祭祖、祭锅庄念的经。

20. 《梦经》：人死后，预兆性的经。

以上21部经是经常在生活中应用的也较为普及。

在达巴经中讲述："母鲁阿巴笃"是达巴经的创始人，又称为"阿依阿嘎拉"，阿依是始祖之意，"阿嘎拉"是主神。"母鲁阿巴笃"又简称"阿巴笃"，后来，在达巴教义中出现了一个"阿依色嘎拉"，及阿巴笃的配偶，很显然是父系家庭出现以后的创造。达巴在念经时往往念："笃嘎拉请降临，塞嘎拉请降临"。

2013年，云南民族出版社出版了阿泽明·次达珠译注的《摩梭达巴经通译》，该书以摩梭达巴文字、音译、国际音标、汉文四种文字对照，收录了数十本摩梭达巴经经书，如"了哈""日祖""普若普督""泽塔可""绕米之二""晴吐""哈纳古""柴嘎""烧吃拉"等篇目，是作者通过数十年的收集、整理和翻译而形成的，这是一项筚路蓝缕的工作，对抢救、传承和研究达巴文化具有十分重要的意义。

第四篇
文化艺术

第九章　音乐舞蹈

第一节　音　乐

摩梭人的音乐产生于民间，流传于民间，它是一种表现民间生活，生产的歌曲或乐曲。摩梭人的音乐历史悠久、内容丰富，独具特色，它除了表现民族艺术之外，并且与道德、人格教化紧密联系在一起，渗透于社会生活的各个方面，展显出民族秉性和道德伦理观念。如音乐中表现崇奉古规，尊崇祖先，歌颂祖德，民族意识等。他们认为：不是老马翻不过山梁，不是老人不懂古规，后代聪明伶俐，全靠祖宗的积德，养我身体的是妈妈，养我心灵的是古规。热爱家乡，眷恋故土；对生养自己的这片土地充满纯朴真挚的爱，时刻不忘根本，即使是离开人世也要魂系故里，认为自己的根，永远在故土里，而且升华到了宗教的殿堂，增强了母权，舅权的神圣性和权威性，成为人们自觉遵守的社会道德规范。尤其对母爱歌颂十分丰富而又虔诚。如《献给母亲的歌》中把母亲比喻成“太阳”“月亮”“眼睛”“仙女”等，把最美好的情感，最美好的歌献给母亲；谦让、讲礼仪、重友谊，是摩梭人为人处事的根本之道。他们与周围各兄弟民族自古以来和谐相处，他们待人诚恳、热情、友善。摩梭人遵循礼乐古规，规范摩梭母系氏族社会人们的心灵。这种一脉相承的礼乐伦理观念，不仅在母系氏族社会中占有重要地位，而且成为摩梭人音乐文化延续传承的重要内容。

摩梭人能歌善舞，无处不有歌声，外处不有舞蹈，自古就有“会说话就会唱歌，会走路就会跳舞”的说法。学者李霖灿先生，1942年步入泸沽湖游览、考察时，发出“湖上三绝”之感叹。即一绝“湖上之舟”；二绝“舟上之人”；三绝“湖上之歌”。

摩梭人的民族乐器主要有：笛子、葫芦笙、唢呐、鼓、钹、拨浪鼓、手摇铜铃、口弦，摩梭人还喜欢用树叶子和麦秸吹奏曲调，摩梭人吸收了藏、汉音乐，有的曲调已经失传，摩梭人的乐器有的比较原始，器乐曲调古老但仍具有独特的音乐审美价值和文化功能，深受各族人民的喜爱。

摩梭人的音乐集中表现在民歌里。摩梭民歌荡漾着摩梭人的古老生活情趣，平凡生活中的悲欢离合，反映了摩梭人母系大家庭幸福美满的生活和泸沽湖奇山丽水的风韵。民歌内容具有强烈的乡土气息和古老的艺术风格，反映了摩梭人对生产、生活、礼乐、信仰、爱情、追求、理想……尤其是歌颂妈妈的歌，充满了母亲的崇敬、崇拜，意境深邃，形象鲜明。民歌贴近常人的心态，感染力极强，听着优美的音调，令人心驰神往，长留心间。

民族乐器演奏出来的民间音乐，是摩梭人音乐的重要部分，与其他民族的声乐相互影响，构成了摩梭人丰富多彩的民族音乐文化。摩梭人的传统乐器虽然种类少，品质差，简单易学，但它仍然能够准确、巧妙、细腻地表达摩梭人的生活情趣和生命感受，抒发摩梭人的民族情感和民族精神。在摩梭人的节日，庆典、丧葬、祭祀、休闲、娱乐、恋爱、社交等过程中，应用这些简单古朴的乐器演奏出美妙的曲子。特别是山间的牧童，浪漫的小伙、悠闲的老人少不了经常吹奏这些简单的民间乐器，用美妙动听的曲子诉说心中的喜怒哀乐。

摩梭人的民歌，按其内容、形式及音律，大致可分为以下几个类型：

（一）创世古歌

创世古歌是摩梭人的一部创世史诗。在摩梭人居住地区均有广泛流传。

创世古歌在不同的地域内容略有差别，但中心内容是相同的。创世古歌摩梭人称为“子土从土”，有的地方叫“丛德鲁衣衣”在演唱或讲述时，没有专门的仪式，是融汇在其他仪式中念唱的，传颂的形式有三种：其一为“达巴”口诵，口诵的创世经，较为简洁顺口，经文不长，简要地叙述摩梭人的祖先曹治鲁衣若的经历；其二为民间歌手的传唱，调子较为深沉，旋律苍凉优美，一唱三叹，特别是唱到他独自一人活在世上时，调子缠绵低沉，凄恻动人；其三是民间故事家的讲述，就是老人们茶余饭后盘古论今的形式，内容更为完整，故事具有神话传说的特色，不带感情色彩，只有客观讲述。

古歌，在翻译的过程中，力求既不违背“达巴经”的内容，也不违背歌手的演唱风格，力求忠实于故事叙述者的讲述，在内容上保持完整性和原始风貌，在形式上多采用歌手传唱手法。

创世古歌，共有8节：序歌、混沌的世界、洪荒、旱魔、寻偶、上天求亲、在人间、猴与天女。古歌记述了摩梭人起源、衍息创世的历史记忆。内容涉及开天辟地，人类万物的起源、习俗、行为、迁徙、创世等神话。其中部分古歌内容简介如下：

混沌的世界

记不清日子的古时候，
天和地刚刚形成，
日和月还没出世，
天空灰蒙蒙没有光芒，
地面黑沉沉没有亮光，
天上不见星宿和云彩，
地上没有人类和飞禽走兽。
后来天上出现太阳，
九个太阳同时悬挂在天上，
烈焰和毒气喷射四方，
地上的万物被烧焦，
只留下无数的沟地上的树木被烧尽，
唯有普拉安普树①安然挺立，
地上的石头被烧化，
唯有“汗鲁咪”②依旧站立，
八个太阳被烧灭了，
只留一个在天上，
它早晨升起夜晚落。
后来天上出现月亮，
九个月亮一起悬挂在天上。
月亮吐射出一股股寒气，
地上的树木冻枯了，
唯有普拉安树没被冻枯，
地上的石头冻裂了，

①普拉安树，传说中一株雷劈不倒火烧不化的神树。
②“汗鲁咪”意在金石头。

唯有“汗鲁咪”没被冻裂。

洪 荒

母鲁古各咪①生了三个儿子，
我们的祖先诞生了。②
他们居住在大湖岸边，
那大湖叫阿依汗纳黑。③
那里土地肥沃好犁地。
他们早出晚归勤耕作，
冬去春来啊多少年，
他们收了庄稼又播种。
同一个母亲的儿子，
像五个指头长在手掌上，
他们和和睦睦过日子，
像同一棵大树根相连。
……
只见一只大青蛙从地里跳出来，
站在地中间拍土巴，
那犁过的泥沟开始在抿合，
青蛙跳到地头叫三声，
跳到地尾又叫三声，
泥土渐渐抿合成一片，④
白天犁过的沟痕完全消失，
青草随着从地上冒出，
犁过的田转眼变成了生地。
……

①母鲁阿巴都，摩梭人神话中的主神。
②母鲁古各咪，神话中的女神即天母。
③阿依汗纳黑，意为黑色的大海。
④摩梭人认为眼皮跳是不祥之兆。

旱 魔

洪水已经远退，
但地上没有青草的颜色，
看天望不见飞鸟的影子，
望山听不见走兽的叫声。
走路没有搭伴的人，
说出的话没有他人听见，
来到水沟边寻觅亲人，
只见一只亲人用过的花篮。
唱了三曲悲哀的“玛达咪”，
仍唱不尽心中的苦和愁，
吹裂了十二支竹笛，
仍诉不够失去亲人的苦楚。
曹治鲁衣若望着苍天合掌祷告：
“阿巴都天神阿，
孤独的牛犊驾不成车，
单支的竹筷使不上力，
单独的树木成不了林，
我这曹治鲁衣若，
哪能孤身活在大地上，
求你为我匹配一个伴侣吧。”
栖身神洞的山神，
听到了曹治鲁衣若的呼唤。
山神传出不祥的预兆，
山神说出寒心的噩耗：
“地上的曹治鲁衣若，
洪荒之后还有旱灾，
你应去寻找天鹰救助你，
天地间唯有它能治除旱魔。
你有眼睛看不见自己的脊背，

苦难就要降临在你的后头。”
大地干燥得像被大火燎烤，
干裂的地缝里冒着热烟，
石头溅出火星，
树木全被烧焦，
地上的万物眼看就要绝迹。
曹治鲁衣若去寻找鹰王，
嘴里哼着凄凉曲歌，
他来到一座神山前，
望见苍鹰翱翔在空中。
他对着大山求情，
他望着苍鹰祈求。
盘旋在空中的天鹰，
朝着大地飞来，
停落在他的身旁。
曹治鲁衣若面对神鹰，
诉说了二十一次人间的苦楚，
讲述了七十二桩人间的灾祸。
叫作汁池嘎尔的鹰神，①
听完了曹治鲁衣若的倾诉，
便扇着巨大的双翅，
又朝着深深的峡谷飞腾。
它飞到一座岩山上，
磨砺那锋利的脚爪子，
磨得那爪子溅起火花，
又见它擦起坚硬的长喙，
擦得那长嘴也闪闪发光。
它用翅膀扇起风，

①汁池嘎尔，传说中的一只巨鹰，摩梭对它极为尊重。

扇得大地瞬间变凉爽。
它伸出利爪飞到泉边，
抓走那蛇王飞腾上高空，
嘴里尖叫着大声问罪：
“你还敢不敢继续作恶？
若敢再次堵住那清水的源泉，
我就把你甩碎在地上，
让你断成九节，
永远只能爬着行走。”

寻　偶

地上的灾难治除了，
鹰王已经飞去，
可是曹治鲁衣若没有伴侣，
一个人活在世上好孤寂，
唱歌没人来应合，
跳舞没人来相伴，
吹起树叶也无人回应。
他打起喔嗬求山神，
弟礼衣①神听到这求助声，
从山里发出吉祥的声音：
“曹治鲁衣若呀，
我将帮助你造伴侣，
当太阳从东山出来时，
你应朝东边行走三天，
从那儿砍来七根白杜鹃木，
当太阳落到西边时，
你应往西边行走三天，

①弟礼衣：是个山神的名字，帮助人解除苦难。

从那边砍来七根红杜鹃木，
我用这杜鹃木把人制造，
七年之后将变成为你的伴侣。”
……
他便朝着东边走去，
砍到了七根白杜鹃木；
他又朝着西边行走，
又砍到了七根红杜鹃。
山神就用杜鹃木造作女人，
造好的木人就埋在土中。
曹治鲁衣若急躁得难熬，
急于求偶难久等，
那木人才下土三个月，
他就忙着扒开看：
白杜鹃人才会张动嘴唇，
两片嘴唇还讲不成话语，
红杜鹃人才刚会伸展胳膊，
可是指头还不能动弹。
曹治鲁衣若呵，
把从东边砍来的白杜鹃扔朝东方，
把从西边砍来的红杜鹃扔朝西边，
他坐在地上痛哭三声，
但再没有人来宽慰他；
他站在河边呼喊三声，
也再不见有人来怜悯；
他对着苍天唱出三支悲歌，
天神也不再把他搭理；
他对着大地洒下凄苦的泪，
地神也不再把他理睬。
……

上天求亲

曹治鲁衣若找到了地神，
地神赐了他上天的翅膀。
怀揣天女所赠的戒指，
他日夜不停朝天上飞腾。
当听见风声呼呼响，
当听见笑声阵阵飘来耳边，
他已来到天官门前。
天女的仆人们在洗浴，
嬉戏着水花好欢乐。
曹治鲁衣若坐歇在一棵树下，
猜测着送自己戒指的天女在何处，
他暗暗打定主意，
悄悄把戒指置入一只水桶里。
使女背着那水桶回到屋里，
只见一枚金戒指倒进水槽。
吉增咪见了喜在心头，
知道曹治鲁衣若已来到身边。
她急忙带他藏进家中，
恩恩爱爱度过几个夜晚。
天母突然嗅到了生人的气息，
牛马在圈中打喷不安宁，
猪羊在厩中不安地走动，
鸡在埘里也在拍翅惊叫。
天母在梦中已窥见不祥的兆头，
便找来三个姑娘盘问：
“秽气飘进了我家官庭，
随处都闻到俗人的气息，
我在睡梦里也得不到安宁，
我身上的汗毛已倒竖，

头上的发毛也感到疼痛，
莫非你们背着我杀过生？”
目米吉增咪抢先回答：
“宫廷里并没有俗人来，
大地才发过洪水，
人类已经在地上灭绝。
屋里这气息不是别的，
是骡马运驮回来发出的汗气，
是耕牛犁田后发出来的热气，
是猪狗打斗时散发出的腥味，
母亲用不着为这气息担心。”
天母听过女儿的话，
不解地疑云浮上脸庞：
“天上没有宽敞的道路，
哪里有驮东西的骡马？
天上没有可耕的田亩，
哪儿用得着犁田的耕牛？
想必是你们把俗人带到天宫，
还不快把实话说出来。”
目米吉增咪只好讲出了实情，
也只好把曹治鲁衣若招出来。
曹治鲁衣若见了天母，
可怕的天母①没吓住他。
天母细看着这人间来的俗人，
他那英俊魁梧的身躯，
他那明亮闪光的双目，
使天母望了感到惊奇。
天母细细思量后便盘问他：

①天母：人头马面的形状样子吓人，计谋多端。

“曹治鲁衣若，
你是地上的俗人，
我们是天上的神族，
天和地哪能拼合？
水和火哪能相容？
牛和马哪能关进一圈？
可你竟然来到天上求亲，
你说你带来什么礼品？
你说你带来什么信物？”
曹治鲁衣若对天母说：
“我有星星一样多的牛羊，
可惜没有上天的路径，
我有石头一样多的金银，
可惜那金银太重背不上天，
我有树叶一样多的骏马，
可惜马不长翅飞不上天来，
我还有高山一样大的财物，
可惜无法驮运到天上，
眼下只带来一身聪明和智慧，
就请天母收下我这凡人吧！”
天母想想过后又说道：
“没有翅膀哪能与彩云齐飞？
没有歌喉哪能与百鸟合唱？
没有本事哪能和我姑娘婚配？
能的人骑不上天鹅的背脊，
无能的人别想跟我姑娘在一起。
如果你真是个能干的人，
我要让你为我做几桩事情。”
……
聪慧的目米年照美，

已看出姐姐的心计，
她把稻谷种缝进衣领，
把蔓菁种藏进裙带里，
把玉米种藏在鞋底中，
夫妻俩就这样来到人间。

在人间

曹治鲁衣若啊，
凭自己勤劳的双手，
从早到晚劳作不停；
目米年照美啊，
凭自己天赋的聪慧，
忙忙碌碌建造家园。
在洪水冲刷来的淤泥上，
撒上了蔓菁籽；
在有水的田块里，
种上了稻谷种；
在偏坡和地角上，
播上了苞谷种；
目米年照美啊，
上山采集火麻，
织出精美的麻布缝衣裳；
又去下河捕获鱼虾，
做出味美的饭菜，
这对恩爱的夫妇，
齐心协力盘庄稼，
和和美美过日子。

猴与天女

天女目米吉增咪，

灌醉了曹冶鲁衣若后，
又变成一只长毛的公猴，
守陵在一个山丫口。
目米年照美，
急急忙忙来到这个山丫口。
公猴关切地把她询问：
“地上的走兽没有你跑得快，
天上的飞鸟没有你这样急，
是什么事急得你如此匆忙？”
目米年照美诉说了缘由，
公猴便一声声宽慰着她：
“你身为一个女人，
要翻爬雪山不容易，
那风雪就像利刀刺人，
你要跨过江河更是艰难，
那江河卷起浪来会把人吞没，
我倒可以帮你找到你的丈夫，
请你把脚上的草鞋脱给我穿。”
目米年照美见夫心切，
忙脱了草鞋递给公猴。
她一次又一次感谢公猴，
求它千万要找回她丈夫。
她慢慢走回到自己家里，
等待着公猴把丈夫找回。
公猴来到深山里，
脱下草鞋用石头把它磨破，
待到天黑夜深，
就来到年照美的家，
公猴一进门就说道：
“目米年照美呵，

你那丈夫已经找不到，
我跑遍了山川不见他的影子，
我闻遍了山土也闻不到他的气息，
我翻山又过江，
都看不到他的脚印；
你看这草鞋都已经磨破，
若明天还要我去找他，
你得给我备上一双铁鞋。”
目米年照美听从了公猴的话，
忙了一夜打了一双铁鞋，
第二天天刚发亮，
公猴便上了路，
它一到深山里，
就脱下铁鞋在石头上磨，
磨到天色黑尽，
那铁鞋已被磨通。
公猴来到年照美家，
一进门便诉起苦来；
“目米年照美呀，
我问了所有善跑的野兽，
都说没有见到你的丈夫，
我问了所有善飞的飞禽，
也都说没见你丈夫的踪影。
你看这铁鞋已经磨通，
我就劝你死掉那条心。
不过我看你实在可怜，
不妨跟我做一家人，
你不种庄稼我可以让你吃好的，
你不织衣物我可以让你穿好的。”
目米年照美只好听从公猴的话，

便做了公猴的媳妇。

……

见到了自己心爱的妻子，

他又高兴又痛苦，

只见两个已长大的孩子，

浑身长着长长的猴毛。

孩子的模样太丑陋，

但又不忍心把他们伤害。

曹治鲁衣若想了各种办法都不成，

有天他悄悄烧开一锅水，

打算烫掉孩子身上的猴毛，

孩子害怕烫伤了皮肉，

双手抱着头缩成一团。

他们身上的长毛果然烫光了，

只留下头发和腋毛。

诵经：阿都·梭那独支

演唱：给汝而钦

收集翻译：拉木·嘎吐萨

这兄妹两人后来配成夫妇就靠他们繁衍了一代又一代的人类。摩梭人信奉的神的历史，就是摩梭人历史的影子，是摩梭人的族群记忆，是摩梭母系文化的重要组成部分。

（二）祭祀歌

“达巴”教仪式相联系的风俗歌称为祭祀歌。祭祀歌大部分由德高望重的“达巴”或长者演唱，其内容十分丰富，对研究摩梭人的思想观念、道德心理有着重要价值。如《邀天地五方神》《祭天》《祭山神》《降神》《祭龙王》《咒“克”》《咒“姆卡”》《咒“桀”》《咒“佅”》《母鲁阿巴都造福人类》《祖先留下的礼仪和法规》等。

邀天地五方神

秋多夏拉秋，①

①这是达巴祭祀活动的开头语，敬祭神祇的意思。

众神的首领溢史丁巴沙尔哟，
敬请你永恒的在天之灵，
率领诸位大神；
敬请夏拉拉支司匹，①
萨衣瓦丁神，②
瓦川知果神，
梭梭米拉夏巴神，
牙巴知果神，
卡抓生机尔支神，
所有天上的大小神灵，
所有地上的小神祇都请到我家来。
坐镇东、西、南、北、中五方③的众神。

祭　天

秋巴唻！④
多吉祥的日子阿！
请天上的众神灵，
请空中的日月星神，
睁开光明灿烂的眼睛，
放射吉祥如意的光辉，
请聆听地上人们虔诚的祈祷，
请享受世间人们旺盛的香火。
我们堆好绿油油的青松枝，
青松枝叶从太阳升起的高山上砍来；
我们点起红殷殷的松明火，
松明从太阳最先照亮的峰顶砍来；

---

①司匹、大官、土司，领主之意。
②以上点的五个神，是五方神名字。
③达巴把东、西、南北、中称为五方，而五方又与木、火、金、水、土五行相应。
④烧香祭天的开头语，其意为："啊！我要烧香祭天"。

我们撒上蜜糖拌的糌粑面，
我们放上白嫩嫩的牦毛酥油块，
我们洒上新鲜洁白的牛奶和羊奶。
香火升起浓烈圣洁的烟雾，
我们心中升起最虔诚的敬意，
我们献上娓娓动听的颂词，
赞颂智慧无比的天神，
赞颂日月星辰的光辉，
祈祷上天给我们幸福安康。
秋巴咪！
是天上的神灵，
给先祖曹德鲁衣若贤惠的伴侣，
是天女母鲁古谷咪，
养育了聪明的摩梭后代，
从此地上才有了理智和情感。
是勤劳智慧的母鲁古谷咪，
从天上带下来五谷的种子，
人间才有了智慧的财富。
有天才有地，
天是那么空阔苍茫，
地是那么宽广无边。
有上才有下，
上有智慧和力量，
下有聪明和善良，
智慧和力量，
是天神赐给男儿的美德；
聪明和善良，
是地祇赐给女儿的品性。
神祇创造了男儿，
世间才有了阳刚之美，

神祇创造了女儿，
世间才有了阴柔之德，
阴阳相媾和，
人间才有繁荣昌盛的生灵，
山水才有高低左右的区分。

祭山神

秋多戛拉秋！
到天上请了天神，
到地上也请了五方神，
现在我们又虔诚地敬祭山神。
祭坛上插着长青不衰的树枝，①
再放上世间珍贵的五谷。
用圣洁的松枝洒净水，
用珍贵的五谷祈祷吉祥。
敬请所有的日月星辰众神，
敬请所有赐给人间平安的众神。
净水洒到这一村、那一村，
五谷撒到这一村、下一村，
请众位山神降临到我家吧！
戛拉生机若，
请你镇压使人贫穷饥寒的野魂；
牙打知果，
请你镇压乱世生祸的厉鬼；
夺巴珠珠，
请你镇压害家不睦牲畜死亡的鬼；
拉巴未卡案，
请你镇压害人生疮孕妇遭难的鬼；

①摩梭人念经时，往往设一个祭坛，坛上要插满松枝，清香等树枝。

川那读知，
请你镇压遮蔽月亮在人间放火的鬼；
增慈戛尔，
请你镇压害人落水的跳河的鬼；
玛补子汝，
请你镇压害人病痛死亡的鬼；
巴衣吴玛，
请你镇压使人暴死短命的鬼。
天上的众神，
请从天上飞下来吧！
山上的众神，
请从山顶上降下来吧！
帮助我家驱鬼除邪，
使我念经声音洪亮震响五方，
使我布的法威能震动天地。
撵了鬼魂安宁不见鬼形，
除了邪气清洁不生邪事，
东山再高，
有神灵降临保佑我家，
西山再高，
有神灵的威力也能把鬼邪除尽。
我敬祭天神、
敬祭地神，
我敬五方众神灵，
我敬颂太阳和月亮神，
我的眼睛就变得如星星般明亮。
砍来北山的柏香树枝，
愿我的手变得如柏枝一样有力，
砍来南山旳清香树枝，
愿我的脚变得像清香树枝一样有劲。

我用松柏木头做法器，
一块拿来摆在祭坛左方，
请你众神左方坐，
请这排神灵降临；
一块拿来摆在祭坛右方，
请来众神右方坐，
请这排神灵显威风。
拿起一块削成锋利的宝剑，
那块削成锐利的矛枪，
愿这神圣的武器显威力。
愿天助我、地助我，
山助我、水助我，
敬请所有菩萨都来为我出力，
帮我除尽家里的鬼邪。
……
母鲁阿巴都大神，
是你创造了达巴的经典；
感谢你啊！
阿巴都米塞大神，
是你教会了我镇鬼的法术。
今天所有降临到我家的神灵，
所有占卜准确的神灵，
所有法术强大的神灵，
请接受我们虔诚的敬意，
请收下我们尊奉的礼品，
请畅饮这醇洁的美酒，
请品尝这喷香的浓茶，
请吃饱香甜的糌粑。
这家人的子子孙孙，
向你们叩头敬拜，

请你们赶走所有的鬼，
禳除全部的邪恶，
乞求你们喜降福泽，
乞求你们保佑我们吉祥安泰。

降　神①

"让拖！"②
让拖让阿拉左山，③
都母鲁阿巴都神降临就位了；
麻托麻米巴尔山，
都神降临就位了；④
阿卡梭尔山，
都神降临就位了；
普拉爱日山，
泽尔泽山上，
都神降临就座了；
不克汝尔山，
补那加泽山，
都神降临就座了；
罕加拉泽山，
永宁格姆山，
温泉普那山，
左所爱米山，
都神降临就座了。
拉伯日顶山，⑤

①所谓降神，达巴通过呼唤神类，让自己的灵魂和神的灵魂归为一体。
②让拖：开头语，邀神降临。
③呼唤五方神来了，请山临神也快来。
④都神是达巴教创始人母鲁阿巴都的简称。
⑤呼唤念经所在地的山神，这些山神均在永宁。

你们可知道都塞，二位大神降临已就座了。

祭龙王[1]

占卜是今年最好，
卜卦是这个月最好，
相星是今天最吉祥。
这家的子子孙孙，
今天烧香叩头顶拜，
敬祭龙王神。
不怕路途遥远，
翻山越岭不辞辛劳，
还要把山神祭拜。
到东方，
……
到南方，
向管火的马撒母司匹求来红红的火，[2]
一切邪恶要用火来烧，
一切坏的要用火来烧，
死鬼要用火来烧，
病魔要用火来烧，
众神面前的灯是用火来点亮。[3]
南方管火的马撒母司匹请不要吝惜，
火的价值和你的恩情，
我们将用火一样炽热的心来报答，
用白色的人间圣物来报答，
白母羊白色的乳汁[4]敬献给你——

①达巴本来不祭龙王，但做法事时会心动龙王。祭龙王，意为向龙王打招呼，不要干扰法事活动。
②此处指的是“洒打斯司匹”东方管木的大神官。
③法坛上插的小木板，有时代表方位神。
④达巴教一是崇山一是崇水，敬水主要羊奶，认为羊奶是圣洁的人间药汁。

南方管火的马撒母司匹，
这是人间珍贵的药汁。
到西方，
向管铁的撒答西司匹求来铮亮的铁。
削制法物我们要用铁刀，
宰杀牲口我们要用铁刀，
斩戮鬼怪我们要用铁剑。
西方管铁的撒答西司匹请不要吝惜，
铁的价值和你的恩情，
我们将用铁一样诚实的心来报答你，
用白色的人间圣物来报答，
白母羊白色的乳汁敬献给你——
西方管铁的撒答西司匹，
这是人间珍贵的药汁。
到北方，
向管水的洒打支司匹求来净洁的水，
煮饭煮肉我们用水来煮，
洗手洗碗我们用水来洗，
蒸酒泡茶我们要用水。
……
到天地之间，
向天地之间管土的棵罗机司匹求来圣洁的土。
法器要插在土上，
众神要供在土上，
圣物要祭在土上，
天地之间的棵罗机司匹请不要吝惜，
土的价值和你的恩情，
我们将以土一样厚实的心来报答你，
用白色的圣物来报答，
白母羊白色的乳汁敬献给你一

天地之间管土的棵罗机司匹，
这是人间珍贵的药汁。
东方名叫巴尔、哈巴布、扎拉、母古各各的人，①
请东方的神保佑；
南方叫补母、汝尔、洒打、果马、牙马的人，
请南方的神保佑；
西方名叫甲阿、阿栽尔、果母、那波的人，
请西方的神保佑；
北方名叫木乌、尔巴、嘎土、嘎布的人，
请北方的神保佑。
是天上的鬼天神来管，
是地上的鬼地神来管，
蹬脚的鬼把脚收回去，
伸手的鬼把手缩回去。
今天我家念经驱鬼邪，
与你龙王神没关系，
大龙王神请你安静。

咒“侏”②

人间出事很容易，
祸事一下就来到脚趾前，
世上只要乱起来，
就像大山垮下来。
虽然天空那么广阔无边，
也会被黑云覆盖；
虽然大地那么宽广无垠，
也会被狂风扫荡。

①达巴给人取名，要标生辰属相和五行方位，然后根据生相方位取名。
②侏：搅乱社会，引起人们不睦的鬼。

惹事乱世的佧鬼，
有一双长刺的魔爪，
魔爪伸到人们中间，
亲密无间的人们，
也要互相斗争惹起事端，
搅得人间不安宁。
可憎可恨的佧鬼，
站在瓦拉山，
拉泽地方就要乱起来；
站在普拉山，
温泉地方就要乱起来；
站在格姆山，
永宁坝子就要乱起来；
站在爱咪山，
左所地方就要乱起来；
站在玉龙山，
丽江坝子就要乱起来；
站在牦牛山，
托甸地方就要乱起来；
站在立都山，
拉开两村就要乱起来；
站在支夸山，
白亚村子就要乱起来。
人们居住的地方辽阔广袤，
地上的村寨千千万万，
人们的生活和美安宁。
可是佧鬼、桀鬼一到来，
它们的魔爪就要挑起是非，
灾难就要降临到人们头上。
可诅咒的佧鬼、桀鬼是邪恶的根源。

惹事乱世的侏鬼，
坐着像狗那样乱咬人，
站着像猴那样不安宁，
从高山滚下石头乱砸人，①
世间的人们眼睛要明亮，
不要被侏鬼的伎俩迷惑。
要学会讲道理，
要学会合事，
有事不要争吵，
不要论长短，
和和气气反复好商量。
赛跑跌上三次跤的人，
摔跤碰上三次头的人，
应该吸取失败的教训。
为事争是非，
舌头不要长，
小事争输赢，
就会变成大事，
大事不平息，
必定出凶祸。
木板裂了用胶粘合，
心里有疙瘩用理来解开。
用石头砌地埂，
要用稀泥合，
人心各是各，
要用礼仪合。
断事要像折麻秆一样干脆，
评是非要像掰开五指那样迅速。

①摩梭人居住的山区，经常有猴子从山上滚石头打人。

今天请来众位大神，
念经驱鬼禳邪，
搬弄是非的侏鬼，
今天一定要除掉你！

母鲁阿巴都造福人类

太阳的光热哺育大地万物，
从地上望却只有一个线团火。
在天地混沌初分的时候，
天上有七个太阳，
那灼热的烈焰烤焦了大地，
地上的人类无法生存。
旱灾过去又接着来洪灾，
大地被洪水淹没的时候，
月亮也像瞎了眼，
大地顿时被冰雪覆盖，
冷得人类无法居住。
人们种的庄稼，
早种却晚熟，
人们养的牛，
用鞭子抽打也不走。
在那天地混沌初分的时候，
女子像瞎了眼，
分不清昼和夜。
男子们整天哭，
辨不清好和坏。
吃着酸的牙齿不知痛，
吃着苦的眼睛不会眨。
男子养猎狗，
小狗喂肥肉，

大狗喂饭团，
白天只会对天叫，
晚上只会睡大觉，
伤了男儿心，
白费男儿劲。
女子把鸡养，
小鸡喂奶拌着的饭，
大鸡喂麦子和青稞，
母鸡不下蛋，
公鸡不报晓。
伤了女儿心，
白费女儿劲。
巴衣吴玛①镇不住使人间出祸患的鬼，
斯巴抓卡镇不了使人闹事的鬼，
川那读知镇不了使人争斗的鬼，
玛补子汝压不住害人死亡的鬼，
自从母鲁阿巴都从天上取了经，
我们才学会了占卜，
达巴才学会了念经。
从此人间才变了样，
地上种庄稼，
早种能早收，
家里养耕牛，
牛儿犁地快又多，
女子不再像睁睛瞎，
分清了白昼和黑夜，
男子不再整天哭，
辨清了好和坏。

①这是神的名字。以下三行所点的名都是神的名字。

男子养猎狗，
小狗喂肥肉，
大狗喂饭团，
猎狗去撵山，
猎物获得多，
夜晚不让野兽叼牲畜，
男子心喜欢。
这都是天神降下的福泽呵！
女子把鸡养，
小鸡喂奶拌着的饭，
大鸡喂小麦和青稞，
母鸡下蛋多，
公鸡会报晓，
女子心喜欢。
这都是天神赐予的恩惠呵！
从此巴衣吴玛能镇住使人间出祸患的鬼，
斯巴抓卡能禳除使人闹事的鬼，
川那读知能惩治害人争斗的鬼，
玛补于汝能斩除害人死亡的鬼。
……
女人拿簸箕，
想把草粒扬，
可是不会筛簸箕，
草粒飞满地。
屋前屋后都长草，
草中长出杂树木，
地上长的全是树，
树林里到处是野兽。
男子们想办法，
拿着石刀和铁斧，

砍光杂草和树林。
又在深沟深箐里，
把长着獠牙的野兽杀掉。
又想堆着树木烧野兽肉，
可是烧火烧不燃，
生肉不能吃，
只好背着兽肉到处走。
野兽的血水到处滴，
滴在藏族住的地方，
藏族吃了生大疮①；
滴在汉族住的地方，
汉族吃了害痢疾②；
滴在么挲住的地方，
么挲人又闹骨头痛。
母鲁阿巴都神去天上取了经，
请来天地五方大神，
卜算又念经，
布法禳灾除邪又镇鬼，
人间才能消灾又除难，
平安康乐得幸福。

祖先留下的礼仪和法规

人间要有忌讳，
人间要有约束，
才需要创造经典。
人世间的许多事，
人们弄不明白的，

①意为没有除秽的东西，吃了野猪不干净，有鬼魂附其体。
②打野猪没有进行祭祀除秽，所以鬼怪所祟人生病。

经典上都分辨得清清楚楚。
祖先留下了礼仪，
人们行为才有了规矩。
从此我们才懂得，
有了喜事应该念祝颂经，
感谢众神灵降下福气；
从此我们又才懂得，
有了灾祸应该念咒经，
乞求众神祇消灾禳邪；
我们也才学会，
办丧事应该念超度经，
乞求众神灵把死者的灵魂送上天堂。
天上有了太阳和月亮，
地上才分清了白昼和夜晚；
自从昼夜有了掌管时日的神，
时日才分清了吉祥和凶险；
天上有了雨水和霜雪，
地上才分清了寒冷和炎热；
地上有了五行，
人们才会算属相和年庚，
才能悟出属相与五行的关系。
石头不分大和小，
大地是它们的母亲；
道路有长短和宽窄，
大山才是它们的母亲；
地上有千万条溪流，
大河才是它们的母亲；
高山上有飘动的轻烟，
白云才是它的母亲；
装在锅碗里的肉食，

来自飞禽走兽和牲畜；
所有长蹄的野兽，
老虎和雄狮才配当它们的首领；
所有长翅膀的飞禽，
只有鹰和雁才能带队飞行；
山上的铁矿石河边的银矿石，
只有闪亮的黄金比它们更珍贵。
祖先发祥地的长寿树啊，
是所有树木的母亲！
地上有血肉有灵魂的人，
祖先的骨血才是根根。
礼仪和法规由祖先传给我们，
我们才和祖先根连根。
祖先为我们创下的经典，
就是我们的礼仪和法规，
这是子孙行为的规矩，
这是后代做人的准则。

演唱：阿布·高汝
翻译：秦振新
演唱：比马·采尔拉姆、娜波旦次登
搜集翻译：拉木·嘎吐萨

仅从几篇“达巴”祭祀歌中可以看出，摩梭人的自然崇拜现象十分突出，认为万物有灵，自然界的变化都有神的意志。如：天、山、水、日、月、风、雷、电等自然现象和自然物都有灵，由于人们对自然界的变化变幻莫测感到难以理解，由此，对自然的威力产生敬畏并且膜拜。“达巴”教把自然人格化，产生种种自然神，如“母嘎天神”“地嘎拉地神”“瓦嘎拉山神”等。摩梭人还认为有鬼才有神，因此创造了种种神位以后，把鬼分成了十六家。如：害家鬼、害人病鬼、害人厄运鬼等，由于种种鬼的存在，必然会作案，每当发在旱、涝、雹等自然灾害，必请“达巴”祭祀诸神，念经祈祷，以消除自然灾害，祈求五谷丰登，每当人蓄疾病、死亡，祭祀祈祷，以消灾避难，保佑安康。

（三）丧葬歌

丧葬是人类生活中的一件大事，因而各民族的丧葬仪式往往很隆重，它属于中华民族文化中“礼”的一部分，故称之为“葬礼”。据史书记载，在远古社会，人死后并不埋葬，古书有“其亲死，则举而委之于壑”。让狐食蝇嘬。后来产生了灵魂观念，认为人死了灵魂还活着，这些不死的灵魂还可回来给人降临福祸，从而产生了对死者灵魂的概念和敬畏，希冀人们安宁不躁，不致随风飘落不定，由此衍生出复杂的祭祀仪式和丧葬制度。

祭祀仪式和丧葬制度，从最初的简单方式演变到后来的复杂方式。因各民族文化的不同，丧葬礼仪也各有不同。据史书记载，葬礼习俗，古代丧葬，汉族有土葬，即用木棺埋于土中，还有“石棺葬”，即用石板或石块构筑，成长方形的棺材，置于地面，即为基地。还有巴蜀地区少数民族僰人的“悬棺葬”，把棺木高高悬于崖壁的木桩上或洞穴里。

而摩梭人的葬礼祭祀文化是当今传承完整，而且独具文化内涵的葬礼习俗。

《乾隆永北府志》记载：“麽些一种，无姓氏，零星散处，近田居住，以板覆屋。披发左衽，穿耳贯环。婚姻听从父母之命，以牛羊面食聘娶。殁后剜木为棺，焚化掩埋，不立坟冢。凡遇过年节令，以松枝置屋上，祭祀备祝先世所为事迹，以示后辈知所源流……”摩梭人历来实行火葬，而且葬礼既复杂又隆重。从原始时代的“其亲死，则举而委之于壑，让狐食蝇嘬至殁后剜木为棺”延续至今两千多年历史。从“达巴”经的记载中，摩梭人认为人的死亡是一切轮回与解脱的选择，因为灵魂是不灭的，认为人的死亡只是肉体的消失，灵魂仍然存在。为了让亲人的灵魂顺利回归祖先的发祥地——北方，而且让活着的人也能安宁平安，所以死者生前为他尽责、尽孝，死后也同样为死者尽一切能力做一些应该做的事，让死者的灵魂有所依、有所靠，不致像落叶一样在另一个世界随风飘荡不定。还认为，人的生命是一场短暂的旅行，人们在母系氏族家庭里热热烈烈、亲亲密密地相处，随后各自又匆匆忙忙地回归祖先地，谁也不能陪谁一辈子。“树叶黄了就要落，时候到了祖先就要接你走。”“永远分别我们怎忍心啊！可生离死别是人之常情。生前怎样好，死后一样好。树高会被风吹断，人老了也会死亡。”当死亡降临到我们最亲的人身上的时候，除了悲伤，就是尽力为死者做一些有意义的事，让他们圆满地不留一点遗憾离开母系部落，而生者也不感到内疚。家庭成员、亲朋好友，在生时相互讲亲情、讲友情，和谐相处，尊老敬老，承担义务。正如《祈祷词》中的“生前怎样好，死后一样好”所说。死后仍按传统制度尽义务，而摩梭老人们是带着对美好的母系家庭、美好的世界的依恋，留恋家庭、成员，带着微笑离开母系家庭乐园的。

母系氏族的葬礼，从始至终比较复杂，而时间最少三天，最多十天半月，要请喇嘛、“达巴”诵经，最少四五人，最多20多人，宴席、法事仪式要花很多财物、金钱，但母系氏族、家庭成员并不为葬礼的开支花费发生矛盾，发生争执，而是同心同德为死者的葬礼尽义务。他们会圆满地完成葬礼仪式。

摩梭母系氏族的葬礼文化，是摩梭人古老文化中的重要组成部分，具有珍贵的研究价值，最能体现摩梭人葬礼文化内容的有20余篇《丧葬歌》。如《唱梦》《指路经一》《指路经二》《指路经三》《安魂词》《奠酒》《哭灵》《点酥油灯》《长子吊孝》《洗马调一》《洗马调二》《寄酒》《伤诀别》《祈祷词》《献财祭灵》《装棺祭歌》《探路撵鬼舞》等，反映了摩梭人的原始宗教、思想观念、文化传统及对生命的认识。摩梭人的一整套丧葬仪式和丧葬音乐，表达出古代摩梭人朴素的人生观，积极乐观的精神、不忘祖先和热爱生活的态度。他们认为“人的一生要欢乐地生活，没有盐的汤不好喝，没有欢乐的日子不好过”；而死，也要愉快地死，一个人能寿终正寝是好事，不应悲伤。民间有“要唱起歌来送，跳起舞来送，”的说法，尸体火化前的晚上，全村男女老少都来跳“锅庄舞”称之为“打跳”，火葬前还要跳“韩罢舞”，武士装束，手持兵器，驱鬼降魔，披荆斩棘，跳得如火如荼，以庆贺死者的灵魂回归故里。

丧葬活动期间，死者的家属中有欢声笑语，还身着鲜艳的男女新装，显示出母系家庭的勃勃生机，表现了摩梭人面对死亡坦荡、豁达的胸怀。他们认为生离死别、生命的结束固然是人生的悲痛，对死者情感恋恋不舍，但又认为死是自然规律，是不可抗拒的，没有死就没有生，生与死都是神的旨意。《安魂词》中达巴唱道：

树叶黄了就要落，
时候到了祖先就要接你走。
看见鹰飞，
你的心不能飞了；
听见家里的猫叫，
你的嘴不能动了；
看见马跑，
你的脚不能跑了；
听见天上雷鸣，
你的心不能跳了；

听见下雨声，

你不能掉泪了。

你不要心慌意乱，

人生总有离别时，

你安心地去吧！

从丧葬歌词中可以看到摩梭人认为人死时心灵是很难受的，会责怪家里人没有好好求医找药治病，而活着的人也害怕死者责怪自己，将来自己不安宁。所以，要将自己求医找药的艰辛、所做的最大努力向死者交代清楚，同时也表达一种内疚。虽然努力，但死亡仍抗拒不了，听从命运安排。

《奠酒》《点酥油灯》《长子吊孝》《寄酒》等唱词中唱的都是对死者的深切怀念和感恩及绝对的尽忠竭力之情，生离死别之情，言表其中。《奠酒》唱词：

今天晚上你弯曲着双脚，

睡在柏木棺材里，

棺材停放在金子一般的床上，

你两手交叉搭在肩膀上，

很快就要去做客，

忍住悲痛来向你敬离别酒啊，

这喜酒敬你七碗，

七碗酒你喝不下，

请你闻一闻看一看吧！

请你用那洁白的手接一接吧！

请你用薄薄的舌头尝一尝，

祖先也曾喝这碗离别酒赶路程，

深深的恩情留给了儿孙，

今天你也喝下它归祖先发祥地，

骨肉之情永远留在我们心里，

亲人啊！

你一生辛苦养男儿，

用手掌擦屎尿，

恩情深似海，

儿子敬酒来报生养恩，
你一生辛苦养女儿，
用口吸鼻涕，
恩情重如山，
女儿敬酒为报生养恩。

从《安魂词》《奠酒词》内容看，一方面反映了生者对死者的依恋，在精神上、感情上，生者与死者永远同在；另一方面反映了生者对父母的辛苦养育之恩深如海，重如山，永远难忘。从整个丧葬仪式以及丧葬歌词中，表现生与死、欢乐与悲伤、亲情与恩情构成圆满的人生，这样的哲理性、生死观、人生观及其灵魂不灭的祭祀活动是摩梭人独有葬礼的奇葩。

丧葬中《指路经》是丧葬歌中极为悲痛、悲壮、令人荡气回肠的一幕。

你今天就要上天堂了，
小雀的脚栖息在草地上，
你不能学鸟栖息在草地上。
鸡到晚间栖息在草窝，
你应该回到祖先跟前去。
你从八珠红土坡脚起身，
经过斯落那米角，
又从竹一满阶过，
经过愿今古善满，
尼色阿布况，
洛树托红瓦，
大嘴稀八，
汗施哦尔迪，
瓦比折瓦哦，
是你走累了休息的地方，
是你饿了吃饭的地方，
又过瓦如普那哦，
独洛吉子关，
就到了斯布阿纳瓦的地方。
……

“斯布阿纳瓦”被视作是摩梭人的故里，把逝者的灵魂送回故里的路线被看作是摩梭人的迁徙之路。叫“斯布阿纳瓦”的地方认为是在四川境内，是指摩梭人的祖先居住的地方，也是死者灵魂要到达的最终目的地。

母系氏族葬礼、丧葬歌展现了摩梭人对生的希望，对信仰的追求和对生命、生活的热爱，知恩报恩。正因为有了这样的欲求，才有母系部落、氏族，群群统协，使个人、家庭和社会得到完整的生存和发展，民族传统文化、物质文明得到发展和延续。保留至今的母系氏族葬礼中的丧葬歌仅17篇，是研究母系氏族文化的珍贵遗产。

（四）献给母亲的歌

《忘不了母爱　忘不了母亲的恩情》中唱道：“一切烦恼的事情都可以忘记，唯独忘不了我母亲的恩情”“母系含辛茹苦养育了我，我长大了要做妈的贴心人”。《礼赞母亲》中唱道：“月亮最亮的时候也只有五天，母亲在儿女心中一辈子都明亮”，“世上的人像星星一样多，没有一个人像我母亲一样可爱”，《永远的怀念》中“没有了妈妈，就像失去了珍贵的眼睛”…… 献给母亲的歌谣，内容丰富，歌词语言精练，情真意切，表达了对母亲的神圣，伟大。摩梭人领会得比其他民族最深刻，对其母爱歌颂十分虔诚，他们发自内心地歌颂、感激母亲，把母亲比喻成“太阳”“月亮”“眼睛”“仙女”等，这是其他民族歌谣少有的，把最深的情感，最美好的歌献奉母亲。据笔者的耳闻目睹，《献给母亲的歌》何止作品中搜集的这些，民间这样的歌有固定歌词的，有即兴创作的，这样的歌太多太多，这些歌唱出了摩梭母亲在家庭和社会中的崇高地位，唱出了尊母、崇母、爱母的心声。

献给母亲的歌

感激母亲，
忘不了母爱忘不了母亲的恩情，
一切烦恼的事情都可以忘记，
唯独忘不了我母亲的恩情。
听到妈妈慈爱的呼唤，
就像喝了一杯香醇的苏理玛。①

①苏里玛酒。

小时候母亲像侍候小鸟一样抚养我，
长大了的儿女却像老鹰一样飞走。
母亲含辛茹苦养育了我，
我长大了要做妈的贴心人。
世上的妈妈都一样，
一片热心养育自己的孩子。
别人都理解不了我的情意，
只有母亲能知道我的心底。
只要阿妈微笑着在我身边，
我一天三顿喝稀饭心也甘甜。
我心目中选定的阿珠，①
要让我的阿妈满意。
阿妈养我操碎了心肠，
我也要时刻操心想着妈妈。
要不是阿妈手把手引导我，
我不会找到做人的正路。
阿妈死了就永远见不到了，
阿妈健在时要细心照料她。
生下我的阿妈的屋里，
即使再贫困也显得快乐。
虽然阿妈已经不在人间了，
阿妈养育我的恩情在我心中。
养育了我的阿妈很贫穷，
可我不能丢下阿妈走远方。
贫富贵贱我不想，
只想如何让阿妈过得愉快。
走到高山迎面吹来了山风，
我想起阿妈的手抚摸我的时候。

①阿珠：初恋时，女方对男方的称谓。

辛辛苦苦养育我的是母亲，
我活在世上为母亲争一口气。

演唱：比马·爱乌
采尔拉姆·姑旦咪
收集翻译：拉木·嘎吐萨

可怜母亲的爱心

母鸡走到哪里都有小鸡跟着，
母亲走到哪里都有儿女跟着。
不是亲手养育我的阿妈，
没有人可怜我这可怜的姑娘。
世上最动听的歌是阿妈骂我的话，
别人说我就像烧红的铁烙我的心。
只要阿妈夸奖我一句，
一切辛苦都值得了。
母亲生养我很艰难，
母亲在世时我却没能服侍她。
在屋里母亲主事，
在屋外舅父教养。
不是生我养我的阿妈，
摸不清我的脾气。
辛苦劳累一生后去世了，
可怜我那母亲的爱心。
锅庄上吐口痰要遭殃，
对阿妈说恶语阿妈的心要碎。
等到长到阿妈那个年纪时，
不知会不会有阿妈那么多的恩德。
阿妈一日三餐心里装着我，
担心的是我本事不如人。
阿妈常说我可怜了，

阿妈啊，可怜的女儿是你养下的。
阿妈养儿很困难，
还要为儿操一辈子心。
阿妈养下十个儿，
一颗心要分成十瓣想。①
不怪我阿妈无能耐，
只怪时光错乱不如意。
母亲养得了儿女的身体，
却养育不了儿女的心②。
养我身体的是阿妈，
育我心灵的是古规。
阿妈抚养儿女们长大，
儿女要成材得靠运气。
母亲养儿费心又吃苦，
儿女心里要明白母亲的苦处。
不愿儿女再受母亲受过的苦，
只希望儿女能成器③。

演唱：比马·采尔拉姆、娜波旦次登
搜集翻译：拉木·嘎吐萨

忘不了母亲的笑容④

爬过了一座高高的山梁，
我已见不到故乡的容貌。
翻过了一个个高高的丫口，
却忘不了母亲的笑容。
路呀，越走越远了，

①有十个儿就有十种想法，对每一个儿子都有一套想法和忧思。
②知儿女心者莫过于母亲，但有时事与愿违，儿女长成后并不知母亲的心愿。
③这是母亲唱给儿女的歌。
④这是入赘的男子唱给母亲的歌。

想起我恩深的母亲呀，
就想把路折断。
走过的地方很美丽哟，
还是不如阿妈生养我的故乡。

演唱：甲布·阿佳咪
收集翻译：拉木·嘎吐萨

附记：阿哈巴拉调一般是两句成一首歌，但古调中都是连贯演唱的，这种古调会唱的人已经不多了，我采访的阿佳眯已经72岁：年轻时是一位很有名气的歌手。这个古调抒情味很浓，比现在流行的阿哈巴拉调更深沉一些，沉郁而不高亢，像是歌唱又像是低诉．旋律抑扬顿挫。其他几首较长的歌也类似。

生灵都有自己的母亲

玛达咪！地上的生灵，
都有自己的母亲。
地上有许多可流，
四周的大山是母亲；
天上有许多云彩，
地上的水流是母亲；
天上亮汪汪的月亮，
是众多星星的母亲；
白天亮晃晃的太阳，
蓝天是它的母亲；
山上茂密的森林，
柏杉林是它们的母亲；
所有长翅膀的飞鸟，
雁鹅是它们的母亲；
所有长蹄子的走兽，
野牛是它们的母亲；
地上所有的道路，
大地是它们的母亲；

地上所有的青草，
春天是它们的母亲；
天下所有的摩梭人，
纳木阿佳，①
是共同的母亲。

演唱：油米·哈巴塔
收集翻译：拉木·嘎吐萨

附记：摩梭人的观念中，认为世间万物都有自己的母亲，没有母亲便没有生灵。这首词，是用古歌调子演唱的，有的歌词有明显的即兴演唱痕迹，为保持原貌，译者未作删改。

母亲的心比太阳亮②

夜空的星星亮晶晶，
没有人的眼睛亮；
地上的青草多繁茂，
没有世人的亲戚多；
箐鸡的尾巴很漂亮，
没有姑娘的裙子美；
山顶上的马鹿跳得欢，
没有村里的小伙子跳得好；
白天的太阳很明亮，没有母亲的慈心亮。

演唱：杨梭娜
收集翻译：拉木·嘎吐萨

永久的怀念③

没有了阿妈就像失去了眼睛
阿妈在世时抱怨过阿妈，

①纳木阿佳，传说是摩梭人的女始祖。
②指儿女长大成人能孝敬母亲时，母亲却离开了人世，这是永生遗憾的。
③这是一组怀念亡故了的母亲的歌。

阿妈不在了我心里悲伤。
如今阿妈不在了，
我就像掉了脑门心①。
没有了亲爱的妈妈，
就像失去了珍贵的眼睛。
阿妈已经不在人间了，
世人会不会说我可怜了。
阿妈去世了已经叫不回来，
世上没有阿妈的不会只有我一个。
好时光来到门跟前，
可惜母亲不在世了。
生养我的阿妈不知在哪里
我却在这里受苦难。

演唱：比玛·娜波旦
收集翻译：拉木·嘎吐萨

为母亲祝福

我请来了能歌善舞的人们，
我手捧香茶美酒敬他们；
我烧起浓浓的檀香枝叶，
送母亲走上回去的路程。
喇嘛的摇铃响了，
那是为我母亲在祝福；
在喇嘛们面前，
我摆上了厚重的礼品，
那是为我母亲感恩祝福。

演唱：玛咪
收集翻译：拉木·嘎吐萨

①这句话是说母亲不在身边后，自己遇事没有了主见。

献给母亲的歌，不仅用心去唱，而在实际生活中，也是虔诚践行的，摩梭人不仅把崇母、尊母、爱母是理想道德观念用歌的形式加以升华，代代传承，而且在实际生活中以身作则践行。摩梭老人老所有依，老有所靠，至今不存在家庭、社会对老人的不孝和不承担义务的问题，在民歌中塑造了无数个善良、勤劳、慈祥的摩梭母亲的崇高而又平凡的高大形象，显示了摩梭妇女在家庭及社会中的脊梁作用，妇女可顶半边天的作用。然而，在母系社会家庭中，也不忽视男权的尊崇，自古以来就遵循着“天上飞的鹰为大，地上走的舅为大”的古规，以及“舅掌礼仪，母掌财”的规则。母与舅在家庭和社会中占着绝对的重要地位。

（五）风俗歌

风俗歌又称为习俗歌或仪式歌，这些歌谣所唱的内容是某种民俗活动，或与之相关的各种事物。永宁摩梭人的风俗歌多属古歌类，其曲调古老而固定，内容较少，即兴创作。大部分风俗歌是达巴和德高望重的长者在民俗仪式中演唱的，大多在节庆祭祀、婚丧活动中演唱，其内容丰富多彩。也有赞美生活的，赞美泸沽湖自然风光的，摩梭人风俗歌包含着广泛而浓厚的社会文化内容和主题，具有较高的诗歌文学价值和民族学，历史学等宝贵资料价值。摩梭人风俗歌与生产劳动，生儿育女，婚丧嫁娶，娱乐社交及地方风情有关的最为丰富多彩，包含着朴素的生命意识和人文精神，表达了摩梭人对自然、社会、文化和生活的认识，抒发了他们对生命的深切关怀和生活的美好追求和热爱。

摩梭风俗歌，还保存着大量的生育，成年、祝寿、丧葬等人生礼仪风俗的内容，这类极富情感因素的风俗歌不但唱出了摩梭人丰富的生命感悟和生活经验，而且自然地流露出了摩梭人鲜明的民族性格，伦理观念，具有珍贵的研究价值。

成年歌

唱：先唱三句“玛达达”，
是我们摩梭人的古礼。
我们是曹德鲁若的儿子，
我们是纳木阿佳的女儿，
唱玛达达是我们的规矩。
念诵：过了一天又一天，
过了一年又一年，

月份在前面引路，
领来了新的一年。
三十个吉祥的夜晚，
积累成月；
十二个美好的月份，
汇聚成年。
旧的一年送走了，
新的一年迎来了；
新的一月到来了，
新的一天走来了。
唱：积累起最好的美味佳肴，
备办好丰盛的年饭。
储存起清香甘美的桃、梨，
供奉在祖先面前。
新的月份象芬芳的花朵，
新的年头像瑰丽的花园。
夜晚最明的北斗星，
从左边升起来了；
清晨最亮的启明星，
从右边升起来了。
蓝天上红彤彤的太阳神升起来了，
夜空里银晃晃的月亮神升起来了。
孙儿孙女围坐在我的身旁，
像星星围绕着太阳和月亮。
我的孙儿孙女哟，
像星星一样明亮繁盛。
……
小的长大了，坏的变好了。
摩梭的小伙子哟，
像银闪闪的长刀；

威武又刚强；
摩梭的小姑娘哟，
像亮晶晶的戒指，
珍贵又漂亮。
成长起来吧！
英俊的摩梭小伙，
成长起来吧！
漂亮的摩梭姑娘。
念诵：吉祥如意的今天，
宾客满座喜气洋洋；
幸福美满的今天，
欢歌笑语满地飞。
我的孙儿孙女们，
愿你们像出窝的雀鸟，
展翅飞翔；
祝你们像火塘边的中柱，
顶起生活的重担！

演唱：拉布·给汝

搜集翻译：拉木·嘎吐萨

附记：这首歌是摩梭人家的小孩年满十三岁举行穿裤礼和穿裙礼的成年仪式上唱的。一般由老年人演唱。在大年初一举行成年仪式，仪式完毕之后，大家论资排辈就座，摆上丰盛的食品，就要唱这首祝福歌。在曲词上，比较明快、婉转。到了下午就换成歌舞要结合的曲调形式，调于较前高亢、激昂。

求婚歌

求婚者：公鸡还未叫，
我就把路行；
天黑路不黑，
火把照我心。
翻了三座山，

天才放光明；
山路虽艰险，
乐情添脚劲。
鸟儿双双唱着飞，
激我快快赶路程；
天上彩云飞得快，
全靠好风吹得勤。
翻过山丫口，
大路宽又长；
三步并一步，
来到好田庄。
庄中好人家，
美玉珍珠亮；
光芒耀人眼，
难得进正堂。
不想上天摘星星，
星星眨眼我心痒；
无心下水捉鱼儿，
鱼儿眼里闪金光。
媒人：上天莫怕高，
下水莫怕凉。
求婚者：天高能长翅，
水冷我心烫。
媒人：阿日①在蒸酒，
阿普，②坐上堂；
要求美玉珠，
快快拜拜堂；

①摩梭语：奶奶，指未来的岳母。
②摩梭语：爷爷，这里指未来的岳父。

求婚者：上下恭敬拜三拜，
斯米细细把我望，
二老迟迟不开口，
心急难捺把羞忘。
求婚者：猎狗有九种，
愁无当家妇；
骡马有九群，
愁无锁金主。
姐妹有九个，
个个都嫁出；
兄弟有九个，
该我当家主。
桃李梨树有九园，
院庭就差金银树；
阿普阿日请开恩，
金银花树赐我族。

婚礼歌（迎新娘）

关住东方的木门，
关住南方的火门，
关住北方的水门，
关住西方的铁门。
千百道门关紧了，
疾病灾难关在门外，
流言闲话撵出门去，
迎来了我家的财神，
迎来了我家的畜神，
迎来了我家的快乐和富裕，①

①以上三句指新娘会给家庭带来财富，使家庭六畜兴旺，欢乐安康之意。

从今以后家财用不尽，

快乐享不完。

搜集翻译：拉木·嘎吐萨

附记：新娘进新郎家门，新郎家的门是关着的. 门口有一个达巴，手拿一瓢火灰，上烧着骨头和布片，等媒人喊话后，才打开门，把火灰泼到屋外去，意为灭别人的闲语，别人会评头论足新娘，会带来不吉利。

结亲歌

今天我们结了一门亲，①

这门亲会像高萨鲁普一样永久，②

跟兴旺的家族结成亲，

结成的亲戚亲上又加亲；

我们结亲的这台事，

要让天空看见，

这事就像顶天的山一样高大；

我们结亲的这台事，

要让居住的大地听见，

这事就像土地一样广阔无边；

我们结亲的这台事，

要让四周的大山知道，

这事就像山脉一样粗壮；

我们结成亲的事，

要让山谷知道，

这事会像山谷一样漫长。

我们结成的这门亲事，

锋利的钢钻戳不通它；③

我们结成的亲戚，

①祝母亲（新娘）出生比自己更美的姑娘。

②高萨鲁普，据说是一座石山。

③指亲戚关系不能断线。

铁刀也砍不断他们之间的联系。
祝你们新婚的夫妇，
得到戳不通斩不断的寿命。
青山连着雪山，
我们的家族就像山连在一起；
山泉流入河，
河流奔大海，
让我们像江河一样流在一起。
江水流在山谷，
山谷连到海边，
让我们像水和山谷一样，
永远伴随着在一起。
碧绿的树叶子上，
今天配上了漂亮的花朵，①
花朵全凭山中泉水养育。
你家养出赛过天女的姑娘，
那是祖上积下的恩德；
长出漂亮绝顶的姑娘，
那是奶奶好施慈善的缘故。
从你家的祖先开始，
祖传的香火就越烧越旺，
选中的地盘吉祥美满。②
玛达咪呀！
新结成的亲戚，
愿象并列的山峰一样齐整，
像漂亮的雪杉一样不断亲。③

①指婚礼就像一朵花，给漂亮的姑娘美上加美。
②以上一段是夸赞女方家的。
③雪杉树下长着许多幼苗，指新人的后代兴旺之意。

让两个家族的白头者，
长寿安康度过好日月；
让两个家支的黑头者，
快乐幸福地度过夜晚。

流传地区：永宁区拉伯乡草落窝村
演唱：给汝·而青、旦史·农布
搜集翻译：拉木·嘎吐萨

附记：摩梭人中并存着三种婚姻和家庭形态（见本书附录二），这组婚礼歌反映的就是一夫一妻制的婚姻家庭中举行婚礼时唱的。其婚礼分为几个步骤，永宁区拉柏乡一带的摩梭人多数实行一夫一妻制婚姻，仍分相识、恋爱、说媒、求婚，迎亲、接亲等步骤，结婚时要在男方家的火塘边举行正式的结婚仪式，男女双方的亲戚朋友都要来参加婚礼，请达巴念经祝福，并唱这首婚礼歌。在新婚期，新娘也要回门探望父母。

我们的家乡美

高山上的花儿很欢乐，
没有村里的青年人欢乐。
别人的地方再漂亮，
也没有我们的家乡美。
天下的山神都能干，
没有格姆女神能干。
外地的江湖很漂亮，
没有我们的泸沽湖水美。
山涧的溪流那么多，
都有自己的头和尾。
高山上的绿青松，
不分春冬都发绿。

演唱：布加比马
搜集：陈烈、拉木·嘎吐萨
翻译：拉木·嘎吐萨

歌唱祖先的恩德

玛达咪唱三句，
歌唱阿斯的功德，
阿斯已经远去，
留下难忘的家庭。
生下美丽的主妇，
那是奶奶的恩德；
长出英俊的儿郎，
那是舅父的抚养。
祖先留下的规矩九十九条，
不能忘了祖传的美德。
世上有许多门，
让你自由出进的只有一道门；
地上有许多房屋，
属于你的只会有一个家。
天下有许多肥沃的土地，
让你安心的只会有一块。
泥巴也有数百种，
合你心意的只是这一块地。
你是这个家族的种子，
就要传下这个家族的规矩。
……

演唱：阿都达巴
搜集翻译：拉木·嘎吐萨

甘甜的春雨

甘甜的春雨撒向哪里，
哪里就会开满美丽的花朵；
高山的马鹿在哪里聚会，
哪里的山就充满了欢乐；

党的政策落在哪里，
哪里就响起欢乐的歌声。
悦耳的竹笛响在哪里，
哪里就有了热闹的歌舞；
漂亮的孔雀飞在哪里，
哪里就有了吉祥和欢乐；
党的光辉照在哪里，
哪里就有了幸福的生活。
共产党来领导，
家乡就像一个美丽的花园；
各族人民是朵朵鲜花，
汇成一个五彩的花海。
引水要跟着水沟走，
犁地要跟着犁沟走；
撵山要跟着脚印走，
建设要跟共产党走。

演唱：丛苍阿若

搜集翻译：拉木·嘎吐萨

（六）阿夏情歌

情歌也称作“山歌”，意指此类抒发男欢女爱之歌不宜当属村寨里老少众人的面唱，只宜在田间山野里唱的表达求爱的歌。而永宁《阿夏情歌》在云南少数民族情歌中是独具特色的，它是母系氏族婚姻家庭形态的生动写照。《阿夏情歌》和《献给母亲的歌》都真实地形象地反映了摩梭人独特的婚姻家庭生活。摩梭人情歌不仅数量多，其种类也多样。从演唱形式看，可分为男女对唱的情歌和独唱的情歌，有固定歌词的情歌，也有即兴创作的情歌歌词。从篇幅看，有短歌小曲，也有长歌。《阿夏情歌》内容极其丰富，有表达互相爱慕之情，抒发坚贞爱情，对美好爱情生活的向往，追求。母系氏族婚姻家庭存在的：一是母系婚姻家庭，血统依母系计算；二是母系父系并存的双系家庭，既有血统从母成员，又有血统从父成员；三是父系家庭。摩梭人无论选择哪种婚姻家庭生活方式，男女双方的恋爱都是自由的，男女结合坚持以感情为基础，不受神权、族权、家规和其他人的干涉和约束，而是“结合自愿，离异自由”的权利。母系家庭成员，心中有阳光，生活处处花红柳绿；心中有爱，生活处处充满温情、和谐。《唱给阿夏的赞歌》中唱道：“竹林里的竹子都有节，没有竹子的是我的阿夏”“我的阿妹跟别的男人不一样，一天三遍想着的是我……”《看见了大海不要忘了小溪》：“男：我是青松你是香柏，让我们相会在节日里，女：我是雪山的清水你是河流，让浪花飞溅在一起吧！女：阿珠呀，看见了望不到边的大海，不要忘记了山里的小溪。男：水要流走挡不住花要谢了留不住，你阿妹的心啊不是木雕石刻的……”表现了对爱情的热烈，大胆的追求以及对美好爱情的渴望。摩梭人的《阿夏情歌》中表现出来的爱情生活也不单纯是欢乐、幸福，其中不少情歌也表现了痛苦、缠绵，复杂难述的感情。《半路的阿夏情意散》中唱道：“我俩就像眉毛和眼睛，这辈子生在一起却见不了面”，“就是鸟儿能替我传信，我又怕它把信传错了人”。“找到了一个年老的阿珠，就像霜雪落在了心底……”而这类“阿夏”情歌是无保障婚姻的真实写照。《阿夏情歌》主体表达出的是赞美，歌颂爱情，追求向往忠贞爱情，表达了爱情的喜和乐。部分也表达了忧伤和悲情，但这类情歌往往比喻生动，情真意切，回肠荡气，有一种淡淡的忧愁美。无论是赞美自由恋爱、坚贞爱情的情歌或忧伤悲情的情歌，它们都包含着深刻的母系文化内涵，具有很高的文学审美价值，是珍贵的母系文化组成部分。《阿夏情歌》中除了形式独特之外，还有几个值得我们注意的现象是：首先，没有直接歌唱爱的崇高或赞美爱情的歌，即使是赞美，也只局限于具体的人，仅只是自己的恋人。其次，在日常用语中，没有“爱情”这个词，只有“阿夏（情妇）”“阿珠（男朋友）”或“相好”之类的词，“爱”这个词是用“喜欢”代替的。再次，无论对唱或独唱，挖苦对方，炫耀自己的歌特别多。在对唱时，唱到一定的程度，便开始互相夸赞，说明双方是有情有义，唱到一处来了。

随着时代的变迁，改革开放以后，摩梭文化受主流文化的冲击，阿夏情歌也被流行歌曲的冲击，然而，在泸沽湖这块美丽的土地上，仍然有人传唱着摩梭情歌，摩梭人恋爱生活也在变化，但只要爱情常在，爱就不会衰，情就不会老，更不会绝，摩梭阿夏情歌歌声永远在美丽的泸沽湖畔回荡。

花香喷在一起好不好

仿着飞天的雁影织好了腰带，
我又怕它表不了我的心意。①

①亲手织的腰带作定情物。

我们是栽在盆里的花，
花香喷在一起好不好？
树木也有老去的一天，
不知你的根生得怎么样？①
世上红花黄花有三种，
不知你属于哪一种？②
清清水流淌在桥底下，
不知有没有人敢从桥上过？
架座木桥怕朽了，
架一座石桥让你过。
我们虽然是流在两条沟里的水，
浪花落在一起好不好？

流传地区：宁蒗县永宁区拉伯乡
演唱者：高自·日达咪
收集翻译：拉木·嘎吐萨

我愿在刀口上给你铺路

男：我是会嗅脚迹的猎狗，
马鹿跑到哪里我能追到哪里。③
女：看到一个标致的男子，
我就想去交交心。
男：如果你是一湖透明的水，
我愿变成一尾小鱼摸摸你的心。
女：只要我们情真意厚，
年纪大了又有什么关系！④
合：人在背后说人不会把人说死，⑤

①这是一首试探对方感情深不深的歌，比喻歌声与对方有意谈情。
②红花黄花各有三种，说明人的性格各不相同，是试探对方人品。
③问对方是不是来找阿夏的。
④这首歌是说：今天虽没有结成阿夏，难说哪天他们会结成一对。
⑤劝情人在恋爱时别听信别人的谗言。

光脚板踩地不会把地踏陷。
男：野火烧山烧不死竹根，
阿夏啊，阿珠的心就像野竹根。
女：洪水卷走大树卷不走菖蒲，
阿珠呵，阿妹的心就像菖蒲根。
男：阿珠的情义像山一样厚，
永远不会瘦下去。①
女：相隔十天十夜路，
相会一夜难分手。
男：莫跟不真心的姑娘交心，
她的心眼有许多解不开的疙瘩。
女：姑娘心中的疙瘩是防人的，
解不开疙瘩的男人不算有本事。
男：阿夏呀，要是你的心坚贞，
我愿在刀口上给你铺路。
女：阿珠呀，要是你的情义厚，
我愿在马鹿角上给你搭桥。

演唱：独玛·拉丛、泽儿·独支、都玛眯
收集翻译：拉木·嘎吐萨

看见了大海不要忘了小溪

男：我是青松你是香柏，
让我们相会在节日里，②
女：我是雪山的清水你是河流，
让浪花飞溅在一起吧！
女：阿珠呀，看见了望不到边的大海，
不要忘记了山里的小溪。

①指山不会踩陷下去。
②节日里烧香用青松针叶的枝，这里是情人们希望在愉快的时光里相会并相爱。

男：水要流走挡不住花要谢了留不住，
你阿珠的心啊不是木雕石刻的。
男：赶马人的路很长很长，
我的情意也像赶马路一样长。
女：精美的麻布腰带织好了，
赶马的哥哥呀你快回来。
男：春天的风已经吹到了田里，
为何花蕾还紧闭着嘴巴？
男：心中的阿珠呀请你别怪罪，
不是花儿不知情是土地还冰冷。
男：泥土里长粮也长草，
我们种的粮里会不会有草种？
女：只要有了阿珠定心的一句话，
寒冬的冷雾我也抵得住。
女：树叶绿过后也有落地时，
不知聪明的阿珠你心底想什么？
男：树叶落了还有还绿的时候，
阿珠心里想的事不说你也明白。
女：阿珠唱的歌句句都好听，
心底想的是不是也像歌一样好？
男：阿珠的心底亮堂堂，
就像白天和黑夜一样分明。①
女：听了阿珠像酒一样醉人的歌，
我的心里乱成一团麻。
男：乱成的麻团阿珠解，
阿妹的情意我理顺。

演唱：馈玛甲泽、次尔玛·古玛苴
搜集：拉木·嘎吐萨

①自己心里没有杂念，执着地爱着对方。

永驻心中的阿夏

虽然你的心已不在我身上，
但我不会让你的身受风寒。
要想摸清我心中的底细，
请你跟着我的歌声来。
世上什么事情都可以让我不想，①
要让我忘掉你我却办不到。
让我忘掉其他的歌声可以办到，
唯独忘不了曾对你唱过的歌。
我曾经下过决心跟你到远方，
我又丢不下屋里的三个锅庄。②
只要跟着你我什么样的苦都能吃，
可我不忍心丢下家里妈妈。
一生中所向往的不一定都能做到，
只要我思念的人心中有我也就够了。
你阿夏的心像春天的水一样软，
你别以为她的心像冬天的冰样硬。
水也有结成硬冰块的时候，
只因为风很冷呀雪很猛。
你离开我时什么也没有说，
我们的命运就像风一样不平静。
阿妈离开人间的那一天，
她的心是留给了我们的。③
我在最悲伤绝望的日子里，
你是我身边唯一值得依靠的山。④
想起你体贴我的话语，

①四川左所，摩梭语称“拉塔”。
②想跟着情人去远乡生活，心里却舍不得祖先生活的地方。
③说明女方母亲死前，支持过要相亲相爱。
④指母亲死时，他帮过她的忙。

我一辈子当牛做马也愿意了。
虽然你现在已经不是我的人，
但我心里空着的角是留给你的。
不要以为我笑着是因为心中快乐，
我是为了你才强作欢笑。
你说过的那三句话我没有忘，
经历多少个冬天也会暖着我的心。
我生到世上见到三千男人，
没有一个能像你一样夺走我的心。
一日三餐想的不是荣华富贵，
一颗心在你背后想着你。
生养我的阿妈的屋里，
我不知会不会也有人像你一样想着我。
要是有一个人心里想着我，
即使让我现在就倒下也值得。
疼我爱我的阿妈不在世了，
但阿妈修下的门槛还在着。
我们的情意还在这个屋里，
能不能关照全在于你。
虽然阿妈养女都一样辛苦，
但每个姑娘的心思阿妈难知道。
我们的想法是一样的，
有时我的心里却由不得自己。
阿妈养得了姑娘的身养不了心，
你能说动我的心却保不住我心。
蝴蝶采完了花蜜就会飞走，
不怪蝴蝶无情只怪花朵太多情。
不要怪罪茶叶的苦和涩，
只怪茶水涨时忘了加上盐和油。
山的高矮胖瘦由不得山，

凭的是各人心中喜欢不喜欢。
不要抱怨土地不肥沃，
该怨的是施肥的人错过了好时令。
我早就说过叫你别乱闹，
看今天一切都成了事实无法挽回。
树上的果子还没熟透的时候，
你就在树下指指点点嘴馋手痒。
如今果子已经熟透了，
留下的却只有腐烂的命运。
你说要到很远的地方去赶马，
我从来也没有拦你的路。
到了夜半心里想死了你，
我只好自己安慰自己过夜晚。
想不到你一出家门就回不来了，①
这么多年可怜你受罪了。
如果我们年轻时候就能想到这一切，
我们会感到幸福和快乐。
为什么我们年轻的时候，
长了个子却长不高智慧？
我的美名传遍了我们的地方，
却没有一人能知道我的苦处。
这些过去了的事我不愿再回想，
这些事也许就是我命中注定。
现在身边有三个可爱的姑娘，
回想这些心酸的事又有什么用？
离开家乡别人的家再美好，
也不可能抹去我思亲的心情。②

①有的赶马人远走他乡，终生再没回来。
②指她已出嫁到人的家乡。

今天熟人熟面的伙伴那么多，
求你别把不好意思的事亮出来。
以往的事都会过去的，
那些过去了的事像一场梦。
你的心情只有我能够理解，
要不是我哪个女子会心疼你。
想来想去不会有想定的一天，
怪我不该认识你这个多情的人。
你就要离开村子上高山的那一天，
除了我没有一个人去送你。
我悄悄地跟在你身后翻过了山，
不知你发觉没有身后的我。
在不见了你的日子里，
我备下了多少无用的礼品。
在你没在家乡的时光里，
我织下了多少根心爱的腰带。
你不懂得疼爱我，
除了我妈没有能真心疼爱我的人。
你可以把我忘在心底，
可你不要忘了我阿妈的那句话。
我唱的都是心底想说的话，
求你千万不要怨恨我。

演唱：尔钦拉姆

搜集翻译：拉木·嘎吐萨

附记：这组情歌是一位名叫尔钦拉姆的歌手唱的，她今年42岁。她的歌声不同凡响。有一层温馨而动人的凄愁情调，有一种哀怨的美。她的形象也很美，是一个典型的摩梭中年妇女，那瓜子脸上洋溢着一层慈祥的神采。唱起歌来时脸上微微发红，更透出一种迷人的风韵。这组歌完全是即兴，演唱她亲身经历的爱情生活，唱得那么动情，那么入神。她说三天三夜也唱不完。其实，她已完全进入了已逝的爱的悲欢苦乐之中去了，连周围听歌的几个姑娘的眼睛也湿润了。她很坦率地谈了自己的经历。

原来她是温泉乡的人，年轻时，在那一带的确是一个有名的美女。来走访她的小伙子也很多，但她真正接受来访的只有三个，而这三个人中，第一个阿珠是最令她动情的。因为在她母亲去世前后，由于她家里没有男子，所以她的情人给予了她很大的帮助。在患难中，她对他的感情越来越深，但他跟她相处三年后，他却不再登门了，另外爱上了一个姑娘。她后来又跟两个小伙子断断续续地交了几年的阿夏，但她说：“对比来对比去，还是不如第一个好。”后来，年岁渐渐大了，她就不再过走婚生活，希望能过上稳定的夫妻生活，就嫁到了木底箐。但她对已成法规式的婚姻并不满意。

（七）劳动歌

劳动歌反映了古代摩梭人的农业经济生活，主要是反映采集、狩猎、畜牧、农耕，赶马等。封闭保守的原始农业自然经济是古代摩梭社会主要的经济基础，尔后才出现了赶马帮为其主要特色的商品经济，出现了租佃性质的封建领主经济和生产关系。《赶马调》和《丧葬歌》中的一部分作品，以及大部分故事，都描绘了古代摩梭人农业劳动生产的社会面貌和生产方式，以及以“农”为主要特点的经济生活、劳动内容和封建领主政治制度下的社会生产关系，一幅幅原始农业劳动生产的画面展在人们的面前。《劳动歌》记录已进入文明时代的摩梭人农业劳动生产和农业经济生活，写了狩猎、放牧、耕种、收获、纺线织麻，打场、酿酒、建房屋、赶马帮等的艰辛的劳动，也有商品经济、手工业的生产、发展。

《劳动歌》主要有两类。一类是伴随着劳动过程而歌唱的劳动歌谣，它短小而富于强烈的节奏感，起到减轻劳动强度，鼓舞劳动情绪，提高劳动效益的作用。《打稗子歌》《梿枷歌》中唱的：“玛达咪啦玛达咪，巴拉牙哈呀哩哩，漂亮啦牙漂亮呀，打谷场呀漂亮呀……”起到劳动号子的作用。另一类是人们在劳动之余描述劳动过程与场景、总结劳动经验、抒发劳动情感的歌谣。这类劳动歌谣数量较多，篇幅也较长，内容丰富，它有时还伴随着民俗活动演唱，如与舞蹈、农事民俗结合。许多长篇的叙事诗或抒情诗中也融入了这类劳动歌谣的内容。

随着某类体力劳动的消失和劳动方式的改变，有些劳动歌已渐渐消失了。只有一些田园农事劳动歌还在不断被人们传唱着。虽然劳动歌谣的声音已渐渐远去，但是摩梭人从古至今赞美劳动，歌颂劳动者，感激自然的情感和激励人们昂扬自信、自强、勇敢进取的精神将永远滋润着摩梭人的心田。至今仍然流传的劳动歌。

猎　歌

远古的时候，
天还在摇晃，
地也不牢固。
岩石会滚动，
树木会走路。
人神不同类，
为物起争纷。
抢夺天和地，
争分兽和禽，
天神日木古。[1]
为平息争纷，
人与山神间，
来做调解人。
地上的人类，
猎人做代表。
与神分走兽，
领取畜和禽。
天神日木古，
办事有偏心；
护着神一边，
故意刁难人。
天地分得不合理，
房产分得不公平。
走兽分得不均匀，
飞禽分得不均等。
地上的人类哟，
分到的动物，

①日木古，这是飞禽走兽的神，传说中所有能跑能的都归它管理。

会报晓的只有鸡，
会拱土的只有猪。
山神却得七种走兽，
山神却得九样飞禽。
长蹄子的兽类哟，
都被山神拉光；
生翅膀的飞禽哟，
全让山神占尽。
猎人不服气，
抢来牛和马。
天神日木古，
对神偏心又袒护。
给了山神野牛和野马，
给了山神獐子和老虎。
地上的人哟，只分到小猫，只得到小羊。
猎人赶回猫和羊，
越想越气越心伤。
心里不服就想斗，
誓和山神作较量。
猎人回到家，
撕来麻皮搓弩弦，
伐来黄木做弩弓，
砍来金竹削利箭。①
做好弩弓和利箭，
背着弩箭要上山。
要让山神不得宁静，
要让山神的禽兽不得安宁。
来到山神的放马山，

①据说弩弓是猎人为跟山神争夺牲口而发明的。

让黑马和黄马互相踢蹶；
来到山神的放猪地，
使黑猪和白猪互相拱咬；
来到山神的牧牛场，
让黄牛和黑牛互相抵撞；
来到山神的放鸟林，
使树上的飞禽互相追啄。
山神发怒了，
派出所有的牧奴，
上山把猎人找寻，
下河把猎人追捕。
冬天，猎人逃到山顶，
天上下大雪，山上躲不成；
夏天，猎人逃到深箐，
天空降暴雨，箐里躲不成；
秋天，猎人逃进密林，
树木叶子全落光，
林中躲不成。
猎人吹了三声口哨，
没有听见回声；
猎人喊了三回亲人，
没有听见答应。
猎人无处把身藏，
来到山间泉水边
喝了一口水，
歇了一口气，
抽了一口烟。
山神的牧奴，
躲在山泉边。
抓住猎人捆回家，

又打又骂好凄惨，
吊在火塘上，
烧柴起火烟。
火烟熏得眼泪淌，
大火烧得皮肉烂。
猎人被烧死，
猎人气已断。
为把猎人来纪念，
杀生不在山泉边。
人类斗不过山神，
不再与山神争财产。
为求山神赐给猎人野物，
为求山神保佑畜禽，
摩梭人年年要祭山神。

唱诵：给茸而车

搜集翻译：拉木·嘎吐萨

赶马歌

玛达咪！出门赶马的人儿呵，
备好了马匹整好了行装，
骑着马儿往外走，
就要向远方的旅程，
拱手三次告别我的故乡。
我沿着弯弯的小路上山坡，
一天走过三个山丫口，
三天走了九个山丫口，
每过一个丫口回头望一次故乡。
这条赶马人走的路是没有尽头的，
山丫口的喇嘛堆把路分成一段又一段。
我想起故乡的时候，

真想把路倒扳回去。
第一天晚上我睡在松坡坡上，
叮咚的马铃在山谷里回响。
我唱着思乡的歌儿喂马料，
马儿嘶鸣也像在思念旧槽。
夜晚降临星星缀满天，
我搭好了夜宿的帐篷，
燃起了野炊的篝火，
吃罢晚饭又唱起赶马调。
远处的山林咕咕鸟在鸣叫，
我以为是白铜马铃在回响；
我听见山风呼呼吹来，
我听见树林轻轻摇摆，
树林呀，
你是否也像我一样不能入眠?
我看见星星也像我一样眨着眼睛，
星星呀，
是否也像我一样不能入睡?
我思念故乡头发都想白了，
我故乡的宝地是蕴藏着金子的地方，
布谷鸟首先在我的故乡报春。
我故乡沃土盛产金黄的稻米，
喜鹊不断在我家的房前屋后报喜。
黎明的故乡在宿营地，
烧起了一堆柏叶香，
这堆香火不是让我安心坐下来，
而是催我打马赶路程，
是预示着新的旅程又要开始。
我端着早餐的这碗酥油茶，
我的心情很难平静，

跟着四处奔走的牦牛，
黑雨来了没处躲，
岩坎底下躲不成，
树子底下躲不住。
只好砍来青竹，
搭成窝子来避雨。
玛达咪，
跟着牦牛的牧人，
心里悲伤无处诉。
玛达咪，
头牛不知在哪里，①
猎狗不知追到了哪里。②
我高山上牧牛的人，
一年四季跟着牛群走，
草场哪里好就往哪里走，
玛达咪！

演唱：比马次耳
搜集翻译：拉木·嘎吐萨

织麻布歌

小时候阿妈教我织麻布。
选好了麻籽，
刨好了地，
种上麻籽勤管理。
麻苗长到五尺高，
扛着薅锄去锄地。
麻籽收了要晒好，

①这里的猎物，是守牛群的牧狗，随时向主人“报告”牛群情况。
②牦牛群里，有一头公牛，常年在山里巡游，发现好的草场，就领着牛群远走。

麻秆干后泡在水塘里，
泡透才把麻皮削。
还要咬在嘴里用手捻，
捻成一丝又一丝，
再用陀螺①扭成线，
麻线挽成一团团。
还要将麻线放入灶灰水里浸泡。②
雪白的麻线光闪闪，
纺麻线的姑娘心喜欢。
纺好麻线才上织布机，
织好麻布裁成衣。
穿麻布衣服的人，
要知麻布来得不容易。

演唱：甲布·阿佳
搜集翻译：拉木·嘎吐萨

建房歌

玛达咪，
屋后的长叶树，
是这幢房屋的花朵。
花朵的开放全凭水的养育，
房屋的落成全靠人的力气。
铁铸的三脚架③支上了，
它是屋内的欢乐。
锅庄上方的火塘安上了，
它是房屋的心脏。

①陀螺，纺麻线的工具。
②麻线放在灶灰水中泡，起漂的作用。
③平常不用灶台，用铁三脚架，安放铁锅。就是歌中常唱的“锅庄”。

冉巴拉已竖好了，
它是屋里人的欢乐。
玛达咪，
房屋的四角坐好了，
那是房屋的宝座。
高山上的青松树，
是献给山神的花朵。
里屋的“梭拖”安好了，①
是献给祖神的花朵。
篱笆上的那达半，② 是开给房主人的花朵。
道路上的波斯菊，③
是让道路欢乐的花朵。
地上的房屋修好了，
那是让主人欢乐的花朵。

演唱：比马次耳

搜集翻译：拉木·嘎吐萨

摩梭人的劳动歌《狩猎歌》《赶马调》《牧歌》《连枷歌》《建房歌》等是摩梭人生产生活的写照，既唱出了生产中的艰辛，又对美好生活的向往以及劳动和丰收的幸福快乐。

（八）阿哈巴拉

“阿哈巴拉”是摩梭人传统民歌的调名。这是流行最广的曲调，妇孺皆知。这类民歌在摩梭人聚居区到处都可以听到。“阿哈巴拉”民歌是流淌在摩梭人心间的涓涓小河，是摩梭平常人唱的平常心，平常歌。所以，无论原固定歌词或即兴创作的歌词，都是质朴、真切自然，清词丽句、悃质无华、生动感人。“阿哈巴拉”，它的唱词不固定，可以根据环境对象的变幻而即兴编创。有在山野田间互相逗趣的；有独自一人抒发激情的；有表达亲人间情意的；有男女间结交“阿夏”情景的；有赞颂母亲的……

①梭拖，火塘上方的长方体柜子，是祭祖先的地方。
②那达半，即玫瑰花。
③波斯菊，滇西北高原常见的一种野花。

“阿哈巴拉”原词是：

阿花巴拉玛达咪，巴拉呀哈，啊哩哩呀。

阿花巴拉玛达咪，巴拉呀哈啊哩哩。

阿花巴拉玛达咪，阿巴拉玛达咪。这类民歌。它作为摩梭人独特文化形态的一面镜子具有标识性的特征，“阿哈巴拉”既可以单独唱，但同时也可以作为开始演唱“阿哈巴拉”时所必唱的“头一曲”。音乐家杨敏学者研究认为：一是个体概念：“阿哈巴拉”指一首单曲，曲名来自于歌词中的一部分，但是必须具有特定的曲调；不用这一特定曲调演唱的单曲，即使使用了“阿哈巴拉”头调的歌词，仍然不被认为是“阿哈巴拉”，而所属另一体裁类别“哂”中。二是群概念：“阿哈巴拉”是指用某种特定曲调不断变换填词的民歌群；即自头一首单曲开始后，随后连贯演唱的一组曲调相同，歌词因即兴创作有所不同的一概命名为“阿哈巴拉”。“阿哈巴拉”为什么这样带有两句简单歌词，由上而下两个乐句构成的歌词，在摩梭民间广泛流行流传至今，老少妇孺皆会唱，除了曲调上的通俗好唱以外，其中还有一定的社会文化原因，表面上看来“阿哈巴拉”虽然是摩梭调子的衬词和曲谱，仅与摩梭人方言有着深厚的内在联系，而深层次的是涉及了民歌的发生、流变、生态及深层的文化要素。

“阿哈巴拉”的来历在摩梭民间的说法是：“阿哈”以前应该是“阿花”，是昨天晚上的意思。也不知道怎么大家唱着唱着就唱成“阿哈”了，“巴拉”发音不同的话，唱出的意思是不一样的。这首歌曲后经几多演变，已不再是过去原始的“阿花巴拉”含义，而是成了所有歌唱者必唱的开场曲调“阿哈巴拉”。

“玛达咪”是感叹句，“啊哩哩”也具有感叹之意，在不同的环境和情感下代表着不同的寓意。“阿哈巴拉”民歌的发生层面，无法考证产生的年代。但是，“阿哈巴拉”来源有一种说法是描述了男女之间晚上“走婚”后用歌声交谈夜访的情景。摩梭人古老的规则，只要有异性血缘亲属在的所有场所，无论在母屋或屋外场所任何跟性有关的话题是决不能讲的，尤其夜访时，必须避开女方的异性血缘亲属，异性亲属的性生活模式是个人的绝对隐私。有着走访关系的男女白天不能在一起行走，在摩梭人的语言中不存在带性色彩的粗话等。血缘关系网在摩梭人村落中有限的空间地域里非常密集，动辄就是有着血缘关系同一母系“根骨”的亲属。在这样的情况中，“阿哈巴拉”里应有着演唱场合的严格限制。然而，由于 歌词的本意不复存在，这样一首反映了摩梭人夜访生活场景的歌曲，现在却成了人人皆唱的民歌，在任何场合下演唱的摩梭人颇为自豪的标志性民歌。甚至安上其他曲调后，从狭小的情歌空间走向了大众开放的空间，成为集体性舞蹈歌。

摩梭人对“阿哈巴拉”个体的歌唱行为中，最能表达集体意识的是他们对“母亲”的歌唱。“母亲”形象之所以成为这个族群歌唱行为特色的表征系统在于：首先，崇“母”，尊“母”是母系家庭的第一个必然结果；其次，由于受血缘亲性禁忌的制约，在公众领域演唱的民歌中所能描述的个人形象是相当有限的，表达对母亲的各种怀念、思念、体恤之情的“阿哈巴拉”，显示了这个社会母亲角色的地位以及母亲在维护母系人户运作当中不可取代的作用。在歌词中能明显强化社会的母亲概念，母亲权威的“阿哈巴拉”：“不管规矩多大，尊崇妈妈的规矩不能丢”。民歌成为规范社会中人群行为的约束媒介，这无疑是母系文化强大影响下的产物，这是与其他民族比较而独具特征的音乐民歌文化。

“阿哈巴拉”的旋律高亢、宽广、音调婉转起伏，富于激情；它的节奏自由舒畅。唱起来时，起调很高，有松涛之喧哗，有高山流瀑之势，尾声拖长，有行云流水之状。摩梭人唱的“阿哈巴拉”不是在堂皇富丽的舞台和歌舞厅中，而是在崇山峻岭、高原湖泊，蓝天白云之下，高山流水之间，唱出了摩梭人的心声、劳动、生活、礼乐、信仰、祖先、爱情、追求、崇母等意境壮阔、深邃，形象鲜明，轻松自如的原生态民歌。“阿哈巴拉”用简单的旋律，引出绵绵不尽的情愫，形成了摩梭人独具特色的民歌音乐。摩梭人如火如荼的歌，还是如醉如狂的舞，都程度不同的保留着不同历史时期、社会、地理和心理状态的痕迹，浸润着深沉的摩梭人的感情和伦理。也充分展示出摩梭母系文化的民族特色，能歌善舞的摩梭既是物质财富的创造者，也是精神文明的创造者，乐观主义者，“阿哈巴拉”像一盏宗巴拉神堂前的酥油灯，不断照亮着母系家园。正如谚语中所说的“汤里没有盐不好喝，生活里没有歌声不好过”一代传一代，无论在艰难曲折中，或柳暗花明的岁月中歌声不断舞不息。唱着“阿哈巴拉，有若死去不会回，活在人间要行乐，远天远地诱惑我，只因阿妈的锅庄丢不开。你是太阳我是月亮，多少甜蜜多少苦，你看见了大海，可别忘了小溪，玛达咪……”摩梭人千百年在歌声中耕耘着和谐温馨的母系家园，在舞蹈中健身强体，舒心惬意的劳动着、创造着、歌唱着、起舞着坚守祖传的规则，信仰辞别过去，憧憬追求更美好的愿景，阿哈巴拉玛达咪，巴拉呀哈阿哩哩。

第二节 舞 蹈

摩梭人，是一个能歌善舞的民族，摩梭舞蹈最初起源于古老祖先对狩猎、农耕场面的模拟及向导性表示爱慕的动作。后来受自然崇拜，神灵崇拜的影响，舞蹈便成了娱乐神灵，向神灵乞求幸福的主要方式。如“罕摆迪”“格尔搓”和“巴俄槎”三种舞都是在宗教仪式中举行的，而且都是为了降伏恶煞、撵鬼驱邪。因此，实际上是摩梭原始宗教舞蹈。摩梭人的音乐舞蹈除了丧葬祭祀性舞蹈豪迈，劳作性舞蹈则婀娜多姿，自然轻柔，如云似水，优美抒情。摩梭舞蹈不同程度地保留着不同历史时期社会，地理和心理状态的痕迹，浸润着深沉的民族感情。由于摩梭人所居的特殊地理环境和特殊的母系社会制度环境，孕育了十分丰富的独特的舞蹈艺术。摩梭舞蹈，多姿多彩，内容丰富，具有鲜明的民族特色，民间俗话说：会说话就会唱歌，人会走路就会跳舞，记载摩梭人会跳72种舞，说明了摩梭人对音乐舞蹈的酷爱。舞蹈大的类别可以分为娱乐性舞蹈、祭祀性舞蹈、劳作性舞蹈。

一、娱乐性舞蹈

娱乐性舞蹈，主要是在社交活动、节庆活动等集体活动，多为集体性舞蹈，男女老少，本民族或外民族都可以参与。娱乐性舞蹈展示着摩梭人对美好生活的向往，丰收的喜悦，节日的欢乐，男女之间美好的爱情和战争胜利的狂欢等等。

《甲搓舞》，又称打跳或锅庄舞。“甲搓体”意为美好时展的舞蹈，凡有祭祀典礼、红白喜事，过年过节，社交活动，男女青年们相聚一块时，都跳“甲搓舞”。甲搓舞的起源，因为摩梭人无文字，只能是靠口传，无法考证。据说古代摩梭在受到外民族的侵犯袭击时，一天晚上敌人准备偷袭，部落首领发动本族民众，在村口场坝上烧起一堆堆烈火，人们围着熊熊火塘，齐声呐喊跺脚，如地动山摇，制造声势，助长威风直到天亮，敌人看到这种阵势后，败阵而逃，摩梭人取得了胜利，为庆祝胜利，人们围着火塘唱着歌，跳起欢快的舞蹈。庆祝打退敌人，取得战斗的胜利。于是，“甲搓舞”变成了群体娱乐的广场舞蹈，久而久之，这种歌舞形式形成人们庆祝丰收、庆贺节日、祈祝神灵的歌舞，也成为青年男女谈情说爱，结交阿夏提供了方便，从而形成打跳“甲搓体舞”，摩梭人只要有高兴的事，大家必定举行“打跳”这一民族民间艺术活动。

随着摩梭人社会、经济、文化、生产、生活的发展，“甲搓舞”的形式和内容更加丰富多样。其内容包括“搓友”，即开场起点或大跳，“甲搓优”即邀舞体或请观众一起跳舞。“甲搓”舞有浓郁的高原民族的风格特色，欢乐热烈的气氛，强烈的艺术生命力及感染力，世代的流传在摩梭人民间，参与跳“甲搓舞”者，少则几十人，多则上百人，上千人。舞蹈整齐划一，步调一致，快时豪放刚健，慢时悠然自得，在节日庆典时，摩梭人以村为单位，有时几个村落联合打跳。领舞者领头，用笛或芦笙伴奏，人们围着篝火，面向火堆、紧挽手臂，五指交叉，随逆时针方向翩翩起舞，舞随着曲调的旋律节奏花样多变，时而舞步轻盈，时而节奏明快，或刚健粗犷或热烈欢快，身着盛装的姑娘小伙组成一个不断滚动的彩色长龙，不时发出“阿喏、阿喏、喏”震耳俗聋的吼声，在熊熊燃烧的篝火光焰中在月光明媚或月色迷蒙中，只任自己的身体纵模在欢快的舞蹈中，踏着忽而轻快飘逸，忽而矫健粗犷的舞步，跳得如痴如狂，几乎忘我的境界，自己不知从哪里来，也不知到哪里去……表现出浓郁的摩梭人的民族性格和舞蹈特色，给人们以新鲜别致、浑扑自然、潇洒自如的感觉，让人强烈地感受到热爱生命的活力、青春的浪漫和创造美好生活的精神动力，令人心灵震撼。

在整个《跳甲搓舞》过程中，围观者，不分民族、地域，随着歌声，纷纷插进自己要好的朋友之间，歌词这样唱道：

会跳的人儿快来跳，不会跳的人快来瞧，
快来唱快来跳，今晚不跳何时跳，
踏破星星跳落月，一直跳到公鸡叫，
喏！喏！喏！
接着又唱道：
阿夏我们在一起，
就像到了百花园，
阿夏我们在一起，
歌舞欢乐情意浓，
……

以《甲搓舞》为主体的舞蹈中，还有《尔搓》天鹅舞、《郭增几特》鸽子饮水舞、《艾普可可》公鸡斗架舞、《克咱杂》找阿夏舞、《格姆搓》格姆女神舞、《库史搓》

新年舞……

摩梭人《甲搓舞》打跳这种民间艺术形式，不仅起源古老悠久，而且传承至今是全民性的活动，俗话说的：“有口的都会唱歌，有走的都会跳舞”，舞蹈摩梭人民族文化艺术的重要组成部分。其特点是：

舞蹈

（一）“打跳”的形式

摩梭人的“打跳”，一般在节日或特殊的日子，进行的时间在傍晚，由乐首吹奏竹笛或者芦笙领奏，舞者五指交叉手拉手围成圈，围着篝火边唱边跳，气氛和谐，舞步优雅。舞曲据传有72调，现在有一部分由于无文字记载而失传，“打跳”是一种娱乐性舞蹈，社会作用是娱乐但也是情感的交流，是心态的调整，和谐的展示，内容丰富多彩，涉及民风民俗、婚姻家庭、生产劳动、族群起源等，作用不亚于摩梭人的“历史课本”。

（二）音乐的特点

《甲搓舞》的音乐是热情奔放，粗犷有力的，表现了摩梭人的开朗大方，积极乐观，豪放不拘的性格，表现了摩梭人团结齐心，战胜困难积极向上的精神。

（三）音乐的特色与共融

《甲搓舞》舞曲的拍子，多为二拍和四拍两种，节奏是舞蹈音乐，特有的跳跃效果，音乐在音色上无论是笛子、芦笙还是人的合声，都是一种异常的音乐色彩组合，音调多元，色彩斑斓，由于摩梭人与多民族杂居。因此，音乐曲调与其他民族音乐曲调也有共融性。如藏族、彝族、傈僳等相互交流、相互影响，又不失具有摩梭人的独特风格。

《甲搓舞》为主体的舞蹈，充分展示着美好生活的向往，庆祝胜利的狂欢；节日的欢乐，丰收的喜悦；男女追求美好爱情母系家庭的情爱；展示着尊母、崇母、母爱的古规以及摩梭人互助合作、休戚与共、团结和睦、积极向上的民族精神。

二、祭祀性舞蹈

祭祀是摩梭人的重要原始宗教，即达巴教，是最古老的宗教。因此，祭祀舞也可称为宗教性舞蹈，“达巴”舞蹈。摩梭“达巴”在祭祀自然神、图腾神、祖先神等多种鬼神，祭祀鬼神中经常要跳舞，据“达巴”经中口头传说，各类神上千个，有山神、畜神、天神、土地神、河神、太阳神、植物神、女神……以此祈求神给予保佑赐福，摩梭人祭祀舞有两种：一是祭祀时主持祭祀的“达巴”跳的仪式舞蹈，这类舞蹈神秘严肃，口吹海螺，手摇铜铃，身作法衣，头载五佛冠，具有仪式性的特点；另一种是在祭祀活动期间，由部分人跳的集体性祭祀舞蹈，在宗教祭祀活动中，无论是跳仪式性舞蹈，还是仪式性不明显的集体性舞蹈，或平时各家祭祀，祭锅庄等，其目的都是为了祈神娱神，尊神敬祖，祈求农作物丰收，风调雨顺，免灾避难，族人吉祥平安，兴旺发达。

摩梭人信奉生死轮回，灵魂不灭，死后回归祖先地，故丧葬是摩梭人生活中的一件大事。从“达巴”经的记载中，摩梭人认为人的死亡是一切轮回与解脱的选择，因为灵魂不灭，人的死亡只是肉体的消失，灵魂仍然存在，为了让人的灵魂顺利回到祖先的发祥地——北方，而且让活着的人也能安宁平安，所以死者生前为他尽责、尽孝，死亡也同样为死者尽一切能力做一些应该做的事，让死者的灵魂有所依、有所靠，不致像落叶一样在另一个世界随风飘落不定。还认为，人的生命只是一场短暂的旅行，人们在母系氏族，氏社、家庭里热热烈烈、亲亲密密地相处，随后各自又匆匆忙忙地回归祖先地，谁也不能陪谁一辈子。“树叶黄了就要落，时候到了祖先就要接你走”，“永远分别我们怎忍心啊！可生离死别是人之常情，生前怎样好，死后也一样好。树高会被风吹断，人老了也会死亡。”摩梭人懂得人生的自然规律，当死亡降临到我们最亲的人身上的时候，除了悲伤，就是尽力为死者做一些有意义的事，让他们圆满地不留一点遗憾离开母系部落和亲人，死者安然，生者也不感到内疚。所以摩梭葬礼从始至终比较复杂，最少三天，最多十天半月。摩梭母系氏族的葬礼是古老的民族文化中的重要组成部。最能体现葬礼内容的20多篇《丧葬歌》。如《唱梦》《点酥油灯》《指路经一》《指路经二》《指路经三》《安魂词》《奠酒》《哭灵》《长子吊教》《洗马调一》《洗马调二》《寄酒》《伤诀别》《祈祷词》《献财祭灵》《装棺祭歌》《探路撵鬼舞》等。反映了原始宗教观念的传统文化，对其自身及其生命归宿的认识。摩梭人整套丧葬仪式丧葬歌、丧葬舞蹈展示了摩梭人古朴的世界观、人生观及积极的乐观精神，不忘祖先和热爱生活的态度，他们认为“人的一生要欢乐地的生活，没有盐的汤不好喝，没有欢乐的日子不好过”。而死，也要愉快的地，一个人能寿终正寝是好事，不应悲伤，民间有：

“要唱起歌送，要跳起舞送”的说法。所以，火化尸体前的一天晚上，全村男女老少，亲戚朋友都来跳锅庄舞，称之为打跳，火葬前要跳《罕摆迪》舞蹈。

（一）《罕摆迪》舞蹈

《罕摆迪》舞蹈，也称左占，是摩梭人从古至今保留下来的一种丧葬舞，含有原始宗教的成分，这类舞蹈，是为死者亡灵驱赶妖魔鬼怪，为死者灵魂能顺利平安回归祖先发挥地开路的舞蹈，“达巴”边跳边唱指路经。跳《罕摆迪》舞者只能由2人、4人、8人组成，只能由身强力壮的男子组成。舞具有大铜铃，小串铃、长刀或剑。武士头上插着寒鸡尾翼和红白三面小旗的头盔以及铠甲，十分威武，起跳时，舞者腰甩大铃和小串铃，面向棺材和灵台，右脚跪地，左脚前蹲，垂头默哀。过后便正式跳驱鬼降魔的舞蹈，顿时大小铜铃随着变幻多端且又刚健的舞步有节奏的响起，铃声大作，刀剑飞舞，时而学猛虎跳跃，时而如豹子扑食，时而作模砍杀状，先在灵堂前舞，后到院坝，再舞至大门外，又从大门外舞回到棺木前，方能结束，先后时间约一小时，甚为精彩。

（二）《格姆搓》舞蹈

摩梭人崇拜万物有灵，不论天上的日月星辰，还是地上的金木水土，都是有灵的，突出的是在社会、生产、生活中崇拜的一切无不带有母系女性的色彩，如山是母山，湖是母湖，神是女神。

朝拜格姆女神

根据古老的“达巴”口传记录，祭祀格姆女神，摩梭称“格姆果”，汉话称“朝山节”，也称朝山会，已有1000多年的历史。

“朝山节”是摩梭人祭祀格姆女神的隆重节日，每年的农历七月二十五日这一天，居住在泸沽湖周围滇川边界的各民族，特别是摩梭人，穿着节日盛装，有的骑马或步行，携带丰富的食物汇集在狮子山脚下的女神庙周围，烧香朝拜。壮观的是扎美寺喇嘛搭起帐篷作法念经，举行跳舞祭祀活动。摩梭男女举行对歌，打跳、赛马，打秋千等体育文娱活动，甚为隆重热闹。

摩梭人为什么崇拜，祭祀格姆女神？在摩梭人心目中格姆女神不仅开创了美丽的泸沽湖，而且传承了母系阿夏走婚及母系家庭，是女神、泸沽湖孕育了摩梭子民，格姆女神是自然之神，是慈爱之神，是保护之神，因此，每逢七日二十五日隆重祭拜格姆女神延续至今。

摩梭人，全民信奉原始宗教“达巴”教的同时，信奉藏传佛教，永宁扎美寺，每年会举行大的喇嘛集会四次，小的集会三次。

正月初七跳神会，农历十二月二十六日为降神会。跳神会、降神会中必跳《格尔搓》《巴俄搓》宗教舞蹈。这两种舞蹈的内容都是属于降鬼伏魔。

（三）战争舞蹈

摩梭人源于牦牛羌或越嶲羌，原是在黄河、赐支河、湟河三河间的青海一带的游牧民族。战国时期，羌人部落首领中有个叫邛的为避秦国威胁，率领族人，向南迁移，到达甘肃东南以及川西北，川西南一带，后迁移至越嶲，经四川西昌东南等地区，最后分布在大渡河、雅砻江流域，后来迁移至定笮，今四川盐源一带。麽些蛮祖泥月乌逐出吐蕃后，遂居环泸沽湖一带。摩梭人祖先从青海一带南迁途中，经历了无数次部落之间的战争；定居泸沽湖地区前后，部落之间与其他民族之间，也经历了无数次的争战；部落首领受朝廷的派遣率兵参加境外的平定动乱战争……虽然摩梭人没有详细的无文字记载，但是我们今天仍然可从古老的“达巴”经、民歌、传说中看出摩梭人古代和近代战争的记忆痕迹。

战争舞，摩梭人称“阿叶撒尔若”，是根据“达巴”口诵经的记载。古时候，有一个名叫阿什撒尔若的外族首领，为掠掳摩梭人的地盘和财物，多次率兵攻打摩梭部落，本族民众不得安宁，为保部落安宁，摩梭首领率部落士兵和民众做好防御严阵以待的同时，还主动出击。在一次首领率士兵主动出击中，足智多谋的首领，以逸待劳，出其不意，攻击不备，英勇作战，迎头痛击，打得异族士兵落荒而逃，狼狈逃窜达百里，摩梭首领率兵乘胜追击，穷追猛打，紧追其后，将败兵包围，无路可逃，令异族首领阿什撒尔若缴械投降。在即将发起总攻的当晚，摩梭首领命令士兵在驻扎包围异军的周围营地燃起熊熊烈火，火焰冲上云霄，战场烟雾笼罩，士兵们并围着火堆一边高歌呐喊、唱歌，一边用力跺脚舞蹈。唱道：

阿什撒尔若，

你这个黑脚干，
不是你来挑战，
我怎会到此流血流汗。
阿什撒尔若，
你这个黑脚干，
不是你常来侵害，
我们才不得安宁。
欢呼胜利，
阿什撒尔若缴械投降，
阿什撒尔若，
叫你死在我眼前。
喏！喏！喏！

士兵们的歌声、跺脚摇旗呐喊威震山谷，雷霆万钧。阿什撒尔若，远远看见摩梭士兵那威武雄壮的气势，顿时吓破了胆，气死在山坳上，敌军士兵纷纷遣散，不战而败。从此，摩梭部落氏族暂时得到安宁。后来人们每当战争胜利或喜获丰收的时候都跳《阿什撒尔若》舞蹈，以示祝贺。

三、劳作性舞蹈

劳作性舞蹈是一种很古老的舞蹈，有些是表现原始社会的劳作情景，有些是表现农业生产中的种、收场景，有些是表现手工业技术情景。这类劳作性舞蹈主要是摩梭人在生产劳动和生活中创造的，模仿在生产劳动的动作技巧，情态和场景，是表达摩梭劳动者的情绪和感受的舞蹈，劳作性舞蹈是摩梭人生产劳动的再现，它描述着劳作过程，传授着劳作经验，追忆着摩梭人劳动历史和祖先的经验，它具有激发劳动热情，赞扬劳动者的功能。摩梭人劳作性舞蹈形式多样，内容丰富，不仅有一定的娱乐性还有一定的审美价值。

摩梭劳作性舞蹈，其内容形式繁多，起源久远，因无文字记载，因而传承至今已不多，目前在民间流传较广的有：《撒什撒》绩新麻舞、《撒卜搓》洗麻线舞、《阿什撒里搓》麻线舞、《帮泼搓》播种舞、《帮收搓》秋收舞、《如古鲁搓》裹草席舞、《万啦瓜搓》打场舞、《纺麻舞》。

摩梭人的舞蹈步法，一般是根据摩梭民族乐器演奏出的音乐进行。有时可以用乐器伴奏，有时可以用歌来伴唱，还有伴奏和伴唱同时进行，表现出诗、歌、舞“三位一体”的歌舞形式。

第三节　谚语、禁忌、道德习俗

一、谚语

谚语，古人称“谣谚”，是简短的歌谣，它包括各种短句韵文，歇后语、谜语。高尔基说：谚语里面包含着可以写出整部书来的智慧和情感。摩梭人千百年来对自己知识的总结，以及对生活经验和哲理的概括，闪耀着智慧的光辉，也充满着丰富的情感。摩梭人用来概括，阐释各种生活哲理的谚语很丰富。有谚语说：“古人无谚语，后人无话说”；“斧口不锋利砍不了树，语言无哲理不能说服人”。

摩梭人丰富的谚语，既描述了族群的历史与文化习俗，又传达了民族的古规古训，不少是传承了祖先对后人做人处事的训诫，这对于提高人们的思想、文化、道德素质具有重要意义。摩梭人的习俗道德类包括了民主团结、家庭和睦、勤俭持家、礼仪信仰、文明礼貌等内容，教育世人守信用，重友谊、尊朋友、敬长辈、知廉耻，嘲讽愚蠢狡诈、懒惰愚顽，赞扬聪明才智、勤劳智慧，教导人们谦虚谨慎、忠诚老实、好学有为等，内容丰富、积极健康。

有的谚语是用来总结自然规律，传播自然知识，特别是农谚和气象谚语，“格姆山雾云戴帽，大雨就来到”；“中午烈日照、下午来冰雹”等。为服务农业生产活动起着独特作用。摩梭人谚语还表现了深邃的智慧和丰富的想象力，是传统智慧的高度概括和生动表现，它成为人们喜爱的一种语言艺术形式，展示了自然界和人类社会多姿多彩的形象美，风趣巧妙的语言美和形象、趣味，情感融为一体的理趣美。

（一）母系家庭文明礼节谚语

弯曲的筷子挟不起肉来，不合气的兄弟姊妹理不了家。

铁水不能饮，泥土吃不得。

后代不能羞祖先。

“阿夏”可以找几个，阿妈只会有一个。

锅庄舞

男人英俊全靠舅父的养育，姑娘美貌全靠母亲的恩德。
锅庄上不能抹鼻涕，舅父的骨头是根根。
锅庄为大要经常祭它，舅父为大要经常孝敬。
男人上门是去当仆人，姑娘出嫁是去当主人。
妇女当家家庭富，娃娃当家全家饿。
一根柴燃不起火，出嫁姑娘不必陪嫁土地。
家有万贯金钱，不如儿女成器。
同一窝鸡子不相欺，同一个母亲的儿女心相连。
朋友到处可以接交，亲戚只会在家乡见到。
人可以逃出穷家乡，但逃不出心中的家乡。
灶旁不立锅庄不行，火塘里没有火光不行。
人生不由命，吃穿靠勤奋。
一根柴燃不起火，一个人成不了家。
小虫嚼不烂树桩，浮萍挡不住流水，
闲话毁不了爱情。
牛马关在一个圈里一个晚上都合不拢；
不同血缘的人住一家一天日子也难过。
人要尊重自己的母亲，只有蝌蚪才会忘记自己的母亲。
没有铧口犁不成地，没有“达布”成不了家。

男人抛弃女人就像丢一件旧物件；
女人抛弃男人一元得还九元。
一匹马无法配两副鞭子；
一个女人无法成两个家。

（二）农业生产生活谚语

格姆山顶雾云戴帽，大雨就要来到。
看见江下游水浑浊，就知江上游下暴雨。
帮别人干活累不死自己，要别人的饭吃填不饱肚子。
癞蛤蟆喝水不知足，人找钱财不会满足。
该做的事不能拖到明天，该吃的东西留在明天好。
没盐巴的汤不好喝，没笑声的生活不好过。
做生意要学会看牲口牙，种庄稼要学会抓节气。
人勤快地会报恩。
力气使不忘，办法想不尽。
土地是虎皮，勤劳是本钱。
做生产没本钱白跑腿，种庄稼没有牛白费劲。
穿衣靠麻地，吃菜靠野山。
摩梭人发财靠赶马，汉人发财靠土地。
勤快的娃娃人人爱，贪玩的娃娃人人厌。
今天的饭不能明天吃，今天的事情今天做。
马穷不要怪驮子，人穷不要怪地皮。
水是鱼的生命，粮食是人的生命。
种下禾苗勤管理，秋收才能粮满仓。
布谷鸟叫报春来，春耕播种季节到。
一粒谷子一滴汗，粒粒谷子赛黄金。
穷死不卖牛，饿死不吃种。
立夏不下雨，犁耙高挂起。

（三）道德家训修养谚语

蛇儿想站立，可怕腰不硬，蝴蝶想远飞，可惜翅不便。
金银珠宝是泥巴里挖出来的石头，勤劳勇敢能在地上建成乐园。

青蛙学着豹子跳，只有陷入烂泥塘。

金沙江水声不大底下有金子，山沟溪水震山响却只有石头。

底尖的篮子放不稳，骄傲的人常摔筋斗。

酒曾瓦里淌出来的是女人的眼泪，倒在酒碗里变成了男人的太阳。

马的智慧在四只脚上，人的智慧在一颗心上。

雨后的彩虹虽美但太阳落山就消失了。

父母留下的金银不会成为儿女终身财富。

猪尿泡吹足气就难压倒水底下，男子汉有骨气就不怕被人欺负。

一条猎狗的价值由山来衡量，一个人的价值由周围的人来掂量。

吃甜食心里记不清，吃苦味永远记心头。

别人的缺点样样看在眼里，自己的眼睛看不见自己的脸。

生成的头骡不催也能走远路，聪明的人不逼也能明事理。

钱财不会伴人一辈子，智慧享用一生一世。

人活在世上要知情达理，走在路上才不会跌跤。

聪明人看的是明天，蠢人想的是眼前。

猎狗撵山靠的是灵敏的鼻子，人要立业靠的是谦虚的学习。

猎狗可以逃出这座山，但它的脚印逃不出山。

结几个“阿夏”不是同时；

第一个“阿夏”解除关系才能结第二个。

男、女“阿夏”充当第三者，是去舔老母猪的口水。

有了固定“阿夏”又“走婚”；

是会说话的畜生。

脸上生毛的是畜生，头上长角的是牛羊。

（四）社交交友谚语

牛奶里不能放盐巴，好朋友不能说假话。

乌鸦不用说猪黑，人相处不要揭短处。

手铃不摇不响，海螺不吹不响，话不说不明。

清水浇田田也有垮的时候，言语伤人人心也会流血。

狗牙怎能与虎牙比价？马怎能与骡子比美。

赶马要打屁股，说人要在当面说。

四处挖下陷阱的人，最后掉进去的是自己。

牲口长着尾巴不必顾及后面，人没有尾巴却要随时顾虑后事。

狗喝水只能舔水面，舌头讲的不一定都是真理。

鸡啄的不一定是粮食，人说的不一定是真理。

没有砍过竹子不知竹子滑，没有讲过道理不知道理硬。

狐狸学着老虎跳，永远上不了虎背。

长尾巴箐鸡学着鹰叫，永远变不成雄鹰。

狗尾巴上必定有跳蚤，牛尾巴后必定有蚊蝇。

麻蛇想站立，腰杆不得力；

青蛙想蹦跳，腿脚不得力。

累倒的骡子不能骑，别人的闲话不能听。

蜗牛才会背着房子走，出门人不会背着房子走。

要用善心迎远客， 走在坡路时才会想坐骑。

遭难时才会想到朋友。

象牙不能丢入河，虎骨不能丢给狗。

三十二颗牙齿是用来挡舌头的。

多一个朋友多一条路，多一个伙伴好走路。

森林里才能找到好直树，患难中才结识好朋友。

相骂无好言，相打无好拳，

打人三日忧，骂人三日羞。

衣长沾露水，舌长惹是非，

人怕丢脸，树怕剥皮。

不做亏心事，不贪无义之财，

做了坏事要承认，水有源头树有根，

二、禁忌

禁忌文化是一个区域的标志。弗洛伊德曾经说过：“禁忌是表示一个人，一个地方，一件东西或一种暂时性的情况，它们具有这种神秘力量传导作用，或者本身代表了由这种事物禁忌预兆所产生的禁忌。最后要说明的是，这个名词的内涵包括了‘神圣的’和‘超乎寻常的’‘不洁的’和‘荒诞的’等意义。”

摩梭人的禁忌，大多源自族群的原始崇拜，许多方面带有迷信和神秘的色彩。不得不承认，人类在经历过的蒙昧时代，人类对于许多无法解释的现象产生敬畏和崇拜之心，为了避免触碰这些信仰，便有了禁忌。但是，随着时代的发展进步，许多禁忌改变了原有的寓意，逐渐转化为一种礼仪约束，用来规范人们的行为。

禁忌仍属于摩梭人的礼仪习俗文化，是祖先传承的习俗规则和古规礼节。禁忌约束着人们不讲文明、不讲礼貌、不讲尊老爱幼，不尊重习俗的不良言行。成文的禁忌条款虽然不多，但对不守古规的人的言行，坚守优秀文明传统有积极意义。

摩梭人的禁忌主要有以下内容：

禁止在家中说脏话、丑话、粗话、忌谈有关恋爱的话。

忌用脚蹬火塘上的锅庄，忌从火塘上跨过，不能往火塘里吐痰。

忌不准从长者和贵宾客前面走过。

忌用筷子敲碗打猫。

忌不准在家里吹口哨或高声唱歌。

忌添饭菜时锅和勺不能发出响声，给人盛饭不能只装一勺。

忌给人盛饭、斟水斟茶，加汤时不能反手。

忌不准从火塘两侧添柴，不准先烧柴尖，只能先烧柴根。

忌从外面拣别人烧过的剩柴火。

忌不准虐待歧视聋、哑、病、残、痴呆者。

忌不准在客人和家中人刚出门就随后关门。

忌不准在家中人出远门后立即扫地倒垃圾。

忌讳一脚在门槛内，一脚踏在门槛外回头说话，忌用刀子砍门槛。

忌做活累了喘着气进家门不准抱婴儿。

忌马驮东西出着汗回来，不准拴在刚下崽的猪窝旁边。

忌妇女正在分娩时，忌讳生人进家门。

忌禁食狗、猫、蛙肉。

忌清早不得说梦话，傍晚不得扫地。

忌烹茶不得以水溅火塘。

忌撒秧不得吹口哨。

忌孕妇不得跨马鞍。

忌下一辈模长辈的头。

忌妇女爬果树。

忌祖母屋火塘边打火机和火柴点烟。

忌孕妇面前讲兔、蛇。

忌男客不得登女榻。

忌伐水源树，敬神树。

出猎忌遇仇人。

忌烧朽木于火塘。

忌秽物于灶上。

忌捕杀绶带鸟。

忌询问丈夫行踪及收入。

忌早晨在院内劈柴。

忌在火塘边吵架。

忌在屋内男女柱上挂草帽。

忌酒瓶不能放在祖母房中央的小桌上。

忌不能扛着斧头进大门。

每月逢九不能宰杀牲口。

马帮出门前不能看见空桶、空篮子。

正在酿酒时，来人不能提喝酒的话。

门上贴了春联后不能讨债。

兄弟舅舅不能干涉娣妹的婚事。

果树第一年结的果要先让老人吃。

产前妇女不参加葬礼，不能到坟山。

孕妇天黑后不出门。

男人要与孕妇分居。

小孩的头一件衣服须用老人的旧衣服改做，

同一母系血统内的人不能结交“阿夏”。

忌背水的木桶不能倒背。

忌不能在院内骑马出门。

忌不能骑着马进房院。

忌路过别人村庄时不能大声呼叫。

忌一根筷子不能划着两半用，

忌家里不养带白花纹的马。

三、道德习俗

秋多（祭祖）：每顿饭，每罐茶叶、每碗酒斟前都要放一小点在锅庄上，由长者背诵祖谱以祭供祖先，“秋多”之前不能动筷动碗。

敬老爱幼：摩梭人就座时，不论地位，只论辈分和年龄大小，先请长辈和宾客就座，但小孩又可以随便插座在长辈之间。吃饭时，先端给长辈和小孩，再给老幼之间的平辈人。每年大年初一，无论是否亲戚，全村家家都要向本村最年长的老人磕头、拜年，平时谁家杀鸡宰羊，都给本村最老的人送一份去。

好客尊客：摩梭人家凡有外人来，无论贵贱，甚至乞丐，不吃东西不能让人走，及是一口茶一个水果，几粒瓜子也行，吃饭要请宾客先用，宾客吃过，主人才吃，给宾客递碗筷用双手，递送时，并擦掉碗底的灰。

礼让谦恭：凡遇见比自己年纪大的人，就是哑巴聋子，也用尊称来问候。在路上遇到年长的，骑马要下马，骑马则要站到路下方致意。

关心产妇：在一个月内，只准产妇食鸡肉，鸡蛋、甜酒、蜂蜜、酥油以及晒干的猪牛羊肉，忌吃瓜果豆类。7天后，才准产妇起床洗头，并从事很轻微的家务。忌摸冷水，恐着凉，不举重物。同时，全村每家都带着鸡、蛋、酥油、大米以及酒糖蜂蜜等看望产妇。

邻里相互：农忙季节，摩梭人以村为单位，或3～4家一组，不计时间长短，不计报酬，畜力、人力，农具都相互协作。村里哪家死了人，只要死者家鸣枪报哀，全村每户人家都叫得力者去帮助，供死者家庭的柴火及松明，办丧事期间，全村家家户户都还要接待外村前来吊唁的客人，帮死者家分担客人的食宿。

礼尚往来：过年过节或平时杀猪宰羊，都要请全村每户人家的长者到家赴宴，特别是村中的老人，是必请到的。

第十章　绘画、雕刻、剪纸、卜算历法、象形文字

第一节　绘　画

中国绘画艺术源远流长，早在四五千年前，原始社会彩陶上的美丽图案就已开始开启了中国绘画艺术的先河。夏、商、周三代青铜器上的精美图饰，标志着当时绘画艺术已达到相当高的水平，秦汉时期大规模的宫室建筑，进一步促进了绘画艺术的发展。摩梭人聚居区的绘画，到宋末元初藏传佛教的传入，特别是元代建立永宁扎美寺才开始传播开来。一是永宁摩梭人喇嘛不断进藏习经，学习绘画艺术；二是藏区喇嘛进入永宁传授藏传佛教经典艺术，随着佛教的兴盛，永宁的佛教绘画艺术得到了发展，一批喇嘛学习掌握了绘画艺术；三是佛教寺庙、经堂的兴建，在建筑、寺院、家庭经堂、广泛应用，岩画、宗巴拉、格姆女神画像艺术出现，从而极大地推动了具有摩梭人文化特色的绘画艺术的发展。

摩梭人民间绘画艺术以融入性、渗透性作用于生活，艺术表现是以“万物有灵”为精神，以神秘的幻象艺术形式作为审美对象，使我们可以从艺术背后看到生活与信仰，信仰与艺术的交融与关联，这就是摩梭人民民间绘画艺术不可多得的原始瑰宝。

宗教壁画

岩画：木底箐是永宁乡的一个行政村，距永宁20公里，木底箐岩画遗址。在一个天然岩穴溶洞中，原保存有数百个喇嘛教泥塑佛像，和数百卷佛教经典，后被人捣毁，仅存塑像遗址。但岩壁佛教绘画仍保存清晰，壁画中的人物、动物形态美观，仪态动人，是研究佛教壁画和永宁藏传佛教历史的有价值的遗址。

宗教壁画

对这一佛教岩画遗址的说法有二：一是说这是为唐宋两朝吐蕃统治永宁时期，从康巴地区传来喇嘛教的经堂遗址；一种说法是元明时期从西藏来的一个名叫戛觉别的活佛到永宁传教，因永宁未建寺庙，而临时传教念经的经堂，是西藏喇嘛、永宁喇嘛塑的泥佛，画的岩画。

永宁民间还传说：日瓦落崖洞的石板上还留着戛觉别活佛的藏鞋脚印。他往来柱的一根捌仗丢在十多米高的崖洞里，现在还可以看到露出洞口的一节拐杖，看得见，可拿不着，放牲口的小孩，牧人、行人常用石子打拐杖，还会发展“哨哨”的响声。

从忠实到木底箐，摩梭语称“木知阿关买”梁子，传说原来没有路，人们过路要绕道，很不方便，戛觉别活佛只用马鞭子向梁子刷了几下，便成了一条今天人们来往的小道。

永宁扎美寺：自元朝藏传佛教传入永宁后，摩梭人掀起了一股当喇嘛并到拉萨习经的“拉萨热”。凡有两个儿子的人家，必送一个先入寺后到拉萨习经受戒当喇嘛，认为当喇嘛是最荣耀和有地位的人。随着喇嘛的增多，元末明初，土知府总管和喇嘛主持，为解决信徒和喇嘛的佛法佛事活动场所建立了永宁扎美寺，者坡建立萨迦寺。

永宁扎美寺，殿宇宏伟、红墙碧瓦、雕梁画栋，四壁彩会，非常壮观。经堂内的方柱，围上了有云朵图案的长幅织锦、方柱间挂有经幡，壁上的画是精美的西天极乐世界图，释迦牟尼重访人间图……神堂上摆设着镂空玉供。喇嘛制作的酥油花更为精致美观。云南省博物馆保存有永宁扎美寺六幅壁临摹画，面积达118平方米……如今永宁扎美寺建筑雕梁画栋，经堂内的塑像唐卡和壁画艺术已经成为永宁喇嘛绘画艺术的经典。

永宁乡温泉贡布经堂壁画：壁画主要分布在左右，两侧长约4米，宽2米的墙壁上，两壁绘有四大天王（四大金刚）像，左壁2个，天王下绘有2尊兽面人身小菩萨像，右壁1/3的壁上绘有3尊盘腿而坐的佛像，其下绘有2尊观音菩萨像，其余墙面绘有云彩作背图案，壁画绘画年代不祥。

家庭经堂的绘画艺术：由于摩梭人信奉藏传佛教，而且有的家庭都有喇嘛，最少一个，最多的两个。永宁喇嘛的宗教活动，除了喇嘛寺法事活动时喇嘛们集中到寺院外，平常除了少数住寺院外，大多数在家庭经堂活动。因此许多家庭都设有小经堂，经堂有土木结构的，也有砖木结构的，但都美观精致，画梁雕栋，走廊、屏壁，经堂、神台都彩绘具有佛教特色的重彩画。壁画、屏画内容有：虎、鹿、獐、鸟雀、象、莲花、流云、佛像……画风古朴典雅，画面清新艳丽，意态安详动人。

冉巴拉宇宙图：摩梭人的母屋是母系家庭的中心，是整个家庭饮食、待客、祭祀、敬神、举行“成年礼”等活动的核心，母屋内的上方为锅庄和火塘，火塘上方是冉巴拉神台，象征火神和灶神，家家都供奉冉巴拉，灶神像前放有凹顶方型锅庄石，是用来祭供食品给灶神与祖先。冉巴拉前常年供有水果，米花糖，海螺。冉巴拉宇宙图神像以及祭祀仪式，既具有原始达巴教的特征，也具有藏传佛教的特征。达巴能画，喇嘛也能画，但喇嘛比达巴要画得色彩线条，勾勒轮廓流畅，形神肖似，造型美观。

宗教壁画

图像中有日、月、星、辰、火苗、海螺、金元宝等。蓝色的背景代表大海和蓝天，底部是盛开的荷莲，两边是海螺宝伞，中间是九颗珠宝，散发灼灼燃烧的火焰，上部左右是云朵，惟妙惟肖。莲花象征纯洁无瑕，火焰象征生机蓬勃，海螺象征聚财剑宝。整个冉巴拉宇宙图神像象征人与自然，人与神灵的和谐，象征母系大家庭在神灵的保佑下繁衍生息，吉祥平安。

冉巴拉宇宙图神像，既展示了永宁摩梭人喇嘛，“达巴”的绘画艺术，也展示了摩梭人的宗教文化特征，具有极高的历史价值和艺术价值。

格姆女神画像：永宁摩梭人为祭祀格姆女神，起先是转狮子山，不仅里程有10余公里，而且道路难行。明末清初。永宁扎美寺喇嘛向土知府总管建议，在狮子山下修建一座格姆女神庙，庙内画一幅女神像，人们不必再绕狮子山祭祀女神，就绕女神庙祭祀女神即可。受到土知府，信徒们的赞许，从西藏习经归来的喇嘛格西，经过数月时间画了一幅格姆女神像。格姆女神骑着一匹马鹿左手握金笛，右手执珍珠树枝，面容慈祥美丽，背景为蓝天白云。构思独特，用笔精细艳丽，意态神妙动人，展现了女神的慈祥、圣洁之美，成为格姆女神形象的第一件可视性画面。

摩梭人初期的绘画艺术人员，主要是喇嘛，“达巴”和进藏习专门学过宗教绘画的人。他们主要从事绘画佛教图像、壁画、冉巴拉、经堂屏壁画、棺材等。后来，年轻一代摩梭人学习绘画的逐渐增多，有的毕业于专业学校，有的在乡村自学成才，成为民族绘画艺术传承人。他们的绘画样式多样，艺术表现丰富，绘画技艺精湛。如：摩梭年轻一代画家和正明，出生于泸沽湖畔狮子山下，从小爱好绘画，考入云南艺术学院学习。毕业后回到故乡，坚持深入生活采风写生，创作了大量表现摩梭人的油画作品，2005年1月，其作品入选国家民委、文化部主办、中国美术家协会协办的《第二届全国少数民族美术作品展》民族文化宫收藏。

第二节　雕　刻

摩梭人在发展过程中，不仅学会了绘画、泥塑艺术，还学会了雕刻艺术。自从藏传佛教传入永宁后，喇嘛、民间艺人不断进藏习经的同时，还学习雕刻艺术。“达巴”、喇嘛的雕刻与绘画有密切联系，会绘画的必然会雕刻。雕刻艺术内容与摩梭人的宗教信仰、崇拜祖先，生产生活息息相关。摩梭地区的雕刻艺术还受到丽江纳西族和大理白族雕刻艺术的极大影响，历史上，有些富裕的摩梭贵族，邀请大理、丽江地区的民间雕刻

宗教壁画

艺人帮助起房盖屋，所以这些在建筑上雕刻的技术及其文化，对摩梭人聚居区雕刻工匠的培养和雕刻艺术发展发挥了重要作用。

雕刻种类主要是：寺院、家庭建筑、经堂栋梁、屋架；冉巴拉石块上刻太阳、月亮、星星、火焰、香炉、花瓶及花、海螺等图案；茶马古道丫口及村落玛尼堆石块上刻的藏文：嗡、嘛、呢、叭、咪六字真言；寺庙挂的经幡旗、摩梭家庭祭祀活动插挂的经幡、祭山神等经幡旗均由喇嘛，“达巴”用木板雕刻文字、图案后印制。摩梭人挂的有红、黄、蓝、白、绿五种颜色的经幡，摩梭语称：“卓姿子”，藏语物“隆达”，即为风马旗的意思，经幡雕刻印制的内容有六字真言藏文，有佛像图，还有宝马（背驮佛、法、僧三宝）居中，大鹏金翅鸟、龙、狮、虎等动物环绕凤、马典型的图案。图案画幅，面积虽小，但内容丰富，而且严肃神圣。

藏传佛教以宣传“佛的至高无上，法的无所不能”为宗旨，所以在佛像及“三宝”、动物的雕刻上，喇嘛极尽智慧，技巧、财力、物力，使雕艺术展示在众人面前的形象具有魅力。因此，在摩梭人古老的寺庙宫殿和民宅建筑中记录着摩梭人文化、艺术及其雕刻工匠人的审美与艺术高度。

喇嘛的雕刻艺术，他们大多没有进过寺院、学校专业学习，仅凭他们自己刻苦学习，凭他们的实践经验，开始照葫芦画瓢，后来发挥创造，经过不断实践，掌握了较高

建筑木雕

的雕刻艺术，无论石刻或木刻，刻出的动物、静物、佛像、花鸟、花草、藏文，结构平衡，线条流畅，生动传神，展示了摩梭民间雕刻艺术的魅力。

第三节　剪　纸

剪纸是中华民族的传统民间艺术，珍贵的民族文化遗产。剪纸艺术历史悠久，流行范围甚广。人们可以从它那夸张雅拙的形象、简练概括的造型中，体会到中华民族善良而纯洁的品格、古朴而清新的审美意识。

然而，世人看到的大多是北方中原汉民族的民间剪纸，不曾想到或看到长期居住在西部高原的摩梭人的剪纸。摩梭人的剪纸艺术主要盛行于蒗蕖地区，已经有一千多年的历史。蒗蕖摩梭人的剪纸，开始由原始宗教法师“达巴”传承到民间，到清末民初蒗蕖已有少数摩梭妇女开始学习剪纸，但没有“达巴”剪纸的妙趣横生，富有创造性，纸的来源主要是从鹤庆、永北、丽江买来的绵纸和草纸，纸张紧缺，流通受限。

蒗蕖摩梭人“达巴”艺人剪纸的产生和传承，首先是与古代习俗、信仰有直接关系。开始的剪纸是抽象的身体部位和虎、鹰、鹿、狗、羊、太阳、月亮、星星等。这些表达的是摩梭人的图腾崇拜和对生命的理解。其次是受藏传佛教文化、汉文化的影响。有的是藏族图腾崇拜和汉族吉祥如意，福、禄、寿、喜等。“达巴”民间艺人的崇拜也与生活习俗有关。剪纸通过艺术形式，用自己的创造体现审美，即产生一种乐气，具有广泛的欣赏价值，并从中诱发才智，不断构思、不断提高剪纸艺术水平，受到摩梭人的广泛喜爱。蒗蕖摩梭人喜爱每逢春节、祭祀活动，喜庆、喜事都请“达巴”和民间艺人剪纸，“达巴”民间艺人剪纸的特色是，风格淳朴、手法简洁、造型意象美，皆用黄、红、蓝三色纸剪成。剪纸不是照抄自然形象，而是表现各种物象特征的最好动态，剪纸夸张传神，带有一定的动想因素。

剪纸的样式有：人体抽象的私密部位、男女恋爱接交形象、虎、鹰、鹿、狗、马、猫、鸟、鸡、鱼、羊、太阳、月亮、绣花球、松树、杜鹃花、梅花、佛像、福、禄、寿、喜、蝴蝶、吉祥如意、五谷丰登、六畜兴旺、牛头、类似八卦图像，大海波浪，嘛呢咪（佛珠），月历图像，满天星、香炉、花瓶，还有“达巴”象形文字等，内容极其丰富，造型简洁美观，展示了蒗蕖摩梭艺人的浪漫抽象艺术与现实生活相结合的，独具特色的民族剪纸艺术。

第四节　卜算历法、十二生肖、象形文字

语言文字是物质文化，制度文化，精神文化的载体。同时，语言文字又是重要的文化现象。文字是重要的文化事类。首先，文字是文化的产物，文字作为记录语言的工具，其产生需要两个条件：一个是语言的产生；一个是人类已具有制造工具的能力。使用语言和制造工具，使人脱离了动物性而具有文化属性，在生产文字前，人类已经有了记录思想的需要，并创造了契刻记录，结绳记事等方法。当人类物资生活进一步改善以后，生活中需要的记录的事情越来越多，越来越复杂，于是有了创造文字的需要。有了文字，人类才能有书面的历史记录，从此以后的历史时期称为“有史时期”。如果离开了文字，许多文化现象不可能传播和传承。南朝时《玉篇》中记录有16917字。宋朝《集韵》中收文字53525字。《汉语大词典》收入54678个字，汉字记录了中华五千年文明史，中华人民共和国成立前处于奴隶制度的大小凉山创造了彝文有82000个字。用彝文记录了“毕魔特依”即毕魔文献；记录了“卓卓特依”即民众文献。凉山流传的“玛牧特依”即“道德经”长篇训世箴言诗，全书2246行诗文，用11300字记录传承。而生活在泸沽湖畔的摩梭人，已有1000多年的历史，自宋、元时期传入藏传佛教以后，通过佛经传入藏文，只有喇嘛才使用藏文，没有摩梭本民族的文字。1949年前由于文化教育落后，连永宁土知府总管阿少云、蒗蕖土司阿鸿钧只有小学文化程度，而90%以上人口都是文盲。

摩梭人由于没有文字，摩梭母族社会历史，文化艺术，“达巴”丰富的百部经典，都是靠口头传承，无文字记录。许多珍贵的文化资源、瑰宝随着岁月的流逝而消失，没有得到完整的传播和传承，这是摩梭人长期以来共同感到的遗憾。

然而，摩梭人虽然没有文字，除保留着一些刻木记事和结绳记事的遗迹。始用在借贷，轮流使用水源，以及作为通信工具，如备一根木棍，用刻道的方式，记载哪家用水多少天；或用结绳的方式记录互相借贷的粮食数量等。在云南省永宁、蒗蕖，四川省

的盐源摩梭人地区“达巴”经中，流传着一种原始的象形文字——占卜经书，有32个不同形状的象形文字，用来代表一个月的吉祥和凶日，用来表示语言符号或称记事符号，“达巴”卜书及象形文字是在四川盐源县卧罗摩梭“达巴”阿发益史和云南永宁温泉“达巴”阿玛高汝及蒗蕖堰口坝“达巴”次尔生都等人提供的。“达巴”中流传的卜书和象形文字说明，“达巴经”中流传的卜书和象形文字，虽然字数不多，也不像纳西东巴文那样内容丰富，但已经开始创造摩梭文字，可以说摩梭象形文字的创造还处于初级阶段，只因历史的种种原因，而没有创造出丰富的象形文字，但具有珍贵的研究价值。

在人类社会的历史长河中，文字的发明和运用，是一个民族文明发展程度的标志。文字是记载文明发生、发展和衰落的符号和载体，只有通过对文字的解读，我们才能知道这个民族在文明发展历程中的宇宙观、世界观。所以无论使用本民族的文字或掌握汉字的使用十分重要。珍贵的是20世纪70年代，蒗蕖摩梭老达巴次尔森都，纳开茸布，翁基次底，边玛龙布、撒达等提供了106个象形文字，这是第一次发现。106个形象文字中，有象形动物的，有象形天地日月星辰的，有象形植物的。106个形象文字是一种属于图通记事和表意义字中间发展阶段的原始象形符号。提供象形文字之一，84岁的老达巴边玛龙布仅解释了（64个字）部分。其余有待进一步探讨研究解释。

此外，在蒗蕖源盐、永宁摩梭达巴中传承的《算日子书》，实为测算吉凶的古老历法。合书共有12篇，一篇记载一个月的吉凶日，12篇记载一年的吉凶日。全书有33个不同形象体的象形文字，有的月用32个象形文字表示吉凶日，意为该月有32天，有的月用30个象形文字表示吉凶日，意为该月有30天，有的用28个象形文字表示吉凶日，意为该用有28天。该卜书数量少，流传不广，篇幅不长，12篇卜书《算日子书》《荣宏宝》《十二生肖》记录如下：①

（一）一月

（初一日）：读音：博几。字义：女性生殖器，表示大吉日。

（初二日）：读音：抓给。字义：马臀部，表示吉日。

（初三日）：读音：色夸。字义：女性阴道，表示大吉日。

（初四日）：读音：图补。字义：女性乳房，表示大吉日。

①杨建国：《藏着的摩梭史》，云南人民出版社2009年。

（初五日）：读音：补儿。字义：男女性交，表示特大吉日。

（初六日）：读音：龙儿布壳。字义：①财物只能进屋不能出屋；②修房造屋，分家另居。寓意：①表示平常；②表示吉日。

（初七日）：读音：苛扎。字义：咽喉，表示平常日。

（初八日）：读音：咕咪。字义：腹泻呕吐，表示凶日。

（初九日）：读音：布可。字义：海螺，表示凶日。

（初十日）：读音：梭蹋窝。字义：①横三星，表示平常日；②三支人，表示迁移住地的吉祥日。

（十一）：读音：梭蹋落。字义：斜三星，表示迁移住地的凶日。

（十二）：读音：梭蹋咪。字义：三盘星，表示吉日。

（十三）：读音：给普。字义：北斗星，表示大吉日。

（十四）：读音：途育。字义：斑鸠，表示大凶日。

（十五）：读音：嘎拉子。字义：雄鹰，表示凶日。

（十六）：读音：黑咪。字义：月亮，表示平常日。

（十七）：读音：不补儿。字义：公猪生殖器，表示吉日。

（十八）：读音：波玛。字义：猪油，表示凶日。

（十九）：读音：俄米子。字义：猪尾巴，表示凶日。

（二十）：读音：插夸。字义：兽角，表示凶日。

（二十一）：读音：黑朵。字义：耳朵，表示凶日。

（二十二）：读音：尼侣。字义：眼睛，表示吉日。

（二十三）：读音：孜咕。字义：手掌，表示吉日。

（二十四）：读音：拉翁。字义：虎头，寓意：此日为作战吉日，平常为凶日。

（二十五）：读音：都。字义：毒食，表示凶日。

（二十六）：读音：额也。字义：男性生殖器，表示吉日。

（二十七）：读音：慢夸。字义：畸形儿，表示凶日。

（二十八）：读音：比给。字义：不详，表示吉日。

（二十九）：读音：潘咪。字义：脸蛋，表示吉日。

（三十）：读音：哩咕。字义：乳房，表示凶日。

（三十一）：读音：克赤。字义：动物生殖器，表示吉日。

（三十二）：读音：礼直。字义：女人大生殖器，表示吉日。

附：读音：梭蹋阔露。字义：六星，表示双日计，大吉日。

卜书的图画文字为上引32个，全年的吉凶都用这32个符号表示。但是，全年12个月，各个月的天数不等，有的32天，有的为30天，有的为28天，而每个月的吉凶日也不同，有的月凶日多、吉日少，有的月吉日多、凶日少，不同月份的吉凶日安排也有些差异。下面照样录引其余11个月的吉凶日，省略读音、字义。

（二）二月

（初一日）：　（初二日）：　（初三日）：　（初四日）：
（初五日）：　（初六日）：　（初七日）：　（初八日）：
（初九日）：　（初十日）：　（十一日）：　（十二日）：
（十三日）：　（十四日）：　（十五日）：　（十六日）：
（十七日）：　（十八日）：　（十九日）：　（二十日）：
（二十一）：　（二十二）：　（二十三）：　（二十四）：
（二十五）：　（二十六）：　（二十七）：　（二十八）：

（三）三月

（初一日）：　（初二日）：　（初三日）：　（初四日）：
（初五日）：　（初六日）：　（初七日）：　（初八日）：
（初九日）：　（初十日）：　（十一日）：　（十二日）：
（十三日）：　（十四日）：　（十五日）：　（十六日）：
（十七日）：　（十八日）：　（十九日）：　（二十日）：
（二十一）：　（二十二）：　（二十三）：　（二十四）：
（二十五）：　（二十六）：　（二十七）：　（二十八）：
（二十九）：　（三十）：

（四）四月

（初一日）：　（初二日）：　（初三日）：　（初四日）：
（初五日）：　（初六日）：　（初七日）：　（初八日）：
（初九日）：　（初十日）：　（十一日）：　（十二日）：
（十三日）：　（十四日）：　（十五日）：　（十六日）：
（十七日）：　（十八日）：　（十九日）：　（二十日）：
（二十一）：　（二十二）：　（二十三）：　（二十四）：
（二十五）：　（二十六）：　（二十七）：　（二十八）：

（二十一）：　（二十二）：　（二十三）：　（二十四）：

（二十五）：　（二十六）：　（二十七）：　（二十八）：

（十二）十二月

（初一日）：　（初二日）：　（初三日）：　（初四日）：

（初五日）：　（初六日）：　（初七日）：　（初八日）：

（初九日）：　（初十日）：　（十一日）：　（十二日）：

（十三日）：　（十四日）：　（十五日）：　（十六日）：

（十七日）：　（十八日）：　（十九日）：　（二十日）：

（二十一）：　（二十二）：　（二十三）：　（二十四）：

（二十五）：　（二十六）：　（二十七）：　（二十八）：

（二十九）：　（三十）：

卜书的吉凶和符号为摩梭人的原始象形文字，这种古老的象形文字颇具有独特性和复杂性。从象形文字的形体可以看出它具有形象的特点，如（“途育”，鸠头），（“拉翁夸”，虎头），（“双咕”，手掌），（“梭踢窝”，三星）。

也有象征性的符号意义。如（“波夸”，猪嘴），（“波玛”，猪油），（“色夸”，女性阴道），（“囡补”，女性乳房）。

此外，还有会意，结合两个以上图形表示一个意义。如（“梭踢阔露”，六星宿）虽字义不样，但表示双日、大吉日，即以两个三星表示太阳，也表示双日；（“插夸”，兽角）即为上角，下为兽，合并为兽角。另外一些符号，难以归类，如（“抓给”，马臀部），（“潘咪”，脸蛋），（“苛扎”，咽喉）。

卜书反映了摩梭人原始、简单的天文历法知识，民间也称为“天书”，它记录了全年的吉凶日，反映出它们最初的天文历法知识。卜书记录的一年为12个月，有的月为32天，有的月为30天，有的月则只有28天，原因是“达巴”解说月有圆缺，月也有大小，每月的大小是跟月亮出现在天空的时间及大小形态来确定的。对此还有一个神话传说：古时候，摩梭人不会计算每月的天数，没有“日子”，他们的男始祖曹都努依上天去跟天神要“日子”，司管天象日历的是个女神，她见曹都努依长得英俊，便对他百般温存，表示情思，但曹都努依却愚而未解，女神含恨之下，有的月给满了30天（30颗星），有的月藏了两天（两颗星），只给28天（28颗星）。从此以后人间的月就是30天，有的月就是28天。这个神话的传说虽属荒谬，但古摩梭人能把每月的日子与月亮圆缺联系在一起，包含了合理的科学思想。此外，卜书还有横三星、斜三星、三盘星、北斗星的图画文字，这说明古摩梭人在当时已具有一定的星象，比原始知识日常的认识又进了一步。

“达巴”象形文字，约产生于新石器时代中期，即母系氏族时代，它不仅是人类原始有信仰的记录，也是一个原始文化的宝库。为此，“达巴”卜书象形文字是一份十分难得的珍贵资料。

卜书中的32个记事符号已形成固定的音、形意，无疑是原始的图画文字。但其中大部分为摩梭古代读音，难以听出其含义，它们到底表述的是什么，也还没有确切的答案。

从内容来看，这些图画文字中，主要有：

与性器官和性行为有关的符号，特别是女性。如其中有关女性性器的符号4个，有关男性的1个，有关交媾的符号2个。有32个符号中所占比例不小。而且以这些符号表示吉日或大吉日。可见这些图画文字是原始母系时代的产物，有着浓厚的女性崇拜，性器官崇拜和生殖器官崇拜的思想。

描述人体部位的符号：如人体眼、耳、手、咽喉的符号。

有关动物图腾的符号：如鹰、鸠、虎头、兽角、螺、猪生殖器，马臂部等，表现出图腾崇拜的思想。

有关天体的符号：如北斗星、横三星、斜三星、三盘星，说明当时已有一定的天文知识，另有一些符号难解其意。

卜书中的32个图画文字，反映了远古时期摩梭人对天文历法、渔猎、游牧和动物、人体器官、疾病等方面的初步认识。尤其是女生殖器及男生殖器及男女媾和的符号颇多，且作为吉日的象征，赋予崇拜的意义，明显地反映出摩梭人原始的生殖崇拜，以及认识到男女媾和在生育方面的意义。至于卜书上32个神秘图画文字的真正含义及整体思想，还有待于深入地研究和探索。

蒗蕖摩梭“达巴”教，把人的十二生肖演绎成四组属性相和的和六组属性相克的。卯兔、亥猪、未羊相和，辰龙、申猴、子鼠相和，巳蛇、丑牛、酉鸡相和，戌狗、寅虎、午马相和；子鼠与午马相克，丑牛与未羊相克，卯兔与酉鸡相克，辰龙与戌狗相克，巳蛇与亥猪相克，申猴与寅虎相克。民间还有“白马犯青牛，羊鼠一旦休，蛇虎如刀锉，龙兔泪交流，金鸡怕玉犬，猪猴不到头”的说法。以上是母系氏族和封建领主时代婚配查看属性是否相克的依据，我们现代人要用科学的眼光看待。

“达巴”教还把十二生肖出生的人按出生年月分成五属，即金、木、水、火、土五行，但蒗蕖摩梭人不说金而说铁。五行又说五方，即西、东、南、北、中，西为铁，东为木，北为水，南为火，中为土：五行五方由五神各掌管一方，东有嘎子生巴大神、西为玛补子汝大神、南是那米础尔大神、北为瓦赛肯巴大神、中为冲翁神古大神。

蒗蕖摩梭“达巴”教十二生肖的摩梭语和“达巴”象形文字对应如下：[1]

摩梭语	生肖	象形文
贺	鼠	
额	牛	
拉	虎	
途立	兔	
木古	龙	
补汝	蛇	

摩梭语	生肖	象形文
阮	马	
勇	羊	
益	猴	
案	鸡	
苦	狗	
布	猪	

蒗蕖摩梭传统遗存物——“荣宏宝”，其本身是一种文化典范，她所蕴含的规则、理念、秩序和信仰，体现了蒗蕖摩梭的文化传统，里面藏有蒗蕖摩梭文化传统的一系列密码。据阿西、撒达保存的“荣宏宝”可证，摩梭达巴64个象形文字为木条雕刻遗留物所载，雕刻精细，形象生动。64个字分为吉祥物和法器类、动物类、植物类等，内容丰富，独具特色。后来又发现了40多个象形文字，共有100多个，都是雕刻在木条上予以保存和运用。达巴、比喳在法事活动、卜算、择日、计算、历法、预测吉凶祸福中常用。如今，能破译100多个达巴象形文字密码的达巴、比喳寥寥无几，仅存雕刻版本，如不抢救，面临消失。

以下为蒗蕖摩梭达巴所持“荣宏达”（篆刻有象形文字的条木）上的64个达巴象形文字及简要释意：

① 杨建国：《藏着的摩梭史》，云南人民出版社2009年。

：摩梭语为“撒”，意为“伞”，古指皇帝出门撑的伞（下同）

：汲（仙鱼，大海里的仙鱼）

：布库（器物，宗教活动器物）

：阿拉瓦（鲜花）

：巴达（吉祥物，万年吉祥物）

：瓦达汝巴（七寸蛇）

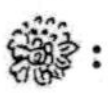：席阿瓦（八面花）

：母古（龙）

：昂普（公鸡）

：施枝（树）

：补土（虾子）

：汉博咪（螃蟹）

：汝巴农（盘龙蛇）

：汉博咪（青蛙）

：差散尤（长颈鹿）

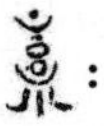：曲顶（塔）

：咪尔主根（灯碗）

：席古柯（香炉）

：阿兰瓦柯（花盆）

：母史子（火焰树）

：益起子（水神树）

：哼咪子（月亮树）

：敌宇（法图，法轮图）

：格博（花苗，出土的花苗）

：顶巴吉（吉祥物，神堂上的吉祥物）

：莫咪足改（神灯，神堂上燃烧的灯）

：拉如柯（神器，装有五谷的麦穗）

：弥者（麦穗，宇宙间人类的麦穗）

：盼尔生给（火焰宝，神灵火焰宝）

：敌扁（铃铛，宗教活动手铃）

：古苏宝（火焰宝，三个神灵火焰宝之一）

：汝巴宝（盘砣）

：益（猴子）

：你汝（鱼）

：苦（狗）

：你咪子（太阳神树）

：值宰子（女神树）

：机施子（星星神树）

：史苏子（三叶神树）

：汝苏子（男神树）

：你苏子（二叶神树）

：阿那瓦子（五瓣花）

：瓦黑农些哦（喊魂石堆山）

：母嘎（火炬）

：阿拉瓦（神台贡花）

：阿拉瓦（神台灯花）

：尼尔咪（双岔刀法器）

：嘎拉阔柱（法器）

：咪祝格（神灯）

：蚌波（法器）

：都补（缠树毒蛇）

：补嘎拉（牦牛神）

：兹嘎拉（羊神）

：启（麂子神）

：洼衣（水牛神）

：黑色咪（凤凰）

：贺（野鸡）

：黑普（白寒鸡）

：茶宇衣（马鹿）

：达哦（骡子）

：尔（马）

：踏尔咪（毛驴）

以下为蒗蕖摩梭达巴所持“荣宏宝”上遗留下的42个达巴象形文字，其密码已无人能破译了。它们分别是：

第十一章　饮食文化

生活在西部高原的摩梭人，在千百年的漫长岁月里，为了生存与发展，依托秀美的奇山丽水和丰富的物产资源，在日常生产、生活的实践中创造了丰富多彩的饮食，形成了独具特色的饮食文化习俗。

第一节　日常饮食习俗

日常饮食习俗包括宗教饮食习俗，节日饮食习俗和待客饮食习俗。

宗教饮食：宗教饮食又称馈赠饮食。摩梭人保留着原始的“达巴”教信仰，常有祭祀过程中，必定做具有宗教特色的饮食。除了在家中火塘边祭，有时还带炊具、鸡、猪膘肉、鸡蛋、酒等到野外野炊、吃祭饭。

节日饮食：节日饮食主要在春节、朝山节、祭祖节、端午节，节日饮食习俗尤为丰富。春节临近，家家杀猪过年，有的家庭杀猪1～2头，除腌猪膘肉外，至少要吃一头猪。春节前，宰杀的猪要特别饲养，储备鸡、羊、酒、禽蛋以及印花的饵块粑粑和油炸粉片、酥油、清油、糌粑、大米、面粉、蔬菜等，一直要吃到正月十五元宵节，而在平常的生活中吃的都一般，到了过节才享受丰富的美味佳肴和特殊食品。

待客饮食习俗：好客是摩梭人的传统美德，凡有亲友、朋友、客人到家，都必须热情招待，首先是敬苏里玛酒或酥油茶，糌粑、瓜子，表达客人的到家。然后是宰鸡、煮猪膘肉款待客人。哪怕陌生人到家，从不慢待客人，民间流传的谚语说：“蜗牛才能背着房子走，出门人不会背着房子走”。意思是说要好好招待远方来的客人。摩梭人用善心迎接远客，希望客人宾至如归。

馈赠饮食：摩梭人每逢母系家庭之间、氏族之间、建房修屋、结交“阿夏”、认亲接亲、丧葬、节日、访友都少不了互赠食品、礼物、表达母系家庭成员及邻里亲戚之间的心意，表示热情真诚的祝贺。馈赠的食品一般是酥油、猪膘、鸡、鸡蛋、饵块、茶叶、糌粑、苏里玛酒、咣当酒。食品一般装在篾盒里或篾箩里。食品馈赠主人后，主人又将回赠食物装满篾盒带回。称之为“礼尚往来”。摩梭人互赠食品，虽然是一般民间食品，但它像一根纽带连接摩梭人的传统美德和信念，体现了摩梭人互相帮助、互敬互爱、团结和谐的精神岁月和生命之歌。

第二节　饮食文化观念

节约粮食勤俭持家：母系大家庭虽然土地多，地肥水足，物产丰富，但节约粮食，勤俭持家的传统观念深厚。母系家庭中的“达布”（主妇）是善于安排生活，善于勤俭持家的管家。每当春耕夏收农忙时节，每餐的肉酒菜会多一些，农闲和农活轻时，多吃蔬菜，酥油糌粑。为节约粮食，养猪是放养，冬季宰杀的猪直到宰杀前三个月左右才圈养喂精饲料。摩梭谚语说：“计划节约粮满仓，大手大脚仓里空”。“冬不节约春要愁，夏不劳动秋无收”。“饱带干粮晴带伞，丰收也要防歉年”，“仓里年年有储存，遇到荒年不愁人”。摩梭人从儿童开始就传授“碗中稗子玉米饭，粒粒靠流汗”的传统教育，形成了勤俭节约的良好家风。

日常生活中的人格教育：母系家庭的人格教育是从火塘旁餐桌上开始的。母系家庭利用饮食的机会对青少年从小培养志向，培养传统道德。除了成人以身作则为榜样外，就是言教。如民间广泛流传的谚语如：“勤快的娃娃人人夸，贪馋赖懒的娃娃人人厌”“挨冻的是闲人，饿死的是懒人”“不播种收不到粮食，不劳动得不到饭吃”“男也勤，女也勤，一日三餐不求人”等。母系家庭从餐桌开始教育儿童，提倡通过节衣缩食树立克己利人的人生观，这对构建团结、和睦、富足的母系大家庭有深刻的影响。

饮食文化注重美学功能：摩梭人的饮食文化，历史悠久，至今保留着既具有原始性又有现代性的风味习俗，其美学特征丰富，而独特性主要表现为：色泽美、香味美、滋味美、造型美、器皿美、形式美、自然美、情趣美和环境美……追求色泽美，如五颜六色的米花糖、米粉皮、印花饵块。追求味美是摩梭人的嗅觉享受，拌合上花椒、八角、草果、盐等作料，放进取出骨头的猪腿内，把口子缝合起来，挂在火塘凉棚风干，摩梭语称“剥克”即灌猪脚，不要说吃，当你闻到香味时，也会诞水垂流，当你吃到嘴里时，越嚼越舍不得咽，摩梭人烹饪饮食的调味品除一般的花椒、八角、草果、辣椒、香茅草、香廖草等外，独特的是小鱼泥鳅粉、牦牛干巴粉，每逢夏秋季节，永宁盆地河沟中，泥鳅虾其多，泸沽湖的原生裂腹鱼，味道极为鲜美，在火塘晾架上烤干后，磨成粉面。这种泥鳅、虾、鱼粉，不仅是马帮携带进藏路上的佳品，也是待客炒菜或煮菜汤时，放入一小撮，味道超过现代的味精、鸡精。色、香、味俱佳。

摩梭人饮食中的造型美是视觉的享受。独具特色的是琵琶肉，又称猪膘肉。摩梭人腌制猪膘肉的历史，已有一千多年，琵琶肉以形似琵琶而得名，制作中，取出内脏、排骨、剔除四脚骨架，全是肉，体内放入花椒、盐等作料，放置凉爽燥通风的地方晾干，数年不腐。晾干后，有的拴在库房墙上，犹如挂着的琵琶；有的横在进门的物架上，犹如横放的琵琶。不仅形状美似琵琶，而味道也佳。烹饪时切开一块煮熟后放餐具中，带红色的五花肉别具风味。

摩梭人餐桌上盛饮食的器皿十分讲究，饮食餐具器皿的珍贵和一般显示山主人一是对客人的热情与欢快；二是富与贫的家庭状况。多数摩梭母系家庭接待客人和节日用餐。盛糌粑的是内镶银皮的木盆，饮酥油茶的银碗，盛酒的是银壶和陶瓷罐。送礼包装的是精致的篾盒，既通空气，又小巧。摩梭人的饮食无论是加工后的食品或是新鲜饮食都讲究用料质量好，地道实在的原生态原料。既给食者观赏享受，又给食者味觉享受，正如俗话说的：既饱眼福，又饱口福。

注重饮食健康：随着经济的发展和生活水平的提高，摩梭人不仅是追求吃饱、吃好，而且注重饮食健康。摩梭人历来是一个讲究卫生的民族，不仅居住环境讲究卫生，衣着讲卫生，每年一二月要去温泉沐浴，而且饮食也讲究卫生，注重食物自身的因素。历来不食用不明原因而死的牛、马、猪、羊、鸡肉；不食用存藏腐烂变质的肉类和蔬菜瓜果，不食用剩菜剩饭。

主食粮食：大米、玉米、青稞、大麦、小麦、稗子、土豆。当家的祖母对生活不仅会计划，而且会搭配，主粮与粗粮搭配烹饪。家庭成员老小不仅吃得饱，而且吃得好，吃出健康，身强力灶。

摩梭人蔬菜品种不多，主要是青菜、白菜、砍皮瓜、包包菜、萝卜、大蒜等，但地处山多林密的环境，为摩梭人提供了丰富的野生植物。松茸、菌子、香菇、木耳、竹节菜、蕨菜、克玛菜（车田前）原生态食物弥补蔬菜的不足。摩梭人路边种核桃，家里种花红和各类水果，山上野山楂极为丰富，为摩梭人提供健康干果、水果。摩梭人将山楂加工成酸醋和加工成蜜饯，老人小孩都喜爱。山楂具有很高营养和医疗价值，含有维生素，三萜类和黄酮类成分，具有调节心肌、降低血压、胆固醇、利尿等作用，成为摩梭人的保健食品。

摩梭人男女老少历来作为饮料食品的酥油茶是最佳的养身保健食品。酥油有两种，一是牦牛酥油，二是黄牛酥油，摩梭人家家饲养奶牛挤奶制酥油。日常生活离不开酥油茶；祭祀祖先离不开酥油茶；接待客人离不开酥油茶，酥油茶用的普洱砖茶，将砖茶煮浓后，倒入茶筒与酥油搅拌，变成白色后就可饮。摩梭人的长期实践饮用，酥油茶的功能，能使人化痣润肤，增加热度，振奋精神，思维和记忆能力；酥油茶能消除疲劳，每逢劳动归来，劳累的身心，只要喝酥油茶，就能恢复正常；酥油茶能使人延年益寿，因含有丰富的茶和脂肪，摩梭人七八十岁老年人所以健壮是因为常年喝酥油茶，青少年之所以健壮成长是因为从小喝酥油茶。摩梭赶马人进西藏出国至印度、瑞金、尼泊尔爬雪山、过草地、跨三江，靠的是酥油茶加糌粑。

摩梭人在食品加工、烹饪饮食、选择食物方面，十分注重食物自身的营养，强调绿色饮食，天然饮食，加之家庭主妇善于计划，调配，因此，蔬菜保持原生态自然绿色饮食，在加工中注意卫生，保持了摩梭人的饮食健康水平。

饮食共餐平均分配制：摩梭人的饮食共餐平均分配制，表现了摩梭人传统文化中的平等思想。摩梭人在游牧游耕，同时狩猎的历史过程中，凡参加狩猎的人将猎物就地烤吃时，人人有份，平均猎物，过路人也分给一份。这一平均分配食物的遗风延续至今。历史上摩梭人一日三餐，掌财的主妇，按每个家庭成员的食量，以及所担负的劳动，合理分配菜肴，称之为“分菜共饭”。就餐时，成员围坐在火塘边，由主妇舀一碗饭、一碗菜、一碗汤给每个成员。若一碗饭不够吃，还可添加，汤也可添加，而肉食如猪膘则每人一块，但肉食可互相调剂，年老的吃不完可给食量大的年轻人。就餐时临时不在家的成员同样留一份。分餐时，必须先敬老人长辈，然后才晚辈，若宰鸡分配时，鸡头敬老年，鸡腿分配给儿童。摩梭人饮食分餐制显示了：一是母系家庭成员共享劳动成果的公平公正；二是根据成员食量和担负劳动之间调剂，既不是绝对平均又避免了浪费；三是体现了敬老爱幼的传统美德；四是分餐制是一种比较卫生的习俗。

当然，随着时代的发展，如今摩梭人家庭中饮食分配的传统，已经与历史上的做法有了很大的变化了。

第三节　酒文化

摩梭人饮食文化中，酒文化是别具一格的。酒是人们生活中常见的饮料，它以芳香、浓厚、强烈、轻隽而高爽，博得许多人的喜爱和嗜好。不同的地域不同的民族，形成各自不同的酒文化。中华民族酿酒的历史，有的说始于4000多年夏大禹时代的仪狄，据朱翼中的《酒经》说：远古时期的夏朝初年，一个名叫仪狄的官员，用桑叶包饭发酵后制成酒献给大禹，以图邀功请赏，喝了酒后感觉味道甘美，从此，仪狄发明的酒流传华夏。又有的说始于3000多年前一个河南籍人杜康发明的周、秦、汉三代，杜康酒已驰名全国。而摩梭人的酿酒历史，既无文字记录，也无民间传说，但据摩梭老人说，已有2000多年的历史。据口传的“达巴”经祭祀篇丧葬歌中的《奠酒》《寄酒》《酒是一朵花》和《敬酒歌》以及有关酒的传说，摩梭人酿制酒的历史至少1000多年，丧葬仪式活动中的《敬酒歌》歌词从中可看出酒的历史和酿制酒的过程。

敬酒歌

今天晚上你弯曲着双脚，
蹲在柏木棺材里，
棺材停放在金子一般的床上。
你两手交叉搭在肩膀上，
很快就要去做客。
你像那蚂蚁一样，
腰杆扎得细细的。
你的眼睛一下也不再睁开，
就像结了冰一样。
你的舌头一下也不能再动，

已经永远冻僵!
今天你就要离开人世,
我向你敬这碗痛心酒!
这美酒是祖辈传下来,
这酒是先人酿出来。
在那很古很古的时候,
高山放牦牛的儿子,
一天丢了三条牦牛。
他去找牦牛,找不到,
却找到了一种很苦很苦的药,
他把苦药带回家来。
岩子头上放羊的人,
一天丢了三只羊。
他去找羊子,没有找到,
却找到了一种甜甜的草药根,
他把甜药带回家来。
苦药不是老熊胆,
却比熊胆还要苦;
甜药不是蜜蜂糖,
却比蜂糖还要甜。
再把苦药拌甜药,
造出了酿酒药。
大儿子用青稞来煮酒,
二儿子用白米来煮酒,
黑黑的荞子也用来煮酒,
三棱花也用来煮酒。
把煮好的酒,
装进银坛子;
把煮好的酒,
装进金坛子。

燕麦草里捂三天，
土坛坛里装三月。
家乡没有碗，
到“者给”去买碗，
新碗多好看，
双手捧着斟满酒的新碗，
双膝跪在地下，
我们哭着来敬酒。
你在世时，
我们在一起喝过多少喜酒，
还没有喝过离别酒，
你今天就要离开我们了，
忍住悲痛来向你敬离别酒啊!
离别的酒敬你九碗，
九碗酒你喝不下，
请你也要尝九口。
忍住悲痛来向你敬离别酒啊，
这喜酒敬你七碗，
七碗酒你喝不下，
请你闻一闻看一看吧!
请你用那洁白的手接一接吧!
请你用薄薄的舌头尝一尝!
祖先也曾喝这碗离别酒赶路程，
深深的恩情留给了儿孙，
今天你也喝下它回归祖先发祥地，
骨肉之情永远留在我们心里。
这酒是吉祥的圣物，
这酒出自祖辈的手，
无论它是甜是苦，
你都要张口尝一尝!

摩梭语称“克日”或“安儿寄”。酒精度约10～15度，含有一种独特的清香味，一般在秋收时节或春耕，过春节时，家家户户都酿制咣当酒。自饮待客、送礼，客人到家，一般都是用瓷碗或木碗倒满敬客人喝。这种低度酒，多饮也不醉，既过酒瘾也解渴，不伤人，越喝越想喝。

第四节　茶文化

饮茶是中国饮食文化的重要特征之一。云南的生态环境十分适合茶树的生长，被誉为“茶叶之乡”。根据有关史料记载，约2200多年前，居住在今凤庆的濮人就开始种茶，云南各族群众在种茶、制茶、饮茶的过程中，孕育了极富民族特色的茶文化。饮茶，是摩梭人日常生活中不可缺少的习惯，饮茶与饮酒一样，饮茶与自身生活相关，饮茶与待人相关，饮茶祭祀祖先，丧葬相关，谚语说：“一天不吃饭可以，苏油茶不吃不行。”但是，由于摩梭人居住在高海拔地区，自然条件不适合种茶，因而，千百年来形成了自己独特的饮茶方式。摩梭人饮茶的方式有煮酥油茶、煨茶、泡茶三种。

酥油茶：摩梭人煮茶的酥油有两种，一种是养殖在海拔3000米以上的牦牛挤奶制作的牦牛酥油。牦牛山每年在夏季生长虫草，有的牦牛在寻食中吃进虫草，故牦牛酥油茶营养丰富；第二种是黄牛酥油，摩梭人居住的坝子草场资源丰富，家家户户饲养黄牛，既解决吃牛肉的同时又解决吃酥油的问题。酥油含有丰富的蛋白质，氨基酸还有脂肪等。煮酥油茶的茶叶用的是普洱砖茶。茶叶含有较为丰富的维生素，尤维生素A、维生素C、维生素P、维生素K和维生素B的含量较高，茶叶中还含有丰富的微量元素，尤钙、钾、铁、镁、锌量较高。

清代银制酥油茶碗

煮酥油茶，摩梭人又称“打酥油茶”。用于

茶罐将砖茶放入缸内，加入开水或冷水煮沸后，把茶水倒入酥油桶，舀进适量的酥油，加上舂碎的核桃、鸡蛋、酥麻等佐料，用搅拌器使劲上下搅动，等到茶水和酥油完后融合后，在加盐搅拌，就成味道醇厚，味美飘香的酥油茶。

饮酥油茶能增强热量，消除疲劳，增强人体免疫力、增强体抗衰老、延年益寿，增强思维能力，心旷神怡等功效。

煨茶：一般是老年人早晚饭余时间，用小土罐在火塘边，放入适量砖茶烤黄出香味后放入开水煮熟后倒出茶水在碗中，边煮边饮，这种茶水较泡茶比较浓香。

泡茶：主要是年轻人饭前饭后或从田间山上回家，用茶杯或碗，放入少量茶叶，加入开水、泡出茶味后便饮。

第五节　特色食品

摩梭人特有的猪膘肉

猪膘肉：摩梭语：“波铲”，形似琵琶，又称“琵琶肉”。味似火腿，十分可口，可以长年放置不腐，放得越久，味道越香醇，有的放置四五年，甚至十多年，其加工、储藏的方式独特。一般在冬季天气寒冷的季节，把猪宰杀后，取出内脏、排骨、剔出四脚骨架，体内不留一点骨头，全是肉，内部洒上烈酒，食盐、花椒、樟木子等各种佐料，再将剖口缝合，平放在通风阴凉处存放，待风干后，可任意搬运，调整存放处，有的家至少制两三头，有的制五六头储存着猪膘，以备红白喜事、建房、祭祀活动仪式或灾荒年成应急食用。正常食用要以最久的依次开食。猪膘肉的优点一是利于储存和搬运，在年景好时多养多宰腌存，存放时间越长越好。二是整猪腌制缝合，使佐料的香味和肉的鲜味能长时间浸入肉内，食用时味道鲜美，猪膘肉肥而不腻，味道醇香。

灌猪脚：摩梭语称“剥克”。是在宰猪时，把猪脚肉的骨头取出，留下皮肉，然后把皮肉切碎，拌合上花椒，八角、草果、盐等佐料放进猪脚内，把口子缝合后，挂在火塘凉棚上风干。可以放置很长时间，需要食用时，将猪脚放在火上烤黄刮洗干净，然后入锅煮食。这一道猪脚肉菜，是摩梭人特具民族风味的佳肴。

烤鱼干：过去泸沽湖的裂腹鱼特别多，每逢夏季沿湖的小溪和小鱼坝，裂腹鱼产卵时游到浅滩和小溪中，人们可以用篾笼罩用棍子打，用撮箕撮，摩梭人晚上撒下的渔网，第二天早上收网时都是满载而归。所以吃不完的鲜鱼，卖不完的鲜鱼，加工成干鱼，其加工方法是：把鱼腹剖开后，取出内脏，撒上盐、花椒和香料，置干于火塘木架上或火塘边烤干而成色黄味香的干鱼。香味浓郁，口感极佳。无论油炸或水煮，营养丰富，除作自食或待客的佳肴外，还将干鱼磨成鱼粉作为马帮进藏路上携带的途中食品。摩梭人还将干鱼作为与外地商人交易中的商品，换回自己需要的日用品。

酸鱼：摩梭人除制作干鱼外，还制作成酸鱼，制作方法：大鱼切成块，小鱼整条腌。酸鱼同样剂腹去除内脏、洗静，用酒掺盐，糌粑、大蒜，花椒等佐料拌匀，一层一层地放在陶坛里，每一层放一层调料，装满后密封坛口，一个多月后即可食用。保质期可一年半载，时间越长，酸味越浓越香。既可以直接作餐食用，也可放少许水煮食，酸味独特，味道酸香，是自食或待客的佳肴。

香肠：摩梭语“伸布”。把猪小肠洗净后，将配好的佐料的小块鲜瘦肉从猪肚子中挤压进小肠内，围成8字字形晾干，便可煮食或炒食，其味鲜美。

血米肠：摩梭语称“哈布”。在半熟的米饭（或糯米饭）中，配之猪血、韭菜根、葱、蒜、黄果皮粉、香料、陈板油后，灌入猪大肠内，放入蒸笼蒸熟即可食用，是摩梭人在饮茶和待客中的美食。

豆腐血肠：摩梭语称“色布”，将猪血和豆腐配之佐料拌匀后，灌入小肠内风干后即可食用，腌制后可放置半年，味道仍然很佳。

烤全羊：摩梭语“此补”，将羊宰杀剥皮后，在下腹部开一较小口，将内脏取出洗净，用一竿子从羊尾部叉至脖部穿出，架在火堆上慢烤，逐步涂上特制的配料菜油，边涂边烤，掌握的火候，既不能烤煳，又不能生，待烤好后用层层削片食之，其味鲜香而又膻味，由于在野外烤全羊更别有风味。

米粑粑

糌粑：糌粑是摩梭人从古至今不可缺的食品。俗话说："一日不吃糌粑，心里荒，二日不吃糌粑没精神"，糌粑与酥油茶共存，历来不分家。饮酥油茶不食糌粑不行，有糌粑没有酥油茶也不行，赶马人说："酥油、糌粑共走天下"。糌粑的制作方法是：其原料有青稞、大麦、小麦、燕麦、五谷等均可制作，将糌粑原料洗净晾晒干后，放入锅内炒熟、炒黄，用水磨或手推磨磨成面粉即可食用。其特点是食用携带方便，在外出行路中可与山泉水搅拌饮食，既可充饥又解瀑。野炊时拌成面坨与烧肉食用，平常与酥油茶、糌粑同食，是摩梭人传统的茶道佐食。

花纹米粑饵块：花纹米粑是摩梭人在节日中，祭祀活动中，在建房盖屋，喜庆日常生活中必备制作的食品，不仅是自家食用，而且是待客礼品，不仅造型美观，高原红米制作的米粑饵块味道也佳，其制作方法是把大米煮熟后，在堆窝里舂成糍粑状，然后在特制的花纹模子里制成粑粑，蒸熟后即可食用，既可用油煎又可炭火边烤熟下茶。

米皮：摩梭称"嘎勒"，是摩梭人过年时才制作的独特食品，首先用于祭祖，米皮油炸成筒型供于宗巴拉神台上，其次是小孩们最喜欢食的食品，既可油炸，也可火上烤，清脆味香。制作方法是把大米蒸熟后舂成糍粑状，然后擀成薄如纸张，大小约一尽长三寸宽的片，晒干备用。

花花糖：摩梭人凡有红白喜事除供苏里玛酒、咣当酒、瓜子、果类外还要供上花花糖，有花纹的米粑等花样别出美味的糕点。

花花糖的制作方法是将籼米、苞谷、燕麦、黄豆、大米、苏麻、野苏麻籽等铁锅炒爆后，分别与青稞麦牙和玉米碎粒熬成麦芽，糖水混匀黏附，加压而成，然后切成块状，也有两三种爆花混制而成，有的米还染上红颜色，并加以炒过的核桃仁，制成的各种花花糖，花色多样，又香又甜，各具风味，饮茶喝苏里玛酒品花花糖回味无穷，也是赠客的佳品。

泡梨：泡梨是摩梭人独特的一种泡菜。当地盛产多种麻梨，除鲜食外，喜欢将这些适合浸泡的麻梨盛于陶坛内，按比例加上盐、白酒、姜、蒜、花椒和清水拌匀后，密封一月余后即可食用，具有酸、麻、脆和常有的醇香味道，别具一格，是佐餐的美味佳品。

金边白瓜子：出自摩梭人的俗名“破皮瓜”。这种破皮瓜的瓜子皮呈白色，周边沿金黄，故名金边白瓜子。

永宁摩梭人，土地面积较宽，有的家庭人均四五亩，除了种植部分水稻外，大部分大地种玉米，玉米地里套种，田边地角大量种植砍皮瓜。一方面砍皮瓜作为猪饲料，一方面收砍皮瓜子。将砍皮瓜子淘洗干净，晒干后，成为摩梭的独具特色的特产，金边瓜子的特色是：以皮薄、色白、仁大、炒熟后香脆可口，营养丰富，驰名中外。

当客人走进摩梭之家，在火塘边坐定好，摩梭人主妇首先端一盘金边瓜子放在客人面前招待客人的第一道食品，然后才是苏里玛酒、酥油茶，由此可见金边瓜子代表着主人的热情、殷勤、宽和敬意。

青娜曼尔：“青娜曼尔”是摩梭语，即青刺果油，由于泸沽湖畔、永宁坝子的路边、山脚到处生长野生青刺果树，有丰富的青刺果资源，所以摩梭人制作青刺果油，食用青刺果油的历史悠久，已有千百年的历史。每逢秋天摩梭人家家户户、男女老少采集青刺果，家家制作青刺果油，作为食用油，佐料油，医疗保健食品。

采集青果后，经过洗、晒、磨、蒸等一系列工序后榨出清亮而又略金黄色的青刺果油，具有浓郁的香味，作为食用佳品。

青娜曼安含有极高的不饱和脂肪酸和有益健康的其他成分。是体内代谢必不可少的脂肪酸，尤其对心血管具有更好的保健作用。据实验对有风湿、内风湿的人不但食用有功效，外擦手脚关节也有止痛功效。常服青娜曼安，能够预防和治疗高脂肪症，除低胆固醇，冠心病，血管硬化，视物模糊和胃病等各种疾患，外擦能治暗伤，跌打损伤，伤瘀血等有消肿止痛作用，也可用于其少量擦脸擦手则使皮肤鲜嫩色美。由于它具有较为广泛的用途，在摩梭人中素有“美味食油，百病药”的美誉。

第十二章 服饰文化

民族服饰不仅直观地反映出不同地区、不同民族，不同时代的经济发展状况和工艺技术水平，而且也浓缩积淀着民族历史的、社会的、习俗的、宗教的诸多文化意蕴，体现出一个民族的审美情趣、审美习惯、审美追求和审美理想，体现出特定的民族文化心理和礼仪制度。

服饰，是一个民族最为显著和直接的外在标志，从“被发文身”“雕题交趾”，到“披毡衫衣”“椎髻”“跣足”，从“幅衣为裙”，贯头而系“到染采文绣”“衣裳斑斓”，漫漫历史长河中，各民族因其独特的生产方式、生活环境、民族性格和审美意识，创造了绚丽多姿、色彩斑斓的民族服饰。《乾隆永北府志》记载：“麽些一种”，无姓氏，任意立名。其性稍淳，听约束，通汉语。被发、左衽、青足，穿耳贯环。婚姻听从父母，止有牛羊猪酒聘娶。殁后刳木为棺，焚化弃骸，不行掩埋。以种荞麦为食，披毡毯为衣，男人绞索，女人绩麻，此外别无生计：摩梭人同样经历了原始服饰，兽皮、树叶、麻布、毛布、土布、绸缎布料等，御寒、遮羞、装饰的阶段，发展到现代服饰的历程，从摩梭人古老的民歌《洗麻歌》《绩麻线歌》《绩麻布歌》中可以看出从汉唐元明清末时期，摩梭人的服饰原料主要是火草和麻纺织的，麻布和

摩梭青年

羊毛、牦牛毛纺织的毛布。清末至民国，商业和马帮的发展，马帮从丽江、大理、从西藏购运回布料，从而改变了以毛币、麻布为主的服饰布料，其质料、形制、款式、色彩工艺水平都有了提高。摩梭人居住在偏僻闭塞的特殊地理环境，又使得上述民族服饰风格廻异的民族服饰基本上保留了原生态的形貌，在款式形制、图纹装饰之间凝结蕴藏着摩梭人的独特历史与文化，成为一部“穿在身上的百科全书”“穿在身上的历史”。正如郭沫若所说：“衣裳是文化的表征，衣裳是思想的形象”，作为人类物质文化之一的服饰，其质料、形制、款式、色彩等不仅直观地反映出一定地区，一定民族及至一个时代的经济发展状况和工艺技术水平，而且也浓缩积淀着历史的、社会的、习俗的、文化的、宗教的诸多内涵意蕴，体现出穿着者本人和周围人们的审美情趣，审美习惯，甚至体现出一定程度的社会文化模式、民族心理结构和礼仪伦常制度。正是在这个意义上，如果服饰是一种艺术，那么这种艺术就是借助物质手段直接美化人体并向旁观者展示的艺术；如果说服饰是一种物质文化产品，那么这种物质文化产品制作和穿戴中就包含着深广的社会文化内涵。

摩梭人服饰从原始的兽皮、树叶御寒，发展到遮羞、装饰服饰至现代色彩斑斓服饰、绚丽多姿、淡雅清爽、秀丽柔美，即体现了工艺技术水平的高超，也体现了审美情趣、审美习惯、审美追求和理想。既展示出服饰艺术，又展示出社会文化内涵。

第一节　麻　作

传统麻布

麻作，指摩梭人将麻织成布匹的纺织技术。纺织是摩梭人最主要的服饰手工业，也是摩梭人古老的纺织艺术，所用原料是麻和火草，是最重要的纺织内容。摩梭人千百年流传着上天赐予两颗种子“稻种与麻种”，以自然为滋养保神族之子温饱无忧的传说。他们坚信麻是生命轮回的介质，在生命终结之时以麻包裹身体得以回归自然母体，丧葬活动中需要使用大量的手工麻布。摩

民间纺麻

梭妇女在长时间的劳动生产实践中，不仅总结了手工纺织技术知识，还通过劳动总结出具有哲理性的谚语，编唱了自然流畅，赏心悦目的民歌，传授教育后代。如《织麻歌》《织麻布歌》等。

纺织的原料有三种：麻、火草和毛。毛多来自山羊、牦牛；而麻又分绿麻和芒麻，一般织麻布多用前者。把麻收割以后，要经过一系列加工才能制成麻纱。事先放在河里沤，天凉要沤半个月，天暖要七八天；剥皮，麻秆留下烧火；在湖、河里漂洗干净，理梳成细麻纤维并绕成麻团，这项工作是由妇女进行的，然后在锅里煮，加一些草木灰，洗净。

冬春两季是妇女忙于纺纱和织布的季节。主要工具有纺轮、纺架、纺车、线架和织布机。纺轮：主要为木制，较大，直径8厘米，厚1～1.5厘米，中央有孔，上安一带钩的竹竿。纺架“克布”：它是在一棍术轴上安一个马蹄形的木架，利用木架的旋转而进行加捻。其优点是携带方便，比纺轮效率高。纺车：该车较简陋，它是在一个丁字型的底座上，在横木中央安两根立木，其上装置一个纺车轮架，在底座的长大头上，安一锭纺锤，再在纺锭和轮架之间拴一绳，人们可利用手摇木柄转动纺车，进行纺纱。

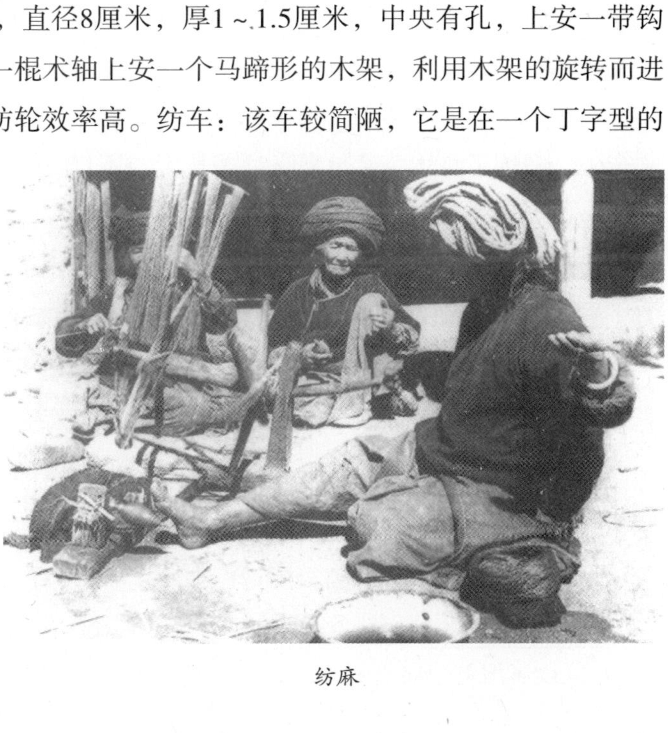

纺麻

毛纱，多用“揪日”也就是纺轮。纺纱前，先以手捻一股毛线，并将其拴在纺杆上端，然后将纺轮垂下，沿着顺时针转动，从而使毛线增加了捻度，这样纺一段往竹竿上绕一段。纺好的毛线可搓绳子，也可织毛布，但是数量很少。纺轮的操作方法不限上述一种，还有一种纺杆无钩，但较长，在腿上用手捻，从而增加捻度。另外，还有一种纺轮，杆上无定捻设备，纺纱时地上放一块河光石，石上有一小坑，妇女把纺杆置于坑内，用双手捻动而纺纱。这种纺轮是比较特殊的。织麻布，一个妇女利用一年闲散时间，可织24排好麻布，每排按5尺①计算，共120尺，能做两条裙子。中等麻布能织40排，6排可做一条裤子。下等麻布可织60多排。

摩梭人的传统纺织，过去只限于织麻布，主要用于缝制摩梭衣裙。现在，已经有了踞织机，随着社会的发展和进步，纺织工艺和材料都有了较大改进，生产规模大、产品种类多、营销市场化。已经可纺毛、纺线、纺麻，产品有围巾、披巾、衣裙、毛毡、披风、垫褥套、马鞍垫套等，在旅游市场上深受游客喜爱。有的织品远销昆明、北京和中国香港、台湾，以及日本、东南亚等。摩梭人的纺织技术已经列为非物质文化遗产名录，有的产品还被国内外博物馆收藏。

第二节　男子服饰

摩梭男子，由于从小生长在和谐的母系家庭，结交“阿夏”中，常在田间、山道走来走去，锻炼了身体，又是喝酥油茶长大，不仅身材高大，身体强壮，而且魁伟英俊。身着金边大襟衣，头戴毡帽或盘黑色头帕，下身穿宽脚裤，小腿部裹绑腿布，扎彩丝带装饰。腰间系花腰带。脚穿丽江皮鞋或藏鞋。农闲节季，不参加劳动时，还穿褚巴配腰刀（藏刀）。由此可见身穿戴独具风格金边衣的英俊摩梭男子形象。金边衣摩梭语称“古吉巴拉”。布料由过去的麻布，毛布发展到用土布、绸缎金边衣，纽扣喜用银币和彩珠，纽扣在左边，颈项中心有领扣，右肩胛骨旁有一副，左腋下有两副，每副两颗，女性的金边衣内，还穿和袖口为黄色或绿色的绸缎内衣。现在，摩梭人男子的服饰与藏族相同之处。

---

①尺：非法定单位，1尺≈0.33米。全书同。

第三节　妇女服饰

永宁摩梭妇女不仅是支撑社会、经济、文化发展中的重要支柱，还是劳动生产的主力军和抉择者。勤劳、聪慧的摩梭妇女、千百年来，不仅用自己的双手创造了物质财富，也创造了精神文明，手工艺术。由于出生于母系氏族家庭血缘关系，和无精神压力负担的阿夏婚姻，加之母系从小精心的抚育，故摩梭妇女都长得身材高大貌美。正如《诗经》云："窈窕淑女"。平凡而勤劳的摩梭妇女，不仅体貌美，心灵也美，美得健壮，美得豪放。她们的风姿犹如格姆山上傲雪迎春的白雪，又如牦牛山间清幽雅朴散发芳香的兰花。

摩梭女子，身穿金边衣，衣内还穿领扣为黄色或绿色的绸缎内衣，下穿百褶裙，裙布至少二丈①四，多达三丈多，裙子致踝。用各种彩线绣上花边。裙子摩梭语称"搭垮"。百褶裙的由来、传说：古时候，有一家人生了一个聪明能干、貌美的女儿，但姐妹们对这个聪明女儿产生了忌妒，千方百计找碴为难，甚至无中生有，说她的是非。有一天，趁女儿父母大人不在家时，狠心的姐

摩梭贵族

①丈：非法定单位，1丈≈3.33米。全书同。

姐把她已缝好的裙子撕成几大块，要她在一夜之间重新缝好。但是不管姐姐怎样刁难，聪明的妹妹思维敏捷，不一会想出了办法，她把布块大口面往下，小口面往上，第二天早上天不亮就已把破裙子缝好。而且比原来的更漂亮，色彩斑斓，褶纹整齐的百褶裙。但忌妒成性的姐姐仍然不放过妹妹，又把妹妹重缝的百褶裙从中间剪断成两截后，限她在一夜之间缝好。聪明的妹妹稍加思索就想出了办法，她巧妙的用针穿上红线把两截断裙圈在了一起，任何人也看不出相接的痕迹，而且重接的百褶裙，有一圈红线的装饰，比原来的更加艳丽。从此，摩梭妇女们以此仿制，为纪念这位聪明的姑娘，摩梭缝制百褶裙时，总要裙子的中下段加一圈红丝线，以此展示纪念的同时，也展示了摩梭妇女百褶裙的美观漂亮。

摩梭妇女喜欢浓厚的头发，觉得越大越好，为了突出浓发，总爱装饰假发，长者一米，短者半米，这是成年妇女的装饰物。通常用牦牛毛或者牦牛尾巴的毛制成。近代创改用丝线。多搓成麻花状，再盘在头上，有些姑娘盘完假发后，又后垂一段假发，走起路来飘飘如仙。所以，高大的假发装饰，是摩梭妇女的一个突出的外部特征。

比较富的家庭，妇女多在前额佩戴发箍，又称发带。它呈长方形，两端有绳，可系于前额上。带有两排银扣，以多为富，这种装饰是受藏族的影响。

清代《续永北厅志》卷七《土司》中称：摩梭人“披发左衽、穿耳贯环”。这个记载说明，自古以来他们就习惯佩戴耳环。耳环有三种：一种是铜耳环，它由一个较大的铜圈卷成，一端有小坠，以大为美，多佩一个耳环。一种是银耳环，耳圈较小，下坠梅花银片，有的下嵌银片，套以密蜡球。一种是蜜蜡耳坠，形制较大，呈盘珠状，双耳皆坠一枚。

妇女喜戴手镯，贫困者以木为镯，多为老年妇女的饰物。青年妇女戴银镯、铜镯，有的戴玉镯或象牙镯，象牙镯是马帮从西藏和印度带入。

第四节　儿童服饰

对幼儿的衣物，穿着习俗类似的汉族习俗，摩梭偏爱旧衣布，最好是老年人或成年人穿的旧衣服改制成幼儿服。认为这种衣物柔软，不会伤害嫩弱的幼儿皮肤。同时，他们认为老年人的衣服是长寿的象征，此外，还认为老年人或成年人穿过的衣服有人气、有汗气、可以避邪……

摩梭少年服饰，历史上少年在13岁前，摩梭人不论地位高低贫贱，不论男女，头上留一撮发，系黄、红头绳，都穿长衫衣服，系腰带，摩梭语称之“都都”，男头戴爪飘帽，女头戴免形帽，有钱人家缝七个银制菩萨避邪，脖子上挂摩梭语称“斯尔”即项链，一般用一根彩色红线，下坠有珠珠、玉石。小女孩到三四岁的时候，由妈妈穿耳。所谓穿耳，并不是以针、刀将耳穿通，而是有一个常豁口的金属环把缺咔于耳垂，久而久之，就穿通了，耳环上多饰、玉饰、珠珠，穿过以后，往往把金属耳环取下系以彩线和玉饰。

摩梭男、女儿童，还有一种装饰，在脖子上拴一个母猪鼻骨，视为一种灵物，可保佑少年健康，有避邪的作用。有的孩子在脖子上还拴一个颈链，上有一个方形黑布色，摩梭语称“梭都”，是喇嘛念过咒的，据说有护身作用。另外系一个红布包，摩梭语称“独抵衣”，内贮防蛊药，摩梭人怕蛊，所以总是随身携带药物。

儿童的长衫，右开襟，一般用麻布缝制，也有用大人的旧衣服布匹改做的，但每年都要为少年儿童做件新衣裳。

儿童长到13岁时，每年除夕，都要为入13岁的男女少年举行成年礼仪式，成年礼仪式是严肃的，还要“达巴”念经，嘱咐更新衣物后，健康成人，好好做人。女孩在母屋的女柱旁，男孩在男柱旁，他们踩在粮食口袋和猪膘肉上，由母亲或舅舅把小孩的长衫脱掉，换上成年人的衣服，女孩上着短衣、下着百褶裙；男孩上着金边衣服，下着裤子。念诵吉利的词语向祖先报告成年人的名字和经历，从这以后他们就是大人了。

现在随着时代变化，摩梭少年在13岁举行成年礼之前已不再是穿长衫衣服，已经和其他民族一样穿着已经丰富多彩。只是到了举行传统的成年礼时，按照民族传统在仪式上穿着民族服装。成年礼活动只是成为摩梭少年的一份民族记忆和文化乡愁，通过这种仪式在服饰上保留下摩梭人服饰文化的一丝痕迹。

第五节　腰带、围巾

现代麻线

腰带、围巾不仅是摩梭人的传统装饰，而且在摩梭男女服饰装扮和抵御高原寒冷气候必备的装束。

腰带：是传说中格姆女神的前世，狮子山下者被村美丽，聪慧的姑娘独玛，为寻“阿夏”的小伙子们纺织的传承至今，腰带是青年男女结交“阿夏”的定情物，最初的腰带只是麻线和毛线纺织的。随着社会、经济、文化的发展，而原料使用是五颜六色的毛线和尼龙线，式样美观，色彩多样，系在男女腰间既是美丽的装饰，在气候寒冷的永宁也起到保暖的功能。

围巾：高原冬春季节，气候寒冷，寒风刺骨，男女上山放牧、砍柴，下地劳动头部都习惯围上围巾，以避寒风和尘灰，摩梭人围围巾的习惯由来已久。摩梭人在长期的生产和生活实践中，积累了手工业丰富的经验，制作出独具民族特色的手工业品，摩梭妇女从小向大人学习织麻，纺麻，捻毛线，织麻布织腰带织围巾等手艺。民间谚语说：“不好看的姑娘可以找，不会纺线织布的姑娘找不得”。如果不学会纺织缝制衣服，就被认为是“没有本事的妇女”。所以摩梭妇女大多会织腰带、围巾。现在，为了传承摩梭手工业技术，开展各类培训，掌握纺织技术的妇女逐年增多，纺织的围巾、腰带、披风受到游客的青睐，具有摩梭民族特色的产品已经畅销国内外。

随着经济的发展，文化繁荣，民族服饰工艺日新月异，特别是各种布料、色彩的广泛运用，工艺制作水平的提高。摩梭服饰中的金边衣、百褶裙、腰带、围巾等更加丰富多彩，绚丽精美，进一步开拓了摩梭人的审美情趣，审美习惯，审美追求和审美理想。“穿戴在身上的历史”更具魅力。

第十三章 节庆文化

节日是摩梭人依据传统的宗教祭祀，农业生产以及汉族的历法等因素形成的具有集体性、传承性、综合性等特征举行的喜庆节日，节日是人类社会各个族群普遍传承的一种重要显形文化事象，在这事象中蕴含着极其丰富的文化意义。摩梭人由于地处特殊的地域环境和特殊的历史文化，形成了自己独具特点的民族节日，夸张地说，一年四季，每月都有本民族的节日，有不少节日还不同程度地存留着人类远古文化的痕迹。如与母系氏族社会相联系的各种原始宗教崇拜和信仰观念，祭祀活动，呈现的是原始古朴特点，保留着原生态。摩梭人的节日大致可以分类为：岁首春节、祭祀节日、农事节日、娱乐节日等，多种形态并存正是摩梭人民族节日的一个突出特点，其特点是：

第一，摩梭人举行的节日，反映了摩梭人平等、团结的价值取向，在节日仪式的饮食习俗中得到充分体现，在各类节日活动中，无论土司、总管、贵族、平民百姓，男女老少都是平等的。祭祀仪式中共同敬重、共同跪拜、共同祈祷；村寨或家庭宴席中围桌就餐，共同饮酒喝茶；节日里不分贵贱，酒神都同样赐予人们饮酒的欢乐。

舞蹈的摩梭女人

第二，节日表达了摩梭人对神灵的敬畏，对自然的尊重，对祖先的崇拜。摩梭人的节日许多起源于原始宗教祭祀，是一种悦于神的活动，悦于祖先的活动，如春节祭天、祭祖先、祭各种自然物

（山、石、火、水之类）和动植物等，其目的是保佑人口繁衍、人畜兴旺、吉祥平安。

第三，节日是摩梭人多样性文化得以集中表现和传承的重要的途径。摩梭人繁多的民族文化事象，一方面只在节日中才得以展示；另一方面也只有不断周而复始的举行节日活动才能得以保留传承发展。所以，节日是摩梭传统文化的表演场和传承平台。

第四，摩梭人传统节日，不仅能发挥保留传承的作用，也能为本民族的社会、经济、文化发展进步发挥作用，尤其是对于当今旅游业的发展发挥着重要作用。如节庆产业、服饰产业、饮食产业、文化产业等，不仅能增强经济效益，促进摩梭人聚居区的经济发展和社会进步。而且对于传承优秀的摩梭文化传统，保护优秀民族文化遗产，促进各民族文化的和谐共荣具有重要作用。

第一节　春　节

春节：是中国传统的民俗大节。新岁之首，万物复苏，人们认为此时是“人道报本反始之时”，对祖先祭祀十分重要，或行家祭，或行墓祭。祭拜祖先的过程，也就是家族人论关系维系强化的过程。据《荆楚岁时祭》记载，家人鸣鸡而起，“长幼悉正衣冠，以次拜贺”。以次拜贺，即按尊卑长幼至祖宗神位前依次祭拜，然后依辈分向家长贺年或互拜。拜年是首要的活动，人们在度过旧岁迎来新年之际，互相祝贺，以祝新生，同时它就隐含人伦关系再造的意义。

舞蹈的摩梭男人

摩梭人称春节为“库施”，意即新年。摩梭人过春节，隆重热闹。在春节前夕，人们准备好猪膘、鸡、羊、酒、肉、禽蛋以及印花的饵块粑粑和油炸粉片、酥油、清油、糌粑、大米、面粉、蔬菜等。腊月二十六日，堂屋里外，屋顶上的尘灰熏烟，都要打扫干净。除夕前，从山上砍来形状美观、翠绿茂盛的小松树枝或松柏枝，插在院心扎上屋柱，钉在房屋四壁，还采摘梅花、报春花等，插入花瓶，供放神龛，屋脊换上印有庆贺吉利的佛经经幡，屋里屋外贴年画，修饰一新，佛台用具擦得晶亮，酥油灯点成排通天明亮。香炉里香烟袅袅，送岁之日，磨、礁、升、筒、簸箕等家用器具里，装满粮食，一直到初三，都不能舂碓，不劈柴，不筛米……展现了节日的吉庆热闹气氛，欢乐气氛。整个春节从大年三十至正月十五日其活动内容十分丰富多彩。

第一，春节前夕为什么准备丰富的食品？母系掌门人“达布”说：全家人辛辛苦苦劳动一年，平常省吃俭用，过节了要好好吃、好好穿，这是享受劳动的收获，是庆祝一年的丰收。从初一至十五家家宰猪杀羊、宰鸡，除自己吃好年饭外，互相拜年，走亲串戚，家家饭桌佳肴美酒，人们尽情地吃，尽情地喝，男女老年皆大欢喜，既享受了节日的快乐，又享受丰富的年饭。

第二，摩梭人的春节，从始至终贯串着宗教祭祀活动，还要请“达巴”念经，祭祀祖先，祭祀神仙，这是摩梭人表现宗教文化和表达内心信仰的一种途径形式，通过节日肃穆的祭祀仪式，念诵家谱，致送岁词，老人们在宴席上唱送岁歌，不忘祖先，不忘古规，不忘家训，按古规营造和谐的母系家庭，建立美满幸福的“阿夏”爱情，按古规为人处事。

第三，春节是摩梭人团圆相聚的节日，摩梭母系大家庭，由于历来不分家，人口少则10多人，多则达20多人。按历史习俗，劳动实行分工，有的砍柴，有的放牧，有的田间劳动，有的当喇嘛进藏，驻寺院，男子赶马长时走茶马古道进川、进藏，长年累月奔波在外。春节来临之际，人们先后回归到母屋，母亲、火塘三位一体母系大家庭的温馨之家。她（他）们回到母系之家团圆后，将在外遇到烦恼，心灵受伤的事向母亲、舅舅倾吐；他们外出遇到的好事、高兴之事让母亲和其他成员分享……

第四，春节期间，凡年满13岁男、女孩的人家，都在大年初一举行成年礼，摩梭语称“里给或毯给”。即穿裤子或穿裙子。摩梭人在13岁之前，男女小孩都穿大襟衣衫，系腰带，到了第13岁开年的春节，就请达巴祭神祭祖，燃香点灯，致贺词，祈祝穿裤子或穿裙子的男女孩，心胸像大海一样宽阔，寿命像江河一样绵长，身体像高山一样健美，福寿像松柏一样常绿。在穿裤子或穿裙子时，男的成年人在母屋左柱旁举行，女的在母屋右柱旁举行。成年者，一脚踏在猪膘上，一脚踏在盛满五谷的簸箕上，脱光原先穿着的长衫，由合属相年庚八字的长辈为其穿戴上全新的首饰、衣裙、衣裤和鞋袜。穿

茶马古道上的马帮

戴好后，成年者向长辈磕头敬拜，长辈赠予礼品，或首饰衣物，或金银钱财，亲朋好友都带着礼品向成年者祝贺，举行过成年礼，男女皆算为成熟之人，因为他或她已经经历了一生之中第一周的十二生肖，从此可以参加各种社会活动，在家庭中也受到像成年人一样的尊重和待遇。

第五，春节期间，从初一至十五，开展娱乐性活动，娱乐性成为摩梭节日的显著特征和功能，娱乐性节日既有利身心健康，也有利于来年的生产劳动，有利于族内与族外人际交往与了解，它是一种节日中除了物质享受之外的精神享受和文化满足。因此，摩梭人春节期间娱乐多样，使生活更充实、更美满。

春节期间与村为单位与也与村与村之间联合，白天开展唱歌，打跳活动，还有赛马，打秋千，掷石打靶，踢毽子，摔跤等体育活动。春节傍晚走进永宁村寨，男女老少盛装打扮，聚集在一起，和着优美的乐曲，踏着轻盈的舞步，载歌载舞洋溢着团结、友爱、和谐，欢乐的气氛，通宵达旦。

第六，春节是汇集交易的商贸节日。川滇藏茶马古道上的永宁皮匠街位于永宁盆地西北面拉瓦山下，自元、明时期逐步形成小镇，成为滇、藏、川茶马古道上商贾来往，马帮商品的集散地。一大批丽江古城商贾、皮匠、银匠，还有西藏、四川商贾、大理商贾汇集永宁皮匠街开办商铺，经营酿酒、制革、饭店，银器，铁器，铜器、缝纫、马店、赌场、烟馆等行业。手工艺品，布皮商品、日常用具，日常生活用品，本地土特产品琳琅满目，每逢春节、商品更加丰富，受到川滇藏各族人民的青睐，前来购买或以物易物不仅满足节日中购买年货的需要，民众的需要，同时也促进了永宁商品贸易的发展和市场的繁荣。

第二节　朝山节

朝山节是滇川相交界泸沽湖周围摩梭人祭祀山神和水神的重要方式之一，由于摩梭人信奉神灵，崇拜自然，相信天地、日月星辰、风雨雷电等皆有神灵，相信人死后灵魂不死，能够变成鬼魂，素有“信百神、三千鬼”的说法。因此，采取各类方式祭祀鬼神，并且认为农历每月初一、十五，或初五、二十五日，七月二十五日，神仙们都要出来活动，此时朝拜就会得到神灵的保佑。在各种祭祀和朝拜神灵的活动中，朝山节最为隆重。

朝山，摩梭语称“俄过”，又称“日则过”“日则”即山神，“俄”为“山”，“过”为转。为祭祀山神，摩梭村落周围的山头或山腰间，每家都有自己固定的“松塔”或“索夸苦”，即家庭祭祀山神的地点，周围的山头上还有不少公共祭祀的地方。平时每天早晨各家都有人到“索夸苦”处，烧祭山神。最为隆重的是农历七月十五日的“日则过”和七月二十五日的“格姆过”，即祭山神和格姆女神。

最初的朝山节，不是集中在格姆山（即狮子山），而是那个村靠那座山，便全村都敬拜祭祀那座山，原来祭祀格姆山也是随时针转狮子山。由于祭祀分散及转狮子山交通不便，经土司知府总管和永宁扎美寺堪布商议，为集体性全民祭祀格姆山，元代末便在者波上村狮子山麓建立了格姆女神庙，庙内由喇嘛画了格姆女神像，比后祭祀活动便集中在女神庙周围延续至今。

每年农历七月二十五日，摩梭人的朝山节

朝山祭祀节日是摩梭人祭祀节中最古朴的部分，其中有许许多多的古风遗俗，是对原始本土宗教，自然崇拜，祭祀活动中，家家户户男女都带藏香、经幡旗前往女神庙，首先，挂经幡，然后敬香祈祷，“达巴”用高昂的诗歌祈祷着山神，喇嘛口中念转山经，其共同的祈愿都是祈求格姆女神保佑，降福免灾，风调雨顺，五谷丰登，六畜兴旺，子民吉祥平安，繁荣昌盛。

朝山节这一天，凡参加祭祀女神进，都是平等自由的，村与村之间、家族之间、人与人之间、衣社之间，强弱之间、民族之间，水乳不分、畛域不分，埙虎相和。以往人与人之间，土官与平民之间，曾有的怨恨，将会在朝山节欢乐的氛围中淡忘和消除。在人们崇敬、崇拜的格姆女神身边，展现出一片平常少有的喜气和谐的美好风景。

朝山节期间摩梭人携带的饮食品种，虽然没有春节那样多，但仍具有节日饮食和宗教饮食特色。既有特色，品种也丰富，祭祀仪式结束后，人们按“斯日”和母系衣社为单位或几家人联合等开始做丰盛的野餐，在绿茵的草地上，树荫下，帐篷旁，这里一群、那里一伙，缕缕炊烟袅袅升起。火塘边，摆满了鸡、鸡蛋、猪膘肉、羊肉、饵块、糌粑、苏里玛酒、酥油茶等等民族风味的佳肴，这些美味食品不仅是敬献给格姆女神的，也是美食的展示，也是人们一年一度难得的享受别有风味的野餐。

祭祀格姆女神仪式，起初是“达巴”主持的，元代藏传，佛教传入永宁以后，修建了永宁扎美寺之后，祭祀活中带有藏传佛教的色彩。然而，摩梭聚居区原始本土“达巴”教与藏传佛教历来和平共处、和谐相存。在各种祭祀仪式中“达巴”与喇嘛都参加，各摇各的铃，各念各的经，这是在当今宗教活动中的独特现象。

在这撩人心扉的氛围里，最欢乐的是青年男女，他们有的是老“阿夏”相见，有的是新“阿夏”初次相会，有的是没有“阿夏”的寻找“阿夏”谈情说爱……树月下，树丛中，草地边，双双对对的情侣们，有的对歌，有的窃窃私语，她们谈不完的情话……

祭山神

她（们）在祈祷中，除了求女神保佑平安外，就是求女神保佑爱情美满，生活幸福，在这良辰吉日结交的情侣，能天长地久。

精彩隆重的舞蹈开始了，在香烟、炊烟袅袅中，在经幡旗的飘逸中，朝拜者参加《格姆搓》的舞蹈，舞者边唱边跳，舞蹈的动作随着音乐的变化而变化，舞蹈时紧时慢，快时豪放刚健“喏！喏！喏！”的吆唱声，慢时悠然自得轻歌妙舞，如云舒水流。人们带着对美好生活的祈求，丰收的希冀；带着对美好爱情“阿夏”情侣的追求……除了虔诚的烧香敬拜祈祷，就是全身心投入狂欢的打跳，大家围绕篝火堆抒发心内的欢快之情，跳得如痴如醉，通宵达旦。

第三节　祭祖节

祭祖节是农历十月，摩梭人自古以来就崇拜祖先，一年中，有三次较大的祭祖活动。平日家庭主妇在一日三餐吃饭前首先要给祖先祭饭菜，饭菜放在火塘边上的灶神“瓜鲁”旁时，家庭主妇就会简要地念诵一些祭祖词。每年则有两次较为隆重的祭祖仪式，一次摩梭语称之为“博科次不”，意为杀猪祭祖。这个节日，不以单家独户活动，而是氏族性的活动，摩梭语称“斯日”。另一次是八月的祭祖活动，由氏族“斯日”每年轮流进行。在轮到的家院里举行杀猪祭祀活动，俗称“博科塞几吃”，为“一同吃猪血”的意思，这时要请村里较有水平的“达巴”作主持。祭祀的盘子只能用一个，摩梭语称它为“哈施只爱邦”，意为一个盘里祭祖的人，也就是一个氏族的人。

举行祭祀活动，夏天要在院内用桃叶搭一个凉棚，冬天用青冈叶搭一个凉棚，目的是给从天堂请回的祖先休憩。传说这天祖先们回来，不进正房，见人会羞羞答答的，所以凉棚就是休息和躲避的地方。“达巴”在青冈叶上覆盖一层新鲜的猪花油，然后念经，把祖先一一请回，再用饭菜敬给祖先。“达巴”首先念道：一年一度的祭祖节来临，家人请你回来，你们就该回来，若家人不请，决不能下凡；今天敬给你们的饭菜除家里养的鸡、猪、牛外，有天上飞的野鸭肉，地上跑的羚羊肉，水中行的鱼肉，请品尝；还望祖先们保佑在世的人们，身体健康，人畜兴旺，五谷丰登。

最后所有的氏族成员在一起吃饭，习惯上每人一份，木盘里一盘饭，木碗里一碗菜汤，一块猪肉，两块猪肋骨。凡到场的人都各有一份，吃不完的肉可以带回家。如有人不到场，家庭主妇会托人带给未到场的人。摩梭人不忘祖先，崇拜祖先，趁祭祖机会教育后代，同时氏族成员也沟通了思想，增强了团结与和睦。

第四节　祭太阳神节

新年正月初五是摩梭人祭祀太阳神的日子。祭祀活动由几个相邻的村落集中在相应的地点举行。在祭祀的头一天下午，喇嘛开始准备，用炒面捏许多神像，念经作法，一直到初五早晨，红日冉冉升起的时候，随着隆隆的炮声、锣鼓、海螺声、诵经声，开始举行隆重的祭太阳神仪式，可见如潮的男女老幼朝着东方徐徐升起的太阳神布画像磕头拜神，仪式非常庄重而肃穆，周围香烟缭绕。接着人们争先恐后地去触摸神像。喇嘛们则一面念经祷告，一面端着“圣水”，让朝拜的人们一个一个地洗头洗脸，以求神灵的保佑，祭礼完毕要办酒席共餐，当晚还要跳甲搓体舞，纵情欢歌。

第五节　布谷鸟节

清明这一天，摩梭人称“哥布兰库突”，意思是“布谷鸟鸣叫时节”。“达巴”经中说：“布谷鸟鸣，万物催醒”，表示着万物全新的时节到了。这天早晨，家家户户院墙、房屋周围都要放上一圈火塘灰，据说能防蛇、蛤蟆等走虫进入房屋之中。同时，许多人一早起来喝一口山泉水，相传能预防喉痛声嘶。全家人还要吃上一顿丰盛的早餐。也有挂青蒿的习惯，可能是受汉族清明节的影响。

第六节　端午节

摩梭人每年农历五月初五过端午节，摩梭语叫“瓦礼米”，俗称插花节。

摩梭人过端午节，与汉族的端午节相比，在内容上有较大的差别。他们除了像汉族那样插菖蒲、喝雄黄酒、带香包外，还要煮药、肉大锅汤，同时祭祀山、水、日、月、星辰等各种神灵和祖先，以求保护庄稼、人畜平安，减少灾害等，亲族间要相互拜节。过去家家户户还要杀胖猪儿过节作祭品。

从农历五月初四开始，家家户户都要派人出去采集菖蒲、车前草、薄荷、青蒿、马蹄草、臭参等各种新鲜草药，并将一部分药草野花插在神龛的花瓶里，房屋、畜圈的门口上。把采集起来的一部分药草切成颗粒状，与腊肉、鲜肉或鱼肉、鸡肉一起炖成药汤，另一部分切成细末，与苏里玛酒泡在一起，同时还加一些糖。此外还要制作各种味美可口的粑粑以备节日用。许多民间医生也要在初四这天采集药物，认为这天采集药物效果更好这天有浸泡百草根药酒喝的习惯，并以野花、菖蒲根叶等插在头上或系在腰间。初五早晨，设祭坛烧香，祭祀诸神祖先之后，全家一起宴席、喝药肉汤、药酒。这天，青刺果油也是每家每户必不可少的食物和药物，摩梭人认为，端午这天只要吃了这顿药汤药酒，有病能治病，无病可防病。有亲缘关系的家庭还要派人带上自家的美食苏里玛酒等相互拜送。

第七节　祭月神节

农历八月十五是摩梭人尝新祭月神的节日，摩梭人称“勒咪著”。自古以来，摩梭人认为，“勒咪嘎拉”（月神）和太阳、星辰一样，与人的生产、生活、健康、精神活动有着密切的关系，并认为精神病是与月亮神有关的，他们发现精神病人常在月缺、月圆的时候发作，因此，他们认为是月亮神在作祟。八月又是地里庄稼开始成熟的时候，借此以尝新祭月亮。当天下午，他们备上盛餐，用尝新的粮食做一个又大又圆的月饼，打开苏里玛酒，按习惯祭过祖先和灶神，吃过晚餐之后，傍晚时分，开始准备祭祀月亮神。在家中经堂的阳台上或院坝能见到月亮升起的地方设祭坛，祭坛上摆设各种祭供品、青烟警绕的香笼和清油长明灯，在瓶里、插上鲜花，大月饼置于中间，前面还摆着凤尾螺和白海螺，当月亮冉冉升起的时候，“达巴”或喇嘛念祷告经，家人开始吹海螺向月神磕头，一直到月亮高升，祭祀活动才完毕。

第八节　牧神节

牧神节，摩梭语称“依若”，农历正月十二日举行，摩梭人的祭牧神节大约产生于畜牧时代，摩梭人是游牧民族，历来重视畜牧业的发展，饲养牲畜历史悠久。随着畜牧的出现，弥补了光靠狩猎获取肉食的不足和供给的无序状态，为了发展畜牧业，避免灾害和瘟疫，摩梭人只得求助于神灵来保佑，六畜兴旺发达。

朝拜山神

祭牧神节这一天，放牧人员受到特殊的优待，要让放牧人员穿上新衣服，家里把最好的食物分给放牧人员，用一个口袋装上香肠、猪心、猪腿、灌瘦肉的猪脚、猪舌头以及油煎粑粑，米花糖和各种水果，让放牧人员带到山上去吃，足够放牧人员吃六七天。

祭牧神分两天进行，第一天叫“阿窝依善”，即在家祭祀牧神，第二天叫“阿卜依善”，即野外祭祀。节日这一天，家家户户备上丰盛的早餐，煮上猪心、猪舌、猪胸骨、香肠、猪膘肉等各种腌制的猪内脏和腊肉，同时还做好各种的油炸粑粑，稗子、大米、麦粒等揉成的若干个祭祀物。饭前，须烧松叶香、柏枝香、祭供、祭祀牧神，同时也祭祖先和灶神，然后将这些祭品，一部分留作第二天的野外祭祀用；一部分送给放牧人员作野餐；一部分家庭成员享用；还有一部分送到亲族和有“比子则哩”（男女“阿夏”关系）的家作为拜节礼，对方也要用这些祭品作简单祭祀后分享。节日的第二天，由家庭的一个成年人携家中的少年，小孩和各种祭品，到野外自家固定的祭牧神的烧香的地方，供上祭品在烧香磕头祭祀之后，又把祭品每样一点烧在香火之中，以祭牧神，剩下的祭品就在野外分享。

第九节　祭土地节

农历十一月三十日，摩梭村以某一家为重点，请“达巴”念祭祀土地神的经文，同时念咒各种害虫的经。祈祷天、地、山、水神禁止风、旱、涝、雹、洪、虫等灾害，保佑地里的庄稼正常生长，获得丰收，在以某一户为主请的“达巴”念经的同时，每家都要用树枝在田边地角烧火塘起火，全村烟雾弥漫，祭祀天、地、山、水神保佑消灾，祈祷庄稼正常生长，五谷丰收。摩梭人称祭祀土地神为“地补”。

第十节　喇嘛会

摩梭人除了信奉原始宗教达巴教外，从元代始又信奉喇嘛教，也称藏传佛教。藏传佛教传入永宁摩梭人地区后，修建了永宁扎美寺，在者波修建了萨迦寺（白教本院）。

永宁扎美寺每年分别在农历正月初七和十月二十五日举行两次盛大的喇嘛会以及送喇嘛进藏会。

正月初七，为永宁黄教喇嘛寺念诵经文的日期，初七早晨，肯布召集永宁境内在家的所有喇嘛，集中到扎美寺，祭佛教中的甲阿扎巴，其仪式是把甲阿扎巴的佛像放在一个木制的有精巧的装饰雕纹的轿子上，抬着轿子在喇嘛寺院内转一圈。这天早上，永宁、拉伯的摩梭百姓穿着新衣、备香火、成群集队，纷纷前来献哈达、磕头，参加开法事。初八早上，活佛进喇嘛寺并在佛位就座，组织寺院所有喇嘛念诵祭释迦牟尼的经文。十月二十五日，为祭佛教中的宗喀巴大师的日期。这一天，永宁黄教喇嘛寺又要举行一次隆重的跳神会。十一月十二日，为永宁白教喇嘛寺举行跳神会的日期。

永宁喇嘛寺的喇嘛大集会一年有4次：即农历正月初三至初九举行的咪洛其模会；农历三月举行的措区会；六至七月举行的历时45天的亚能会；十月二十五日举行的祭宗喀巴大师的甘丹安区会。小集会一般一年有3次，即农历四月十五日举行的萨嘎达瓦会；六月初四举行的纽能会；九月二十二日举行的哈报独钦会。

（一）跳神会

农历正月三日至十二日的“美农多佳节”又称跳神节法会。跳神法会开始这一天，扎美寺堪布召集喇嘛在大经堂，分配法会期间的任务，大部分喇嘛诵经，有的喇嘛维持法会内外秩序；有的喇嘛为铁棒喇嘛，手持木棒；有的喇嘛为表演乐队；有的装扮神像、狮头、虎头、牛头马面等，按分工各负其责。

跳神会期间每天都要举行诵经和跳神表演活动，最隆重的是十二日结束这天，几百名喇嘛身着袈裟，头戴鸡冠帽，先在大经堂集体诵经、祈祷。从四面八方云集而来的僧俗群众到大殿烧香磕头。喇嘛诵完经后，由几个年轻喇嘛抬出一幅神画，一个木架，架高三丈多，把神画挂在木架上，竖立在殿前。神画的下半部是大黑天神，也称护法神，头大如筐，眼如铜铃，巨口獠牙，靛青脸色，貌极狰狞恐怖。大黑天神右手执金刚督知，左手执铁斧，胸挂12具骷髅念珠。袒腹，露出肚脐，全身为蓝靛色，但口舌俱赤，掌心脚心是红色，脚踏一披长发，七孔流血。

当巨幅画像挂出时，几百喇嘛排列在画像前，齐念大黑天神咒经。念完咒经后，大号法螺，鼓钹齐奏，震动殿堂，于是善男信女们点香，向大黑天神祈祷膜拜祈求，降夭鬼除魔，消邪免灾，吉祥平安。

扎美寺大殿前，有一块长方形广场，场上画着红、黄、白云道界线，线内是跳神的范围，线外是观众的位置。跳神开始时，在一片鼓、锣、大号声中，从大殿里跳出一个魔王，戴着狰狞恐怖面具，张嘴、怒目、披着宽袖花衣，左手执三尖叉，开四门，向四方扫荡厉鬼，其步伐随着鼓声左旋右转，前瞻后顾。急闻人骨筋声，嘎嘎长鸣，骤然间，跳出一群骷髅，状如猢狲，跳跃整齐，步法一致，他们随着鼓声之缓急，时而快、时而慢的跳。

一群骷髅在鼓声中跳完自己的时辰，齐跑进大殿中，继而又跳出五个五方之神，所戴面具，为青黄红黑白五色，其服饰如其面色，各占方位，翘其足、跃三跃，转三转，顿一足，移一步，动作整齐。穿青衣者为东方神，穿红衣者为南方神，穿白衣者为西方神，穿黑衣者为北方神，戴黄面具穿黄衣者为中央之神。

五方之神跳完后，又是一群怪异的戴着狮头、熊头、虎头、鹿头的喇嘛和一群披毛长角的护法神，披彩色罗衣出动跳跃，还有一群戴尖斗笠的护法神，分别四周，几个喇嘛抬出一张桌子，置于广场中央，桌上放着红色的魔王面偶，称为"多佳"，继而戴马鹿头的护法神一为从护法神的指挥者，手执一把雕翎刀，向着面偶侦探、摇头、晃刀，跳前跳后，表现砍杀的姿势。此时，鼓号大作，舞者急速跳跃，挥刀砍面具，截成多块，抛向四方表示镇住邪恶，让格姆山下的众生免除灾难，五谷丰登，吉祥平安。最后，鼓、号、钹、罗齐奏，在一片震撼人心的乐声中，护法神退入大殿堂，美农多佳节宣告结束。

（二）降神会

农历十月二十六日，为喇嘛寺降神会。大黑天神系藏传佛教密宗护法神之一。梵文为"摩诃迦罗"，藏语称"玛哈嘎拉"，意为"六臂驴法尊"或"六臂依怙尊"。藏密讲此尊为大日如来为降伏恶魔，示现之形象。其图像一般为青色三面六臂，前左右的手横执刨；中间左手执人头，右手执羊；后左右手执象皮，站于背后，以骷髅为璎珞。古时以大黑天神为战神而祀之。永宁扎美寺无论举行跳审会或降神会，都画大黑天神像展示面目狰狞，呈黑色或青色，三面三目或一面三目，六臂或多臂，项载骷髅串，或座白牛，或戴牛头冠的护法神，以示镇邪除恶。十月二十六日早晨8时左右，堪布召集全寺喇嘛，在佛像前诵经祈祷结束后，从大殿抬出画有护法神的神像，观众敬香磕头。殿前置一张九龙椅，降神喇嘛跪在护法神前，念神咒，请护法神附体，喃喃作语，听者不解其意，降神活佛及肯布虔诚敬拜，用藏语叙述过去未来之事，语言玄妙，土司也在旁静听护法神的旨意，表示虔诚自度甘愿奉行。

祭护法神仪式结束后，在大殿前广场表演护法神即降神活佛镇邪之武术，降神活佛，神情异常，似有天助神灵，肯布、土知府官员以及总管，将所佩腰刀献给降神活佛，他接在手中，将刀拔出刀鞘，将刀向东南西北挥舞后，连续扭弯20～30把刀或剑，2～3尺①的刀剑扭右麻花状。据说，经降神活佛扭过的刀，悬于门上，鬼魔不敢进家，邪恶不敢入门，主人家吉祥平安。所以，每到这时，所有重要人物都要备刀。然后表演挽弓射箭术，将弓箭向东西南北恶魔射击的动作敏捷形似恶魔中箭。配合护法神跳跃镇邪的有20多个年轻喇嘛，企图拉住、抱住，按住面呈怒发冲冠，暴跳如雷，威力、法术高的降神活佛，都被推抛得东倒西歪，躺在地上，以视护法神天下无敌，一切夭魔鬼怪必镇邪气必除妖魔，观众们纷纷脱帽磕头，大活佛念法咒画解法符，喷符水，降神活佛方才慢慢清醒过来，合掌礼拜，向大活佛致敬，向众喇嘛表示谢意，表示他已从神境回到人间，已保众生平安。其表演从始至终精彩壮观，观众成千上万。

（三）欢送喇嘛进藏法会

自藏传佛教传入永宁，元代建立永宁扎美寺以后，摩梭喇嘛增长很快，黄教喇嘛最多时达600余人，萨迦寺喇嘛300余人。西藏的拉萨成为永宁喇嘛习经，朝拜的去处，取经寻求智慧的圣地。每年都有喇嘛进藏受戒、习经，这已成为永宁扎美寺的制度。

中华人民共和国成立前，永宁扎美寺约600多喇嘛中曾经有300多人进圣城拉萨习经，泥鳅沟萨迦寺300多喇嘛中有200多人到里塘，巴塘和后藏习经。

永宁是滇、藏、川、康边境上的重要商品贸易转运驿站，是滇致藏、至川、康、印度最早的茶马古道。因此，无论春夏或秋冬南来北往的马帮安营扎寨，在日月和一夜或一两天休息，在那里烧香祈祷平安。永宁扎美寺的喇嘛进藏习经，受戒启程前必须在日月和住宿一天一夜，举行欢送仪式，这已是不成文的规矩。

每年五月初，必有30多个格初喇嘛进藏受戒。这些喇嘛事先准备旅费、行李、帐幕等物，起程前在日月和住宿一夜，亲友也必在日月和饯行。进藏的喇嘛于出发前一天的早晨，在亲友帮忙下搭好帐篷，围成一圈，形成幕城，幕中布置华丽，互相竞赛，显示富有，幕中心设一经桌，桌上放水果瓜子等食物，亲友们拥着喇嘛而坐，以叙离别情谊，嘱咐喇嘛途中注意安全，抵达拉萨寺院后，刻苦习经、遵守教规，圆满归来……喇嘛诵祈祷词。晚上，场中烧起篝火，围成圆圈，唱歌打跳，扎美寺喇嘛主持、堪布烧香祈祷，喇嘛诵《吉祥经》，庆祝喇嘛进藏习经受戒仪式至午夜。白教派的喇嘛要前往康定的咪支寺习经受戒同样在日月和送行。

①尺：非法定单位，1尺≈0.33米。全书同。

第五篇
语言　教育　传说

第十四章　摩梭语言

第一节　语言系属

摩梭人没有文字，但有自己的语言。摩梭语属汉藏语系藏缅语彝语支。

在语音方面，声母分清浊；韵母比较简单，以单元音韵母为主；声调一般只有3～4个；音节多数由声母和韵母联合构成，少数由韵母单独构成，每个音节都有固定的声调。

摩梭语的词汇中，基本词汇中音节词根占优势，一般词汇里有大量的合成词，单纯词较少。从其渊源可分为固有词和借词两类。

语法方面，主要由语序和虚词表达。语序是主语—宾语—谓语。名词、动词、人称代词作名词修饰语时，都在中心词之前；形容词、数量词组作名词的修饰语时，则在中心词之后。还有标志各种句子成分的结构助词。

第二节　词语举例

汉语	母语	字义	国际音标
泸沽湖	落属 习纳米	落水湖 大母亲	lo^{55}ʂu^{31}ɕi^{31} nɑ^{55}mi^{55}
永宁 狮子山	里地梅姆	永宁格姆	ɬi^{55}di^{31} gə^{31}mu^{31}

汉语	母语	字义	国际音标
泸源崖	大祖 习八苦	大祖 水出洞	dɑ^{55}ʥu^{31}ɕi^{31} bɑ^{55}khɯ^{31}
金沙江	如地给吉	热地方 金江	ʐu^{55}ti^{55} gi^{55}dʑi^{55}

汉语	母语	字义	国际音标
玉龙雪山	哟古哦鲁	丽江银山	ʑiu^{55}gu^{55} ŋu^{55}lv^{55}
女神洞	格姆呢科	格姆神洞	gə^{55}mu^{55} ȵi^{55}khɯ^{55}
落水村	落属瓦	落水村	lo^{55}ʂu^{31}wɑ^{31}
走婚桥	瑟瑟宗	走婚桥	se^{33}se^{33}tso^{33}
里格村	里给瓦	獐子村	ɬi^{55}gi^{55}wɑ^{55}
尼色村	尼色瓦	鱼找村	ȵi^{55}se^{31}wɑ^{31}
大祖村	打足村	大祖村	da^{55}dzu^{31}wɑ^{31}
翠依乡	醋依地满	翠依地方	tshu^{55}ʑi^{55} di^{55}mɑ^{55}
盐源县	火地	盐源	xo^{55}ti^{55}
西昌市	佳撤	西昌	tɕə^{55}tshə^{55}
宁蒗县	洛古	宁蒗	lo^{55}gu^{31}
永胜县	真给	永胜	tʂe^{55}kə^{55}
太阳	你米	太阳	ȵi^{55}mi^{55}
月亮	里米	月亮	ɬi^{55}mi^{55}
星星	给	星星	gɯ^{55}
天	木	天	mu^{31}
地	迪	地	di^{13}
彩虹	木习吉特	天舌头水吸	mu^{33}ɕi^{55} dʑi^{31}thɯ^{31}
风	憨	风	xɑr^{55}
雨	习	雨	ɕi^{55}
闪电	热板	电闪	ze^{31}bɑ^{13}
空气	索	空气	so^{13}
池塘	端	池塘	tuɑ^{33}
泉	吉酷	泉	dʑi^{33}khɯ^{55}
田	习都鲁	谷子种田	ɕi^{55}tu^{55}lu^{55}
波浪	习普	湖波	ɕi^{31}phv^{13}
斜坡	过拉下	山有点斜	ko^{55}lɑ^{31}ɕia^{55}
白天	念里古	白天	ȵiə^{13}li^{55}kv^{55}
傍晚	木库	傍晚	mu^{31}khɯ^{55}
年和月	库拉里	年和月	khv^{13}ɬɑ^{55}ɬi^{55}
东方	妮咪窦	太阳出来	ȵi^{55}mi^{55}thv^{55}
南方	依程米	南方	ʑi^{55}tʂhe^{55}mi^{31}
二月份	你里米	二月份	ȵi^{55}ɬi^{55}mi^{55}

汉语	母语	字义	国际音标
十月份	册里米	十月份	tshe^{55}ɬi^{55}mi^{55}
公鸡	暗双	鸡公	ɣɑn^{55}ʂuɑ^{55}
母鸡	暗咪	鸡母	ɣɑn^{31}mi^{31}
鸡蛋	阿坞	鸡蛋	ɣɑn^{31}wo^{13}
狗	酷咪	狗母	khv^{31}mi^{13}
绵羊	哟	绵羊	ʑiu^{55}
小猪	博若	猪儿	bo^{31}zo^{55}
蛇	汝班	蛇	ʐu^{55}ba^{55}
猫	花里	猫	xuɑ^{55}li^{33}
桃花	吉哦扮	水果子花	dʑi^{55}wo^{31}bɑ^{31}
玫瑰花	那达扮	玫瑰花	na^{33}ta^{55}bɑ^{55}
梨花	瑟鲁扮	梨子花	se^{55}lv^{31}bɑ^{31}
山茶花	哦双扮	山高花	wo^{33}ʂuɑ^{55}bɑ^{31}
杜鹃花	莫扮扮	杜鹃花	Mo^{13}bɑ^{55}bɑ^{31}
桃树	吉哦子	水果树	dʑi^{55}wo^{31}tsɿ^{31}
松树	托子	松树	tho^{55}tsɿ^{31}
杉树	日子	杉树	ʐʅ^{31}tsɿ^{33}
高祖	阿腊	高祖	a^{55}lɑ^{31}
爷爷/外公	阿普	爷爷/外公	a^{33}phv^{55}
母亲	呵咪	妈妈	e^{33}mi^{55}/a^{55}ma^{55}
父亲	阿博/阿达	爸爸	a^{55}bu^{31}/a^{33}tɑ^{55}
舅舅	阿乌	舅舅	ə^{33}v^{55}
姨妈	阿斤	姨妈	e^{55}tɕi^{31}
儿子	若	儿	zo^{55}
女儿	母若	女儿	mu^{13}zo^{13}
妹妹	果咪	妹妹	gu^{55}mi^{55}
家	阿窝	家	ɑ^{31}wo^{33}
母系家族	斯日	家族	sɿ^{33}zɿ^{33}
祖母屋	依咪	房子母亲	ʑi^{55}mi^{55}
火神	冉巴拉	火神	zɑ^{31}bɑ^{55}lɑ^{31}
大门	开咪	门大	khi^{55}mi^{55}
楼房（女儿房）	尼扎依	两层房子	ȵi^{55}tʂɑ^{55}ʑi^{55}
经堂	嘎拉依	菩萨房	gɑ^{55}lɑ^{55}ʑi^{31}
猪圈	博布	猪圈	bo^{31}bu^{55}

352

汉语	母语	字义	国际音标
情人	阿夏	情人	a^{55}ɕia^{31}
好朋友	阿多	朋友	ə^{33}ɖu^{33}
伙伴	阿注	伙伴	a^{55}tʂu^{55}
姑娘小伙	木若潘金	姑娘小伙	mu^{31}zo^{31} pha^{55}tɕi^{31}
身体	古米	身子	gv^{55}mi^{55}
头	哦夸	头	wo^{55}khua^{31}
眼睛	念录	眼睛	ṇiə^{31}lv^{31}
耳朵	里酷	耳朵	ɬi^{55}khɯ^{55}
鼻子	呢嘎	鼻子	ṇi^{55}gə^{55}
嘴	瓜必	嘴巴	kua^{31}bi^{13}
手	洛夸	手	lo^{31}khua^{55}
腰	以占	腰杆	ʐi^{31}tʂa^{55}
大腿	布子	大腿	bu^{55}tsɿ^{55}
脚板	母巴	脚板	mu^{55}ba^{55}
指甲	古脂	指甲	gu^{33}tʂʅ^{55}
血管	瑟咦布儿	血管	se^{55}ʐi^{31} bə^{31}ɣə^{31}
摩梭规矩	纳布得洛	摩梭的规矩	na^{31}bu^{33} tə^{31}lo^{55}
要学会关心妈妈	阿妈金普得衣松若	妈妈给关心学会应该	a^{55}ma^{55}tɕi^{55} phv^{55}tə^{33} ʐi^{55}so^{31}zo^{31}
做事要得体	衣洛甲若古	动作好应该	ʐi^{55}lo^{55}tɕa^{31} zo^{33}ko^{55}
口要甜面要善	况呼信佳若	口高兴舌头好应该	khuə^{55}fv^{31}ɕi^{31} tɕa^{55}zo^{31}
过年	库始	年新	khv^{55}ʂʅ^{55}
五月端午	瓦里米瓦尼	五月五日	ŋua^{31}ɬi^{31}mi^{31} ŋua^{55}ṇi^{55}
农历十月祭祖节	册里米博阔次布	十月猪杀祖先祭祀	tshe^{33}ɬi^{33}mi^{55} bo^{31}kho^{55} tshʅ^{55}bu^{55}
鞋子	则夸	套鞋	tsə^{31}khua^{13}
耳环	里扮	耳环	ɬi^{55}ba^{55}

汉语	母语	字义	国际音标
手镯	洛久	手镯	lo^{31}tɕo^{33}
裙子	踏跨	裙子	tha^{55}khua^{55}
帽子	嘟嘟	额头帽子	tu^{55}tu^{31}
衣服	巴啦	衣服	ba^{31}la^{31}
裤子	里夸	裤子	ɬi^{55}khua^{31}
猪膘	博产	猪膘	bo^{31}tʂha^{55}
苏里玛酒	客日	放酒	khə^{55}ʐʅ^{55}
吃饭	哈子	饭吃	xa^{55}tsɿ^{55}
喝水	吉特	水喝	dʑi^{55}thɯ^{55}
犁地	以露	牛犁	ʐi^{55}lv^{55}
劳动	洛衣	劳动做	lo^{55}ʐi^{55}
建房子	依夸醋	房子修	ʐi^{55}khua^{55} tshu^{55}
插秧	西都	秧栽	ɕi^{55}tu^{55}
工具	左作	工具	tso^{55}tso^{55}
锄头	华盘	锄头	xua^{55}pha^{31}
镰刀	树古	镰刀	ʂu^{31}kv^{13}
火药	木忍产恶	火枪药	mu^{55}ʐe^{55} tʂha^{55}ɣə^{55}
钗	布处	钗	pu^{33}tʂhu^{55}
鼓	达克	鼓	ta^{31}khə^{13}
锣	啥昂	铁锣	ʂe^{31}ŋa^{31}
双面鼓	达满尔	双面鼓	ta^{31}ma^{31}ɣər^{31}
铃铛	得布	铃铛	tə^{31}pu^{33}
摩梭民歌	阿山纳瓜	以前摩梭歌曲	a^{55}ʂa^{55} na^{31}kua^{55}
唱劳动歌	洛衣呱	劳动唱	lo^{55}ʐi^{55}kua^{55}
姑娘小伙唱情歌	母若潘金呱	姑娘小伙唱	mu^{31}zo^{31}pha^{55} tɕi^{31}kua^{31}
你好	喏甲	你好	no^{55}tɕa^{13}
对不起	吗古惹	不对起	ma^{55}kv^{55}ze^{55}
谢谢	阿咪惹	谢谢	ɣa^{31}mi^{55}ze^{31}
再见	所华来夺多比	以后见再	so^{55}xua^{31}le^{33} to^{55}to^{31}pi^{31}

第十五章　教育历史与现状

第一节　民族教育

云南省的许多少数民族地区在中华人民共和国成立前生产力十分低下，学校教育还处在萌芽状态。1949年后，面对这一特殊情况，在发展民族教育方面采取了若干特殊措施。

一、免费和自费并举，多种形式举办基础教育

少数民族地区教育首先面对的就是不少人家庭生活困难，没有上学的经济能力。因此，1950年初接管国民党政府在民族地区的45所民族小学和76所教会学校之后，将其中的97所定为省立民族小学，8所定为省立民族中学，实行三包、三免，即衣、食、住包干，学杂费、书籍费和文具用品费全免。举办这批民族中、小学，为培养民族干部和民族地区的专门人才奠定了基础。

火把节

二、积极为民族地区培养专门人才创造条件

自1977年恢复高考以

来，全省一直在同等条件下优先录取少数民族学生和边远山区少数民族学生升入高校，同时采取降低分数段录取的办法，尽可能多地招收来自这些地区的民族学生。到1989年，共录取了22265名少数民族大专生。1985年开始，又对边远山区和民族地区实行走向招生。对于个别生源不足的县采取临近县调剂的招生办法，打开了人才通向边远山区、民族地区的渠道。采取这些措施后，少数民族考生录取到大专院校的比例逐年上升，1977年仅为7.7% ，1985年上升为29.3%。大、中专毕业生分配到民族地区工作的人数也逐年增加。

三、推广双语和双语文教学

云南25个世居少数民族，除回、水、满3个民族使用汉语外，其中22个世居少数民族使用着26种语言，14个世居少数民族使用着22种文字。30多年来，共产党和人民政府将语言平等作为一项重要的民族政策。各级政府对推行“双语”和“双语文”教学非常重视，规定“民族地区的学校运用何种文字教学，必须坚持自愿自择的原则，凡有本民族文字的小学，根据群众自愿，可以运用本民族文字进行教学，也可直接学习汉语文”，“没有本民族文字的小学，根据群众自愿，可以学习临近民族文字或直接学习汉语文。”为此，1952年云南省编制了傣纳、傣仂、景颇、拉祜4种文字的12种小学课本， 49种民族文字的课外通俗读物，接着又编写了哈尼文、佤文等在内的6种扫盲课本。

1956年正式在部分民族地区小学一年级推行民族文字教学，在没有民族文字又不通汉语的地区，用民族语言辅助，直接引导学生学习汉语文。1956年省成立民族教材编译室，1957年成立云南省民族出版社，将民族教材编译室并入，统一管理编译出版民族语文课本和民族语文读物。至1966年的十年间，全省民族文字在学校使用的有傣（西双版纳傣文、德宏傣文）、景颇（载瓦）、傈僳、拉祜、佤、哈尼、藏等7 种民族、8 种文字。其他民族则普遍用民族语言辅助教学，直接学习汉语文，实行“双语教学”。“文革”中停止了民族语文教学，编译机构被撤销。中共十一届三中全会以后，特别是《中华人民共和国民族区域自治法》颁布后9 民族语文教学逐步得到恢复和发展。到1987年，已有藏、彝、哈尼、傈僳、拉祜、纳西、白、景颇、独龙、壮、傣、苗、瑶、佤14个民族，在扫盲中分别使用或试用20种文字或拼音符号。11个民族的14种文字用于小学中的“双语文”教学。

据1987年统计，云南省有近1000所民族小学（班级）， 5万多学生学习民族语文和汉语文。为提高民族语文和汉语文的教学水平，培养民族学生听、说、读、写的能力，有的地方积极进行了民族语文教学改革实验。德宏州进行“拼音学话，双语（文）教学，注音识字，提前读写”和“双语双文，独立识字，培养能力”实验，取得初步成效。西盟县也进行了“民汉对照，注音识字，提前读写”的教改实验。

推行“双语（文）”教学，是与创造和推广民族文字的工作密切联系的，而且对创造和推广民族文字，干部和群众中还存在一些不同的看法，一方面，很多地方取得了使用民族文字促进初等教育发展的经验。另一方面，基诺族却提供了直接学习普通话和汉语文，教育发展很快的经验。这个民族解放初期的社会形态还处于原始公社末期，1956年开始办学，到1985年已普及初等教育，16～40岁的青壮年中84%受初小毕业以上的教育。在1. 2万多人口中，有初中毕业生193人，大专毕业生34人，就民族人口中大学生所占比例，远远高于省内其他少数民族的平均数。他们已做到村村有学校，班班有教室，学生人人有课桌椅，群众家家有识字人。当地经济发展迅速，群众生活显著改善。对是否创造和推广新创造的民族文字以及“双语（文）”教学中的问题，还需要在今后的实践中继续探索。

四、采取多种办法，加快提高民族地区师资水平

云南省对民族地区教师队伍的建设非常重视，用派进去和多渠道的办法充实民族师资队伍，提高教师水平。20世纪50年代初期，各级政府动员了一批又一批的青年知识分子到边疆民族地区任教。同时积极培训民族教师。1951年设立景洪师范学校，并在民族中学附设民族教师培训班。1952年，有11所民族中学共附设中师1个班，速师5个班9简师12个班。1955年，成立云南民族师范学校（1961年撤并）。要求汉族教师要学好民族语言，民族教师要提高汉语水平。“文革”以后，云南省再次把师资队伍的建设作为教育工作的战略重点，先后建立了民族师范10所，在校生5588人。为进一步加强民族地区的师资工作，从1984年起，云南师范大学和各地师范专科学校对民族地区实行定向招生。据统计，每年为民族地区输送师资近3000人。全省8个民族自治州中，大理、楚雄、文山、红河等4个州建立了师起专科学校，另有2个州成立了教育学院。民族地区的79个县都建立了教师进修学校。1986年，全省各少数民族教职工已达7.06万人，占全省教职工总数30.6万人的23.2%。1985年将35个边疆县的2万多名民办教师全都转为公办教师，与此同时，积极引进省外教师到民族地区工作，动员组织省内先进地区的教师定期到边疆地区任教，对能用民族语言进行教学的汉族教师，给予优惠的工资待遇。

30多年来，一大批优秀教师为云南的民族教育事业做出了贡献，其中有民族教师也有汉族教师。据统计，1979年，全省评选的300名模范教师、模范班主任、模范教育工作者中民族地区就有131名，1984年评选全国优秀班主任，全省入选的131名班主任中，有78人是民族地区的中、小学教师。他们为边疆教育事业的献身精神和创造的业绩，永远铭记在各族人民心中。

云南的民族教育虽然取得了很大的成绩，但还存在着经费、师资、办学模式、教育内容和教学方法等方面的问题。必须进一步把教育放在重要位置，发挥教育在振兴经济中的作用。

第二节　教育发展历史

自治县成立前，宁蒗县教育事业极其落后，自治县成立后，县委、县政府虽然重视教育事业的发展，但在相当长的一段时间内，教育仍然很落后。党的十一届三中全会后，县委、县政府在立足于县情的基础上，本着解放思想、实事求是、一切从实际出发的精神，明确提出了“狠抓基础设施建设，千方百计提高人口素质”的治县方针，把教育摆到了优先发展的战略地位，带领全县各族人民走出一条“治穷先治愚，经济开发与智力开发相结合”的发展路子。大胆探索教育改革的路子，实行高瞻远瞩、具有远见卓识的举措。举全县之力，努力改善办学条件，引入竞争激励机制，提高教师素质，挖掘教育内部潜力，推动了全县教育事业的快速发展。

山寨马帮

一、教育改革

1989年，全县中小学试行以校长负责制、教师聘任制、教职工岗位负责制和经费包干制为主要内容的教育管理体制改革。1994年，全县中小学试行以“校长负责制、结构工作制和教职工聘任制”为主要内容的“三制改革”。1996年《宁蒗彝族自治县中小学教育管理条例》的颁发，使学校内部管理体制进一步完善。实施“两基”（基本扫除青壮年文盲、基本普及九年义务教育）规划以后，2002年8月，县政府颁布了《宁蒗彝族自治县教育管理规定》，结合宁蒗实际对全县教育实行分级管理，把农村义务教育的责任从以乡（镇）为主转移到“以县为主、分级管理”的体制，撤销了乡（镇）教育办公室。由乡（镇）长直接负责管理辖区内的教育。义务上接受教育局指导，由中心学校校长负责管理本乡（镇）小学教育教学义务工作。同时在教育局设立教育系统财务中心，统一管理教育系统的教师工资、公用经费、学杂费等经费。在学校内部管理中，校长负责制、教职工聘任制和岗位目标责任制进一步完善。

二、基础教育

党的十一届三中全会以后，县委、县政府认真贯彻执行党的一系列方针政策，并结合本县实际，1983年，以超凡的远见制定了“治穷先治愚”“经济开发与智力开发相结合”的“科教兴宁”战略，加大对教育的投入，全县办学条件得到逐步改善，办学效益和社会效益明显提高。1999年，全县“普六”工作通过省政府的验收。2002年，全县各乡（镇）中心完小、县城城镇完小“普实”工作通过省级验收。截至2004年底，全县有小学校点356个，其中完小127所，教学点229个，小学在校学生29889人，适龄儿童入学率达99.5%。全县有普通中学17所，有初中班级179个，高中班级54个。全县普通中学在校学生12913人，其中初中生9642人，高中班级3271人，初中入学率为86.02%全县共有办公幼儿园2所，幼儿教育共有42个班，其中学前班有30个。在园幼儿数为1834人，其中学前班人数为1259人，幼儿入学率为12.8%。

三、职业教育与成人教育

1982年，为适应农业科技发展的需要，创办宁蒗县职业高级中学。职业中学从开办起始终坚持为农业、农村经济服务的宗旨。1992 年开始，职业学校面向农村办学，把属于农业技术的专业班直接办到乡村，相继在红旗、永宁、新营盘、跑马坪、红桥、大兴、宁利等乡镇开办了种植养殖专业班。职业学校从建校至1989 年底，先后开设学制两年或三年的林业、牧业、乡村医生、果树栽培等12 个专业，招收学员641人。 1989至

2004年，在校本部和乡下培训了农牧、农村经营、兽医、种植、养殖等专业学生700 多人。另外，为实施全县“普九”，学校从2003年开始，全县范围开办了“职初班”，截至2004 年，学生已达1000 多人，“职初班”的开办，为初中失学（辍学）生提供了再学习的机会。

宁蒗县教师职业教育的主要机构是宁蒗县教师进修学校（以下简称进修学校）进修学校的前身是宁蒗县师范学校，1979年，停止招收师范班，转办教师培训班，并将校名定为宁蒗县教师进修学校，从创办到1989年底，举办师训班17期，培训820人次。除教师学历补偿培训之外，1989至1996年，进修学校完成系统进修、复式教学、语基、中学外语、专业合格证考前辅导、骨干教师培训、代课教师培训等培训，共计2136人次。1996至1998年间，完成小学教师五项基本功的全员培训，共计1200多人次。从1998年暑假起，进修学校从事以提高中小学教师综合素质为中心的教师继续教育工作。

函授与自考的教育始于1990年，为适应科学技术日新月异的变化，宁蒗县委、县政府以及各部门都支持和提倡在职培训，分期分批，有目的、有计划地对干部职工进行职业教育或通过云南省自学考试提高学历。2002年、2003年、2004年的成人招生报名高达580人、620人、647人。宁蒗县的自学考试人数从1995年开始出现逐年递增现象，培养了一定数量的建设人才。

四、教师队伍建设

教育事业成败的关键是教师。为了建设一支数量充足、结构合理、爱岗敬业的教师队伍，宁蒗县委、县政府采取多种措施，使之得以加强。1979 年，为稳定教师队伍，将全县500名民办教师全部转为公办教师。同时，县委、县政府还制定了转户口、安排家属工作、提高工资待遇等方面的优惠政策，招聘了20 多名外地教师。这些招聘教师成为宁蒗县教师队伍的新鲜血液。带来了外地教学方面的先进经验。1988年，宁蒗县又从江苏海安县、东台县引进援宁教师30人，并创办了宁蒗县宁海中学。以后宁蒗县又采用群体引进与零星引进的形式，截至2004 年共引进外地教师146 人，他们已成为教育战线上的一支生力军。为提高教师素质和学历，还采用各种培训方式，鼓励教师参加自学考试，读函授，选派部分教师脱岗进修。截至2004年，全县教师已发展到2294人，高中教师学历合格率为80.8%，初中教师学历合格率为94%，小学教师学历合格率为89.5%。基本形成了学历合格、爱岗敬业、团结进取、乐于奉献的教师队伍。

五、经费及设施

改革开放以来，宁蒗县教育事业在各级党委、政府的亲切关怀和支持下，得到社会友人的无私援助，从学校硬件建设到软件设施等都有了很大的变化，现在县各村寨最好的房子是学校，最好的设施是学校。宁蒗县教育经费的支出在全县财政支出中所占的比例也逐年增大，最低也占全新全年财政支出的16%，最大达30%。

在校舍建设方面，除国家拨款外，群众也踊跃投资、投工、献料，全县校舍条件有所改善，1992至1995年，宁蒗县实施世界银行贷款基础教育发展项目，完成土建工程投资1221.26万元，完成48所小学、15所中学的校舍建设项目，建筑面积达37787平方米。随后又实施了国家贫困地区义务教育工程项目、西部地区农村寄宿制学校建设项目和农村中小学现代远程教育项目，1998年实施了震后恢复重建项目，截止到2003年，全县校舍建筑总面积已达230040平方米，生均建筑面积5.2平方米。其他教学设备方面，1985年以前，全县小学教学仪器几乎为零，中学只有部分零星设备，1991年起，全县教学设备投资增加，截至1996年，2所完全中学配备了一类教学仪器，15所初级中学配备了二类教学仪器，124所完小配备三类教学仪器。1996年，全县中学藏书达70959册，生均12册；小学藏书117024册，生均4册。随着形势的发展，计算机课程日益重要，全县中小学已有21所学校配置了电脑，共602台。这些硬件设施的建设，为宁蒗培养新世纪的人才打下了坚实的基础。

六、教育质量和成果

教学质量是学校的生命线，是学校教职员工赖以立身、立德、立业的根本。1984年以前，宁蒗县由于经济基础薄弱，教育事业长期在办学条件差、教师素质差、教育教学质量差的“三差”困境中徘徊。1988年西布河乡率先成为“三制”改革先锋，教学质量迅速上升，用事实证明了“三制”改革对教育的促进作用。1990年，在全县中小学全面推进“三制”改革的基础上，又将教师的奖金、职称普及与教师的工作实绩挂钩，在教育领域引入竞争机制，于是各个教师“八仙过海，各显神通”，人人都拿出看家本领，使出浑身解数，工作积极性和责任心被充分地调动起来，宁蒗县的教育事业也发生了翻天覆地的变化。1990年，中专升学考试成绩达400分以上的有70多人，中专录取线为385分。从1992年起， 连续7年中考高考高分段居丽江地区第一，甩掉了长期享受中考升学“照顾分”的帽子。1981年，宁蒗县民族中学开办高中部，进一步促进了宁蒗高中教育的快速发展，高考升学率从1995年起连续9年名列丽江地区第一，1997年还有学生考入清华大学的预科班。特别是2000年高中升学率达84.52%，创下历史最好成绩。此外，随着“普九”的实施，全县小学毕业生全部升入初中7，中考成绩稳中有升，初中教育真正做到了“在普及中提高，在提高中普及”。2004年，全县中考报考人数为2323人，高考人数达1062人，报考人数突破千人大关，上线人数突破600人，创历史新高。

在教研成果方面，取得了以下的成果：

1984年，语文双语教学实验在云南省民委、省语委和宁蒗县语委的大力支持下，摸索出了民族学生借助本民族母语学习的双语教学经验；1986年，《阿基米德定律》教案被定为云南省物理优秀教案，并获邀赴个旧市授课；1987年，“注音识字，提前读写”移植实验获得成功；1988年，“小学教学尝试教学法”移植实验及推广，提高了全县小学数学教学质量；2003年4月，“中小学研究性学习实验”课题、“杂居民族教育研究”课题、“民族学校非智力因素研究”课题，被列入云南省教育科研“十五”规划课题；2004年，“探索性学校三步法”“如何提高少数民族学生的口语交际能力”“幼儿科学汉字教学”实验等课题通过县科委的评估验收，获得县人民政府颁发的教研成果奖。

第三节 家庭教育

摩梭人的婴儿满月后，一般由祖母照料。小孩子会走路以后，就在祖母身边玩耍。五六岁以后，成年人才开始重视对儿童的教育。摩梭谚语“小罐好盛酒，小孩子最听话”，正是这一教育观念的反映。

一、家庭和社会教育

摩梭人的家庭教育体现在其生活的各个方面，既有具体的言传，也有生活中无声的传承。在摩梭人的社会生活中，母系大家庭是孩子成长的摇篮。因此大家庭中家务劳动的分工情况对孩子有着直接影响，如一般是青年妇女做饭，老年妇女喂猪养鸡、牲口则是青年男子外出放养，老年人带小孩，砍柴青年男女都做，找猪食（打猪草）则主要是青少年女子的事。农业劳动一般犁田耙田、收割庄稼青年男女都做，平土挖土、撒种

传统的房屋建筑

及田间管理主要由青年妇女做。其他社会活动内容则男的负责运输如赶马、开车、开拖拉机等，女的负责采购，男的主持节日祭祀、红白喜事及参加村里会议，男主外女主内分工明确。这种独特的生活方式中体现出来的精神，无声无息的影响和教育着每一个家庭成员。

具体的家庭教育方面，则主要体现在带小孩的老年人身上。如历史上许多60岁以上的摩梭老人虽然大致能够听懂简单的汉语，但许多不会说汉语，因此摩梭小孩在六七岁上学前，大多数都不说汉话，现在由于电视的普及和外来旅游的兴起，这一现象已经大为改观，但在少数偏僻的边远村寨还存在有人不会说汉语的现象。

在生育观念上，摩梭人虽然以生女为荣、为贵， 不重男轻女，但是重女不轻男，女婴和男婴在大家庭中同样重视，不少家庭还是希望能够有男有女。摩梭文化中这一尊崇女性，男女平等的观念及其家风深深影响着家庭孩子，影响着家庭成员的世界观、价值观、道德伦理。另外，在摩梭人的宗教、音乐、神话故事、谚语俗语等中体现了优秀的文化传统，如摩梭日常谚语“不愿离开家的孩子啊，我不怕家里穷，就怕想念妈妈”就体现出亲情教育。摩梭的家庭教育甚至已经内化到她们的日常语言之中，用表示女性的“母”来指称大的东西，而“男”则指小的东西。这种价值观体现在所有的生活之中，如房室建构也体现这一点，祖母房间是整个房子中最重要的地方之类，而非某一种教育方式可以囊括。

摩梭小孩出生后，要请喇嘛按孩子所生方位和母亲的属相取相应的神佛名，小儿初生时要先用温水洗净新生儿， 然后给孩子喂食稣油并用酥油抹全身， 气温适宜时会带孩子去晒太阳直至皮肤晒红为止， 然后再软布包起孩子， 成蜡烛包（襁褓）状。小孩1岁左右开始接受亲属关系与称谓的教育，如母亲（阿咪）、外祖母（阿依）、曾外祖母（阿斯）、舅舅和父亲（阿乌）、舅公（阿普）、姐妹和兄弟（阿姆格日）、兄或弟之配偶（阿吉）、子（若）、女（姆）、外孙（汝乌）、外孙女（汝咪）等；教婴儿学说话时，常常用摩梭语一句句慢慢重复，反复教育婴儿学说话，但不会用叠词教孩子说话；2岁的摩梭小孩已经学会运用摩梭人的日常用语，并与家人或邻居家的小伙伴进行交流；在与兄弟姐妹、小伙伴交往时逐渐学会与人合作，懂得克制、照顾弟弟妹妹、谦让、遵守游戏规则等。3岁开始跟哥哥姐姐一起采摘山上的蘑菇、房前房后的苹果、海棠（花红）；知道拿小木棍、小竹竿帮家人轰鸡、赶猪等；会自己拿勺或筷子吃饭，不再用大人喂。摩梭人对左、右手没有偏见，一般不会强迫孩子用右手做事，往往是顺其自然。2岁之后，逐渐开始进行有关生活习惯的教育，如远离火塘、公路、河流等危险，早睡早起，晚上基本上按时睡觉，会自己大小便，睡觉前上厕所，饭前饭后懂得问候，无挑食、剩饭的毛病，在规定的时间内吃完饭，学会自己穿衣、扣纽扣、穿鞋、戴帽子。到六七岁时基本上能够自己的事情自己做。

小孩常玩的玩具自制的木刀、木枪、独轮推车等；年长者也会教小孩用荞麦面捏面塑，用纸编造型，用野草、野花编花篮、花环；还有扔沙袋（砸包）、踢毽子、跳皮筋等游戏。常听的故事有：《喇嘛和老虎》《失踪的猎犬》《人和动物找神水》《青蛙和老虎赛跑》《聪明的兔子》《兔子和老虎》《兔子和青蛙赛跑》《狐狸学老虎》《泸沽湖和猪槽船的来历》《格姆女神的故事》《搓得路衣益与彩虹姐姐美》等。摩梭家庭对6岁以前的孩子很少训斥、打骂，若遇孩子不听话时一般会以哄为主，拿点吃的或玩的去转移孩子的注意力。①

在传统社会中，仪式教育一般都具有重要的教育作用，它既是家庭教育的延伸，也是社会教育的体现，并因其言传身教的具体可感性和气氛的庄重而产生一定的神圣性效果。这种仪式既在以个体家庭为主的成人礼、婚礼中体现；也在全体族群的节日中体现。根据古老的风俗，摩梭小孩自出生之后男女着装相同，都穿麻布长衫遮身，不穿裤子，到13岁才开始改变服装，男子穿上衣和裤子，女子穿上衣和裙子。服装的改变也是成人的体现，因此有一套更衣改服的仪式，也即成人礼。仪式在春节举行。除夕之夜，刚满13岁的少年，按性别分别集中在一起，吃酒喝茶，载歌载舞，迎接成年仪式的到来。农历正月初一，雄鸡报晓之后，这些少年男女分别回到自己的母系家庭，参加成年仪式。传统摩梭人在仪式前后的着装完全不同，仪式之后，男孩改穿裤子，女孩则换穿裙子，换服装的时候，要完全脱掉所有衣衫，光着身子换新衣服，据当地人讲：这样

①丁湘：《云南宁蒗县永宁乡摩梭母系家庭幼儿教育调查》，《民族教育研究》2002年第4期。

第十六章　民间传说

第一节　创世神话

一、天地初开

相传远古的时候，没有天，没有地，只有一团稀糊状的万物之胎——布柱珂。布柱孕育着万物，生长着万物。布柱不断地增大、增大……成了很大很大的混沌一片，后来又逐渐分开，生成了天，生成了地。然后，天空中出现太阳、月亮和星星；世界上就有了白天和黑夜。布柱生成了天和地一对，世间万物就有了公母成双。

天上有三条神河，地上却没有水，地母就向天公要一条河，天公只答应给一碗神河水，地母就东偷一碗。西偷一碗，终于汇成了一条河。从此，地上有了第一条河，这条河又不断生成新的河，地上就有了千千万万条河。天上有三棵神树，地上却没有树木，地母就向天公要一棵神树，天公只答应给树的一条枝丫。地母就东偷一枝丫，西偷一枝丫，一棵神树终于被她偷了下来。地上便有了第一棵。树又生树，千千万万的树木生长起来。地上没有飞禽走兽，天上下来了一只叫“托乌姆瓜瓜”的神鸟，生了许许多多飞禽走兽。

狮子山

后来，大地上有了万物之母“角瓦阿”——土水木火铁，有了万物，也有了人……一直过了很多很多年代之后，厄运来到这个世界，灾难降临了。

二、乌鸦报信

远古的时候，人和飞禽走兽能够通话。飞禽走兽懂得人说的话，人也懂得鸟兽的语言。所以，天下地上要发生什么事情，他们都能相互传信。有一个叫初志尼宇俄的人和他的兄弟正在耕地，但翻耕的土地在他们身后很快恢复如初，就像完全没有耕过一样，而尼宇俄两弟兄却浑然不知。一只乌鸦飞来，立在一根木桩上“哇、哇”地叫了两声，对尼宇俄两兄弟说道：“你们还耕地干什么？瞧瞧你们耕过的地，难道还不知道吗？灾难就要临头，过不了多久就要洪水滔天了！赶紧把牛宰掉，在离开这个世界之前，让咱们一起美餐一顿吧。”

“瘟老鸦，你在胡咒什么呀，尽说不吉利的话。”尼宇俄的弟弟骂了一声乌鸦，乌鸦等了一会儿，见尼宇俄两弟兄不理自己，便失望地飞到了一口水井边，它看见井边坐着一只金蛙，便对金蛙说“我要告诉你一个不幸的消息，或许你已经知道了，这个世界将被洪水淹没，所有生物都难逃劫难，在我死之前，我要先吃掉你的肉，要不然太值不得了。”金蛙道：“乌鸦舅舅，我已知道你要干什么了，你吃我的肉可以，不过得让我先喝点儿水，否则你会因为吃了我的肉而渴得要命。”随着话声，金蛙一纵身跳进了井底，再也没有出来。

乌鸦等了一会儿，知道上当了，只好又飞回初志尼宇俄弟兄那里叫道：“比里比子若（人子）啊，你们还是相信我的话吧，别再耕地了，灾难就要发生，你们会后悔的，听我的话，赶紧杀掉牛，吃掉牛肉，把牛皮缝成牛皮，你们坐在船里才能得救。”因尼宇俄弟不相信它的话，又骂了自己，乌鸦有心想报复一下，于是又说道：“你俩在缝制牛皮船的时候，哥哥的船要用细针穿粗线，弟弟的船要用粗针穿细线。”乌鸦见两兄弟仍然不理自己，特别失望，便飞到一棵灯草处，用草自缢了。弟兄俩见状，开始相信乌鸦的话。于是按照乌鸦的指点，杀掉了两头耕牛，用牛皮缝制了两只皮船，在船内装了不少吃的东西，并且还在船内带了一只公鸡、一只母鸡和一只猫，还有二个石锤等，做好了一切准备。

三、洪水浩劫

没过多久，灾难开始出现了。

白天，空中出现了九个太阳，万物被太阳烧得像着了火一样，一片焦灼。

夜晚出现了九个月亮，照耀着大地，像白天一样发出炽热的光，丝毫没有夜晚的凉意。

这样持续了九天九夜。接着天上下了九天九夜的血雨，九天九夜的脓雨，又下了九天九夜的暴雨，洪水暴发，山崩地裂，浊流滚滚，席卷着高山峡谷，沟壑平原，整个世界都是茫茫一片，全部被淹没在洪水之中，所有人群、动物都陷入了灭顶之灾。唯有初志尼宇俄两弟兄因坐上了牛皮船而飘荡在漫无边际的洪流中。飘呀！飘呀！不知飘了多久。突然，他们发现在遥远的地方有一棵“普亦古多孜”（撑天大树）兀立于茫茫洪水之中。两兄弟像发现了救星一样，拼命地朝着这棵大树划去，但是，由于尼宇俄弟弟的皮船是用粗针缝制的，从大的针眼里渗进了许多水，皮船越来越重，远远地落在了尼宇俄的后面。终于，尼宇俄飘到了这棵大树跟前，他带上船内的东西，迅速地往上爬去。过了好一会儿，尼宇俄弟弟才到达大树跟前。精疲力竭的尼宇俄弟非常吃力地往树上爬，洪水还在不断地往上涨，这棵撑天大树也在被洪水一节一节地往上淹没。“哥哥呀，快拉我一把，洪水已淹没到我的膝部了。”尼宇俄弟弟在下面呼救。“加把劲，我在等你”尼宇俄在上面应着。

“洪水已淹没到我的腰部了，快下来救我！”尼宇俄往下爬想救弟弟。

“快点呀，洪水已淹没到我的颈部。”尼宇俄弟弟一边呼喊，一边无力地挣扎。尼宇俄向下伸手，刚触到弟弟的手时，一股洪水袭来，卷走了尼宇俄弟弟，尼宇俄弟弟消失在汪洋之中。

尼宇俄含泪望了一会儿，便又继续往上爬，一直爬到了离树顶不远处才停下来休息。洪水已不再往上涨。

尼宇俄在树上困了七天七夜，洪水开始消退。又过了七天七夜，洪水退得差不多了，周围大雾茫，天地间朦朦胧胧，一点也看不清，于是尼宇俄从树上丢下那个石锤，试一下洪水的深浅，“咚”的一声，还有水响，洪水还未退尽。又过了三天，尼宇俄把那只母鸡丢下树，母鸡在泥浆中拍了几下翅膀，再也没有发出声音。又过了七天，尼宇俄又把那只猫从树上抛下去，猫在泥浆中挣扎了下，发出凄惨的叫声，最后就再也没有听到任何声音了。尼宇俄估计猫也死了。三天之后，云散雾尽，天地分开，现出了山川大地，晴朗的天空，红日高照，大地披上了灿烂的阳光。又过了几天，大地已经凝结干燥了，尼宇俄又把公鸡抛下树去，公鸡在地上拍了一下翅膀叫了三声，然后跳到树枝上叫了几声，又跳到地上叫了几声，便跑到远方去了。尼宇俄从公鸡的举动中知道大地已经全干，于是下了树，回到地上。

山川树木经过洪水的洗礼，已经焕然一新，恢复了原有的生机。阵阵清风吹来，尼宇俄呆立在树下，无比的凄凉，不知如何是好。

四、老猴指点

尼宇俄身上的干粮早已用尽，他感到又饥又渴，只好去啃树皮，又找了点水喝。

他坐在地上不断地唉声叹气。天下静得没有一点声音，天上没有一只飞，地上没有一只走兽，连他的那只公鸡也不知跑到哪里去了，只有他孤零零的一个人。

他只好在空旷的原野上毫无目标地走啊走，走了三天三夜。突然，他发现在很远的地方冒着一股青烟，于是就拼命地朝着冒烟的方向奔去。到了那里，发现一只老猴正坐在一堆火旁烤火。

老猴看见尼宇俄便惊奇地问道“啊！人啊，你如何能逃出这么大的灾难啊？”尼宇俄说：“唉，要不是我的牛皮船和那棵撑天大树，我早就没命啦，你呢？”“瞧，就是那座山，差点淹着顶。我是在那座山顶上的岩洞里躲过这场灾难的。”老猴指着远处那座最高的山答道。“那你又从哪里弄来的火呀？”尼宇俄又问。“前两天，空中响了个惊雷，雷电燃着了这树桩。”老猴回答。尼宇俄又对老猴说：“我饿极了，给我一点东西吃吧。”“人啊，这时候还有什么食物呀，你只有跟着我吃树根和野菜野果了。今后我吃什么你就吃什么吧，什么东西可吃？什么东西不能吃？让我来教你。”老猴说着，便拿了一些野果让尼宇俄吃。

从此，尼宇俄和老猴紧密相伴，形影不离，他们一起吃树根、树皮、野果、野菜，生活在一起，几乎分不出谁是人谁是猴了。

五、上天求偶

尼宇俄我和老猴一起混了好几年。有一天，老猴对尼宇俄说：“现在天下只有你一个人了，你总不能和我过一辈子吧。天下总不能没有人，你还是想办法传宗接代吧。这事只有请求天神来帮助你了，去吧，到天神那里，一定有办法。”尼宇俄听了老猴的话，历经艰难，终于到了天神那里，向天神诉说了天下的灾难，人间的不幸，请求天神赐给他配偶，繁衍后代。天神同情尼宇俄的不幸，答应帮他想办法解决。

天神用杨柳树干削了个木人，然后念念有词，作过法术，把这木人埋进了土里，并对尼宇俄说：“九年之后，这木人将变成一个美丽无比的女子，可做你的伴侣。”

尼宇俄不能等待，只过了九天就挖土看，木人只张了一下嘴，还未变成真人。尼宇俄又请天神帮忙，天神又用杜鹃树根削了一个木人，作法埋入土中，告诉尼宇俄七年之后才能变成真的女人，可尼宇俄又性急，只有七个月就挖开看，结果木人只伸了一下手，也未变成真人。

两次失败，尼宇俄无奈，也不愿意削木变人，请求天神将自己的女儿许配给他。天神答应将两个女儿良达美两姊妹给尼宇俄。可是尼宇俄发现良达美两姊妹只会生猴、熊、蛇、鹿、蛙等动物，却不会生人的小孩。尼宇俄苦苦哀求天神赐给一个能生人孩的女儿给他，天神不答应，尼宇俄很失望，只好又回到了老猴的身边，向老猴诉说了一切经过。老猴既同情他又责怪他，只好安慰尼宇俄另想办法。

六、仙女有情

尼宇俄和老猴又在一起生活了一段时间。一天，老猴对尼宇俄说："天神除了良达美两姊妹外还有几个女儿，她们每到初一、十五都要下凡游玩，明天是初一，不要错过时机，要在她们当中抓住一个求爱，必能成功。"

第二天，尼宇俄和老猴事先躲在天神的女儿们常玩的隐蔽处，等候仙女下凡。不一会儿，果然有五个天神的女儿飞了下来。老猴指着其中的一个对尼宇俄说："那是天神最小的女儿，叫泽翁埃基咪，几姊妹中，数她最漂亮，最能干，最会体贴人，快呀！抓到她，莫失良机。"

尼宇俄犹犹豫豫，并十分胆怯地对老猴说道："她是那么漂亮的仙女，而我这般模样，她不会要我的……""别啰唆了，勇敢些，去吧！"老猴一掌将尼宇俄推了出去，正好撞到泽翁埃基咪身上。仙女们大吃一惊，尼宇俄不顾一切死死抓住了泽翁埃基咪，其余姊妹见状，早已飞上天去了。尼宇俄紧紧抓住埃基咪向她哀求道："可怜我，可怜天下无人，请你一定和我传续人种。"埃基咪眼看她的姐姐们都已远去，自己又被尼宇俄紧抓不放，叹了一口气对尼宇俄道："我的几个姐姐都比我漂亮能干，她们每人手指头都有一门手艺，十个指头有十种手艺，干吗你不抓住她们呀！再说我的父母也不会同意这件事。我很同情你，也愿意和你在一起，天下总不能没有人啊！这样吧，让我先禀告父母，如果不同意再想别的办法。"

尼宇俄答应了，放了埃基咪。她上天向父母告诉了所发生的一切，恳求父母答应这件事，天神姆汝补都和良子美断然拒绝。埃基咪苦苦哀求，天神无奈，只好提出了几个条件，只要尼宇俄能做到，就答应这件事。因为天神心里明白，这些条件对凡人来说是不可能做到的。埃基米喜出望外，迅速从天上抛下一卷“则则克得儿”，即联结天和地的线，接尼宇俄上天求偶，应试天神。

七、天神发难

尼宇俄到了天上，就到天神姆汝补都和良子美那里，他跪在天神面前又复述了一遍天下的灾难，人类的不幸，苦苦请求将他们的女儿泽翁埃基咪嫁给他。天神对尼宇俄说：“我的女儿乃是仙女，怎能给凡人！以前我为你想了办法，你却不按我的旨意行事，辜负了我的一片美意。如今你还要到我这里来找我的女儿，赶快走吧，否则我叫你没好受的。”

站在一旁的埃基咪眼看天神变卦，心里着急，使一头跪了下来，哀求道：“您们金口玉言，已亲口答应我和尼宇俄的事，现在又变卦，苍天之主怎能口出戏言，没个准儿呢？今若不依，我将绝命！”

天神见女儿对尼宇俄这般情真意切，问得他哑口无言，只好对尼宇俄说：“我可以答应你们，但你尼宇俄必须答应我的条件，做得到我同意你们，做不到，休怪我不客气。明天，你必须从母虎身上取得半杯虎奶献给我们，否则不要来见我！”

尼宇俄心想，这不是送我人虎口吗？不禁打了个寒战，但只好先答应后作计较。尼宇俄苦思冥想，仍然无计可施，便悄悄去找埃基咪想办法。埃基咪指着一座山对尼宇俄说：“那座山南面有个虎窝，里面有一只母虎和两个虎崽，在母虎出去觅食的时候，你把那两只虎崽杀掉，剥下虎皮穿在身上，佯装虎崽，在它喂奶的时候你就可以挤下虎奶了。”

尼宇俄依计而行，取得虎奶，献给了天神。天神见没有难到尼宇俄，便又施出一计，要尼宇俄第二天从狮子身上取回狮奶献给他们。尼宇俄仍然在埃基咪的指点下，取回了狮奶，献给了天神。

武士

天神见仍难不倒尼

宇俄，便又施出第三计故意刁难，要尼宇俄在一天之内砍伐完九座山上的所有树木，并在一天之内烧完后开垦出来，在一天之内将开垦出来的九座山全部播种完。这些都在埃基咪的暗中帮助下一一完成。

天神又要尼宇俄在一天之内将所有荞麦收获完毕，颗粒不能少。这些同样在埃基咪的帮助下完成了。可是天神发现他的荞子差三粒，逼着尼宇俄找回来。埃基咪暗示尼宇俄把房后树上的那只斑鸠用箭射下来。果然，那三粒荞子在斑鸠的胃里。天神和良子美无法难到尼宇俄，心想尼宇俄真有这等本事，女儿要嫁给他也并非不可，内心里已经同意了这件事，但埃基咪的母亲良子美却提出了最后一个条件，要尼宇俄向天神磕头千千次，下跪百百次，用尼宇俄的双脚做彩礼，做不到这点就不同意把女儿嫁给尼宇俄。但尼宇俄并不知道良子美所言之意，只答应了磕头和下跪的条件，却不愿意用双脚做彩礼，良子美也就没有答应。

尼于俄气得半天说不出话来，但又无可奈何，只好又到埃基咪那里，向她复述了良子美的条件，并说道："前两个条件对我来说一点儿也不难，可要我的双脚做彩礼，这怎么行呢？没有脚我还有什么用？"

"你呀，太笨了，连这都不明白？那是母亲已答应我们了。磕头千千次，下跪百百次是要你有孝心，用双脚做彩礼是要你用辛勤的劳动获取丰收来报答他们。"

尼宇俄恍然大悟，又到良子美那里答应了所有条件，终于，尼宇俄和埃基咪得到了天神和良子美的恩准，天神最后对尼宇俄道："我女儿本不应该配给凡人，但念天下人种绝迹，为了繁衍后人，我只好答应你们，并赐给你们天下各类物种，希望你们恩恩爱爱，莫负我之所望。"尼宇俄和埃基咪如愿以偿，高高兴兴地叩谢了天神。

八、天神赐种

劫难后的天下，所有动物、粮食都已绝迹，百废待兴。天神顾念天下，在女儿许配给尼宇俄之后，又在尼宇俄和埃基咪离开天府之前，赐予他们许多天下需要的物种，有飞禽走兽，六畜五谷等。凡是所赐的动物，一公一母，各从其类，但是没有给马种。马是由蛋孵出的。埃基咪就偷了一个马蛋藏在她的头发后的发结中。粮种有稗子、青稞、大麦、小麦、麻子、燕麦、荞麦等，但天神拒绝给谷种和圆根（蔓菁）种，埃基咪就请飞禽把谷种偷下来，同时将圆根种藏在指甲缝中，偷了出来。尼宇俄和埃基咪浑身上下都带满了粮种，唯燕麦种无处可放，只好把它放在阴毛里带回，所以，摩梭人至今不用燕麦敬神。

埃基眯和尼宇俄带着天神赐给的种子，离开了天府回到凡间，开始了艰难的新生活。

九、刀耕火种

埃基咪和尼宇俄找了一个宽敞的洞穴作为他们的家，安顿后住了下来，所有禽兽家畜都放在旷野之中，任其生活和发展。

过了几天，埃基咪交了一把斧头给尼宇俄说："从现在起咱们应该开荒种地了。但这里只有大森林，没有一块可耕的空地，明天开始你就用这把斧头砍伐这九座山头的森林，然后咱们开垦出来好种庄稼。一切家务由我承担，你去砍伐吧。"

尼宇俄开始去砍伐，埃基咪把家中料理得整整洁洁，又从山上采集了许多可食的野果野菜，还有了许多火草，巧妙地剥下白茸茸的外皮切成线，掺杂在柔软的树皮内，织成野草树皮衣，穿着十分暖和。

尼宇俄面对高大的林木，一棵大树砍了三天，但好像只动了树皮一样，回到家里有点为难地对埃基咪说："树木太大，我砍了三天也只砍下一棵树的一个缺口，这样下去不知要多久才能砍完这片树林。"

埃基咪要他继续砍伐。尼宇俄花了三九二十七天才把这棵树砍倒，他感到心灰意冷，便对埃基咪说："苦死我了，三十天才砍倒一棵树，这么多树木砍一辈子也砍不完，我已受不了啦，咱们分手吧，你还是回到你的天上，去享你的清福吧！"埃基咪责备他这般没志气，懒惰又经不住磨炼，经过一番劝说后，要尼宇俄继续砍伐三棵松树。

尼宇俄又用了一十五天时间砍伐了三棵松树，之后便又对埃基咪说："我已按你的要求砍倒了三棵树，现在你得想办法了，否则我已无能为力。"

埃基咪拿了九把斧头对尼宇俄说："好吧，现在你得三天之内将这九把斧头磨得锋利。"尼宇俄依着办了。埃基咪又对尼宇俄道："今晚星辰出来时，你在九个山头上每个山头放上一把斧头，明晨收回。"尼宇俄依计而行。

埃基咪念经作法，第二天清晨尼宇俄去收斧头时，发现九个山头的森林全被砍倒了，尼宇俄见状十分高兴，信心也大了。接着埃基咪对尼宇俄说："树木虽被砍伐，但不把它烧掉怎能种庄稼呢？你现在要用火把这些树木烧掉才是。"

尼于俄引火烧了三天，每天只烧了一棵树，又有点失去信心，回家对埃基咪说："我用火烧了三天还没有把三棵树烧完，这么多树何时才能烧完呢？真难呀！"

"你别急，先准备九把松明火把，太阳出来时，你在这九个山头上各放一把松明火把，然后你站在山头上，吹上三声哨，哨声引风吹，风助火燃烧，急忙往回走，不许回头看。”埃基咪蛮有把握地告诉尼宇俄。

尼宇俄依照埃基咪的话去做了，当他站在山头上吹过三声哨，大风顿起，引燃了九个山头上的树木，耳后响起了噼里啪啦的燃烧声，烟雾弥漫了九个山头。第二天，尼宇俄到山头上一看，九个山头所有树木燃为灰烬。

接下来埃基咪交了一些青稞、荞麦等种子给尼宇俄要他去播种。尼宇俄把这些种子撒在那些燃烧过的山头上，没过几天，所有撒下去的种子有的被鸟琢，有的被虫蚀，有的被野兽吃了，气得埃基咪不知如何是好，只好重新教尼宇俄播种。

埃基咪做了几个大木锄，放在烧过的山头上，经过念经做法，一夜之间土地全被翻耕，然后在高坡上种上荞麦、燕麦、青稞、蔓青等并盖上土，引来泉水，在低洼处种上稗子、稻谷。地的周围都置以围栏和弩弓以防禽兽偷食，辛勤的劳动获得了丰硕的成果。到了收获季节，那长长的麦穗稻穗如同狐狸的尾巴一般，粮食颗粒如硕果一样，又大又多，那盆口一样大的蔓青，又甜又香，既可做粮又可当菜。一年种下来的作物足够享用好几年。几年下来粮食堆积如山。

后来有一次，天神下凡视察尼宇俄和女儿埃基咪在凡间的情况，当他发现天下的粮食比天上的还要好，而且还有不少他没有赐种的粮和其他东西时，断定尼宇俄和埃基咪偷了天上不少物种，同时他还发现了从马蛋中孵出不久的小马儿，也是他所没有赐予的，天神不能容忍地上的比天上的还好，于是作法并赌咒道：“我要让所有粮食颗粒变小，庄稼草多粮少，一年的收获不够吃一年。让蔓青看来殷实，拿着沉甸甸的，煮起来却变成水。”以后事情就成了现在这个样子。

天神又让牦牛去欺负小马，小马孤立无援，只好到埃基咪和尼宇俄处闹别扭，要求把它送回天上。埃基咪如哄小孩一样哄小马，并许愿用牦牛皮给马垫背，用牦牛尾巴装饰马头，以后摩梭人马帮带头的前两匹马头上都带有牦牛尾巴的装饰，所有马背都垫上了牦牛皮。

十、上天求药

转眼几十年过去，尼宇俄和埃基咪的第一个孩子已经13岁，但还不会说话，而且身上长了许多毒疮，病情十分严重。埃基咪想了许多办法来解救也无济于事，于是她请乌鸦上天偷药，但因乌鸦多嘴，泄露了秘密，被天府发现后泼上一身污，乌鸦全身漆黑，没法偷回药。

接着埃基咪又请燕子去偷，结果也因不慎而泄露机密，被天神砍坏了鼻子。

后来又请兔子去偷，由于兔子乱蹦乱跳，也被天神发现后砍豁了兔子的嘴巴，并砍掉了兔子的一节尾巴。

偷药不成，孩子病情越来越严重，埃基咪只好叫尼宇俄上天求药，尼宇俄向天神和良子美报告了孩子的病情，请求赐给药物救救孩子。天神不愿再让女儿埃基咪在凡间受苦，欲招回天府，只有在埃基咪回天府后才答应给药。尼宇俄下跪七天七夜，苦苦哀求，天神见他们感情忠贞不渝，便动了怜悯之心，答应给他们治疮、解哑的药物，同时又教尼宇俄如何祀天、地、山、水、日月星辰以及如何降魔驱邪之类的法术，尼宇俄和埃基咪终于用这些方法治好了孩子的病。

十一、茹毛饮血

若干年过去了，埃基咪和尼宇俄已经从他们过去住的岩洞里搬进了木杆架立的房屋，头上盖着木板也有杂草树叶，住房远比昔日好多了。

天神也想下凡再视察一下他们的变化，便来到了尼宇俄和埃基咪家里。埃基咪端出了半生不熟、血肉模糊的烧烤兽肉和鱼肉请天神就餐，天神见此情景十分感叹地对女儿埃基咪道："你本是天神仙女，在天上美味佳肴，无忧无虑，有享不完的天堂之福，却偏偏到凡间穿麻披皮，含辛茹苦，茹毛饮血，有肉有鱼却是这般吃法，看来你命当如此。难道你就不知道学点儿天上的好习惯在这里用吗？"天神说罢，拂袖而去。

聪慧的埃基咪经过天神的一番数落之后，自觉有些道理，便慢慢地改变了原有的那些习惯，吃食上逐渐从生食或半生不熟改为熟食？粮食用石头磨成细面煮着吃。

十二、众兽封王

埃基咪从天上带回来的物种，经过多年已得到迅猛的发展，尤其是成千上万的飞禽走兽，如虎、狮、豹、熊、野猪、鹿、獐、鹰、雁、鸭、獭……比比皆是，满山遍野，你追我逐，自由自在地生活着。它们时而聚集在一起，时而又相互争斗残杀，弱者成了强者的猎物。

它们之间又经常争论谁来当王的问题，飞禽说它们能高飞，应当做王。

走兽说它们凶猛无比，任何东西都斗不过它们，应当做王。

鱼说它能潜水，王应当是它。

蛇、爬虫说它们能钻洞，认为自己应当做王……它们都以自己的优势来比对方的不足，以此争王，争执不休，闹得不可开交。

为了避免它们之间的争战，相互间有个制约，埃基咪把禽兽间争王的事情报告了天神，要求天神给禽兽封王，天神答应了，想只封一个王了事。埃基咪觉得这样做不妥，便对天神说："它们当中各有各的本领，您只封一个王，怕各类之间不服。不如按不同种类，每种类各封一个王。"天神觉得有理，便应允了。于是就召集了所有天下动物，以类相分，进行比赛，强者为王。

老虎在所有走兽中，凶猛无比，一纵千步，被封为走兽之王。

雄鹰能高高飞翔，勇猛精悍，成了飞禽之王。

蛇能钻洞攀枝，并能潜水机灵异常，被封为虫蚁、老鼠、壁虎等类之王。

水獭被封为鱼、虾、蛙等之王。

……

天神对禽兽虫鱼等各类封王之后，又宣布："各类之间，以后不得争战和侵犯，所有动物，以类相聚，各类之间要订盟约，不得残杀，有违令者，将以疾风骤雨和熊熊烈火惩治。"

各类动物之王就这样定了，所有动物，按照天神的安排，各从其类，回到各自的天地。

十三、儿女分族

始祖尼宇俄和始祖母埃基咪一共生养了三个儿子和三个女儿，一个个都已长大成人。

埃基咪教孩子们如何狩猎、耕种、放牧、织麻布、毛布、做兽皮衣等。

她让每个儿支的每个指头上都掌握一套本领，儿女们一个个聪颖过人，一学便会。家里十分团结和睦、幸福美满。

儿女们长大了，可天下只有他们一家人，怎样繁殖后代呢？埃基咪苦思冥想，只好把儿子与母猿相配？女儿与公猿相配（另一种说法是埃基咪让他们兄弟姊妹间相互配偶），繁衍了许许多多儿孙并让其各居一方，自成一族。

埃基咪还作了很多规定，她对儿女们说："大儿大女取名为'罕'，你们生时住土屋，死后用土葬，将来你们的儿孙就像树叶一样的多；二儿二女取名为'俄祖'，生时住帐篷，死后天葬，将来你们的儿女就像树枝一样的茂；三儿三女取名为'纳'，生时住木屋，死后用火葬，将来你们的后代就会像天上的星星一样繁。"

从此，儿女们被分成了三个种族，老大老二各占一方，老三与始祖同住，他们按照母亲订立的规矩，遵循各自的习惯。

十四、人犬换寿

一天晚上，埃基咪做了一个梦，梦中天神对她说："世间万物有生有灭，总得有个寿数，明晚半夜我要给所有动物规定寿数，谁能在我呼喊岁数时应声，谁将获得相应的岁数，这是天机，不可泄露，切记！切记！"

第二天早晨，埃基咪把梦中之事悄悄告诉了尼宇俄，并盼咐尼宇俄于万不要错过良机，争取让凡人获得高寿。

当晚半夜时分，天神开始赐寿，首先，天神呼喊了1000岁，机警的雁叫了一声，获得了1000岁；呼100岁时，野鸭应了一声，获得了100岁；呼喊60岁时，狗应了一声，得了60岁数；当天神呼喊13岁时，睡得很沉的尼宇俄才醒来，应了一声，人只得了13岁寿数。尼宇俄十分懊悔，埃基咪也责怪尼宇俄如此不争气，关键时刻沉睡不醒，只好让尼宇俄到天神那里说情，苦苦哀求天神改变人的寿数，重新赐给高寿数，天神没有答应，尼宇俄垂头丧气地回到家里。

一天，尼宇俄和一只狗在一起，都要到一个必须去的地方。走着，走着，前面一条河拦住了去路，尼宇俄涉水而过，狗却无法过去。急得狗团团转，只好求助于尼宇俄，尼宇俄就和狗讲条件，如果狗答应与人调换寿数，尼宇俄就答应把狗背过河，狗无可奈何，只好答应，但狗又提出条件：人必须照顾和饲养狗，人吃什么也要让狗吃什么，逢年过节对狗要优待，平时不得用扫帚打狗，用脚踢狗，狗死后要给狗一套麻布衣服、一个碗、一团饭和一块肉。尼宇俄一一答应，他们之间讲好条件，便报告了天神，得到恩准。这样，狗的六十岁寿数就调换给人，人的13岁寿数换给了狗。摩梭人男女少年到了13岁便要举行成人礼，以此纪念人与狗调换寿数。

十五、同居仪式

许多年之后，埃基咪和尼宇俄开创的大业在天神的帮助下，有了蓬勃的发展，人丁不断地兴旺，大地上充满了生机。郁郁葱葱的花草树木，到处飘荡着野花的芳香，潺潺流水，蜿蜒而过，滋润着大地，水中有许多鱼虾和各种水草，鸟儿飞、昆虫鸣，走兽在密林中欢跳，绿茵茵、金灿灿的庄稼，牛羊遍地，家禽满院，到处是一片乐融融的景象。始祖和始祖母面对他们亲手创造出来的美好乐园，乐在心头，喜在眉梢。但是，始祖母埃基咪还有一桩心事还没有了却。

一天，她对尼于俄说："尼宇俄呀尼宇俄，如今天下兴旺，万物昌盛，实现了我们当初的意愿。但你可知道，我和你来到这世间，我们至今还没有举行仪式，现在我们需要补上，这一仪式就叫仕补突礼，只有举行了这一仪式才算真正的伴侣，生前死后都会在一起，否则生前虽然恩恩爱爱，死后却不能团圆。这样就算不上真正的伴侣了。"

说毕，埃基咪开始主持仕补突礼。她首先取了两张羊毛毡，一黑一白，表示着天上有月亮和太阳，世间有阴阳和男女，铺在堂屋下火铺的两侧，黑色的一张铺在右侧，埃基咪就坐在其上；白色的铺在左侧，尼宇俄就坐在其上。堂屋正中一侧的一根大柱脚旁，置了一坛苏里玛酒，坛的周围插着松枝叶，坛中由内插了一根打通节的弯竹吸管。

然后埃基咪叫尼宇俄牵上一只白色的公绵羊到堂屋中心，作为他们的证人。埃基咪站在苏里玛酒坛旁边，面对火铺神念念有词。她赞颂了天神的恩赐，讴歌了艰难的创世经过，祝愿着美好的未来，又对着苏里玛酒坛陈述了酒的发明，如何采集野花草根制作酒药，五谷杂粮酿上白酒，又叙述了不同粮食酿制的苏里玛酒出现的不同颜色以及酒的作用等，最后对着公羊说：

"你是我们仪式的见证者，今天我要开酒杀羊祭神，你要用你的鲜血和生命来证明我们终生相伴……"

接着埃基咪还念了许多如何恩爱，男人如何狩猎耕种，女人如何当家织布的经，念毕杀掉了公羊，祭过神便一起喝了羊血酒，合吃了羊的心脏，公羊的睾丸两人各吃了一个，这样表示着永结同心，这张白色的公羊皮就披在埃基咪身上，永远相伴，不可丢失。

礼毕，埃基咪深沉地对尼宇俄说道："为人莫饮晨时酒，头重眼皮沉，昏昏醉到晚。莫找两个伴，时时生烦恼，左右难逢源。为事须要瞻前顾后，要有远虑，不能只顾眼前，打猎靠的是好猎手和猎犬，幸福靠的是智慧和勤劳……"

第二节　创世纪——锉治路一茸

很古很古的时候，有一户摩梭人家，只有弟兄三人。他们每天赶着牛下田犁地，可是发生了很奇怪的事情。他们白天犁的地，一到晚上就翻平复原了，好像就没有犁过的一样。

一天，他们赶着牛去犁地时，老二看见有只青蛙在翻他们犁过的地，就惊奇地告诉兄弟俩："哎，你们看，那只青蛙在翻我们的地，原来就是这只青蛙作的怪。"

话音刚落，老大就大声叫道："这个狗杂种今天终于被看到了，就把它打死算了。"

老三接着说："两位哥哥，不能把它打死，还是饶了它吧，也许留着它有用。"

接着弟兄三人跑到青蛙旁边，奇怪，青蛙竟对他们说话了："我劝你们弟兄三人，地不必再犁了，很快就要暴发洪水了，赶快去躲躲，否则你们的性命就难保了。洪水将会把你们淹死的，还是赶快去躲一躲吧！"

老三听了青蛙说的话，心里非常着急，就向青蛙求救说："尊敬的青蛙，天下有没有藏身的地方，怎么办才能躲过洪水，望你救救我们弟兄三人的命吧。"

青蛙说："藏身保命只有一个办法，我看把你们的牛杀了，把牛皮缝成口袋，你们三人就到"谱拉啊谱"（世上最高的一棵树）那棵大树上去躲。到了那棵树上，老大就坐在树根，老二坐在树腰。"青蛙把老三叫到旁边，赠送了三件东西：一个石锤，一条小狗儿，一

祭山神

只小公鸡，然后小声对老三说："你到那棵树上后，就钻进牛皮口袋里，在树尖拴紧。洪水暴发后如淹到树尖，牛皮口袋会把你浮到岸上。洪水如淹不到树尖，你要观察水情时，就用那三件东西。首先将石锤丢下去，有水的响声你就不能下来；第二把公鸡放下去，公鸡在下面叫了，那说明洪水已经退去；第三把小狗放下去，如小狗在下面汪汪地叫了，你就用小刀把牛皮口袋割开，这样你的性命就会保得住了。"

老三听了青蛙的指教，随同两个哥哥就到谱拉啊谱大树上去了。那以后，照青蛙的吩咐，老大在树根，老二在树腰，老三就在树尖钻进牛皮口袋，各自等待着洪水的暴发。

第二天，乌云滚滚暴风呼啸，山崩地裂，洪水暴发了。洪水像猛虎般一步一步地往上涌，老二担心地问老大："哥哥，洪水到什么地方了？"老大答道："已经淹到我的脚尖了。"

过了一会，老二又问老大："现在到什么地方了？"这时大哥已被水淹死了，连喊几声也没有答应。在树尖的老三，钻在牛皮口袋里，下面的情况一无所知，就想知道个究竟，就问老二："二哥，二哥，水到什么地方了？"老二吞吞吐吐地答道："水、水已经淹到我的腰杆了。"叫着叫着就没有声音了。最后余下老三一人，他在树尖上心急如焚，等待着洪水淹死他。

可是等啊等，等了不知多长时间，水都没有淹到他那里。他想起了青蛙教他的那三件事，照着青蛙教的那样，首先把那个石锤丢下去，没听见水的响声；又把那只公鸡放下去，听见公鸡也在叫了；再把狗儿放下去，狗儿也汪汪地叫起来了。这时老三放心大胆地用小刀把牛皮口袋割开钻出来观望，只看见洪水淹过的山林披上了厚厚的黄泥巴，除此之外什么东西也没有了。天下的人都被洪水淹死了，只有孤孤单单的他一人站在高山上。

他东奔西跑到处找伴也没有找到。他不停地跑了很多路程，在一个岩洞里找到了一个名叫阿把着的白胡子老人。这个老人见一个小伙子急急忙忙地走来，就问："你为何到这么远的地方来，叫什么名字？"

老三恭敬地对老人说道："我名叫锉治路一茸，天下洪水滔天，淹没了一切，只剩下我一个。我生活没有伴，有事无处商量。我东奔西跑到处找可没有找到一个人，不觉跑到这里来了。老爷爷，您是？"

那个白胡子老爷爷哈哈哈地笑着说："我？你不必问了。因洪水滔天淹没了一切，只剩你一个孤孤单单的小鬼，这太可怜了。我给你造人做伴，但你要等七年。"

锉治路一茸一听，感到七年时间太长了，就说："老爷爷，七年我等不了啦！"

老爷爷又说："那就等七个月吧，我用杜鹃木做人给你做伴，我用山茶木做人给你做伴。"

锉治路一茸答应等七个月。白胡子老爷爷就用杜鹃木和山茶木做成两个人的模型，埋在土里，对锉治路一茸说："你不到七个月的时间不能取出来，等到七个月后你就有伴了。"说完老爷爷不见了。

锉治路一茸等啊等，因性子太急，没到七个月的时间，就把白胡子老爷爷埋在土里的木人挖了出来。锉治路一茸和两个木人说话时，由于时间不到就被挖出来，杜鹃木人只会向他弯一下腰，山茶木人只会向他招一招手，不会说话也不会走路。锉治路一茸眼看事情不成，就准备去找老爷爷为他指路，到天上去找仙女做媳妇。正要去找时，白胡子老爷爷来了。他见老爷爷来了，就对他说："老爷爷，真对不起，您给我做的人，由于时间不到我把它取了出来，因此不能说话也不能走路，只会弯弯腰招招手，做不成伴了。我准备到天王那里去找人，请老爷爷给予帮忙。"

白胡子老爷爷说："你到天上去可以，但有件事情要你做，如做不到天上就去不成啦。"

锉治路一茸问："老爷爷，是什么事，我愿意去做。"

老爷爷手指向很远的一座山脚下说："在那个大山脚下有两头牦牛正打架，一条是白的，一条是黑的。你去把黑的那条打死，回来你就可以到天上去了。"老爷爷递给他一把弩箭就走了。

锉治路一茸带着箭来到山脚时，果然有两头牛毛牛在打架，颜色和老爷爷说的一样，一条是黑的，一条是白的。他举起弩射了黑格牛一箭，就把它射死了。这时高山上只听见欢声笑语，山沟里只听见哭叫声。他返回到老爷爷那里，把打死黑格牛后山上发生的事告诉了老爷爷，老爷爷笑着说："小鬼，你做得对，今天你可以到天上去了。刚才你打死的那条黑牦牛是妖怪，白牛毛牛是神仙。哭叫的是满沟妖怪，欢歌笑语的是天下的好人。现在我给你这件'吉子克都路'，你骑着它想到哪里就会到哪里了。"

锉治路一茸高兴地接过吉子克都路，就和老爷爷告别到天上去了。他骑着吉子克都路，不知走了多长时间，在一个傍晚到了天上。他在一口泉水边的小路上歇下来，横睡在路上。这时天王家的一个妇女背着木桶来背水了，走到旁边时看着有个人睡在路上挡住了去路，就说："喂，兄弟请让路。"锉治路一茸就说："请你往我身上过吧。"那个妇女只好绕道而过，到泉边装满了一桶水。旁边没有台阶，那个妇女就请锉治路一茸帮忙抬水。锉治路一茸趁抬水之便，就把一只手镯放进水桶里。那个妇女到家往水缸倒水时，桶里的响声被天王的大姑娘彩红吉增米听见了，就问："你水桶里响的是什么东西？"

那位妇女说："没有什么呀！"彩红吉增米亲自去水桶里看，桶里有一只手镯。她惊奇地问道："你从哪里搞来的？"

那个妇女说："我家的泉边有个人，我请他抬水，不知是否是他放的？"

彩红吉增米听说有个人在泉边，感到很奇怪，就叫来两个妹妹（大妹叫母米年助梅，二妹叫母米年扎梅），到泉边看那个远道而来的客人。她们到了泉边，问锉治路一茸："你为何原因到此来，叫什么名字？"

锉治路一茸说："我名叫锉治路一茸，天下洪水滔天，所有的人都被淹死了，只剩下我一人。我有事无处商量，生活没有伴，只好到这里跟天王求亲来了。请三位姐姐告诉你们父亲，看他是否答应见我。"

天王的三个姑娘叫他等在泉边，她们回家告诉天王。天王听后同意见他，并说："让他见的时候，我的窗帘慢慢拉开，如突然叫他见我会吓死他的。"三个姑娘就去请他见天王，到了天王的门前时，慢慢地打开了窗帘。可是事情相反，天王一见锉治路一茸就从宝座上倒了下来。这时天王非常惊讶，心里想，这个人非同一般人物，就用各种办法考问起来。

天王问锉治路一茸："天下洪水遭殃，人被洪水淹死了，只剩下你一人，您来向我求亲，带些什么宝贵的彩礼来了么？"

锉治路一茸知道自己一无所有，就故意哄天王说："我有数万条肥壮的牛羊，可我单身一人，无法赶来；我有数千条肥壮的骑马，可路途遥远无法拉来。我的金银堆成山，可就像河沙一样笨重无法背来；只好带来这个篮子做彩礼，请天王收下。"

锉治路一茸把篮子递上去，天王收下后说："你来求亲可以，但是你要做几件事情。"

锉治路一茸接着问："大王，是哪几件事？"

天王说："你用3升荞子种出22种荞子，用2升花荞种出25担花荞荞，一颗都不能少。"

天王拿给锉治路一茸一把柴刀，指着很大的一片山林说："你把那几片山的树子砍完。"

锉治路一茸带上柴刀去砍啊砍，一天只砍了一棵树。第二天、第三天同样每天只砍了一棵树。锉治路一茸一想这样大的山林，哪天才砍得完，便自言自语地说："娶不到媳妇算了，我用歌声做伴，跳舞过日子。"上柴刀就回来了。这事被天王的大姑娘彩红吉增米知道了，因为她很喜欢锉治路一茸，看他泄气了就来帮助他，想办法出主意。她对锉治路一茸说："我来给你想办法，明天你带这九把柴刀到山上，砍在九个山头上。然后你站在山尖上大声说：'拿出蚂蚁搬土力，蝴蝶远飞劲，九刀一齐砍，九片一齐倒。'这样一天就会砍完了。"并随手拿给他九把柴刀。

第二天，锉治路一茸照她的吩咐做，九把柴刀砍在九个山头上，并说起那几句话，刚说完树子全部倒下去了。他就回来告诉天王，树子已砍完。

天王又叫锉治路一茸去烧荒，把倒下的树子全部烧完，并给他一把火镰。锉治路一茸天一亮带上火镰就去烧荒，他烧啊烧，一天只烧完一棵。他又想、那么多的树子到哪天才能烧得完，还是不要媳妇也算了。这时彩红吉增米又来指教了，她说："明天你用九把火放在九个山头上，然后站在山头大声说：'风王放风来，九片一齐吹，九沟一齐燃。'这样你一天就可以烧完了。"

锉治路一茸按照她的指教，带九把火放在九个山头上，并说起那三句话。突然间风声呼啸，大风吹得火舌向四处引火，没有多长时间就把山上的树子全烧完了。他回家向天王说："山已经烧完了。"天王点了点头，又说："明天，你把今天烧完的山林全部挖出来种上荞子和花荞，用3升荞子种出33担荞子，用2升花荞种出25 担花荞，一颗也不能少。"天王拿给锉治路一茸1把挖锄、3升荞子、2升花荞。锉治路一茸想。这件事只有去求彩红吉增米才能解决问题，便去找她。在彩红吉增米的帮助下，他顺利地挖完地种上了荞子和花荞。隔了几天时间就去收，收来的荞子和花荞33担差半碗， 25担差半碗，交去时，天王问："为什么差一碗？"锐治路一茸无法说清，就去问彩红吉增米。她教锉治路一茸说："被鸽子吃掉了。"他就去对天王说："被野鸽吃掉了。"

天王说把野鸽打回来看一看。他只好去准备弓箭，第一天上山找木弓，第二天到麻地找弓弦，第三天去竹林拣箭，弓箭准备好了。有一天，彩红古增米把他喊来坐在她织布架旁，打院坝里的鸽子。锉治路一茸瞄啊瞄，心像打鼓似的跳动。彩红古增米看他不敢打，就用手拐撞了他的手肘，把箭射了出去，刚好打着一只鸽子。带回到天王面前杀了，肚里的养子和花荞刚好有一小碗。

天王看后又拿出另一种考法，他说："你给我扛回来一根水柱。"锉治路一茸一听，要一根水柱，往哪里去找呢？他急得直抓后脑勺。彩红吉增米看他急得不像样，就丢给他一个眼色，意思是说有办法。他看彩红吉增米有办法，心也就不急了。后来彩红

第三节　泸沽湖和猪槽船的来历

从前，有个聪明善良的摩梭小伙子，叫农布。他和一个赶马人出远门，那个赶马人把他的金银财物骗走跑掉了，只留下一个很大很大的荞粑粑给他。可是不小心，荞粑粑滚向大山沟去了。农布就顺着荞粑粑滚的方向去，把树桩上沾着的粑粑一点一点地捡起来，一直到深沟底才找到了荞粑粑。他两手紧紧捧着荞粑粑爬呀爬，不知过了多少个山沟，眼看太阳快要落山，还没有爬到山顶。

太阳落山了，山里的雀鸟也在找窝归宿。农布急得心像烧了一把烈火，这时他的眼前有些怪物的影子在晃动，吓得他将头埋进了两脚间，两手蒙着脸，放声大哭起来。

农布正哭得伤心时，飞来了一只乌鸦，栖在大树上，对农布说："呀！呀！你是不是比次若？"农布听见乌鸦对自己说话又惊又喜。惊的是，是不是鬼在跟自己说话；喜的是，在这黑森森的山林里还有人对他说话。正在惊慌中乌鸦又开口了："呀！呀！你是不是比次若？"这时农布听清了乌鸦真的是在对自己说话，便不由自主地朝乌鸦磕起头来，嘴里不停地说：

"是，是。"乌鸦又说："你要是比次若就不能随便来这大山上。一到晚上，各种动物就会来这里集中开会，要是你在这里过夜，那还不够它们分吃了。但今天已经很晚了，我给你想个办法。今晚我栖在这棵大树上，你爬到我下面一节的树杈上来，用腰带把身子捆在树上，你就不会掉下去了。"农布听了乌鸦的话，立即爬到树上来，照乌鸦所说的那样把身子紧紧拴在大树上。

天全黑了，乌鸦说的一点不假，一时间，各种动物前前后后来到这棵大树下。等齐后，它们就开始开会了。动物群中先出来发言的是狐狸，接着跳出一只豹子，它说说起比次若真是笨得无法形容，今天我串了好些地方，有个地方吃水相当困难，比次若吃水要到离家三四天路程远的地方去背，真是累死他们了，要是他们像我这样聪明就好了。他们的村子旁边就有一个大龙洞，只不过是一块大石板盖住了洞口水流不出来。如果把它搬开，那个地方就会成为大海，不仅比次若有水饮用，连困地都会有水灌溉，他们那地方就会成为鱼米之乡。这里野兽们七嘴八舌讲了一夜，说出了不少好事，天一亮它们就一一散去了。

坐在树上的农布却把野兽们讲的话听得一清二楚，等它们都走完了，就从树上慢慢下来，去寻找能出水的那个龙洞。农布走呀走，一直沿着山间小道顺着溪水流的方向走去，不知不觉来到了那个吃水回难的地方。他离村庄还有一杆烟路程时，在一个陡坡上遇见了许多背水的妇女。这时农布来到岔路口，装成要饭的人，横睡在路中间，假装非常口渴的样子。

第一个姑娘背着水从农布身边过时，她很冷淡地看了一眼，绕道走了。第二个背水的姑娘又来了，这时农布向她说道："阿妹，麻烦你给我一碗冷水喝。"那个姑娘听后非常生气地说："哼！要水，我背好几天才背来的，知道吗？你倒是想得便宜！对不起，请让路！"还没有等农布让开，她就越过了农布的身子走了，嘴里还不停地咕咕哝哝。正在这时，第三个姑娘背着满满的一桶水也来到农布的身边，只见她累得头发根上都冒着豆大的汗珠。但她见有人睡在路上，就不敢过去，很和气地叫他让路。农布看见一个说话和蔼可亲而又美丽的姑娘跟自己说话，也客气地说："哎呀！阿妹，我今天要渴死了，请给我一碗冷水解解渴。"姑娘马上就卸下桶来，农布接过姑娘给的水，痛快地喝了一顿，说："嘿，这水喝起来真甜！"姑娘一听忙说："这水来得不容易，是从三天路程远的地方背来的。我们这里祖祖辈辈就是被这点水难住了，人畜饮水真比金子贵呀！"这时农布有意问那个姑娘："阿妹，你们这里为啥祖祖辈辈不想点办法呢？你们这里有一股喝不完流不尽的山泉水，但被一块大石板盖住了，如果想办法把石板掀开，泉水马上就会涌出来，这个地方就会成为山清水秀的鱼米之乡。"姑娘一听，喜欢得嘴都合不拢来，问道："哥哥你说的话是真的吗？"

农布说："一点不假。"农布叫姑娘马上领他去见司沛商量引水的事。姑娘高兴地领着农布进村见了司沛，把农布刚才对她说的话跟司沛讲了一遍。司沛听了姑娘的话，一时不敢相信。但是看眼前这个小伙子说得很认真，还要亲自找水，又说出了掀石板的办法、地点，并说要一架牛一根铁链。

司沛想想后，带着试一试的态度，准备了掀石板的工具，还动员了村里所有的老百姓。第二天一早农布领着所有的人，赶着一架牛，拿上一根铁链，来到一个大岩洞前，把铁链挂在石板上，架牛"呼哧呼哧"地喘着粗气拉着铁链。青石板随着人的呼喊声，慢慢离地而起，一尺、二尺、五尺……突然人群里有人大叫起来："水出来呀！……水出来呀！"

突然又是"哗"的一声巨响，只见一股清泉水从岩洞里喷了出来，陡坡上挂着一条白花花的瀑布。人们高兴得像青鱼一样跳进了水里，洗呀，笑呀，唱呀，整个村子都欢腾起来。这天司沛高兴得说不出话来，为了庆祝引水胜利，他拿出自己的许多牛羊，大摆酒席，美丽的少女们手挽着手，跳起了欢乐的锅庄舞。老人们举起酒杯互相祝贺，人们沉浸在欢乐与幸福中。

但是水流太大，人们没有预想到有这么大的水，不到几天所有的山沟都被水淹没了，变成了一片汪洋大海。住在山下的人户，有的看见猪槽浮起在水面上，就坐在猪槽上脱了险，从那以后摩梭人就有了猪槽船。也从那以后一直到现在，那一片汪洋大海就留在了永宁，人们称它为泸沽湖。

第四节　成年礼的来历

很古很古的时候，人和动物才刚刚出世，阿巴夺天神要给人和动物分配年龄岁数。一天，他叫来所有的动物和人，开了个宣布寿命的大会，会前他说："我宣布寿命的时候，谁答得快，谁的寿命就长。"

本来，天神爷在宣布寿命时也通知了人的，可是我们摩梭人的祖先锉治路一茸是个最爱睡觉的人，当阿巴夺天神正宣布寿命的时候却睡着了。阿巴夺天神爷大声宣布1000岁时，大雁马上回答："啊！哦！"这1000岁的寿命就被大雁得去了。

阿巴夺天神又宣布100岁时，黄鸭答应了；宣布60岁时，狗答应了。可摩梭人的祖先锉治路一茸睡得死沉沉的，阿巴夺天神爷本想把千岁赐给人，可人就是不争气，眼看宣布要结束了还没醒来。这时阿巴夺天神为了唤醒他，呼叫的声音非常慢又非常大，他大吼道："13岁！"这巨大的吼声把摩梭人的祖先锉治路一茸震醒了，他在朦胧中很快答了一声："啊！"这样人就只得了13岁的寿命。但阿巴夺天神感到人的寿命太短，就把人的寿命换给了狗，而把狗的60岁换给了人，人就得了60岁的寿命。从今以后，人不能用脚踢狗，不能用扫帚打狗，不能用开水烫狗。要用头酒敬给狗，拿好茶给狗喝，大年三十晚上吃年饭时，首先要给狗敬饭。记住，你们人啊，一定要这样报答狗。因此，摩梭人从古到今对狗都相当敬重。人的60岁是天神爷用狗的寿命换来的，当初人只得13岁的寿命，所以摩梭人到了13岁的时候，要给男娃儿举行穿裤子的仪式，要给女娃儿举行穿裙子的仪式。这13 岁是天神赐予的，十分神圣，到了13 岁就表示成人了，所以要隆重举行这个人生意义重大的成年礼。

第五节 阿夏婚的来历

传说在那远古的时代，大山会走路，绿草会唱歌，动物会说话，摩梭人的走婚也不是人先走婚，而是山神与山神之间的走婚。在风景如画的泸沽湖畔的北岸有一座秀丽的山，摩梭人称她为“格姆女神山”，化名为“格姆”。

据说泸沽湖及永宁坝周围的群山之中“格姆”是最美最艳的一枝花，也是群山中唯一的一座“母山”。永宁四周的群山如永宁西岸的“阿裳”山、北岸的“古儿”山、东北岸四川的“普那”山，都是“男神山”。这些“男神山”都非常喜欢“格姆”山，常常目不转睛地盯着她。

通过长时间的交往，“格姆”渐渐对四川的“普那”有了爱慕之情，于是“普那”与“格姆”便悄悄走起婚来。每当夜幕降临之时，“普那”就伴随月光来和“格姆”相聚，趁着晨光匆匆返回自己的故乡——四川。

斗转星移不知过了许久，“格姆”又悄悄爱上了永宁北岸的“阿裳”。“阿裳”与“格姆”私自偷吃了禁果，爱情的欲望使他们在“普那”的眼皮底下走起婚来。这个消息不知怎么传到了“普那”的耳朵里，成了“普那”的一大仇恨。这个时候，“阿裳”和“格姆”的走婚也更加平凡起来。遗憾的是有一天“阿裳”去走婚后便睡着了，次日天大亮才醒来，慌忙返回时，被“普那”发现了。英俊魁梧的“普那”眼里直冒金花，气势汹汹地提着长刀追逐而去。“阿裳”逃到永宁坝中间的达坡村时被“普那”追上，“普那”与“阿裳”就你死我活地搏斗起来。

“阿裳”瘦小但机灵，“普那”笨拙但力大无比。不知较量了多久“普那”疯狂地大吼一声，舞起他那明晃晃的长刀向“阿裳”劈去。“阿裳”来不及躲开，被“普那”的长刀将生殖器给砍了下来。

“阿裳”“哎哟”一声，两手抱着残缺的生殖器蜷缩在永宁的西面，至今还可怜地坐在那里。“阿裳”的生殖器便永远留在永宁坝的中央，成了一座山包，状如人的生殖器，人们美其名曰“达跑”意为逃跑。

“普那”得意地返回了永宁北岸的四川，这时山神个个都说：“不走婚了，不走婚了，走婚就要出大事了。”于是山神停止了走婚，但奇怪的是，人们站出来说：“山神不走婚我们走婚。我们不学山神那样自私，为了婚事打架、格斗，我们要真情相爱，和睦走婚。”至此摩梭人便开始了他们的走婚生涯。

这一系列传说，使狮子山成为当地摩梭人顶礼膜拜的女神山。在其南麓松林中，还建有神庙，庙内墙壁上绘有披发跣足，骑鹿的格姆女神画像。此外，泸沽湖的里格岛上也有一神龛，内供骑马张弓的格姆女神泥塑像。每年农历七月二十五日，这里都要举行一次盛大的朝山活动，摩梭语称之为“格姆刮”，意为“转女山”。从祭女神的活动及其神话传说中，可以窥见妇女在摩梭人社会生活中的重要地位，以及他们的婚姻形态。

第六节　烧杜鹃木的来历

很古很古的时候，有一家摩梭人只有父子俩，父亲名叫巴施吉尔木，儿子叫巴施吉尔直。父子俩常年生活在一起，显得很寂寞。有一天，儿子巴施吉尔直对父亲说：“阿波，我想去找个婆娘。”父亲一听，心里乐滋滋的，就对儿子说：“你去找一个嘛，你也大了，该成家了。”

巴施吉尔直就去找心爱的姑娘了。他平时看到“拿让吉布”家的姑娘长得非常美丽，就径直朝拿让吉布家走去。来到拿让吉布家，巴施吉尔直受到了热情的接待，并给了他一个非常漂亮的姑娘，同时也定下了办喜酒的时间，到时由拿让吉布家把姑娘送到巴施吉尔直家。

亲事定好后，巴施吉尔直高兴地跑回家对父亲说：“我已经找到了一个非常漂亮的姑娘，办喜酒的时间也订好了，到时他们家会把姑娘送过来。”巴施吉尔木听儿子这样一说可高兴了。忙问：“好儿子，你真不错！你到什么人家去找的呀？”

巴施吉尔直见父亲那么高兴，忙答道：“阿波，我去拿让吉布家找的。他家人非常喜欢我，热情接待了我，给了我最漂亮的那个姑娘。”他正说得起劲，老父亲的脸色一下子变得又老又苍白，好半天才转过来，对儿子说：“哎哟，儿子，你找错了！怎么

骡马交流会

能去拿让吉布家找姑娘，东南西北姑娘多的是，偏去找个鬼姑娘。哎呀！这可怎么办呢？”父亲十分焦急地在屋子里走过来走过去，原先那股高兴劲一点也没有了。

巴施吉尔直看着父亲，想想办喜事的时间也快到了，要接一个鬼姑娘，这该如何是好？屋子里只剩下哀叹的声音。巴施吉尔直终于打破了沉默对父亲说：“阿波，这样吧，我在半路上就杀掉送亲的人。”父亲一听更着急了，赶忙说：“不可，不可！你自己走进人家的门槛去求亲，人家把姑娘给了你，反而要杀人家。俗话说：让别人得座位后，自己要坐的座位自然会有；让别人得了种庄稼的地方，自己要种的土地就会自然有。打人、杀人的事决不可干。”

儿子看父亲不同意，急得像热锅上的蚂蚁，想起隔天送亲的人就要来了，要不想出一个办法就糟了，就对父亲说：“阿爸，我干脆逃婚算了！”父亲问：“你跑到哪儿去？”

儿子说：“我要跑去老牛会扁酥油的地方，布邦会起火的地方，不是公鸡却有鸡冠的地方。”父亲明白儿子的意思，他是要逃到天宫去。

临走前巴施吉尔直对父亲说：“老牛关进圈里，不然拿让吉布家会拉走；老马套好羁子，不然会被赶走。”说完就上路了。

第二天，拿让吉布家送亲的来了，看见只有巴施吉尔木一个人在家，拿让吉布家的王子就问：“巴施吉尔直的父亲，你的儿子到哪里去了？”

巴施吉尔木满不在乎地答道：“我的儿子走了，是到老牛会扁酥油，布邦会起火，不是公鸡却有冠子的地方去了。”拿让吉布家的王子听后，皮笑肉不笑地说：“哼，巴施吉尔木，地上恐怕没有那样的地方吧？”

说完叫来了他的随从监视巴施吉尔木，观察他的动静，看他的儿子到底躲到哪里去了。

巴施吉尔木心里时常挂念儿子，眼睛老是看太阳，结果拿让吉布家的王子知道了巴施吉尔直的去向。他带着强壮的兵马等在太阳落山处，准备等太阳一落山就把巴施吉尔直抓起来。

再说躲在太阳上的巴施吉尔直看见了王子的兵马，感到势头不对，就从太阳逃到月亮里去了。这事又让拿让吉布家发现了，他们又去月亮落的地方守着。月亮快要落山时，巴施吉尔直看见了拿让吉布家的兵马，又从月亮里跳出来钻进了大海子，躲在海子底下。拿让吉布家没有办法去追，但拿让吉布家的王子知道巴施吉尔直想讨一个漂亮姑娘的心情，于是他把家里所有漂亮的姑娘选出来，到海子边吹起悠扬的笛子，围着海子跳起舞来。同时叫来力气最大、撒网最有经验的阿斯纳几宜和纳甲卓波宜，叫他俩带着金网守在海子边，等巴施吉尔直一旦伸出头来就撒网把他套住抓回去。一切布置好后王子站在海子边大声呼叫："吹起红竹笛，争跳头舞来，牛毛牛尾巴系腰间，接尾跳起来。"随着他的这一声呼唤，海子边顿时热闹起来。竹笛声、跳舞的脚步声震动着海子，特别是姑娘们那悠扬的歌声更吸引着海底下的巴施吉尔直。他经受不住姑娘们歌声的引诱，在海底下实在坐不住了，想悄悄地看一眼就跑回海底。于是他悄悄地上来，刚露出半个头来看姑娘时，力大如牛的阿斯纳几宜和纳甲卓波直就用网把他套住了，抓到王子面前。然后用链子把他的手脚套上，带回拿让吉布家，关进一所叫"开鲁古瓦"的牢房里。那所牢房有，三层厚、三层墙、三层水、三层铁钢，周围还打了铁铜刺，谁都难见到他。

关在拿让吉布家的巴施吉尔直挖空心思找机会想给父亲寄个信。一天，他在牢房里装病："哎哟，哎哟"地大声叫起来。看守他的人马上报告给拿让吉布家的王子，王子过来问道："巴施吉尔宜，你哪里疼？""哎哟，哎哟，我肚子疼。"王子看他病得不轻，便又问"你在家里常吃些什么药？"他说："我只有吃花猪油、花鱼肉才能治好病。"拿让吉布家王子一听，赶紧组织人去山上砍杜鹃叶来烧香。原来拿让吉布家的花猪油、花鱼肉就是用杜鹃叶来烧香，而算是杀了猪，杀了鱼。这时采摘杜鹃叶的姑娘们正好路过牢房门口，恰好掉下了一枝杜鹃叶。这样巴施吉尔直从门缝里用脚尖把杜鹃叶拖进去，然后把给父亲的信写在杜鹃叶上。他刚把信写好，飞来一只乌鸦栖在牢房头上，叫了三声。这时巴施吉尔直对乌鸦说："我想把给父亲的信交给大雁，又怕大雁把信丢在白云间；我想把信交给野鸭，由于野鸭年纪轻，怕它忘在草滩上。今天正好你来了，我就把信交给你，请你安全交给我父亲。如果你把我的信交给我父亲，将来我一定感谢你，不给你吃一百团饭，也要给你吃一团；一百团酥油给不了你，也要给你尝一团；普石独大树上，一棵你栖不了，也要给你一枝树枝栖。”说完把杜鹃叶丢给乌鸦，乌鸦拿到杜鹃叶写的信后，飞往巴施吉尔木家去了。巴施吉尔木已经知道儿子被拿让吉布家抓走，很伤心失望。

一天，乌鸦飞来栖在他背后的大桃树上，叫了三声。巴施吉尔木听见乌鸦的叫声，便说：“说好话、报好信来，如不报好信，我用箭把你射死。”巴施吉尔木刚说完，乌鸦就把杜鹃叶从空中丢到他手里。一看是自己儿子写来的信，巴施吉尔木含着眼泪念不下去了。儿子在信中写了自己被抓的经过，还告诉他说你要来救我的话要小心，来的路上鸡群会把你抓死，你来时请一只黄鼠狼来；鸡群过去有猪群，想把你咬死，你就请狼来；再走你会见到一群牛，想把你抵死，你就请一只虎来；又来到一处鱼群会堵在路上，你就请水豹来。快到拿让吉布家时，有一座山垭口全被经书封着了，你就请来阿啊喇嘛，这样你就可以到我那里了。巴施吉尔宜的父亲看完信后，就赶快去请了儿子信里所说的那些动物和阿啊喇嘛，全部请好后就一起上路。

巴施吉尔木和请来的那些动物来到第一个关口时，那群鸡立起冠子朝他追来，他就请黄鼠狼在前面走，鸡群就散了。来到第二个关口时，一大群猪嘴里吐着泡沫、立起鬓毛直冲过来，他就请狼先走，猪群见到狼就散了。又来到第三个关口时，只见一群黄牛用角拱地在练武，这时请虎往前走，老虎一吼，牛全吓跑了。到第四个关口时，只见一群鱼在水里横冲直撞，他请水豹往前走，水豹一跳进水里，鱼就跑得无影无踪。最后到了拿让吉布家那座山垭口，见垭口全被经书封住了，不能过去，他就请阿啊喇嘛开道。阿啊喇嘛手翻经书，嘴里念着经，一时间被封的垭口开了一道门似的大缝，他便顺利翻过垭口来到了“开鲁古瓦”牢房。但是他没有办法打开牢房门。他想翻越墙进去，可铁铜刺太锋利；他想用火烧，但一层夹着一层火烧不成。实在没法时，巴施吉尔木就请天和地来帮他的忙。他对天和地说：“从前无天，是我开了天；从前无地，是我开了地。今天我遭难，请你天地来救我。”

巴施吉尔木一说完，天上乌云一片漆黑，雷鸣闪电，突然下起了暴雨，水势凶猛，把拿让吉布家的人吓得不敢出来。地也震动起来，关巴施吉尔直的牢房已震裂了一个大口子。这时巴施吉尔木很快进去把儿子救了出来，这样巴施吉尔直就脱险了。

说来也好，巴施吉尔直虽然在拿让吉布家关了一阵，但他学会了不少东西。例如，吹竹笛打跳，据说世间的人原来是不会跳舞的，他回来后教会了大家。还有祭祀祖先也是从拿让吉布家学来的。据说原来人们不知道怎么祭祀祖先，祭什么供品祖先才喜欢等，是巴施吉尔直回来后人们才开始祭祀祖先的。

巴施吉尔直看见拿让吉布家杀的花猪是杜鹃叶，烧一蓬杜鹃叶等于杀了一条牛。他还看见拿让吉布家到冬天要搭着栗树叶棚祭他们的祖先，夏天搭小桃叶棚祭祖先，从那以后，人们就学着祭祖先了。到冬天，给祖先搭栗叶棚，夏天搭小桃叶棚，每月的农历十五、二十五，家家都要烧杜鹃叶，祭献给祖先。

传说，每月的农历十五、二十五，拿让吉布家要把所有关在牢房里的人全放出来，让他们自由两个晚上，牢房里放出来的人就是人们说的鬼。鬼碰到烧杜鹃叶就非常高兴，很感谢尘世间的人们，说是杀了一条牛敬献给他们，就不再与人作对，一切邪气也没有了。从那以后摩梭人就会跳舞和祭祖送鬼了。

第七节　火葬的来历

传说很古的时候，有个摩梭妇女生下了三个男孩，大儿子的父亲是藏族，二儿子的父亲是汉族，小儿子的父亲是摩梭。三个儿子长大成人后，他们的妈妈病死了。三兄弟把母亲的尸体放在家里，商量母亲的后事怎么办。

大儿子说："应该把母亲的尸体拿去水葬。"二儿子说："应该把母亲的尸体拿来土葬。"三儿子说："应该把母亲的尸体拿火葬。"这样三兄弟各说一套，统一不起来，一个劲地吵，各自都坚持按自己的想法去做，到底怎样处理母亲的遗体，没法定下来。

火葬

正在这时，飞来了一只小蜜蜂，它在屋里"嗡嗡"地叫了几声后对三兄弟说道："你们在吵什么？你们的母亲怎么葬，我会给你们拿主意的，你们不要争吵。”正在气头上的大哥一听蜜蜂这样说就气势汹汹地骂它：“一只小虫也敢来管人的闲事，打死你！”老二也正在找木棒想把蜜蜂赶跑。蜜蜂见势不妙，忙往外逃，可是不幸被大哥追到门槛上，用菜刀把它砍成了两半。奇怪的是蜜蜂的头却飞上了天空，蜜蜂的下身掉进了大海的深底，原来这只蜜蜂是天神派到人间的使者。

做祭祀活动

天神见蜜蜂老是不回来，就派一个白胡子老爷爷到人间来找。老爷爷闻到了蜜蜂的血腥气，就找到了三兄弟的家里，一下就看见门槛上有血，便问道：“这是什么血？”老大忙起来答道：“这是鬼血。”老爷爷说：“不是鬼血，是蜜蜂的血，你们把它扔到哪里去了？”老大说：“真的是鬼血，不是蜂血。”这时老实的小儿子不敢骗人，照实说：“刚才我们争论自己的事，可蜂子钻进来乱说。我哥哥生气了，就一刀把它砍断了，蜂头飞到天空去了，蜂尾掉进海里了。”老爷爷听了以后，叫三兄弟把蜂头、蜂尾都找回来。老大、老二都没有信心，只有老三有决心要找回蜂头和蜂尾，结果真的把蜂头和蜂尾都找回来了。可是蜜蜂一到老爷爷的面前就大哭大闹地说：“我本来是来给他们做好事、想办法的，可他们没有良心，把我砍成这样。我现在有头没有尾，有尾没有头，怎么办？”说完蜜蜂又“嗡翁”地大哭起来。老爷爷看蜜蜂哭得那样伤心，使安慰它说：“不怕，不怕，别哭了，你的身子我帮你接起来，让你的身子比原来还美丽。”老爷爷用银子镀在蜂头上，又用金子镀在蜂尾上，这样蜂头、蜂尾就焊接在一起了，蜜蜂真的比原来更漂亮、美丽了，而且比原来飞得更高更远。蜜蜂高兴极了。 老爷爷又对它说：“现在你的身子接好了，快去向那三兄弟转告天神的旨意吧！”蜜蜂高兴地飞到三兄弟跟前，对他们说：“天神让我告诉你们，你们的母亲，按老三说的办法做，要拿去火葬。办丧事的时候，大儿子出晚饭，二儿子出午饭，三儿子张罗送丧。”这样从那以后摩梭人死了就举行火葬的丧葬仪式。

第八节 摩梭人的染巴啦

“染巴啦”是摩梭人供奉在火塘上方的吉祥物，俗称“火神牌”。“染巴啦”在母系家庭中起着举足轻重的作用，也有它独特的含义，整个图案具体地再现了摩梭人母系家庭里人畜兴旺、五谷丰登、团结祥和的生活状况。

“火神牌”的图案中熊熊的烈火在燃烧，火焰象征着摩梭母系大家庭的旺盛和母亲的伟大。火焰的中心画有颗跳动的心紧靠着，形象生动。传说摩梭母系家庭里若有个弟兄，那就是天底下最好的宝物，所以人们称颗跳动的心为“浓布”，意为宝物。画的东面绘有太阳冉冉升起的图案，西面画有明亮的弯月，象征人间永远像太阳和月亮，长久相依，健康明亮。靠近“浓布”的右侧画有一只猫，嘴里含着一样宝物，还有蓝天和丰收的果树。整个图案体现了幸福美满的生活。

在日常生活中“火神牌”在摩梭人的大家庭里起到很好的作用。如我们摩梭人所住的房屋都是木结构的，防火非常重要，所以我们的祖先立了这块“火神牌”就起到一种警钟长鸣的作用。因为“火神牌”立在祖母房的中央，祖母房又是一家人的主要生活区，不管是谁只要外出回来一跨进门首先看到的是“火神牌”当看到它时就会想起防火。这是一幅非常独特而充满生机的摩梭人的“染巴啦”。

第九节 泸沽湖的传说

在很古很古的时候，有一个美丽富饶的群山脚下居住着一户摩梭人家，周围的摩梭人称这户人家为“斯独茸、独惹惹”，意为只有母子二人。母子俩种田养畜为生。母亲勤劳贤惠，心灵手巧，遗憾的是儿子是个哑巴，名叫打史。但奇怪的是打史很懂母亲的心，疼爱母亲，最怕母亲不高兴，所以他在家里13岁时就担起了男人的重担。母子俩养了很多很多的牛、羊和猪，每天母亲在家养猪种田，儿子打史赶着牛羊上山去放牧。放牧场上经常有很多很多从“格姆”女神山下前来放牧的同龄人，打史看见别的小孩说说笑笑快乐的样子，自己也就大呼大叫指手画脚。

每天回到家，母子俩在火塘边可热闹了，因为儿子不停地比画着讲述白天放牧时和其他小孩发生的故事。可这时母亲的心就会流血、流泪，因为别人的孩子能说话，自己的孩子却有嘴不能说。更使母亲难过的是，过去的日子里儿子打史去放牧不习惯带午饭上山，可后来外村的孩子们来放牧时带着香香的饭菜做午饭，打史看着别人吃饭，直流口水。

一天，打史回到家里，关好牛羊，操起木工用具，扣挖了一个圆圆的木盒后对着母亲做了很多吃饭喝水的动作，可母亲还是不知他在讲什么。夜里她慢慢琢磨呀琢磨，一夜也没有合上眼，苦苦的眼泪打湿了厚厚的枕头。想不到儿子打史非常聪明，早晨他吃完早饭后就拿出他自己制作的木碗递给母亲，比画着对母亲说，他要把饭盛在木盒里带到山上去放牧时吃。这下母亲才知道，自己从来不关心儿子的生活，让苦命的孩子每天看着别人吃饭，自己却淌着口水，饿着肚子过日子。母亲心里一阵酸痛，差点没有把眼泪流下来。从此以后打史每天带着妈妈做的饭菜跟着牛羊上山，心里甜滋滋的。

日子不知过了多久，打史却不像往常一样放牧带午饭了。母亲怎么劝说他也不要，每天就会带上一把刀上山。原来打史和外村的牧童一起赶着牛羊走遍山山水水时，一天发现一条彩虹从格姆山的脚下跨越到现在的“大嘴刁八苦”洞里。打史只顾看彩虹不知不觉来到了洞里，东看看西望望，突然看见一个岩缝里夹着一条好大好大的鱼，一半露在湖面。他高兴地呼喊。牧童奇怪地看着他，因为会说话的牧童，一个也看不见那条鱼，他们认为哑巴疯了。哑巴看伙伴不理他，一气之下，一刀割下了一长条鱼肉，在山下生火烧吃了。这样打史有了自己的午饭，每天就吃鱼肉，日复一日，年复一年，不知过了多长时间。一天，打史去割鱼肉时，刚用刀一割，清水从岩缝口流了出来。打史看到有清水流出，更用劲地割下那块肉。谁知惹来了大祸，抽刀的同时，天崩地裂，洪水滔天，可怜的打史和所有的牧童被水冲走了。打史的母亲这时正在喂猪，手里拿着木瓢和木桶，突然间听到耳边响起震耳欲聋的水声，还没等她回过神来，四周已成了汪洋大海。就在这时，她喂猪用的木槽浮出了水面，她提着长裙，跳进了猪槽。所幸的是，手中还拿着回水用的木瓢。她用瓢当桨划，脱离了危险。她回头望见大海时惊讶地叫了一声“刁纳米”从那以后摩梭人就称泸沽湖为，“刁纳米”意为母海，从此也就有了猪槽船与泸沽湖。

第十节　格姆女神的传说

格姆女神的传说和多与格姆女神相关。

格姆女神山也叫狮子山，是泸沽湖边的一座摩梭神山，泸沽湖旅游除了游览高原明珠之外，首推格姆女神山，丽江西遇越野的泸沽湖旅游线路也包含了格姆女神山游览。泸沽湖地区属于汉族、藏族、摩梭人、彝族等民族聚居地，所以格姆女神山也有多种称呼，摩梭语称“格姆”，藏语称“森格格姆”，“森格”意为狮子，“格姆”意为白色女神。摩梭人把格姆山神化，看作是女性的化身，顶礼膜拜，每年的农历七月二十五日，全民祭祀女神，作为隆重的节日，已有一千多年的历史。

铜雕的格姆女神像

美国学者约瑟夫·洛克在《中国西南古纳西王国》一书中，有这样的描述：“狮子山是永宁风景中最显著的景致，这山名副其实很像头安睡的狮子，头面对着湖，倾斜的横岭是狮子的脚爪，在绿色湖水中休息”。

格姆女神的神话传说有多种，各地有异。大致情节如下：

从前，格姆山下的者波村，有一个美丽聪慧，勤劳灵巧的姑娘，她一天能织出几十丈麻布。在她织布时，看到天上的彩虹、大雁、云彩，看到地上的鲜花、蝴蝶、鸟儿，都能信手织在麻布上，指出的麻布非常漂亮，整个永宁坝子的小伙子都倾慕她，追求她，但她没有正式应允哪一个追求者，对追求者，她都赠送一条腰带。

没想到，天上的一个男神看中了她，有一天，她用一阵狂急的旋风把姑娘卷上了天，整个永宁坝的男女老少惊叫起来，呼天震地，天神慌了，放了姑娘，可她已不能回到人间。她的身子附化在格姆山的白岩上，她的灵魂，变成女神，穿着白衣白裙，骑着白马，右手握着支金笛，左手拿株珍珠树，年年月月飘巡在格姆山上，护佑着永宁坝人们的健康，赐福给永宁人，使永宁人家家幸福、六畜兴旺、五谷丰登。

格姆女神有她的私生活，她不仅与周围的许多男山神有阿夏关系，而且与远方的男山神也有交往。有一次，一个远方的男山神来和她相会，但她正与附近一个山神幽会，远方来的山神急忙调转马，马嘶鸣三声，格姆女神听到马的嘶叫声，便立即追赶远方男神，而远方男神走远了，只见山下踩出一个很大的马蹄印，女神赶到马蹄印边，天已启明，就站在马蹄印边动情地哭着，泪水哭满了马蹄印，变成现在的泸沽湖。远方的男神听到哭声，回头一望，万分留恋地撒了几颗珍珠和花种在马蹄洼的泪水里，于是变成湖中的小岛。花种漂到边上，发芽生长，葱郁茂盛，年年开出杜鹃花等数十种鲜花。

在不同的村寨，关于格姆女神有一些细节的差异。

关于格姆山的成因，在摩梭民间流传着一个动人的神话故事。传说泸沽湖一带早先没有山，而格姆女仙经常和众男山神夜里从北方飞来湖里洗澡，谈情说爱，雄鸡报晓时又飞回北方。某夜，众男山神等候了很久，格姆女仙姗姗来迟，他们正要嬉戏，可是雄鸡报晓，东方发白，他们飞不回去了，于是格姆便流落在泸沽湖畔，变成了现在的格姆女山；众男仙则簇拥在她的周围，分别变成了哈瓦男山、则支男山、阿沙男山等。还传说格姆女神很善良，她经常骑着白马（一说骑鹿）外出巡游，不仅保佑这一带的人畜兴旺，风调雨顺，五谷丰收，而且特别赐予妇女体壮貌美，婚姻幸福，子孙繁衍。又说这位格姆女神十分美丽，她与周围的男山神结交“阿夏”（情侣），过着自由的生活。每年农历七月二十五日是格姆女神的节日，各地山神都要前来聚会欢娱。

格姆女神山的故事。

泸沽湖边的狮子山，在当地也叫格姆女神山。在它的旁边有两座山，传说是格姆女神的阿夏。

从前，者波村有一个叫格姆的姑娘，天上的男神看中了她，变作一股龙卷风，把她卷到天上。格姆在半空中呼叫，男神紧紧抓住不放。整个永宁坝子的人都看见了，所有人在地上大喊起来。男神慌了，失手把格姆放了。格姆落到了狮子山头了，再也下不来了。从此她骑着一匹白马，左手握着一棵珍珠树，右手拿着一支短笛，永远在山头上巡游，保护着永宁坝子的平安。每当狂风暴雨将至时，她就变成一朵白云，飘在山顶，向人们报讯。因此每到农历七月二十五日过朝山节，人们都要载歌载舞朝拜她。

就像在人间一样，女神也有自己的阿夏，她的长期阿夏是瓦如卜拉男神，短期阿夏是则技男神和高沙男神。有一次，阿夏瓦如卜拉出门到远方去，她就跟则技男神约会。到了夜半时分，瓦如卜拉男神回来了，他一怒之下，拔出长刀，砍掉了则技男神的生殖器。直到现在，则技山还是缺着一个角。

还有一次，高沙男神悄悄走访格姆女神，但他们闹别扭，高沙男神准备离开格姆女神，要到远方去找苍山姑娘。但格姆女神舍不得让他走，就扯着高沙的衣襟。不知不觉到了黎明时分，公鸡打鸣了，他们都变成了湖边的两座山。直到现在，高沙男神的衣襟还扯在格姆女神的手中。

第十一节　为汉皇公主治病

摩梭达巴始祖母鲁阿巴都，有两个得意门徒，一个叫补佳若，一个叫盘佳若。有一次，很远很远地方的汉皇宫里，皇帝公主患了咽喉肿痛，生命垂危。汉皇听说摩梭达巴卜卦很准，念经法术强，就派人来请。补佳若和盘佳若两个达巴动身前往，历尽艰险，最后，在饿得快要断气时，只好把写在牛羊皮上的经文背下来，铭记在心里，把牛羊皮烧吃了，才维持了生命，并到了汉皇宫里。

由于两个达巴念经时忘了起句，正急得要命时，公主的一个侍女命另一个小女童说狗进来了，让它出去。两个达巴一听，便同时念出了起句：“然坦，然拖然阿巴尔支……”公主看到这一偶然巧合，即让女童的狗出去之音，既合两个达巴念经的起句，就不由得哈哈大笑。这一笑，使咽喉里的脓疮炸裂，带着血丝的脓痰哗哗地流出来，两个达巴念完经，公主的咽喉肿痛消除了。于是，汉皇为两个摩梭达巴举行了隆重的答谢大典，两个达巴婉言谢绝了汉皇所赠的金银，可聪明的公主却取来两把金剑，双手奉献，两个达巴见公主诚心诚意，便接受了金剑。从此，摩梭和汉族有了亲密友好的往来。

第十二节　巧镇母虎

大意是补佳若和盘佳若在原始森林中迷了路，找到一个岩洞，然而是个虎窝。他们又累又饿又急，于是杀了虎崽，正在烧食虎崽肉时母虎也回窝拖回一头马鹿，并唤着虎崽进洞。两个达巴闪身躲进洞深处，母虎见没有崽儿，又嗅到了人的气味，便呼啸狂跳，张着血盆大口要咬死两个达巴。幸好小岩洞的洞口特别窄，母虎进不来，只好掉转身用尾巴打人。两个达巴急中生智，把含金的手钹铃拴在母虎尾巴上，尾巴一甩，手钹铃“光啷，光啷”响起来，母虎吓得跳出了洞。两个达巴也随之出洞追赶，当太阳升起时，母虎正好跑到了家乡的后山，于是，村民集中，用弓箭射死母虎，两个达巴终于平安抵达家，与相亲和亲人团圆。

第六篇
民间医药

第十七章　医药理论

摩梭传统医药大多记载于摩梭原始宗教达巴经中，口耳传承在民间，在汉文古籍文献中只能找到只言片语。根据世界卫生组织统计，全世界尚有80%的人口依然依赖于传统医药作为防病治病的工具。即使在高度工业化国家，如美国和英国等，仍有许多人在使用传统医药。传统医药知识在一定时期和区域内是其他医疗方式不可取代的，具有非常重要的现实意义。世界各地的族群在创造自己传统文化的同时，在长期与疾病的斗争中，创造和发展了自己独特的传统医药，为本民族的健康和繁衍做出了贡献，摩梭人民间医药也仍然继续为本民族的健康服务，但由于受到民族语言丧失、多元文化冲击和生物多样性的消失等影响，摩梭人民间医药的发掘整理迫在眉睫。正如《泸沽湖摩梭人民族药物学研究》一文中指出：摩梭人年长者具有丰富传统医药知识。 随着商品经济和医学现代化进程的发展，摩梭人的传统医药知识即将面临后继无人的困扰。摩梭人由于人口数量少，地域封闭，文化落后，因此，传统医药处于不受关注的边缘地位。特别是无文字记载的摩梭人传统医学知识面临着消失的危险，如不及时研究整理，很可能永远消失。近年来，许多传统医学工作者和人类学家对摩梭人传统医药这种“口碑医学”进行了一些发掘整理工作，这对于摩梭人传统医药文化的抢救保护具有重要意义。

历史上摩梭人聚居地的核心区永宁镇是茶马古镇，商旅云集，文化交融，从而使民间传统医药在这里得到相互交流，各种药材在这里集散后向外流通，在这样的交流过程中，各民族的医药文化相互渗透交融，20世纪60年代进行的中草药群众运动更是为本地培养出一大批土医生，使摩梭草医从中医中汲取了许多经验，一些珍稀药材和医药方法逐渐走进摩梭人的生活，如：冬虫夏草是可以拿来养肺补肾的名贵药材。受藏传佛教与藏族马帮等藏族文化的影响，摩梭草医借鉴了藏医的理论方法治疗胃肠疾病和肝胆疾病。摩梭人与普米族的传统文化诸如部分服饰、房屋结构、宗教信仰、节日和生活习惯等，民族之间除了药用植物的种类及其方法有许多相同以外，在日常保健方法也有许多相似之处，比如端午节榨青刺果油饮用，喝木瓜、酸梅酿的醋，燃点白香（刺柏的木质部或者一种白珠树属植物）来芳香避秽等。摩梭先民在长期的生产、生活的实践中，在不断与疾病的斗争中，为增加本族群生存与繁育，创造和发展了自己独特的传统民族医药文化。

第一节　宗教对摩梭人民间医疗的影响

宗教在摩梭人医疗中发挥着重要作用。摩梭人对疾病有着自己朴素的认识，许多方面表现出巫医结合的原始阶段的现象。今天摩梭人中我们仍然能够看到，摩梭原始本土宗教的宗教人员通过打卦、念咒、草药疗法等多种方式治疗疾病。

裴盛基将传统医药划分为三大类，即传统民族医药知识体系，如中医药属传统民族医药知识，指无文字记载，主要依靠“口传手授”的方式传承的民族民间医药知识，我国许多少数民族传统医药属于此类；萨满教传医药知识指巫医结合的传统医药知识，如我国的鄂温克、鄂伦春、拉祜、基诺、羌等民族的传统医药也存在着不同程度的萨满教医药的特征。根据裴盛基的分类，摩梭人传统医药可归为萨满教传医药知识。

宗教在摩梭人的生老病死中扮演着重要的角色。藏传佛教、达巴教等宗教在疾病治疗过程中深深地影响着人们的观念，在人们医疗治病过程中“达巴教”和藏传佛教一直并行于摩梭人的社会生活之中。宗教祭仪者不仅被赋予人与神鬼的沟通者，而且是社会文化知识相对丰富的人，所以在落后的医疗环境下，达巴与喇嘛自然成为人们唯一可以依赖，并且能够拯救生命的人。

巫，交鬼神；医，宗生死。鬼神与生死有着千丝万缕的联系，这种联系从摩梭先民思维传承下来至今仍影响着摩梭人。通过占卜得出病因，体现了先民互渗思维、“万物有灵”影响下巫术的印迹。摩梭先民在未能完全认识世界时，医巫缠绵不清也是在所难免，而且摩梭人在此方面各有自己的文化根源。

摩梭人有两种巫：比喳和达巴。比喳为鬼使神差之意，就是原始的巫，他所从事的宗教活动，主要是主持丧葬、驱鬼，具体表现是鬼神附体，他们地位低下，不能主持重大仪式，祭祖、驱鬼、送魂是比喳的基本职能。在比喳信仰的基础上，才形成达巴信仰。达巴教的创始人为母鲁阿巴都，简称都神，在达巴经中经常提到他。最初的达巴，可能只是主持祭祀，后来又有一定分工，形成三种达巴：哈达巴、排达巴、布达巴，其中，布达巴主要从事治病、驱鬼，懂巫术，会念经。在驱鬼治病的宗教仪式中会借助许多被认为神圣的宗教植物，如松、柏、杉、桃、枫树、紫草、松萝、木蝴蝶、大米、玉米、青稞、竹类、杜鹃等。其中多种松和白珠树属植物的枝叶、刺柏的木质部作为“熏香”用于燃点，有一定芳香避秽的作用。

摩梭村寨内一般的小病，如感冒、腹泻等，家中的年长者都会自行医治，如遇稍微严重的或久治不愈的，不清楚病因的患者，就会求助于达巴与喇嘛。

摩梭人认为山林、水火、鬼魂都是超自然的神秘力量，将这些当作神圣的东西进行祭拜。摩梭人对鬼神一直存在敬畏之心，身边处处有鬼，无时无刻不在侵犯自己，导致各种灾难，但又不知鬼在何方，所以，为了找到鬼的方位，以便敬而远之，严加防范，于是流行占卜。石子卜是占卜中的一种，具体是：如果家人有病，又不知冒犯什么鬼，必请达巴占卜。达巴抓一把石子，丢在地上，看哪方石子居多，就是冒犯了哪方鬼，然后准备食品，到哪方祭鬼。

然而，崇拜、占卜对避邪消灾、祛病愈疾并非时常奏效，以驱逐鬼邪的巫技应运而生也是顺应历史发展趋势。“除耳帕”巫术是比较常见的一种。达巴捧一个木盒或竹盒，内盛许多石子，然后以病人为中心，向四方撒石子，做驱打状，口喊：“出去，出去！”另外有两个人配合，除达巴在前边丢石子外，一个人持长刀，挥舞而进，如砍鬼之势，最后一个持盆泼水。

摩梭人为了求得生育，就会进行求育巫术，如男女阿夏同行祭格姆山，转泸沽湖，男女同行时不能谈情说爱，不能有关交阿夏之心，怕的是女神生气，不利生育。人们认为修桥是做好事，能积德，能多子多福，有好报应。

为祈求孩子顺利出生，健康长寿，常常施以保婴巫术。在妇女怀孕8个多月，即临产的时候，请达巴从一棵结果实的树上（如栗树、核桃树、李树、梨树等）摘下3片叶子，进行占卜，达巴以麻秆编一个篮子，上边拴五彩线、鸡毛，里边放把把和饭团。将篮子挂在上述的果树上。认为这棵树就是孩子的保证人，有了它，孩子能顺产，象果实一样，生育后也平安无事。还有一种为婴儿驱鬼—此项巫术也是在怀孕后期举行，孕妇左手拿一把镰刀，右手拿一水瓢，瓢内做一个饭捏的人，象征鬼。孕妇用刀将鬼砍碎，置于黄板上，最后送往村外，让老鹰吃掉，这样既赶走了鬼，还可以从老鹰飞走的方向判断婴孩的性别。

摩梭人家中如果有病人，会请村中的打卦者，卜问吉凶，然后再请达巴或喇嘛前来施法，施法主要是根据不同的疾病种类，对着用青稞、玉米面捏成用紫草染色的面偶，诵读驱鬼经文，然后将代替病人受灾的面偶投入湖中或者山野。由于有的达巴或喇嘛具有一些使用中草药治病的方法，虽然治疗前会先打卦，但卜卦结果并不会将所有疾病都归因于被鬼缠住，如劳动过程中跌倒等劳伤患者，多半只会给些自制草药而已。若是达巴或喇嘛在病患求治的过程中发现病人已病入膏肓，仍然会建议患者赶紧求治于医生。这在某种程度上也表明了达巴也认识到仅靠占卜的局限性，主动寻求其他科学的治疗方式。

摩梭达巴经是传统医药知识的载体。达巴的象形符号是一种古老的文字，具有固定的形、音、意，并附有复杂的宗教意义。达巴原始文字趋于符号化，形体固定，笔画简洁，多数是表意和指示的纯符号，是达巴原始文字的特点之一。达巴原始符号数量少，不能组成句子记录语言和表达交流思想，只限于达巴占卜用，只是达巴原始宗教的记事符号。达巴经《算日子书》中存在32个图画文字。当中既有记录天体的符号，也有记录动物、生活的符号，其中一部分为描述人体部位、器官和疾病的符号，有关女性器官的符号有4个，有关男性的有1个，有关交媾的符号2个。如手，读“孜咕”；女性生殖器，读“潘昧尼直”；男性生殖器，读“要给”；男女交媾，读“潘味”；女性乳房，读“包儿”；表示畸形儿，读“慢夸”等。反映了摩梭人对人体器官、疾病等医学方面的初步认识。

摩梭人的原始医药，在史籍中有零星记载，如《盐源县志》，《蜀中广记》等。摩梭人的医药除记载在摩梭达巴经和汉文古籍文献。《盐源县志·土产方物》中记载了大量的摩梭人的植物药，如菖蒲、茯苓、黄芩、黄檗、柴胡、贝母、五倍子、石斛等。《盐源史志资料》中，共记载了植物药156种，动物药72种和矿物药14种。

对于一些常见的疾病，达巴经典中已经使用了相应药物进行治疗并将其记录下来。如：“窝果乌洵窝鲁鲁，则果胆罕鲁，比果充补巫，良果据尔兰，翁果早的阿于兰，都果阿尔兰……”意为头痛用和尚头（续断花），腰痛、胁痛用草果，腹痛嚼菖蒲，眼病用红花，筋骨疼痛用高山上的香术，胃痛服藏青果等。

摩梭人将看病施药者称为“果尔哼”或“差医嗯哼”，达巴、喇嘛和少数民间医生承担这一角色，具有自己独特的方法和经验，在对疾病的认识和分类上都有一套本民族的方法和规律。摩梭人认为，水、木、铁、火、土（包括石头）是自然界存在五种基本物质可以直接作用于人体使人生病。如不洁之水可引起腹痛、腹泻，水中玩耍可引起溺亡，铁器可导致外伤，火可灼伤人体。

由于受当时认识水平的限制，对人体疾病及死亡原因还赋予了神化色彩。如触犯了水神，就会出现皮肤生疮，夜不能寐，多梦甚至胡言乱语等；如果在火堆里解大小便而触犯火神，则认为肛门生殖器的部位会因此而生疮。至今，当地有些水井被村民公认是不能触犯的禁忌地，一旦到了不能去的水井，人就会或多或少惹出病来。

随着社会的发展，先民逐渐将"水、木、铁、火、土"从具体自然界存在的物质中抽象出来，逐渐形成了摩梭医药的理论基础——五行理论，即水、木、铁、火、土是组成自然界的基本物质，五行如果相互冲犯，就会发生疾病。因此，达巴常把五行相生相克的原理用来解释人的生、老、病、死等现象。

病因方面，分为外感和内生。外来感受的有："莫里咪李咪果次突""志嘛尼良""蛊"和"潮"、鬼神作祟。

"莫里咪李咪果次突"，即：自然因素（日月星辰、气候风云等）会带来疾病。如："采多采瓦里洪"月缺、月圆时精神病人容易发作，是月神作怪。"果拉"，汉意为"瘟病风"，是短时间多人同时发病的人畜瘟疫、流感之类的疾病，由风引起。"莫里果克"，即天气引起的疾病，气候变化后出现的感冒、周身不适、浑身痛、关节痛。"沙果"，是气候变化引起的"血痛"、浑身痛等。

"蛊"和"潮"是有"灵气"的。"蛊"是无形的，有"蛊"的人可以将"蛊"施给别人，中"蛊"的人体内生出有形的"蛊"动物，如蛇、鼠、马蜂、蝴蝶"蛊"等，这些在人体内的"蛊"动物吞噬人体脏器而使人患"蛊"病。"潮"是指有"潮"的人（摩梭人称"潮波哼"）将自己身上的"潮"施给面对自己食东西的人，从而使对方患"潮"病。表现为病者食后的几分钟之内感到腹胀，不断呃气，重者呕吐。在纳西族《东巴经·崇搬图》中有这样一个传说：竖眼女看到人间有美满婚姻，禁不住流出了唾液"达吉"。"达吉"沿瓦楞落入在瓦檐下吃饭人的碗里，那人便中了"蛊"，出现浑身乏力、腹胀、偏食、精神萎靡不振。在他周围的人也很快出现这些症状，只有远离他的人可以避免。可见，纳西族与摩梭人对蛊的认识基本一致，可推测"蛊"可能是一种传染病源。认为只要远离"蛊"，远离病源，就可以不被传染，符合了传染病的隔离预防的原则。

"志嘛尼良"：指污秽之气，人体染上这种污秽之气主要表现为体软、失眠、耳鸣，身上出现风团块、奇痒等。

鬼神作祟：鬼神被认为是会导致疾病，是摩梭先民对外感病因初步的笼统地认识。摩梭人对鬼有一定解释，本家死者的亡灵，皆为鬼，其中有两种：一种是正常死亡者，归入祖先，是善鬼；另一利，为野鬼，这些鬼不是正常死亡的，祖先不收留他们，四处流窜，统称凶死鬼，具体又称吊死鬼、难产鬼、溺死鬼等。还有一种是“比初”，指外族、外姓鬼，专门作祟，统称恶鬼。鬼神的兴风作浪就会使一些人患病。鬼当中“让”鬼和“初夸梅”，被认为是最凶恶的两个鬼，如果这两个鬼作祟，前者可使人全身软瘫、昏迷不醒或截瘫；而后者则会使人半身不遂，鼻眼歪斜等。“那提”鬼引起的是难产。脓包疮被认为是“水井神”引起的。精神病当中，有一类认为是由凶死鬼引起的，病人表现出与凶死鬼生前和死时同样的行为，如凶死者是因火而死，则受鬼捉弄的精神病人常有与火密切关系的行为；如系溺死鬼作祟，则病人常有玩水或在水边活动等行为。纳西族也认为“秽邪”，即不干净，不吉利的东西会导致疾病，有“抽秽”仪式。抽秽即禳解秽气（即秽鬼），认为人鬼迷心窍才会犯下乱伦的行为。此仪式在于告诫人们不能重辙这种触犯天条恼怒众神的血缘婚媾，之后延伸为产生疾病的原因，是纳西先民对外感病因初步的笼统地认识。

内生的多与情志、思维有关，如“输都夸突”、梦。

“输都夸突”：摩梭人语意为过分忧虑，这也是摩梭人医学认识中的重要病因之一。这在《达巴·乌木克经》中叙述最多。经典中详细谈论了从思虑过度到噩梦的出现，以致出现疾病的过程；同时还谈到噩梦对疾病的预兆等，明确提出了精神活动对疾病的影响。达巴认为：“输都夸突”除了可以引起相应疾病外，“麻撒拉”病由“输都夸突”（忧虑）引起，这种病在摩梭人疾病的分类中，属于较轻微的精神病，表现为“告扰木扰”，即语音不正常、幻觉、手足无目的地乱动、抽搐，但无狂躁症状等。

梦（心理因素）：摩梭人重视心理因素对疾病的影响。在达巴经典中对梦的产生与疾病的关系是这样记载：“输都突，玉莫突。输都夸，玉莫夸。玉莫夸，多哈地。多哈地，果次突。果梭谢库荻……”汉意为：“思维引起了梦，而过度的思虑和忧心忡忡，就会出现噩梦，噩梦又使人疑鬼疑神，精神恍惚，这样就会发生疾病，病有360种……”

外伤：蛇咬伤，蜂蜇伤以及野兽、家畜对人的伤害等。

中毒：食用蜈蚣爬过的食物引起的中毒，食用狗、猫或鼠舔过的食物，引起的“各布突”，即口角、舌生疮等，因此对这类食物严禁入口。

“躲”：即奇异现象或反常现象。认为人如果见了这些现象就会发生重病或不幸等倒霉的事情，要么发生在见者身上，要么发生在见者的家中，达巴经典中，对“躲”的描述相当多。比如正房内发现不明原因鼠尸，放牧或平时发现牛尾巴紧缠树干而不能松解，砍竹时发现分枝的竹竿，蛇爬树或双蛇相互纠缠等皆认为是难免的凶兆。

在疾病的分类方面可分为："吐""著""志马尼良""毒子毒支""蛊""潮""果""哄扎""茶久""次"。

"吐"类，即外伤、各种疱疡。

"著"类，各类有传染的疾病，常见"刷果"（痢疾），"果这果"（伤寒病），"普刺"（肺结核），"轰"（癫痫，摩梭人认为癫痫正发作时，其气传染人），"牙格呀采波努"（狐臭），"良果"（红眼病）等。

"志马尼良"类，即慢性疾病和相当于神经衰弱一类疾病。

"毒子毒支"类，食毒中毒疾病。

"蛊""潮"类，是认为某些家族或人身上有超自然的"灵气"，使人患上相应疾病一类。

"果"类，指多种内部疾病。

"哄扎"类，指精神疾病。摩梭人又将"洪扎"分为三种：一种为"麻撒拉"，表现为语言错乱，行为怪异，属较轻的一种精神病，认为由"输都夸突"（忧虑过度）引起。第二种为"了洪"，相当于西医中的精神分裂症。第三种为"洪扎"，是精神病中最严重者，相当于西医中的狂躁症。

"茶久"类，指遗传疾病；

"次"类，指鬼神作祟的疾病等。摩梭人称谓有："初尼次"（鬼作祟）、"初夸梅次"（恶鬼作祟）、"日则嘎拉尼次"（山神作祟）、"基可尼次"（水井神作祟）等病多凶险、突发，有全身瘫痪，昏迷不醒，或口眼歪邪、狂躁等。

摩梭传统医药具有丰富的内涵。一部分医药知识记载于达巴经里，大部分是口耳传承在民间。摩梭医药对疾病和病因有朴素的认识，甚至仍处于巫医结合的原始阶段。

第二节　植物药

摩梭经典《达巴・始祖创世》中，讲述了始祖初志尼宇俄与老猴一起共同生活，栖树穴居，穿树叶、树皮，吃草根、野果的情景。通过大量而频繁的采集活动，摩梭先民不断地认识和了解周围的植物，他们对周边植物的认识和知识也不断得到积累和发展。

正如古老的达巴经《衣衣孜尔》中，在祭祀被崇拜为狩猎庇护神的候鸟一节中所说的那样：

我们有喇住窝没有的药，

我们有亚卡窝没有的水，

我们的药能使您消除疲劳，轻快飞翔……

摩挲先民吃了某些有毒植物，发生中毒甚至死亡后，便积累了对植物有毒或无毒的认识，在摩梭人原始图域中就已记载有“毒食”这一名称。

药物学的发展是一个漫长的摸索式的反复实践和认识过程。相传摩梭先民在食用各种树根时，因食用了马桑树根而发生中毒，因而认识到马桑根是有毒的。同时，也有人看见马桑果实黑里透红，非常诱人，于是就伸手摘食马桑果，又发生了中毒，由此断定马桑果也是有毒的。一部分人食用了用马桑枝叶烧熏的食物也同样发生了中毒时，最终认识到马桑树从根、茎、叶到花果，全都有毒。从此，摩梭人对马桑树避而远之，甚至禁止用马桑树作柴薪，以免中毒。然而，摩梭先民们在劳作或放牧而干渴时，有人把马桑果握在手里挤压，把从指缝中挤出的果汁接在口中饮用，居然没有中毒。有人又把马桑果盛于袋内捏挤后取汁饮用，也未中毒。摩梭人终于认识到马桑果实中的毒藏于其籽中，而甜美的果汁是无毒的。

摩梭传统有喝自酿的“苏理玛”和醋的习惯，因为酿制酒的过程中要加入龙胆草等苦寒药草作为药曲，醋则是用木瓜和酸梅酿制，所以具有一定的保健功能，能预防高血压的发生。青刺果榨油广泛用于饮食、医疗、保健最有独创性。摩梭人的这些普遍或独创的药食兼用的传统文化习俗，即“药食同源”思想，反映了摩梭人对待自然和植物资源的文化观念，深化了植物资源的利用，是对植物资源利用知识丰富程度的反映。

在长期而广泛的采集活动中，摩梭先民对周围环境中各种植物的相关认识和知识逐渐得到积累和丰富，一些具有治疗功效的植物在有意或者无意的过程中被发现，药物学的概念也就逐渐形成。

根据植物不同部位的性状特征，区分出植物的根、茎、叶、花、果的作用和功效。《达巴经》中叙述了春三月、夏三月、秋三月和冬三月四季不同的植物变化状态。同时又根据植物酸、甜、苦、辣不同的味道，给予不同的命名（在摩梭人的传统中对许多植物的命名就是根据植物的不同味道而来的）。摩梭人逐渐了解了药物的性味，再经过反复实践和总结，逐渐形成有效而独特的经验（医药知识），世代相传。

青蒿（划卡）

【功效】清热解毒，化腐生肌，预防人畜瘟疫

【用法】鲜品捣碎外敷；熏烟。

千里光（巴纳）

【功效】化腐生肌

【用法】鲜品捣碎外敷，水煎洗。

冬苋菜（兰盘兰子）、泽兰（擦纳）

【功效】破脓拔毒

【用法】鲜品捣碎外敷

蕨类（卜叉意）

【功效】清热解毒排脓

【用法】干用或鲜用，用时捣碎与黑鸡粪和匀，外敷。

过路黄（几刷）

【功效】清热解毒，利水消肿

【用法】取枝叶，干用或鲜用，水煮洗。

小松树尖（托乌补）

【功效】接骨生筋

【用法】与黄芩、接骨丹等一起捣碎，加蜂糖，包扎接骨。

曼陀罗（若包）

【功效】消肿止痛

【用法】取成熟籽，研末，塞龋齿洞内。

烟油（牙克）

【功效】消肿止痛

【用法】吸烟管内烟油，涂于肚脐，治蛔虫、腹痛，置龋齿洞内止痛，外涂疮疡消肿。

杜鹃树（摩嘎，大叶杜鹃；刷呷，小叶杜鹃）

【功效】预防疾病

【用法】取其枝叶烧熏，用烟熏身去慢性病污秽之气，预防人畜瘟疫流行。

青刺果（青纳鲁鲁）

【功效】消炎止痛

【用法】取熟果榨油，内服治胃病、肝病、劳伤、视觉模糊、眼疾等多种疾病。取其残渣外擦治疮疡，消炎止痛。用油擦揉皮肤，治筋骨疼痛、扭伤、跌伤等。

三颗针（书叔）

【功效】清热解毒，打“蛊”

【用法】用其根，水煎服治红眼病、结膜炎、腹泻。煎水洗外伤，根入打“蛊”药。

无娘藤（乌孜鲁鲁）

【功效】明目

【用法】取籽炖猪蹄治目眩、视觉不清等。

花椒（则鲁）

【功效】消胀止痛

【用法】取干花椒7～13颗，水冲服，治腹胀、腹痛。

香木（宰的）、阿嘎兰

【功效】活血止痛，安神

【用法】水煮内服、外洗治筋骨痛。烧烟熏身治头晕、失眠，去身体污秽。

青搁火炭（几仕黑寄）

【功效】清热解毒疗咽

【用法】取烧红青桐火炭，放于一碗清水中，隔夜冷却，饮水。

酸梅（仕夸）

【功效】行气止痛，解毒

【用法】取干或鲜酸梅果，水煎服，治腹痛、腹泻。

络石藤（纳阿阿呷）

【功效】行气止痛

【用法】用其根炖肉或单独煮食，治胃病。

菖蒲

【功效】行气止痛

【用法】用其干根、鲜根研成末冲服或嚼服，止腹痛。有时与木香一起水煎服，止腹胀、腹痛。

色疙瘩（司克）

【功效】补气止痛

【用法】药用全株，鲜用或晒干，加工切片，煎服或与茶同煮服汁；治劳伤全身痛。

续断花（窝泡窝鲁）

【功效】行气止痛

【用法】取干品与草果、鹿含草一起水煎服，治头晕、头痛。

草果（胆罕）

【功效】行气止痛

【用法】用其皮、籽。将籽研碎与茶煎煨服，治头痛、头晕。或用其碎末揉擦太阳穴有同样效果。

乌头（惹都）

【功效】止痛，打“蛊”

【用法】药用其根，泡酒擦暗伤、扭伤等。或取乌头少许，置燃烧的烟头上吸烟，止全身痛。与打“蛊”药配伍治“蛊病”。

都拉、毒纳

【功效】攻毒

【用法】用其根煎服治乌头、菌毒等中毒。

仕木

【功效】止痛，散邪

【用法】采集熟籽，晾干，嚼服或煎服，治腹痛、感冒。

狼毒（拉毒）

【功效】打“蛊”

【用法】用其根入打“蛊”药攻“蛊”。

贝母（斯普鲁）

【功效】止血疗伤，平喘，散邪

【用法】干鲜皆宜，研碎以末敷新伤口，止血、愈伤。与猪心肺炖服治咳喘心痛；或与鹿含草煎服治感冒。

鹿含草（窝斯轰）

【功效】止咳，去痛

【用法】鲜用或干用全草，水煎服，或与草果、橘皮、生姜煎服，治感冒咳嗽、头痛。

泡脐

【功效】止痛，祛痒

【用法】用其鲜根煎服治全身酸痛。或用其煎水洗头，止头痒。

钮子七（富斯布鲁）

【功效】愈伤、止血、止痛

【用法】用其干品研末敷新伤口，愈伤、止血、止痛。或研末以酒冲服，止全身疼痛，治劳伤之跌打损伤。

雪茶（瓦甲勒普）

【功效】清眩，止痛

【用法】用其叶晒干与茶煎服治头晕、头痛、目眩，止全身筋骨痛。

橘皮（几朵古）

【功效】止嗽，祛痛

【用法】与鹿含草、甘草、草果、板栗一起煎服，治感冒咳嗽、头痛。

马蹄草（乳夸吐）

【功效】清热解毒，止痛

【用法】鲜用全株，水煎服，清热喉痛、头痛。

黄芩（竹抓）

【功效】清热解毒，打“蛊”，疗伤

【用法】用其根，入打“蛊”药。水煎服治小便淋漓、赤黄，与其他药配伍治骨折。

板栗（占奴）

【功效】散邪

【用法】用其果与鹿含草、草果、橘皮水煎服，治感冒头痛。

胡椒（合角）

【功效】行气止痛

【用法】研末，用汤冲服止产后腹痛。

芦苇根（尔库克）

【功效】止咳

【用法】干鲜皆可，水煎服止咳。

木香（木扎）

【功效】行气止痛

【用法】研成粉末冲服，或与菖蒲水煎服止腹胀、腹痛。

臭参（画里画卡扎）

【功效】行气，下奶

【用法】用根炖肉治腹胀、产后无奶。

玄参（塔如尼比）

【功效】补虚

【用法】生食或炖鲜肉煮食治体虚。

藏青果（阿尔兰）

【功效】清热解毒

【用法】水煎服，治胃病。

玉果（让地）

【功效】止痛

【用法】水煎服治两胁痛、腰痛。摩梭人认为该药多用有降低记忆力的副作用。

红花（据尔兰）

【功效】活血

【用法】水煎服治眼疾、腹痛和妇科经血不调、痛经。

野菊花（甲那米朵阿兰万）

【功效】清热醒神

【用法】用其干花，与牛奶、香木、阿呷兰等混匀加水，将7种颜色石头烧红，置于盆中，加上述混合水，头部蒸汽浴，治头昏、头重、失明、多梦。

苍耳子（剥咪窝多）

【功效】祛风止涕

【用法】取籽吞服，治额头痛、流脓鼻涕。

挪沙叉也

【功效】祛风湿，止痛

【用法】用其根泡酒，治风湿、筋骨痛、劳伤。

茯苓（托库鲁）

【功效】补虚利水

【用法】炖肉，治腰痛、体虚、浮肿。

仕礼

【功效】行气消食

【用法】嚼服，治消化不良，上腹饱胀、头晕。

麻黄（密渣）

【功效】散邪

【用法】用其茎研末，加入鼻烟，以鼻吸之，治鼻塞、感冒咳嗽。

兰花烟（牙姆库）

【功效】降气止痉

【用法】吸烟，治野花椒中毒引起的喉肌痉挛、气不断往上逆、晕厥，迅速吸烟病即止。

川烟

【功效】清热解毒排脓

【用法】川烟100g、冰片30g，川烟晒干研成粉末，加人冰片研末混匀装人小瓶备用。对于中耳炎、外耳道炎、耳部湿疹有疗效。先用淡盐水洗去耳内脓液，用该药0. 5g左右放人耳内，每日2次，5日为一疗程。

白芷

【功效】止血消肿止痛

【用法】白芷干品500g，研成细末装瓶备用。先用茶叶水清洗伤口，用白芷粉10g左右（用量根据伤口大小而定）洒在伤口出血部位，用布或绷带包扎，每日1次，5日内痊愈。

第三节　动物药

在摩梭人原始图画文字中也有记载的不少动物和动物器官名，在远古时期就已经有了一定脏腑器官的认识。

生存在茂密的原始森林中的摩梭先民，为了防御猛兽的袭击和猎取野兽，提供更多的食物来源，狩猎成了他们重要的活动之一。狩猎活动中在对猎物进行解剖、分割的过程中，逐步建立起了脏腑概念，随之产生了原始解剖学和器官学方面的知识，而且确实进食某些动物器官后，有时对某些疾病产生影响，或治好了疾病或加重了病情，通过这些偶然发现的不断积累，便逐渐产生了动物药的知识。比如，喝了猎取的岩羊心血，能很快消除狩猎后的疲劳；喝了裂腹鱼粪汤后，止住腹泻且食欲增加；让蚂蟥叮咬可缓解疮疡、瘀血、旧伤疼痛部位而感到的肿胀、疼痛等。在狩猎活动和生产实践中不断的积累，反复地认知、实践，逐渐形成了丰富而独具疗效的摩梭人动物药，并世代相传。

一、兽禽肉类

兽禽肉类入药大多具有止痛，补虚的功效。

虎肉（拉舍）

【用法】取其鲜肉或晒干，主治体虚肢冷、筋骨疼痛、无力者。

熊肉（哟纳梅舍）

【用法】主治肢体行走不便、关节痛、全身虚弱者，煮食。

熊掌（哟纳梅克）

【用法】治各种虚症。

麂肉（启舍）

【用法】烧食治感冒，肢软者煮食。

獐肉（里舍）

【用法】煮食，治各种虚症。

鹿肉（茶舍）

【用法】煮食，治各种虚症。

岩羊肉（色舍）

【用法】煮食，治各种虚症。

水獭肉（几刷舍）

【用法】治打摆子（疟疾），煮食。

雁鹅肉（吴舍）

【用法】煮食，治头晕、体冷、肢痛。

野鸭肉（巴咪舍）

【用法】烧或煮食，治感冒、麻疹、病后食欲不佳等。

蝙蝠（里日）

【用法】用其皮肉煮食治难产。

野鸡肉（忽舍）

【用法】烧食治感冒，煮食治脾胃虚弱。

斑鸠肉（托褥舍）

【用法】烧食治感冒、麻疹。

陈年猪膘肉（博差差括）

【用法】取存放多年的猪膘脂肪外涂各种疮痈，能消肿、拔脓。

二、鱼蛇虫类

黑蛇（罗娜）

【用法】生食血肉或煮食治大麻风。

鱼肉（里若）

【用法】煮鲜汤治麻疹、产妇无奶。

螺蛳肉（补苦）

【用法】取清明前的螺蛳肉煮汤或烧食治喉儿包（瘿病）、脱肛。

酸鱼（里金）

【用法】取5寸左右长鲜裂腹鱼若干，取腮洗净，由背剖开，用盐密封，用炒面、花椒等调成浆涂鱼全身盛于坛中，月余后可食用，直接或炒后食用，佐餐，有特殊的酸香味，能增加食欲，治各种食欲不振。

鱼全内脏（尼克巴沃）

【用法】用裂腹鱼或鲤鱼全内脏1000g左右剁成肉末，加入青稞面500g左右混匀，搓成5～10g的圆形，用微火烘干后备用。对于腹痛，里急后重，腹泻，下痢赤白，胃脱胀满，宿食不化的胃肠病有疗效。

白海螺（鲁布库）

【用法】是摩梭人祭神吹的海螺，在碗内置少量水后用其尾部磨，取其汁滴入耳内，治中耳炎。

泥鳅（良著）

【用法】将活泥鳅尾部切割流血，放入口内摩擦，治口舌生疮、白口疮。

鱼骨（里翁）

【用法】烧黄研末，嚼服治恶心。

腹鱼粪（里克）

【用法】将裂腹鱼内脏肝、胆、肠和鱼粪一起与玉米面或麦面搅匀，制成圆饼，晒干备用。煮汤治痢疾、腹泻、消化不良、食欲不佳。

蚂蟥（席矣米）

【用法】用其吸血的功能嘬瘀血，放在疮疡部位吸血、吸脓，消肿止痛祛淤。

阿乌衣阿（一种昆虫）

【用法】取活虫挤压于局部揉擦治寻常疣（画渣）。

仙白麻子蛇（如巴普嘿）

【用法】治风湿，止筋骨痛，泡酒或煮食。

马蜂蛹（寄娜巫）

【用法】治风湿，活血，止痛。

三、胆类

熊胆（哟纳梅格）

【用法】用胆汁，治烧伤，与蛋清拌匀，涂烧伤患部。用少量熊胆粉置龋齿洞内，可使龋齿裂成数块，自然脱落，去除龋齿。

牛胆（依格）

【用法】同上，无熊胆时替代。

鱼胆（里格）

【用法】用其汁直接涂于烧伤患部，治烧伤；口服，清肝明目。

猪胆（博格）

【用法】同上。

四、骨类

虎骨（拉翁）

【用法】入“打蛊”药，研末兑酒或泡酒治筋骨痛、关节痛，烧骨熏烟治小儿惊风。

豹骨（然翁）、猴骨（玉翁）

【用法】泡酒、研末兑酒服，治各种筋骨疼痛。

雁鹅脚骨髓（吴克麻）

【用法】外伤瘀血、跌伤、扭伤用其髓揉擦。

鹿茸（茶乌库）

【用法】研末服，大补。

四、油类

熊油（哟呐梅麻）；雁鹅油（吴麻）；鸡油（鹌麻）

【用法】揉擦局部治跌打损伤、瘀血。有散淤止痛、消肿作用。

酥油（补麻、依麻）

【用法】与酒、蛋、蜂糖合煮服，治腹痛，也治头晕、咳喘。

牦牛酸奶渣（补仕吉）

【用法】在奶渣中提炼，极酸，治腹绞痛。

五、血类

岩羊心血（色努命沙）

【用法】鲜用或干品泡酒服，治心悸。

鹿心血（茶努命沙）

【用法】泡酒或鲜用，体虚瘦弱乏力心悸。

六、内脏

乌鸦脑髓（兰阿鲁）

【用法】取出尚未断气的乌鸦脑髓吞服，治眩晕，发黑晕。

猪心肺（博努命出）

【用法】与贝母、草果、玉果炖服治心悸、气虚、咳喘。

水獭肝（几刷仕）

【用法】水煎服或吞服治“仕果”（各种肝病）。

猪尿泡（博司补）

【用法】炖服治小便失禁、小儿夜尿。

鸡内金（鹌仕来阿）

【用法】用鲜品治寻常疣（画渣）和皮肤上的其他赘生物，方法是用其揉擦局部使它自消。

七、分泌物类

虎乳汁（拉南且）

【用法】内服，治重病卧床不起。

狮乳汁（孙格南且）

【用法】内服，治小儿发育迟缓症。

羊乳汁（次美南且）

【用法】用鲜奶滴眼，治眼外伤，治角膜溃疡或有翳者有时可用人乳替代。

麝香（礼夫）

【用法】治蛇咬伤，口服或外用，局部肿胀周围外涂，常与“杂纳”（拔罐）同用。火熏，置昏厥患者前醒脑，传说蛇闻其味多能半死，因此也可防蛇咬伤。

蜂糖（则密则）

【用法】外用，调于接骨类药中接骨用。与蛋、酥油合用治头晕、咳喘。

牛黄（克米拉格）

【用法】兑水服，治吐血、高烧、昏迷。

八、皮类

豹皮（然雪）、猴皮（玉雪）

【用法】两者作用一样，用其皮裹关节、肢体，止筋骨痛。

人发（窝洪）

【用法】取自身头发，烧焦吞服，止鼻出血，效果明显而迅速。

九、排泄物

虎尿（拉儿）

【用法】口服，治腰痛、筋骨痛，也治突然昏厥、癫痫。

野猪尿（几博儿）

【用法】口服，治小便痛及尿黄而少者。

鸡黑粪（鹌克那）

【用法】外用，与“卜茶意”混匀，涂疔疮周围，有消肿、止痛作用。

童子小便（若洪儿）

【用法】口服，治跌打损伤、内伤、劳伤，以及大牲畜踢伤等。

十、其他

鹿胎（茶比玉若）、麂胎（启比玉若）

【用法】炖服，补虚弱，妇女久病不孕。

禽蛋（鹌窝）

【用法】外用，用蛋清与熊胆或牛胆混匀，外涂治烧伤。煮熟鸡蛋揉擦局部散瘀血。

熊鞭（哟尼直）

【用法】干鲜均可用，多以口舔，或炖服治阳痿。

寡蛋（布麻突阿窝）

【用法】调匀煎成饼食下治眩晕。

第四节　矿物药

摩梭民间一个古老的关于“处儿”（圣水）的传说。相传很久很久以前，有两个放牧的人经常一起在山上的草场放牧，有一天，其中一个伙伴突然感到腹痛，而且痛得越来越厉害，两人搀扶着回家，走得又累又渴，在一处草地上暂时休息，并四下寻找水源解渴，发现在草地的一角，有一股很小的发出异味的怪水，把周围的一片草地浸得红红的。由于饥渴难耐，病人的伙伴只好用一块树皮舀了一点儿让病人喝，病者硬着头皮喝了一口。休息了一会儿，奇迹发生了，病人感觉疼痛减轻了；又过了一会儿，就像有人把病痛撵跑了一样，腹痛完全消失了。这使他俩很兴奋，回去向村里人讲，很快传遍村内村外。凡有腹痛者都去喝这种水，结果他们当中的一些人的病痛真的减轻了。不久，病人伙伴的脚上生了个大疮，也想用这种神奇的水试一下，就用这种水洗泡，结果洗一次好一点，洗上几次就把疮治好了。其他类似的病人又跟着效仿，也同样有效，人们对这种水的奇妙作用感到十分惊异，认为是一种神灵的作用，于是，就给这种水起了一个名叫“处儿”，意为“圣灵之水”。至今有的摩梭人外出放牧或转山转海时，会随身带上罐瓶之类的器皿，遇到这类矿泉水时，总要取回一点用以治疗家中的病人。

远古的游牧时期在很偶然的情况下，摩挲先民发现含硫或硝的冷热矿泉水具有治疗作用，开启了矿物入药的历史。

用燧石治病是摩梭人古老独特的医术之一，他们用燧石来进行烧石蒸汽浴和烧石药物浴。传说，远古的摩梭先民还没有锅时，渔猎中获取猎物时，有时烧来吃，有时就用兽皮折成桶状，里面装上肉和水，然后把各种石头烧红投入肉和水中以此煮食猎物，这是一种特殊的“兽皮锅”。人们发现，用燧石烧红来煮熟食物的汤远比石灰石或其他风化石烧后煮的汤味道鲜美，并且没有异味。后来又有人发现，喝了燧石煮的汤后还能治咽喉痛、腹痛疾病，这使他们开始认识到燧石汤有治病作用。随着锅的出现，摩梭人已开始弃用烧石煮汤的原始办法，然而却以新的方式保留了具有医疗作用的烧石蒸汽浴以及药物浴等方法。他们将采集起来的多种药物汇集在一起，置于器皿内，放上水，投入烧红的燧石后或喝药汤或把身体置于药汤上，外面加上遮盖物，进行药物蒸汽浴，如此反复几次来治疗疾病。有时他们把矿泉水引到池槽内，烧红很多燧石投入其中，不分男女，赤身裸体，在槽内的热水和蒸汽中浸泡，不少疾病都能得到缓解或治疗。

盐的开发利用，在摩梭人的生产、生活和医药上都有重大的意义。它不仅提供了摩梭先民食物中所需的盐，保证了人体生长发育，而且还为医药开辟了新的矿物药源。千百年来，摩梭民间一直使用盐水清洗人畜伤口，阉割动物，远行后用热盐水洗脚以消除下肢肿痛；同时，他们还用少许盐粉撒在新鲜小伤口上治伤。每有腹部寒痛或劳伤复发，习惯上都要用布包裹炒热的盐，局部热敷或揉擦疼痛部位等。摩梭人创造了不少用盐治病的方法，对不少疾病确实起到了治疗或缓解作用。

盐（采）

【用法】外洗各种伤口，远行后洗脚，有时在新伤口内施上一些末以防化脓，腌割器物也常用盐洗。用有汗的布包裹盐粉，烤热揉擦，止全身痛、腹痛。

冷硫黄矿泉水（处儿）

【用法】口服，治胃痛、腹痛，洗澡，治劳伤、风湿、皮肤病。

热矿泉水（尔儿）

【用法】作用基本同上，疗效更佳。

石膏（石果）

【用法】外用，与水搅匀涂腮腺（打尔宛），治腮腺炎。内服，通常用点豆花的石膏水治感冒流鼻涕、咳嗽，常加辣椒面。

尔布

【用法】3～5粒，研末，水冲服，治心累、气紧、腹痛。入打“蛊”药治蛊病。

第十八章　民间疗法

第一节　“杂纳”—— 骨针针刺放血疗法

针刺疗法摩梭人称“杂纳”，是摩梭人古老的传统疗法，其鲜明的特色是大量采用动物犬牙制作的“骨针”。野猪、虎、豹等野兽的犬牙是制作“骨针”的原材料，其中獐的犬牙用得比较多，将獐犬牙髓腔间隙钻大，内装麝香，根部密封，尖部钻一丝微孔，当遭毒蛇咬伤或遇疮痒脓肿时，用装有麝香的獐牙尖在伤处周围划一道较深的痕，麝香随孔进入痕沟，认为这样能防止毒素的扩散。然后在受伤处或毒疮的中心进行穿刺，配合牛角火罐。拔出“毒物”，如此进行治疗。根据针刺部位的不同和需要，摩梭人还能制作不同形状的针具。研究发现：摩梭人至今还使用着砭针、骨针、瓷针、铁针，通过对胸、肩、背、臀等部位的针刺来医治人、畜疾病。其中，有三角形的，如砭针、瓷针等；另一种是直针，其粗细不同，长短不一，最粗的约0.5厘米，细者如缝针，最长约25厘米，短者数厘米。长形针包括骨针、刺猬刺和铁针，主要用于腰、背、臂、臀部痛，乳腺脓肿、淋巴结脓肿等较深部位的穿刺。此外还有一头尖，另一头宽扁而有锋刃的两用穿刺割切器和椭圆形的割切器，以及弯形的野兽犬牙针等。

摩梭人针刺主要用于治疗全身体表部位的局部疼痛、关节炎、扭伤、蛇咬伤、毒疮痈、淋巴结脓肿、乳腺脓肿等多种疾患。针刺要力求见血，通常在局部明显的疼痛处选穴并配合牛角火罐。

摩梭人先民在很早的时候就认识到伤口有化脓、聚脓（摩梭语：“办半”“办谷”）表现，也利用“叉乌”烧红针刺红肿乳房。“叉乌”是摩梭人对麻线纺车上铁制纺锤套芯的称谓，由于叉乌直径大，便于引流，又通过灼烙出血点形成结焦而止血，并能建立起一条引流道。摩梭人用其穿刺体表脓肿尤其是乳腺脓肿，先局部用“烂盘兰子”“擦纳”（摩梭人常用的外敷药）外敷脓聚后方进行穿刺，引流脓液，达到治疗目的。

第二节　牛角拔毒疗疮

用牛角拔出患者患处毒气毒液毒血的一种疗法。适用于对于局部疼痛、扭伤、瘀血、痈肿、蛇咬伤等黄牛宰后，取下牛角，挖空内心，打磨光滑，角尖钻一小孔，并在外敷以少许蜂蜡。用时用针通开小孔，置于患处，用嘴将牛角内空气吸出后，咬合蜂蜡以至拔出毒液、毒气、毒血为止。

牛角拔罐有两种：一种底部钻有1～3个小孔，用时局部固定拔罐，事先在口中含少量猪油皮，然后通过小孔用口抽气至一定程度时，顺势将口中猪皮封住小孔。另一种底部无孔，用时将松明油抹在罐内燃烧迅速进行拔火罐。在具体治疗过程中，往往是先拔火罐，待局部突出后进行穿刺，然后再拔罐。有的则先局部针刺，然后进行火罐。

第三节　蚂蟥嘬血止血

蚂蟥活体吸咬患处，以达到治疗目的的一种方法。摩梭人用蚂蟥治病，源于一则神话传说。远古时期，人们对疾病无能为力，只好乞求天神来救治。天神下凡察看了一番，见许多人在疾病中受难，于是投下了一支笔，这支笔能够解除人间病痛，后来笔变成了蚂蟥，人们便用蚂蟥来嘬自己身上的病痛处，以解除疾患，这一古老的方法沿用至今。每当旧伤发作或生大疮时，就到高寒的山上取蚂蟥贮于竹管内带回家中，用时，将蚂蟥置于所需部位让其嘬吸血或脓液，待饱胀之后自然脱落丢弃，然后，杀鸡炖肉喝汤以补身体。主要对旧伤、暗伤、瘀血、局部疼痛、身上的大痈等进行治疗。这种方法对止痛消肿确实有一定疗效，因此，也可视为一种“生物针刺疗法”。用蚂蟥嘬血，实际可视作为“生物针刺法”，主要嘬吸旧伤的瘀血。

其实，汉人先民也有把饥饿的蚂蟥装入竹筒，扣在病人洗净的皮肤上，“令其吸血，治赤白丹肿。”的记载。如：晋代医家葛洪记载：取水蛭令吸去恶血，以治疗毒肿。宋代陈自明在《外科精要》一书中，将其疗法命名为“蜞针法”。明代《薛己医案》中记载，治疗痈疽初起之时，“先以笔管一根，入蚂蜞一条，管口对疮口，使蜞吮脓血，其毒即散。如其疮大，须换三四条。”

据现代药理研究，水蛭唾液中含有水蛭毒，具有抗凝血作用，类似中医所谓活血化瘀之功。另外，水蛭唾液里含有一种麻醉物质，故叮咬时不觉痛。其唾液中尚含有一种特殊的酶，能增加局部的供血量，正如中医所谓“破血而不伤新血”之理。故而对断指成活十分有利。

现代自然疗法中也记载用蚂蟥治病的方法。准备不同大小的蚂蟥数条，竹管数根。先用肥皂、温水将吸引部位或选定的穴位处污垢洗净，然后常规消毒患部。将一条蚂蟥装入竹管中，将管口对准患部，让蚂蟥吮去恶血。5分钟后再换另一条继续吸吮，每次可用8～5条蚂蟥。吸吮后，用消毒纱布清洁患部，并可配合清热解毒的中草药内服或外敷。本法可连续应用，一般每天1次，3～5次为一疗程。休息数天后，若病情需要可再行下一疗程，也可以脓血净、病情好转为度。

第四节　熊胆敷伤

烧伤或烫伤，摩梭人采用熊胆加鸡蛋清进行治疗。方法是取一定量的熊胆汁或其粉末与蛋清均匀混合，外敷患处，具有明显疗效。当无熊胆时以牛胆、鱼胆代替，效果虽不及熊胆，但也有一定效果。

附　篇①

宁蒗摩梭人药用植物1000余种，动物药100余种，矿物药50余种，宁蒗有无污染的自然环境和源远流长的摩梭人医药文化、医药资源丰富等优势。宁蒗摩梭人民间验方具有民族特色和地方特色，疗效好、价值高。

验方一：余甘子树根15g、姜黄15g、过路黄15g、水冬瓜、树皮15g，水煎服，主治肝炎，1日3次，1次300ml，9日为1个疗程。

验方二：鱼眼草30g、野玉米20g、玉米须40g，水煎服，主治肝炎，1日3次，1次200ml，6日为1个疗程。

验方三：水冬瓜树皮30g、树萝卜50g、羊耳菊20g，水煎服，主治肝炎，1日3次，1次150ml，15日为1个疗程。

验方四：白花树皮30g、棕根40g、野玉米20g、玉米须20g，水煎服，主治糖尿病，1日3次，1次250ml，15日为1个疗程。

验方五：坠千斤40g、石斛30g、土蛤蚧25g、盐、姜适量炖服，主治抑郁症，1日3次，1次300ml，6日为1个疗程。

验方六：小红参根30g、虾子花20g、益母草15g、韭菜根15g、棕根15g，水煎服，酒为引，主治妇女痛经、闭经、月经不调，1日3次，1次250ml，6日为1个疗程。

验方七：大红麻根15g、木瓜寄生15g、大白七20g、小苓麻20g，水煎服，酒为引，主治风湿病，1日300ml，9日为1个疗程。

验方八：血满草15g、雷公藤15g、大仙茅40g，水煎服，酒为引，主治风湿病，1日3次，1次250ml，6日为1个疗程。

验方九：把岩香15g、香血藤15、刺老包40g，水煎服，主治风湿病，1日3次，1次200ml，3日为1个疗程。

①彭朝忠，祁建军，李先恩：《宁蒗纳西族摩梭人民间验方录》，《中国民族医药杂志》2008年第4期。

验方十：臭灵丹30g、羊耳菊20g、金荞麦40g，水煎服，主治气管炎，1日3次，1次150ml，3日为1个疗程。

验方十一：万生菌30g、龙须草20g、香茶菜40g，水煎服，主治肾虚腰痛，补肾壮阳，1日3次，1次300ml，6日为1个疗程。

验方十二：刺金刚鲜品15g、野生仙人掌鲜品100g、大将军15g，水煎服，主治癌症，1日3次，1次250ml，9日为1个疗程。

第七篇
旅游风情

泸沽湖

永宁是历代土知府的所在地，现为宁蒗彝族自治县永宁乡人民政府所在地。

永宁属高原盆地，主要种植高原红米、大豆、玉米、青稞、大麦、土豆等农作物，是摩梭聚居区主要的粮食产区，那里水草丰美，物产丰富，交通发达，风景优美，特别是民间民俗文化丰富多彩，是泸沽湖地区重要的旅游景区。

永宁坝子有扎史、忠实、开基、八珠、者波、瓦拉别等30多个古老的摩梭人村落；有元朝时期元军兵营地“日月和”、开基河木桥遗址、藏传佛教“扎美寺”“达迦林寺”、男女同浴高原温泉、茶马古镇“皮匠村”等重要景点。

第二节　泸沽湖——母亲湖

泸沽湖位于滇西北高原，金沙江东岸的宁蒗彝族自治县北部永宁乡与四川凉山彝族自治州的盐源县左所乡之间的万山丛中。泸沽湖是摩梭人的生存家园。摩梭语称泸沽湖为“谢纳咪”，意为“母海”即“母亲湖”。整个湖泊状若马蹄，南北长而东西宽，形如曲颈葫芦，而故名泸沽湖。

泸沽湖海拔为2685米，总面积50.3平方公里，集水面积171.4平方公里。湖长9.4公里，湖宽5.2公里，湖岸长44公里。平均水深40多米，最深处93.5米，总容水量19.53亿立方米，能见度为19米，透明度为10.5m，营养状态指数为12.4，水质类为I类，湖的东南四川境内的湖泊长满水草，形成大片湿地，称为草海。有80%的水面属深水区，称为

“亮海”。

整个湖区多湾共有17个沙洲，14个海湾；有一个幽谷，湖中5个全岛，4个半岛，一个湖堤连岛，一般高出水面15～30米，远看像一只只绿色的船，飘浮在湖面。岛屿形态各异，犹如苍翠欲滴的碧珠镶嵌在玉盘上，构成壮观的水石盆景。

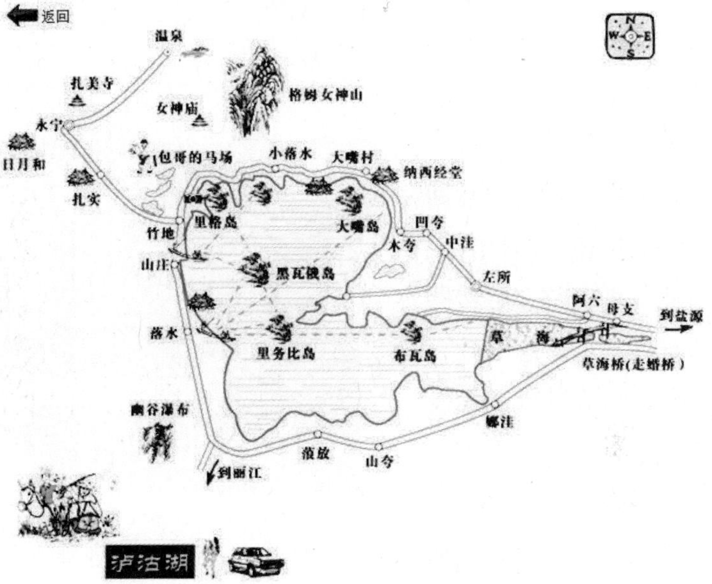

泸沽湖景区图

神秘的泸沽湖，春夏季节山花烂漫，水光潋滟，山色空蒙，晨曦云海，多姿多彩。每当碧空无云的春末夏初，水色澄清如玉，好似一块明镜，把周围的万山葱绿的高原风景，清澈逼真地倒映湖中。尤为壮观的是湖水随天空月影而变化莫测，当晨光初现时，湖微波不时隐隐浸红露，朝阳徐徐上升后，微风荡漾，粼粼波光闪闪，灼灼处处翻卷浪花，夜晚则恍若仙境，满湖星月，天水一色，堪称奇观。待到冬季满山白雪皑皑时，则是另外一幅奇景。每逢雪天或雪后，银峰玉岭，碧树银花，白雪茫茫，天湖融为一体，湖山缥缈朦胧，轻盈柔美，变幻多姿的轻纱，湖山若隐若现，仿佛走进一个粉妆玉砌的美妙仙境，真是人间绝景，称之为“东方第一奇观”，湖中的席瓦俄岛、里俄比岛和里格半岛成为最具观赏和游览价值的三个景点，被誉为“蓬莱仙岛”，“是一个适合神仙居住的地方”。

一、席瓦俄岛

席黑瓦俄岛，又称“奈络普”，位于西北半湖中央，小岛高于水面15米，从湖岸望去就像一只小巧玲珑，古朴典雅的独木舟漂在水面，小岛鸟语花香，风光秀美。1916年岛上修建了阿云山别墅，成为永宁土知府总管阿云山接待宾客和议事的中心，西藏拉萨哲蚌寺甘丹赤珠第四世转世灵童罗桑益世活佛就诞生在席瓦俄岛。

传说很久以前，永宁土知府总管阿云山的夫人，在一个夜里梦见自己睡在龙床上看见屋顶的木板缝射进一缕阳光，照在她的肚肌眼上，感觉热乎乎的，总管夫人感到十分舒服，乐滋滋的在梦中禁不住笑出声来。惊醒了，睁眼一看，原来是在做梦。第二天早晨，总管夫人行走在泸沽湖边，心里还在回忆着夜间那一场美梦，突然感到身体不适，想呕吐，不久，夫人的肚子慢慢鼓起来，后来生下了一个小男孩，取名叫罗桑益史。小男孩三岁那年，西藏拉萨哲蚌寺一位大活佛圆寂，正要寻找活佛的转世灵童，经西藏大活佛卜卦，卦像中道："在太阳升起的东方，有一个美丽洁净的高山神湖，湖中有一个小岛，转世灵童就在岛上。"

泸沽湖畔

依据卦像指引，西藏噶厦政府派出寻访灵童的队伍，拿着圆寂的大活佛所用器物开始向东方方向拉网式寻找。

领头的喇嘛不敢放过一丝一毫的寻找机会，寻找了几年仍然没有收获，但他们没有放弃，一直朝着东方寻找。有一天寻访组来到了永宁，翻过竹地垭口，一眼望见洁净美丽的泸沽湖，全部人员激动不已高兴地叫了起来，这时领头的喇嘛留下了热泪，双手合适说："就是他，就是他，今天终于找到了"，他们急匆匆来到泸沽湖边，顿时，席瓦俄岛上突然升起一股白烟直向天空，金色的阳光洒在湖面，瞬间泸沽湖的天空变成了五彩斑斓的图景，泸沽湖碧波荡漾，岛上传来了烧香祈祷的锣鼓声、海螺声，此情此景，寻访灵童的喇嘛们说："神了！神了！真是太神奇了"！喇嘛们找了一条"猪槽船"，在船头烧上香，朝岛上划去。岛上的小男孩罗桑益史在妈妈烧香的塔边玩耍，忽然间小男孩急急忙忙指着远处漂来的小木船，喊道："妈妈！妈妈！有人来接我了！您看看。"妈妈奇怪的对儿子说："你说什么呀，你的家就是这里谁会来接你？"妈妈看见客人来了，匆匆忙忙抱起儿子回屋告诉孩子的爸爸。小男孩的父亲阿云山自言自语地说道："该来的会来，该去的你也留不住，一个男人不可能一生守在母亲身边吧？"说完走到观景台看望船上的来人。木船靠岸了，领头的喇嘛手里拿着活佛的遗物上了岛。总管阿云山一看来的人非同寻常，就急忙抱着孩子上前迎接，双方正要对话，小男孩子叫道："哎，这是我的，我要......是我的......"喇嘛急忙回答说："这就是你的？"说完很尊敬地把活佛的遗物递了上去，同时磕了头。孩子的父亲阿云山一时搞得糊里糊涂，怎么大人给孩子磕头呢？急急忙忙劝道："别......别......"这时喇嘛把寻找转世灵童的事情说了一遍。并且认定罗桑益史为西藏哲蚌寺甘丹赤珠植美五世活佛。阿云山激动地抱着儿子，把脸紧紧贴在儿子的脸上，不知道该说什么。因此，席瓦俄岛成为活佛诞生的圣地。美国籍地理学、植物学博士约瑟夫·洛克，1924年1月进入泸沽湖考察，第一次看到泸沽湖时感叹，这是上帝创造的最后一块净土，是神仙居住的地方。受到总管阿云山热情关照，多次来泸沽湖，都住在席瓦俄岛上整理考察资料、撰写各种考察文稿，与总管阿云山结成了传世友谊。

二、里俄别岛

里俄别岛位于云南泸沽湖西南水域，它是一座四川卧龙山延伸进泸沽湖的一座山脉，在云南境内隔断成现在的"里吾别岛"。

传说，很古很古以前，里俄别岛是一座山脉，与岸边的山相连。当时住在席瓦俄岛上的阿云山家，祖辈有一位非常著名的大喇嘛，他神通广大，德高望重，他诵经时能与动物对话。有一天，泸沽湖西方电闪雷鸣，狂风呼啸，突然从天地间冲出了一条龙蛇，直冲席瓦俄岛，盘旋在院内，把人们经常喝茶休息的石桌围了起来，把一家瞎昏了头。这时大喇嘛赶来与龙蛇对话，他首先在蛇身上撒了很多花草、牛奶和蜂蜜，抱着龙蛇的头，嘴对着龙蛇的耳朵说了一阵话。

过了一阵，大喇嘛离开了蛇，说："这是西藏的一个大寺院派来取一尊金佛的，他说摆放在我们家经堂里的那尊金佛，是我们家上几代去西藏取经的喇嘛没有经过寺院同意请回来的，所以它要把那尊佛请回寺院里，如果不给它，它是不会离开的，还是还给它，让它快快离开吧！"只好从佛堂里拿出金光闪闪的金佛递给喇嘛，喇嘛拿着金佛念了几句经后把金佛递到蛇的嘴边时，蛇突然展开大嘴把金佛含在嘴里像风一般向泸沽湖的东南方向冲去，跨过四川的后龙山与现在的里吾别岛之间，不知蛇身有多长走了一天一夜才离开了泸沽湖，结果这个山脉被蛇身一拖隔断成现在这个形状，所以摩梭人称它为"里俄别"，惊魂之意。

后来人们在岛上修了寺庙，永宁土知府总管阿云山的骨灰安放在此岛并修筑成白塔，作为后人纪念。

三、里格半岛

20世纪40年代泸沽湖永宁总管别墅

里格半岛，俗称“里金瓦若”，意为好休闲的山包。它位于湖东北部格姆女神山山麓，是泸沽湖诸岛屿中的一个，是泸沽湖北缘海湾内一个美丽的海堤连岛，是格姆山延伸进泸沽湖的一个小山脉。传说很早很早以前，里格岛上居住着三户人家，其中有户人家的一位姑娘，她长得如花似玉，美丽无比，人人见了人人爱，她唱起歌来就像高山上的百灵鸟，她的歌声迎来了许多行走在赶马古道上的小伙子，引来了飘荡在泸沽湖上的打鱼男子，一时间，一传十，十传百，把她传得神秘莫测，周围数十里的男人都想看她一眼，许多小伙子想给她相好，来里格岛的男人络绎不绝。因为来里格岛的男人多，因此周边的摩梭姑娘也都冒昧而来，她们不是来看那位姑娘，而是来选自己意中人的，这样里格岛人山人海，最终把鼻梁似的山脉踏成了现在这个凹型的里格半岛形状，里格半岛也成为人人向往的地方。

里格半岛，三面环水，是个内港，左右青山环抱，傍立格姆女神，由于传说湖水是女神的泪水，又说是女神的明镜，故景色千变万化，奥妙无穷。这里柔美和谐，风光如画的碧水青山，碧波如镜的湖面，蓝天白云和四周山峰清晰地倒影水中，把湖山天影融为一体，细蒙蒙，青黝黝，仿佛是一个琉璃世界，一个碧翠梦境。在微风荡漾，涟漪飘动时，仿佛湖水清悠悠皱起的蓝色绸子，当霞光投射在湖面上，反衬着叠叠波光，仿佛展开一卷斑斓的彩墨画，当到了皓月当空的夜晚，又呈现出“一色湖光万顷波”的奇景，令人陶醉，令人流连忘返。

四、女神湾

女神湾，位于泸沽湖东岸的后龙山脚下，俗称赵家湾。后龙山怀抱中的女神湾是泸沽湖最精美的湖湾之一，山清，水更秀，是个休闲之胜地。

相传以前，山神与山神会“走婚”，格姆女神与后龙原本是一对保持“走婚”的至

女神山下里格岛

爱情侣，但由于天神嫉恨，将后龙和格姆化为了山石。因此，后龙和格姆只能隔海相望，永远不得亲近。然而，多情的格姆虽然化成了山石，但是爱心未熄灭，于是化情为波，日夜温柔地抚摸着后龙的伤痕。女神湾，女儿情，千年万载触动着天下的有情人。

五、草海

草海位于泸沽湖东面，四川境内，泸沽湖水域分“亮海”和“草海”，面积达58.8平方公里。

草海是国家重点保护的高原湿地，总面积约10平方公里，享有“高原水生植物陈列馆”“珍惜水鸟大观园”的美誉。现已经查明，“菠叶海藻”系世界稀有的水生植物。草海鱼虾丰硕，越冬水鸟种类达42种，其中有国家一级珍禽黑颈鹤，白尾海雕，黑鹳及东方白鹳。草海是泸沽湖“亮海”以外的一个亮点。一年四季都有独特的自然物变化的精美景色，游人无不赞叹，是个不可多得的旅游景区。

泸沽湖走婚桥

六、“走婚”桥

“走婚”桥位于四川境内的“草海”，它是横跨在草海的南北之间，摩梭人称“斯宗”木桥之意，后称海棉桥，现称“走婚桥”。摩梭人自古以来一直延续着古老的传统习俗母系大家庭和男不娶，女不嫁的“阿夏”走访婚。

传说，居住在草海南北两岸的摩梭男女，一开始划着独木舟穿行在芦苇荡里“走婚”，可是每当夜幕降临，狂风吹得独木舟翻来倒去，有多少“走婚”男子死于草海之中，哭哑了许多女情人的嗓子，“草海”成了“走婚”的障碍，老天看到此情此景，为“阿夏”情侣架起了彩虹桥，情人们高兴地想从彩虹桥上走过，可是怎么也不能踏在彩虹桥上通行。后来人们像彩虹一样在草海上架起了一座木桥，从此，“走婚”的人随时可以穿过“草海”到达彼岸，木桥上留下了摩梭人无数诗情画意般的“走婚”故事和情爱传说。后来人们故称这座木桥为“走婚桥”。

第三节　格姆山——女神山

格姆女神山又名狮子山，屹立于泸沽湖北面，海拔3770米，山势雄伟壮观，倚天耸立，俯视从东北伸进湖中的狭长丰岛（里格岛），犹如“金獭捕鱼”，又如蛟龙在追逐湖中珍珠。狮子山，摩梭语称“格姆”，藏语称“森格格姆”，“森格”意为狮子，“格姆”意为白色女神。摩梭人把格姆山神化，看作是女性的化身，作为女神偶像，顶礼膜拜，每年的农历七月二十五日，全民祭祀女神，已有一千多年的历史。

狮子山是永宁风景中最显著的景致，丽江纳西人叫它“可门古”，吕喜叫它“生给加木（森格格姆）”。格姆山像头安睡的狮子，头面对着湖，倾斜的横岭是狮子的脚爪，在绿色湖水中休闲。

格姆山有两个神奇的溶洞，传说，一个是女神的藏宝洞，一个是女神与男神幽会洞。女神藏宝洞，摩梭语称“格姆阿布”。传说格姆阿布不仅是女神的藏宝洞，也是永宁阿氏土司的“藏金洞”。此洞位于格姆山顶峰，面对泸沽湖的崖壁中，里面可容纳百人，但入口非常小，只能一人俯卧爬进去。据传说，永宁第二代土司各吉八合，对他无所作为，贪财好利的次子不放心，决定长子为土司继承人，但长子被次子暗害，各吉八合担心次子任土司后，垄断家财，故将家里的珠宝、金银、金腰带，全部藏到格姆阿布洞里，并把洞口封闭，谁也不知道，直到各吉八合临终前才向家里人含糊的交代了珠宝、金腰带等所藏之事，还没有说清楚具体的藏宝地点就去世。办完丧事后，土司家庭全部成员到格姆山寻宝，但始终没有找到。贡嘎山的藏族听到格姆山藏有土司家的金银珠宝，不少人跑到格姆山寻宝，均无所获。直到后来人们才发现藏宝洞里的金银珠宝早已被盗，仅留下土司装金腰带和珠宝的空木盆和被盗挖过的痕迹。格姆阿布洞中土司的金银珠宝究竟是被谁所盗，成为泸沽湖畔永远的谜。

格姆山的东北面的崖壁下半山坡，有一个溶洞，摩梭语称“格姆尼科”，意为格姆女神洞，是格姆女神与男山神谈情说爱、幽会的地方。位于格姆山腰海拔3450米（格姆山主峰海拔3770米），洞口向泸沽湖，站在洞口的观景台上，仙境般美丽的泸沽湖山水景色尽收眼底。洞内有形似男根和女阴的一对钟乳石上下相对，传说男根是远方男山神，女阴是格姆女神，好似一对男女“阿夏”相偎做爱，仿佛一对久别重逢的“阿夏”恋人在默默地倾吐着思念之情。洞壁上千姿百态的钟乳石景观：神女送子，美女梳妆，千年灵芝，飞龙、飞鸟、石柱、石笋、石花、石幡、石螺等，使整个洞壁洞底，惟妙惟肖，神奇壮观，美不胜收。

第四节　寺院——摩梭人的圣地

一、扎美寺（黄教喇嘛寺）

永宁扎美寺，为藏传佛教格鲁派（黄教）寺院，是滇西最大的佛教寺院，位于宁蒗县永宁乡，距离泸沽湖10公里，始建于清康熙年间。

永宁扎美寺

永宁扎美寺位于永宁乡皮匠街西北的古尔山脚下，由明代西藏噶玛巴活佛始建。相传白教祖师噶玛巴巡视西康，经永宁时，永宁喇嘛正商议寺庙建在何处为好时，有人提议建在扎美古村庄是“波搓古”时，噶玛巴认为“扎美古”音译恰巧是藏语“和平”之意，“波”意为“十万”，“搓”意为“集会”，这是风水最好的地方。故将寺院建在扎美古，取名永宁扎美寺。

扎美寺占地 2.4万平方米，主体建筑正殿，左右偏殿，皆为三层楼阁，土木结构，厚墙黄瓦，皆有镀金铜像，金碧辉煌，各殿内大小佛像近万尊，四壁绘有精美的壁画，历史上鼎盛时期僧侣近千人，蔚为壮观。1969年，大部分建筑及造像被毁坏，仅存东偏殿，殿内现存的壁画，用笔精细，着色艳丽，总面积91平方米。1986年重修正殿。1993年11月云南省人民政府公布为云南省文物保护单位。

二、者波达迦林寺（白教喇嘛寺）

萨迦派约于宋末元初传入永宁，元至正十八年（1358年），在者波建立了达迦林寺，1875年重建。者波达迦林寺位于格姆山麓，占地200亩，建筑壮观宏伟，定员喇嘛300人，实际喇嘛500余人。元明时期萨迦派在永宁摩梭人普米族中占主要地位。萨迦派又称花教，因在该派寺院墙上涂有红、白、灰三种颜色。者波达迦林寺建立后，信徒敬香朝拜的络绎不绝，磬声阵阵，香火不熄。

达迦林寺，毁于“文革”，仅存遗址，于1983年后，政府支持，信徒投资、投劳、投料重新修复。

三、左所大经堂（黑教喇嘛寺）

笨菠教派的喇嘛寺位于四川泸沽湖镇的“走婚桥”头，称“左所”。是整个摩梭地区唯一的笨菠教派（黑教）喇嘛寺院，俗称左所大“经堂”。

每年农历七月初和冬月中旬，（黑教）喇嘛寺都要举行盛大的佛事活动。其中尤以冬月十五的晒佛，祭太阳神法会最为隆重。举行法会时，善男信女云集，朝拜神灵，触摸佛像，圣水洗沐，观赏神秘的“格尔”巴俄喇嘛舞，成为泸沽湖东部摩梭人盛大的节日。

第五节　民俗村

一、落水村

落水村位于泸沽湖西南岸边，摩梭人称“洛属”意为住着舒服，睡着香，做什么都舒心，看什么都顺心！

在“洛水”不仅人住着舒服，而且每年秋冬季节有几十种野鸭和其他水生动物，嘻栖在湖弯上它们见人不惊，人与自然和谐，“洛属”现称大落水。

朝山节

赛马会

二、呢色村

呢色村位于泸沽湖东北岸的格姆女神山脚下，情人树所在的海湾里，是个祥和宁静的村庄，摩梭人称它为“呢色”，意为能看见鱼群走动的地方。

传说很早以前，每当雨季来临山水就从格姆山上流淌下来，这时鱼群会顺着水流往上游动，行人走过鱼也不会被惊吓，据说当时人们去山上劳作时不用带午餐，只需带上一口锅就能在野外吃上香喷喷的鱼肉。

呢色村很早以前是个独家村，日久天长，由一个家族发展发展为今天的大村庄。呢色村是一个美丽的湖弯，传奇的格姆女神洞就在呢色村后的格姆女神山顶。如今泸沽湖旅游开发后已经架起了索道，摩梭人自古就认为女神洞是一个神秘莫测的洞穴。

传说很久以前，摩梭人男女之间过着“走婚”的情爱生活，但只要发现女方不见怀孕，男女就会一同去格姆女神洞烧香祈祷，共同饮下似男女生殖的小石窝里的圣水，就能怀上孩子。如今，女神洞不仅依然传颂着古老的美丽故事，而且是泸沽湖最美的全景观景处，人们说，不上女神洞，白来泸沽湖。

第六节　男女同浴温泉

男女同浴温泉，位于宁蒗县永宁乡的温泉村，是一个气候温润，风景美丽的地方。自古以来，永宁温泉是摩梭人休闲娱乐的地方，在那里像一盆纯洁的清水喷涌而出，周边没有树也没有挡风的墙，更没有男女更衣的地方，但小孩乃至七八十岁的男女一到池塘就会无拘无束地脱掉衣裙赤身裸体地下水。那里是感受心灵纯洁之美，人体奇妙之美的最佳去处，也是净化心灵的圣地。在池塘里老人们喝着甘甜的咣当酒，讲着童年的故事，年轻的姑娘和小伙子则避开老人们的视线，暗送秋波，悄悄讲着“走婚”情话，酝酿着“走婚”趣事。每当夜幕降临的时候温泉旁边不远的草滩上，大树下，岩洞五颜六色的帐篷里，亮光闪闪，夜幕下“走婚”夜歌随风飘过，白天羞羞答答的男女们到了夜晚情趣更加活跃，池塘里不时传出甜甜的欢笑声，你亲我抱过着甜蜜的时光。温泉是摩梭男女择侣交友的最佳之地。除了享受情爱，温泉沐浴还有祛风治病之功效。因此，摩梭人除了农忙，一年中以家族为单位扶老携幼去温泉泡上几天，消

永宁乡男女同浴的温泉

除疲劳疾病。家庭主妇则提前几个月准备泡温泉时用的物品，如猪膘肉、腊肉、香肠、酥油、土鸡、米粑、苏里玛酒等。泡温泉的季节，温泉地区比过节还要热闹，家庭主妇们准备工作也特别细致，这是代表一个家族外出的，如果搞不好有损于家庭的面子，再说了孩子们在外也不好做人。因此、不难看出温泉是摩梭人心中的一片圣地，泡温泉是摩梭人的一桩盛事。

第七节　古遗址

一、永宁土司衙门

永宁土知府衙署原建在摩梭人称“开基瓦啊”的开基桥，那里是土司一、二、三世祖直到光绪五年任永宁土知府职事阿恒芳的土知府衙署所在地，建筑壮观，由于战争被烧毁，现仅存遗址和一棵百年银杏树。后来修建在忠实，忠实土知府衙署建筑，具有纳西建筑风格，分内外两院，土司府衙门十分壮观，两侧门卫室外院内有议事厅，有接待室，有办公室，还有关人审讯室，常备队卧室。内院是四面相连的跑马转阁楼，是土知府官员的休息室和卧室。土知府大门外左右有两棵百年古槐树。现在除保留着内院四面相连的转阁楼外，其他建筑仅存遗址。两棵古槐虽经百年风雨，但仍挺拔参天。

原永宁土知府衙门

日月和

二、日月和

日月和位于永宁乡的西南开基河边，此地像是日月，摩梭人称“免得鲁”。永宁日月和离永宁喇嘛寺，皮匠街，现永宁乡政府所在地1000余米，开基桥与托支拉丁古之间，有一块约300余亩的草地，开基河流中央，草地的南部地形似日称为日，草地北部似为月，称为月，合称日月和。光绪《永北直隶厅志》卷地舆老山川条记载：“元宪宗三年（1253年），成吉思汗之孙元世祖忽必烈率师进攻大理国，自六盘山经临洮入川西北至松潘后，兵分三路，忽必烈率中路军经盐源至永宁，驻兵日月和休整，磨些酋泥月乌后裔和字内附”。忽必烈率蒙军于日月和休整时，正是十二月，休整期间，组织元军和当地群众，在巴使村与八旗村之间修建了一座木桥，并命名为“开基桥”，意为开基立业之桥。据《新纂云南通志》记载：“元世祖忽必烈于元宪宗三年（1253年）率军进攻大理国。曾驻兵‘日月和’，于永宁河上修桥，以渡兵马”。忽必烈驻兵日月和并修建“开基桥”后，具有历史纪念意义的日月和知名度越来越高，永宁的俗人和僧人把日月和作为离家远征的起点，视为吉祥平安之地。

这里也是摩梭男人和喇嘛离开故土进西藏拉萨习经朝拜时，第一天晚上安营扎寨的地方。这一天姑娘会背来许多心上人爱吃的美味食品，如鸡、猪膘肉、酥油、鸡蛋等，流着眼泪过最后一夜，如胶似漆，难分难舍，他们在日月和边多么想把月亮拴在天空里，把时光留在河边。可是人怎能控制时间呢，第二天一早，赶马人在马背上架上马鞍，砣上物品走向茶马古道，情人们手拉着手，头顶着头，满脸流着热泪直到马铃声越来越远时才不得不回头。所以人们称这个地方为“日月和”，意为在“日月和”旁离别过的情人就像日月一样相知而不能相聚。

三、开基桥

开基桥位于永宁乡政府所在地的东南侧开基村边的开基河上，此桥历史永久。据传说，在元朝末年，元世祖忽必烈南征时，元军金戈铁马跨过开基河，驻扎在“日月和”一带。当时开基河上没有桥梁，元军很不方便，再说忽必烈看到当地百姓淳朴尚良，生活困难，大河上没有桥梁，见百姓赤脚过河，给出行者带来很多不便。于是，忽必烈组织部队在开基河上修建了一座木桥，并命名为“开基桥”，摩梭人称为“开亲宗”。

第二十章　摩梭人的婚姻家庭

第一节　多种形态并存的婚姻家庭制度

摩梭人的婚姻家庭制度并非只是一种单一的结构，而是多种形态并存，有行母系的，也有行父系的，还有同一家庭中母系血统与父系血统并存的，呈现出一种多彩的文化现象。究其原因，与摩梭人宽松和谐、不拘一格、自由开放的社会文化心理，以及所处的地理环境和外来文化的影响等因素有关。

从总体来看，永宁和环泸沽湖地区以母系制婚姻家庭为主流，杂以少数父系制或母系、父系并存的婚姻家庭。蒗蕖地区及拉伯、翠玉、红桥等摩梭人居住的社区，以父系制婚姻家庭为主流，杂以少数母系制或母系父系并存的婚姻家庭。

一、母系制为主的婚姻家庭

永宁和环泸沽湖摩梭人居住的核心地区，母系家庭所占比重，至今未见总体调查数据，仅有民族学家1965年对部分社区的调查统计，系最早的资料，其后因区划的不断变动和婚姻家庭的不断演变，很难有一个相对稳定的全

一个母系大家庭

面统计资料，只能以部分变动不大的社区作参照对比。比如民族学家所搜集到的1956年对温泉乡的调查统计，母系家庭占家庭总户数的61.7%，其中瓦拉比（瓦拉片）村是57%；我们于1996年对温泉乡瓦拉比村的调查，母系家庭占了68.63%；落水村1956年的调查，母系家庭占30%，1996年则占了80%。① 此外在四川省盐源、木里、盐边县境内自称纳日的摩梭人（划归蒙古族），也有盛行母系制婚姻家庭的传统。据1978年2月的统计，盐源县的沿海、前所两个公社，木里县的屋脚公社行母系制婚姻家庭的共699户，占两县纳日人总户数的28%。② 另据1992年对四川境内的泸沽湖边424户摩梭家庭及3285名摩梭成年男女的调查，母系家庭占55%。③ 云南省宁蒗县的蒗蕖也还有10%左右的母系制婚姻家庭的存在。④ 这些调查数据说明尽管各地母系制所占比重不同，但母系制在摩梭人社会中至今仍存在着，有的地区比重还较大。时至今日，有的还有发展，有的则在变小。至于拉伯、蒗蕖等地区，则因区位、历史、经济发展等原因，母系制已经衰微，然而并未绝迹。这都说明摩梭历史上曾普遍实行过的母系制，在历史长河中在不同地域有不同的变化。其中云南、四川两省交界的环泸沽湖地区是摩梭人母系制的核心区域，至今仍长盛不衰地存在于这片土地上。当然，就每个社区而言，根

20世纪40年代的摩梭人

①严汝娴，宋兆麟：《永宁纳西族的母系制》，云南人民出版社1991年版，第62页、第64页；和钟华：《生存和文化的选择——摩梭母系制及其现代变迁》，云南教育出版社2000年版，第261页。

②严汝娴，宋兆麟，刘尧汉：《四川省盐源木里两县纳日人社会调查》，《四川纳西族与纳文化研究》，中国文联出版社2006年版，第350页。

③李达珠：《泸沽湖地区摩梭人母系习俗的基本特征及其成因分析》，《西南民族大学世界母系文化研究所成立暨2016年世界母系文化研究国际学术会议会议论文集》，四川成都2016年版，第29页。

④杨建国：《藏着的摩梭史》，云南人民出版社2009年版，第78页。

20世纪40年代的摩梭农家

据社会文化的发展变化，它的比例有所不同。但从总体来讲，永宁和环泸沽湖是母系制存留较为完整的地区。这是因为这一地区地处滇、川、藏三省交界地区，周围为崇山峻岭，地域较为封闭，历史上又处于其他大民族的夹缝中，封建领主为了保存自己而采取闭关自守政策，族群的向心力和凝聚力等因素促成了母系制的长盛不衰。尽管自元代以来纳入了中原王朝的统辖范围，但“山高皇帝远”，除了统治者土司履行对中央王朝的纳贡、守土、袭职等职责外，少有与外界经济、文化的交流，一直处于相对封闭的状态中。此外，与当时当地的生产力发展、生存条件及文化传统所决定，摩梭人自身特有的价值观、伦理观以及与之相辅相成的婚姻家庭形式得以长期保持下来，且发挥了它的优长之处，这就是摩梭人以“走访婚”为婚姻形式、以母系血缘为纽带、共同生活于同一家屋的母系家庭制度能成为主流的根本原因。

如今，随着经济和社会的发展，特别是旅游业的兴起，摩梭人聚居地区已出现一些新的发展趋势：一是母系家庭及“走婚”形式继续发展，不仅因其湖光山色，更因为母系大家庭及“走婚”习俗而成为文化亮点；二是母系家庭及“走婚”制在萎缩，其速度远大于20世纪60年代民族学家调查时的从母系大家庭中分衍出母系小家庭的状况。由于受外来文化的前所未有的影响，人们，特别是年轻人的价值观念、生活方式正在发生变化，加之经济利益和资源占有的驱动，摩梭人原有的婚姻家庭观念在一些年轻人中已经动摇，因此，母系大家庭中分离出夫妻小家庭的比重在加大；三是母系，父系并存的家庭，走婚、娶嫁并存于同一家庭中的状况正成为一种发展趋势。

二、父系制为主的婚姻家庭制度

在云南、四川两省的摩梭人中，还有相当一部分实行以父系制为主、间以少量母系

20世纪40年代的摩梭女人

制的婚姻家庭制度。这方面，可以以云南省宁蒗县境内的蒗蕖和拉伯两个地区为代表。

在蒗蕖摩梭人中，一夫一妻制（包括娶嫁婚及招赘婚形成的一夫一妻家庭）已占90%以上。据考证，这一地区的摩梭人原来也实行母系制，后来才逐步演变为父系制的。拉伯及其他实行父系制的地区也同样如此。

蒗蕖是摩梭人又一个大的聚居区。它与永胜、丽江相毗邻，是外界进入小凉山的通道。自元代以来，蒗蕖为摩梭阿氏土司的统治区域。由于地理环境及土司的开放政策，逐渐形成了多民族杂居的格局，摩梭人与境内彝、汉、普米、傈僳等各民族相互交往、相互影响，同时与社会经济相对发达地区的交往较永宁地区方便，诸多原因，形成这一地区多元文化并存、摩梭文化受异文化包围的状况。

拉伯处于与行父系制的纳西人、普米族等杂居的状况，隔着金沙江与丽江、香格里拉相望，相互交往频繁，相互影响较大。

其他与汉族为中心的城镇相杂而居的摩梭村寨，受汉文化影响更直接和频繁。

由于上述几个摩梭人聚居地区处于与多民族杂居，对外交往程度较高，受外来文化影响较大等原因，主要实行的是父系制婚姻家庭制度。但由于这种父系制脱胎于曾实行过的母系制，所以在性别观念上两性相对平等，伦理观念上以舅为大，私生子尚受宽容，社会文化较为宽松和谐，反映了较浓的母系制特点。

三、母系、父系并存的婚姻家庭

母系父系并存的婚姻家庭，系由母系家庭出现娶嫁、招赘现象，或父系家庭出现走婚现象而形成的。即母系家庭中有个别男子娶妻或个别女子出嫁、招赘，父系家庭中有个别子女走婚等。它依附于母系或父系家庭而存在，没有单独从自己的家庭中分离出来，其血统计算、继承关系皆从属于自己所属的家庭。故严格意义讲，它并不能属于一种独立的家庭模式。然而已为学界所约定俗成，故我们仍沿用此一划分法。但不同意把它说成是母系向父系过渡的中间形态。因为采取何种家庭形式，摩梭人并无外界人那样需遵循某种固定的模式，而是根据需要和意愿来决定，绝非遵循外界人所理解的社会进化的演进程序。这与他们宽松和谐、不拘泥于某一种人为的桎梏的文化心理有关。随着社会、经济的发展，人们思想观念的变化，它正成为一种发展趋势，体现了今日摩梭人所选择的一种生存格局。

四、摩梭家名及人名

无论是母系家庭，或是父亲系家庭，摩梭家庭都有个家名。家名的命名方式主要有：第一，以始建该家庭的主人之名字命名。即从母屋分居出的第一代主人的名字命名。如拉楚米、古玛、阿玛阿吾等系女祖先的名字，那若、贡布、嘎土等为男祖先的名字。第二，以始建者的地位、官职命名。如伙厄官、管家、把事等。第三，以家庭居住地、方位等命名。如格依（上面一家）、木依（下面一家）、器克（刺丛边一家）。第四，以古代的氏族图腾命名。如拉木（母老虎）、司格美（母狮子）、依米（母牛）等等。第五，以迁来此地之前的故里命名。如拉他（四川左所）、波罗（宁蒗白蕖坝波罗河）、七曼（左所七曼村）等。第六，以该家祖先的民族成分命名。如汉若及海人米（汉族）、巴阿（普米族）、鲁苏（傈僳族）等等。① 故在摩梭地区，说某个家庭，一般都有家名。若这个家庭分了家，就在原家名前冠以老和新，或以新分出去的主人名字来加以区分，如下落水格则家一分为三，住在原地的那家就叫老格则

20世纪60年代的摩梭女人

①詹承绪，王承权，李近春，刘龙初：《永宁纳西族的阿注婚姻和母系家庭》，上海人民出版社1980年版，第46—47页。

家，其余两家就以分出去的主人格则·独玛、格则·车拉姆加以区分。在不少情况下，分出去的父系小家庭，多用女方的家名，如尔玛阿乌家，有一男子占都甲泽娶妻另立门户，但他家的家名已不用尔玛阿乌，却用了妻子的家名阿它。这种情况多出现在母系家庭比重大的地区。也有少数沿用男方家名的，一般在民族杂居区出现。显然，它与接受外来文化的程度有关。

摩梭家庭成员的名字前要冠以家名，比如汝享·独支玛、阿加·丹史、尔玛阿乌·车尔独玛等，汝享、阿加、尔玛阿乌都是家名，独支玛、丹史、车尔独玛就是个人名字。摩梭家名近似汉族的姓，但不完全等同，姓氏是不能改变的，但家名则会随着血缘亲族集团的不断分裂和组合而变化。

摩梭人名，多请摩梭宗教人员“达巴”或喇嘛取名。在佛教未传入时，多由本民族原始宗教人员“达巴”所取，有根据个人出生年庚、方位、属相而取的，如木乌、高土、高农（年庚属南方者），甲阿、阿茨尔、那波（年庚属西方者），汝尔，古玛（年庚属北方者）；有以动物命名的，如苦若（狗儿）、苦姆（狗女），拉若（虎儿），拉姆（虎女）等。佛教传入摩梭地区以后，如果由喇嘛取名，则取成藏名，如打史登珠（福禄、完成）则忍达瓦（长命）、尼玛甲泽（太阳之光），而钦拉姆（宝贵女神）、独玛（慈悲女神）等等，上述取名方法，形成了同名者很多，所以在第三人称时，一定要冠以家名，以示区别，如阿加·丹史，拉扣·丹史，抛梭·直玛，阿争·直玛等。

第二节　走婚及母系家庭

摩梭母系制最核心、最能体现其文化特质的是母系家庭及与之相适应的“走婚”，这种家庭制度及婚姻形态，为摩梭人所特有，所选择，并为外界所关注，所称奇。那么，在当今世界在父系社会的氛围中，它为何具有如此强大的生命力而存在于世、独树一帜呢。

一、走婚的形式、特点及社会伦理规范

走婚，顾名思义，这种婚姻关系的建立是采取“走访”的方式，即男女相恋相爱，

摩梭四姐妹

不组成一个共同的家庭，白天双方各自生活于自己母亲的家庭，夜晚男到女方家访宿，次晨离开。他们的婚姻就这样靠“走”来维系。这种走访式的婚恋形态，直观地反映了摩梭人的婚姻形式，已为本民族所认可，且已约定俗成。

这种走访婚最大的特点，是情侣双方以情感、性爱和延续母系家庭后代之需要而结合的，排除了金钱、门第、地位等社会因素的羁绊，更符合于人的本性。爱就是爱，不爱就是不爱，任何人也干预不了，合得来就相处，合不来就分开，无须背负伦理和经济上的负担。结合自愿，任何人也不会去强迫；离异自由，任何人也不会去干涉。但这种结合，要遵循社会伦理规范：同氏族不走婚，血亲不走婚，姨表不走婚等。若涉及此种情况而孩子们不知，一般是在女儿确定“走婚”关系之前，母亲会告诉女儿，儿女之间也会相互暗示，彼此以兄妹或姐弟相处，不会建立“走婚”关系。若有违反规范，乱伦“走婚”者，则为世人所不齿，称他们是“脸上长毛的”，是“吃草的”，在社会上受到鄙视和谴责。

“走婚”关系的建立，时间有长有短，根据双方或单方感情的趋向来确定。具体过程云南、四川两边有些差异。

在云南的大体情况是：当事男女在劳动中，节日活动中，参加红白事及娱乐活动中相遇相识，互有好感，或一见钟情，双方通过目光的交流，互有吸引之后，男方递点小礼品，若被女方接受，就可以提出约会时间，到夜间，家人入睡后男方就去女方那里借宿，第二天女方家人还未起床，男子就悄悄离去。在经过这个临时偶居的初期隐蔽阶段之后，一旦感情成熟，女方征得母亲的同意后（主要是看是否符合婚姻规范，若符合，母亲是不会有异议的），双方正式建立“走婚”关系，此时男方就可以公开往来女方家，并帮助女方家干一些活，社会上也正式认可他们的“走婚”关系。在维持“走婚”关系期间，一般不会同时有第三者，如果哪方同时与第三者结交，被认为是不道德的，被社会所讥讽，把插足的第三者讽为“舔母猪口水的男人”（对男人），“拱水

摩梭少女

牛屎的老母猪”（对女人），认为这种人是牲口，不是人，最终会动摇彼此间的“走婚”关系的维系。对已正式建立“走婚”关系的大多数男女而言，他们的结合主要建立在情投意合的感情基础上，如果相处一段时间后，双方或一方感情变化或另有所爱，男方不来访，或女方不接待，关系即算中止。无须办理任何手续，也不存在经济或抚养纠纷，因为他俩仅偶居关系而已，以后双方根据自己的感情趋向，再与其他意中人相处，双方不会结仇，与平常人一样和睦相处。双方同居期间所生的子女属女方家庭成员，由女方家庭抚养，男子无抚养义务。男子可根据自己的情况和心愿，在平时或节日时给子女送点衣物。在孩子满月那一天，女家要宴请亲友，称为“日甲舍”（云南），或“若哈舍”（四川），届时男方家会带礼物去女家相聚，向亲友表明他家与孩子之间的血缘关系。

这种习俗，一般在比较稳定的走婚男女之间流行，如果走婚关系仍继续，那么孩子成长过程中生父会时常送给孩子一些衣服等物。有些关系特别密切的，男子还把孩子领到自己家里玩耍，逢年过节领孩子参加自己（父方）家里的祭祖活动。个别男子家庭无后，在征得女方及女方家庭同意后，也可以把孩子领至男方承嗣。一般来讲，孩子长大成人后，生父年老了，有的还经常去看望父亲，生父逝世时，亲自前往悼念，协助父家料理丧事。负担花销最多的那次“奇吐”仪式（丧礼中三餐请客及送终仪式要由亲属们分摊，称为“奇吐”）。如今，生活条件好了，父亲与子女的往来也比过去公开和密切得多，有的甚至把孩子接到自己家中抚养或者上学。但总体来讲，舅舅与孩子的关系比父亲与孩子的关系更加密切，因为孩子在母亲的母系家庭里生活，成长，父亲的责任和义务，是由母亲的弟兄们（即孩子的舅舅们）来承担的，舅舅与侄儿侄女们朝夕相处，尽心尽责，感情也就十分深厚。

在四川，摩梭人正规的走婚制，需履行以下程序：当男女在生产劳动、跳舞、集会等相识相遇，产生感情时，由男子主动请媒人带上衣裙、糖果、酒茶到女方家，说明来意，女方母亲便征求女儿的意见，若同意，当即收下礼物，同时回赠一件衣服、一条裤子和一条花腰带请媒人带给男方，以表示同意。此一程序摩梭语叫“佐佐嘎”。经过了“佐佐嘎”以后，男子首次到女家走婚时，要有媒人或一个要好的男子陪同，带上烟、酒、茶和其他礼物。女家会盛情款待，并将礼物敬锅庄后，分成若干份分送到村内各户，以委婉地宣布这对男女建立了走婚关系。将要睡觉时，由女子母亲或姐妹将男子送到女子的卧室。从此该男子便与该女子暮合晨分过着走婚生活。女方家有事时，男子可以在她家待上数日；男家有事，女子也可到男家住上数日。从此双方家庭成为“比子则黑”，即走婚亲家。平时相互照应，生老病死相互看望、奔丧，逢年过节相互拜节等。这种“比子则黑”关系，随走婚关系的建立而建立，也随走婚关系的解除而解除。但一般比较稳定。走婚关系的建立，有严格的规范和禁忌：禁止与父母双方有血缘关系者走婚；严禁乱伦关系；不能同时与两个或两个以上履行“佐佐嘎”手续，建立走婚关系，只能与原走婚对象解除关系后才能与第二个建立关系。若有违反，将受到舆论谴责。①显然，这已趋于固定的专偶走婚形式。另外，在四川以及云南宁蒗的摩梭聚居区，还存在少数走婚配偶从各自的家庭分出同居的情况。

就我们对云南这边的调查所得，昔日，由于走婚的婚姻关系较为宽松自由，所以稳定性相对较差。一般来讲，年轻时变换较频繁，有的甚至视走婚对象变换多为荣耀，认为女的长得漂亮，男的有本事，才吸引那么多的异性。所以有的人一生先后有过多个曾经相好的走婚对象，子女也为多个“走婚”配偶所生。到了中年，相当一部分人就把“走婚”配偶固定下来，有的乃至终身固定。这与妇女生了孩子以后盼求安定的意愿，以及随着年龄增大，性爱要求随之减少的生理现象有关。

摩梭儿女

①李达珠：《泸沽湖地区摩梭人母系习俗的基本特征及其成因分析》，《西南民族大学世界母系文化研究所成立暨2016年世界母系文化研究国际学术会议会议论文集》2016年，第29页。

而今，随着社会的发展，交往领域的扩大，对外信息交流的频繁，在年青一代人中兴起了一种“走婚”配偶固定，但双方仍各居母家，夜合晨分的“走婚”形式，民族学家称之为固定专偶走婚。这种走婚克服了过去走婚稳定性差，父亲与子女的联系很少等弊端，既保持了传统，又顺应了现代文明。正成为摩梭社会一种时尚，一种现代的婚姻模式。它最大的优势是避免了夫妻家庭的诸多矛盾，加强了男女双方以及双方家庭的联系，加强了父亲与子女的联系及父亲对子女的责任感。

总之，走婚的优长之处可概括为：一是，自由自主（在符合婚姻规范的前提下，当事人自己做主）；二是，男女平等（男女双方都有自己的人格和独立性）；三是，尊重人性（以性爱和感情为基础，排除了政治的、经济的、等级的干扰和约束）。

二、母系家庭的形式，特点及社会伦理制度

母系家庭是一个由母系血缘群体所组成，排除了非母系血统成员的家庭。母系家庭，摩梭语叫“日杜”，直译是指一个具体住宅及居住在宅内的成员。民族学界有“母系家庭”“母系亲族”等不同的称谓，我们认为母系家庭较为确切地反映了摩梭“日杜”的家屋性质，因为这里居住着清一色的、单一的母系群体。也就是说一个母亲所生的子女及其女儿们、孙女们所生的子女，全部生活在一起，同吃一锅饭，同住一个院落，一起干活，一起作息，大家融为一体，不分彼此。这些成员用父系制家庭汉名的称谓就是：外祖母及其兄弟姐妹们；母亲及其兄弟姐妹们；自己（女性）及兄弟姐妹、姨表兄弟姐妹们；子女及姨表姐妹们的子女们。摩梭人的亲属称谓图示如下：

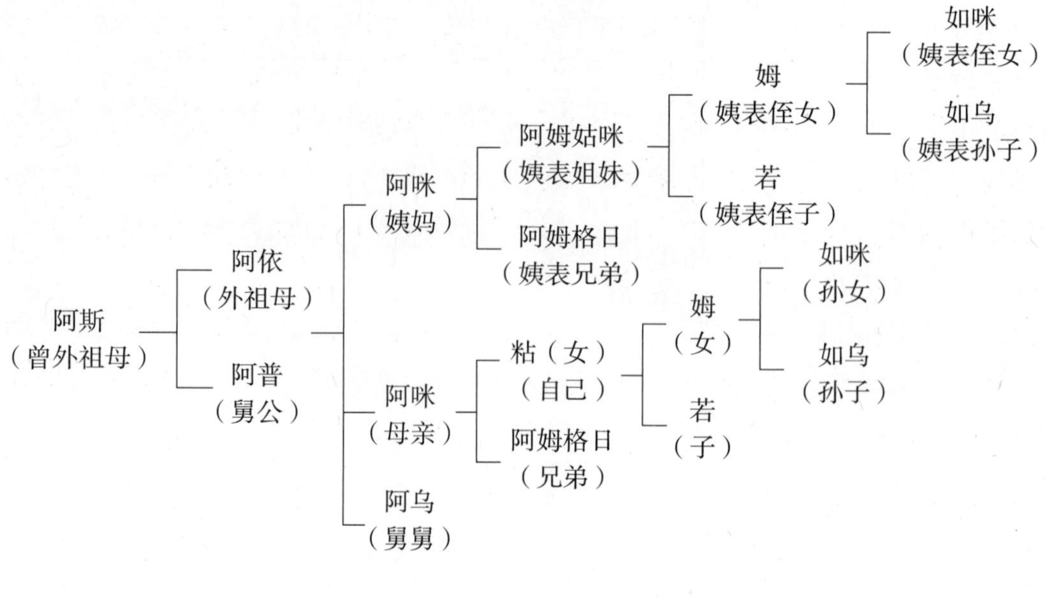

母系大家庭

这是云南方面的情况。在四川，即便是母系家庭，其称谓也还带有父系的称谓。如：孩子叫走婚父亲为“阿达”（父亲）或“阿博”（叔叔），称姨妈的走婚对象为“阿博”（叔叔）等。

母系家庭最基本的特点是血统以母系计，财产由母系继承，一个母亲所生子女全部生活在母亲身边，成年男女过着男不内娶、女不外嫁的“走婚”生活。所以家庭人口较多，一般由三代以上人组成，过去10～20人左右较多，现在7～10人左右较普遍。20世纪50～60年代实行“走婚”的较多，现在一个家庭中有“走婚”，也有嫁娶的情况较为普遍。据1956年民主改革时的统计，当时摩梭人中心区永宁的忠实、开坪、温泉、八株、拖枝、落水等6个乡，母系、父系、双系家庭388户中，母系家庭191户，占49.2，平均人口7、8人，10多人的家庭已经不多，20 人以上的母系家庭仅有落水乡有一户为21人。① 但我们在1996年11月对忠实、八旗、八株、海依角、瓦拉比、争波、拖枝、落水、纳哈瓦、开基、平静等11个自然村的200个样本的调查统计，母系家庭109个，占54.5%，家庭人口11～15人的占27%，说明它处于一种动的状态。1956年时被认为人口最多，计21人的落水村汝亨家，到1996年时只有12人了。但瓦拉比却还有3户是12口人，占全村家庭总户数的5.89%。据我们1997年的调查，尚有个别母系家庭人口很多，如纳哈瓦松娜米家，在“文革”前曾拥有30多口人，“文革”时因强迫成婚，已分成2户。1997年时的状况是：松娜米·阿纳1户，3代16口人，成年人全行走婚；松娜米·拉措1户，4代11口人，成年人有结婚、招赘、走婚者。但总的趋势是家庭逐渐小型化，家庭人口普遍比过去少。母系家庭在随着时代环境及家庭内部的情况而不断变化着。

母系家庭实行“舅掌礼仪母掌财”的管理方式。母亲和舅舅是家庭中最受尊敬的人，由他俩管理着整个家庭事务。母亲管理内务，称为“达布”。若母亲年老体弱，就

①詹承绪，王承权，李近春，刘龙初：《永宁纳西族的阿注婚姻和母系家庭》，上海人民出版社1980年版，第142页。

由长女或家庭中最精明能干的妇女担任，若家庭中无此条件的妇女，就由符合条件的男子担任。“达布”主要管理和安排家庭的生产生活，财产保管，经济开支，家务劳动，接待宾客等，是实际上的内当家。“达布”腰间挂着的那一大串钥匙，就是管理权力的象征。一般来讲，达布是最能干的女人，也是家庭中最辛苦的女人。舅舅负责对外交往及主持大的祭典。若舅舅年老体弱或能力不及，则由家庭中有本事的男性成员担任此职，实际上起着外当家的作用。因此，有的称摩梭母系家庭有内外两个当家人。实际上舅和母的分工有时也不那么严格，若舅能力不及母，母也在执行舅的对外事务，若母能力不及舅，舅也在管家庭内务。家庭中男女平等，民主空气较浓，既不行母权，也不行舅权。家庭内的重要事务，如起房盖屋，大牲畜买卖，借贷款项，昔日的土地典当，今日的创办旅社或做生意，置办大型农具等等，须由全家成年男女商量决定，内外当家人都无权自作主张。家庭财产为家庭成员所共有，继承权属本集体（母系群体），男女皆有。

摩梭之家

母系家庭中有明确的年龄和性别分工，成年男子担负着那些重体力活，如犁田耙地、上山砍料、起房盖屋、赶马运输、开汽车、开拖拉机等，青壮年女子承担栽种薅插、收割送肥、家庭手工业及饲养猪鸡牛马等生产活动及家务劳动。随着经济的发展及旅游业、商业的兴起，有的地方，青壮年男女承担了经营商店及家庭旅馆的工作，有的青壮年男子开展了跨区域的商业贸易，一些青年男女开始了外出打工，改变了传统的固守家中、省心省事的生活。老年人及小孩进行些力所能及的辅助性劳动，如放牧牲畜、割草、带小孩等。每个家庭成员自觉干着自己分内的工作，无须当家人安排督促或催促。而今适龄儿童都要上学读书，孩子们在完成学习任务之余，会自觉帮家中干自己力所能及的事。

母系家庭有一套伦理道德规范。尊老爱幼，长幼有序，相互关心，相互体谅，相互礼让，团结和睦，成为家庭成员们自觉的行为准则，维护大家庭的团结和富裕，是每个成员的最高伦理道德规范。老人是全家的尊长，年老的舅舅及年长的舅舅们，他们曾经是家中重活累活的承担者，帮助姐妹们抚养教有孩子的教养者，赡养孝敬母亲及其年老姐妹们并陪伴至终老的孝亲者，受到全体家庭成员的敬爱与尊重。摩梭俗谚曰：“天上飞的鹰最大，地上走的舅最大。”足见人们对舅舅的尊崇。老母亲及其姐妹们，她们曾经是家里的“达布”，第一个操心最多，第一个起得最早、睡得最晚，第一个对家庭付出最多的当家人；她们曾经是没完没了的田间劳作和家务劳动的承担者；曾经是孩子们的生育者和教养者，同样受到全体家庭成员的爱戴和尊重。摩梭民歌中歌颂母亲的特别多，比如“一切烦恼的事情都可以忘记，唯独忘不了母亲的恩情”；“月亮最亮的时候也只有五天，母亲在儿女心中一辈子都明亮”等。反映了摩梭人特别厚重的崇母观念和恋母情结。正因这样，摩梭母系家庭中对舅舅和母亲特别尊敬和崇敬，坐次要坐尊位，吃饭先递送给他们，在他们面前不能说不礼貌的话，等等。孩子们作为家庭的未来，他们受到全家人的爱抚。全家人对他们负起了抚养教育的责任，不分是否是自己亲生的，一视同仁，一样对待。大人们对孩子总是轻言细语，循循善诱，从不打骂。因为孩子们自幼在长幼有序、和谐和睦、职责分明、文明礼貌的家庭和社会氛围中长大，所以懂得自己应遵循的规矩和自己应该做的事，用不着大人们的严厉管束。即使做错了事，大人一轻声提醒，就会去自觉改正，决不顶撞。家中若有残疾人，倍受家人的悉心照料，力所能及地让他（她）过得舒心愉快。家庭成员们在完成自己分内的工作后，会主动去帮助他人，碰到利益相关的事，会相互谦让。男女老少，和睦相处，相互尊重，相互关心。吃饭依长幼次序坐，待客依宾主位坐，兄弟姐妹之间不说粗野、过头及男女之事等。这种文明礼貌的传统已经成为摩梭社会的一种风尚，一种文化传统。形成了摩梭人乐于助人，一人有事众人帮，一家有事全村帮的社会风气，形成了摩梭人热情好客，举止文明，豪爽重义，爱憎分明的性格。

摩梭农家

维护大家庭的团结和睦和富裕，摩梭人把它看成是一个家庭成员义不容辞的责任。所以家人相互尊重和谦让，甚至有的家庭如果姐姐或妹妹中有一人孩子生多了，其他姐妹会主动少生或不生，以避免家庭人口过多而影响生活。至今有的在外面工作的人，即使另成了家（夫妻小家庭），也仍把自己置于自己的母系家庭中，若家里不富裕，认为是自己的耻辱。同样，在家里办旅馆或经商而富裕起来的家庭，成员们为此感到荣耀，因为他们为自己家庭的富裕尽了一份力。

母系家庭在生产力发展水平低，处于保存自己的生存环境的情况下，以它的优势成为摩梭人立足于世的最佳选择，并形成了自己优良的文化传统。在当今改革开放的社会大背景下，在一些风景旅游区及历史上母系制比重大的社区，母系家庭仍然得到发展和巩固。这是因为前者是母系制的特有生存方式，特有观念与经济利益的合拍，后者则是传统的稳固和传承。总括起来，摩梭人母系家庭具有五大优势：一是资产集中，劳力集中，有利于发展生产，从而促进家庭富裕； 二是家庭内部团结和睦，尊老爱幼，为赡老抚幼提供了保障，同时避免了父系制家庭中婆媳、妯娌、夫妻等各种矛盾，关系单纯，幼有所养，老有所靠，残有所依，故摩梭社会没有孤寡和流浪者； 三是人与人之间融洽相处，助人为乐，济人为荣，一家有事，众人相帮，乐同乐，衰同衰，村邻和睦，保证了社会的安定团结；四是不近亲成婚，人们遵循着禁止父母双方的血统五代以内成婚的传统婚姻规范，一般近亲不发生婚姻关系，产妇及婴幼儿得到家庭的特殊照顾，所以保证了优生优育；五是母系大家庭共居一个院落，传统上不兴分家，节约了土地。今日因人口多、生活不方便才进行分家，分家的频率较之父系制家庭及相杂而居的其他民族低得多，节约了把耕地变为宅基地的那些土地资源。

随着社会经济的发展，外来文化的大量渗入，在一些处于政治经济中心的社区，以及历史上父系制比重大的社区，母系家庭的比重在逐步缩小或分家的情况在增多，这是由于在外来文化冲击面前，一些年轻人的价值观、生活方式受影响之故。

第三节　双系家庭

在摩梭人的家庭形态中，民族学界有“双系家庭”的提法，并且把它与母系家庭、父系家庭并列成为另一种家庭形成。笔者认为它不是一种独立的家庭模式（或形态），因为无论从家庭的继承关系，或者经济的独立性、劳动分工的情况，它都融入所生活的母系大家庭或父系家庭，没有它自己单独的东西。它是依附于母系（大多数）或父系（少数）家庭而存在。这种家庭在永宁摩梭社会所占的比例，据1956年永宁中心区忠实、开坪、温泉、八株、拖枝、落水6个乡388户的普查，母系、父系并存的家庭171户，占44.1%。可见其比重还是较大的。我们于1996年11月对忠实、八旗、八株、海依角、瓦拉比、争波、拖枝、落水、纳哈瓦、开基、平静等11个自然村的200个样本的调查统计，母系父系并存的家庭56个，占28%，与其他家庭形式一样，它处于一种动的状态。

古老的母系村落

顾名思义，所谓双系家庭，就是母系和父系两种血统并存于一个家庭中。具体讲，也就是母系家庭成员中出现了某一两个男娶妻或女招婿的情况，致使家庭中出现了外来血统，改变了男不娶、女不嫁，一律实行走婚的清一色的母系血统。这个家庭中既有“走婚”女子所生的孩子，也有娶进来的媳妇或招婿女子所生的孩子，他们共同生活在一起，享有平等的权利和应尽同样的义务。

同样道理，在父亲家庭中出现了某一两个“走婚”女子或男子，改变了纯粹的父系血统。因为“走婚”女子所生子女会生活在母亲身边，他们与娶妻男子的子女共同生活在这个家庭中。而“走婚”男子的子女则生活在他的“走婚”对象的那个家庭中，他自己则仍生活在父系家庭里。

从实际情况看，所谓“双系家庭”仅从血统看是母系、父系并存于一个家庭中，所以是双系。但作为一个家庭来看，则它不是一个独立的家庭模式，因为一个家庭除了血统关系外，还有家庭财产继承、家庭劳动分工、家庭经济资源的占有及分配、对外交换等诸多内容。作为母系家庭中娶妻的那一两对夫妻及他们的子女，没有自己独立的财产及生产生活方式，他们与其他成员一样，都属于这个老母亲家庭的成员，他们享有同等的家庭成员资格及继承权，享有同等的劳动权及分享经济收入的权利，享有同等的选择婚姻形式（走婚或娶嫁婚）的权利，享有同等的抚养（或被抚养）赡养（或被赡养）的义务和权利。因为他们的生产生活及经济开支等，已经全部溶入他们所生活的母系家庭中，并没有剥离出来。同样的道理，作为父系家庭中走婚女子及其子女、走婚男子本人，他们的生活也已融入这个父系家庭，他们有同样继承这个家庭财产的权利，以及享受其他权利和承担应尽的义务。

由于摩梭宽松和谐、不拘一格的社会文化心理，他们在选择婚姻形式和家庭形态上，并没有一个固定的、非此不可的模式。所以常出现“走婚”、娶嫁相互转换的情况，全依需要和方便来定：无女，可以过继养女，也可以娶媳；无儿，可以走婚或招婿；有儿有女可以全都走婚，也可以有娶妻或招婿者，也可以男上门、女出嫁。显得随意和灵活。个中原因，主要在于维护家庭的团结、和睦和富裕。因为摩梭母系文化铸就了以母系家庭为核心的群体意识特别强的特点，它以一系列超越于个体之上的价值观念和信念，把全体成员凝聚在这一群体里，以维护家庭群体利益作为最高准则。

在中华人民共和国建立以前，由于环境闭塞，所以几代人都坚持“走婚”的情况在摩梭人中较普遍盛行，从而母系家庭在社会上占的比重较大。随着中华人民共和国成立以后，摩梭地区对外交流的日益频繁，经济发展加快，人口增多，受外来文化冲击等原因，母系家庭中出现嫁娶者的情况逐渐增多，从而形成不同代或同代不同人中走婚、娶嫁婚交替、交错实行得越来越普遍。特别是改革开放后，这种现象发展更快。一些原来几代人都实行走婚的母系家庭，出现了内娶外嫁的成员，改变了纯母系血统；一些全行娶嫁婚的父亲家庭，也出现了走婚成员，改变了纯父系的血统。尽管如此，但从家庭范畴看，他们仍依附于自己所生活的母系或父系家庭而存在。比如：纳哈瓦村的松娜米·拉措家由4代11人组成。第一代母亲娜珠1人，走婚；第二代女儿拉措及其丈夫郭茨尔2人，“文革”中被强迫实行结婚，成立夫妻小家庭，郭茨尔便前来上门入户；第三代拉措的子女，有走婚者，有招赘者，计7人；第四代，拉措的二女儿之子1人，未成年。形成了走婚、招赘婚并存的双系家庭。而拉措在行招赘前是从母系家庭松纳米家分家出来的。所以这个家庭经历了如下演变过程：母系—父系—双系。同一个村的何益史家，父母行招赘婚，子女有走婚者、出嫁者，遂由夫妻家庭变成双系家庭。又如达市村迪雅·娜珠家，父母行娶嫁婚，子女有走婚，有娶妻，由父系家庭变成双系家庭。此种情况，不胜枚举。但有一点，这些家庭中的子女们，都与行母系或父系的长辈居住在一起，同为一个家庭成员，母系或父系的家庭性质没有改变，但家庭中已存在母系、父系血统并存的情况，今天在摩梭社区里正成为一种发展趋势。

第四节　娶嫁婚及父系家庭

在摩梭地区，实行娶嫁婚及父系家庭的情况各有差异。在永宁地区，娶嫁婚及与其相适应的父系家庭，是与“走婚”及母系家庭相杂而存的；而在蒗蕖地区、金沙江边等与其他民族相杂而居的摩梭人聚居社区，实行父系制婚姻家庭——娶嫁婚及父系家庭为主，夹以少数母系家庭及双系家庭。据1956年永宁中心区忠实、开坪、温泉、八株、拖枝、落水6个乡388户的普查，父系家庭26户，占家庭总户数的6.7%。而我们于1996年11月的200份问卷调查，父系家庭的比重占17%。虽然前者是普查，而我们是抽样调查，不能作为主要依据，但从我们调查所得，总体上看，父系制的比重在增加，这是实情。这与社会、经济发展，外来文化的影响有关。当然各个社区有所差异。

一、娶嫁婚的特点及缔结方式

娶嫁婚对摩梭人而言，是与“走婚”并存的一种婚姻缔结方式。顾名思义，娶嫁婚就是男娶妻、女出嫁，配偶固定，从夫居或从妻居，与中国传统的娶媳妇到男家或招夫上门的形式相同。这种婚姻稳定性较强，缔结婚姻关系需要实行一整套程序化的礼仪，婚姻关系的解除也要经过既定的习惯法（过去）、法律（今日）程序。这套程序化的礼仪，各个地区不全然相同，总体说来，大体过程是男女双方自由恋爱或经家中亲友撮合后，男方家请亲戚长辈或村中有威望的人做媒，前往女家求婚。被请去求婚的人摩梭话叫“古普”，说合以后，男方要请媒人带着鱼、酥油、糌粑、盐巴、茶叶、酒等去求婚。鱼象征婚姻的顺利；酥油和糌粑象征感谢女方父母的养育之恩；盐巴和茶叶象征双方感情像高山树木；酒象征这件婚事高兴、热闹。

求婚被同意以后，由长辈主婚，送礼聘娶，过去要送骡马、牛、羊或金银财物，后来重礼逐渐取消，只送给新娘一套金边衣、新娘父母各一套衣服，送些肉、茶、酒之类，还要请达巴念经祭祖，举行一整套复杂仪式，宴请亲友乡邻等。接亲仪式过后，女方家宴请客人，把新娘接至新郎家，又要请“达巴”诵经，新娘向夫家神龛祭拜，男家宴请客人等。① 由于在永宁地区娶嫁婚系少数，婚礼仪式相对于娶嫁婚为主的蒗渠、拉伯等地区简略一些。以蒗蕖为例，传统上从说媒定亲开始需要经过三回九转的程序。男女双方无论是自由恋爱或父母决定，同意结婚后，需请媒人（摩梭语称“隆尔布”）第一回到女方家征求父母的意见，如父母表示同意初作决定后，第二回请婚人和长辈到女方家第二次提亲，并举行祭小锅庄仪式（摩梭语称“克史戳多此”），由女方家选定吉日，邀请亲朋、乡邻等待男方家媒人带上祭祖礼物烟、茶、酒、肉、酥油等到女方家祭大锅庄（摩梭语称“祖普纳”），祭过大锅庄才算正式定亲。男方家三次到女方家提亲、定亲，媒人要九次到女方家说合，称之为三回九转，表示好事多磨。

正式定亲后，请“达巴”选定吉日举行婚礼。婚礼中，男方家要带贵重礼物，如玉耳环、珍珠项链、绸布衣裙等物，还要给女方父母做一套衣服。女方家也要有贵重礼物陪嫁，富裕的送牛、送马和羊，或送金银财宝，贫困的至少送箱、柜和衣物。新娘和陪嫁财物，到男方家大门口时，男方家还得用掌盘托上金银财宝等贵重礼物赠送为新娘牵马之人，得到礼物后牵马人方让新娘下马，进入新郎家，此称回彩马礼。接亲时，举行烦琐的祭礼仪式：新娘迎接到新郎家大门口时，由小叔子等属相不相冲突的男青年背新娘从点燃的杜鹃枝火堆上跨过，让烟熏身，意为驱除晦气，摩梭语称“戳索”。此时，达巴端着金盒子，头戴金银珠宝帽、手持七色旗、口诵吉祥经，封赠东西南北中五方神灵。当新娘进入新郎家堂屋后，由新郎新娘按男左女右的规矩点燃神台上早已准备好用七色花线相连的两盏神灯。然后达巴在新郎新娘的额上点上少许酥油，表示神灵已经正式确认二位为夫妻，并倒出神水让新娘新郎漱口，表示夫妻文明礼貌，互不说脏话。然后再倒出神水由新郎新娘喝

锅庄舞会

①马继典：《泸沽湖摩梭母系文化风情实录》，云南人民出版社2006年版，第83页。

下，表示神水护体，新郎新娘健康长寿。之后，新郎新娘先后向神位、祖宗位及父母、长辈磕头敬拜。受磕头礼的父母或长辈，此时要馈赠贵重礼物给新娘。礼毕，由属相不相克的长辈或同辈，即伴娘，扶新娘到堂屋火塘右边坐下，由“达巴”或喇嘛为新娘重新取名，并连叫三声所取新名，由新娘或伴娘答应三声，表示新娘从此正式成为新郎家族的成员。在举行婚礼仪式中，“达巴”都要为新娘和家庭念经祝福祈祷，家庭条件好的，还要请喇嘛为新娘新郎念《长命经》《平安经》，祝福夫妻白头偕老。

举行完以上仪式后，还要祭锅庄，由“达巴”用新娘家准备的祭锅庄礼物祭锅庄。“达巴”颂《司古坡经》，由伴娘清点陪嫁礼物交给新郎之母，进行物品和开箱柜之锁的钥匙的交接。

祭锅庄时，由两名摩梭青年手持海螺，等礼炮九响之时吹响海螺，此时炮螺齐鸣，“达巴”口诵《彩彩经》，进行祭天、地、日、月、星、山、水、神、祖先，祭毕后开始大宴宾客，以表示同庆喜日。

婚庆次日早饭后，伴娘端出新娘家准备的糖食果脯等食品招待亲朋好友，新郎家则摆设糖食、烟、酒、茶款待送亲客人。之后，新郎家组织人员执掌盘托烟、茶、酒送新娘家送亲人员。古时要送三里路，后来送三程。在送别过程中，送亲人员要每走一程品尝一次所托烟、茶、酒，并放上钱物作答谢。送走送亲人员后，小伙子吹响海螺，“达巴”持七色旗诵《彩彩经》，返回途中一路喊回好运。回到家后拆除婚庆日所用松枝、柏枝塔的棚子。

举行婚礼后新郎新娘互称双方父母为舅舅、舅娘，不能称爸爸、妈妈，寓意娘亲舅大。

历史上摩梭人选择对象、谈恋爱，等级森严，讲究门当户对，即部落首领与部落首领之间、土司和总管及把事之间、平民百姓之间开亲，绝不允许下层找上层。摩梭上层有“女不嫁百姓，男不娶百姓”的说法。但允许上层找下层，却不能公开，只能秘密进行。如有下层找上层被上层发现，要严加处罚；如果下层男子摸着上层子女的头，要罚一张虎皮；摸着胸部，罚一对白锭；摸着下身，罚一床氆氇；发生性关系，男女皆火化焚身，而今这种现象已被打破。①

在永宁摩梭母系“走婚”家庭中，也不断分衍出结婚娶妻另立家的年轻一代。

①杨建国：《藏着的摩梭史》，云南人民出版社2009年版，第79-81页。

随着年轻人外出做生意，创业打工的增多，他们的观念也正在改变。这部分人中不少人选择了结婚的方式，并突破了民族内婚的传统，与外地、外民族人结婚。

二、摩梭民间的父系家庭及其特点

父系家庭是血统以父系计，财产由儿子继承，女儿出嫁。由于这种家庭是由母系制脱胎（在永宁以外的摩梭聚居社区），或由母系大家庭分家出来另组成一个小家庭，所以除土司阶层外，它的世系不长，母系制的特点还较浓，全然不同于中国传统的父系制家庭。

摩梭人的父系家庭有两种情况：一是民间的父系家庭；一是土司及上层的父系家庭。这里介绍民间的父系家庭。

民间的父系家庭最大的特点是两性平等，家庭中民主空气较浓，没有男尊女卑的现象。以当家人来讲，一般由父亲担任，若父亲能力不及母亲，就由母亲担任。实际上形成父母二人中谁能干谁当家的状况，并为社会所认可。但当家人不独揽大权，重要事务，如昔日的土地典当、大牲畜买卖、起房盖屋，今日的置办大型农具、起房盖屋、借贷等，全家男女成年人共同商量决定。实行男主外、女主内的性别分工，父亲管婚丧、对外事务，母亲管家庭理财、劳动及日常生活安排。在劳动分工方面，犁田耙田、平土挖土等大多由男子负责；平时的田间管理如施肥、放水、薅锄等，男女共同进行；家务劳动、带小孩、找猪草等由妇女负责，男子也不同程度的参加，其他如收割、打场等，男女共同参加。

摩梭民间父系家庭的另一特点是世系不太长，家庭人口相对较母系少。据对史籍记载的分析及田野调查资料，摩梭民间父系家庭系由母系家庭演变而来，最早也不早于清代初期或中期，故其世系不过七八代。在父系家庭中，一般由父系血统的三代人组成，较之母系大家庭，人口相对少一些，其家庭结构大体是：父亲母亲、儿子儿媳、孙子（未成年）。其亲属摩梭语称谓：夫，“汗处巴”；妻，“处咪”；祖父，阿波；祖母，阿依；父亲，阿打；母亲，阿咪；儿子，若；女儿，咪；孙子，如乌；孙女，如咪，等等。

摩梭民间父系制的再一特点是性关系较为宽松。有的男女婚前都可以有自己的情人；个别女子婚前怀孕，不会遭非议，结了婚，可以把孩子随母带走，私生子不受歧视，并享有与其他孩子同样的权利。

总的来看，在摩梭民间父系家庭中，母亲的实际威望是最高的，然而也是最辛劳的。与永宁母系家庭的“达布”（当家人）一样，这些父系家庭的“达布”妈妈们从早忙到晚，从年初忙到年终，她们无时不在忙碌，在世俗社会中，特别显得有韧性，她们是家庭生活的中心与支柱，因此，摩梭人有特别厚重的恋母情结。

三、土司及上层的父系制家庭及其特点

在摩梭地区，无论是永宁土司、蒗蕖土司、左所土司，都是实行父系制婚姻家庭，历代相传。它是为了适应土司阶层政治、经济上的特权，适应中原王朝的体制而存在的。它与民间盛行的母系制长期并存、相互影响。

土司阶层的婚姻家庭有如下特点：

第一，实行包办婚姻及等级内婚制。民间的婚姻，主要以感情为基础，然而土司阶层的婚姻，则是以阶层利益为前提。为此，土司家庭子女的婚姻是家长包办，联姻范围限定于土司之间、土司与总管之间、土司与土官之间，斯匹（贵族）之间等相互联姻，权衡本阶层的利害，成了缔结婚姻的基础。如永宁土司、蒗蕖土司、左所土司等都互为联姻，其内部贵族之间也相互交错联姻。以永宁土司为例，他们的联姻范围基本限定于蒗蕖、永宁、左所等地的土司、总管、土官、 斯匹（贵族等级），尤以土司与总管家庭联姻频率最高。如第24任土司阿应瑞之正妻阿基扁玛系老总管阿云山之姐姐；第25任土司阿民翰的第三妻茨尔直玛为总管阿少云之妹，而他的大妹阿可纳中则嫁给阿少云为次妻，二妹阿永珍嫁给总管阿少云同父异母之弟阿少山等，两家相互交错联姻，形成政治上的特权与姻亲关系的交合。此外，永宁土司、总管又与当地汉族（已摩梭化）陈把事家、24管之一的土官争波阿氏（阿子和家）等上层也纵横联姻，如第25任土司阿占科之弟阿占胜，娶陈把事家女陈独玛为妻；第26任土司阿民翰之次妻为陈把事家女梭拉直玛，阿民翰之小妹给若则嫁阿子和（阿子才之弟）为妻；总管阿少云之胞弟阿批茨尔娶阿子和之姐丹史独玛为妻等。这些包办婚，曾引起过女子抗婚之事，如老土司阿恒芳之女阿扣纳措，就拒绝做老总管阿夺奇的小老婆。

第二，家庭内部夫妻、妻妾不平等。妻子得依从丈夫，受到丈夫的约束与控制。如果妻子婚前与他人有往来，婚后则必须停止，如若被发现，就要被丈夫解除婚姻关系。例如永宁总管阿少云之次妻阿扣纳中因婚后返娘家时与人走婚，被阿少云发觉后，立即解除了婚姻关系。土司阶层的妻妾也以其出身贵贱来决定其家庭地位，如果妻的出身不如妾高贵，则妾的实际地位高于妻；若妾的出身不如妻，则妻就凌驾一切。

第三，实行一夫多妻制。据对永宁土司谱系的分析，至民主改革前，永宁土司共

玛尼堆前的祈祷

承袭了27任，从第23任起，就明显反映了一夫多妻的状况。如第25任土司阿占科有一妻一妾，第26任司阿民汉有一妻二妾，总管阿少云有一妻三妾等。

第四，还存在婚外走婚及不等辈婚的现象。摩梭土司阶层的父系家庭虽然恪守娶嫁婚姻的说媒、提亲、结婚等程序及规范，但男女婚前婚后性关系相对宽松，所以也就有婚外“走婚”的情况发生。据了解，永宁土司，从第25任土司阿占科一代起，娶了妻子以后还走婚，走婚对象不分等级，后来的妾，都是奴隶，先走婚，后接回家后做妾，有的则一直保持着走婚关系。至于土司家女儿，性关系更为自由，已为人妻者，不但婚前有走婚对象，婚后仍有与情人同居的情况；有的则不出嫁，终身过走婚生活。由于性关系较自由及等级内婚，所以还出现若干不等辈婚的情况。例如永宁总管阿少云与其次妻阿可纳中属表叔与表侄女之婚配；第26任永宁土司阿民翰与其妻茨尔直玛系表侄与表姑婚等。

从以上四个特点可以看出，摩梭土司及总管等上层家庭，虽为父系制，但还存在较浓厚的母系制特点。它与传统中国社会的父系制不全然相同。

四、招赘婚及其夫妻家庭

摩梭社会的婚姻家庭中，还有一种女招婿，男入赘，共同组成从妻居的夫妻家庭。这种婚姻形式是正式结婚，须请媒人说合，重礼聘娶，长辈主婚，举行正式婚礼，盛宴亲朋。这种婚姻受社会习惯的保护，解除关系必须得到双方家庭的同意和社会认可。有些只有独女或虽有几个姑娘但缺乏劳力的家庭，多采取招赘办法为女儿完婚。招赘婚一般是女子相中某男子后，长辈出面托人到男家探询，男家长辈如果同意，即转告儿子，如儿子不同意，亲事作罢；如男方同意，女方便正式请媒提亲。媒人到男家时，带一坛酒、一筒茶、一盒粑粑、一只猪腿作见面礼。男家长辈将礼物放在锅庄上祭祖先后，亲事就算定妥，往后择个吉日举行婚礼。结婚时，女家送些酒肉、米粑粑给男家宴请宾客，男家则为出赘儿子做一二套新衣服。成亲的当天早晨，女家的几个男宾迎接新郎，新郎的兄弟姐妹及伙伴前往陪送；到达女家后，由达巴给新郎、新娘额上抹酥油，祝新婚夫妇长命百岁，白头偕老；新郎新娘拜祭天地、祖先及长辈，并接受长辈们的祝福。晚上，女方简单宴请亲戚好友。婚礼即结束。

这类家庭，当家的“达布”多为女性，但若女能力不如男，男的也可当家。家庭财产由在家男女继承，按年龄及自然体力进行劳动分工，两性平等和睦。

第五节　母系家庭的居住格局及其功能

摩梭家庭的居住格局，是与其母系大家庭及走婚相适应的。

摩梭传统居住木楞房（又称木摞子房），系由圆木两端砍上卡口后纵横相架而成，上覆以木板，用石块压其上。院落布局一般为三方一照壁或 四合院，由正房、经楼、宿舍楼（现叫花楼）、门楼组成，中间是天井，房后有后园， 用房屋及土墙围成一座座庭院。

摩梭村寨

正房是平房，摩梭语称"日米"（又译为“一梅”），祖屋、母屋或祖母屋之谓，是整个院落空间的中心，是整个家庭进行祭祀、人生礼仪、待客、进餐以及其他活动的核心场所，也是老年人、少年儿童及未过婚姻生活的男性成员的住宿之所，起着多功能厅的作用。

“日米”多与所靠之山呈垂直方向，据说与供奉于火塘上方之神位“冉巴拉”需设于靠山一侧有关。据《泸沽湖摩梭母系社会》一书的介绍，摩梭传统院落中，“母屋一律坐西朝东”那是四川方面的情况，估计只是平坝及有条件的地方。“日米”设有“依米”（正室）、“格潘”（上室）、“木潘”（下室）、“独潘”（后室）、走廊间5个部分。整个布局如图：

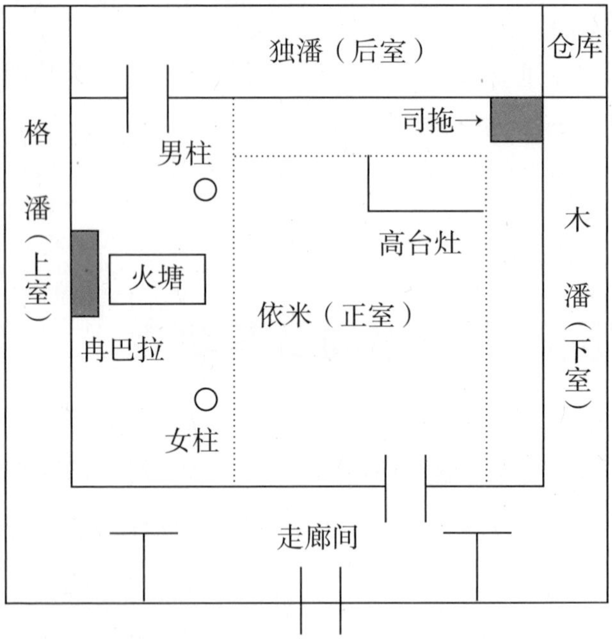

正室“依米”是正房的中心，一端设有火塘，周围铺以木板，高出地面尺许，中间为火塘，火塘上方设锅庄及供祭品的平台，锅庄所靠之壁上为“冉巴拉”像，用泥塑或用硬纸画成，其图像为莲花和海螺图案，有的中间绘一团火。火塘右侧置有一长方形大木柜，内装食品等物，上面为老人休息和睡觉之所。火塘左侧为橱柜，上置茶具、酒具及食品。火塘两边，右是主位，左为客位。房中有两根大柱子，左为男柱，右为女柱。建房砍这两根柱子时，必须是同一棵树，顶上一节为左柱（男柱）、根根一节为右柱（女柱），体现了女为根的文化内涵。在为孩子举行成年礼时，男孩要站在左柱前，女孩要站在右柱前。正室另一端为泥土地，中设高台灶，两侧架有木板高床，可供人睡。顶角设有一神龛，摩梭语称“司拖”，摩梭俗谚曰“司拖日努米”，意谓“司拖”是正房“日米”的心脏。“司拖”上供有神像、花瓶和各种供品。高台灶红白大事才生火起用。与火塘一板之隔，右为家庭主妇起居室“格潘”（上方之意），兼作食品保管室；左为仓房“独潘”，储藏粮食和肉食，人死了，还作停尸寄葬之用。正室右侧房间“木潘”，设有大灶、磨、碓等，煮猪食及酿酒就在此室，同时还用来放置农具和用具等，有的人家仓库设在此间。妇女分娩也在此间，故摩梭俗话有“婴儿头拴磨盘，脚连木碓”之说。连接正室、左室、右室的走廊间，放置水槽。火塘是“日米”的中心，全家人炊事、取暖、待客、议事及一日三餐 祭“冉巴拉”都在火塘周围，人死后的葬礼也在此屋高台灶侧举行。小孩出生后，产妇要睡在火塘边。老人及未成年的孩子也在此就寝。

经楼摩梭语称“嘎拉日”，即“菩萨房”，顾名思义，它在摩梭建筑中 具有重要作用，它系两层楼房，楼上为经堂及喇嘛住房，是进行佛事活动之所。楼下为单身男子或客人住房，也有用作堆什物者。

宿舍楼，摩梭语称“搓日”，即楼房，现在一些风景旅游区被取名为“花房”，笔者持异议，此乃以异文化对摩梭走婚的误读。最好还是用“搓日”或宿舍楼为妙。“搓日”供成年女子居住，亦即接待走婚配偶之所；若系夫妻家庭，则为夫妻及其他家庭成员居住。在人少的家庭中则无此楼，成年女性住在门楼上。

门楼，摩梭语叫“尼扎日”，楼上为成年女子住所，叫“以屋”，亦为 接待走婚配偶之所，楼下关养牲畜，中间是大门。门楼的布局多在正房对面。

显然，这些房屋结构适应了摩梭家庭形式、婚姻形式、宗教信仰及生产生活的需要。

正房集中体现了摩梭的传统文化，起到了祭祀、礼仪、聚会、餐饮、休闲等多功能作用，是传统文化传承之所，是整个院落的轴心。

经堂为藏传佛教传入之后的产物，显示了藏传佛教的神圣地位，是整个院落的宗教场所及庄严之地。

成年女性之居室，直接是走婚制的产物。

畜厩及仓库等，是为适应摩梭农牧兼营的生产门类及犁耕的生产方式而形成 的。

长期以来，摩梭人就这样在生产生活中创造了自己独特的民居建筑及其布局结构，摆脱了穴居野外的原始生活状态，创造了自己的文明。

摩梭人村落

永宁摩梭人在修建房屋或迁居新房时，都要举行一定的仪式，请达巴或喇嘛念经、占卡，除秽、祈吉，并请全村乡亲跳锅庄舞。《建房歌》中有这样的唱词：

铁铸的三脚架支上了，
它是屋内的欢乐。
锅庄上方的火塘安上了，
它是房屋的心脏。
“冉巴拉”已竖好了，
它是屋里人的欢乐。
吗达咪，房屋的四角坐好了，
那是房屋的宝座。①

永宁摩梭人的房屋建筑，中心区与金沙江边一带有所差别，由于江边 一带地势陡峭，所以房屋多依山而建，庭院小，除正房外多系土掌房，质地仍以木楞房为主，但也有土木结构的。与这一地区的地形及民族杂居而相互杂糅有关。

赶马人家

民主改革以前，土司规定百姓不准住瓦房，所以当时永宁只有清一色的木楞房。以后随着奴隶翻身，生活逐渐好转，才陆续有了瓦房。改革开放以后，建新房者越来越多，瓦房也越来越多，在我们的问卷调查中，有89.95%的家庭都填了改革开放后建盖了新房一栏。这些新房都是瓦房，且系土木或砖木结构，全木结构的木楞房占少数。在房屋布局、装修、陈设方面，也在不断吸收汉族、丽江纳西人、白族等民居的特点，厅堂用六合门，耳房门窗加雕饰等。有的人家还配以沙发、衣柜、矮柜等新式家具，摆设有电视机、收录机等等。有些人家还把装杂物的楼房底层改修成卧室，房子大门也不一定是门楼，依房屋布局及间隙把大门开在适当的位置，人畜分开不在同一院子，建了厕所。如平静村独玛拉措家，住着一所四合院，是1993年建的，其布局为：正房与宿舍楼相对，正房坐西朝东，宿舍楼坐东朝西，经堂楼与畜厩楼相对，经堂楼坐南朝北，畜厩楼坐北朝南，中间为天井，后园在正房后面，厕所修在正房与畜厩之间的屋

①陈烈：《云南摩梭人民间文学集成》，中国民间文艺出版社1990年版，第211页。

角，大门则在东北角宿舍楼与畜厩楼之间，它与传统摩梭院落相比较，大体有如下不同之处：

传统	现在
(1)大门对正房，从成年女性寝室下过。有门楼。 (2)卧室、畜厩组成门楼，共一栋。 (3)经堂楼下堆什物。 (4)无厕所。 (5)房屋皆为木结构。	(1)大门在屋角，无门楼。 (2)卧室、畜厩分开，各为一栋，卧室楼上下皆为卧室，畜厩楼上放草，楼下关牲畜。 (3)经堂楼下为新式客厅。 (4)有厕所 (5)盖瓦的砖木、土木结构。

有的家庭成员中有娶妻者，其新房一般安排在卧室楼的楼下，还要贴上喜庆的汉文对联。

在落水一带，随着家庭旅社的兴办，传统的木楞房又大为时兴，但已有了显著的改变：为墙的圆木，已改成外圆内方、外凸内平的木屋，即把较粗的圆木一剖为二，整齐排列，外观与传统建筑一样，里面却已装修成现代客房，再加上雕饰一新、可容汽车出人的大门，门上缀有红红绿绿的霓虹灯。近年有的人家以水泥构件代替了木料，但外观仍沿袭传统样式。为了适应旅客的需要，家家都修建了用瓷砖贴墙及地板的厕所、浴室、餐厅，拥有标间、套间、停车场，等等。旅客们坐在窗明几净的新式木楞房里，欣赏窗外的女神山和母亲湖，或躺在床上静听那湖水拍击岸边的声音，听那野鸭野鸟不时地鸣叫，会引起无尽的遐想， 这不能不佩服摩梭人巧妙的构思。

摩梭房子无论怎样变化，但有一点是不变的，那就是正房必定是老屋——那设有神圣的司拖与火塘的长方形平房，且老屋的陈设及布局不变：仍是正室“依米”“格潘”（上室）、“木潘”（下室）、“独潘”（后室）、走廊间5个部分，室内陈设位置也不变，但更讲究了，高台灶用瓷砖贴面，还设置了漆得光亮、雕刻精美的壁柜及橱柜，

劳作

木板房顶上安放了一些玻璃瓦，室内光亮多了。火塘边有的放上了矮凳、茶几，铺上了褥子。尽管如此，总体布局仍原模原样。不光一般盖了新房的人家如此，就是盖了三四层木楼，装饰十分讲究的人家也如此，在高楼当中，仍在显要位置立着一栋正房——祖房。祖房仍是摩梭人家饮食起居、办红白事、待客议事的多功能房，就是当了老板、开了大旅社的人家也如此。就像传统中国社会的敬祖一样，祖房成了摩梭人的祖先和传统的象征。据说昔日摩梭土司阿氏，尽管盖起了讲究的汉式一进三院的四合院，但仍有祖房，而且每逢年节，土司都要亲自到祖房跪拜，祭祀祖先。今天的摩梭人尊重祖房，不忘祖房，正是这一传统在新时期的沿袭。据杨学政的考证，火塘是母系祖先和母亲的象征物，摩梭语称火塘上方的"冉巴拉"为"阿依燃巴拉"，阿依指祖母，拉意为神，冉巴（藏巴）有尊贵、吉祥两层意义，"阿依燃巴拉"可译为"祖母神"，一年一度的"祭火塘"、"祭锅庄"就是祭祖，祈求火塘祖母神保佑母系血裔人口兴旺，牲畜繁殖，谷物丰收。届时同一斯日成员要杀一头肥猪，取猪头奉献在火塘上方，祈请"阿依燃巴拉"享用，达巴念诵"阿依燃巴拉经"，赞颂这位祖母神的无量功德（杨文音译为"阿依藏巴拉"），为与常用译文相统一，引者用"阿依燃巴拉"[1]。冉巴拉，大都理解为火神、火塘神或灶神，杨先生破解此神为祖母神，联系到摩梭的母系文化及女神崇拜，不无道理。

火神"冉巴拉"

除了"冉巴拉"，摩梭人一日三餐要祭锅庄，对此民间另有传说：古时有两母女相依为命地生活于一山村里，不幸母亲去世，女儿十分孤独和悲哀，每天上山劳作时，仍要带上两份饭菜，一份献于火化母亲的树下，作为送给母亲的饭，一份自己吃。有天树子传出了母亲的声音，叫女儿不要再那么远地送饭来了，只要每天三

①杨学政：《衍生的秘律——生殖崇拜论》，云南人民出版社1992年版。

餐时放点在火塘锅庄上，就等于自己在享用了。从此摩梭人家火塘里都要立一锅庄石，一日三餐用餐前都要先画一点献在锅庄石上，意谓献给祖先。从而进一步显示了火塘的神圣之所在。故对火塘有诸多禁忌，如不能跨火塘，不能把脚伸到火塘边上，不能背向火塘吃饭，不能把鞋子放在火塘前，不能在火塘前说脏话、粗话等。火塘所在之祖房，人们必然对其敬重。明乎此，房屋布局结构再变化，祖房却是永恒的。不忘先祖，不忘根根，正是家庭、家族、民族凝聚力之所在。

除了“日米”祖房外，摩梭人也特重视经堂，在某种程度上，更为虔诚。可以这样说，当今的摩梭人家，只要盖起了新房，都要把经堂装饰得特别讲究、特别下功夫。我们在温泉的瓦拉片村，参观了好几家人的经堂，有几家那一派金碧辉煌的气派，令人瞠目结舌，主人家往往以此而自豪。经堂，成了财富的象征，从印度、拉萨等地来的各种金光闪闪的佛像、经幡、器皿，象征着主人家的富有和能耐，也体现着人们对藏传佛教的笃信。如果说祖房“日米”，象征摩梭的传统文化的话，那么经堂则代表了藏传佛教文化。自从藏传佛教（俗称喇嘛教）传人摩梭地区，形成全民信教的局面以后，摩梭古老的达巴教式微，喇嘛教渗入社会生活的各个方面各家各户所设的经堂就是具体的表现。对经堂倾注着那么大的物力和财力，体现了人们的 一种价值取向。而对本民族传统的象征一一祖房的深厚感情，同样体现了人们的另一种价值取向。这两种文化、两种价值取向，就这样并行不悖地共存于摩梭家庭中，并外化于居住格局、建筑形式之中。

一个个的家庭群落而居，组合成了村落。民族学资料表明，这些村落是由血缘为纽带的“斯日”或同一“斯日”的若干母系大家庭组合而成的，形成了血缘——地缘集团。而今，区域间的人们交往频繁了，地缘集团在扩大，外来户或外来民族迁入并繁衍的情况在一些村落中并不鲜见。同时以婚姻为媒介，血缘集团又进行新的组合。以下落水村为例，相传最初入主此地的只有一个“尔”（氏族或家族），后来分衍为9个“斯日”，加上外地先后迁入一些摩梭家族及汉族、白族户，于是下落水村也由单一的摩梭村寨变成 了

高原稻

对美好生活的追求；五是母系大家庭在摩梭聚居区法律方面的合法性和制度体系的存在，为传承母系大家庭制度提供了社会基础和法律保证。

笔者认为这是切中实质的分析。这种家庭模式的长盛不衰，还与摩梭母系制在社会历史发展进程中的顺应性与适应性分不开。对此，云南大学历史系木芹教授作了详细论述，他认为母系家庭与封建社会同体的原因有：

第一，历史发展中的重大挫折。唐德宗贞元年间，南诏将纳西族（今摩梭人）万户、五六万人强徙于滇池地区，这些人应是居住在永宁、盐源的那一部分，其结果使这里的纳西族（今摩梭人）所剩无几。于是他们为了自身的生存繁衍和发展，遂选择了“最简单而又易于自卫自存的办法，即将当时还残存”于他们中的“父系母系混合家庭及对偶婚”复合起来。

第二，母系家庭及“走婚”作为维护封建领主统治的有力工具而存在。永宁土官在明永乐年间由土知州任命为土知府，之后，土官一直传袭至中华人民共和国成立。永宁虽为府，但地盘较小、势力不大，往往遭到周围各种势力的威胁，不仅处在藏族农奴主和彝族奴隶主的包围之中，还有来自丽江、盐源纳西族统治者的威胁，为了不甘于这些压力和威胁，维护和巩固自身的既得利益，永宁土官将民族内婚制作为对抗民族同化的工具来使用，同时为了对抗丽江、盐源诸地土官的威胁，于是把通婚范围进一步限制在永宁摩梭内部。并且以母系家庭及走婚来解决男女比例不协调的问题，并以此作为保证封建领主的劳动人手再生产的工具。

摩梭祖母屋

第三，母系家庭及走婚的适应力。“走婚”与“民族内婚和地区内婚相适应”，“它既符合了对抗民族同化的需要，也适应了本民族的繁衍”，同时适合了斯沛等级一夫多妻的变了形的欲望；“走婚”还无形地沟通着斯沛、责卡、俄 三个等级，“从而适应了封建领主的需要。”

第四，交通闭塞，“封建领主社会的闭关性、婚姻家庭的封闭性”致使这 一地区大约有 700年几乎处于凝滞状态，只是到了近代，开始受到商品经济的一些冲击[①]。木教授的论述，从历史学家的眼光，为我们认识摩梭母系制的适应性——它赖以立足并长盛不衰的社会历史背景提供了较全面的依据。

第七节　从摩梭母系大家庭看母系制的文化特质

摩梭母系制生发出了一系列特殊的行为方式、思想观念和信念等文化现象，同时它们又以其自身的力量促进并维护着母系制，二者形成了互动关系。母系家庭是摩梭母系制的主要表征，透过母系家庭，我们可以看到摩梭母系文化的基本特质。那么，母系文化的基本特质是什么？

自然、和谐，是摩梭母系文化的基本特质。它注重人性的自由、两性的平等、家庭的和睦、社会的安宁、人与自然的和谐。它体现在家庭、婚姻、人际关系、社会交往乃至社会控制、宗教信仰等等社会生活的各个方面 。比如家庭，虽以母系家庭为基本模式，但不拘一格，可以是母系家庭，也可以是父系家庭，也可以母系、父系并存于同一个家庭中；婚姻，虽盛行走婚，但自由自主，可以是配偶双方各居母家的走婚，也可以是从一方而居的结婚；性别关系，两性平等、团结和睦，男女都是家庭和社会不可或缺的因子，具有平等的权利和地位；自然观：人与自然互依互存，要和睦相处，不能互相伤害；宗教观：万物有灵，对灵魂有敬畏之感，而非互为对立。总之体现出一种自然、和谐的文化内涵。一句话，就是自自然然，按实际需要和客观可能行事，没有非此不可的事先设定的观念和模式。最终目的是达到和谐。故在行事时总能平衡各种关系，包括行为和心理。

母系家庭中“舅掌礼仪母掌财”的分工，实质上是两性互补和权力平衡的性别关

①郭大烈：《纳西族研究论文集》，北京民族出版社1992年版，第359页、第366页。

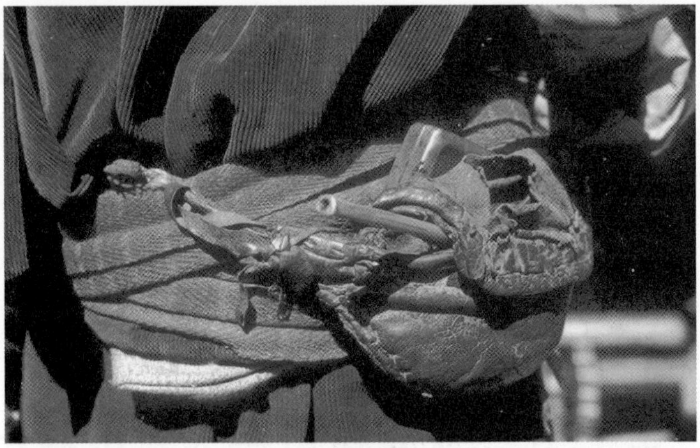

抽烟人的烟锅

系，体现了性别平等的内涵。究其实质，这两个当家人的产生，系根据男女生理、心理特点，进行男外女内的性别分工，既分工又互补，发挥各自的优势，从而达到让大家庭富裕和团结的文化目的。既不行母权，也不行舅权。值得注意的是，上述所讲母系大家庭的当家人仅指一般情况而言。在实际生活中，不分男女，谁能干谁当家的情况并不鲜见。

在世系传承中，摩梭母系大家庭重女，但也不轻男。故在生育期待上，认为两性皆需要，皆受欢迎。重女，是因为母系家庭血统按母系计算，女子被认为是根，是母系血脉的承继者。因而一个家庭中有无女孩，成为是否有承嗣的重要问题。有了女孩，意味着这个家庭香火延续；无女，往往要过继养女，这成为维系家庭世系的一种手段。当然，也有过继养子或儿子娶妻的情况。这全从这个家庭的具体情况出发。在过继养女时，首先考虑的是原来所属母系血统的女孩，如已分出去的姐妹的孩子，以及原来同一始祖母繁衍下来的孩子。实在无合适的，才逐步往外扩展。认为这样才不会失掉自己的根。体现出母系血缘为本位的生育观。这种观念，也体现在家庭建筑上。祖房中心的火塘两侧，立有两根柱子：左为男柱、右为女柱，因为摩梭文化右为大。建房时这两根柱子要由同一棵树砍出，根部是女柱，上部是男柱，体现了“女本男末”的象征意义。但这不意味着对“男”的轻视，正如有的学者所言：“女本”与“男末”之二元结构，绝非两极对立，而是互相协调补足。①“女性与男性在空间结构关系上是缺一不可的关系，在时间结构上是源流延续关系。”② 人们重女，但对男也同样重视，认为男是家庭中不可或缺的角色。用他们的话说，就是一个家庭中，不能没有女孩，也不能没有男孩。所以男孩在家庭中同样受到爱抚和尊重。在孩子们的成长过程中，没有性别等级差

①周华山：《无父无夫的国度：重女不轻男的母系摩梭》，光明日报出版社2010年版，第16页。

②翁乃群：《女源男流：从象征意义论川滇边境纳日文化中社会性别的结构体系》，《民族研究》1996年第4期。

腌制猪膘肉

异，男孩女孩，一视同仁，决不厚此薄彼。在成年以后，因生理差异而形成的劳动分工，以及“男外女内”的职责分工，体现的是平等的互动互补关系，而非权力结构的不平等关系。这种社会文化环境，有利于男女两性的和谐、平等发展。

长幼有序，尊老爱幼的伦理观，是母系家庭协调各代、各成员之间的道德观念和行为规范。成员间不分性别，相互体谅，相互关心，相互礼让，已形成个人自觉的行为准则。团结和睦，维护大家庭的团结和富裕，成为家庭伦理道德的最高准则。这一套伦理道德规范，维系着母系家庭的团结和睦，作为一种社会现象，它已突破血缘的纽带，泛化为一种社会风尚、文化传统，并以其泛化了的力量维系和巩固着母系家庭。

母系大家庭中家庭成员共享资源、共同继承的资源拥有和分配的财产观，同样体现了摩梭文化的人性化和平等观念。除了血缘传承而外，对家庭资源的占有、分配和继承关系，是母系制和父系或父权制的重要区别。在父系或父权制度下，家庭资源的分配、占有和继承，属于男性，女性是没有权利的。但在摩梭母系家庭中排除了父系或父权制人为的规范，不分性别，不分长幼，皆有同等的享有权和继承权。体现了自然的两性和谐、平等分享的意识。

母系家庭“男外女内”的性别分工，体现着摩梭母系文化的自然、平等内核。它与传统主流社会男尊女卑的性别分工不同，父权文化对两性角色的规定是男尊，男强，故要在外面——公众领域纵横驰骋，展现其大丈夫的风采；女卑，女弱，故只能在家里——家户领域尽其母亲、妻子、女儿的职责。这种性别分工，充满着男女不平等、性别歧视的社会内容。然而，摩梭社会的“男外女内”的分工，是在纯生理基础上产生的：男性健壮粗犷，粗心大方，无生育事，流动方便；女性纤弱细腻、耐心腼腆，要担负生养担子，难于离家等等。这样，女性便自然地基本固定在“家户领域”，从事持家理家、田间劳作、养育子女等等工作。男性则除了在家里担负家庭重活外，外出赶马运输、当土司兵（昔日）、当喇嘛，等等，都是他们的活动领域。随着经济的发展，今日，开汽车拖拉机、找副业、办企业、外出经商、当国家机关工作人员等还是男性为主。男性在公众领域的作用突显，加上外来文化的影响，已开始出现性别失衡的状况。尽管历史上因受外来文化一定影响，社会权力结构及社会参与中出现男多女少的偏男现象，但前述这些文化特征仍存在于摩梭社会这一特定的文化生态环境中。

摩梭男孩的“成年礼”

从总的来讲，由于女性生活于传统中国社会所难有的宽松的文化氛围中，她们有一种较强的自主意识和自立能力，绝没有那种依附感，也较少有弱者意识。艰苦的生存条件、繁重的家庭重担，磨炼了她们吃苦耐劳、坚韧不拔的性格，宽松和谐的社会文化心理、团结和睦的家庭氛围，陶冶了她们那豁达、谦让、平和、开朗的气度。

母系大家庭适合于群体的发展，包含了女性群体的发展，故女性的群体意识特强。同一母系家庭的女性相互依靠、相互信赖，她们共同劳动，共同生活，同甘共苦，相互帮助，相互关心，她们以群体的力量为了家庭的兴旺，体现着自身的价值。女性们考虑问题和行事，其着眼点就是母系家庭和自己的群体，往往是"我们"，而不是"我"。直至今天，那些投入经济大潮的妇女们，也仍以这种价值观和思维方式拼搏于商海里。

摩梭女人有自己的自尊和对他人的尊重。她们有自己的尊严，当受到侵犯时，她们会群起维护；她们能接受和包容走婚配偶的不来走访，豁达大度地对待他和他的新配偶，不会“嫉妒”和“仇视”他们。所以在摩梭社会中，不存在“情敌”“情杀”等父权社会的概念和现象。

从女性自身发展的角度看，群体意识较强，个体意识较弱，自我发展的观念也就相对较差。对母系大家庭的依赖性、非同寻常的恋母情结，使她们难于跨出家门、难于离开自己的群体。

从对男性的角度看，与其他一些民族女性相比，摩梭女性的自我意识、自主意识又是强的。她们可以选择自己的婚姻形式和配偶，可以决定婚姻关系的维持或离异。她们有较强的自我保护意识，如在经期或孕期，可以拒男人于门外不过走婚生活，在产期可以受到家庭特殊的照顾，自己的权利受到异性侵犯时，可以借氏族、乡邻得以伸张，等等。

总而言之，在母系文化熏陶下的摩梭女人，她们的自我意识表现出一种矛盾状况：对母系家庭这一群体而言，表现较弱；对男性群体而言，则表现较强。

那么，摩梭母系文化又塑造了怎样的男性呢？宽松和谐、崇尚自然的社会文化环境，铸就了摩梭男性的直爽豪迈、心胸豁达的性格和气度。他们自信而又带有几分狡黠、自尊而又显得随和。他们很有主见，一旦决定了什么事，绝不轻易改变。他们很讲究信誉，话一出口，必定办到。摩梭男人有他们的自尊，也有他们的对他人的尊重，时时体现出一种自然的平等意识。在母系大家庭中，他们是作为“掌礼仪”的舅舅，处于与母亲一样受全家人尊重的地位；作为亲骨肉的弟兄，他们与姐妹们一样相互敬重；作为儿孙，他们与女孩一样受到全家人的爱抚。同样，他们也以自己的全副身心，尊重、爱护着自己的长辈、同辈和晚辈们，不分男女，全然一样。这种自尊和尊重，形成了摩梭人的性格特征，包括男人和女人。

与女人们一样，摩梭男人们的群体观念特强。维护母系群体利益，是他们的行事准则，摩梭男人们把供养自己母系大家庭的老和小，看成是自己的天职，他们说“我们摩梭就是这样，侄儿侄女就是自己的儿女。我自己的儿女他们的舅舅会去管的。”当然，今天也有变化，他们也在开始管自己的儿女了，但比起家里姐妹的孩子只是次要的。有的男子，已开始萌生“划不来”的感觉，于是出现了分出来组成夫妻小家庭的情况。

摩梭男人由于生活于特有的家庭和婚姻形态中，显得气度特别大、特别宽容豁达。突出表现在两性问题上，他们几近没有父权制那种占有欲，能容忍别人夺己之所爱（女人亦如此），也能对所钟爱之人的“不接待”泰然处之。一切自然而然。对待孩子的己出和他出，也体现出这种气度。

摩梭男人的感情世界和感情经历，也具有与父权制下生活的男人不同的特点。他们有一种特别厚重的恋母情结，它浓到高于一切，包括高于恋人。母亲是他们心目中的偶像、尊者、长者、避风的港湾、生命的依托、生活的靠山……不随时间的推移而有所变化，这种情感，实属少有。

除了母爱，摩梭女人、男人的感情世界里还有两性之爱——对恋人之爱。他们这种

古老的母系村落

爱是自自然然的，更表现出了一种本能的意识。故这种两性之爱未加上除了爱之外的附加条件，政治的、经济的、等级的都尚未能施予影响（当今在个别人中有了某些变化）。

总之，摩梭男人有自己的性格特征和生活方式。从人的发展的角度看，较为接近自然、少有人为桎梏的心理和性格，有利于自身的发展，因为包袱不重，行事就较为果敢。对母系家庭的依恋，较之女性程度轻些，尽管在生活上他们对母系家庭依赖性大，但思想和事实上他们那“离不开”的感觉逊于女性，加之“主外”的传统模式锻炼了他们的社会交往能力，所以一旦有适合的气候，他们可以在外面闯荡，干出一番事业来。

毋庸讳言，在性别问题上，摩梭社会也存在着不同程度的不平等现象。从历史上看，当大头的妇女仅那么个把，迄今为止，当干部者、进入中学以上读书者，绝大多数为男性。在现实生活中，男尊女卑的观念已有所表现，集中体现在一些宗教场合对妇女所施的禁忌：不能入经堂，不能主持宗教祭典，不能给死者洗尸，就连火化场上妇女也只能站在下方，等等。民谚中也不乏贬损妇女之辞，等等。这是受外来文化影响的结果。

摩梭社会为何能存在性别平等的文化传统？

翁乃群从社会结构层面进行了分析，认为传统摩梭社会是一个以家户为中心的社会，家户领域大而公众领域小，其文化机制把男性女性都导向了家户领域，很多公众活动都在家户领域进行。摩梭人家以家户为中心的社会文化及不分男女的家户导向，扩大了女性的权力和影响力，使其与男性保持相当平等的地位。

我认为还有一重要原因，那就是摩梭人文化心理的人性化和宽松性。崇尚自然，宽松和谐，这是最突出的一点。女人、男人都是人，都是不可或缺的人，都是平等的人，这就是他们的理念。他们为母系家庭的承续而重女，但同时也为家庭的兴旺发达而不轻男。记得在一次社会性别培训班上，一位摩梭女曾这样告诉我们：我刚生下孩子时，问妈妈是女孩还是男孩？妈妈很奇怪地回答："啊，我没看，只看了孩子手脚健不健全？"我们没这个观念。只因单位上同事常问这，我才问的妈妈。宽松自然，处处体现在他们的生活中，家庭模式和婚姻形式自由选择，不必非此不可，要看实际情况来决定；"舅掌礼仪母掌财"的权力分工，不一定非舅非母不可，只要同辈或下辈能力超过他们，也可担任此职；无女要过继养女是维系家庭血脉的手段，但也可以娶妻，如此等等，充溢着人性的温馨、平等意识。

值得注意的是这种观念和意识，是在自给自足的自然经济的条件下，在相对封闭的环境中，在特殊的社会历史、文化背景中形成并延续下来的。当前在经济发展，对外交流日益频繁的今天，摩梭人的性别结构正面临前所未有的冲击和挑战，在公众领域内男权意识和行为正逐步侵入和强化，无形间慢慢渗透到家户领域中，加上历史造成的妇女参与社会事务的机会少，沉重的家庭担子阻碍着妇女去学文化、学科技，去提高自身素质。在市场经济中妇女将处于劣势，摩梭家庭传统的两性均衡、两性平等，面临实际上的失衡。如何继承传统精髓而又顺应时代发展，这是摆在人们面前的严峻课题。

第八节　母系家庭及走婚制的发展趋势

毋庸置疑，摩梭人母系大家庭及与之相适应的"走婚"的婚姻形式，是摩梭人在漫长的社会历史发展进程中，根据其特殊的生存条件和文化观念所选择的一种生存方式，它在较为封闭的社会和自然条件下，以既保持传统、又顺应时代的规律在历史长河中保存了自我，"以不变（母系制的核心）应万变"，得以生存和发展。

纵观摩梭人的历史，外来文化对其冲击最大的有三次，这种冲击曾经引起摩梭社会文化的巨大变迁。

第一次是受藏文化的冲击。居住在永宁地区的摩梭先民系唐时"逐出吐蕃"而居于此。吐蕃是这里最早的土著和统治者，当地的主流文化当时是藏文化。而藏文化的影响，突出反映在对摩梭人原始本土宗教的改造上。摩梭人的原始本土宗教行万物有灵的自然崇拜，神职人员达巴的主要职责是为人祈福禳灾、占卜凶吉、为死者引路等。接受本教影响以后，其神系、 仪式、法器、经咒诸方面都有了显著改变，从而把"达巴教"

水磨坊

这一初级的原始宗教改造成了高一级的原始宗教，乃至出现了“丁巴莎拉”① 这一达巴教的祖师。达巴教的巫师名称、职能以及口诵经的神系名目都受到本教的深刻影响。强大的吐蕃宗教文化对于摩梭宗教文化的冲击，导致了摩梭文化结构的变化：本教以其摩梭文化的形式，即达巴教本教化，对摩梭社会产生了重要影响。接着，公元 11世纪以后，至 15世纪的300多年间， 藏传佛教又相继传人云南丽江、宁蒗，四川木里及盐源等摩梭人地区。永宁摩梭人当时已进入封建领主制社会，在土司阶级的倡导和扶持下，藏传佛教得以迅速发展，很快取代了达巴教的中心地位，形成了全民信奉藏传佛教、几近形成政教合一的局面，从而对摩梭社会政治、经济、文化施以强大影响。在宗教领域内，一改摩梭传统的自然、平等、和谐的宗教思想，成为强化等级、强化男权的主从关系的神系，女神地位下降、男神居于统治地位的宗教思想。无疑，宗教这种强大的外来文化的冲击，促成了摩梭人母系文化结构的重要变化：在意识形态方面， 宗教领域的女神崇拜被削弱，现实生活中出现了贬损女性的言论和禁忌； 在两性平等的性别关系中渗透进了某些性别不平等成分等。

在生活习俗方面，如饮食、衣饰、宗教节日、命名等都吸纳了藏文化的诸多方面。在管理系统中，设立了专管宗教事务的堪布一职。在建筑艺术中寺院建筑及壁画、玛尼堆的石刻等皆依藏传佛教风格，民居中的经堂布置，亦充溢着藏族风味，等等。总之，藏传佛教文化形成了摩梭文化的重要方面，并渗透于摩梭社会生活的方方面面，衣食住行、生老病死、婚丧嫁娶都闪烁着藏传佛教的色彩。这种深透及其对摩梭母系文化结构施予影响的结果，使铁板一块的母系文化出现了一定的缝隙。尽管如此，由于摩梭人母系文化聚合力很强固，所以它又反过来对外来文化施以强大影响，并反作用于外来文化，藏传佛教的世俗化，就是最明显的结果。僧侣（喇嘛）生活于个体家庭中、不脱离

①本教祖师丹巴喜饶的转音。

生产劳动、有的还过婚姻生活等，俨然相悖于藏传佛教的戒律，但却与摩梭母系家庭和走婚相协调，形成了这一带藏传佛教的特色。唯其如此，使它更富于活力，更能植根于摩梭这块土地中。

另一次是受汉文化的冲击。据古籍记载及史家考证，永宁自元代受制于中原王朝、设置土官以来，永宁摩梭社会结束了原始部落阶段，进入了封建领主制时代，对其政治、经济、文化的发展，有着重要的作用。土司职务一直沿袭至建国初期，历 600多年。 按照中原体制，土司由男性传承，因而沿袭父系制并得以巩固，娶妻婚育，以确认其父系血统及继承关系。由于永宁地处偏僻，中央势力一直未能直接临政，明末清初的“改土归流”，永宁土知府也仍保留了下来。民国年间，以建立分县归永北（今永胜）管辖或设立宁蒗设治局等方式间接管理。总之，中华人民共和国成立前，历代统治者对永宁采取遥领节制的方法进行统治，因此统治权实为历代土司所掌握。① 为了保持其政治统治、宗教信仰、生产生活方式，阿土司采取了一系列防止汉族及他族侵入或影响的政策，如不准种稻、不准随意迁人、建立自卫武装等。另方面，又维护中央政权的统治地位，如入京朝贡，参加上面指令的助剿、运粮、城防等活动。一言以蔽之，摩梭土司对中央统治采取顺应、对主流汉文化采取防范的自我保护政策，以求得自己民族的生存和发展空间。其结果，形成了某种程度的封闭性及文化的保守性、排他性。正因如此，从总体来讲，汉文化对摩梭文化的冲击较之藏文化小。但由于作为统治阶级的土司在婚姻家庭制度方面沿袭了汉制，并影响到本阶级内部的其他阶层及部分奴隶和百姓，因而对母系制形成冲击，造成了母系文化结构的变化：从母系婚姻家庭结构中分离出了父系婚姻家庭结构，从而带来了价值观念、资源分配形式、居住格局等一系列相应的变化。尽管如此，由于摩梭母系文化强大的聚合力，仍改变不了母系制占绝对优势的全局，相反，母系制却对父系制给予反作用，使其带有较浓的母系色彩，甚至使土司家庭的婚姻显得苍白无力。

再一次特别是“文化大革命”中的冲击。1950年宁蒗和平解放，永宁摩梭社会建制自1950年起按国家统一的行政编制，各级党政组织人选，按统一的规定进行，新的人民政权直接领导着永宁摩梭社会，推动着摩梭社会政治、经济、文化的发展。1956年实行民主改革，结束了土司的统治。民主改革以后，摩梭社会的发展进程与整个中国社会的进程同步，“大跃进”“人民公社”“文化大革命”等一系列政治运动，在永宁摩梭社

① 《女儿国诞生的活佛——罗桑益世活佛回忆录》，云南民族出版社 1995年版，第12页。

会开展，主流文化对其施予了前所未有的影响：不少摩梭人走出永宁，参军当干、当工人、当教师，直接生活于主流文化环境中，接受主流文化的熏陶，又以其所接受的思想观念、生活方式、价值判断等影响自己的本土。再加上外来移民的影响等，打破了摩梭人聚居区历史上的自我封闭状态，对其固有文化形成了新的冲击。于是在“落后”“原始”等舆论及“干部带头”等形式下，人为地鼓励父系制的发展、抑制母系制的繁衍，直至“文化大革命”中掀起的“婚姻改革运动”，以行政的力量强迫其“进步”到父系制。然而母系文化的聚合力仍顽强地起作用，所以到了粉碎“四人帮”以后，随着政治上的拨乱反正，母系制又顽强地发展起来。

较之前三次，当今改革开放、市场经济发展的环境，对摩梭母系文化更是一次强大而深刻的冲击。如果说前两次的影响主要是少数受主流文化影响的人及行政力量出现的话，那么，今天则是面临自觉的、全方位、深层次的外来文化的包围的形势，开放型的社会、各种各样的传媒、多元的文化，正有形无形地向摩梭母系文化提出了挑战，于是在价值观念、生活方式、宗教信仰等方面引起了碰撞，母系文化及其核心母系制正在面临更严峻的考验。从传统看，摩梭人有一种保持自我的应变能力：以既保持传统，又顺应潮流的心态和行为方式来保持和发展自我。实质上，这是一种文化的调适和整合过程，也就是文化发展的过程。吸纳藏文化而又有自身特点的宗教世俗化及母系文化，接受中原父系文化却又只限于统治阶级而民间仍保留自己母系文化等特点，就是这种文化调适和整合的结果。那么，今天的状况又是如何呢?

为了具体了解其现状，以便据此预测发展趋势，笔者截取了1987 ~ 1998年这时间段来观察它的变迁。因为这段时间是摩梭社区开始触及或已经触及变化的年代。我们以社会学、民族学的方法，辅以多学科方法，重点对过去母系制盛行的摩梭聚居区下落水、瓦拉比片区；父系制比重较大的拖支片区；对外交流相对频繁、接受外来文化影响相对较大的平静、纳哈瓦片区；相对闭塞，与外界交流较少的达市、争波等片区4种不同状况的自然村（社）一级的农村社区进行考察。调查所得，当时这些摩梭人社区已呈现出多彩的文化现象，具体表现为三种类型：

第一类：母系制得以再度辉煌或保持不变。前者是在位于泸沽湖畔、旅游业已成为支柱产业的下落水村出现的情况。下落水历史上是盛行母系制的地方，据1956年的统计，当时摩梭有20户，其中母系家庭6户，占总户数的30%；双系家庭12户，占60%；父系家庭2户，占10%。1996年11月，我们做调查时，全村摩梭家庭已增至33户，其中母系家庭23户，占总户数的69.7%；双系家庭 8户，占总户数的24.24%；父系家庭2户，占总户数的6.06%。与1956年相比，母系家庭上升幅度较大，父系家庭及双系家庭的比例都下降了。它是在母系制与当前经济发展相适应的前提下出现的。母系文化的熏陶、特有观念及生存方式与当前经济发展、经济利益的驱动自然融合为一体，促成了母系制的再度辉煌。后者像争波村，它处于永宁坝子边缘，历史上盛行母系制婚姻家庭，至今基本上仍保持着传统生活方式，我们对29户摩梭家庭做了抽样调查，母系家庭有22户，对128位18～55岁年龄段成年人婚姻状况调查的结果，在过婚姻生活的87人中，有59人走婚，占了过婚姻生活的成年人总数的67.82%。

这些社区，如果没有较大的促使其改变的因素产生的话，母系制仍将盛行，且可能保持相对长的时间。

第二类：对母系制的若即若离—— 一种特殊的组合。 这是在瓦拉比村出现的情况。瓦拉比位于永宁坝子西北端，与四川木里、盐源两县山水相连。因其所处地理位置，昔日曾是滇、川、藏贸易交通要冲，同时又曾以"男女同浴"的温泉在其境内而闻名，在永宁坝子，它又是母系制比重大的社区之一。全村51户摩梭，母系家庭35户，占了全村总户数的68.63%，129个18～55岁成年人中，除未过婚姻生活的38人外，过婚姻生活的有91人，其中走婚者61人，占了过 婚姻生活的成年人总数的67%。这是1996年底的调查数据。据了解，瓦拉比的摩梭家庭，自改革开放以来除了仍以农业为主外，不少人家的经济收入来源主要靠做生意，一些人经营跨区域的土特产及农副产品，有的已远至海南、甘肃及缅甸、泰国等。一般多搞本地及邻近地区的贸易或开办经销店。做生意者，已占总户数的60%以上。走婚配偶走出双方母系家庭搞合作经营，但双方仍归宿自己的家庭，不单独组成夫妻小家庭。这是在母系文化氛围较浓厚、商业活动较活跃的社区出现的，形成了一种既依托、依恋于母系制，又投身商海、 加强配偶之间的多方面联系的一种特殊的组合形式，反映出社会转型期中观念和行为方式上的一种文化调适过程。

第三类：母系制的分离。即从母系家庭中分离出夫妻小家庭、改“走婚”为娶嫁婚。在平静、拖支等社区出现的分家中，此类占了一定比重。实质上，这是对母系文化特有的思想观念、价值判断、生产生活方式的背离，也是一种对父系文化的选择。当然，其间的具体情况各有不同，包含着历史渊源、价值观念、经济利益、资源占有、家庭关系等不同因素。平静村计有29户摩梭人，约占全村农业人口总户数的24% 。平静村原名皮匠村，由于这里居住着从丽江迁来的纳西皮匠而得名。在抗日战争时期这里就已成为滇藏贸易十分活跃的集镇。但摩梭人主要从事农业、畜牧业，商品率低。尽管皮匠街曾繁荣一时，但除赶马运输外，摩梭人少有参与集市商业活动者，现在这个社区的摩梭人，利用临近乡镇市场的有利条件， 不少人家开始参与了农产品、日用百货等的商业活动。由于地处受中国主流文化影响较大的政治、经济中心区域，且几个民族相杂而居，历史上又为土司家奴居多，加上藏传佛教最大的寺庙扎美寺坐落其间，又成为宗教中心所在地，故平静村的摩梭家庭，父系比重较大，同时分化情况较显著，所以双系家庭比重不断增大，改革开放以来，这种趋势正在发展。纳哈瓦旧时聚斯日而居，过着低水平的农耕兼畜牧的生活，中华人民共和国成立前商贸中心在皮匠街（现平静村），人们对外几乎无多少交往，除了赶马帮及当喇嘛者出外见过世面外，多数人都固守家园，过着自给自足的生活。20世纪50年代中期以后，皮匠街的手工业者及小商贩多数变成农民，政治、 经济中心逐渐往纳哈瓦移动，由机关单位组成了街面，逐渐形成了今日永宁街的雏形。改革开放以来，外地商贾聚集于此，本地人也建起一些铺面，近年发展更快，现已成为一个新兴的乡镇。然而纳哈瓦人大都仍沿袭着传统的生产生活方式，经济发展水平仍较低。不过也有一些人家开始进入经济领域，至1998年6月，全村有 16户人家从事商业活动，占全村总户数的28% 。由于纳哈瓦处于当今摩梭政治、经济中心区域，家庭形态、婚姻形式、经济发展、思想观念等较改革开放前有了变化，反映在婚姻家庭方面，走婚、娶嫁婚并存于同一家庭的双系家庭比例大于纯母系或纯父系的家庭，且呈发展趋势。拖支村原是摩梭土司三老爷的分封领地，由于气候、土壤、水利等条件都较好，一直以来以农业为人们生活的主要来源。因受土司制约及杂居民族的影响，这里是永宁地区父系制比重最大的社区。至1996年底，这里有摩梭59户，父系34户，占摩梭总户数的 57.63%。母系家庭16户，仅占27.12%。改革开放、个体经济开始发展，一些年轻人提出了分家的要求。也有兄弟姐妹不睦而提出分家者。这些分家户中父系家庭占多数，占父系家庭总数的46.88%。显然，已习惯于父系家庭者，分家乃是顺理成章的事，无须逾越从母系制到父系制的鸿沟，其分家比率自然要大，难怪摩梭人家一般都把娶妻看成家庭不睦、促成分家之源。

上述三种类型之出现，主要由其所处社区的历史、成员结构、经济结构、经济发展、社区地理位置等原因形成。历史上母系制比重大、因经济开发门类较多而需投入较多的人力物力的社区，或者至今相对封闭、传统上盛行母系制的社区，母系制仍保持较强的稳定性，像下落水、瓦拉比、争波。在某些民族杂居且相杂而居的他民族文化对摩梭母系文化有较强的排斥性，乃至足以去影响母系文化的社区，历史上父系制比重较大的社区，处于经济发展较快但仅需少数人去经营或吸纳外来文化快的社区，父系小家庭将得到发展，双系家庭比重将会增加，比如拖支、平静、纳哈瓦等村寨。

我们调查的结果表明，面对新的挑战，摩梭母系文化又在进行着新的调适和整合，譬如母系家庭在逐渐小型化；走婚已普遍实行固定单偶走婚；配偶双方及其家庭的联系在加强；择偶观念更务实；居住格局向适应现代生活发展；血缘地缘关系网络开始被冲破；习惯法的约束力在削弱，法制观念在加强，如此等等，在商品经济大潮面前，摩梭母系文化结构在进行着新的组合。但未能从根本上改变母系制的核心及母系制的绝对优势。其结果，母系制以更多彩的文化现象如母系、父系并存的家庭格局，“走婚”、结婚并行的婚姻形式、两性平等发展的家庭机制、传统与现代相结合的价值判断等，在新的生存环境中不断丰富和发展着自我。

从永宁乡这个摩梭大社区来看，在相当长一段时期内，将会母系、父系并存于同一个社区、同一个家庭，而不会是单纯的母系制或父系制。然而母系文化仍将以其特有的力量去影响摩梭人的社会生活，乃至出现它的顺应、整合的新形式。由于各个小社区的情况不同，其发展状况不尽同步，同时摩梭人崇尚自然、和谐、自由、开放的社会文化心理不会消亡。他们仍然会以自己的文化脉络决定其选择生存方式、行事准则的自然性，可能此时、此地或此代、此人行母系，而彼时、彼地或彼代、彼人行父系，也可能同时二者兼行。我坚信，善于保持传统而又适应发展、顺应变化的摩梭人，一定会在未来的生存实践中以自己的文化观念、感性体验和思维方式，借助传统文化的精粹力量，构建出更高层次的、两性平等和谐的婚姻家庭模式。因为性别平等的意识在摩梭传统文化观念中一直在发扬着，不管今后摩梭人的婚姻家庭形式如何变化，摩梭人及其母系大家庭的优秀文化传统依然会放射出人性的光芒。①

①和钟华：《生存和文化的选择——摩梭母系制及其现代变迁》，云南人民出版社、云南大学出版社2016年版，第227–235页。

第九篇
生育　成年　丧葬

第二十一章　生育礼俗

摩梭人十分珍视生命，有一套特殊的生死观念，从一个生命的开端，到成长、再到终结，有一套完整的、程式化的礼仪，体现着一种对生命过程的认识和态度，以及生死轮回、灵魂不灭的观念。生育、成年、丧葬习俗，就是具体的体现。而这些仪式过程，始终贯穿着母系群体乐同乐，哀同哀的群体意识和行为，并且得以强化。摩梭人珍视生命、尊重生命、敬畏神灵；摩梭人热爱生命、和谐和睦、以爱维系个人和群体。这一切，都鲜明地体现在他们的人生礼仪当中，让人去领悟，去思考，去体味。

摩梭人的出生命名仪式、成年仪式、丧葬仪式称为“摩梭人的人生三部曲”，其实这就是一个人的生命历程。

第一节　妇女怀孕分娩

妇女怀孕意味着这个家庭和家族、民族增添新成员，兴旺发达，后继有人。所以摩梭人十分重视生育，为了乞求生育，有不少宗教巫术活动。比如祭祀格姆女神，请求保佑妇女生育而祈祷云：“我无儿无女，请求女神保佑，让我生男生女都行。”又如有的在悬岩上的“打儿窝”石洞投石求子，认为石子投进去了，妇女就能怀孕，投不进去就不会怀孕。还有做修桥补路等善事，认为只要做善事，妇女就会生育等。过去为了保佑产妇及婴儿母子平安，产前还要由产妇的姐妹或兄弟上山选一棵果树，从树上折一根树枝，插在由达巴用麻秆扎成的一个圆圈中央，经过达巴祈祷，请它做小孩的保护人，然后把圆圈挂在房屋附近的树上，以求婴儿顺利降生。①

母系家庭重女不轻男，父系家庭重男不轻女，这是摩梭人性别平等观念所使然。实际生活中除了延续家庭血统之外，还要有劳动、交往、抚育等等各种家庭角色，所以摩梭人总是以一种平和的心态对待妇女的怀孕，当然有女无男的人家，希望添男丁，有男无女的人家，希望添女孩。一个家庭有男有女才是最美满的。所以一个小生命呱呱坠地，使一个家庭乃至整个民族充满喜悦，孩子一生下来，就沐浴在爱的海洋里。由此，摩梭人十分重视怀孕和分娩，孕妇产妇受到全家人特别的关照。

实行走婚的妇女，一旦发现怀孕了，在分娩前后三个月内停止偶居生活，即使男子来访了，也要分床而居。孕妇受到家人的特殊照顾，吃富有营养的食物，干轻的活计，还有诸多禁忌，如不能上山砍柴，不能背重物，不能参加婚丧活动，不能推磨舂米，天黑不能出去，切忌在孕妇面前谈兔、蛇等动物等等。临产了，就到用作仓库的"独潘"（与上火塘相连的后室）或木潘（与下方大灶相连的侧室）分娩，过去一般请有经验的妇女接生，一把剪刀，几块破麻布就是全部用具。而今有村内接生员用新法接生，或到附近医院分娩。婴儿出生了，家人就要在神台上点上酥油灯，敬上供品，锅庄上撒上美酒，口里不断念祭词，祈求母子平安，大富大贵。

婴儿出生后，产妇和婴儿就睡在火塘边的主位上，历史上要睡一个月，现在已经没有那么长了。产妇在月子内一般吃鸡肉、鸡蛋、甜酒、红糖、蜂蜜、酥油、羊油及猪膘肉、牛羊肉等高热量、高营养的食物，一天要吃好几顿。产后七天才允许产妇起来下地，干点很轻微的家务，不举重物，不摸冷水。所以产妇都很健壮，奶水充足，婴儿也长得胖乎乎。

婴儿出生后，全村每家都会带着鸡、猪膘肉、鸡蛋、红糖、酥油、大米、蜂蜜等礼物前来探望，来探望的人一般都是妇女。主人家首先以红糖、米酒煮鸡蛋招待客人，然后再以猪膘肉等丰盛的饭菜款待，来自远方的客人，一般要住上一宿才离开。整整一个月，前来产妇家祝贺的亲戚和朋友络绎不绝，充满浓浓的情意。

①严汝娴，宋兆麟：《永宁纳西族的母系制》，云南人民出版社1991年版，第132-133页。

第二节　婴儿命名、拜太阳、请满月客

摩梭人十分重视为初生婴儿取名，并且有一整套庄重的礼仪。尽管不同地区在取名的具体过程方面略有区别，但其大体程序内容基本相同。

孩子出生后，最重要的是要请“达巴”或喇嘛为孩子取名，举行取名仪式。在取名之前，“达巴”或喇嘛先要问清孩子母亲的属相，根据孩子出生的时辰和母亲的属相所处的方位，来确定孩子的名字。达巴将时空划为四方四角和中央，也就是土、木、火、铁、水，中央为土，东方为木，西方为铁，南方为火，北方为水。又把十二属相安排在四方四角，属相在东方的为虎，兔；南方的为蛇、马；西方的为猴、鸡；北方的为猪，鼠；东北方的为牛；东南方的为龙；西南方的为羊；西北方的为狗。属相和五行随时空每年旋转至一个方位，女性逆时针转，男性顺时针转，最后推算出要取的名字，多数以属相来取名。如婴儿母亲的属相当年处在东北方，那么婴儿如果是男孩，就取名为依若（牛儿），如果是女孩就取名“依姆”或“依若姆”（牛女）。若母亲当年的属相在西北方，那么男孩就叫“苦若”（狗儿）“苦姆”（狗女）。少数以五行属性取名，如东方属木，男孩就叫“思格”，女孩就叫“思格玛”等，喇嘛在给孩子取名时，同样用四方四角、属相和五行属性等，与“达巴”取名有些近似，但在四个方位上所赋予的名字在含义上有所不同，如在四个方位上以四种宝物的名称为小孩取名。

在举行取名仪式时，“达巴”或喇嘛坐在上火塘边念经，火塘边摆上供品，用面团或饭团揉成的一个锥形物放在大盘子中央，上面插筷子，周围摆满煮好的鸡、鸡蛋、猪膘肉等，一起供奉在念经者面前，然后由主妇抱着婴儿，双手合掌面对念经的“达巴”或喇嘛，念经者边念边叫三声婴儿的名字，用酥油抹在婴儿额头上，口里不断念着各种神灵和祖先的名字，把各种祭物依次祭神灵、祖先，放少许祭品在锅庄上，洒上水酒，火塘里烧些香柏叶，由主妇将其余祭品熏一下，然后走出祖房，把这些东西抛向屋顶，让乌鸦来啄食。礼毕，有的地方还要留下一腿鸡肉，一块猪膘、香肠、甜酒等，送到婴儿生父家中，意为道喜和祭祀生父家的祖先和锅庄，男方家则由家人带上丰盛的食物去看望产妇。

婴儿出生后的第三天，要举行拜太阳仪式。届时产妇的母亲在太阳刚出来时，点燃一根松明，把它丢在天井里，然后由她或产妇左手抱婴儿，右手拿镰刀、麻秆等走出祖房，到天井里拜见太阳，以求得太阳神的保佑。传说太阳神是位女人，天上以她为大，有了她，万物才得以生长。所以婴儿出生后要拜太阳，这样才长得健壮。

拜太阳那天，主人要以甜酒、猪膘等食物宴请村内老妈妈，老人们也要带上母鸡、鸡蛋、猪膘等来看望产妇和婴儿。此后，产妇和婴儿搬出产室，到下火塘右侧住下。

婴儿满月那天，产妇家要请满月客，摩梭话泸沽湖两边叫法不一。云南这边叫“日甲舍”，直译为喝酒；四川那边叫“若哈舍”直译是给孩子饭。产妇如系走婚，孩子的生父家由母亲或者姐姐带上鸡、蛋、酥油、甜酒、婴儿衣服等礼物，到女方家看望产妇及婴儿，家境较好的，还带去羊一只，酒一坛及诸如盐、茶、布、现金等厚礼。一般情况下，第一次去时男子本人不一定前往，只有个别男子才亲自前往，并留在女家照料产妇一段时间。男方家人到达后，女方家要举行一定的仪式，先敬祖先，再把所收礼物拿出一部分宴请村邻，一般由老年人前来赴宴，然后被请客户轮流回请前来送礼的男方家人，以表祝贺和欢迎。若系非走婚关系的，就由家里负责宴请村里的老人们。

第二十二章　成年礼

成年礼是摩梭人一生中重要的人生礼仪之一。在摩梭人的观念中，13岁就算成年了，所以孩子长到13岁就要举行成年礼，标志着他们从此就是社会的一个正式成员，应肩负社会责任及享有社会权利，可以参与成年人的社交活动，包括走婚（但实际上还是间习阶段）。在摩梭人的观念中，未成年者没有灵魂，不能参加正式的社交活动，死后也不能葬在氏族公共墓地上，因为他们还没有取得氏族正式成员的资格。

在13岁以前，无论男孩或是女孩，过去一律穿自己家里织的麻布长衫，不穿裤子，今天则穿在市场上买的汉式童装、少年装或校服，不穿成年人穿的民族服装。举行了成年礼以后，才穿男女不同的民族服装及佩饰。所以成年礼，实际上就是向社会展示孩子已经成人，向孩子提示自己已经告别少年，同时也是表示从此有了一份责任和担当。进入成年人行列的一种仪式，是社会、民族接纳新成员的一种标志性的仪式。

第一节　成年礼的来历

摩梭人的成年礼仪式来源于人狗换寿的传说。传说在很古很古的时候，人和各种动物都生活在一起，都没有固定的寿命，这样越来越繁衍很多，为了生存，互相争斗，弱肉强食。天神阿巴都看着这灾难，想出了一个办法，以解救这些生灵。于是，他决定给这些物类规定生命的年限，在大年三十这天晚上呼喊年岁，谁答应了，就能得到所呼喊的岁数，并且事先告诉了人类，叫人类注意天神的呼叫。可是到了那天半夜，天神开始呼叫寿数时，人睡得很死。天神第一次喊1000岁，所有的物类都睡得很熟，唯有放哨的

成年礼穿裙子仪式

雁鹅听见了，它答应了天神的呼叫，因此得了1000岁。天神第二次喊100岁，水鸭听见了，得了100岁。天神喊60岁，狗答应了，得了60岁。天神喊到13岁，人才醒来，慌忙答应了。但是觉得寿命太短，什么事也来不及做。于是请求天神增加岁数。天神不答应，但允许与其他动物换寿命。人就与其他高寿的动物一一商量，费尽了口舌，想尽了办法，但都得不到同意，只有狗同意换，条件是：人要给狗每天三顿饭，抚养狗一辈子；不得打狗，虐待狗；狗可以为人看守家。人答应并许下诺言，与狗交换了寿命，这样人就可以活到60岁了，而狗只有了13岁的寿命。因此，男女到了13岁举行成年礼，并且在成年礼仪式上专门举行喂狗情节，以表达人类对狗的感恩之情。摩梭人自古以来敬狗爱狗，平常对狗特别好，从不用脚踢狗，不用棍棒、扫把打狗，不吃狗肉，大年三十晚上人吃什么就给狗吃什么。狗死时还送碗、送肉、送团饭表示祭祀。

第二节　成年礼

成年礼，女孩叫穿裙子礼，男孩叫穿裤子礼。每年春节的大年初一，凡有年满13岁的孩子的家庭，都要举行庄重而热烈的成年仪式。仪式各个地区大体一致，仅在一些细节上稍有差异。比如都在祖房举行，都要请达巴祭神祭祖，念诵祝福词，男孩要站在祖房火塘左边的男柱下，由舅舅主持仪式；女孩要站在火塘右边的女柱下，由母亲主持仪式。有的地方在仪式前的头天晚上，即除夕之夜，则满13岁的少年男女，分别集中在一

摩梭女人

起玩至通晓，第二天鸡叫头遍分别回到自己家中，参加成年仪式。

仪式上，女孩踩在猪膘和粮食口袋上，右手拿手镯、耳环、珠串等装饰品，左手捧麻纱、麻布等，象征女子勤劳能干，生活富裕。母亲上前给她脱下长衫或旧服，换上成年妇女穿的服装。换装后达巴向祖先、灶神祈祷，为女孩祝福。仪式后女孩要呼唤狗进屋，由她给狗喂一团饭和一块猪膘肉，并对狗说："人只能活13岁，狗能活60岁。我们换了岁数，人才能长命百岁。我们很感激你！"接着，母亲引导女孩向祖先、灶神和前来祝贺的亲友叩头。主人以酥油茶、糌粑、瓜子等招待客人，有的还要会餐。客人临走时一般要向女孩赠送些丝线、衣服和饰品等，口念祝词，祝福她丰衣足食，生男生女。女孩要送几件礼物供在祖先牌位处，到正月十六日取下来，作为终身纪念品。等客人散后，全家人围坐在火塘边共进早餐。之前女主人向锅庄敬献食品和酒，报告祖先家庭里又增加了一个正式成员。饭后，家里的人带着孩子，提着猪膘肉、鸡蛋、糌粑等礼物，到斯日各家去拜年。当夜，人们跳锅庄舞庆贺。男孩的穿裤子仪式与此差不多，不同的是男孩在祖屋火塘左边的男柱旁举行，踩着粮食和猪膘，左手拿着银圆，右手握着尖刀，象征男子勇敢善战，生活富裕。①

① 严汝娴，宋兆麟：《永宁纳西族的母系制》，云南人民出版社1991年版，第144-147页。

示为死者亡灵送坐骑及亡灵向乡亲告别。途中每到一家门口，主人家都要来斟酒，表示慰别和哀悼。（对此习俗，有另一解释，摩梭人吉祥宝贝认为在摩梭话中此习俗叫“软产”，意为“遛马”，骑着马“逛一逛”村庄的意思。也就是重游死者曾经走过的地方，有告别之意。）

告别乡亲：在进行火化的头天晚上，要进行死者谢别乡亲的仪式。丧家要准备好送全村人家的丰盛晚餐，全村有几户就准备几份。“达巴”给死者交代后，把准备好的食物放在长方形的托盘里，由孝子扛在肩上，送到每户人家，表示死者谢别乡亲及家属对乡亲的答谢。

火化头天晚上，家人还要扛着食物及牺牲，身着重孝，跪哭死者，“达巴”再次为死者开路及交代祖谱，全村妇女结成一队，捧着祭品来送别死者，哭抱一团，并且请死者捎口信给自己的祖先。

火化：火化当天黎明，鸡叫头遍，三声沉闷的火炮声表示送灵柩仪式开始。“达巴”及喇嘛给死者念诵安魂经及超度经。人们忙着把祭品、旗幡等搬出屋，坐骑也装饰一新，鞍具上面放一件新衣服表示死者骑上马。起灵了，屋内屋外哭声恸地，亲属们一个接一个面朝灵堂跪下，轿形的棺木从他们头顶上抬过，送葬队伍在火把和旗幡队的引领下出发，鞭炮声、海螺声、唢呐声响成一片，坐骑（由孝子牵马）、棺木、哭送的人群，依次鱼贯而行，向火化场行进。

火化场上，事先已放置好用木柴架成正方体的木架，死者是男，就架九圈；是女，就架七圈，圈内装有干柴及松明。当棺木抬到火化场后，孝子及村里年轻人从棺内取出尸体，恭恭敬敬地将呈坐式的尸体按原样坐于木架圈内，再将棺木砸碎放入木架圈。坐在场地上方的喇嘛念超度经，一侧供桌上摆满面偶、五谷、水果等供品，家人向喇嘛拜谢。一切准备就绪，主持喇嘛递火把给负责火化的喇嘛点燃木架，全体亲人向死者哭拜告别，全场一片恸哭声。此后除喇嘛们念经外，人们逐渐散去。待烧得差不多了。喇嘛撤出火化场，只留下几个青年男子继续守烧至火堆熄灭。

招魂驱鬼：棺木抬出后，达巴在家念驱鬼除邪经，并由主妇打扫室内外，由属相相合者把高台灶重新生火架锅，表示家人重新开始正常生活。

达巴驱鬼除邪后，还要祭天地山川神，祈求天地山川神和祖先灵魂保佑家人平安。达巴要给从火化场地回来的人额头上点酥油糌粑，表示除秽，并让每个人喝一口酒，吃一块炒瘦肉，表示这些人的灵魂清吉平安地回到了家。最后丧家盛宴招待所有前来相助的人。

喇嘛在火葬场诵经

第二天，家人到火葬场清理骨灰，把骨灰装入瓷瓶，放到高山上氏族墓地，有的地区把骨灰归拢，垒成石堆。而后一声声呼唤着死者的名字，把死者的魂招回家里，从此，认为死者又和家里的人生活在了一起，不会有人再踏进火葬场。

第三节　丧葬传说

一、火葬的来历

传说很古的时候，有个摩梭妇女生下了三个男孩，大儿子的父亲是藏族，二儿子的父亲是汉族，小儿子的父亲是摩梭。三个儿子长大成人后，他们的妈妈就病死了。三兄弟把母亲的尸体放在家里，商量着母亲的后事怎么办。

大儿子说："应该把母亲的尸体拿去水葬。"二儿子说："应该把母亲的尸体拿来土葬。"三儿子说："应该把母亲的尸体拿来火葬。"这样三兄弟各说一套，统一不起来，一个劲地吵，各自都坚持要按自己的想法去做。到底怎样处理母亲的遗体，没法定下来。正在这时，飞来了一只小蜜蜂，它在屋里"嗡嗡"地叫了几声后对三兄弟说道："你们在吵什么？你母亲怎么葬，我会给你们拿主意的，你们不要争吵了。"正在气头上的大哥一听蜜蜂这样说就气势汹汹地骂它："一只小虫也敢来管人的闲事，打死你！"老二也正在找木棒想把蜜蜂赶跑。蜜蜂见势不妙，忙往外逃，但不幸给大哥追到门槛上，用菜刀砍成了两半。

奇怪的是蜜蜂的头却飞上了天空，身体掉进了大海的深底，原来这只蜜蜂是天神派到人间的使者。天神见蜜蜂老是不回来，就派了一个白胡子老爷爷到人间来找。老爷爷闻到了蜜蜂的血腥气，就找到了三兄弟的家里，一下就看到门槛上的血，便问道："这是什么血？"老大忙起来答道："这是鬼血。"老爷爷说："这不是鬼血，是蜜蜂血，你们把它扔到哪里去了？"老大说："这真的是鬼血，不是蜜蜂血。"这时老实的小儿子不敢骗人，照实说："刚才我们争论自己的事，可蜜蜂钻进来乱说。我哥哥生气了，就一刀把它砍断了，蜂头飞到天上去了，蜂尾掉进海里了。"老爷爷听了以后，叫三兄弟把蜂头、蜂尾都找回来。老大老二都没有信心，只有老三有决心要找回蜂头和蜂尾，结果真的把蜂头和蜂尾都找回来了，可是蜜蜂一到老爷爷的面前就大哭大闹地说："我本来是来给他们做好事、想办法的，可他们没有良心，把我砍成这样。我现在有头没有尾，有尾没有头，怎么办？"说完蜜蜂又"嗡嗡"的大哭起来。老爷爷看蜜蜂哭的那样伤心，便安慰它说："不怕，不怕，别哭了，你的身子我帮你接起来，让你的身子比原来还美丽。"老爷爷用银子镀在蜂头上，又用金子镀在蜂尾上，这样蜂头和蜂尾就焊接在一起了，蜜蜂真的比原来更漂亮、更美丽了，而且比原来飞得更高更远。蜜蜂高兴极了。老爷爷又对它说："现在你的身子接好了，快去转告天神的旨意吧！"蜜蜂高兴地飞到三兄弟跟前，对他们说："天神让我告诉你们，你们的母亲，按老三说的办法做，要拿去火葬。办丧事的时候，大儿子出晚饭，二儿子出午饭，三儿子张罗送葬。"从那以后，摩梭人死了就举行火葬的丧葬仪式。

二、舅父奔丧

从前，有一对夫妇生养了两个孩子，一男一女，男孩名叫夺兹，女孩名叫兹玛。两个孩子幼年时不幸父母双亡，他俩又离散了，从此兄妹俩互相都不知道对方的下落。哥哥度过了多年的乞讨生活，长大成人后在深山老林里

出殡

靠打猎为生，没有找伴侣，孤独地过了大半辈子。

夺兹有一条非常漂亮可爱的猎犬，黑黑的毛，白白的嘴，长得高大威风，抓获猎物很能干。夺兹与它相依为命。春天来了，有一天夺兹带着猎犬来到了永宁加择大山打猎时，发现了一只漂亮的金马鹿。他和猎犬悄悄来到了马鹿背后，观察它的动静。猎犬静静地等候着主人的命令，明亮的眼睛死盯着鹿子一动不动。主人一个口哨声，猎犬就像离弦的箭，向金马鹿扑上去。可是马鹿还没等猎犬来到身边就逃跑了，消失在茫茫林海中。这样猎犬只好用灵敏的嗅觉顺着金鹿的脚印追，夺兹哪里跟得上！一会儿连猎犬的叫声也听不见了，他只好看着猎犬的脚印跟踪。追呀追，不知追了几天几夜，也不知道翻了多少大山。一天来到木里大山上的一个摩梭村庄边时，夺兹问一个放猪的小孩，见到他的金马鹿和猎犬没有。那个放猪的小孩说没看见金马鹿，只看见猎犬跑过去了。

夺兹高兴地直往村里走去，走进村里一看，有一户人家正热热闹闹地办喜事，香喷喷的酒肉味扑鼻而来。已经好几天没有吃饭的夺兹饿得肚子"咕噜咕噜"直叫，只好厚着脸皮进屋去。一进去，夺兹惊奇地发现猎犬也在那里，正摇着尾巴站在主妇旁边呢。酒席上的客人正在举杯、互相敬酒。摩梭人有个规矩，酒席上位一定是舅舅坐的，可这家上位坐的却是村里的老者。这时正在待客的总管看见有位风尘仆仆的人进来，就让他坐在最后一个位子上。"格祖"的敬酒仪式开始了，姑娘们抬着满满的酒坛子从上而下用牛角盛酒；小伙子们抬着木盘敬牛肉份子。正在一片欢笑声中，那家的主妇来酒席照料客人。可奇怪的是夺兹的猎犬一直跟着主妇进进出出。主妇来到上八位的客人旁边笑着说客气话，对坐下八位的客人只是看一眼就走了。这时坐在下八位的夺兹暗暗在想："这位主妇会不会是离开自己多年的妹妹呢？为什么我的猎犬会对她那么亲热？"他越想越像，在心里不断把妹妹小时候的样子和这位主妇对照。他断定这位主妇就是自己的妹妹，要不猎犬不会对她那么亲热，俗话说"狗通人情"。想到这里，他认为今天办的喜酒就是给自己侄儿办的，理应高兴。但他又想到上八位是自己的席位，可被别人占了，自己坐在最次的位置上，倒来的酒也是一碗酸酒，敬来的肉也只是一块牛肋巴骨头，心里越想越生气。他又想："刚才妹妹出来的时候聪明的猎狗向她用动作表示是自己人，但妹妹一点反应也没有。她来酒席前只招呼别的客人，对自己的哥哥却用斜眼相看。"想到这里，夺兹当着众人的面，气愤地端起那碗酒说："这一碗黑酒想喝难饮下，让给泥土喝吧！"就把酒倒在地上。又拿起那块牛肋巴肉说："软骨小肋巴，想吃不想啃，就让黑狗吃吧！"说着把肉丢给黑狗，然后背着披毡吹了一声口哨，唤起猎犬冲出那家大门，愤愤离去。

这时在座的人看到这个全身尘土的猎人不喝酒，不吃肉怒气冲冲地走了，感到很奇怪。这位主妇回想起刚才那条狗的情况，回想起离别多年的哥哥，心里一下子明白过来。她悔恨万分，风一般地提着裙子的一角去追那已经走远了的哥哥。好不容易追上，她累得直喘气，一时说不出话来，只好紧紧抱住哥哥背着的披毡，不让哥哥走。但是，哥哥不理睬她，反而愤怒地拔出大刀，一刀把披毡割掉一大块，又朝前走。这时妹妹不顾一切又跪上去把哥哥的衣服抓住，但哥哥仍不原谅她，又一刀割断衣服，头也不回地走了。妹妹看哥哥已死了心，再也不会原谅自己，也不再回家，一个人在地里哭得死去活来，由于悲伤过度就死在那里了。

当天晚上，人们把死去的妹妹抬去火化场。火化的时候奇怪的事发生了，用多少柴堆也烧不化尸体，连尸体的颜色都不变一点。这时大家议论纷纷，有的说这个女人可能是个妖怪。人们都害怕地离开了火化场。其中一位老人说："由于她是伤了哥哥的心才气死的，我看只有去请她的哥哥回来宽恕了她，才能把她烧化。"于是马上派几个得力的人去找死者的哥哥回来。

派去的人找了几天，找到了猎人，给他说明了他妹妹死后的情况。猎人知道妹妹已气死。心里很悲伤、后悔。可他又说："自古以来就有那么几句俗话，儿女不知道母亲的祖先，就像飞在高空的孤鹰。我妹妹把家里的祖辈都搞忘了，现在何必来找我，真对不起你们，我不去。"说完甩手就走。这时派去的人急忙再三说明情况，望他宽恕妹妹的灵魂，把她火化了，猎人才答应去料理妹妹的后事。

火葬场

哥哥来到火化场，对死去的妹妹说："你杀的猪肉我已经吃到喉咙了，酒已经喝光，只剩酒渣，披毡也带回来给你，衣服也全部带回来给你。"说完将猪喉管、酒渣、割下的一块披毡、衣服的碎片全部放到尸体上，然后再点上火烧，这样尸体真的化尽了。

从那以后，摩梭人就开始在丧葬中举行“斯克”的仪式，也就是舅父来奔丧。也从那以后，摩梭人披毡领口不能朝外翻，衣服右下角也短一截，就是因为那个猎人割掉后再也没有接上去的缘故。

附记：与这个传说相应，摩梭人在已出嫁的妇女去世时，要举行一个“舅舅奔丧”的仪式叫“斯克”。在已出嫁的姐妹去世时，她的子女们首先得通报给舅父，请求舅父奔丧。舅父得此消息，要怒斥甥男甥女没有照顾好自己的姐妹，甥辈们要向舅父自责赔不是。待舅父选定好奔丧日子后，甥辈们要备马前来迎接。届时，奔丧队伍簇拥着舅父出发，有放枪者，有牵牛牵羊者，有吹唢呐者，浩浩荡荡来到村口，所有甥男甥女们在路下方磕头致谢。舅父披着毛毯（送给自己已逝的姐妹），背着弓箭，肩扛牛腿，来到大门口，挥刀砍门槛三下，以示愤怒。接着就唱挽歌，然后才进门，整个场面庄严而又动人。死者遗体火化时，其兄或弟（即孩子们的舅父）要添上一根柴，据说这样遗体才能烧化。达巴经中的《斯克》就是吟唱姐弟从亲密无间到互不相识、姐姐亡故、弟弟披毯奔丧的全过程。

第四节　丧葬习俗歌

前面所介绍的丧葬礼仪，系各个程序的系统、简略的归纳。实际上摩梭人的丧葬礼仪较为复杂，各地也有差异。其中，要念诵许多习俗歌及经书。为了更加立体、全面地展示它的全貌，现把一些相关的习俗歌、经书介绍于后，同时把相应的礼仪作具体详细的解说。

探路撵鬼歌

大梁上的公鸡叫了
双脚站直要下梁
屋顶板逢间
夜也在煽动着翅膀

请你起床了
时辰已到快起身赶路程
儿子为你去探路
听说路途上有兵堵拦
到底敌兵有多少
儿子为你去侦探明白

又听说山垭口被雪封住
是真是假
儿子去查清
听说垭口有老虎拦路
有无老虎拦路
儿子去探明

儿子去探路
路途没有兵
那时捆好的荞把立路旁

儿子去探路
道路已探明
一路无鸟鸣噪的声音
也不见乌鸦的影子

你从未出过远门
今天你要爬大雪山
你从未走过院坝长的路
今天你就要去穿草地

客人多得挤满了家园
招待忙不开

正在锄地的人
也放下了锄头
正在耕地的人
也放下了犁头
百样家务不去忙
全村老少都来为你送行

年轻健壮威风在
人老体衰有尽时
年老离世事常情

水渗石缝岩石也会断裂
虫咬树根树也会枯死
你今天离人世不要伤心

附记：指路经是火化出殡前由达巴念的调子。人们认为死者归天的路上有许多阻碍，儿女们为了使亲人顺利归天便要亲自出去探路，为其扫除障碍而顺利上路，这便是此调反映的内容。

探路者要装扮一番，头上插三根雪鸡尾，或插箐鸡尾，戴纸做的白帽，手提长刀，身穿古代兵服，佯装出去探路，回来报告结果。探路者一路上要跳舞，仍是驱邪撵鬼之类的动作。此项节目达巴参加也可以，不参加也可以。

紧接着就是出殡。根据达巴或喇嘛选择的火化吉日的时辰到了，才能将棺材抬出大门，一般是当太阳照在高山时才能抬棺出门。这时，死者的所有亲属全匍匐在地，让棺材从头上抬过去，同时要选与死者属相不相克的一男一女，男的端一簸箕土倒在家中正屋地面上，女的背一桶水倒入家中水槽里，意为不让死者把福气带走而留给儿孙后代。由死者的亲属、村邻组成的送葬队伍在炮声、哭声中向火化场地行进。队伍最前面有一人举火把，两人跳驱邪撵鬼舞。达巴再次念指路经。队伍前还有一匹陪伴死者灵魂归天的“冥马”①。

①《洗马调》（附记）。

指路经（一）

今天你就要上天堂了
小雀的脚栖息在草地上
你不能学鸟栖息在草地上
鸡到晚间栖息在草窝
你应该跟到祖先跟前去
你从八珠红土坡脚起身①
经过私落帮米角
又从竹一满阶过
经过里今吉善满
尼色阿布况
洛树托红瓦
大嘴稀八酷②
汗施哦尔迪
瓦比折瓦哦
是你走累了休息的地方
是你饿了吃饭的地方
又过瓦如普那哦
独洛吉子关
各波松各波
蛇洛蛇阻况
鲁古任子波
干儿木祖多
阿克甲鲁波
存你让邦过
杂不领今多
衣锐红琴波

①以下一直到“洛树托红瓦”，均系地名，在云南境内。
②以下一直到“斯布阿纳瓦”，均系地名，在四川境内。

到了斯布阿纳瓦
上一间房是菩萨住的地方
下一间房是妖魔住的地方
这两间房都不是你住的地方
那中间一间房
是你九代前爷爷住的地方
是你七代前奶奶住的地方
大柱头是给你挂草帽的
木桩是给你栓坐骑的
那里关牛有厩
那里关羊有圈
你到了斯布阿纳瓦
上三代把你交给了爷爷
下三代把你交给了奶奶
夏天搭小桃叶棚时
请你下堂才下堂
冬天搭青枫叶棚时
请你下堂才下堂
不请你就不要下堂来

附记：摩梭人举行火葬，从人死到火化通常要举行三天隆重的丧葬活动。第一天叫“不兹”，即为“准备”之意，这天要集中本村人参加杀猪、宰牛羊、用骡马驮柴等。第二天叫“邦兹”，即“接待远客”之意。第三天叫“行布”，即“火化”之意。这三天的活动内容主要是悼念和火葬。

摩梭人信仰本民族的原始本土宗教，同时也信仰藏传佛教，整个丧葬活动中同时要请达巴和喇嘛念经。人数不定，往往是达巴人少，只有一两个，而喇嘛人数众多，十几人或几十人不等。达巴教和喇嘛教在丧葬活动中同等重要，所念诵的众多佛教经典和达巴口诵经贯穿整个丧葬活动的始终。达巴教毕竟是其原始土著宗教，所有作用和地位仍很重要。为了反映这一事实，我们选编了这一组由达巴在丧礼中念诵的口诵经，按丧葬仪式的顺序排编而成。

《指路经》是达巴在三天的丧葬活动中都要念唱的重要祭祀歌，出殡前要念最后一次。当人一断气要马上派人骑一匹快马，背上马鞍去请喇嘛和达巴。首先念指路经，这是整个丧葬礼俗中重要的第一个节目。摩梭人认为人死升天时，如不把升天的路指明，死者的灵魂便要徘徊人间，升不了天。还会给家人带来不祥与灾难等。所以为死者指路在整个丧礼中是非常重要的，而又必须由达巴进行此项活动。

死者要去“天堂”，他们认为就是祖先的归宿地“斯布阿纳瓦”。据考证，从永宁出发，经过四川前所（或左所）到木里垭口，再往前是西龙桥，翻过西龙坡，到雅砻江，然后沿大渡河进入四川茂汶羌族自治县，或进入松潘。而“斯布阿纳瓦”就是松潘境内的一座大黑崖子山的意思。① 这里就是摩梭人的发祥地，很多达巴都念到这座山。一般摩梭地区的各个氏族或家族的指路经中，近路程线虽有不同，而远程路线都是一样的，到了四川木里，条条线路都在这里汇合了，而且都是以北方为终点，这是众多指路经的共同点。

指路经是达巴根据死者的氏族或家族的居住地迁徙路线一个一个地名指送的路线，一直送到祖先那里。由于氏族或家族代谱不同，居住地不同，魂归祖先地的路线也就不相同。本作品中反映的就是三条不同的路线：一条是永宁南部八珠村一带“阿答系”家族的路线，开始从南到东，然后向北，经过云南和四川的盐源县、木里等地，一直再往北就到了“斯布阿纳瓦”；另一条是永宁西部拉伯乡“哈答”氏族的路线；涉及的一条是永宁北部温泉乡“潘咪系”氏族的路线。这些指路经中山名、水名、村名等地名众多，有的可考证，有的则无从考证。

他们认为到祖先那里的路途遥远，艰难曲折，必须带上许多吃、穿、用的物品。首先在死者断气时，在其口中放入一些碎金银，作为生前的还债钱。摩梭人认为人在生前，会欠许多的债，死时要一一还清，否则升天路上不顺当，所以必须让他带银钱上路。达巴念指路经时，同时在院坝里烧上一堆火，边念边把食物投入火中让灵魂享用，让死者吃饱喝足好赶路。再在棺材旁挂上新衣服、鞋袜，备一套新马鞍、一个包袱、一顶草帽。全然是一副出远门的准备。这时村里及远道而来的客人也来致哀悼念，送来的米粑、烟、茶、酒等礼物，即“一家有难千家帮”的意思。主人要回礼，有两种，一是给本村人的，一般是竹盒中装一块猪膘肉、一块盐、一包烟；而是回送远客的礼物，有一块比本村人大一些的猪膘肉、一包好烟、一块钱、一块盐、几个白米粑粑、一饼砖

① “斯布阿纳瓦”的具体所在，至今学界颇有不同见解。

茶，表示办丧事阔气。

在摩梭人的观念中，死者灵魂不仅能升天，还能返回人世家中，所以还有迎接死者灵魂回家的礼俗，这便是一年两次的祭祖活动。旧历十月杀猪祭祖，到时请一个达巴从山上砍回青树枝在院里搭成一个棚子，让祖先先下堂（回家）时，在这个棚子里食用贡品。青树叶子表示长青不衰，灵魂永在。夏天又一次祭祖，这时要搭桃叶凉棚，也表示灵魂常在、永恒之意。

指路经（二）

你今天就要与我们分别了
你要去到祖先生活的地方
你今天从鲁古瓦拉比起身
经过今直邦如若
忙寸哦鲁地
合一愿奇芒①
亲双松关关
阿达右开鲁
都夺洗澡塘
任组红瓦哦②
拉增阿拉鲁
拉增哦鲁满
鲁古啊瓦哦
红益盼多角山
拖树若米哦
红益十二座山
担若十二条沟
红益达瓦哦
是你休息处

①以下一直到"都夺洗澡塘"等地名均系云南永宁境内的地方。
②以下一直到"悟觉儿普波"等地名均系四川木里县悟觉乡境内的地方。

处哦战那地
三棵松树坡
是你做饭的地方
上面一棵树上挂兵器
中间一棵树上挂金银
下面一棵树上栓牛马
你吃完饭后莫停留
又从悟觉儿普波起身
经过悟觉苦娘角①
吉那波子
苦龙阿拉波
苦龙阿夺支
赛路哦鲁多
托八拾普瓦
吉双木里山
鲁古占儿哦
占哦直中嘎
子吉阿良哦
阿良任子波
习任红任组
是所有进堂的人路过的三岔路口
是古氏族和瓦氏族的集合处
所有过人都要在这里住一夜
但这里不是你常住的地方
你住了一夜后
接着又从尔直正施瓦起身
经过树龙大铁桥
树龙拉满枝

①以下一直到“阿克克拉瓦”均属四川木里县境内的地方。

夺儿猪圈山
干儿米自坡
干儿米自坡脚
又经过阿克克那瓦
克那瓦布共①
增你张邦支
增你张邦苦
到了斯布阿纳瓦才是你老家
祖先会来迎接你
这里有金子做的床架
这里有银子做的床板
请你进那屋去住吧
从此以后没有请你回家乡时
你就不能回来
到了冬天
我们搭起青棡叶棚杀猪时
再请你下堂回家乡
到了夏天搭小桃叶棚杀牛时
又请你下堂回家来
今天把你送到了天上
阿里奇菩萨神给你锁上了门

安魂词

达巴唱：大儿子是穿氆氇的藏族
住的房子是帐篷
种的粮食是青稞
青稞是祭神送鬼的贡品
祭神送鬼是为了治好你的病

①以下一直到“斯布阿纳瓦”是指越过上木里县境外的北方一带的地方。

结果只能给你修修回天堂的路

吃米饭的二儿子是汉族
住的房子是瓦房
种的粮食是谷子
谷子是祭神送鬼的贡品
祭神送鬼是为了治好你的病
结果只起到给你修路的作用
小儿子是吃稗子的摩梭
住的是木楞房
种的粮食是稗子
稗子是祭神送鬼的贡品
祭神送鬼是为了治好你的病
结果只起到给你修路的作用

高高的大山树木多
树木的种类数不完
所有见到的树
都砍回来了
砍柴是为了卖钱治好你的病
但还是没有治好你的病

巍巍高山石头多
石头的种类数不完
所看到的石头都捡回来了
我们希望把你的病治好
找遍了世上的药都无效啊
结果你仍然与我们永别

你就要离开生养你的家乡了

我们给你准备好了一切鲜美的食品
有天上的飞禽肉
有地上的走兽肉
给你准备好了香喷喷的白米饭
给你准备好了解渴的果品
到江边[①]的热地方找来了黄果
到美丽的泸沽湖边找来了梨子
给你做好了新衣
给你做好了新帽
给你织好了新的麻布腰带
给你准备好了新的骏马
给你准备好了金鞍
给你请来了念经的喇嘛
村里的人都很关心你
人人都把你记在心上
像珠宝一样把你捧在手里

你倒是如意了
你把我们这些不懂事的人留在世上
你去了我们可怎生活啊
要是天堂允许的话
你就和我们在一起吧
要是天堂的祖先同意的话
我们也愿意跟你去

树叶黄了就要落
时候到了祖先就要接走你
看见鸟飞

①指金沙江。

你的心不能飞
听见家里的猫叫
你的嘴不能动了
看见马跑
你的脚不能跑
听见天上雷鸣
你的心不能跳
听见下雨声
你不能掉泪了
你不要心慌意乱
人生总有离别时
你安心地去吧

附记：此调在尸体安放好（即埋进“地笼”）后由达巴念唱。摩梭人认为人死时心里很难受，会责怪家里人没有好好求医找药治病。而活着的人也怕死者责怪自己，将来自己不安宁，所以要将自己求医找药的艰辛、所做的最大努力向死者交代清楚，同时也表内疚、惋惜之情。另外也委婉地表示人死时抗拒不了的自然规律，药物，人力都无济于事的，劝慰死者不要难过伤心，听从命运安排。

敬酒歌

今天晚上你弯曲着双脚
蹲在柏木棺材里
棺材停放在金子一般的床上
你两手交叉搭在肩膀上
很快就要去做客

你像那蚂蚁一样
腰杆扎得细细的①

①这是摩梭人对尸体的处理。火化前举行悼念活动时，尸体要用麻线缠扎得紧紧的，然后寄葬在家中的土坑里。这里说“腰杆扎得细细的”，是指麻线缠尸。

你的眼睛一下也不再睁开
就像结了冰一样
你的舌头一下也不能再动
已经永远冻僵
今天你就要离开人世
我给你敬这碗痛心酒
这美酒是祖辈传下来
这酒是先人酿出来
那是很古很古的时候
高山放牦牛的儿子
一天丢了三条牦牛
他去找牦牛，找不到
却找到了一种很苦很苦的药
他把苦药带回家来

岩子头上放羊的人
一天丢了三只羊
他去找羊子，没有找到
却找到了一种甜甜的草药根
他把药根带回家来

苦药不是老熊胆
却比熊胆还要苦
甜药不是蜂蜜糖
却比蜂糖还要甜
再把苦药拌甜药
造出了酿酒药
大儿子用青稞来煮酒
二儿子用白米来煮酒
黑黑的荞子也用来煮酒

三菱花也用来煮酒

把煮好的酒
装进银坛子
把煮好的酒
装进金坛子
燕麦草里捂三天
土坛坛里装三月

家乡没有碗
到“者给”去买碗①
新碗多好看
双手捧着斟满酒的新碗
双膝跪在地上
我们哭着来敬酒
你在世时
我们在一起喝过多少喜酒
今天你就要离开我们了
忍住悲痛来向你敬离别酒啊
离别的酒敬你九碗
九碗酒你喝不下
请你也要尝九口

忍住悲痛来向你敬离别酒阿
这喜酒敬你七碗
七碗酒你喝不下
请你闻一闻看一看吧
请你用那洁白的手接一接吧

①永胜县的古称，这是云南出瓷器的地方。

请你用薄薄的舌头尝一尝
祖先也曾喝这碗离别酒赶路程
深深的恩情留给了儿孙
今天你也喝下它归祖先发祥地
骨肉之情永远留在我们心里
这酒是吉祥的圣物

这酒出自祖辈的手
无论它是甜是苦
你都要张口尝一尝
这酒会给你带来幸福安康
一滴酒滴在耳朵上
耳朵变得灵敏听福音
一滴酒滴在眼睛上
眼睛就变得明亮看好事
一滴酒滴在舌头上
舌头就灵活会说话
一滴酒滴在手掌上
手掌就变得灵活动作敏捷
一滴酒滴在肚子上
肚子的病痛就会好
一滴酒滴在脚杆上
走路快得像长了翅膀

亲人啊
你一生辛苦养男儿
用手掌擦屎尿
恩情深似海
儿子敬酒来报生养恩
你一生辛苦养女儿

用口吸鼻涕
恩情重如山
女儿敬酒为报生养恩
你上了天堂离我去了后
也会像那轻轻北风一样
每天来吹拂我、爱护我
可我不会认出你
你像那慈悲的鹰一样
天天在我的头上飞旋、守护我
可我却不能认出你
你像那长长的老麻蛇一样
来缠绕我的双脚依依不舍
可我也不会认出你

后天天一亮
小松木搭成的木楞房将要点上火
就要把你送到祖先跟前去
骨肉深情怎分离啊

附记：这是丧葬仪式的第一天晚上将尸体整理安放好后，由达巴代死者亲人念唱的内容。尸体安放好后，死者的亲属、儿女、相邻好友等前来向遗体告别、奠酒，由达巴代为诵念悼词，以表敬爱、怀念之情，这也是悼念活动的重要内容之一。悼念死者之前必须做好以下几件事：

择火化日、念《指路经》。由达巴或喇嘛择算火化吉日，人一断气立即进行，紧接着由达巴念《指路经》。念《指路经》之前不能在死人跟前哭泣，他们认为在死者未听到《指路经》前就听到亲人的哭声其灵魂会慌乱，找不到去天堂的路线，对生者也不利。为了让其灵魂安静升天，只有在念完《指路经》后才能举行各种悼念活动。念完《指路经》，紧接着就是整尸、寄葬。

这天晚上，主人要开一个猪膘，给全村人每家送一块肉份子，让全村人知道他们家要办丧事。这时达巴除了念诵这段《祝酒歌》外，还要念《安魂词》等，喇嘛同时念《超度经》。

哭灵歌

你离开人世前
压在屋顶上的石头在跳
我以为是别人家的不祥之兆
结果却成了自家的凶兆
有一天我看见老鼠死在院坝中
我以为是别人家的不祥之兆
结果却成了自家的凶兆
有一天我看见正房后马蜂在做窝
我想是别人家的不祥之兆
结果却成了自家的凶兆
我做了很多梦
不该梦见的全梦见了
梦见打了九个洞的粮架秆
刚竖上去突然从中间折断了
梦见鸡蛋做锅底
才点燃火鸡蛋就炸裂了

你天天说你有病
今天你的病全好了
你天天说你发烧
今天烧已经全退了

这几天来
你蹲在正房墙角里①
静悄悄的一声不响
新编的竹篮罩在你头上②

①指已将死者埋入正房的土坑（地笼）里。
②死人葬入（地笼）后，罩一个竹篮在其头上，再反盖一件衣服在竹篮上，好像死者在那里如活人一般。

想不到你竟这样快离开我们而去

附记：摩梭人认为平时梦见或看见反常现象为不祥，要赶快找达巴或者喇嘛卜卦测吉凶，念经祭神送鬼，以预防不测。这首丧葬歌在人死后念诵表示惋惜、内疚之情，自责在有了不祥之兆时没有及时祭神送鬼而遭厄运。达巴念诵这一类祭词时气氛悲伤，很能表达生者对死者依依惜别的悲痛之情。

长子吊孝

让阿达啊 ①
今天这一天
你就要出远门了

你的大儿子
今天给你尽孝道来了
为你煮的美酒带来了
为你杀的猪肉带来了
收获的谷子
为你碾成了白花花的米
大山上有的兽肉给你猎取来了
水中游的鱼给你捕来了
草滩上有的野鸭肉给你找来了
家里有的鸡肉给你带来了
你儿子带来的猪膘肉足有一码高
你儿子带来的茶叶有几驮
你儿子为你敬送给喇嘛的金边 ②
带来几十丈
敬给喇嘛的猪膘肉③

---

①让阿达，是对死者的尊称，父母之意。
②金边是用来镶在衣领上的饰物，摩梭人在葬礼中送金边算为阔气。
③摩梭人在办丧事中，用猪膘肉敬喇嘛和其他客人和村里的人有所区别，割猪膘肉时，割成方形，大小不一，所以下文用“木箱”和“土基”表示阔气大方。

敬给村里的长者和客人的猪膘肉
好像土基一样大
你儿子给你牵来了一匹
美丽的花骏马①
让你骑上好赶路
你儿子给你扛来了几百面
花花绿绿的经幡②
他两膝跪在地上
手捧小木盘
给你来敬饭
给你来敬酒
这是他报答你养育的恩情
你为了养大儿子
操了多少心
你让自己受寒冷
却把自己的好衣让给儿子穿
你让自己受饥饿
却把好吃的东西留给儿子吃
把不懂事的儿子
教养成聪明能干的人

今天儿子为了你
愿把自己的身子搭成桥
让你在远去的路上过江河
你给了他一个美丽的身躯
你给了他旺盛的生命
你的恩情重如格姆山

①摩梭人在葬礼中用的马，用白纸剪花来贴在马背上，这是送给死者回天堂的马。
②经幡是佛教用的，在红绿布上印经文，插在火化场上做旗幡。

你的恩情深似泸沽湖水

请你尝一尝喷香的饭菜

今天你就要离开我们了

莫忘了在世的亲人

随时保佑在世的儿孙。

附记：按摩梭人的规矩，办丧事的费用由子女分别承担，无子女者由其他亲属操办丧事。父亲死了由长子、母亲死了由长女在办丧事中负担主要部分的费用。把不在家生活的子女来吊孝称为“待饭”。办丧事的第二天下午，长子来吊孝时由达巴念诵这段丧葬歌。办丧事的第一天客人来的不多，主要由次女负担待客费用。第二天来的人最多，因此，最显排场，儿孙成器与否，是看第二天晚上那一顿待客的晚餐。由于平时长子不与父亲生活在一起，所以要来奔丧“待饭”。此项节目也有一整套礼仪。

届时，在下午4时左右，长子全身重孝，带着一只由亲属组建的浩浩荡荡的奔丧队伍走在最前面。队伍中有一匹装扮过的马，马头插白旗，身披白纸花，由长子牵着。马前有两名装扮成“兵将”，手拿长刀，身穿古时兵服。随后是达巴，肩披一件新衣，手拿宝瓶，瓶内插上3根雪鸡尾毛。再后是手捧木盘的人，盘内装有祭奠死者的饭菜、酒肉等食物。带给死者家的财物视经济情况而定，阔气的有一匹马、两个猪膘肉以及牛、羊、粮食、盐、茶、钱等。这些东西都要展示出来，让围观者看，以表示自己有孝心，儿女争气。整个队伍的人分别拿着以上列举的物品，哭声震天，前面的“兵将”跳着长刀舞，达巴念着经，走到大门外时，主人一方相迎接。首先是由长者组成一支迎接的队伍站在大门两边，手拿彩色绸子，这时要吹海螺号，放土炮。两支队伍相遇互相问候，互相安慰、敬酒，亲人相见，悲痛之感倍增。主客双方一起进入大门内，这时老人们齐呼“彩财！彩财！”，意为把所有的好福气、好运气、好事都迎进来，家庭和睦，吉祥如意等。此时主人要给“待饭”队伍中的每一个亲属回送一份“肉份子”，即回送一块很大的猪膘肉。长子带队进入大门后，立即双手捧着过头的木盘长跪在死者灵前，木盘内装有酒食等祭品，向死者做最后的诀别，跪着听达巴念完这首丧葬歌方能起来。

这天晚上要举行娱乐活动，喇嘛在经堂念经，达巴率领“兵将”们在院坝跳着撵鬼驱邪的刀舞。他们认为死者升天路上有鬼怪作祟，必须为死者排除路上的障碍，此项活动称为“寒摆”。跳舞者腰间系着铃铛，头上插着箐鸡尾，做撵鬼状，动作别具一格，时常赢得围观者哄笑不已。“寒摆”完毕后接着跳锅庄舞。在竹笛声中，包着黑色包头、身穿彩色衣服和长裙的少女们，头戴毡帽、身穿处巴长衣（形似藏袍的长衣）的小伙子们手挽着手都纷纷跳起来。整个场院挤得水泄不通，欢声笑语不断。此时一扫悲伤的气氛，只有欢乐与勃勃生机，分不清是在办丧事还是在办喜事，显示了摩梭人面对生与死，面对生活、人生的坦荡豁达的胸怀。

这一次节目只限于寿终正寝的老人享受，青少年或死于非命者是不能“打跳”歌舞的。摩梭人认为老人死去人生完美，应当庆贺，民间有“跳起舞来送，唱起歌来送”之说，会吹竹笛、芦笙的人祖先是特别欢迎的。办丧事的主人要很客气地对待来庆贺的歌舞者们，敬烟、酒、茶，给吹竹笛领队者赏赐尤重。过去，在他吹的笛子上要栓上金银，后来随着时代的变迁要在竹笛上拴上钱币，以示酬谢。这是名副其实的“白喜事”。

洗马调

出太阳的东方
是上层菩萨用的水
不是你洗头的地方
太阳落山的西方
是魔鬼怪物洗的水
不能洗你的头

这里溪流有多长
水也有多长
“古儿”省地方水最好
是你洗头的好地方
右边江水哗哗流
是你洗头的水
“拉度木”水大又清亮
是你洗头的水
这里江水好
洗头最干净
这里河水圣洁
洗头最干净

附记：这是出殡前由达巴在洗马仪式中念唱的经调。此仪式凡属摩梭人的葬礼中均有保留，所以所念唱的达巴经内容也大致相同。但是此俗各地的具体内容不一样，这里介绍的是永宁达坡、八珠一带的洗马仪式。在死者断气的那天，就由达巴在离家很远的地方选择一条河，在河边埋上一个碗。到出殡那天早上，达巴骑着马来到这条河边，将埋着的碗一刀劈成两半，以示阴阳分开，接着洗马念经，之后，在骑上马飞奔回主人家里。这时主人家在大门口吹响海螺号迎接达巴归来。这匹马在出殡时走在送葬队伍前面，用白纸花贴在身上，头上插着两根雪鸡尾，背上驮着倒装的马鞍和送给死者的财物，反盖一件新衣，领口朝后，由死者的孝子贤孙牵着。这是摩梭人作为陪伴死者升天的神马。摩梭人认为他们的祖先是骑着马来自北方，死后的子孙也应骑马归祖。古时候，要让马奔跑喘不过气来，用炒面口袋套在马嘴上将它呛死在火葬场，表示死者灵魂骑上骏马升天了。这叫“献冥马”，只有富户、土司头人才能举行这一壮观而又悲壮的“献冥马”（即洗马）仪式。现在只是象征性地将马牵到火葬场，让它驮着马鞍和送给死者的财物，之后就放掉，任其在野外，也不会被人偷走。人们一看倒放着的马鞍就知道是死人骑的“冥马”，按规矩是不能偷的，否则不吉利。

出殡前还有一项重要的活动，即砍猪嘴搭木楞房。首先由达巴给死者在阴间“买”一块地基，然后照活人住的木楞房搭一间烧化尸体用的形似木楞房的木架子。

永宁达坡、八珠一带，过去搭木楞房的人要在火化场吃一顿饭，叫“补打伙”，意为砍火化木柴吃的稀饭，这种稀饭与平时不同。主人家要为砍搭木楞房的人准备七碗酒、七碗稗子米、一条小猪崽。由一位长者把猪崽拉在火化房旁边，一刀把猪嘴砍断，猪立即死去。然后将它砍碎，与稗子米一起煮成稀饭吃。此俗现已改变，主人送一猪头给砍火化木柴的人们，分了拿回家，不再吃这一顿“补打伙”的稀饭。

寄酒歌

你就要到“斯布阿纳瓦”地方去了
上天堂去见祖先面
我们哭着来寄酒
拿让吉布①家今天来接你
早逝的长者和小孩

①民间传说中的鬼族首领，俗称“鬼王”。

都会来迎接你
他们左手拿着香炉
右手拿着长明灯
小孩扶着长者
长者举手搭凉棚
盼望你到来
见了我们的祖先
烦你报好信
烦你说好话
他们留下的房子里
住满了儿孙
儿子长大很能干
姑娘长大很聪明
他们留下的畜厩里
关满了骡子牲口
钉掌的铁钉有几驮
骡马栓的全是金铃铛

不久前这里路过普米人
想托他把美酒寄给祖先
只因不懂普米话
没有办法把酒寄到

隔天来了汉族人
想托他把美酒寄给祖先
只因不懂汉族话
没有办法把酒寄到

一天路过赶马人
赶马人他忘性大

怕他把酒丢路上
不敢把酒寄给他

一天大雁头上飞
大雁说它忘性大
怕它把酒洒在白云间
不敢把酒寄给它
一天野鸭飞过村
野鸭说它忘性大
怕把酒丢在草滩上
也不敢把酒寄给它
我们这一村
你将见到我们的祖先
烦你带信并不重
口信像轻风
带信并不难
风儿会帮你带
邻居来寄酒
酒随流水走
流水会替你送
不必你亲自背
木里土司家的门已关了
金库银库的门已关了
金马已经卸了鞍
村里的人已入梦乡
你放心到祖先跟前去吧

附记：这是火化前最后一个晚上由达巴念的经。寄酒，意思是村里的人们来托死者给自己去世的亲人和祖先带一份礼物，表追忆缅怀之情。他们认为当死者回到“斯布阿纳瓦”祖先住地时，村里其他氏族的祖先也会来迎接，还要询问人间事，也关心自己在世的亲人的生活状况，更希望在世的儿孙不要忘了给自己带一杯清酒。如果在世后代不给祖先寄酒，祖先会不高兴，还会说不吉利的话，诸如“我家可能没有后代了”“可能关门了”等等，对生者不利，所以村邻们纷纷来寄酒。夜幕降临时，他们带着酒，手捧酒碗举过头，长跪在地恭听达巴念唱这段《寄酒歌》。

念唱《寄酒歌》时，人们不仅为死者悲痛哭泣，也推人及己，怀念自己亡故的亲人，甚至哭喊自己亲人的名字，向其哭诉自己的不幸遭遇和不顺心的事，发泄压抑在内心的情感，气氛就显得特别凄惨悲伤，局外人也会为之落泪。

诀别歌（安息调）

木里土司家的门已关了
金库银库的门也关了
“瓦如”土司家的门已关了①
“拉它”土司家的门也关了②

高山的雄鹰栖息在树上
翅膀做枕头
尾巴做垫褥
爪子已收拢

在松树林栗树林里
老熊和野猪
耳朵做枕头
虎牙已收拢

悬崖古树林子里
豹子和老虎
耳朵做枕头
嘴唇已闭拢利牙已藏好

① “瓦如”，指现在四川盐源县的前所乡
② “拉它”，指现在四川盐源县的左所区。

高山坡上有几家
高山脚下有百户
房顶不见火烟冒
家家已关门

屋顶板缝里
夜鸟来住宿
翅膀做枕头
脚抓已收齐

像那金柱一样的大梁上
黑鸡已睡熟
到时不睡觉
便是野外鬼
请你少顾虑
安心歇一夜

附记：这是火化前的最后一个晚上由达巴念的调子。摩梭人认为死者要升天归祖的最后一夜是与生者相处的最后时刻，心里非常慌乱，他们的灵魂徘徊不定，难以上路。所以为了让他好好休息一夜，使其灵魂安息不乱，天亮好顺利上天堂去，就要念这段安息调，仍有劝慰之意。

祈祷词

你就要离开自己可爱的家乡
要到别的地方去
别的地方再好
也不如自己的这块故土好
你到了新地方
要回头望一望自己的故乡
这里是你出生的故土
要尽快投生回自己的故乡

家乡山上松柏青青
家乡山上的石头也是金子
大山像铺了一块斑斓的虎皮
又像那倒放着的美丽金碗
达巴用的金铃铛
不用敲也会响
洁白的海螺号
不吹也会响

九座山上的树被火烧光了
唯有竹根根活着
你要学那竹根一样
很快复生回家乡

洪水冲箐沟
只有菖蒲根冲不走
你要学那菖蒲根一样
不要离开自己的故土

当你离开人间站在空中时
请保佑家乡的亲人
当你离开人间站在背阴山时
请你保佑向阳坡的人们

永远分别我们怎忍心啊
可生离死别是人之常情
生前怎样好
死后一样好
树高会被风吹断
人老了也会死亡

第十篇
人物志

（姓氏笔画为序）

大办公室副主任；2002年11月至2006年6月，任宁蒗县人大教科主任；2006年6月至2007年11月，任宁蒗县委常委、统战部部长；2007年12月至2014年12月，任丽江市妇联副主席；2014年12月，任丽江市政协服务管理局副局长。

朱有才

男，摩梭人，1937年11月生，中共党员，云南省宁蒗彝族自治县大兴镇人 。

1954年10月，在宁蒗县民族工作队任队员；1955年6月至11月，在丽江地区公安训练班学习；1955年12月至1969年2月，在宁蒗县公安局工作，先后任侦察员、警犬训练员、治安股副股长、刑侦股长；1969年3月至1970年11月在县“五七”干校劳动；1970年12月至1973年12月，在宁蒗县战河转运站任主任；1974年1月至1977年8月，在宁蒗县公安局，先后任刑侦股长、副局长；1977年9月至1980年12月，任宁蒗县落实政策办公室主任；1981年1月至1983年12月，任宁蒗县“两案”办公室主任；1984年1月至1989年3月，任宁蒗县委核查办公室主任；1989年4月县政协八届三次全会当选为副主席，任党组成员；1998年8月连续当选为九、十届县政协副主席，任党组成员；曾当选第四、五届县纪委委员。

朱军如

男，摩梭人，1930年10月生，中共党员，云南省宁蒗彝族自治县永宁乡人。

1951年参加地方公安部队，先后任炊事班班长和机枪班班长；1951年底转业到宁蒗县公安局工作，任治保股股长；1954年到云南民族学院学习，加入中国共产主义青年团，当选为全国人民代表大会代表；1956年4月在宁蒗县新营盘，红桥，永宁参加小凉山平息武装叛乱的战斗；1956至1962年在宁蒗县第1至第6届人民代表大会上，连续当选为宁蒗县副县长；“文革”后，先后任宁蒗县畜牧局局长、林业局局长、县检察院检察长；1981年当选第八届人大常委会主任，1983年12月至1993年3月，先后当选宁蒗县第六、七、八、九届政协主席。

阮学武

男，摩梭人，1967年7月28日生，中共党员，大学学历，云南省宁蒗彝族自治县永宁乡人。

1996年至1999年，任宁蒗县永宁中学校长；1999年2月至2003年，任宁蒗县永宁乡副乡长；2003年11月至2009年，任宁蒗县永宁乡乡长；2009年8月至2015年，任宁蒗县永宁乡党委书记；2015年11月，任丽江市泸沽湖旅游区管理委员会党组成员、副主任、宁蒗县永宁乡党委书记。

李　彬

男，摩梭人，1964年5月生，中共党员，大专学历，云南省宁蒗彝族自治县永宁乡人。

1978年12月至1986年7月，在宁蒗县文工队任队长；1986年7月至1990年4月，任宁蒗县政协办公室科员；1990年4月至1994年4月，任宁蒗县政协办公室秘书；1994年5月至1997年4月，任宁蒗县政协经济法制提案委副主任；1997年4月至2000年3月，任宁蒗县政府经济法制提案委主任；2000年3月至2003年3月，任宁蒗县红旗乡党委书记；2003年6月至2003年6月，任宁蒗县工商联会长；2003年6月至2006年7月，任丽江市发改委（丽江市铁路建设领导小组办公室）主任科员；2006年8月至2009年7月，任丽江市发改委交运科科长；2009年7月至2014年6月，任丽江市发改委副调研员兼办公室主任；2014年任丽江市发改委副调研员。

李宝山

男，摩梭人，1954年9月出生，中共党员，云南省宁蒗彝族自治县大兴镇人，毕业于云南师范大学，本科学历。中共云南省第七届党代表大会代表，第一届丽江市市委委员。

1971年至1976年在35106部队服役；1980年云南师范大学毕业分配到宁蒗县委党校工作，先后任教员、副校长、校长（副处级待遇）；1991年至1994年，任中共丽江地委宣传部副部长；1994年至2001年任宁蒗县委副书记（正处级待遇）；2002年至2014

年，任丽江市民族宗教事务局党组书记、局长，在任期间，丽江市民族、宗教目标考核连续9年名列全省前茅；2014年光荣退休；2015年6月病逝，享年62岁。

1999年被云南省委、省政府评为“丽江‘2·3’地震恢复重建工作先进个人”；2005年被省政府授予“全省民族团结进步模范个人”荣誉称号；2007年被市委、市政府荣记“三等功”；2009年享受省部级劳动模范待遇。

李品初

男，摩梭人，中共党员，本科学历，工程师，云南省宁蒗彝族自治县永宁乡人。

1989年9月至1993年7月，在云南省建筑工程学校读书，1998年9月至2004年7月，在职重庆大学土木工程系学习，2003年7月在宁蒗县城建局工作，2006年8月至2007年4月，任宁蒗县泸沽湖管理委员会副主任，2007年5月至2014年6月，在丽江市泸沽湖旅游区管理委员会工作，先后任规划建设和监督执法科科长，2016年12月任丽江市泸沽湖旅游区管理委员会党组成员、副主任。

杨圣明

男，摩梭人，1959年10月生，中共党员，大学学历，云南省宁蒗彝族自治县永宁乡人。

1980年11月至1986年4月，任宁蒗县永宁乡经营管理员；1986年4月至1995年4月，在宁蒗县民族宗教事务委员会工作；1995年5月至2000年8月，任宁蒗县永宁乡乡长、党委书记、2000年9月至2008年2月，在宁蒗县民族宗教事务局工作；2008年2月至2010年2月，在中共宁蒗县委组织部工作；2010年2月，任县委组织部主任科员；2015年2月晋升副处职级。

杨红胜（鲁汝打史匹初）

男，摩梭人，1930年8月出生，大学学历，中共党员，云南省宁蒗彝族自治县人。

1956年参加永宁区武功队；1957年任温泉乡委员，民兵大队大队长兼调解委员，任温泉乡乡长；1963年任温泉乡党支部书记；“文化大革命”后期任永宁公社党委副书

记；1974年任宁蒗县拉伯公社党委书记、宁蒗县县委委员；1979年任宁蒗县人大常委会副主任兼纪委副书记、农会主席。

杨远新

男，摩梭人，1959年6月生，中共党员，大学本科，云南省宁蒗彝族自治县翠玉乡人。

1977年3月至1980年5月，任宁蒗县民族工作队队员；1980年6月至1983年1月，任宁蒗县人大常委会办公室秘书；1983年2月至1986年5月，任宁蒗县委组织部秘书；1986年6月至1993年1月，先后在丽江地委组织部任副科长、科长；1993年2月至1999年5月，先后在丽江地区（市）公安局任政治部主任、副队长兼政治部主任；1999年6月，先后在丽江市公安局任副局长（正处），党委副书记、常务副局长、市警察协会主任。

曾荣立二等功一次，三等功二次。

杨阿纳

男，摩梭人，1940年5月1日生，中共党员，云南省宁蒗彝族自治县永宁乡人。

1958年3月至1961年3，在拉伯三江口金江石棉厂当工人；1961年4月至1962年8月，在拉伯乡贸易小组当职员；1962年9月至1966年2月，调宁蒗县政府当通讯员；1966年3月至1975年7月，任宁蒗县委机关事务长；1975年8月至1977年4月，负责永宁知青工作；1977年5月至1982年12月，在永宁公社任团委书记；1983年1月至1984年3月，任永宁公社党委副书记；1984年4月至1987年3月，任永宁区委书记；1987年4月至1989年8月任永宁乡党委书记；1989年9月至1998年7月，任宁蒗县委统战部部长；1998年8退休（享受副处待遇）。

杨国忠

男，摩梭人，1950年12月18日生，中共党员，云南省宁蒗彝族自治县永宁乡人。

1970年8月至1974年，在宁蒗县商业局任会计；1975年至1976年，任宁蒗县永宁乡党委委员、团委书记；1976年至1979年，任宁蒗县拉伯乡党委副书记、武装部长；1979年至1983年，任宁蒗县红桥乡党委副书记、书记；1983年至1986年，任宁蒗县物价管理委员会主任；1986年至1990年，任宁蒗县医药公司经理；1990年至2000年任宁蒗县土地管理局局长；2000年至2010年，任宁蒗县政协提案委主任、副处级调研。

杨建国

男，摩梭人，1943年11月30日出生，中共党员，云南省宁蒗彝族自治县大兴镇人。

1964年9月至1966年12月，先后在宁蒗县民族基干连、二六七八部队、昆字七〇一部队任战士；1966年12月至1967年12月，在宁蒗县大兴队新村合作社当社员、社长；1967年12月至1978年12月，在宁蒗县大兴大队新村生产队当队长；1978年12月至1983年5月，任宁蒗县拉都河大队党支部书记（脱产干部）兼武装干事；1983年5月至1986年7月任宁蒗县大兴镇党委副书记、书记、县委候补委员；1986年7月至1990年1月，任宁蒗县司法局局长；1990年1月至2004年10月任宁蒗县综合治理委员会副主任、主任（副处待遇）。

曾撰写出版《藏着的摩梭史—母系家园最后的蒗蕖玫瑰》《历史的足迹——一位摩梭老人的自述》。

杨顺红

男，摩梭人，1947年7月生，中共党员，大专学历，云南省宁蒗彝族自治县永宁乡人。

1962年至1963年，在宁蒗县战河公社财政所工作；1964年至1970年，在宁蒗县永宁公社兽医站工作；1970年至1972年，任宁蒗县永宁公社公安特派员；1972年8月至

1974年9月，在宁蒗县公安局工作；1974年9月至1976年9月，在云南民族学院学习；1976年9月至1977年6月，任宁蒗县永宁公社党委副书记；1978年8月至1979年1月，在云南省委党校学习；1979年8月至1982年1月，任宁蒗县委常委兼永宁公社党委书记；1982年8月至1982年12月，在云南农业大学县级干部研究班学习；1983年12月，任宁蒗县副县长；1987年12月至1993年3月，任宁蒗县委常委、县政府常务副县长（正处级）；1993年3月—1998年4月，任宁蒗县委副书记、政协第九届委员会主席、县政法委书记、泸沽湖省级旅游区管理委员会主任、本底箐水库前期工程指挥长，期间当选云南省第六届党代表大会代表和云南省第九届人民代表大会代表；1994年12月至2003年当选丽江地区政协工委委员；1998年3月至2003年，任宁蒗县政协主席；2003年9月副厅级干部退休。

曾经被云南省公安厅表彰为“公安干警先进工作者”；云南省政府表彰为“先进个人”“开展民族地区工作做出成绩”“关心下一代先进工作者”等。

杨剑华

男，摩梭人，1972年3月出生，大专学历，云南省宁蒗彝族自治县永宁乡人。

1990年9月至1993年7月就读于云南省公安专科学校；1993年7月至2001年在宁蒗县公安局工作；2001年至今在丽江市政法部门工作；2011年11月晋升为副处级干部。

杨祖福

男，摩梭人，1965年10日生，大学学历，云南省宁蒗彝族自治县拉伯乡人。

1983年7月至1985年2月，在宁蒗县拉伯公社托甸小学任教；1985年3月至1995年6月，在宁蒗县永宁乡中心校任教；1995年7月至1999年5月，在宁蒗县政府办工作；1999年6月至2007年9月，任宁蒗县拉伯乡党委副书记、书记；2007年10月至2012年12月，任宁蒗县粮食局局长；2013年1月任宁蒗县人民政府副县长。

杨振洪

男，摩梭人，1963年11月生，中共党员，大学本科，云南省宁蒗彝族自治县永宁乡人。

1988年7月至1997年8月，任云南省少数民族语文指导委员会办公室副主任；1997年9月至2008年10月，任云南省电脑农业推广领导小组办公室副主任；2008年11月，任云南省民族宗教委员会办公室副主任、机关服务中心主任。2016年10月任云南省民族宗教委员会办公室副主任，机关服务中心主任、调研员。

先后荣获云南省科学进步二、三等奖；云南省优秀公务员奖；云南省翻译学会科学论文一等奖。

杨　彪

男，摩梭人，1951年6月生, 云南省宁蒗彝族自治县永宁乡人。

1969年至1972年，在宁蒗县永安公社电影队工作；1972年至1978年，在宁蒗县永宁公社泥鳅沟大队工作；1978年至1980年，在宁蒗县永宁公社忠实大队工作；1983年至1984年，在宁蒗县粮食局任副局长；1984年9月至1986年7月，在丽江地委党校学习；1986年7月至1995年9月，先后任宁蒗县永宁区委副书记、永宁乡乡长，永宁乡党委书记；1995年至1999年3月，任宁蒗林业局党委副书记（副处级）；1999年3月至2001年6月，任宁蒗县政法委副书记；2001年6月至2011年6月，任宁蒗县委副调研员。

杨雄峰

男，摩梭人，1964年11月出生，中共党员，大历学历，云南省宁蒗彝族自治县永宁乡人。

1980年11月至1985年1月，在陆军第14军40师119团服役，任战士、班长；1985年1月至1987年8月，任宁蒗县永宁乡文化站站长；1987年8月至1991年1月，在宁蒗县文化馆工作；1991年2月至2000年12月，任宁蒗县纪委纪检员、案件审理室主任；2000年12月至2007年，任丽江市纪委副科，正科纪检员；2007任丽江市纪委派出第七工委副书记，监察分局局长。

曾在云南“边境自卫防御战”中荣立三等功一次。

何宁庆

男，摩梭人，1956年9月生，中共党员，大学文化，云南省宁蒗彝族自治县永宁乡人。

1974年在永宁乡当知青后，先后在省林业工程三处，省林业技校，宁蒗县委党校，县委办，县纪委，县政府驻昆班，县政府，市科协，市泸沽湖管委会等单位工作。历任省林业技工学校团委副书记，宁蒗县委办公室副主任，县纪委副书记，县政府驻昆办主任，县委办公室主任，县政府副县长，丽江市科协副主席，丽江市政协常委，泸沽湖管委会调研员。

参加工作至今，先后被评为先进生产者，优秀教师，优秀共产党员。1996年丽江“2.3”大地震后由于抗震救灾工作出色，被评为丽江地区“2.3”大地震抗震救灾先进个人；在宁蒗县政府驻昆办和宁蒗县委办工作期间，连续四年被评为优秀公务员；在丽江市科协工作期间，连续三年被评为优秀公务员；在宁蒗县政府任副县长期间，兼任泸沽湖管委会主任，负责泸沽湖的旅游管理和生态治理工作，取得了较好的成效，受到了县委政府和当地群众的好评。1999年担任丽江地委驻宁蒗村建工作队队长期间，由于工作出色，所在工作队被地委评为1999年优秀村建工作队，个人被评为优秀村建工作队队员。担任市政协委员、常委后，积极反应科技工作者和泸沽湖景区发展以及摩梭文化保护等方面的呼声，牵头先后递交提案18个，被采纳6个，特别是关于重新发展农村专业技术经济合作协会的建议，受到了重视并被列入市政协专题调研，促进了市委市政府关于重视发展农技协会工作文件的正式出台，2008年被评为优秀提案奖，个人被评为优秀政协委员。

何高汝

男，摩梭人，1932年生，云南省宁蒗彝族自治县永宁乡人。

1950年2月参加中共滇西工委在宁蒗举办的“军政培训班”，12月由宁蒗工委选送丽江财校学习，1951年2月毕业后，留丽江中心支行工作，1953年4月，任宁蒗县人民银行筹建负责人，1954年4月，到云南民族学院干训班学习，同年10月毕业回宁蒗民政科

副科长。1956年，在自治县成立召开的第一届人民代表大会上当选为县人民法院院长。为配合土地改革，打击敌对分子和各种刑事犯罪分子，在全县各区建立了九个人民法庭，并颁布了《各区临时人民法庭审判案件程序暂行办法》，使土地改革得以顺利进行。何高汝在人民法院任职六年间，秉公执法，不徇私情，不受贿赂，兴利除弊，严惩顽抗分子，破获隐匿匪盗，主持审理疑难案件70多起。1956年调宁蒗工委组织部工作。1960年任宁蒗县检察院检察长。1969年下放“五七”干校，1971年任卫生局长，1976年病逝。何高汝为宁蒗彝族自治县第一届人民法院院长，为民族地区的法制建设做出了独特贡献。

宋远忠

男，摩梭人，1958年12月18日生，中共党员，大专学历，云南省宁蒗彝族自治县新营盘乡人。

1978年10月，在宁蒗县水泥厂工作；1978年12月应征入伍，任战士； 1981年12月退伍在宁蒗县广播站职工作；1986年9月至1988年7月，在地委党校学习；1988年9月至1992年7月，在县委办、县委组织部任干事；1992年3月至1997年2月，任宁蒗县宁利乡任党委副书记、书记；1997年3月至2008年，先后在宁蒗县人事局、卫生局任职；2009年至2014年，任主任科员；2015年享受副处级。

被云南省委组织部和省人事厅评为优秀公务员，荣立三等功一次。

阿少云（阿批独芝）

男，摩梭人，光绪三十四年（1908年）生，云南省宁蒗彝族自治县永宁乡人。

1921年至1923年在永胜求学；1923年，到昆明接受龙云的招见，被送往海防参观学习；1924年以后，赶马做生意，曾远到西藏，印度等地；1948年，宁蒗设治局，被委任为第四区区长，自卫队长。1950年1月初，宁蒗临时政务委员会成立，阿少云任主任；1954年，选为云南省第一届人民代表大会代表；1956年9月20日，宁蒗彝族自治县成立以后，阿少云当选为副县长，县政协副主席，丽江专署政治协商委员，第三届云南省政协委员。1967年“文化大革命”期间，阿少云身心惨遭摧残，不幸逝世。1979年，得到了平反昭雪，恢复了政治名誉。

阿世雄

男，摩梭人，1955年11月生，中共党员，大学本科，云南省宁蒗彝族自治县大兴镇人。

1974年9月至1979年9月，新营盘乡麻里坪小学任教；1979年9月至1982年1月，在新营盘中心校任教导主任；1982年2月至1984年3月，在县委农委办任秘书；1984年至1988年1月，在新营盘乡任司法助理员；1988年2月至2003年3月，在宁蒗县司法局任副局长、局长；2003年4月至2013年3月，任宁蒗县政协副主席、常务副主席。

曾获中央宣传部、国家司法部授予“全国法制宣传教育先进工作者”称号。

阿生独玛

女，摩梭人，1933年6月出生，云南省宁蒗彝族自治县永宁乡人。

1952年3月参加革命工作，在宁蒗县工委工作，1952年5月受组织委派推荐保送到云南民族学院学习，学习期间学习努力，遵守纪律，由于表现良好被安排留校工作，1954年2月，由于宁蒗县民族干部奇缺，在宁蒗县工委主要领导的要求下，调回宁蒗县工委妇联任副主席，同年底任县妇联主席，1956年自治县成立时当选为宁蒗第一届妇联主席直至1969年，在“文化大革命”中由于被打成走资派，随县五大机关下放到宁蒗县永宁“五七”干校劳动改造，1974年平反后由于身心疲惫不愿回县委，后留在永宁乡政府负责妇联工作，之后在永宁商店工作过数年，1984年退休。

阿生独玛同志作为一名摩梭妇女，在解放宁蒗小凉山的过程中，响应党的号召，毅然投身革命，担任了宁蒗彝族自治县第一任妇联主席，为了宁蒗人民的翻身解放，特别时各族妇女事业的发展建设做出了贡献。

阿红荣

男，摩梭人，1958年1月生，大专学历，中共党员，云南省宁蒗彝族自治县新营盘乡人。

1978年2月至1982年6月，在西藏那曲军分任政治部任战士、班长；1982年7月至1984年10月，任宁蒗县炮马坪区东风乡党支部书记；1984年11月至1988年4月，任宁蒗县统计局科员；1988年5月至1991年8月，任宁蒗县政府监察局科员；1991年9月至1993年7月，在云南大学政治系学习；1993年8月至2000年12月，在宁蒗县纪检监察局，先后任案审室主任、副局长、纪委常委；2001年1月至2010年1月，任宁蒗县总工会主席、党组书记、县委委员；2010年至2015年1月，在县工会任主任科员；2015年2月在宁蒗县总工会工作（副处级）。

阿红星

男， 摩梭人，1957年10月生，中共党员、大专学历，云南省宁蒗彝族自治县新营盘乡人。

1978年9月师范毕业；1978年10月至1983年2月，在宁蒗县红旗乡中心学校任教师；1983年3月至1984年1月，在宁蒗县宁利乡中心学校任教师；1984年1月至1989年2月，在宁蒗县审计局工作，任科员；1989年3月至1993年2月，任宁蒗县审计局副局长；1993年3月至2001年3月，任宁蒗县审计局局长；2001年4月至2008年8月，任宁蒗县财政局副局长（正科）；2008年9月至2015年1月，任宁蒗县财政局主任科学；2015年2月宁蒗县财政局工作（副处级）。

曾经先后被评为“云南省审计机关先进工作者”“云南省农村税费改革试点先进个人”。

阿偏初

男，摩梭人，云南省宁蒗彝族自治县人。

1958年7月至1961年12月，任宁蒗县第二届政协常委；1962年1月至1963年10月，任宁蒗县第三届政协常委；1984年6月至1987年4月，任宁蒗县第一届政府常委；1987年5月至1990年2月，任宁蒗县第八届政协副主席；1990年3月至1993年2月，任宁蒗县第九届政协常委。

石高峰（拉木·嘎吐萨）

男，摩梭人，1963年生，中共党员，云南省宁蒗彝族自治县拉伯乡人。

1985年毕业于云南师范大学中文系，先后在丽江地区群众艺术馆和丽江市文联工作。现为中国作家协会会员，云南省社会科学院民族文学所所长，《华夏地理》杂志社副社长。

1990年到云南省社会科学院工作至今，出版过《母亲的湖》《摩梭达巴文化》《打开女湖》《消失的风情——恋恋摩梭》《拉木嘎吐萨纳西学论集》《天堂之爱》《拉木嘎吐萨作品集》等16本专著。获得中华文学基金会“庄重文文学奖”，首届、第二届全国少数民族文学研究优秀奖；第三届、第四届全国少数民族文学创作奖（后改名为“骏马奖”）；首届云南省文学艺术创作优秀作品二等奖。

和　梅

女，摩梭人，1978年10月23日生，硕士研究生学位，中共党员，云南省宁蒗彝族自治县拉伯乡人。

1996年9月至2000年7月，云南民族大学外语系学生；2000年9月至2004年1月，在宁蒗县一中高中部任外语教师；2004年1月至2006年1月，在美国纽约圣罗斯学院攻读硕士；2006年1月，在美国纽约圣罗斯学院（学校教育科学系教育行政管理与监督），专业修满2年毕业，获教育科学硕士学位。2006年1月至2009年7月，任丽江师专外语系教师、班主任、教研室主任、工会组长；2009年6月至2010年3月，任丽江师专外外语系副主任（分管学生工作）兼教师党支部书记；2010年3至2011年4月，任丽江师专外语系副主任（分管教学工作）兼教师党支部书记；2011年4月至 2013年5月，任丽江师专对外合作交流处处长；2013年5月至2014年12月，任丽江师专学生处处长；2014年12月，任丽江师专纪委办主任。

和甲泽

男，摩梭人，1948年6月生，大学专科，中共党员，云南省宁蒗彝族自治县永宁乡人。

先后在永宁乡，省县检察院，县委会工作。曾担任宁蒗县检察院刑事科长、副检察长，宁蒗县政法委书记，宁蒗县委副书记等职。2008年正处级待遇退休。

和永忠

男，摩梭人，1962年12月生，中共党员，中央党校，云南省宁蒗彝族自治县人。

1981年7月至1990年2月，任宁蒗县公安局刑警队长；1990年3月至1998年4月，任丽江地区公安局政保（外管）处长；1998年5月至2002年12月，任宁蒗县人民法院党组书记、院长；2003年1月至2003年3月，任丽江市中级人民法院司法警察支队支队长；2003年4月至2006年10月，任玉龙县人民法院党组书记、院长；2006年11月，任丽江市中级人民法院监察处处长。

曾荣立三等功2次。

和军强

男，摩梭人，1965年7月生，中共党员，大学学历，云南省宁蒗彝族自治县永宁乡人。

1981年9月至1984年7月，在丽江师范学校普师专业学习；1984年7月至1987年3月，在宁蒗县永宁校区任教；1987年3月至1995年5月，在宁蒗县政府办公室工作（1989年9月至1991年7月在云南大学函授学院行政管理专业大学班学习）；1995年5月至1997年8月，任宁蒗县劳动人事局副局长；1997年8月至1999年5月，任宁蒗县委办公室副主任；1999年5月至2002年3月，任宁蒗县委机关党总支书记、县委办副主任（正科级）；2002年3月至2003年5月，任宁蒗县统计局局长；2003年5月至2005年12月，任中共宁蒗县委常委、县总工会主席（期间：2002.08至2004年12月在中央党校函授学院法律专业本科班学习）；2005年12月至2013年1月，任宁蒗县委常委、县人民政府常务副县长；2013年1月任宁蒗县政协主席。

和明芳

男，摩梭人，1958年3月15日生，中共党员，大学本科，云南云南省宁蒗彝族自治县永宁乡人。

1976年9月至1978年，在宁蒗县永宁乡平静完小任教；1978年9月至1979年9月，在宁蒗县民族工作队工作；1979年10月至1984年9月，在宁蒗县委统战部，宁蒗县佛教协会，任秘书、秘书长；1984年9月至1986年7月，在丽江地委党校学习；1987年11月至1989年12月，任宁蒗县拉伯乡副乡长；1989年11月至2000年10月，任宁蒗县科协，人才办副主席、秘书长、主任；2000年10月至2003年10月，任宁蒗县泸沽湖管理委员会主任；2003年10月至2008年10月，任丽江市泸沽湖旅游区管理委员会副主任；2008年10月，任丽江市科学技术协会党组书记。

曾两次荣获中国科协，中科院，科技部“全国科普先进工作者”；两次中国科协，科技部“先进工作者”和中国科协，科技部“科技扶贫杰出贡献者”、云南省政府“科技星火二等奖”“优秀共产党员”等荣誉称号。

和学文

男，摩梭人，1945年生，中共党员，云南省宁蒗彝族自治县拉伯乡人。

1959年至1963年，在永宁金江公社拉伯管理区任统计、会计；1964年8月至1968年在宁蒗商业局工作；1969年至1980年在县革委会工作，先后任革委副主任、县委副书记；1983年2月至1983年12月任县人民政府副县长；1984年1月至2000年任宁蒗县政协副主席。

月在中央党校函授学院经济管理专业本科班学习）；2012年07月至2013年1月，任宁蒗县6·24地震恢复重建办主任，2013年1月任宁蒗县政协副主席。

曹　相

男，摩梭人，1966年2月生，中共党员， 1991年7月，大学本科，云南省宁蒗彝族自治县永宁乡人。

1981年1月至1991年9月，先后在宁蒗县文工队、宁蒗县文化馆工作，担任演员、群众文化辅导员；1991年9月至1993年7月，在云南省文化厅职大读书；1993年7月至1997年7月，先后在宁蒗县委宣传部和宁蒗报社工作，任宁蒗县委宣传部外宣室主任；1997年7月至2000年7月，任宁蒗县文化局副局长；2000年7月至2001年3月，任宁蒗县永宁乡党委副书记（正科），主持乡政府工作；2001年3月至2005年9月，先后任宁蒗县永宁乡乡长、党委书记；2005年9月至2009年9月，任丽江市泸沽湖旅游区管理委员会党组成员、永宁乡党委书记；2009提9月，任丽江市粮食局党组成员、副局长。

曹迎春

男， 摩梭人，1942年出生， 中共党员，云南省宁蒗彝族自治县人。

1966年1月至1968年12月，在云南省碧泉林业局当工人；1969年1月至1974年6月，任碧泉林业局林场厂长；1974年7月至1982年6月，任碧泉林业局副局长；1982年7月任宁蒗林业局副局长。

曹金明

男，摩梭人，1966年8月生，中共党员，大学本科，籍贯：云南省宁蒗彝族自治县永宁乡人。

1981年11月至1985年11月，在云南省军区边防第13团服役；1985年11月至1987年5月，在宁蒗县交通局运政管理处工作；1987年5月至1988年4月，在宁蒗县永宁区落水乡任党支部书记；1988年4月至1989年6月，在宁蒗县永宁乡任武装部长；1989年6月至

1995年5月，在宁蒗县永宁乡任党委副书记、乡长；1995年5月至1997年8月，在云南省委党校经济管理专业大专班脱产学习；1977年8月至1997年12月，在丽江地委组织部干部二科见习；1997年12月至1999年1月，在丽江地委组织部任正科级组织员；1999年1月至2001年2月，在丽江地委组织部干部二科任科长；2001年2月至2001年11月，在丽江行署旅游局任副局长；2001年11月至2003年3月，在任丽江县委常委、组织部长；2003年4月至2006年2月任玉龙县委常委、纪委书记；2006年3月至2006年6月，任丽江市委组织部副部长（正处级）；2006年7月至2007年3月；任华坪县委副书记、副县长、代县长；2007年3月至2013年8月，任华坪县委副书记、县长；2013年9月任玉龙县委书记。

曹学文

男，摩梭人，1957年4月生，大专学历，中共党员，云南省宁蒗彝族自治县永宁乡人，

1971年3月至1976年8月，在宁蒗县文工队工作；1976年8月至1986年7月，在宁蒗县木材加工厂和木材公司车队工作；1986年7月至1988年6月，在宁蒗县木综厂任供销科长、工会主席、团总支书记；1988年6月至1997年4月，在宁蒗县旅游局任局长（1995.5–1997.4在云南大学旅游学院学习）；1997年4月至1998年1月，任宁蒗县外事办主任；1998年1月至2002年4月，任宁蒗县旅游局局长；2002年4月至2006年8月，任宁蒗县人大常委会副主任；

2006年8月至2013年3月，任宁蒗县人大常委会副主任兼县总工会主席；

2013年3月任宁蒗县总工会主席。

曾获云南省“旅游行业先进工作者”“中国99昆明世界园艺博览会旅游接待先进个人”、云南省总工会“云南省百万职工抗旱献爱心活动先进个人”、云南省总工会评为“2004～2008支持职工医疗互助活动工作的党政领导”、云南省总工会“千名工会干部深入万家企业联系百万职工活动先进个人”等荣誉称号。

曹炳文

男，摩梭人，1979年4月生，中共党员，大学本科，云南省宁蒗彝族自治县永宁乡人。

1979年4月至1982年8月，在宁蒗县永宁乡小学教师；1982年9月至1984年3月，在

宁蒗县法院永宁法庭任书记员；1984年4月至1986年8月，在宁蒗县法院任民庭副庭长；1986年9月至1988年7月，在云南省委党校大专班和电大学习；1988年8月至1991年10月丽江地区监察局科员；1991年11月至1994年11月，在宁蒗县监察局任副局长；1994年12月至1998年3月，在丽江地区纪委纪检室任副主任；1998年4月至2006年1月，在丽江地区纪委监察局执法监察综合室任主任；2006年2月至2007年11月，任永胜县委常委、纪委书记；2007年12月，任丽江市纪委派出第八组工委书记。

傅有成

男，摩梭人，中共党员，1942年5月19日生，云南省宁蒗彝族自治县大兴镇人。

1951年9月1日至1961年7月，在宁蒗县读小学和初中；1961年9月1日至1968年12月在北京市读高中和大学；1963年11月在北京中央民族学院附中加入共青团；1969年1月至1970年1月，在14军40师118团学生5连锻炼；1970年2月至1971年9月应征入伍，在40师防化连任战士，1970年8月入党；1971年9月至1978年10月在40师政治部工作，期间曾任防化连代副指导员，连队团支部书记和师集训队指挥员；1978年11月至1980年2月转业到曲靖地区文教局工作；1980年2月至1993年3月在昆明铣床厂工作，曾任铣床厂宣传部副部长、党委副书记兼纪委书记、厂党委书记等职；1993年3月在云南省农业机械管理局任党组成员、办公室主任，后调任云南省农业厅副厅级退休。

在部队曾经被评为“五好学员”“优秀学员”，1991年评为昆明市公安系统“优秀青年工作者”。

熊继武

男，摩梭人，1949年10月1日出生，中共党员，中专学历，云南省宁蒗彝族自治县新营盘乡人。

1966年8月至1979年10月，新营盘大拉坝任教；1979年11月至1982年10月，在宁蒗县民政局任会计；1982年11月至1983年7月，在宁蒗县新营盘乡任村党支部书记、乡长；1989年8月至1993年6

月，任宁蒗县畜牧局局长；1993年7月至2010年12月，任宁蒗林业局副局长（副处级）。

曾获得云南省畜牧先进工作者。

第二节　军队领导类

石旦史

男，摩梭人，1942年12月30日生，中共党员 云南省宁蒗彝族自治县人。

1956年加入中国新民主主义青年团；1956至1960年历任生产队队长、民兵排长；1960年应征入伍，在宁蒗县县中队任战士；1966年任县中队班长、排长；1970年任怒江州福贡县县中队队长；1980年任怒江州泸水县片马边防站站长；1983年任怒江州福贡县武警边防大队大队长；1986年任怒江州武警边防支队副支队长。

付有云

男，摩梭人，1953年10月26日生，云南省宁蒗彝族自治县红旗乡人。

1972年应征入伍，1974年8月至1978年在南京军事学院学习，毕业后先后在空军第九工程总队任副总队长（正团），高级工程师技术8级；1994年转业在成都市政府干道指挥部（成都市城投集团）任副总经理、董事 、副巡视员；2013年12月退休。

荣获三等功3次，多次荣获优秀共产党员，优秀先进工作者称号。

阮苦甲泽

男，摩梭人，1942年12月生，中共党员，云南省宁蒗彝族自治县永宁乡人。

1964年11月至1965年6月任边防第13团2连战士；1965年7月至1966年9月任边防第13团3连副班长；1966年10月至1968年10月任边防13团3连班长；1968年11月至1970年3月任边防13团3连副连长；1970年4月至1972年11月任陆军32师95团3连连长；1972年12月至1976年6月任陆军32师95团副团长；1976年6月至1979年9月任陆军第11军炮团副团长；1979年10月至1984年10月任宁蒗县物资局局长；1984年10月至1997年2月任宁蒗县物资贸易公司总经理；1997年3月至2004年任宁蒗县政协专职常委、宁蒗县民宗委主任、佛教协会理事等。

李永红

男，摩梭人，1975年8月生，中共党员，大学学历，云南省宁蒗彝族自治县永宁乡人。

1994年12月至1999年9月，在西藏山南军分区77629部区53分队任战士，班长；1998年9月至2001年7月，昆明陆军学院学员；2001年7月至2003年3月，在西藏山南军区77635部队64分队任排长；2001年12月至2002年3月，西藏山南军分区77635部队政部任卫股干事；2002年3月至2003年3月，在西藏山南军分区77635部队64分队任排长；2003年3月至2004年3月西藏山南军分区77635部队64分队任副指挥员；2004年3月至2007年3月，在西藏山南军分区77635部队62分队任连长；2007年3月至2009年3月，西藏山南军分区77635部队司令部军务股任股长；2009年3月至2010年3月，在西藏山军分区77563部队70分队任营长；2013年3月，在西藏山南军分区77563部队任副团长。

曾先后荣立三等功4次。

杨　龙

男，摩梭人，1974年4月生，中共党员，大学，云南省宁蒗彝族自治县大兴镇人。

1994年7月毕业于宁蒗县民族中学，1998年7月毕业于云南民族学院，1998年入伍，

先后在团、师、军、旅政治机关工作；先后到昆明陆军指挥学院、装备指挥技术学院、南京陆军指挥学院培训。2009年至2011年在国防大学读研究生，获法学硕士学位。先后3次荣立三等功，2012年3月任陆军14集团军炮兵旅副政委，上校军衔。

杨志军

男，摩梭人，1976年12月生，中共党员，工程硕士，云南省宁蒗彝族自治县人。

1999年7月至2000年7月，昆明陆军学院学员；2000年7月至2007年7月，任云南省迪庆军分区干事；2007年7月至2008年7月，昆明理工大学学生；2008年7月至2010年3月，云南省香格里拉人武部任政工科长；2010年3月至2011年3月，任云南省维西县人武部副部长；2011年3月至2013年3月，任云南省迪庆军分区组织干部科科长；2013年3月，任云南省香格里拉县人武部政委。

曾获成都军区、云南省军区“优秀共产党员”“先进新闻工作者”奖；荣立三等功一次。

杨高土

男，摩梭人，1975年8月生，中共党员，本科学历，云南省宁蒗彝族自治县永宁乡人。

1994年2月，在西藏军区56184部队任战士、班长；1998年8月，昆明陆军学院学员；1999年8月，任昆明陆军学院排长；1999年至2002年，任西藏军区56184部队排长；2002年至2005年，任西藏军区56184部队副连长；2005年至2007年，任西藏军区56184部队连长；2007年至2010年，任西藏军区山南军分区生产团副营长；2010年至2013年，任西藏军区77635部队营长；2013年任西藏军区77635部队副团长。

曾经荣立二等功1次，三等功5次，先后被成都军区和西藏军区评为边防先进个人、民族团结进步模范个人。

和学明

男，摩梭人，1945年10月生，中共党员，云南省宁蒗彝族自治县拉伯乡人。

1963年3月应征入伍，在昆明军区701部队服役；1969年在云南省军区边防第八团任后勤干部；1970年在保山军分区后勤部军需科任副科长；1984年4月任宁蒗县人武部部长；1996年5月退休。

和绍全

男，摩梭人，1952年9月生，研究生学历，中共党员，云南省宁蒗彝族自治县拉伯乡人。

1967年9月至1968年12月先后在宁蒗县拉伯乡草洛果小学和格庄小学任民办教师；1969年1月入伍，在昆明军区步兵第1团、云南省军区边防第8团、边防第9团历任战士、副班长、班长、排长、团教导队军事教员、团司令部作训股作战参谋等；1975年就读于广州解放军体育学院，1979年“对越自卫防御战”期间，参加作战预备队进行临战训练。同年调任边防2营4连连长，1980年就读于解放军南京陆军指挥学院指挥系，1981年任边防第9团2营副营长，军校毕业后在边防9团司令部工作；1983年任云南省军区边防第9团参谋长，1984年4月参加云南边防老山地区边境作战；1985年1月任云南省军区边防第1团团长，同年7月任边防第13团团长；1985年12月任成都军区守备第4团团长，在云南河口战区组织了艰苦卓著的对越旱季作战和中越边境“战”转“平”工作，团队涌现大批英雄模范单位和个人，团荣立集体三等功，总部、军区先后三次召开现场会，边防部队训练改革和军警民联防经验在全国全军推广，个人多次被成都军区、云南省军区奖励和表彰，荣立三等功；1992年1月任成都军区守备第2师参谋长、1992年12月任蒙自军分区参谋长；1997年7月任云南省思茅军分区司令员。先后在广州解放军体育学院、南京陆军指挥学院、中央党校、国防大学学习，研究生学历。2012年12月任云南省文山军分区司令员。曾到英国、瑞典、挪威、丹麦等国考察学习。多次率团与越南、缅甸、老挝边防部队边境会谈。2007年成立云南东方摩梭文化研究中心，任主任。先后组织了全国百名著名画家泸沽湖摩梭文化之旅、《人类最后的母系王国》《云的女儿》大型画展；出版散文集《女神之恋》《我的朝圣路》《和绍全作品选集》，主编《小凉山之子》《摩梭文化大观》和《人类最后的母系王国》《云的女儿》《云之恋》等画册。

曾当选云南省第十届政协委员、连续三届云南省书法家协会理事。

郭达邦

男，摩梭人，1948年2月10日生，大专文化，中共党员，云南省宁蒗彝族自治县永宁乡人。

1958年至1961年，在宁蒗县永宁平静完小读书；1962年3月至1962年7月，在宁蒗县民族文化学校学习；1962年8月至1965年12月，在宁蒗县永宁中实乡达史三队任会计，并先后担任税务所助征员、民办教师等职；1966年元月应征入伍；1966年3月至1967年8月，在昆明军区边防第13团1营3连任战士，其中1966年12月至1967年8月任3连团支部副书记；1967年9月至1969年4月，在边防13团后勤部军需股任会计（战士）；1969年5月至1970年12月，在昆明军区边防独立第2营，先后任战士、司务长、助理员。（期间从1969年7月至1970年7月在江城县五七干校和瑶家山铜矿任军代表）；1971年1月至1977年12月，在云南省思茅军分区后勤部装备科任助理员；1978年至1980年任该分区后勤部军械科副科长、科长。1979年2月至6月参加了中越边境自卫反击战；1981年至1983年元月在解放军后勤学院军械装备部学习；1983年3月至1987年12月，任云南省思茅军分区后勤部副部长。1990年转业地方，在宁蒗县民政局工作。

第三节　教、科、文、英模类

石玉英

女，摩梭人，1969年12出生，中共党员，大学本科学历，经济师，云南省宁蒗彝族自治县拉伯乡人。

1988年7月毕业于丽江财贸学校，毕业分配到中国工商银行宁蒗县支行从事银行业

务工作，曾担任网点及部门负责人。期间获中共宁蒗县委宣传部、县妇联授予“三八红旗手”；多次获得支行、中心支行授予的“先进工作者”“对公存款能手”等荣誉称号。2000年8月调中国工商银行丽江分行从事银行工商信贷、住房信贷、消费信贷管理、信用卡及商户POS收单等多项业务工作，曾担任网点、部门负责人，期间曾获得二级分行表彰的“先进工作者”荣誉，云南省分行授予“特别贡献员工一等奖”荣誉，国家总行授予“PCM2003系统推广应用先进个人三等奖”，负责管理的部门获得国家总行“先进工作单位”荣誉称号。

石绍雄

男，摩梭人，1976年10月生，大专学历，云南省宁蒗彝族自治县拉佰乡人。

1995年6月至2005年1月，在丽江市委保卫科工作，其间被中共云南省委、云南省人民政府授予“云南省见义勇为先进分子称号”；2005年1月至2008年4月，在市开发投资公司工作；2008年5月，在丽江古城保护管理局研究会办公室工作。

杨丽芬

女，摩梭人，1974年11月生，本科学历，云南省宁蒗彝族自治县人。

1998年毕业于云南艺术学院，现任丽江师范高等专科学校声乐副教授，丽江师专教授委员会委员。

曾先后在国家及省级刊物上发表了《摩梭人的打跳音乐》《浅谈高校音乐教学策略》《我的摩梭文化》《摩梭人婚姻纠谬》等多片论文，出版专著《受伤的沉默者——一个摩梭女人眼中的文化研究现象》；2002年荣获课赛一等奖；2004年首届民族民间文化博览会《中国彝族太阳女歌手大赛》优秀歌手奖；2005年“聂耳杯”音乐教师基本功比赛三等奖；2006年纳西族民间歌舞赴北京、天津、昆明巡演成绩突出奖；2009年“青春的旋律”声乐比赛中获优秀指导教师奖；2013优秀指导教师奖；2008年8月应邀参加了2008年社会性别学学科发展网络成立暨社会性别学学术研讨会；2009年6月应邀参加第十六届世界人类学大会。

何政明

男，摩梭人，1955年生，本科学历，副教授，云南省宁蒗彝族自治县人。

1980年2月毕业于昆明师范学院（现为云南师范大学）体育系本科体育教育专业；1980年3月至1996年8月，在丽江第一中学任教（现为古城区第一高级中学）；1986年调丽江师范学校任教，任体育专业班的篮球、排球、足球、武术理论及专业技术课，教授普师体育教学；1987年至2015年先后任师范学校工会副主席、调研员；1988年3月先后被评为讲师，高级讲师（副教授），2015年9月退休。

曾被授予国家田径一级裁判员；国家篮球二级裁判员。曾获得云南省中师“一堂好课”教学比赛篮球教学一等奖；云南省中师“四个一”教学比赛排球教学一等奖；云南省中师教学比赛田径铅球课一等奖；云南省学校优秀体育课（录像）优秀奖等奖项，任云南省中等师范学校体育理事长。

张偏初

男，摩梭人，1930年出生，中共党员，云南省宁蒗彝族自治县人。

1952年任村长、民兵分队长；1957年任宁蒗县民兵1连副连长；1960年至1979年，任宁蒗县商业局副食品加工厂厂长兼党支部书记；1980年至1982年任宁蒗县政协副主席兼县副食品加工厂厂长。

张偏初同志在小凉山平叛战斗中，毙敌9名，俘敌7名。先后6次被评为先进模范，1959年赴北京出席全国“群英会”，中央军委授予他“全国民兵英雄”称号，奖励半自动步枪一支。

阿文华

男，摩梭人，1961年11月生，青年团员，云南省宁蒗彝族自治县翠玉乡宜底村人。

1977年毕业于宁蒗县翠玉中学，1979年3月应征入伍，在35558部队任特务连，历任战士、班长。1980年4月25日云南“边镜自卫防御战”中，在执行侦察任务时光荣牺牲，年仅19岁。阿文华曾多次执行战斗任务，表现英勇，荣立三等功一次，1982年3月20日，追认二等功。

阿效诚

男，摩梭人，1940年6月25日生，大学本科，云南省宁蒗彝族自治县人。

1964年10月至1966年在丽江地区医院任医师；1966年12月至1972年在永胜县医院医师；1973年至1998年在大邑县医院任主治医生 副主任医师；1998年在四川省崇州市第二人民医院任外科主任医师。曾获四川省人民政府科技进步奖；国务院特殊津贴；全国卫生系统模范工作者。

阿　辉

男，摩梭人，1981年1月生，研究生学历，中共党员，云南省宁蒗彝族自治县人。

2004年8月参加工作，历任丽江市建设局城建科副科长，丽江市住房和城乡建设局绿化建设科科长，丽江市住房和城乡建设局办公室主任，华坪县住建局副局长（挂职），丽江市住房和城乡建设局副局长。

和文华（博旺鲁茸）

男，摩梭人，1965年3月生，初中文化，云南省宁蒗彝族自治县永宁乡扎实村人。1984年1月应征入伍，1991年1转回地方安置。

1984年1月应征入伍，在中国人民解放军35107部队服役，先后被所在部队评为优秀

士兵、先进共青团员，曾七次获得连、团嘉奖。参加了云南边境老山地区自卫作战，先后参加大小战斗数十次。曾任副班长、荣立三等功一次，并先后5次获各级嘉奖，1984年11月3日“边境自卫防御战”中，在为进攻部队开辟通路时，不幸被地雷炸伤，身负重伤，双眼失明，左手负重伤，失去生活自理能力，被评为国家一级伤残军人。

和春华

男，摩梭人，1972年8月生，本科学历，云南省宁蒗彝族自治县拉伯乡人。

1994年7月至2002年11月，在宁蒗县人民医院内儿科、B超室工作（期间1999年9月获内科主治医师资格），2002年11月至2005年11月，在宁蒗县人民医院任内儿科主任。

2006年1月至2008年9月，在丽江市人民医院功能科及体检中心工作，2008年9月至2012年2月，在丽江市人民医院任门诊部副主任兼体检中心主任。2012年2月抽调到丽江市第二人民医院建设项目指部工作，任副指挥长。2012年8月获超声医学副主任医师资格。

2013年2月因工作需要调到丽江市第二人民医院。

桑达卓玛

女，摩梭人，1985年1月生，博士，中共党员，云南省宁蒗彝族自治县新营盘乡人。

2003年9月至2007年9月，在上海财经大学读本科；2007年9月至2011年9月，在上海财经大学读硕士研究生；2011年9月至2013年9月，在上海财经大学读博士研究生；2013年10月至2014年10月，赴美国斯坦福大学，国际经济发展研究中心访问学者；2014年11月至2015年11月，在上海财经大学，博士研究生；2015年12月至今，任上海财经大学研究员。

曹文彬（戈瓦·松那平楚）

男，摩梭人，1933年10月生，中共党员，云南省宁蒗彝族自治县永宁乡人。

1950年3月在永宁军政干部训练班学习后任宣传员；1951年1月至1952年12月在丽江专区兄弟民族师资培训班学习；1952年春创办第三区小学（现宁利完小），任校长；1956年3月至5月被选送到昆明中等师范学校语音班学习后在三棵树省立小学教师培训班担任普通话辅导员；1958年12月创办宁利乡玉鹿小学（现玉鹿完小），任校长；1960年9月创办金绵乡大坪子小学（现金棉乡建新完小），任校长；1961年9月至1980年8月在金棉完小任校长等职；1982年9月至1984年12月在宁利乡教办任教研员。

先后荣获“为云南边疆的解放和建设做出了贡献”的荣誉证书；“云南省民族团结模范”称号。

曹建平（戈瓦·阿平）

女，摩梭人，1957年4月生，本科，小学高级教师，中共党员，云南省宁蒗彝族自治县永宁乡人。

1963年9月至1971年7月至1975年7月读书，1971年9月至1973年 在宁蒗县宁利乡石笋沟小学任民办教师 1975年9月至1978年8月 在金棉乡建新完小任教，1978年9月在宁利完小任教，1983年9月在城关一小任教，1992年1月至2002年11月在教育局任副局长，1994年9月至1997年7月在云南省委党校经济管理本科班学习。2002年12月至2007年在宁蒗县妇联工作，2004年4月当选宁蒗县妇联主席，2007年10月至2012年在宁蒗县人大工作，2012年5月退休。

2006年1月任丽江市泸沽湖摩梭文化研究会会长，2006年6月任国际纳西学会副会长，2007年2月任丽江民族文化研究会、丽江纳西学会常务理事，退休后长期从事摩梭人的社会组织工作。曾经参加第十六国际人类学大会，加拿大渥太华大学《国际妇女研讨会》，印度尼西亚“全球化背景下女性的角色”研讨会等，并且在大会发言。

曾经当选云南省第五次党代会代表、云南省第九次妇女代表大会代表。

和正明（博瓦·公高）

男，摩梭人，大学本科，云南省宁蒗彝族自治县永宁乡人。云南省美术家协会会员、云南油画学会理事。

1992年毕业于云南艺术学院。作品先后参加丽江中国共产党成立80周年画展、昆明

北京第二届全国少数民族美术作品展；昆明人类最后的母系王国——中国百名著名画家泸沽湖摩梭文化采风创作展；云南油画学会第二届美术作品展；昆明油画新表现工作室“反璞求真”泸沽湖写生展；昆明“流光·对照——中国十三位艺术家赴泰国写生作品展”；法国对比艺术沙龙展中国艺术展；新加坡“流光·对照”——艺术改变生活·中国十三位艺术家赴泰北写生作品展；昆明“2016中国·南亚东南亚国际美术展”等展览活动。作品深受观众好评，并且有国内外收藏爱好者广泛收藏。

第四节　企业类

次尔给玛

女，摩梭人，1973年2月生，云南省宁蒗彝族自治县永宁乡人，初中文化，于1999年加入苏里玛酒坊有限公司工作，现任公司副董事长。

汝亨次尔拉措

女，摩梭人，1966年生，小学文化，云南省宁蒗彝族自治县永宁乡人。

1989年创办了落水村第一家私人旅店（泸沽民宿），带动全村人民开始搞旅游接

书；1978年至1980年，在宁蒗县一中读高中；1980年至1987年在永宁乡任农调员；1987年至1990年，在宁蒗县驻攀枝花综合企业公司任业务员；1990年至2000年经商；2000年成立永祥野生食用菌贸易有限公司，任董事长；2002年当选宁蒗县政协委员；2012年当选为云南省人大代表，并担任丽江市工商联合会副主席、宁蒗县工商联合会副主席、宁蒗县个私协会副会长。

先后获云南省首届少数民族优秀民营企业家、中共云南省委组织部“共产党员抗旱先锋行动”特别捐献者、云南省农业产业化省级重点龙头企业、第二届优秀中国特色社会主义事业建设者等称号。

和鲁汝

男，摩梭人， 1965年10月生，大专学历， 中共党员，云南省宁蒗彝族自治县永宁乡人。

1981年1月至1982年12月，在宁蒗县人民政府计划委员会工作；1983年1月至6月，在云南工学院建工系学习；1983年7月至1985年2月，在宁蒗县城建局工作；1985年3月至1986年1月，在云南省建筑工程学校学习；1987年2月至12月，在宁蒗县拉都电站工程建设指劳部工作；1989年9月至1990年7月，在清华大学建筑学院学习；1990年8月至1992年1月，在宁蒗县城建局建筑设计室任主任；1992年2月至1995年4月，在宁蒗县战河纸浆厂工程建设指劳部工作；1995年5月至1998年8月，在宁蒗县城乡建设环境保护局任副局长；1998年9月至2002年10月，在宁蒗县泸沽湖省级旅游区管委会、旅游开发总公司任正科级副主任、总经理；2000年9月至2003年6月，在中共云南省委党校学习；2003年3月至今，丽江鑫益工程建设监理有限公司任董事长、总经理。

第五节　摩梭文化传承人

戈瓦扎西

男，摩梭人，出生于1948年，云南省宁蒗彝族自治县永宁乡泥鳅沟村委会泥鳅沟上村人。

猪膘肉是摩梭人的传统食用肉，历史悠久，制作工艺独特，食用味美。 戈瓦扎西从小放猪，10岁就跟着舅舅一起去赶马帮，行走在茶马古道上，曾经驮运茶叶到过丽江、香格里拉、西藏等地。途中必带的就是猪膘肉，于是对食用摩梭美食猪膘肉有了特殊的嗜好。每逢过年时帮舅舅一起做猪膘肉，随着年龄成长，加上戈瓦扎西由于勤奋好学又勤劳，掌握了制作猪膘肉的技能。村里的亲戚时常邀请戈瓦扎西制作猪膘肉，他所制的猪膘肉存放时间长、香美可口。久而久之，戈瓦扎西成了当地制作猪膘肉最有名的人。2011年，被宁蒗县人民政府授予非物质文化遗产项目代表性传承人。2014年，被丽江市人民政府授予非物质文化遗产项目代表性传承人。

戈瓦比玛

女，摩梭人，1952年出生，云南省宁蒗彝族自治县永宁乡泥鳅沟村委会泥鳅沟上村人。

戈瓦比玛小时候由于家庭贫寒，没有念过书。11岁就跟着外婆学习苏里玛酒的酿制工艺，由于戈瓦比玛聪明伶俐，勤奋好学，13岁就对苏里玛酒的酿制有了较成熟的掌握。自1972年起，每年摩梭人的朝山节都用戈瓦比玛酿的酒。戈瓦比玛一直传承摩梭人苏里玛酒的传统酿制工艺。2011年宁蒗县人民政府授予非物质文化遗产项目代表性传承人。2014年丽江市人民政府授予非物质文化遗产苏里玛酒制作技艺项目代表性传承人 。

公布次里

男，摩梭人，1980年10月生，喇嘛。云南省宁蒗彝族自治县永宁乡温泉村瓦拉比自然村人。

经堂壁画是藏传佛教宗教仪式的一部分，公布次里从小对绘画有着浓厚的兴趣，喜欢钻研绘画技巧技术，自己学习识别及采集制作矿石染料，学习经堂绘画和酥油雕花技艺，从而具有了良好的经堂绘画基础，20岁时，为了进一步提高绘画技能，进入宁蒗县永宁乡扎美喇嘛寺，向省级经堂壁画传承人王茨丁进一步学习经堂宗教壁画及酥油雕花。2008年后开始自带学徒，成为喇嘛教、经堂壁画、村民经堂绘画的绘画艺人，并且每年农历十月二十五永宁扎美寺宗教祭祀活动上，担任金刚舞主角表演十余年，他精通唢呐、笛子等民间乐器的演奏技艺，2013年被宁蒗县人民政府授予非物质文化遗产项目代表性传承人。2014年12月，被云南省丽江市人民政府授予非物质文化遗产摩梭民间传统美术项目代表性传承人。

次里独支

男，摩梭人，1973年9月生，云南省宁蒗彝族自治县永宁乡温泉行政村瓦拉别自然村人。

次里独芝从小学习祖传医药，刻苦钻研民族民间医药知识，善于在继承中创新，医疗水平不断提高，同时热情服务当地群众，受到广泛好评。2005年丽江市人民政府摩梭民间传统医学代表性传承人。

谷文华（答珠·格桑多吉）

男，摩梭人，1973年9月25日生，云南省宁蒗彝族自治县永宁乡人。

1980年至1985年，在永宁乡拖之完小读书；1985年至1988年，在永宁中学读书；1988年至1991年在宁蒗县第一中学读书。

1992年至1997年从事摩梭传统民居的设计与施工，期间在当地以传统居民修建为主，被当地人称为“大木匠”，随后在洛水泸沽湖海螺金堂、者波达迦林寺大殿、扎美寺长寿佛殿、益西旺秋大师舍利子佛塔，以及康区木里唐央亚根寺、木里屋角仁间寺、四川盐源前所噶丹达杰寺等传统古建设计与施工。

2000年在村级体制改革中当选永宁乡拖之村委会书记，2005年泸沽湖环境整治建设中被泸沽湖环境整治规划建设指挥部聘请为技术专家组成员，主要负责完成里格生态文化旅游村整体后移搬迁建设技术指导工作。2008年被丽江市授予非物质文化传承人称号。

阿七独支玛

女，摩梭人，1964年12月20日生，云南省宁蒗县永宁乡温泉行政村瓦拉比自然村人。

1984年6月至今任温泉村委会农技员，2006年5至2009年4月任温泉村委会副书记，2009年5月至2013年4月任温泉村委会书记，2005年8月至今，任宁蒗县摩梭传统手工纺织厂厂长。2007年6月9日，被命名为云南省非物质文化遗产传承人，2006年3月8日，荣获云南省“双学双比”女能手称号，2013年11月，被评为“云南省农村文化产业先进典型”先进个人。

阿其尼玛

男，摩梭人，1939年出生，云南省宁蒗彝族自治县永宁乡温泉行政村瓦拉别自然村人。

阿其尼玛从小学习制作皮革，他不仅具有制作各类皮衣、皮袋等，还重视培养徒弟传承制作皮革的传统工艺，受到广泛好评。2007年被丽江市人民政府授予摩梭民族民间工艺传承人。

王茨丁（阿知茨丁）

男，1939年生，摩梭人，云南省宁蒗彝族自治县永宁乡永宁村委会拉罗湾村人。

阿知茨丁自11岁开始习藏传佛教，1954年开始自学绘画，特别是改革开放后，藏传佛教在摩梭人聚居区得到恢复传播，以藏传佛教为主要内容的宗教画逐渐普及，1983年起，阿知茨丁在永宁地区各个大小寺院从事彩画，使他具有精湛的宗教彩画技艺。1999年，王茨丁的传统美术被列入云南省非物质文化遗产项目。

直巴尔车

男，摩梭人，中共党员，1953年出生。云南省宁蒗彝族自治县永宁乡人。

1971年1月至1976年4月，在部队当兵；1980年8月至1992年2月在永宁乡文化站工作；1992年3月至1993年3月在深圳民族村工作；1993年4月至1997年4月在宁蒗县文化馆任副馆长、文工队长；1997年5月至2003年4月在泸沽湖管委会工作（副主任科员）；

2003年5月至2013年4月在永宁乡人民政府工作（主任科员）。

先后创作出版《神秘女儿国》《泸沽湖情韵》《激情摩梭》《走进摩梭》等音乐专辑；主创了《摩梭民间73调甲搓舞曲》；创作的《赞格姆女神》歌舞荣获云南省首届农民汇演优秀奖；编导的《摩梭寒摆舞》荣获云南省第三届民族艺术节荣誉证书，编撰出版的《摩梭语常用词句荟萃》获丽江市社科作品三等奖，云南省社科作品三等奖。被评为“小凉山十大文化人之一”，云南省丽江市人民政府授予摩梭民间音乐传承人。

第六节　宗教类

丹巴达杰

男，摩梭人，1971年生，佛学博士，宁蒗彝族自治县拉伯乡格瓦人。

1990年在资赤塔青上师座前出家修行学习佛法，1993年到拉萨色拉寺格西益西旺秋堪布坚参释迦座前学习藏传佛教五部大论等佛学，2012年至2014年在中国藏语系高级佛学院通过五部大论辩经考试与论文答辩获得了拓然巴格西学位（佛学博士）。

现任永宁扎美寺住持、宁蒗县政协委员、丽江市佛协副秘书长、云南省佛协常务理事、云南省佛学院讲师。丹巴达杰出家修行26年来，跟随益西旺秋、资赤塔青等上师致力于弘扬佛法、广结善缘、广为善事，2015年至2016年四处奔走筹集善款近100多万元，在瓦依寺修建了一座尊胜佛塔。

关嘉益西

男，摩梭人，1966年3月5日生，大学本科，云南省宁蒗彝族自治县永宁乡人。

1976年任扎美寺图丹曲扎·吉泽活佛；1985年进入扎美寺学习经文，1986进入扎美寺潜心学习佛学，后来到四川佛学院深造，2003年坐床；2004年任云南省安宁佛学院教务长，永宁扎美寺主持。

历任中国佛教协会理事；云南省佛教协会理事、常务理事；丽江市佛教协会常务副会长；云南省安宁佛学院教务长；云南省经师评审委员会委员；任宁蒗县政协常委、丽江市政协委员、云南省政协委员，享受副处级待遇。

杨公布（拉克公布）

男，摩梭人，1932年出生，东巴大法师，云南省宁蒗彝族自治县拉伯乡加泽村次瓦村人。

杨公布从小师从父亲格公塔学习东巴祭祀仪式知识，掌握当地纳日阮可东巴的常规祭祀仪式和相关的绘画、捏制、编扎等技艺以及多种占卜知识，坚持热心为民众服务，成为当地精通东巴经文，最负盛名的老东巴，被丽江市玉龙纳西族自治县授予“东巴大法师”。

杨高汝（阿布高汝）

男，摩梭人，1938年3月出生，达巴大法师，云南省宁蒗彝族自治县拉伯乡拉伯村拉卡西里村人。

先后师从当地达巴法师金公打史、独基品初、泽翁打史，刻苦学习摩梭人原始宗教达巴经文，精通达巴祭祀知识，广受收徒弟，悉心传授，为传承摩梭人宗教及其文化做出的贡献，被丽江市玉龙纳西族自治县授予“达巴大法师”，是当地德高望重的达巴法师。

阿拉仁嘎

男，摩梭人，僧人，云南省宁蒗彝族自治县永宁乡拖支村人。

阿拉仁嘎13岁进永宁扎美寺当喇嘛，18岁进西藏拉萨举朵扎仓受戒习经。由于阿拉仁嘎身高膀粗，体态魁梧，端庄英俊，机智聪明，22岁被举朵扎仓推荐担任十三世达赖喇嘛的贴身卫士。

民国二十二年（1933年10月30日）十三世达赖圆寂，受到十三世达赖信任的阿拉仁嘎悲痛欲绝。十三世达赖圆寂后，阿拉仁嘎仍留在噶厦政府任卫士。1952年，阿拉仁嘎在布达拉宫圆寂，享年61岁。

罗桑益史

摩梭人，1929年6月4日生，藏学博士，云南省宁蒗彝族自治县县永宁乡人。

1933年被确认为西藏哲蚌寺甘丹赤珠植美和五世活佛；1935年出家；1945年受戒；1955年9月至1956年8月，在宁蒗县永宁扎美寺担任堪布（主持）；1956年9月至1966年5月，担任宁蒗县政协常委、县人大代表；1966年6月至1967年5月，在丽江地区政治干校学习；1967年6月至1977年1月下放到永宁农村劳动；1977年2月至1981年4月，平反落实政策后回宁蒗县政协工作（政协常委、人大代表）；1981年5月至1987年5月，任宁蒗县第六届、第七届政协副主席；1987年5月至1994年3月，任宁蒗县人大常委会副主任、中国佛协会理事、省佛协会副会长、省人大代表（第五、六、七届）；1994年4月任丽江市政协副主席，云南省政协委员。

2004年8月20日被评选为中国藏传佛教高级学业衔评审委员会委员，中国藏传佛教学衔工作指导委员会委员；2004年12月10日云南省佛协第六届一次常务理事会决定扎诸为云南省佛协名誉会长；2006年4月28日任丽江市佛教协会会长。

益史·潘米拖丁

男，摩梭人，达巴法师，1972年生，云南省宁蒗彝族自治县永宁乡温泉村瓦拉别村人。

1999年10月，被丽江市东巴文化研究院聘请为纳西学研究委员会文化传习师，2002年被命名为云南省摩梭人民族民间音乐传承人，2012年被丽江市评为东巴文化传承协会“摩梭人达巴法师”。

益西旺秋

男，摩梭人，拉然巴格西，1928年生，云南省宁蒗彝族自治县永宁乡人。1985年任西藏自治区佛协会副会长。

7至14岁在永宁扎美寺当喇嘛，学习经文。15岁到西藏拉萨色拉寺麦扎仓学习经文，4年后背诵考核获得第一名。19岁学习完中观论后进入戒律的学习，连续7年参加各种辩经会，并且开始接受学员授课，由于佛学水平高获得格西学位，并且成为拉然巴格西班中最优秀的高僧。1958年参加至尊学业结束辩经大会，由于成绩优秀，得到正法，获法王赐给的哈达。益西旺秋曾经拜过13位师父，接受过11位上师400余部密续的灌顶和传承，200余函大藏经《甘珠尔》部的传承和诸多格鲁派清净正法的教授。

1959年，31岁，由于社会动荡，离开寺院参加社会劳动。“文革”期间，参加拉萨小昭寺白玛合作社劳动。1977年开始恢复宗教活动，益西旺秋被安排到拉萨罗布林卡文物管理部门从事文物管理工作，1982年吸收为国家干部。从此以后的数年间，他先后到西藏的各大寺教授经文，并且先后到印度、尼泊尔、印度尼西亚、意大利、瑞士、德国、荷兰、法国、西班牙、日本等国家讲经授法。1985年在西藏由班禅大师亲临主持的大法会考试中，益西旺秋获得格西学位第一名，受到班禅大师的接见和奖赏，1988年在北京第二次受到十世班禅大师的接见。1985年曾经回到故乡永宁，为家乡信众讲经说法，并且为部分弟子剃度受戒。1989年应邀到北京十世班禅大师生前创办的中国藏语系高级佛学院任教，传授密宗本尊灌顶和显密教法的传承。回到拉萨后，长期在西藏各个寺院和印度等地讲经，并且参加佛学研究工作。益西旺秋编著的《因明学庄严》《简院哲学》，已经成为印度三大寺僧众的教科书；此外，还编写了《古印度佛教四流派源流》《色拉寺麦扎仓教法传承源流》《印度佛教源流》《吐蕃王朝历史名词解释》《师长、善士长久住世及速疾转世祈请文》《供物、灌顶法器介绍》《念诵集》《中观要义》《道歌集》《吐蕃王朝史》《诗歌举要》等专著，在佛教界具有广泛影响。

第十一篇
编年纪实

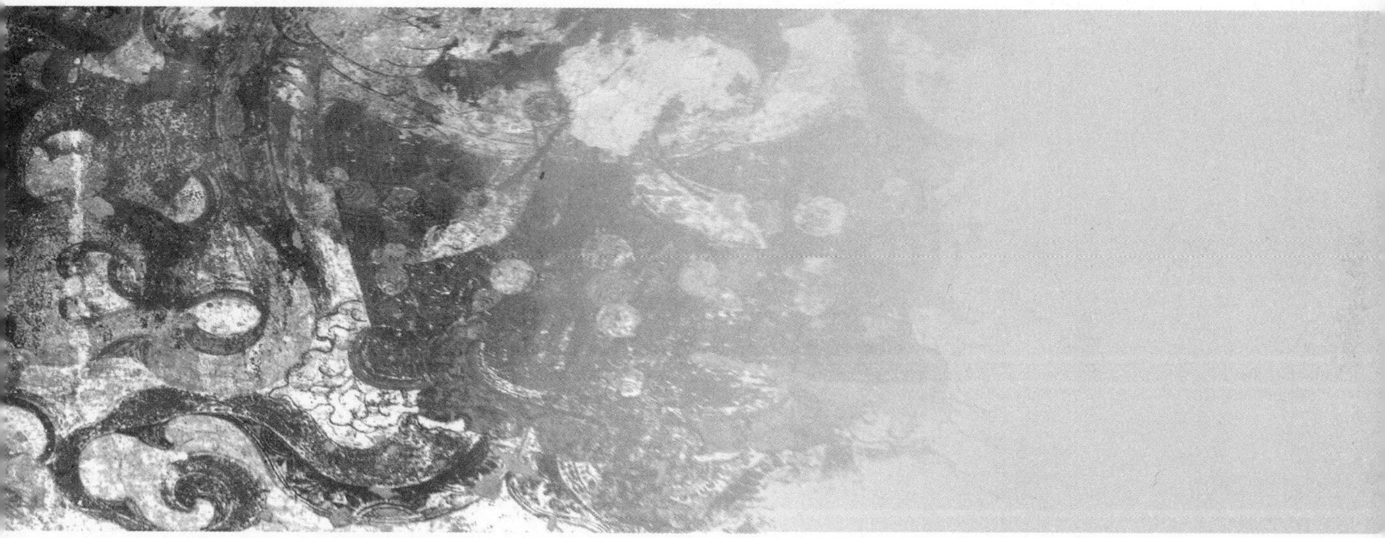

第一节　汉晋南北朝时期
（公元前2世纪～公元6世纪）

西汉天汉四年甲申（公元前97年），摩梭、纳西先民更置两都尉，一居旄牛主缴外夷，一居青衣主汉人。①

东汉永平中（58～75年），益州刺史朱辅宣示汉德，威怀远夷，自汶山以西，白狼槃木及楼薄等百余皆朝贡，悉旄牛缴外夷也。

永初元年丁未（107年），蜀郡三襄种夷与缴外汗衍种并兵三千余人，反叛攻蚕陵城，杀长吏。②

延光二年己亥（123年），旄牛夷攻零关。

延熹三年庚子（160年），蜀郡三襄夷复寇蚕陵。③

西汉元鼎六年（公元前111年），汉武帝开发西南，设立郡县、永宁、蒗蕖为越嶲郡久县地。

蜀汉建兴三年（225年），丞相诸葛亮南征斩雍闿，遂平四郡。诸葛亮平定南中后，越嶲、永昌、益州三郡中划出七县置云南郡遂久县改属云南郡。

延熙三年庚申（240年）春，使越嶲太守张嶷平定越嶲郡。

晋成帝咸和二年丁亥（327年），朱提太守杨述与李雄、罗恒战于台登，兵败述死。

晋安帝义熙十四年戊午（418年）前后，麽些蛮泥月乌逐出吐蕃，遂居楼头赕。

建武十八年（42年），夷渠帅木栋蚕与姑复、楪榆、弄栋、连然、滇池、建伶、昆明诸种反判，杀长吏、益州太宁繁胜与战而败，退保朱提。

十九年（43年），遣武威将军刘尚等发广汉、犍为、蜀郡人及朱提夷，合万三千人击之。尚军遂渡泸水，入益州界。群夷闻大兵至，皆弃垒奔走，尚获其羸弱、谷畜。二十年，进兵与栋蚕等连战数月，皆破之。明年正月，追至不韦，斩栋蚕帅，凡首虏

①③《后汉书·南蛮西南夷传》。

②所谓缴外汗衍种，系旄牛夷也。

七千余人，得生口五千七百人，马三千匹，牛羊三万余头，诸夷悉平。①

永平中（58~75年），益州刺史梁国朱辅，好立功名，慷慨有大略。在州数岁，宣示汉德，威怀远夷。自汶山以西，前世所不至，正朔所未加。白狼、槃木、唐菆等百余国、户百三十万、口六百万以上，举种奉贡，称为臣仆。

章帝建初二年（77年）春，永昌、越嶲、益州三郡兵及昆明夷卤承等击哀牢王类牢于博南，大破斩之。②

和帝永元十二年（100年），旄牛缴外白狼，楼簿蛮夷五唐缮等。遂章种人十七万口，归义内属。诏赐金印紫绶，小豪钱帛各有差。

安帝元初二年（115年），衣道夷邑长令田，与缴外三种夷三十一万口，赍黄金、旄牛毦举土内属。安帝增令用爵号为奉通邑君。③

元初三年（116年）癸酉，度辽将军邓遵率南匈奴击先零羌于灵州、破之。越嶲缴外夷举种内属。④

元初四年（117年），益州永昌，越嶲诸夷封离等反，众十余万，多所残破，益州刺史张乔遣从事蜀郡杨竦将兵讨之，竦先以诏书告谕，告谕不从，方略涤讨，凡杀虏三万余人，获生口千五百人，财物四十余万，除、赦夷三十六种，举劾奸，贪长吏九十人，黄绶六十人，诸郡皆平，竦以伤死，故功不录。⑤

元初四年（117年）十二月，越嶲夷寇遂久，杀县令。⑥

元初五年（118年），永昌、益州及蜀郡夷皆叛应之众遂十余万……诏益州刺史张乔选堪能从事讨之，乔乃遣从事杨竦将兵至楪榆击之……封离等惶怖，斩其同谋渠帅，诣竦乞降。竦厚加慰纳。其余三十六种，皆求降附。竦因奏长吏奸猾侵犯蛮夷者九十人，皆减死。⑦

元初五年（118年）春，正月，越嶲夷叛……秋七月，越嶲蛮夷及旄牛豪叛、杀长吏。⑧

（元初六年119年）十二月，戊午、朔，日月食之……是岁永昌、益州、蜀郡夷叛，与越嶲夷杀长吏，燔城邑，益州刺史张乔讨破，降之。⑨

延光二年（123年）春，正月，旄牛夷叛、攻灵关，杀县令。益州刺史蜀郡西部郡

---

①③⑦（南朝·宋）范晔：《后汉书·南蛮西南夷》卷一一六。
②（北宋）司马光：《资治通鉴》卷四六。
④⑥⑧⑨（南朝·宋）范晔：《后汉书·安帝纪》卷五。
⑤（西晋）常璩：《华阳国志·南中志》卷四。

尉讨之。①

延光二年（123年），春旄牛夷叛，攻零关，《郡国志》：零关道属越嶲郡，杀长吏，益州刺张乔与西部都尉击破之。②

建兴三年（225年），蜀安南将军写忠，讨越嶲郡夷，郡夷刚狠、皆鴟视，忠率越嶲太守张嶷所领之郡，诱杀苏祈邑君冬逢及春弟隗渠等，怀集种落，威信允著，诸族渐服，又斩斯都耆帅李承之首，乃手杀焦璜、龚禄者也。又讨叛鄙、降夷人，安种落，蛮夷率服。③

延熙三年（240年）春，使越嶲太守张嶷平定越嶲郡。④

晋明帝太守元年（323年）是岁，越嶲斯叟攻成将任回，成主雄遣征南将军费黑讨之。⑤

太守元年，越嶲斯叟反，攻围任回及太守李谦，遣其征南费黑救之，咸和元年（320年）夏斯叟叛。⑥

明帝太宁元年春，正月，成李骧，任回寇台登，将军司马玖战死，越嶲太守李钊、汉嘉太守王载，皆以郡降于成……（夏四月）成、李骧等进攻宁州、刺史褒中壮公王逊使将军姚岳等拒之。⑦

晋太元十七年（393年）春正月越嶲斯叟反，宁州秀才潘遗起义兵应之。攻围镇南将军任回及太守李谦等，（李）雄遣征南将军罗恒、费黑杀之。宁州刺史尹奉造裨将姚岳、朱提太宁杨术援遗，战于台登，岳等败绩，术力战死。夏四月斯叟破。⑧

元鼎五年至元封二年（公元前112～公元前109年），率一岁中使，多者十余，少者五六辈，远者八九岁，近者数岁而反。是时汉既求越，而蜀、西南夷皆震，请吏入朝于是置益州、越嶲、牂牁、沈黎、汶山郡。⑨

建元六年（公元前135年），太行王恢击东越……（唐）蒙乃上书说上曰……诚以汉之强，巴、蜀之饶，通夜郎道，为置吏、易甚。上许之，乃拜蒙为郎中将、将千

①（南朝·宋）范晔：《后汉书·安帝纪》卷五。
②（南朝·宋）范晔：《后汉书·南蛮西夷传》卷一一六一。
③（西晋年）常璩：《华阳国志·蜀志》卷三。
④（晋）陈寿：《三国志·蜀后至传》卷三三。
⑤⑦（宋）司马光：《资治通鉴》卷九二。
⑥（西晋）常璩：《华阳国志·李特雄期寿势志》卷九。
⑧《越嶲厅志》卷十一。
⑨（汉）司马迁：《史记·大宛列传》卷一二三。

天宝九载庚寅（750年），南诏阁罗凤因发兵反唐，鲜于仲通为南诏所败，陷嶲州，俘获西泸令郑回。①

天宝十载辛卯（751年），南诏阁罗凤遂北臣于吐蕃，蛮语谓弟为钟。吐蕃命阁罗凤为赞普钟，号日东帝，给以金印，自称东帝。②

天宝十二载癸巳（753年），大唐复征天下兵，俾李宓将之，复败于太和，寇陷嶲州及会同军。③

天宝十四载已未（755年），系赞普钟五年。冬十一月东平郡王安禄山反于范阳，南诏阁罗凤乘机以兵取蜀邛州，筑邛州城。④

大历十三年戊午（778年），南诏阁罗凤卒，其孙异牟寻即位。因子凤伽异先死，故传其孙。⑤

贞元十年甲戌（794年）春，南诏收昆明城（今四川盐源县），今盐池属南诏，蛮官煮之，如汉法也。⑥

贞元十年（794年），南诏迁施，顺、磨些诸种数万户于拓东城。⑦

仁宗至和元年甲午（1054年），牟西牟磋更立摩挲诏大酋长，段氏虽盛，亦莫能有。⑧

宋理宗宝祐元年癸丑（1253年），蒙古宪宗命御弟忽必烈东征大理，麦宗之子麦良迎兵于剌巴江口，锡赍甚厚，宠渥优礼，将授职为察罕章管民官。⑨

《元史·地理志》载："永宁州，名楼头赕，接吐蕃东缴，地名答篮，么西蛮祖泥月乌逐出吐蕃，遂居此赕，世属大理。元宪宗三年（253年），其三十一世孙和字内附"。

宪宗四年甲寅、宋理宗祐二年（1254年）春，平定云南，立察罕章管民官，以阿琮阿良（麦良）为元帅，称之为"添睦贝吉"，周汝诚按："纳西族中的一个较专制的统治者"。以泥月乌三十一孙和字为永宁州知州。

至六九年已末，就是宋理宗开庆元年（1259年），蒗蕖州麽些酋阿的内附，以阿的为蒗蕖州知州。⑩

磨蛮，亦乌蛮种类也。铁桥上下及大婆、小婆、三探览、昆池等川，皆其所居之地

①⑩《木化宦谱》。
②③⑤《南诏野史》
④《南诏德化碑》。
⑥⑦《蛮书》卷七、卷三。
⑧《明史·云南土司传》
⑨《元史·世祖本纪》

也……此种本姚州部落百姓也。南诏既袭破铁桥及昆池等诸城，凡虏获万户，尽分隶昆川左右及西爨故地。①

磨些蛮，在施顺蛮外。②

越析，一诏也，亦谓之磨些诏，部落在宾居，旧越析州也，去囊葱山一日程。③

又有水，源了台登山，南流过嶲州，西南至会川诺赕与东泸水合。古诺水也，源出吐蕃中节度北，胃之诺矣江，南郎部落。又东折至寻传部落，与磨些江合，源出吐蕃中节度西共笼川牦牛石下，故谓之牦牛河。环绕弄视川南流过铁桥上下磨些部落，即谓之磨些江。至寻传与东泸水合。东北过会同州，总名泸水。④

越析诏，或谓磨些诏，故居越析州，西距囊葱山一日行。⑤

越析诏，波冲立国，亦称摩些诏，又号花马国，居嶲州，今丽江府是，后其兄之子于赠渡泸邑于卢怯河。⑥

11世纪中叶以后，西藏佛教陆续从西藏和四川藏区两路传入迪庆、丽江、蒗蕖永宁等地。⑦

格鲁派（黄教）约在公元15世纪传入中甸、德钦、宁蒗、永宁等藏族、摩梭人和普米族等地。⑧

第三节　元朝时期
（13世纪中叶～14世纪中叶）

南宋宝祐元年（1253年）八月，忽必烈率蒙古军从甘肃南下，十月渡过金沙江，直达丽江，纳西族首领阿琮阿良（麦良）归顺，被封为茶罕章管民官，并征服大理国。

---

①②（唐）樊绰：《蛮书·名类》卷四。
③（唐）樊绰：《蛮书·六诏》卷三。
④（唐）樊绰：《蛮书·山川江源》卷三。
⑤（宋）欧阳修，宋祁：《新唐书·南蛮传》卷二二二下。
⑥（明）杨慎：《南诏野史》卷上。
⑦⑧《云南宗教知识百问》，第54页。

元宪宗三年（1253年），忽必烈率师进攻大理，自六盘山径临洮入川西北，至松潘后兵分三路，忽必烈率中路军征永宁，驻兵“日月和”，磨些酋泥月乌之后裔和字内附。

元至元八年（1271年），忽必烈迁都大都（今北京）建立王朝，至元十年（1273年）任命赛典赤·赡思丁为云南平章政事，至元十三年（1276年）改云南万户、千户、百户为路，府、州、县，加强了摩些纳西族同胞对伟大祖国的认同，具有划时代的意义。

至元九年（1272年）罗共赕内附。①

至元十三年（1276年）丙子，即宋若帝德祐二年（1276年）改为丽江路，以阿良阿胡为军民总管府。②

永宁扎美寺、格鲁派寺院，始建于元至元十五年（1276年），全寺占地100亩，建筑土木构结构，富丽宏伟，是云南最大的摩梭人及普米族的藏传佛教寺院，原有僧侣700余人。

者波萨迦寺，萨迦派寺院，位于宁蒗永宁镇者波村，初建于元至正十八年，后于清光绪元年（1975年）重建，原有僧侣500余人。③

至元十四年（1277年），永宁设答兰管民官。

至元十六年（1279年），置永宁州，罗共赕（罗共川）改为蒗蕖州。④

至元二十二年乙酉（1285年），府罢（言罢军民总管府也），于通安州臣津州之间立宣抚司，领府一（北胜府）、州七（顺州、蒗蕖州、永宁州、通安州、兰州、宝山州、巨津州），州领一县（临西）。⑤

至元二十四年（1287年），永宁、蒗蕖两州改隶北胜府，统属丽江路。⑥

至元二十五年五月（1288年）己亥，云南行省言金沙江西通安五城，宜依旧隶察罕章宣抚司，金沙江东永宁等处五城宜废，以胜施州为北胜府。⑦

至大三年（1310年）十一月戊子，尚书省臣言，云南省临安，大理等处宣慰司，丽江宣抚司及普定路隶部曲连结蛮寇，杀掠良民，谕之不服，且方调兵讨八百媳妇，军力消耗，今拟蒙古军人给马一、汉军十人给马二、计直与之，乞赐钞三万锭。⑧

①④⑥《宁蒗彝族自治县志》，第11页。

②《蒙兀儿史记》。

③《云南宗教知识百问》，第67页。

⑤《木氏宦谱》。

⑦（明）宋濂等：《元史·世祖纪》卷一五。

⑧（明）宋谦等：《元史·武宗纪》卷二三。

至元十四年（公元前1277年）十月，云南省遣云南诸路宣慰使都元帅讷速剌丁率蒙古、爨僰、摩些军三千八百四十余人征缅。至江头深蹂酋首细安立寨之所。①

元仁宗延祐七年（1320年）九月，永宁路曲材头目和俄等擅兵劫掠，杀蒗蕖州吏目李荣贵，夺蒗蕖州同知敕牒，行省遣官诏谕。至治元年（1321年），十月八日蒗蕖州知州剌俄杀其兄剌秋。初、祭丑（1313年）岁，剌秋祖剌都降附，云南省定立州县，今剌秋父剌陶作土官，充蒗蕖州知州，后剌秋伯父剌落袭职，寻为伙头木落所杀，剌落子剌定幼小，依其舅子合住，居绵绵村，因持剌陶，剌落宣命及州印以去，剌俄谓已当袭职，二次诉于云南省，捕子合、剌定不获，剌俄以计诱剌秋赴破寺村，潜于道，弯弓射之，中左目、坠马，又斫左额一刀，剌秋死，俄集众依摩些俗杀马牛各一。焚剌秋尸。明日，逼其嫂梳蛮塔为妻，及占夺剌秋所部百姓，梳蛮塔父剌资来取其女，剌俄欲杀之，剌资惧，逃去柏兴村。

二年（1322年）正月二十八日，剌俄兄剌定自绵绵村与子合起兵夺剌俄，剌定和山寨。剌俄纠合头目子首居步合兵射死剌定，复夺寨，本州官位招之。剌俄拒寨，通谓曰："父祖宣命俱在子合处，又藏印不与，尔客官行用，我兄弟自相仇杀，争夺山寨，不关尔番汉官事，梳蛮塔系我嫂，我杀兄剌定，剌秋，故以嫂为妻，我不出官，尔欲何说。"再之招谕，不肯出官，行省乞以一千人讨之，枢密院不听，资本省招谕。②

第四节　明朝时期
（14世纪中叶～17世纪中叶）

洪武十四年（1381年），朱元璋建立明王朝十多年后，鉴于多次招降云南梁王和大理段氏遭到拒绝，于是派征南将军颍川候傅友德、副将军永昌候蓝玉、平西候沐英率30万大军进讨云南，平定大理后，永宁摩梭土官卜都各吉归顺朝廷。朝廷将本地仍付卜都各吉管理，授永宁州职事，颁发印信钤束番麽，属鹤庆府，洪武二十九年（1396年）改

①（明）宋濂等：《元史·缅传》卷二一〇。
②（元）《经世大典·招捕总录》。

属澜沧卫。

明王朝统一全国后，中央实行了省级地方行政制度——行省制，但省以下承元制在少数民族地方实行地方行政制度，则主要是土司制度。土司制度创于云南，始于元代，盛于明清。洪武十五年（1382年）永宁延续元代的永宁州，属北胜府。在明朝统治的两百六十多年中，永宁土司制度得到巩固，社会、经济、文化也获得较快发展。

洪武十四年（1381年），卜都各吉，任永宁知州，

明洪武十五年（1382年），永宁州，属北胜府。①

自元至十六年（1279年），永宁阿氏土司设永宁州、府至清代宣统三年（1911年）设永宁区630余年中，大部分时间隶属北胜府管辖。期间与北胜土司高、章、子土司历来有密切的政治、经济关系，并结成了各土司之间的政治，姻亲关系。

明洪武十五年（1382年）三月，朱元璋派颍川侯傅友德为征南将军，统率三十万大军推进云南、贵州，平定云南、大理后，傅友德、王弼率明军从鹤庆出发经燕子崖、长坪、从中江渡金沙江过顺州，进取北胜州。王弼部下千户长五佐，偕百户长杜金安等以先头部队前往北胜州（今永胜）。

明军进入鹤庆前，高夫人和北胜州官员通知永宁、蒗蕖、土司土官；顺州子土司等五大土司在北胜府集中商议。永宁土司卜都各吉，蒗蕖土司阿的发表了归顺明军才有活路的意见，北胜高、章、子三土司也表示归顺。形成一致意见后，永宁卜都各吉、蒗蕖阿的参加了五大土司、官员、土官、民众两百余人到西山关垭口迎接王佐、杜金安等五十多名明军先头官兵。

洪武二十八年（1395年）九月，云南两司为了统摄金沙江上游一带土司地界，选定北胜州设置军政合一的澜沧卫军民指挥使司，包括永宁、蒗蕖，并将驻昆明的云南中卫军、家属万余人移往北胜州。次年（1396年）首任澜沧卫指挥使司王佐决定在元代北胜府大树坪南三里另建新城，以作设立澜沧卫官署和军队驻地。

永宁土司卜都各吉，蒗蕖土司阿的参与了商议，当时只有听命朝廷，没有商量余地。永宁、蒗蕖各派千人民工，参加建筑澜沧卫城。两地摩梭民工克服重重困难，参加筑城八个月后完成任务返回蒗蕖、永宁。

洪武十七年（1384年），永宁、蒗蕖两州改属鹤庆军民府。

洪武二十九年丙子（1396年）八月，西平侯给授各吉八合冠带，题奏实授备马，令

① 《嘉庆一统志》卷四九七。

男卜撒赴京进贡就关诰命，同年八月西平候给蒗蕖州知州阿吉冠带。①

永乐三年（1405年）十二月，卜都各吉之子各吉八合袭永宁土知州职。同年率领香罗、草甸、瓦鲁之、喇次合四西番（今普米族）伙头板必他、布朗、卜吉分、阿直直赴京朝见明皇帝。

永乐四年（1406年）四月，永宁州升为府，各吉八合为知府，并加中顺大夫职衔，直隶云南布政使司部属香罗、草甸、瓦鲁之、喇次合四长官司，以及板必他等各授忠显校尉总领，诰命五轴，印信六颗；蒙钦赐知府各吉八合银花金带一围，携“克笃忠诚”四字，领诰命一轴。②

永乐十五年丁酉（1417年）九月，为领地纠纷，卜撒及其父各吉八合被邻居四川盐井卫左所土官千户喇马非杀死。卜撒妻诉于镇守流官，将喇马非逮解送京，喇马非死于途中。③

永乐二十一年（1423年）六月二十四日，各吉八合次子南八继任土知府职。但左所土官仍与永宁为仇，常有纠纷，南八派人上禀到省。蒙两院司道看议。明正统三年（1438年）内准、添设流官同知经历各一员，于澜沧卫城内建立官署，掌管印信，保护地方。

正德十六年辛巳（1521年），丽江木知府木定得胜永宁麻瓦寨、鼠罗各香瓦寨。《木氏宦谱》。④

嘉靖元年壬午（1522年），丽江知府木定得胜建立鼠罗瓦托处可瓦寨，立永宁木倖瓦寨。⑤

嘉靖二年癸未（1523年），丽江知府木定又得胜永宁麻瓦寨。⑥

嘉靖八年己丑（1529年），本公得胜永宁建立大海寨（今泸沽湖海岛还有堡垒遗址），又立海螺寨。⑦

嘉靖十四年（1535年）七月，永宁土知府与四川盐井卫士官发生领地纠纷，经四川、云南两省、三司各道会戡审理，历时75年的纠纷终于结束，经协议立三份合同，各知府土官明确管辖村寨，永宁府管下村塞一百三十一处；盐井卫左所土官刺马仁管下村寨五十三处；盐井卫前所土官阿查管下村，四十七处。永乐十五年（1417年），永宁土

①②《土官底薄》。
③《明史》。
④《明史》卷三一一。盐井卫“地与丽江、永宁二府邻近，丽江土官木氏侵削其地几半。”
⑤⑥⑦《木氏宦谱》。

知府卜撒四川盐井卫左所土官喇马非所杀。从此以后，一直到嘉靖十三年（1534年）共116年间，永宁陷入社会动乱之中。百姓、土司不得安宁，直到嘉庆十四年（1535年）两省（四川、云南）四方（左所、前所和丽江、永宁土官）奉明王朝命令协商双方纠纷并鉴定协定，从此永宁地方才获得了安定。①

嘉靖三十七年（1558年），阿雄年幼待袭永宁土知府职，丽江土府木高乘机夺其领地革甸33村。

万历二年（1574年），阿雄袭永宁土知府职。

万历九年（1581年），丽江土知府木旺调永宁兵与四川土司征战，阿雄不从。木旺派兵擒雄，用杖击雄后放回。木旺乘机劫掠香罗、剌次合、瓦兽之三官司地，落水劫罗二寨及三十三村。

万历十年壬午（1582年），知府木旺“因永宁会五所兵，毁伤鼠罗村寨二十七处，本年正月率领兵杀退到永宁境内”。

本年十月，丽江知府木旺亲领兵至永宁，攻克阿罗光立寨，俘擒永宁知府阿雄。②

万历十六年（1588年），木旺又夺取永宁答苴寨，阿雄屡上告未果，气愤而死。其弟阿承忠袭永宁土知府职。

（永宁府）户，一千五十一，口二万二千二百六十一。③

永宁府（赋股）

户口：户一二五四，口二万二千三百六十一。

课程：酒课银二钱。

差发：（花斑竹）银二十七两，马五匹。

民役：均徭，本府系夷方原无审编，均徭额征银七十二两，夷民自行应办。站役，木府（协济请水驿站马二匹），铺陈二副。④

蒗蕖州户口：户三百九十四，口一万九千四百一十七。税粮无。⑤

自元以来永宁土知州、府的统治区域时大时小，元至元十六年（1279年）置永宁州，明初升为府。据《景泰云南图经志》载：“东至四川行都司盐井卫300里，南至蒗

①《金声玉振集》“边防会勘夷情”前卷。
②《木氏宦谱》。
③（明）正德《云南志》卷八。
④（明）万历《云南通志》卷六。
⑤（明）天启《滇志》卷六。

蒗州180里，西至宝山州150里，北至西番330里，东至西番350里，西南至丽江军民府270里，西北至西番280里。”

明朝永乐四年（1406年）永宁设四长官司，疆界的东部、北部、西北地区远至330里或300里，即今四川省木里、盐源边境及云南中甸县（今香格里拉市）边地。自永乐十一年（1413年）以后，常被四川盐井卫左所土官喇马非侵占，明末清初，中甸、木里又为青招都台吉等人统治，从此永宁辖区缩小。

第五节　清朝时期（17世纪中叶～20世纪初）

明末清初，从中央到地方若干政治制度和行政机构，大抵仿明朝而行。但不同时期有变化。清代在各省实行督、抚、总督和巡抚是省的最高军政长官，属封疆大吏。除督抚以外，省级机构设有承宣布政使司，提刑按察司、提督学政。清朝云南，除了省、道、府、州、县的行政体制外，在少数民族地区基本上继承了明代的土司制度。

清代，阿氏仍袭永宁土知府。值得注意的是，明和清改土归流中，大约遵循“三江（指怒、澜沧和依洛瓦底诸江，有的认为是红河）之外宜土不宜流，三江之内宜流不宜土”的原则。明代云南大约151家土司，经明末和清初改土归流以后，到鄂尔泰总结其成果时，仅剩下22家土司。其中原有13个土府，仅剩下蒙化（今巍山）、景东、孟定（今耿马孟定）和永宁等4个，永宁成了内域几个仅存的土司之一，阿氏土司在清代还算是比较强盛的土司。明末清初任永宁土知府职的是第十四代土司阿镇麒。

清顺治十六年（1659年），清兵入滇，永宁土知府阿镇麒率部投诚，袭任土知府职，并由史部颁发劄付。

同年，蒗蕖土州阿尚义投诚，因兵燹遗失号纸印信，未授职。

康熙五年（1666年），在今永胜县城设置绿营军永北镇（直辖永宁、蒗蕖、北胜三地武装），首领称总兵、以控制金沙江上游两岸地区。

康熙十二年（1673年），吴三桂于云南举兵反清，永宁、蒗蕖两土司奉清廷令助剿。

康熙二十年（1681年），清廷平定吴三桂“反叛”后，永北镇设“永北协”，以副将总领。

康熙三十一年（1692年），改蒗蕖土官为土舍，由永北镇总兵马声给以阿嗣祖土千总便委。同年，永宁府设中营把总一员，外委把总一员，马步守兵80名；蒗蕖设中营千总一员，外委把总一员，马步守兵120名。蒗蕖地必勺中营、外委把总一员，马步守兵50名。

康熙三十七年（1698年），升北胜州为永北府，永宁、蒗蕖、顺州隶属永宁府掌印同知改为永北府同知，原永宁所属四长官司俱废。

康熙四十四年（1705年），云南布政使司上报批准给蒗蕖阿氏土舍委牌，管理地方。

康熙四十九年（1710年），今四川盐源县前所和左所两地脱离永宁土府辖属。

康熙年间（约1661～1722年），永宁扎美喇嘛寺建成（第二次重建）。后规模扩大，有正殿、偏殿、禅房，占地面积100余亩。稍后，蒗蕖萨迦寺建成。

乾隆、嘉庆年间（1735～1820年），四川大凉山彝族大量迁入蒗蕖、土司领地。

雍正六年（1728年）三月，阿有威袭知府职，六月奉命为剿除逆依事，奉令永北镇柳行土练堵剿，阿有威选练三百多名官兵，合同官兵前往腊汝窝助剿，追至左所地方，擒获贼首。六月出征直到八月撤兵回永宁。受到朝廷的银两奖赏。

雍正十年（1722年）五月，阿有威奉永北镇柳，率土练兵五百余名，随同官兵擒获料度西番实等直到八月撤回。因平乱有功，奉文赏给土目银两26.6两，奖给499人，银奖章一枚。

雍正十一年（1734年1月）腊月，皇帝赏民兵头目纹银16两，赏给其他299人每人纹银1两和2个银币。后来皇帝发给阿有威两个诏令、一个封他为忠宪大夫的荣衔（四品官）。另一个任命他为土知府职。

嘉庆元年（1769年），奉朝廷令，阿有威率官兵前往威远（今景谷）参与助剿“倮职滋事”。

嘉庆二年（1797年），阿有威奉朝廷令率官兵征剿“南笼仲苗”，并承办维西军务。咸丰年间，还率官兵和百姓赴大理参加运粮及永胜防城等。由于阿有威多次率官兵协助朝廷平乱有功，乾隆元年（1736年）恩诏案内经诰命二道。

乾隆元年（1736年），蒗蕖土舍阿逢泰捐设学馆一处。清廷年拨馆谷40石（16000市斤），① 后因无人肄业，移永北金江设馆。

乾隆十六年（1751年），永宁土知府阿有威捐设学馆一处，清廷年拨馆谷45石

①市斤：非计量单位。1公斤=2市斤。全书同。

（18000市斤），因无人肄业，后移至永北期纳设馆。

乾隆三十五年（1770年），降永北府为永北直隶厅，属迤两道。永宁、蒗蕖仍属永北直隶厅。同年、永北镇改为营。永宁设八耳勺，黄腊老、竹地三台卡、每台有战守兵10名；蒗蕖设战河、倮倮关、辣子沟三台卡，每台有战守兵12名。

道光十九年（1839年），清政府恢复蒗蕖土知州，由阿为柱任知州职。

道光二十五年（1845年），永昌、弥渡回民举事，永宁、蒗蕖两地奉调派兵参加镇压。

道光二十七年（1847年），蒗蕖土知州阿为柱，因带土练攻打四川盐源海霸王有功，题准加运同衔。①

咸丰三年（1853年）冬月，四川曾洪顺率领武装占据蒗蕖药山，永宁土知府阿会元奉调堵御。

咸丰七年（1857年），蒗蕖沙力坪回族富户杨德茂响应杜文秀起义，带义军数百人转战蒗蕖，华荣庄四川盐源，后失利而回。

同治七年（1868年）十月，杜文秀派大司卫姚德胜、刘应贵再次进攻蒗蕖，永宁、直抵盐源城下，后因连遭川军攻击，退回永北。

嘉庆二十一年正月（1816年2月），皇帝批准发文任命阿会元为永宁土知府职。任职期间，从同治八年十一月（1869年12月3日～1870年1月1日）5次奉朝廷命令率官兵1500人次到永昌大理、永北境内参与平乱，受到朝廷和省督奖励。因积劳成疾终至不治，60岁时呈请辞职。

光绪年间（1875～1908年），四川大凉山彝族大量迁入蒗蕖土司领地，并形成余、张、刘、胡、米五大黑彝政治势力，土司势力日渐削弱。

光绪三年（1877年）八月，永宁坝大雨成灾。

光绪四年（1878年）七月九日，蒗蕖属大村街一带地震，每日五六次，数日始息，伤死男女70余人，牛马牲畜死亡20余头，民房倒塌无数。

同年，蒗蕖坝冰雹大作，击损稻谷、玉米、荞麦无数，当年大饥，每升大米价银三钱。

光绪五年（1879年），蒗蕖土司阿国宝集资修筑纵贯领地南北的人马驿道，全长100余里。②

①即盐运同知，属从四品虚衔。

②里：非计量单位。1公里=2里。全书同。

光绪二十四年（1898年），阿云山随永宁扎美寺喇嘛进藏习经受戒。光绪二十七年（1901年），回永宁接任永宁扎美寺“拉擦”职，时年30岁。

清代永宁土知府所管，地方疆界四至：

东至盐源县左所土千户六十里，与四川交界。

南至卡洗坡一百七十里，与蒗蕖土司交界。

西至卜脚八十里，与丽江府以江为界。

北至古番三百里，与西域交界。①

第六节　民国时期（1912～1949年）

1911年辛亥革命，推翻了近2000年封建王朝统治。1912年中华民国建立，1912年1月孙中山在南京宣誓就职，任中华民国临时大总统，并按西方共和制将立法与行政分立，成立由各省参议员组成的临时参议院，作为国家最高权力机关，但不久被以袁世凯为代表的军阀武装集团篡夺了辛亥革命成果。袁世凯死后，军阀割据地盘，拥兵自重，中国陷入北洋军阀统治的混乱时代，而地处边地的永宁蒗蕖也处于土匪侵扰社会不安宁的多事之秋。

民国初期县级行政机构曾短期沿清府、厅、州、县制，后来废除了府、厅、州、其中厅、州均改为县。在边地民族聚居区域的永宁、泸水、威信、靖边等地设立委员或行政委员会，为改县做准备。民国二年（1913年）八月，永宁行政委员彭文单就职。民国六年（1917年），裁永宁行政委员会，永宁、蒗蕖两地属永北县，设宁蒗县佐。民国二十五年（1936年）九月六日，永宁、蒗蕖合并成立宁蒗设治局。局署设蒗蕖大村，陈文锦为第一任局长，局下辖四个区：永宁、八耳桥、包都、宁利。下属38保，247甲。永宁在推行保甲制度后，划分为两个乡，乡长分别由土司阿民汉和把事程学贵担任，保甲长则在总伙头和伙头圈定，保甲制度徒具虚名，土司仍沿用伙头制管理，一直延续到1949年宁蒗和平解放。

① 《乾隆永北府志》，第212页。

民国二年（1913年），裁府、厅、州、留县制。县下设行政委员或弹压委员。永宁、蒗蕖申报设县、未准。

同年八月，永宁行政委员彭文单就职，提出将蒗蕖土司领地玉鹿，拉都河、棉缅、挖开、大村、石膏梁子等21村划归永宁，设永宁县。因遭蒗蕖土司阿继祖极力反对，未实行。

民国四年（1915年），蒗蕖领地的树扎、巴沙拉、木尔坪等铜矿点被开采，外地人卢氏在金子沟开办铁厂，后转租给蒗蕖包都人王克昌经营，产品运往永北、丽江等地出售。

民国四年（1915年）八月，原任扎美寺拉擦的阿云山，接任土知府总管职。

民国六年（1917年），裁永宁行政委员会，永宁、蒗蕖两地改属永北县，设宁蒗县佐，驻蒗蕖坝大八村（即今大兴镇）。

民国七年（1918年），川人胡翠安（客居蒗蕖）借用包都五省庙作校舍，创办宁蒗第一所私立小学。

民国十三年（1924年）一月，美国植物学家、博士洛克第一次到永宁泸沽湖地区考察，与土知府总管阿云山见面时，送给阿云山双筒猎枪1支，望远镜1架、带刀拐杖1根、罗斯福步枪1支。总管阿云山为感谢洛克，宰了一头牦牛招待洛克，并将白色牦牛尾巴加工后赠给洛克作为纪念。

民国十五年（1926年），维西镇守副使罗树昌在永北组织武装，反云南督军唐继尧，攻大理时被唐军击溃，罗军败退永北，蒗蕖后，全军瓦解。

民国十六年（1927年）四月，云南发生四军长，龙云、胡若愚、张汝骥、李选廷反唐继尧事变。张汝骥率残部从永北、宁蒗、永宁退至四川盐源县盖租链子桥。龙云令永宁土知府总管阿云山组织团丁500余人，直接与张军浴血奋战击伤击毙张军数百余人，俘虏一批败兵，受到龙云嘉奖，到昆明参观受龙云接见。

民国十九年（1930年）二月，杨承曾任宁蒗县佐。同年，永宁土司总管阿夺奇（阿云山）向政府注册兴办干沟老炉铬铁矿。

民国二十年（1931年）云南省政府将宁蒗列为实施边地教育的31个县之一，并通令执行边教计划。

民国二十一年（1932年）中秋，拉萨哲蚌寺寻访转世灵童特使七人到泸沽湖，认定摩梭儿童罗桑益世为甘丹赤珠第四世转世灵童，并确定10岁后进藏到哲蚌寺坐床习经。

民国十一至三十一年（1922～1942年），美国籍植物、地理学家约瑟夫·洛克从

1922至1931年之间，常到永宁考察，常住海岛阿云山别墅研究撰写纳西，摩梭文化、休闲，并与土知府总管阿云山结成深厚友谊。洛克在1947年出版的《中国西南古纳西王国》中，以“永宁区域的历史和地理”为题，第一次向国内外介绍了中国摩梭人。

民国二十二年（1933年）五月初八，永宁土知府总管阿云山逝世，终年62岁。

民国二十二年（1933年）四月，张寿昌任宁蒗县佐。同年永北县改为永胜县，废除分县制，宁蒗分县改为设治局，设治局在筹备期间，暂由永胜县代管。

民国二十三年（1934年）春，永宁土知府总管阿云山去世后，泸沽湖小岛的总管故居门庭冷落，总管阿云山的财产被人抄袭一空。

民国二十三年（1934年），阿少云（摩梭人）接任永宁土知府总管。

民国二十三年（1934年），永宁皮匠街开办省立永宁边地小学，第一任校长杨伯鹏（丽江纳西族）。有校舍平房四间，入学儿童多系商人子女，本地民族学生由土司指派。后因兵灾匪患，于民国二十八年（1939年）停办。

民国二十四年（1935年），黑彝倮姆双娓带领家人从四川盐源进入永宁土司管地石佛山居住。

民国二十四年（1935年）冬月，康边藏族董尼伙头带数百人烧杀抢劫永宁坝三日，劫去金银财物，赶走许多牛马牲畜，烧毁民房无数。

民国二十五年正月（1936年），美国学者约瑟夫·洛克，为捐助永宁摩梭人的疾病救治，从美国购买药品盘尼西林运到昆明，而后租借昆明航空公司的飞机将药品用降落伞空投到永宁坝达坡附近。

民国二十五年（1936年）正月，因董尼伙头抢走的黄牛七头丢弃途中路旁，被普米族喇嘛泽里拾回占为己有，并宰杀了三头，牛主知道后向总管阿少云告状。阿少云主持公道，下令要泽里将七头牛如数归还失主，如不退回，将没收归公处理。遂引走了普米喇嘛与总管的争端。加上其他原因，泽里喇嘛为首的扎美寺喇嘛煽动和裹胁不明真相的一些俗人，手持兵刃棍棒到达坡抄了总管阿少云的家，并将家丁登珠打死，阿少云逃往泸沽湖，后逃往木里避难。

举事的喇嘛僧民因追杀总管未成，愤而攻打石佛山倮姆黑彝，并将黑彝的妻子绑架到喇嘛寺作为人质，故倮姆家调集千余武装反击，在竹地垭口激战一天一夜，喇嘛死亡48人（其中喇嘛47人，俗人1人）喇嘛主动撤退后才使事态得以平息。

永宁土司阿民翰请木里大喇嘛兼江防司令松典降别，扎巴加初带团队前来调停；宁蒗设治局筹备专员陈文锦向丽江、永胜告急，丽江派来第一督练处长高振鸿及滇军第10

团张宗祥营到永宁。通过各方面人士调解，最后以教规惩罪了泽里喇嘛。陈文锦将阿少云（摩梭人）从木里接回，并委任为永宁区长。

九月六日，宁蒗设治局建立，局署设蒗蕖大村，陈文锦为第一任局长，局下辖四个区。

民国二十六年（1936年），贺龙率领的红二方面军从丽江的石鼓渡口逆江北上。红军走后，1937年，拉伯草洛果村里来了一位纳西小伙，他用鸡毛写字，给村里人讲革命的道理，因此，每天晚上村里的年轻人都聚在一间破房子里，听那个纳西族小伙讲故事、学唱歌。那年月，永宁土司通过司匹（封建贵族）和各地的总伙头（土司府基层管理者）层层追加老百姓的赋税，很多人无力承担这些苛捐杂税，特别是居住在偏远贫困的金沙江边的摩梭人，生活本来就已经很艰难了，有的人因缴不起税只好背井离乡，村民苦不堪言。也许是受到那一位纳西族青年宣传的影响，村里一位名叫埃多阿若的年轻人站了出来，要组织村里的穷人去永宁土司府鸣不平，讨公道，有点像梁山义士的味道。在埃多阿若的组织鼓动下，草洛果村汇集了40名青年，其中只有一名妇女叫阿尔苦咪，带了两支火药枪和一些长刀木棍，背着行装和口粮，到永宁土司府打官司，要求减租减息，两天就占领了土司府。第二天土司聚集了土司府的兵丁和喇嘛寺的上百个喇嘛，把土司府团团围住。一场短兵相接，刀来剑往，参加起义的40人中只有2人没有负伤，大家只好各自逃跑，埃多阿若被一个喇嘛用斧头在他的右膝盖上连砍了三下，成为终身残疾，起义失败告终。发生在摩梭人地区的那一群山民为了摆脱剥削压迫而抗争的壮举，一直是鲜为人知，只到中华人民共和国成立后，在民族工作调查中由云南省社会科学院周裕栋同志发现调查整理成文，现存于云南省文档。

民国二十六年（1937年），设置永宁邮政代办所，邮差6人，开辟丽江—永宁—木里邮路，单程为570华里。

宁蒗实行清丈土地，永宁、蒗蕖土司规避于外，只派心腹百姓应付，造成业权错乱，致执照无法认领。

省府将宁蒗设治局划为鸦片烟“展种区”，年种植大烟7000亩，产烟土35000两。

民国二十七年（1938年）春，云南省教育厅电影队到永宁、蒗蕖大村首次放映无声黑白电影。

局署进行人口调查，全县（不包括山区）2830户，12536人。

民国二十九年（1940年）十月二十六日，西康木里董尼伙头带300余人抢劫永宁皮匠街，除掠财物、烧民房外，还抢走了永宁邮政所的汇兑印纸。

设治局属由四个区改设六乡一镇（未包括彝区），下属38保，274甲，2212户，

1950年

1月21日，宣布宁蒗和平解放。宁蒗县（永宁、蒗蕖合称之意）临时政务委员会在永宁成立，阿少云任主席、阿少符，易少白任副主席；

凉山彝务办事处在羊坪成立，主任胡丹，副主任余海清、余国栋、胡金山、余崇龙。

2月，宁蒗县在永宁举办“军政干部训练班”，中共滇西北工委指定易少白负责。有摩梭、西番（普米）、傈僳、汉族的上层子女及部分农民青年，共80余人参加学习。

4月，中国人民解放军42师124团2营，在营长马喜牛的率领下，进驻宁蒗。

5月20日，宁蒗县人民政府在永宁成立，和冠伍任县长，阿少云（摩梭人）任副县长。同时，中共宁蒗县工作委员会成立，杨凤鸣任书记。

6月，中国人民解放军驻宁蒗124团2营教导员裴俊带领部队，配合四川盐源县左所区军民，在泸沽湖地区围歼国民党特务田钟杰、陶茂涛、郭家兴等人，缴获电台、收音机、手枪等军用物品。

6月，中央民族慰问团从北京来到丽江慰问，邀请阿少云（摩梭人）、余海清（彝族）等主要上层头人到丽江专区参加慰问大会，阿少云（摩梭人）在慰问团召开的座谈会上发言。

11月，中共丽江地委任命中国人民解放军124团参谋长原是灯为中共宁蒗县工委书记。

12月，丽江民族贸易公司派人到永宁筹建民族贸易公司。

1951年

7月，中共丽江地委任命张元瑞任中共宁蒗县工委书记。

9月12至29日，中共宁蒗县工委在永宁召开第一届各族各界代表会议，成立宁蒗县民族民立联合政府和宁蒗县政治协商委员会。

12月，在永宁开设第一个收音站。永宁收音站设立后，每天收抄中央人民广播电台的新闻，送领导参阅，并以黑板报形式在皮匠街宣传。收音站于1953年迁往现宁蒗县城。

1952年

9月，宁蒗县粮食局成立，在永宁、大兴、八耳桥、宁利设粮库。

宁蒗县政府组织约40000余名民工兴修水利，新开凿水渠4条，塘坝7座，永宁修通开基河大沟。

全县工农业总产值为1122万元（按1980年不变价计算，下同）比1949年增长6.7%，年平均增长2.2%。

1952年夏，曾担任过西藏十三世达赖喇嘛贴身卫士的宁蒗县永宁拖支村摩梭人阿拉仁嘎在西藏布达拉宫圆寂，享年61岁。阿拉仁嘎13岁进永宁扎美寺当喇嘛，18岁进拉萨举朵扎仓受戒习经，22岁被举朵扎仓推荐为十三世达赖的贴身卫士。

1953年

4月，宁蒗县人民政府由永宁平静村（皮匠街）迁往蒗蕖大村街（现宁蒗县大兴镇）。

6月，全县流行麻疹，患者10000多人，死200多人，永宁地区传染100余人。

首次进行宁蒗县人口调查。人口共计1878户，85823人。

1954年

3月，永宁地区群众严重缺粮，生活困难，时任宁蒗县副县长的阿少云（摩梭人），捐出库存的5000斤大米救济当地贫困群众。同年10月又捐资大洋一千块兑换成人民币，把开基河上的全木架桥改建成石墩木架桥，极大地方便了人畜通行。

5月，宁蒗县邮局成立，撤销原宁蒗邮政代办所，永宁设邮政代办所。

7月，宁蒗县召开各族各界代表大会，与会代表72人，会议听取和审议四年来的工作报告。选举阿少云（摩梭人）为云南省第一届人民代表大会代表，并选为丽江专署政治协商委员会委员。

中央慰问团云南分团到宁蒗县慰问，向全县干部、职工分别馈赠背水壶、雨鞋、雨伞、蚊帐等慰问品。

1955年

2月，部分封建残余势力，违抗人民政府颁布的“活租改定租规定”，因不听政府劝阻，抵制减租减息而发生争斗，并关押佃农，杀害群众。正在丽江专署开会的副县长阿少云（摩梭人）连夜赶回处理此案，经过他宣传教育，做闹事群众的工作，平息了冲突。

7月，云南省民委组织民族参观团，邀请小凉山彝族头人刘阿鲁子、胡巴脚、倮姆沙娓，永宁喇嘛寺堪布阿少符（摩梭人）等前往全国各地参观，到北京接受党和国家领导人的接见。

宁蒗县粮食局在大兴、永宁两地开办粮油加工厂各一个，这是宁蒗县第一批国营企业。

1956年

4月6日，小凉山发生武装叛乱。永宁喇嘛寺工作队20余人和解放军驻军第1连，被武装叛乱分子包围8天9夜，部队牺牲战士1人，伤7人。

4月，小凉山平叛中，在昆明学习的阿少云（摩梭人）让夫人彦色偏玛，将家里的26支步枪、1挺机枪及千余发子弹捐献给宁蒗县政府，用于平叛战斗。

云南省军区、丽江军分区指挥所属部队，组织小凉山平叛作战，在宁蒗县工委领导下，成立“剿匪指挥部”和“平叛委员会”，实行“政治瓦解为主，军事打击为辅”的平叛方针，经过两年奋战，1958年叛乱基本平息。

宁蒗县政府与凉山彝务办事处合署办公。

8月，以云南省副省长张冲为团长的中央慰问团到宁蒗县慰问，随同来慰问演出的有云南省杂技团，丽江地区歌舞团。慰问团赠给宁蒗县大米900万斤，① 人民币100万元。向全县干部，职工分别赠送纪念章、钢笔、笔记本、蚊帐、毛巾等慰问品。

9月，经国务院批准，宁蒗县与凉山彝务办事处合并，成立宁蒗彝族自治县。

9月20日在宁蒗县县城召开宁蒗彝族自治县成立大会。

9月16日至20日，宁蒗彝族自治县第一届人民代表大会召开，与会代表170人，余海清（彝族）当选为县长，阿少云（摩梭人）、张天祥、刘阿鲁子（彝族）、余国栋（彝族）、胡万清、余中南、章思孝、章阿各、朱军如（摩梭人）、刘云龙当选为副县长。同时，中共宁蒗彝族自治县工作委员会、人民委员会、政治协商委员会、妇女联合会、人民法院成立。

何高如（摩梭人）当选宁蒗彝族自治县第一届人民法院院长。

阿生都玛（摩梭人）当选宁蒗彝族自治县第一届妇女联合会主席。

10月，中共宁蒗县工委制定《宁蒗彝族自治县和平协商民主改革实施办法》《关于

---

①市斤：非计量单位。1公斤=2市斤。全书同。

和平协商民主改革实施办法》两个文件。抽调地委工作团、地方干部、村积极分子500余人组成和平协商改革工作组，到永宁区永宁乡、八耳桥区八耳桥乡、羊坪区的羊坪乡进行试点工作。

全年全县工农业总产值达到1327万元。

1957年

1月，县人民法院受理全县刑事、民事诉讼案件，审理涉及永宁摩梭地区的案件。

在永宁平静完小和二村完小建立少年先锋队组织。宁蒗县民族文化学校建立，分期分批培训农村基层干部。

3月，宁蒗县3个和平协商改革试点工作结束，全县33个附点乡及宁利、包都，西川、跑马坪、烂泥箐、蝉战河六个区的改革工作开始分期分批进行。

中共宁蒗县工委提出“大力发展互助组织，重点试办合作社”的方针，和平协商改革工作结束的区、乡普遍成立互助组。

11月，昆明军区国防歌舞团，永胜县滇剧团到宁蒗县慰问演出。

中共宁蒗县工委在完成和平协商改革的永宁、木尔坪区、乡发展共产党员，建立党组织，永宁区第一批发展党员10名。

12月，组织1000多民工，开挖从永宁托支拉丁古，经瓦厂、开基、嘎拉、喇嘛寺、拉鲁瓦至阿米瓦村的水利工程，水沟长5公里，总投劳力达5.2万个工日，于1958年3月完工，该水利工程可灌溉水田290亩，水浇地2210亩。

1958年

1月，宁蒗县政府召开区、乡干部会议，研究讨论建场、建社问题，决定在永宁七家村，包都、干河子实施试点工作。

3月，宁蒗县和平协商民主改革工作全面结束。

4月，丽（华）公路宁蒗段动工修筑。

5月，宁蒗县改田抗旱为中心掀起农业“大跃进”高潮。

6月，云南省博物馆考古队到永宁皮匠村（今皮匠街）进行考古考察，挖掘出土文物28件，其中发掘出磨制石器，有长条圆柱体石器、单石刀、大錾耳陶罐等珍贵文物，经鉴定属新石器时代文物。

7月，全县掀起工业“大跃进”高潮，动员数千民工，在宁蒗县境内三岔河、铜厂

9月，贯彻中央关于目前农村工作中若干问题的决定（草案），以“阶级斗争为纲”，开展以“反对多吃多占、铺张浪费、挪用公款、投机倒把、违法乱纪”为中心内容的社会主义教育运动。县级机关开展“五反”运动（反贪污、反浪费、反投机倒把，反挪用公款、反官僚主义）。

1964年

2月，中共宁蒗县第一次党代表大会召开，出席代表160名，张明代表县工委向大会作14年来的工作报告。大会选举产生县委委员、候补委员，正式组建中共宁蒗彝族自治县委员会，张明任书记、罗祥、杨立贤任副书记。

7月，第二次人口普查，全县共计24387户，97193人。

8月15日，宁蒗县城至永宁公社公路，投资20万元，由县工交科组织测量施工，具体先施工宁蒗县城至红桥石龙堡段26公里，由红桥、永宁、红旗、宁利四个区抽调民工3000名，于1966年8月15日开工，1967年3月15日下马，历时7个月，修通石龙堡至落水三家村毛路39.77公里，工程投资20万元，耗用总工日32.02万个。

后经1968年西南施工总队5个连，投劳力900人，1969年2月永宁公社又投民工2000人，于1970年竣工，投总工日70.8万个，宁蒗县县城至永宁公路全长93公里，1970年正式通车。

1965年

3月，中美关系改善后，美国学者约瑟夫·洛克的侄孙女与美国环球杂志一行，到永宁泸沽湖拍摄纪录片，带着洛克当年拍摄的20余幅图片，祭拜了原永宁土知府总管阿云山墓，访问了部分摩梭人。

5月，中共宁蒗县委召开扩大会议，制定“以粮为纲，粮畜并举，多种经营、全面发展”的方针，做出粮食增产部分实行“三三制”分配的规定，促进了摩梭地区粮畜发展，调动了摩梭社员的积极性。

9月，宁蒗县委抽调社教工作队100多人，以县委书记张明为分团长，赴中甸县（今香格里拉市）参加社会主义教育运动（即大四清），永宁区摩梭人有5人参加。

12月，宁蒗彝族自治县召开第六届人民代表大会，县长罗祥代表上届政府做工作报告，会议通过了全县第三个五年计划。

1966年

2月，实施改直永宁河，按设计兴修水沟。内坝水沟：从开基桥西侧取水，经永宁配电站、皮匠街、内坝村西山边至阿米瓦，1958年延至高明村前。1966年后，在中堰沟两度扩修和兴修了十多条灌溉沟和排水沟，形成了永宁河西排灌网。内坝主沟全长17公里，灌溉永宁、泥鳅沟水田5380亩，水浇地2650亩。八七水沟：在开基大桥东岸取水，经八七、忠实、上达坡、思洛，至八珠。在八七主沟上兴修了10条灌溉沟和排水沟。灌溉永宁、泥鳅沟水田2100亩，水浇地2400亩。

2月，省属碧泉林业局（驻永胜）在宁蒗县招收四年制轮换工801人，其中永宁招收50人。

7月1日为改变永宁坝天旱年月，缺水灌溉，雨水过多年月洪涝灾害的状况，在县长罗祥、永宁公社党委书记赵一民主持下，公社党政班子，县水工队参加，研究制定了改直开基河及两岸排涝，林田路结合的规划，为实施这一规划的工程量及时间的要求，决定抽调2000劳动力上工地搞大会战，永宁坝6个大队抽1500人，江边拉伯3个大队抽500人（拉伯500人因无直接受益而适当给予补助）。从7月10日开工至11月底改河工程全部完工。

7月，宁蒗中学教师、山区文化工作队员共27人，到丽江参加“文革”运动，全县中小学教师，县文化单位人员计300多人，集中到宁蒗中学开展“文革”运动。有不少教师被错误的打成“反革命”。

8月，县广播站成立后，重点架设城乡有线广播线路，建立公社放大站，及时听到中央台新闻。

8月，在“远学大赛，近学新联”的号召下，县委组织县、区、乡、社“四级”干部1000多人，分两批到中甸县（今香格里拉市）学习参观。永宁区、队干部有100多人参加。

9月，举行宁蒗彝族自治县成立十周年庆祝活动，举办十年建设成就展。

10月，宁蒗县在永宁区托支实施小型电站建设，建成40型18千瓦水轮泵综合利用站两座，解决了大部分村民的用电。

西南林业施工总队第二工程处进入宁蒗县，在宁蒗县招收全民制林业工人300名。永宁、拉伯有30多人当了林业工人。

12月，“宁蒗中学红卫兵造反司令部”成立之后，红卫兵组织遍及全县学校、厂矿、机关、农村，永宁以完小为主教师、职工成立了“红卫兵”组织。

“破四旧”（旧文化、旧传统、旧风俗、旧思想）在全县展开，烈士纪念塔底座的装饰石雕，永宁喇嘛寺也被当作“四旧”遭到毁坏。

宁蒗县召开“四级”干部会议，宁蒗中学和机关职工“炮轰”县委。从此，“文革”运动在全县展开。

1967年

1月，县级机关先后成立造反派组织（战斗队），由机关造反派临时指挥部统一指挥，县城大街出现大批揭发批判“走资派”和“牛鬼蛇神”的大字报和大幅标语。

3月，宁蒗县军事管制委员会成立，全县党、政工作统一归县军管会领导。

4月，在县军管会的领导和监督下，为“文革”初期被打成“反革命”，“牛鬼蛇神”的教师和文化单位职工平反。

9月，“造反派”实行归口联合，成立大联合委员会。

1967年至1968年，县广播站架通宁蒗县城至永宁区的有线广播线路。

1968年

3月，经中国人民解放军第14军批准，成立由军队、革命干部、“造反派”代表（即群众代表）“三结合”的宁蒗县革命委员会，乔与才任主任。

4月，县级各单位，各区先后建立“三结合”的革命委员会，各乡建立“三结合”的革命领导小组。永宁区建立了领导干部，造反派群众三结合领导小组。

7月，宁蒗县成立“清理阶级队伍”领导小组，全县“清队”运动开始。7至12月，“清队”运动中县级机关无辜遭受迫害的干部，群众达109人。

9月，实行贫下中农管理学校、管理商店。永宁完小，中心商店都派驻了3至4名贫下中农代表。

1969年

1月，宁蒗县革命委员会委托宁蒗县新华书店向全县人民赠送“红宝书”（《毛主席语录》）6万余册，永宁公社干部、大队干部都发了《毛主席语录》和“红宝书”。

3月，宁蒗县委宣传部主持县电影放映队协办，为实现“村村挂银幕，户户看电影，人人受教育”的目标，抽调了永宁、红桥、西川等7个公社的15名知识青年到县电影队培训，学员回公社后组建放映队，摩梭人青年阿陆、独芝两位成为第一代放映员。

3月，宁蒗县“五七”干校在永宁达坡原永宁土知府总管府建立。

4月，庆祝党的“九大”胜利召开，全县9个区改为9个人民公社，74个乡改为75个大队，1409个农业生产合作社调整为711个生产小队。

5月，永宁扎美寺大殿，被“五七”干校撤毁用于修建干校宿舍。在一个月的撤毁中，宏伟的大殿变成废墟，仅存土墙遗址。

1970年

1月，搞“政治边防”及“民主改革补课”运动（即二次土改），错误进行查抄地富，没收财产等，部分人员受到牵连。

2月，公社一级成立党的核心小组（又称三人核心小组）。在永宁、红旗两个公社进行整党试点，按“九大”会议精神，开展吐故纳新，恢复党员组织生活等工作。

1971年

1月，宁蒗县革命委员会召开全会，决定进一步开展“农业学大寨”及活学活用毛主席著作的群众运动。要求全县粮食上纲要，永宁列为上纲要的重点公社。

5月，全县整党结束。召开中共宁蒗彝族自治县第二届党代表大会，出席代表330人，会议选出县委委员28人，魏国任县委书记。

7月，根据指示，“文革”时改用的地名，一律恢复原名。改为“九大公社”的永宁，恢复永宁公社。

当年，宁蒗县工农业总产值完成2211万元，比1965年增长6.6%，年平均增长1.8%。

1972年

宁蒗中学改成完全中学，改称宁蒗县第一中学。永宁开办第二中学，跑马坪开办第三中学。

同年，全县进行阶级成分复查工作。永宁大队皮匠街列入重点。

1973年

10月，上级撤回参加“三支两军”的部队，任命蔡立仁为中共宁蒗彝族自治县委员会书记。永宁大队，温泉大队列为县委书记蔡立仁的试点单位，蔡立仁经常深入永宁地宁蒗彝族自治县第六届政协会议召开，出席委员36人，朱军如（摩梭人）当选为政协主席。

全县农村生产队普遍实行包产到作业组“四定一奖”“五定一奖”，少数山区生产队试行包交提留到户责任制。全县公余粮任务由原来的405万公斤，调减为115万公斤。调动了群众生产、劳动积极性，极大地解放了生产力。

10月13日，阿纳米、给若翁丁、拉里·克山旦史、罗桑益世等27位摩梭人干部，代表摩梭人向中央有关部门和云南省有关部门呈报了《关于识别摩梭民族的请求报告》，未批示。

11月，经过拨乱反正澄清是非之后，罗桑益世活佛，用藏文书写了一封《给境外宗教界朋友的一封信》，由西藏对外广播电台用藏语广播。

当年，全县工农业总产值完成4263万元比1975年增长60.62%，年平均增长12.12%。

1981年

1月，宁蒗县石丫口电站竣工，架设10千伏安输电线路近百里，改善了宁蒗县城的生产生活用电。

4月，中共云南省委副书记薛韬来宁蒗县指导农村实行联产计酬承包责任制。

8月，中共宁蒗县委书记蔡立仁调丽江地委工作，阿苏大岭接任宁蒗县委书记，为宁蒗县首任彝族县委书记。

9月，召开宁蒗彝族自治县成立二十五周年庆祝大会，县内外13个代表团和千余名干部群众参加。中央代表团团长萨义尔（全国人大民委副秘书长），云南省代表团团长李铣在大会上讲话。

全县农村体制改革进展迅速，1730个生产队中有1506个队实行了家庭联产承包责任制。

宁蒗县县城和全县各公社所在地恢复扩大市场集市，农副产品和私养大牲畜上市交易，摩梭人聚居区以皮匠街为辐射的商品交易市场逐渐繁荣起来。

1982年

3月，1959年随达赖到印度的永宁阿瓦吉巴喇嘛听到罗桑益世活佛的广播信后，于1982年春回永宁家乡探亲，与离别40多年的亲人团聚。

1952年进藏，在小昭寺受戒习经的永宁益世支赤喇嘛，1959年到印度，后来旅居英国，听到罗桑益世活佛的广播信后，1982年6月回永宁泸沽湖探亲，与离别40多年的汝亨家人团聚。

7月，第三次人口普查结束，全县共33100户，170116人，永宁摩梭人口15096人。

7月，永宁公社被云南省人民政府评为全省农业先进单位。永宁公社党委书记李仁被评为云南省劳动模范。

9月，贯彻中央关于“严厉打击刑事犯罪活动”的决定，以及依法“从重从快、一网打尽”的方针，打击各类犯罪活动，稳定了社会治安秩序。

泸沽湖被列为云南省19个自然保护区之一。

12月，永宁开基桥将原建木架桥改建为钢筋混凝土桥。

1983年

1978年党的十一届三中全会以后，1982至1983年底，中共宁蒗县委、政协统战部对摩梭人在1958年“民主改革补课”“审干”“反右”及“文革”二次土改政治活动中的冤假错案，农村被查抄财物等落实了政策。涉及阿少云主办的永宁“军政干部训练班”定为“反动组织”错案得到平反。摩梭人中的民族上层、宗教人士落实政策，错误处理的进行平反昭雪，恢复名誉。阿少山，平反昭雪后，给予一次性抚恤费。在“文革”中被当作“牛鬼蛇神”批判下放到永宁达坡当社员的罗桑益世活佛落实了政策，并且被任命为宁蒗彝族自治县政协副主席，补发了工资。宁蒗县委、县政府做出决定，农村农民被抄家没收的财物进行退还，已不在的折钱补助，没收的房屋退还原主。

1984年

2月，进行区乡体制改革，原9个公社改为9个区，84个大队改为乡，乡下设村民委员会。永宁公社改为永宁区，拉伯公社撤销后，所辖3个大队并入永宁区。

6月，宁蒗彝族自治县第九届人民代表大会召开，出席代表246人。会议选举杨忠义为县长，张文彪为县人大主任。县政协第七届会议召开，朱军如（摩梭人）当选县政协主席。

8月，中共宁蒗县第四届党代会召开，出席代表289人，阿苏大岭当选为县委书记。

1984年宁蒗县广播站在永宁海拔4345米的耳子黄山、安装两台功率为5瓦和3瓦的差转机，接收苍山台11频道，发射6频道。覆盖面积52平方公里，覆盖人口占全县总人口的8.9%。第二年又在永宁开基村海拔2800米处建成功率为50瓦和10瓦的电视差转台，接受6频道，发射8频道，覆盖面积52平方公里，覆盖人口占全县总人口的8.7%。结束了摩梭地区没有电视的历史。

1985年

2月，永宁到托甸的巴那瓦公路开工，1988年底竣工，里程54公里，投资164万元。

3月，学习河北保定地区致富经验，宁蒗县委组织800余名干部下乡、下厂，开展"增百致富""增千百同步"活动，下乡到永宁的干部为摩梭人增百致富采取了许多有效措施，增加了群众收入。

8月，云南省政协副主席杨一堂到宁蒗县调研民族政策和宗教政策情况，要求认真落实永宁宗教界人士政策。

当年，全县工农业总产值完成5568万元，比1980年增长30.6%，年平均增长6.1%。

1986年

2月，云南省省长普朝柱到宁蒗县检查指导工作。

5月，永宁土知府总管阿云山墓修复完工，墓址位于泸沽湖阿吾岛上，始建于民国24年春，后被盗墓者毁坏。

7月，在永宁建成3米地面卫星接收站，接收600卫星信号，用原50瓦机发射。

12月，宁蒗县第一座地面卫星接收站在县城建成，可同时转播3套节目。

宁蒗县被列为全国第一批治理的272个贫困县之一。

宁蒗彝族自治县政府公布：革命烈士陵园，永宁阿氏土司衙署、蒗蕖土司衙暑、扎美寺、开基桥、大兴古墓葬、白牛厂遗址、阿云山（摩梭人）墓为县级第一批文物保护单位。

1987年

5月20日至27日，中共宁蒗彝族自治县第五届党代会召开，出席会议代表285名，阿苏大岭继任县委书记。会议提出了实施宁蒗县经济发展的"3358"工程。

7月，中共云南省委副书记高治国到宁蒗县检查指导工作，并到泸沽湖视察。

12月，全县进行区、乡体制改革，区改为乡，乡改为行政村，全县辖15个乡1个镇，88个行政村，（含5个办事处）1085个自然村。永宁区分为永宁、拉伯两个乡。

同年，翠依、红桥、永宁等区14个乡、37个村伤寒病流行，累计发病1021例，死亡

10人。

1988年

1月10日，宁蒗县发生5.5级地震，波及194个自然村，县城和烂泥箐乡震情较严重，大部分房屋被震歪、震裂、直接经济损失3500万元。

1月24日，永宁乡竹地自然村发生重大杀人案，造成4人死亡，4人重伤。

3月，20多位摩梭人干部第二次联名向中央、云南省呈报《关于要求国家有关部门重新识别摩梭人族称实现本民意，承认摩梭为单一民族的第二次报告》，未批示。

11月，永宁乡农村青年付军明受到司法部，中宣部、公安部联合表彰，并授予“全国见义勇为先进分子”称号。

1989年

9月，中共中央政治局委员，中共四川省委书记杨汝岱来宁蒗县考察，并为县委题词“泸沽湖畔，民族团结之花”。

9月，永宁扎美寺主殿重建动工。

1989年10月，北京电影制片厂在宁蒗县泸沽湖拍摄反映摩梭题材的首部大型宽银幕故事片《幸运的星》。

1990年

3月2日至8日，宁蒗彝族自治县第十届人民代表大会召开，出席代表225人，县政协第九届会议同时召开。金古五斤当选为县人大主任，加角阿三当选为县长，朱军如（摩梭人）继续当选政协主席。

阿苏大岭、加角阿三、金古五斤、罗桑益世等为解决摩梭族称积极努力，在参加省政协会议，省人民代表大会中，多次把解决摩梭族称写成议案呈报。

1990年4月27日，根据云南省人大调查组的调查材料和摩梭人的意见，云南省人大常委会七届十一次会议，决定同意《宁蒗彝族自治县条例》中确认云南省的摩梭人称为“摩梭人”。

6月2日至7月1日，全省民族贫困山区经济教育发展现场会在宁蒗召开。出席会议的有省、地负责人，57个贫困县的县长，民委主任、教育局长、科协主席计400人。中共中央委员中共云南省书记普朝柱，省委常委、副省长保永康、国家教委秘书长郝克明出席会议。

8月，举行《宁蒗彝族自治县自治条例》颁布庆祝大会。全国政协常委、原云南省政协主席梁家，原云南省委副书记高治国，原昆明军区副司令员胡荣贵等前来参加，并与各族人民一道欢度火把节。

当年，全县的工农业总产值完成6574万元，比1985年增长18%，年平均增长3.6%。

1991年

1月5日，宁蒗县第四次教育“三干”会召开，县委书记杨文彬作题为“总结经验，认清形势，继续把宁蒗县的教育事业推向前进”的报告教育“三干”会的召开，推动了摩梭地区教育事业的发展。

6月7日至9日，全国人大常委会副委员长费孝通，中共中央委员、国家民委副主任伍精华在云南省民委主任马立三，丽江地委副书记阿苏大岭的陪同下到宁蒗，到泸沽湖视察，费孝通视察后题词“宁蒗宝地，泸沽胜景”。并对保护与开发泸沽湖提出了重要意见。

7月，永宁乡人畜饮水工程全部完工使用，总投资32万元，解决3500人，12000头（只）牲畜饮水。

1992年

2月，县林业局从丽江等地调进滇杨纤条10万根，并在永宁、红桥、红旗、大兴等地购置杨树纤条进行插纤营造速生丰产林5000亩。

3月，泸沽湖风景区游览项目开始实行有组织的规范经营，同时，宁蒗县第一个景点建设项目——里务比寺重建工程开工。

4月，永宁公路45千米路面，路基改造工程竣工，县城至包都（红旗乡）7.24米柏油路铺成。

1993年

4月5日，为加强对泸沽湖旅游开发的组织领导，成立宁蒗彝族自治县旅游开发办公室。

4月，经国家文化部、外事办批准，西德西南电视摄制组一行三人，由国家文化部、云南省文化厅专人陪同，到丽江，泸沽湖地区，拍摄纳西族、摩梭人的民族民俗风情。

经云南省人民政府批准，永宁扎美寺为省级文物保护单位。

由云南省长江防护林工程办公室、云南省社科院牵头，美国福特基金会提供无偿帮助的“云南省林地资源合理利用试验示范点”一期工程在宁蒗县泸沽湖启动。

7月8日，经宁蒗县委、县政府研究同意，决定修复永宁达迦林喇嘛寺和蒗蕖萨雅喇嘛寺。

11月，宁蒗县永宁、宁利、永宁坪、战河4个乡在1990至1993年度的云南省体育先进乡（镇）争创活动中成绩突出，被省体委、省农牧渔业厅、省教委等7个委厅局授予“云南省体育先进乡（镇）称号。”

11月10日，成立宁蒗彝族自治县泸沽湖保护区开发管理委员会，同泸沽湖自然保护区管理委员会合署办公，实行两块牌子，一套班子。

1994年

4月14日至19日，宁蒗彝族自治县第十二届人民代表大会第二次会议召开。会议通过了《宁蒗彝族自治县林业管理条例》《宁蒗彝族自治县泸沽湖风景区管理条例》。

7月5日，省委把小凉山地区划为特困山区，并对这类地区的工作提出重要的方针政策和措施。为此宁蒗县委制定《大力发展商品经济，使小凉山尽快改变面貌需解决的几个问题的报告》，省委对此报告作了批复。

2009年12月，马继典撰著的《女儿国诞生的活佛》一书，获丽江市第三届“文化艺术创作奖”文学专著三等奖。

8月27日，经省政协七届七次常委会议决定，罗桑益世活佛任丽江地区政协，工作委员会副主席。

9月25日至28日，滇川两省泸沽湖风景区协调会在宁蒗召开，会议就泸沽湖风景名胜区的规划，开发、建设及管理等方面进行了磋商，并达成共识。

11月30日，云南省第八届人民代表大会常务委员会第十六次会议批准《云南省宁蒗彝族自治县泸沽湖管理条例》实施。

1995年

1月，云南省人民政府批准建立宁蒗县泸沽湖省级旅游区，省政府安排130万元启动资金用于旅游区开发建设。

3月，由宁蒗县文化馆华宁生拍摄的《泸沽湖畔母系家族》组照共11幅在《今日中国》杂志用汉、英、德、西班牙、阿拉伯5种文字刊登。

5月15至18日，宁蒗县泸沽湖开发现场办公会议在泸沽湖召开。

9月18日，丽江地委、行署表彰全区“十大优秀企业”“十大富裕村”“十大先进个体户”、宁蒗县石油公司为“十大优秀企业”之一；宁蒗县永宁乡落水行政村落水自然村为“十大富裕村”之一；宁蒗县个体工商户杨八斤为“十大先进个体户”之一。

12月15日，泸沽湖省级旅游区建设开工典礼在泸沽湖畔举行。景区建设以“情、水、山”为主线，坚持统一规划，分期实施，突出重点，保持特色的方针。

12月19至21日，宁蒗县佛教协会第二届代表会议在县政府招待所召开。会议由云南省佛教协会副主席、丽江地区政协工委副主席罗桑益世主持并致开幕词。

12月25日，成立宁蒗彝族自治县公安局泸沽湖分局，泸沽湖公安分局为二级局建制。属宁蒗县公安局下设单位。

1996年

8月，宁蒗县中考在丽江地区夺魁，实现中考四连冠。

1997年

6月9日，宁蒗县文化馆“泸沽湖艺术团”在新加坡国际元立华团上海太阳岛俱乐部进行民族歌舞演出，共演出200场，观众达25万人。

7月，泸沽湖排污工程竣工投入使用，完成投资1470万元。

1998年

5月，永宁乡温泉村瓦拉别摩梭村确定为传统文化保护区。

12月，宁蒗县红桥至永宁44、24米354伏输变电工程竣工，总投资4066万元。

同月，宁蒗县泸沽湖开发区落水村建设生态旅游村项目通过评审。

1999年

6月，王茨丁，男，摩梭人，1939年生，宁蒗县永宁乡永宁村委会拉罗湾村人，王茨丁传统美术被批准列入云南省非物质文化遗产项目。

8月，宁蒗县16个乡（镇）全部架通通讯光缆，并开通程控电话，全县程控交换机，容量达14704门，总装机量6245户。

8月，由宁蒗县政协主席杨顺红（摩梭人）主持，摩梭人学者拉木·嘎吐萨收集翻译整理、主编的《摩梭达巴文化》出版。填补了《达巴经》凭口传无文字记录的空白。

12月27日，泸沽湖公安局破获11月21日发生在宁泸公路62KM+500M、66KM+400M一段的恶性劫案。

2000年

1月，宁蒗县首次“十星级”文明户挂牌仪式在泸沽湖举行。

5月2日，云南省人民政府副省长邵琪伟率省旅游局等部门在丽江所署专员施维勤的陪同下，到宁蒗县泸沽湖对省级旅游项目规划情况进行调研。

5月13日，中国人民解放军海政歌舞团，国家一级演员宋祖英到宁蒗泸沽湖拍摄外景。

2001年

2月25日，云南森林武警总队捐资宁蒗县永宁乡15名贫困失学儿童。

2001年4月，丽江市泸沽湖旅游管理委员会，组织摩梭青年歌手德玛、纳金、七珠组成《女儿国组合》。《美丽的泸沽湖》《摩梭的夜》《美丽的家园》《红楼恋歌》等歌曲唱响国内外，参加各类汇演，多次获奖，影响广泛。

5月24日，宁蒗县发生5.8级破坏性地震，永宁乡、泸沽湖成为重灾区，民房受损严重，没有造成人员伤亡。

2002年

3月，宁蒗县人大组织泸沽湖管委会及永宁乡政府编写，制定了《云南省宁蒗彝族自治县摩梭人民俗文化保护条例》，报经丽江市人大审定。

5月13日，滇、川两省泸沽湖风景区总体规划评审会在宁蒗召开。

6月1日，滇、川毗邻6个地、州、市24个县、市、区人大常委会共162人到宁蒗考察，共谋滇、川毗邻地区经济社会发展大计。

7月，摩梭达巴法师益史·潘米拖丁，被授予为“云南省民族民间音乐传承人”。

8月2日，宁蒗县举行小凉山（泸沽湖）火把节庆祝活动，来自全国各地的贵宾500人参加活动，中央电视台节目主持人沙玛阿果，国家一级演员苏吐阿洛、沙呷阿依、

"山鹰组合"应邀参加了活动。

11月16日，宁蒗县永宁乡木底箐水库建设工程正式开工，海拔2900米，灌溉设计保证率P=80%，灌溉水量2198立方米。死水位2881.5米，死库容614立方米，灌溉兼顾发电兴利库容2606万立方米，正常蓄水位2903.5米，防洪结合2.3米，设计总投资14199.98万元。

2003年

3月3日，中国文联副主席、中国作协副主席、云南省委副书记丹增到宁蒗县、永宁泸沽湖考察。

3月，在泸沽湖召开"首届世界女性人类学研讨会"。其有27个国家的专家、学者参加。

3月11日，"首届中国国际女性人类学暨摩梭母系文化研讨会"在泸沽湖闭幕。

10月，宁蒗县人民政府决定建立泸沽湖摩梭母系文化景观保护区，将摩梭人聚居的泸沽湖周边地区，永宁等地列为重点保护区范围。将八珠、忠实、者波、瓦拉别等具有代表性的母系村落列为摩梭母系文化保护村。

11月1日，宁蒗县永宁乡木底箐水库截流成功。

2004年

3月30日，宁蒗县"美姑民族文化"交流座谈会召开，主题为"摩梭文化的开发与保护问题"。

5月28日，宁蒗县开展泸沽湖环境整治工作。

6月5日，中央电视台《共同关注》栏目以"谁污染了泸沽湖"为题对泸沽湖的环境保护问题进行系列报道。

2005年

1月21日至24日，由丽江市政协民宗委组织协调的台湾阿尼色费儿童之家董事长颜国顺率领台湾义诊团一行18人，到宁蒗县西川乡和永宁乡开展义诊活动，共免费义诊590例，免费提供5万多元人民币的药品。

8月3日，泸沽湖景区旅游饭店行业自律协会挂牌。

8月4日，云南省保护母亲河行动九河流域生态监护工作会议在宁蒗县召开。团省委、省环保局、昆明市、玉溪市、大理州、红河州、丽江市5个地州市17个团县委、环保局参加了会议。并到泸沽湖视察。

10月4日，宁蒗县永宁者坡萨迦寺举行开光典礼，来自西藏、四川民族宗教界人士，僧俗群众2000多人参加开光典礼仪式。

12月20日，丽江市古城区四套班子组成旅游考察团赴宁蒗泸沽湖考察。

12月30日，宁蒗县永宁乡木底箐水库第一批移民42户200人安置启动。

2005年，由丽江市泸沽湖旅游管理委员会、丽江泸沽湖摩梭文化演艺有限公司、北京保利演出有限公司、云南红情音乐工作室共同打造的表现摩梭母系大家庭原生态文化内涵的精品歌舞《花楼恋歌》正式在里格摩梭文化展示中心落地演出。该台歌舞剧参加2010年云南民族文化文艺歌舞汇演，获一等奖。

2006年

2月，云南省人民政府批复了《泸沽湖景区综合规划》，并实施泸沽湖环境整治“八大工程”：编制《泸沽湖流域综合规划》；环湖截污和垃圾处理工程；拆迁改造工程；沿湖生态环境整治工程；环湖道路工程；竹地游客服务中心工程；农村源污染治理工程；“禁磷”“禁白”工程等。

9月17日，丽江市泸沽湖摩梭文化研究会挂牌仪式在泸沽湖畔举行。丽江市、宁蒗县委有关领导出席会议并讲话。摩梭文化研究会挂牌得到了社会各界的关心和关注，中国民间文艺家协会、中国民营企业国际合作发展促进会、成都纳西文化学会、云南民族学会普米研究委员会、四川凉山州摩梭文化研究会等组织发了贺信；新华社云南分社、中国妇女报、北京文化月刊、成都晚报、丽江市电视台、丽江日报、古城区电视台、宁蒗电视台等新闻媒体进行采访报道。挂牌仪式结束后，与会人员参加了摩梭朝山节和民俗家访，摩梭文化保护和旅游开发专家调研活动，考察了沿湖部分景点和民居，召开了有关文化保护的专题座谈会。曹建平当选丽江市泸沽湖摩梭文化研究会会长。

10月，泸沽湖景区荣获“中国最佳休闲度假胜地”和2006年度“中国十大优秀生态旅游区”称号。

2007年

5月，云南省丽江市政协、四川省凉山州政协在泸沽湖举行了两市州政协及有关部门参加的泸沽湖联谊会。提出了景区资源共有、共管、共建、共享的原则，并共同协商形成了丽江，凉山两市政协泸沽湖联谊会会议纪要，会议确定了《关于在新形势下共同保护和开发泸沽湖景区》的议案。

6月，宁蒗县永宁乡温泉村委会瓦拉别村阿七独芝玛（女），被云南省政府授予非物质文化遗产传承人荣誉称号（民间工艺）。

11月，编制完成《泸沽湖旅游区总体规划和重点景区详规》。并实施了“五大工程”：旅游畅通工程；摩梭文化展示工程；旅游集镇建设工程；草海恢复工程；生态环境保护工程。

2008年

1月，云南东方摩梭文化研究中心于2008年1月10日在云南昆明成立。

云南省委常委，省政协副主席和占钧，《求是》杂志社原总编辑王天玺，云南省军区原司令员姚双龙、黄光汉，云南省军区原政委张志民、赵坤、陈连富、李杰、陶昌廉，云南省军区原副司令员刘昌友，国家文化部民族民间文艺发展中心主任李松、副主任王泽洲，云南省军区机关、云南省属有关部门、丽江市、文山州、有关军分区和预备役师、宁蒗彝族自治县的领导，有关民间社团组织、著名专家学者、新闻媒体、有关企业和其他有关方面的领导和人士共230人出席了成立庆典。

庆典上放映了《东方女儿国》《云南东方摩梭文化研究中心标识简述》等电视专题片和多媒体课件，展示了《摩梭女儿国》网站，发行了首套摩梭文化个性化纪念邮票，观看了来自泸沽湖的天籁之音——《女儿国之声》摩梭歌舞表演。

中宣部副部长欧阳坚，中国人民解放军军事科学院百科部副部长、中国摄影家协会主席邵华、成都军区政治部主任吴昌德及中国民间文艺家协会、中国第二次世界大战史研究会等108个单位和个人发来贺信贺电。

云南东方摩梭文化研究中心，由云南省文化厅主管，云南省民政厅登记管理，属于民办非企业。云南省文山军分区原司令员，摩梭人和绍全任主任（法人）。

6月10日，宁蒗县永宁乡摩梭人妇联主任旦史拉丛，被推荐为2008年中国奥运会期间丽江市摩梭妇女火炬手。

3月18日，宁蒗县永宁乡木底箐水库，大坝渠封顶，开始储水。

12月19日至21日举行的2008博鳌国际旅游论坛上，泸沽湖景区荣获“国际知名旅游区”称号。

2008年至2009年，由云南东方摩梭文化研究中心主任和绍全策划组织《人类最后的母系王国——中国百名画家泸沽湖摩梭文化艺术大型采风创作活动》，来自北京、上海、江苏、河南、福建、四川等十七个省、市、自治区、部队以及旅美120位著名画家，分8批深入泸沽湖摩梭人聚居区采风创作，艺术家精心创作了一批风格各异，异彩缤纷的艺术作品，用绘画艺术形式表现了摩梭人神奇的人文文化和泸沽湖美丽的自然景观，先后在昆明、丽江等地举办大型画展，并且出版发行《人类最后的母系王国》大型画册，在社会上引起强烈反响，受到广泛好评。

2009年

4月12日泸沽湖机场建设前期工作会议召开，正式启动了泸沽湖机场建设工作。

5月14至16日，国家民航总局、昆明空军司令部、民航云南空管分局、云南民航办、云南省发改委组织专家到宁蒗，对泸沽湖民用机场选址报告进行复审，确定红桥石佛山场址为泸沽湖机场最终选址。红桥石佛山机场距宁蒗县城50千米，距泸沽湖风景区25千米，按4C级标准建设，航程1500千米，连接广东、昆明两大国际机场，容流量年吞吐150万人次，适应波音737-700、A319民航客机全载机降。

12月，泸沽湖景区评为“中国最美的十大湖泊”称号。

2010年

2月，木底箐水库，工程全部完成通水。

3月30日至4月3日，云南东方摩梭文化研究中心，在丽江国际民族文化交流中心举办《人类最后母系王国——中国百名著名画家泸沽湖摩梭文化之旅作品展》，1000余人参观了画展，新闻媒体作了报道。

3月30日，泸沽湖景区荣获国家4A级旅游景区授牌暨创建工作表彰仪式在丽江隆重举行。

6月9日，省市专家到宁蒗县石佛山就《云南泸沽湖机场可行性研究报告》评估会进行机场场址实地勘察。

7月8日，“圣境来临”中国丽江泸沽湖女儿国项目启动仪式在丽江隆重举行。

2011年

4月15日，中国藏语系高级佛学院学衔评审委员会委员，中国佛教协会第八届理事咨议委员会委员，云南省佛教协会名誉会长，丽江市政协一届原副主席，西藏哲蚌寺甘丹赤珠第五世活佛罗桑益世，因病医治无效，于2011年4月15日上午10时28分，在丽江圆寂，享年82岁。

5月10日，丽江市政协原副主席罗桑益世活佛追悼会于5月10日在永宁扎美寺举行。中国佛教协会副会长，云南省佛教协会会长刀述仁，中国文联副主席、中国作协副主席丹增，中国佛教协会副会长、云南省佛教协会副会长祜巴龙庄勐，云南省委统战部部长杨光海，云南省宗教事务局副局长杜吉到场致哀，有关部门发来唁电。

12月9日，从宁蒗彝族自治县县城到泸沽湖第一条二级公路建成通车。过去3个小时缩短为1个小时就可以从县城到达泸沽湖。

12月20日，住建部公布第一批共646个县有重要保护价值的村落列入中国传统村落名录，其中云南省有62个首批列入中国传统村落，宁蒗县永宁乡落水村名列其中。

2012年

5月19日至20日，全国政协主席贾庆林在丽江市委领导陪同下，到宁蒗县永宁乡视察，访问了解摩梭人文化习俗及生产生活情况，并与摩梭人合影留念。

6月24日，下午15时29分，永宁乡发生里氏5.7级地震，震中位于永宁坝子，震源深度为11千米。震情波及宁蒗县永宁等10个乡镇，波及12680户，63782人。3566户房屋不同程度受损，14864间损坏，其中 4216间倒塌，7321间严重受损，3327间轻度受损。因灾死亡3人，重伤25人，轻伤369人，紧急转移安置21860人。因灾造成家庭财产，工矿企业，基础设施，公益设施等不同程度受损，直接经济损失18.9715亿元。

6月30日，云南省省长李纪恒到宁蒗县永宁乡召开恢复重建现场会，作了恢复重建的重要指示。

云南省省长李纪恒召开省政府泸沽湖现场办公会议。

11月22 日，泸沽湖机场在丽江市宁蒗县红桥乡石佛山正式开工建设。云南省人大常委会常务副主任晏友琼出席开工仪式；全国政协委员、云南省机场建设工作领导小组组长李汉柏讲话；副省长刘平宣读秦光荣贺信；云南省政协副主席马开贤出席开工仪式；云南省政府秘书长卯稳国主持开工仪式。

2013年

永宁乡灾区民房恢复工作于8月全面启动，9月份部分开工，10月全面开工，并完成了总工程的20%，11月份完成总工程量的50%，2013年2月，重损户全部完成民房主体恢复重建工作，轻损房全部完成主体加固和翻盖工程，春节前，6576户受灾户全部搬入新居。

1月5日，云南省总工会主席到永宁地震灾区慰问基层职工。

2月8日，宁蒗县红桥乡黄腊拉村委会与永宁乡木底箐村委会交界林区发生火灾，受灾面积上千亩。

8月29日，泸沽湖湿地保护建设项目通过省级验收。

8月29日，泸沽湖里格摩梭文化展示中心《花楼恋歌》剧目获云南省第二届少数民族文艺汇演10项奖。

2014年

5月11日，在宁蒗县评选“最美母亲”活动中，永宁乡有10位母亲得到表彰。

2015年

10月12日上午10时23分，由昆明机场起飞，载有74名旅客的东航MU5937波音737-700型飞机成功落地，宁蒗泸沽湖机场，标志着宁蒗泸沽湖机场正式通航。泸沽湖机场飞行区等级为4C，机场海拔3293米，为目前云南省海拔最高机场，空中飞行约一小时。新建成的宁蒗泸沽湖机场设有4个停机位，航站楼面积5000平方米，设有4个值机柜台、1个超大行李值机柜台、3条安检通道；开设有4个贵宾厅、母婴休息室、超市等，宁蒗泸沽湖机场累计完成投资12.98亿元。

2015年4月11日，云南东方摩梭文化研究中心在昆明召开“第二届摩梭文化论坛暨和绍全散文传记《我的朝圣路》”首发仪式，有关领导、专家学者150人出席会议，其后在丽江邀请在丽工作的摩梭同胞举办增书活动。

第十二篇
著　作

摩梭文化研究著作目录

（排名不分先后）

名称	作者	出版单位	出版时间
“永宁纳西族的阿注婚姻和母系家庭”	詹承绪、王承权、李迫春、刘龙初	上海人民出版社	1983 年 9 月
《永宁纳西族的母系制》	严汝娴、宋兆麟	云南人民出版社	1983 年 2 月
《神秘的女性王国》	王承权、詹承绪	北方妇女儿童出版社	1989 年 7 月
《共妻制与共夫制》	宋兆麟	上海三联书店	1990 年 7 月
《云南摩梭人民间文学集成》	秦振新、拉本嘎吐萨、陈烈	中国民间文艺出版社	1990 年 8 月
《女山》	黄尧	作家出版社	1988 年 6 月
《宁蒗彝族自治县纳西族社会及家庭形态调查》之一	云南省编辑组	云南人民出版社	1987 年 3 月
《宁蒗彝族自治县永宁纳西族社会及其母系制调查》之二	云南编辑组	云南人民出版社	1988 年 2 月
《永宁纳西族社会及母系制调查》之三	云南编辑组	云南人民出版社	1986 年 9 月
《日月之恋》	宋兆麟	上海文艺出版社	1977 年 11 月
《女儿国的风流女人们》	严肃、礼农	黄河文化出版权社	1993 年 3 月
《最后的母系家园》	陈烈、秦振新	云南人民出版权社	1999 年 10 月
《最后的母系部落》	李达珠、李耕冬	四川民族出版社	1999 年 12 月
《摩梭人》	袁梅	中国文联出版公司	1997 年 7 月
《中国原始社会最末一朵玫瑰》	余洪涛	中国青年出版社	1996 年 10 月
《中国母系部落——利家嘴》	钱钧华	中国青年出纳社	2004 年 1 月

《神秘的女儿国》	丁凤来	中国社会出版社	2002 年 12 月
《生存和文化的选择》	和钟华	云南人民出版社	2000 年 5 月
《泸沽湖纪事》	邓启耀	中国旅游出版社	2006 年 1 月
《走婚的人们》	宋兆麟	团结出版社	2002 年 1 月
《走婚——女儿国亲历记》	宋兆麟	西苑出版社	2004 年 10 月
《女儿国诞生的活佛》	马继典	云南民族出版社	1995 年 10 月
《母系家族》	王琳	四川人民出版社	2004 年 2 月
《泸沽湖生态旅游研究》	康云海	云南科技出版社	1999 年 8 月
《无父无夫的国度》	国华山	光明时报出版社	2001 年 3 月
《子宫文化》	周华山	香港同志出版社	2003 年
《请把屁股放在头上》	周华山	香港同志出版社	2003 年
《泸沽湖摩梭母系文化风情实录》	马继典	云南人民出版社	2006 年 8 月
《女儿国情缘》	马继典	云南人民出版社	2014 年 7 月
《父亲的骨头》	吴乔	云南人民出版社	2009 年 6 月
《永宁摩梭》	（美）施传刚	云南大学出版社	2008 年 8 月
《摩梭艺术》	刘遂海、李发斌	四川美术出版社	2005 年 3 月
《永宁摩梭的亲属制》	严汝娴、刘小幸	云南人民出版社	2009 年 10 月
《四川省纳西族社会历史调查》	四川编辑组	四川省社会科学院出版社	1987 年 6 月
《中国西南古纳西王国》	约瑟夫·洛克	云南美术出版社	1999 年 4 月
《解读摩梭风情》	直巴尔车	云南民族出版社	2006 年 10 月
《摩梭语常用词句荟萃》	直巴尔车、许瑞娟	云南人民出版社	2013 年 9 月
《走出女儿国》	杨二车娜姆	中国社会出版社	1997 年 4 月
《走回女儿国》	杨二车娜姆	中国青年出版社	1998 年 3 月
《摩梭达巴经通译之一》	阿泽明、次达珠	云南民族出版社	2012 年 1 月
《摩梭达巴经通译之二》	阿泽明·次达珠	云南民族出版社	2013 年 5 月
《女神之恋》	和绍全	云南人民出版社	2001 年 12 月
《我的朝圣路》	和绍全	云南人民出版社	2015 年 3 月
《摩梭社会历史研究论文集上、下》	拉他咪·王勇	云南大学出版社	2006 年 8 月
《藏着的摩梭史》	杨建国	云南人民出版社	2009 年
《历史的足迹》	杨建国	云南人民出版社	2014 年
《摩梭女人》	拉木·嘎吐萨	上海文艺出版社	1993 年 12 月
《梦幻泸沽湖》	拉木·嘎吐萨	云南美术出版社	1993 年 8 月

《母亲的湖》	拉木·嘎吐萨	云南人民出版社	1992 年 12 月
《走进女儿国》	拉木·嘎吐萨	云南美术出版社	1998 年 8 月
《泸沽湖母亲湖》	拉木·嘎吐萨	云南人民出版社	2000 年 3 月
《摩梭达巴文化》	拉木·嘎吐萨	云南民族出版社	1999 年 6 月
《打开女湖》	拉木·嘎吐萨	云南人民出版社	2001 年 10 月
《恋恋摩梭·消逝的风情》	拉木·嘎吐萨	上海文艺出版社	2007 年 1 月
《摩梭风情》	拉木·嘎吐萨	台湾万里书店出版	2008 年 3 月
《拉木嘎吐萨纳西学论集》	拉木·嘎吐萨	民族出版社	2008 年 1 月
《天堂之爱》	拉木·嘎吐萨	云南人民出版社	2009 年 12 月
《格庄》	拉木古萨	云南人民出版社	2009 年 12 月
《泸沽湖游风》	拉木古萨	海南出版社	2001 年 1 月
《母系部落》	陈刚	远方出版社	2007 年 1 月
《受伤的沉默着》	杨立芬	云南人民出版社	2009 年 12 月
《永宁摩梭“母系”文化词群研究》	许瑞娟	民族出版社	2014 年 10 月
《摩梭密码》	阿黛	重庆出版社	2009 年
《拂去尘埃的故事》	阿陆·丹珠品崇	云南民族出版社	2011 年 7 月

参考文献

1. 黄绮. 部首讲解. 天津人民出版社，1962.

2. 詹承绪，王承权，李近春，刘龙初. 永宁纳西族的阿注婚姻和母系家庭. 上海人民出版社，1980.

3. 马继典. 宁蒗文史资料选辑. 第一辑，1989.

4. 陈烈，秦振兴，拉木·嘎吐萨等. 云南摩梭人民间文学集成. 中国民间文艺出版社，1990.

5. 严汝娴，宋北麟. 永宁纳西族的母系制. 云南人民出版社，1991.

6. 《当代中国》丛书编辑部. 当代云南. 当代中国出版社，1991.

7. 云南省博物馆. 人类起源与史前文化. 云南人民出版社，1991.

8. 杨学政. 云南少数民族社会历史调查资料汇编. 云南人民出版社，1991.

9. 龚荫. 中国土司制度. 云南民族出版社，1992.

10. 宁蒗彝族自治县志编纂委员会. 宁蒗彝族自治县志. 云南民族出版社，1993.

11.（清）刘慥纂. 乾隆永北府志. 丽江纳西族自治县印刷厂，1993.

12. 刘炎. 中华自然疗法. 上海科学技术文献出版社，1994.

13. 尤中. 云南民族史. 云南大学出版社，1994.

14. 马继典. 女儿国诞生的活佛. 云南民族出版社，1995.

15. 李达珠，李耕冬. 未解之谜——最后的母系部落. 四川民族出版社，1996.

16. 李茂琼. 泸沽湖摩梭人的民俗与医学. 中国民族民间医药杂志，1997.

17. 李季. 千秋索引百年寻觅：中国文明的起源. 四川教育出版社，1998.

18. 拉木·嘎吐萨. 摩梭达巴文化. 云南人民出版社，1999.

19. 约瑟夫·洛克. 中国西南古纳西王国. 云南美术出版社，1999.

20. 格桑顿珠. 纳西族文化大观. 云南民族出版社，1999.

21. 和钟华. 生存和文化的选择——摩梭母系制及其现代变迁. 云南教育出版社, 2000.

22. 石硕. 藏族族源与藏东古文明. 四川人民出版社, 2001.

23. 方国瑜. 方国瑜文集. 云南教育出版社, 2002.

24. 黄懿陆.《滇国史》. 云南人民出版社, 2004.

25. 直巴尔车. 解读摩梭风情. 云南民族出版社, 2006.

26. 杜娟. 泸沽湖摩梭人民族药物学研究. 成都中医药大学, 2006.

27. 马继典. 泸沽湖摩梭母系文化风情实录. 云南人民出版社, 2006.

28. 杜娟, 张艺, 古锐, 吴怡. 摩梭人传统医药知识研究. 成都中医药大学学报, 2006.

29. 马继典. 女儿国诞生的活佛. 云南民族出版社, 2006.

30. 拉他咪·王勇. 摩梭社会历史研究论文集上、下. 云南大学出版社, 2006.

31. 金力, 储嘉祐. 中华民族遗传多样性研究. 上海科学技术出版社, 2006.

32. 李伟卿. 云南美术史. 云南美术出版社, 2006.

33. 金力, 储嘉祐. 中华民族遗传多样性研究. 上海科学技术出版社, 2006.

34. 张实. 云南藏医历史与文化. 云南大学出版社, 2007.

35. 刘丰. 中国世界古文化. 时事出版社, 2007.

36. 彭朝忠, 祁建军, 李先恩. 宁蒗纳西族摩梭人民间验方录. 中国民族医药杂志, 2008.

37. 宁蒗彝族自治县概况编写组. 宁蒗彝族自治县概况. 民族出版社, 2008.

38. 杨德聪. 图说云南历史文化. 云南教育出版社, 2008.

39. [美] 马丽加·金芭塔丝. 活着的女神. 广西师范大学出版社, 2008.

40. 李星星. 论"藏彝走廊". 民族出版社, 2008.

41. 赵心愚. 纳西族历史文化研究. 民族出版社, 2008.

42. 方国瑜, 和志武. 纳西族历史文化研究. 民族出版社, 2008.

43. 杨建国. 藏着的摩梭史. 云南人民出版社, 2009.

44. 耿少将. 羌族通史. 上海人民出版社, 2010.

45. 刘庆柱. 中国考古发现与研究. 人民出版社, 2010

46. 中共绥江县委宣传部. 我家绥江. 云南人民出版社, 2010.

47. 杨帆, 万杨, 胡长城. 云南考古. 云南人民出版社, 2010.

48. 张政烺. 张政烺论易丛稿. 中华书局，2010.
49. 周汝诚，许鸿宝，王恒杰. 纳西族史料编年. 云南民族出版社，2011.
50. 木基元. 纳西族考古文物资料汇编. 云南民族出版社，2011.
51. 杨福泉. 当代纳西族简史. 云南人民出版社，2012.
52. 申旭. 云南移民与古道研究. 云南人民出版社，2012.
53. 直巴尔车，许瑞娟. 摩梭语常用词句荟萃. 云南人民出版社，2013.
54. 马继典. 女儿国情缘. 云南人民出版社，2014.
55. 杨学政. 杨学政宗教研究文选. 云南民族出版社，2014.
56. 李昆声，黄懿陆. 中国藏彝走廊历史文化研究. 云南人民出版社，2014.
57. 和绍全. 我的朝圣路. 云南人民出版社，2015.
58. 郭大烈，和志武. 纳西族史. 云南大学出版社、云南人民出版社，2015.
59. 黄懿陆. 中华民族起源. 云南人民出版社，2016.
60.（明）宋濂等. 元史. 中华书局，2016.

后 记

《中国摩梭人》正式出版了。它是中国西部高原一个神奇的故事；它是中国摩梭人的族群记忆和文化记录。希望它的出版，能使世人对中国摩梭人有一个较为全面、准确的认识；对摩梭人文化的研究与传承有一部较为准确、权威的参考书。

一、几点说明

1．摩梭人与聚居地的各族人民，世代相处，在政治、经济、社会、文化等方面有着千丝万缕的联系，摩梭人的社会历史变迁离不开各民族的相互影响，相互交融。但是，由于本书仅限于重点反映摩梭人的社会及其文化，因此，摩梭人在漫长的历史进程中与其他民族之间的联系方面涉及的比较少。

2．摩梭人行政区划分属云南、四川两个省，国家民族识别时云南境内的为摩梭人，归为纳西族，四川境内的摩梭人划归蒙古族，加之分布于不同区域的摩梭人，在家庭婚姻结构和社会文化方面也有一定的差异，本书的编写有一定的特殊性。因此，本书以环永宁泸沽湖周围的摩梭人文化核心区为主，重点反应摩梭人社会文化的共性方面和摩梭人社会文化独具特色的部分，同时，尽力关照不同区域摩梭人的社会文化特色，把握共性、突出重点、体现特色，避免纠缠于小节、琐碎。因此，很难全面、细致的反应各地域摩梭人的社会文化全貌，请谅解。

3．由于摩梭人行政和民族归属的特殊性，本书中对族群称谓统一称为“摩梭人”，摩梭文化的历史和共性部分尽量涵盖各聚居地区的摩梭人，大部分内容主要反应居住在云南省宁蒗县的摩梭人。

4．摩梭人物传记部分，由于资料收集条件所限，只收录了云南籍的摩梭人。

收入传记的人物：党政领导类限于中华人民共和国成立后曾担任过副县（处）级以上的领导和少数担任过宁蒗彝族自治县第一届重要职务的领导；军队领导类限于副团级

第二届摩梭文化论坛大会

摩梭文化论坛

摩梭文化专家学者研讨会

《中国摩梭人》撰稿组泸沽湖座谈会

《中国摩梭人》撰稿组在摩梭人社区座谈

《中国摩梭人》撰稿组在丽江召开摩梭人座谈会

第三届摩梭文化论坛

《中国摩梭人》撰稿组第二次统稿会

《中国摩梭人》主编与撰稿组撰稿人讨论

《中国摩梭人》撰稿组

《中国摩梭人》撰稿组在泸沽湖畔

上架建议：文化
ISBN 978-7-222-16118-4
9 787222 161184 >
定价：288.00元